ORIENTALISMO

EDWARD W. SAID

ORIENTALISMO
O Oriente como invenção do Ocidente

Nova edição

Tradução
Rosaura Eichenberg

18ª reimpressão

Copyright © 1978, 1995, 2003 by Edward W. Said

Tradução baseada na edição de 1995 da editora Penguin Books, Inglaterra.

Grafia atualizada segundo o Acordo Ortográfico da Língua Portuguesa de 1990, que entrou em vigor no Brasil em 2009.

Título original
Orientalism — Western conceptions of the Orient

Indicação editorial
Milton Hatoum

Capa
Jeff Fisher

Tradução do prefácio da edição de 2003
Heloisa Jahn

Preparação
Samuel Titan Jr. e Mirtes Leal

Revisão
Renato Potenza Rodrigues e José Muniz Jr.

Índice remissivo
Luciano Marchiori

Atualização ortográfica
Verba Editorial

Dados Internacionais de Catalogação na Publicação (CIP)
(Câmara Brasileira do Livro, SP, Brasil)

Said, Edward W.
  Orientalismo: o Oriente como invenção do Ocidente / Edward
W. Said, tradução Rosaura Eichenberg. — 1ª ed. — São Paulo :
Companhia das Letras, 2007.

  Título original: Orientalism — Western Conceptions of the Orient.
  Bibliografia
  ISBN 978-85-359-1045-2

  1. Ásia — Estudo e ensino 2. Ásia — Opinião pública ocidental
3. Imperialismo 4. Orientalismo 5. Oriente e Ocidente 6. Oriente
Médio — Estudo e ensino 7. Oriente Médio — Opinião pública
ocidental I. Título.

07-3884   CDD-950.072

Índice para catálogo sistemático:
1. Oriente : Pesquisa : História 950.072

Todos os direitos desta edição reservados à
EDITORA SCHWARCZ S.A.
Rua Bandeira Paulista, 702, cj. 32
04532-002 — São Paulo — SP
Telefone: (11)3707-3500
www.companhiadasletras.com.br
www.blogdacompanhia.com.br

Para Janet e Ibrahim

Eles não podem representar a si mesmos; devem ser representados.
KARL MARX, O 18 brumário de Luís Bonaparte

O Oriente é uma carreira.
BENJAMIN DISRAELI, Tancredo

DEBATES — MONOGRAFIAS 273
Conselho Editorial Eugênio e público

[illegible faded text]

SUMÁRIO

Prefácio da edição de 2003   *11*
Introdução   *27*

1. O ALCANCE DO ORIENTALISMO   *61*
Conhecendo o oriental   *61*
A geografia imaginativa e suas representações:
   orientalizando o oriental   *85*
Projetos   *114*
Crise   *140*

2. ESTRUTURAS E REESTRUTURAS ORIENTALISTAS   *164*
Fronteiras retraçadas, questões redefinidas,
   religião secularizada   *165*
Silvestre de Sacy e Ernest Renan:
   antropologia racional e laboratório filológico   *178*
Residência e erudição oriental:
   os requisitos da lexicografia e da imaginação   *210*
Peregrinos e peregrinações, britânicos e franceses   *232*

3. O ORIENTALISMO HOJE   *273*
Orientalismo latente e manifesto   *273*
Estilo, perícia, visão: a mundanidade do Orientalismo   *305*
O Orientalismo anglo-francês moderno em seu apogeu   *342*
A fase mais recente   *380*

Posfácio da edição de 1995 *438*
Notas *468*
Agradecimentos *495*
Índice remissivo *497*
Sobre o autor *523*

PREFÁCIO DA EDIÇÃO DE 2003

Há nove anos, na primavera de 1994, escrevi um posfácio a *Orientalismo* em que, tentando esclarecer o que pensava ter e não ter afirmado, destacava não apenas as inúmeras discussões desencadeadas pelo lançamento de meu livro, em 1978, mas ainda o modo como uma obra a respeito das representações do "Oriente" dava ensejo a representações e interpretações cada vez mais equivocadas. O fato de que eu esteja me sentindo mais irônico do que irritado em relação à mesmíssima coisa neste momento demonstra até que ponto minha idade foi me impregnando, com o inevitável declínio das expectativas e do zelo pedagógico que costuma emoldurar o avanço dos anos. A morte recente de meus dois principais mentores intelectuais, políticos e pessoais, Eqbal Ahmad e Ibrahim Abu-Lughod (uma das pessoas a quem dedico este livro), provocou tristeza e sentimento de perda, bem como resignação e um certo desejo teimoso de prosseguir. Não se trata, absolutamente, de ser otimista: antes, de manter a fé no processo em curso, literalmente infinito, de emancipação e esclarecimento que, em minha opinião, dá razão e sentido à vocação intelectual.

Com tudo isso, ainda é fonte de espanto para mim o fato de que *Orientalismo* continue sendo discutido e traduzido pelo mundo afora, em 36 idiomas. Graças aos esforços de meu querido amigo e colega Gaby Peterberg, agora integrado à Universidade da Califórnia (UCLA), antes professor na Universidade Ben Gurion, em Israel, existe uma versão do livro em hebraico, que estimulou um enorme volume de discussão e debate entre leitores e estudiosos israelenses. Além disso, sob auspícios australianos, também foi lançada uma tradução vietnamita; espero não ser imodesto de minha parte afirmar que as propostas

11

intelectuais deste livro abriram para si um espaço intelectual indochinês. Seja como for, me dá muito prazer, como autor que jamais havia sonhado um destino tão auspicioso para sua obra, perceber que o interesse naquilo que tentei realizar com meu livro não desapareceu por completo, em especial nos muitos países do "Oriente" propriamente dito.

Em parte, é claro, isso acontece porque o Oriente Médio, os árabes e o islã continuaram alimentando mudanças, conflitos, controvérsias e, no momento em que escrevo estas linhas, guerras. Como falei há muitos anos, *Orientalismo* é o produto de circunstâncias que são, fundamentalmente, ou melhor, radicalmente, fragmentos. Em meu livro de memórias, *Fora do lugar* (1999), descrevi os mundos estranhos e contraditórios em que cresci, oferecendo a mim mesmo e a meus leitores um relato detalhado dos cenários que, penso eu, me formaram na Palestina, no Egito e no Líbano. Contudo, *Fora do lugar* era apenas um relato muito pessoal, que deixava de fora todos os anos de meu engajamento político, iniciado depois da guerra árabe-israelense de 1967, uma guerra em cuja esteira continuada (Israel ainda ocupa militarmente os territórios palestinos e as colinas de Golan) os termos do conflito e as ideias em jogo, cruciais para minha geração de árabes e americanos, parecem continuar válidos. Mesmo assim, desejo afirmar mais uma vez que este livro e, nesse aspecto, minha obra intelectual de modo geral foram, de fato, possibilitados por minha vida de acadêmico universitário. A universidade americana — especialmente a minha, Columbia —, com todos os seus defeitos e problemas tantas vezes apontados, continua sendo um dos raros lugares remanescentes nos Estados Unidos onde a reflexão e o estudo podem ocorrer de maneira quase utópica. Jamais ensinei *coisa alguma* sobre o Oriente Médio, pois, por treinamento e prática, sou professor de humanidades, sobretudo as europeias e as americanas, e especialista em literatura comparada. A universidade e meu trabalho pedagógico com duas gerações de estudantes de primeira linha e excelentes colegas possibilitaram o tipo de estudo deliberadamente meditado e analítico presente neste livro, o qual, com toda a urgência de suas referências planetárias, continua sendo um livro sobre cultura, ideias, história e poder, mais do que sobre a política do Oriente Médio *tout court*. Era o que eu pretendia desde o começo, e hoje isso é muito evidente e muito mais cristalino.

Ao mesmo tempo, *Orientalismo* é, em grande medida, um livro ligado à dinâmica tumultuosa da história contemporânea. Assim sendo, enfatizo que nem o termo "Oriente" nem o conceito de "Ocidente" têm estabilidade ontológica; ambos são constituídos de esforço humano — parte afirmação, parte identificação do Outro. O fato de que essas rematadas ficções se prestem facilmente à manipulação e à organização das paixões coletivas nunca foi mais evidente do que em nosso tempo, quando a mobilização do medo, do ódio e do asco, bem como da presunção e da arrogância ressurgentes — boa parte disso relacionada ao islã e aos árabes de um lado, e a "nós", os ocidentais, do outro —, é um empreendimento em escala muito ampla. A primeira página de *Orientalismo* se abre com uma descrição de 1975 da guerra civil libanesa — que acabou em 1990 —, mas a violência e o lamentável derramamento de sangue humano prosseguem neste exato minuto. Tivemos o fracasso do processo de paz de Oslo, a eclosão da segunda intifada e o terrível sofrimento dos palestinos da Cisjordânia e de Gaza, reinvadidas, com aviões F-16 e helicópteros Apache israelenses sendo utilizados rotineiramente contra civis indefesos como parte de sua punição coletiva. O fenômeno dos ataques suicidas fez sua entrada em cena com todos os seus danos horrendos, nenhum, evidentemente, mais chocante e apocalíptico do que os acontecimentos do Onze de Setembro e suas consequências, as guerras contra o Afeganistão e o Iraque. No momento em que escrevo estas linhas, a invasão imperial e a ocupação do Iraque pela Inglaterra e pelos Estados Unidos prossegue, ilegal e não sancionada pelas outras nações, produzindo destruição física, inquietação política e mais invasões — uma coisa verdadeiramente horrível de testemunhar. Tudo isso é parte de um suposto choque de civilizações, um choque sem fim, implacável, irremediável. Contudo, não creio que deva ser assim.

Gostaria de poder afirmar que a compreensão geral do Oriente Médio, dos árabes e do islã nos Estados Unidos melhorou um pouco. Mas, infelizmente, o fato é que isso não ocorreu. Por razões de todos os tipos, a situação na Europa parece ser consideravelmente melhor. Nos Estados Unidos, o endurecimento das atitudes, o estreitamento da tenaz da generalização desencorajante e do clichê triunfalista, a supremacia da força bruta aliada a um desprezo simplista pelos opositores e pelos "outros" encontraram um correlativo adequado no saque, na pilhagem e na destruição das bibliotecas e dos museus do Iraque. O que nossos líderes e seus lacaios intelectuais parecem incapazes de compreender é que a história não pode ser apagada, que ela não fica em branco como uma lousa limpa para que "nós" possamos inscrever nela nosso próprio futuro e impor nossas próprias formas de vida para que esses povos menores os adotem. É bastante comum ouvir altos funcionários de Washington e de outros lugares falando em mudar o mapa do Oriente Médio, como se sociedades antigas e miríades de povos pudessem ser sacudidos como amendoins num frasco. Mas isso já aconteceu muitas vezes com o "Oriente", esse constructo semimítico que, desde a invasão do Egito por Napoleão, no fim do século XVIII, já foi feito e refeito um sem-número de vezes, sempre pela força agindo por intermédio de um tipo expediente de conhecimento cujo objetivo é asseverar que tal ou qual é a natureza do Oriente, e que devemos lidar com ele condizentemente. No processo, os inúmeros sedimentos de história que incluem incontáveis histórias e uma variedade estonteante de povos, línguas, experiências e culturas, tudo isso é desqualificado ou ignorado, relegado ao monturo, juntamente com os tesouros esmigalhados até formar fragmentos insignificantes — como é o caso dos tesouros retirados das bibliotecas e museus de Bagdá. Em minha opinião, a história é feita por homens e mulheres, e do mesmo modo ela também pode ser desfeita e reescrita, sempre com vários silêncios e elisões, sempre com formas impostas e desfiguramentos tolerados, de modo que o "nosso" Leste, o "nosso" Oriente possa ser dirigido e possuído por "nós".

14

Seria o caso de eu dizer uma vez mais que não tenho um Oriente "real" a defender. Tenho, contudo, enorme consideração pela fortaleza das pessoas daquela parte do mundo, bem como por seu esforço de continuar lutando por sua concepção do que são e do que desejam ser. As sociedades contemporâneas de árabes e muçulmanos sofreram um ataque tão maciço, tão calculadamente agressivo em razão de seu atraso, de sua falta de democracia e de sua supressão dos direitos das mulheres que simplesmente esquecemos que noções como modernidade, iluminismo e democracia não são, de modo algum, conceitos simples e consensuais que se encontram ou não, como ovos de Páscoa, na sala de casa. A leviandade estarrecedora dos publicistas inconsequentes que falam em nome da política externa e que não têm a menor noção da vida real nesses lugares (nem nenhum conhecimento da língua ou do que as pessoas reais efetivamente falam) fabricou uma paisagem árida à espera de que o poderio americano venha construir um modelo sucedâneo de "democracia" de livre mercado, sem nem sequer a sombra de uma dúvida de que tais projetos não existem fora da Academia de Lagado, de Swift.

Também defendo o ponto de vista de que existe uma diferença entre um conhecimento de outros povos e outras eras que resulta da compreensão, da compaixão, do estudo e da análise cuidadosos no interesse deles mesmos e, de outro lado, conhecimento — se é que se trata de conhecimento — integrado a uma campanha abrangente de autoafirmação, beligerância e guerra declarada. Existe, afinal, uma profunda diferença entre o desejo de compreender por razões de coexistência e de alargamento de horizontes, e o desejo de conhecimento por razões de controle e dominação externa. Sem dúvida trata-se de uma das catástrofes intelectuais da história o fato de que uma guerra imperialista fabricada por um pequeno grupo de funcionários públicos norte-americanos não eleitos (e que alguém já chamou de *chickenhawks*, pelo fato de que nenhum deles fez serviço militar) tenha sido desencadeada contra uma ditadura em frangalhos no Terceiro Mundo por razões puramente ideológicas, ligadas a dominação mundial, controle da segurança e escassez de recursos, porém com os reais objetivos mascarados — e sua necessidade defendida e explicada — por orientalistas que traíram o compromisso acadêmico. As principais influências sobre o Pentágono e o Conselho de Segurança Nacional de George W. Bush foram homens como Bernard Lewis e Fouad Ajami, especialistas em mundo árabe e islâmico que ajudaram as águias americanas a pensar fenômenos esdrúxulos como a mente árabe e o declínio islâmico ocorrido há muitos séculos como algo que apenas o poderio americano poderia reverter. Hoje em dia as livrarias norte-americanas estão lotadas de impressos de má qualidade ostentando manchetes alarmistas sobre o islã e o terror, o islã dissecado, a ameaça árabe e a ameaça muçulmana, tudo escrito por polemistas políticos que alegam deter conhecimentos oferecidos a eles e a outros por especialistas que, supostamente, atingiram o âmago desses estranhos e remotos povos orientais que têm sido um espinho tão terrível em "nossa" carne. Toda essa sabedoria belicosa é acompanhada pelas onipresentes CNNs e Foxes deste mundo, juntamente com quantidades miríficas de emissoras de rádio evangélicas e direitistas, além de incontáveis tabloides e até jornais de porte médio, todos reciclando as mesmas fábulas inverificáveis e as mesmas vastas generalizações com o propósito de sacudir a "América" contra o diabo estrangeiro.

Mesmo com todos os seus terríveis fracassos e seu ditador lamentável parcialmente criado pela política americana de duas décadas atrás, o fato é que, se o Iraque fosse o maior exportador mundial de bananas ou laranjas, sem dúvida não teria havido guerra nem histeria em torno de armas de destruição em massa misteriosamente desaparecidas, e efetivos de proporções descomunais do exército, da marinha e da aeronáutica não teriam sido transportados a uma distância de mais de 11 mil quilômetros com o objetivo de destruir um país que nem os americanos cultos conhecem direito, tudo em nome da "liberdade". Sem um sentimento bem organizado de que aquela gente que mora lá não é como "nós" e não aprecia "nossos" valores — justamente o cerne do dogma orientalista tradicional, tal como descrevo seu surgimento e sua circulação neste livro —, não teria havido guerra.

Portanto, da mesmíssima mesa diretora de acadêmicos a soldo — aliciados pelos conquistadores holandeses da Malásia e da Indonésia, pelas armadas britânicas da Índia, da Mesopotâmia, do Egito e da África Ocidental, pelas armadas francesas da Indochina e do Norte da África — vieram os consultores americanos que assessoram o Pentágono e a Casa Branca usando os mesmos clichês, os mesmos estereótipos mortificantes, as mesmas justificativas para o uso da força e da violência (afinal de contas, diz o coro, a força é a única linguagem que aquela gente entende), tanto no caso atual como nos que o precederam. Agora foi juntar-se a essas pessoas, no Iraque, um verdadeiro exército de empreiteiros privados e empresários ávidos a quem serão confiadas todas as coisas — da elaboração de livros didáticos e da Constituição nacional à remodelagem da vida política iraquiana e da indústria petrolífera do país. Todos os impérios que já existiram, em seus discursos oficiais, afirmaram não ser como os outros, explicaram que suas circunstâncias são especiais, que existem com a missão de educar, civilizar e instaurar a ordem e a democracia, e que só em último caso recorrem à força. Além disso, o que é mais triste, sempre aparece um coro de intelectuais de boa vontade para dizer palavras pacificadoras acerca de impérios benignos e altruístas, como se não devêssemos confiar na evidência que nossos próprios olhos nos oferecem quando contemplamos a destruição, a miséria e a morte trazidas pela mais recente *mission civilisatrice*.

Uma das contribuições especificamente americanas ao discurso do império é o jargão próprio dos especialistas políticos. Ninguém tem necessidade de saber árabe ou persa ou mesmo francês para pontificar sobre como o efeito dominó da democracia é exatamente aquilo de que o mundo árabe necessita. Especialistas políticos combativos e deploravelmente ignorantes, cuja experiência de mundo se limita a livros superficiais que circulam por Washington sobre "terrorismo" e liberalismo, ou sobre o fundamentalismo islâmico e a política externa americana, ou sobre o fim da história, tudo isso competindo pela atenção do público e sem a menor preocupação com confiabilidade

17

ou reflexão ou autêntico conhecimento. O que conta é a eficiência e a engenhosidade do texto e, por assim dizer, quantos irão morder a isca. O pior aspecto desse material essencializante é que o sofrimento humano, em toda a sua densidade, é eclipsado. A memória, e com ela o passado histórico, é eliminada, como na conhecida e desdenhosamente insolente expressão inglesa "you're history" [você já era].

Vinte e cinco anos depois da publicação de meu livro, *Orientalismo* mais uma vez suscita a questão de saber se algum dia o imperialismo moderno chegou ao fim, ou se ele se manteve no Oriente desde a entrada de Napolão no Egito, dois séculos atrás. Declarou-se aos árabes e muçulmanos que a vitimização e o cultivo da lista de depredações do império não são mais do que outra maneira de eludir a responsabilidade no presente. Vocês falharam, vocês se estragaram, diz o orientalista moderno. Também é essa, evidentemente, a contribuição de V. S. Naipaul à literatura: que as vítimas do império continuam se lamentando enquanto seus países desmoronam. Que avaliação superficial da intrusão imperial! Que maneira mais sumária de lidar com a imensa distorção introduzida pelo império na vida dos povos "menores" e das "raças submetidas", geração após geração! Que falta de vontade de encarar a longa sucessão de anos durante os quais o império continua a se introduzir nas vidas, digamos, de palestinos ou congoleses ou argelinos ou iraquianos! Admitimos, com justiça, que o Holocausto alterou permanentemente a consciência de nosso tempo: por que não reconhecer a mesma mutação epistemológica nas ações do imperialismo e no que o orientalismo continua a fazer? Basta pensar na linha que se inicia com Napoleão, passa pela ascensão dos estudos orientais e pela tomada do Norte da África, e continua em empreendimentos similares no Vietnã, no Egito, na Palestina e, durante todo o século XX, nos conflitos relacionados ao petróleo e ao controle estratégico no Golfo, no Iraque, na Síria, na Palestina e no Afeganistão. Em seguida basta pensar, em contraponto, na ascensão do nacionalismo anticolonial, durante o curto período de independência liberal, na era de golpes militares, insurgência, guerra civil, fanatismo religioso, confrontos irracionais e brutalidade intransigente contra a turma de "nativos" da vez. Cada uma dessas fases e eras produz seu próprio conhecimento distorcido do outro, bem como suas próprias imagens redutivas, suas próprias polêmicas litigiosas.

Minha ideia, em *Orientalismo*, é utilizar a crítica humanista para expor os campos de conflito: introduzir uma sequência mais longa de pensamento e análise em substituição às breves rajadas de fúria polêmica que paralisam o pensamento para aprisionar-nos em etiquetas e debates antagonistas cujo objetivo é uma identidade coletiva beligerante que se sobreponha à compreensão e à troca intelectual. Chamei aquilo que procuro fazer de "humanismo", palavra que continuo teimosamente a utilizar, malgrado o abandono altivo do termo pelos sofisticados críticos pós-modernos. Por humanismo entendo, antes de mais nada, a tentativa de dissolver aquilo que Blake chamou de grilhões forjados pela mente, de modo a ter condições de utilizar histórica e racionalmente o próprio intelecto para chegar a uma compreensão reflexiva e a um desvendamento genuíno.

Isso significa que cada campo individual está ligado a todos os outros, e que nada do que acontece em nosso mundo se dá isoladamente e isento de influências externas. A parte desanimadora é que quanto mais o estudo crítico da cultura nos demonstra que é assim, menos influência essa concepção parece ter, e mais adeptos as polarizações territoriais redutivas do tipo "islã versus Ocidente" parecem conquistar.

Para aqueles de nós que por força das circunstâncias levam a vida pluricultural determinada pela questão islã-Ocidente, há muito acredito haver uma responsabilidade intelectual e moral específica ligada ao que fazemos como acadêmicos e intelectuais. Certamente penso que nos cabe complicar e/ou desconstruir as fórmulas redutivas e o tipo de pensamento abstrato — mas poderoso — que afasta o pensamento da história e da experiência humanas concretas para conduzi-lo aos campos da ficção ideológica, do confronto metafísico e da paixão coletiva. Isso não quer dizer que sejamos incapazes de falar sobre questões de justiça e sofrimento, mas sim que é preciso que o façamos, sempre, dentro de um contexto amplamente situado na história, na cultura e na realidade socioeconômica. Nossa função é alargar o campo de discussão, e não estabelecer limites conforme a autoridade predominante. Passei boa parte de minha vida, no decorrer dos últimos 35 anos, defendendo o direito do povo palestino à autodeterminação, mas sempre procurei fazê-lo mantendo-me totalmente atento à realidade do povo judeu e ao que ele sofreu em matéria de perseguição e genocídio. Mais importante do que tudo é dar ao conflito pela igualdade na Palestina e em Israel o sentido de perseguir um objetivo humano, ou seja, a coexistência, e não o aumento da supressão e da denegação. Não por acaso, chamo a atenção para o fato de que o orientalismo e o antissemitismo moderno têm raízes comuns. Assim sendo, considero uma necessidade vital que os intelectuais independentes apresentem sempre modelos alternativos aos modelos redutivamente simplificadores e aos modelos restritivos e baseados na hostilidade mútua que há tanto tempo prevalecem no Oriente Médio e em outras partes do mundo.

Agora eu gostaria de falar sobre um modelo diferente, que foi muito importante para mim em meu trabalho. Em minha qualidade de humanista que trabalha com literatura, tenho idade suficiente para ter feito meus estudos há quarenta anos, no campo da literatura comparada, cujas ideias centrais remontam à Alemanha de fins do século XVIII e início do século XIX. Antes, preciso mencionar a contribuição extremamente criativa de Giambattista Vico, o filósofo e filólogo napolitano cujas ideias antecipam, e mais adiante permeiam, a linhagem de pensadores alemães que estou prestes a citar. Esses pensadores pertencem à era de Herder e Wolf, posteriormente continuados por Goethe, Humboldt, Dilthey, Nietzsche, Gadamer e, finalmente, os grandes filólogos românicos do século XX: Erich Auerbach, Leo Spitzer e Ernst Robert Curtius. Para os jovens da geração atual, a mera ideia de filologia sugere uma coisa absurdamente antiga e embolorada, mas na realidade a filologia é a mais básica e criativa das artes interpretativas. Para mim, ela se exemplifica admiravelmente no interesse de Goethe pelo islã em geral e por Hafiz em particular, uma paixão devoradora que o levou à composição do *Divã ocidental-oriental* e que direcionou suas ideias posteriores sobre a *Weltliteratur* [literatura mundial], o estudo do conjunto das literaturas do mundo visto como um todo sinfônico que podia ser apreendido teoricamente, preservando-se a individualidade de cada obra sem perder o todo de vista.

Assim, há uma ironia considerável na percepção de que, à medida que o mundo globalizado de hoje cerra fileiras conforme algumas das maneiras deploráveis que descrevi neste prefácio, talvez estejamos nos aproximando do tipo de estandardização e homogeneidade que as ideias de Goethe foram especificamente formuladas para prevenir. Num ensaio intitulado "Philologie der Weltliteratur" [Filologia da literatura mundial], publicado em 1951, no limiar do período do pós-guerra — que foi também o início da Guerra Fria —, Erich Auerbach afirmou exatamente isso. Seu grande livro, *Mimesis*, publicado em Berna em 1946 mas escrito enquanto Auerbach era exilado de guerra e lecionava línguas românicas em Istambul, seria um testamento sobre a diversidade e a concretude da realidade representada na literatura ocidental, de Homero a Virginia Woolf. Ao ler o ensaio de 1951, contudo, percebemos que para Auerbach o grande livro escrito por ele era uma elegia para uma época em que as pessoas eram capazes de interpretar os textos filologicamente, concretamente, sensivelmente e intuitivamente, recorrendo à erudição e a um excelente domínio de diversos idiomas como embasamento para o tipo de compreensão advogado por Goethe para sua concepção da literatura islâmica.

Era imprescindível um conhecimento concreto de línguas e de história, mas isso nunca foi suficiente, assim como a coleta mecânica de fatos não constituía método adequado para compreender do que tratava um autor como Dante, por exemplo. O requisito básico para o tipo de compreensão filológica a que Auerbach e seus predecessores se referiam — e que tratavam de praticar — era uma penetração subjetiva e empática (*eingefüllen*) na vida de um texto escrito, vendo-o da perspectiva de seu tempo e seu autor. Em vez de alienação e hostilidade para com uma época e uma cultura distintas, a filologia, tal como aplicada à literatura universal, pressupunha um profundo espírito humanista empregado com generosidade e, se me permitem o termo, com hospitalidade. Assim, a mente do intérprete abre ativamente espaço para um Outro não familiar, e essa abertura criativa de um espaço para obras que, no mais, são estrangeiras e distantes é a faceta mais importante da missão filológica do intérprete.

Obviamente, tudo isso foi minado e destruído na Alemanha pelo nazismo. Depois da guerra, registra Auerbach melancolicamente, a estandardização das ideias e a especialização cada vez maior do conhecimento foram gradualmente estreitando as oportunidades para o tipo de trabalho filológico indagador e perenemente investigativo que ele representava; por desgraça, é ainda mais deprimente constatar que, desde a morte de Auerbach, em 1957, tanto a ideia como a prática da pesquisa humanista se retraíram em amplitude e em centralidade. A cultura do livro baseada em pesquisas de arquivo bem como os princípios gerais de vida intelectual que um dia formaram as bases do humanismo como disciplina histórica praticamente desapareceram. Em vez de ler, no sentido real da palavra, hoje é frequente vermos nossos estudantes se extraviarem por obra do conhecimento fragmentário disponível na internet e nos meios de comunicação de massa.

Pior ainda, a educação é ameaçada por ortodoxias nacionalistas e religiosas constantemente disseminadas pelos meios de comunicação de massa que focalizam a-historicamente e de maneira sensacionalista guerras eletrônicas remotas, transmitindo à audiência o sentimento de precisão cirúrgica, mas na realidade encombrindo o sofrimento e a destruição terríveis produzidos pela guerra "limpa" de hoje. Na demonização de um inimigo desconhecido, em relação ao qual a etiqueta "terrorista" serve ao propósito geral de manter as pessoas mobilizadas e enraivecidas, as imagens da mídia atraem atenção excessiva e podem ser exploradas em épocas de crise e insegurança do tipo produzido pelo período pós Onze de Setembro. Falando ao mesmo tempo como norte-americano e como árabe, tenho de pedir ao meu leitor que não subestime o tipo de visão simplificada do mundo que um grupo relativamente pequeno de civis de elite ligados ao Pentágono formulou para a política dos Estados Unidos em todo o mundo árabe e em todo o mundo islâmico, uma visão em que o terror, a guerra preventiva e a mudança unilateral de regime — sustentados pelo orçamento militar mais polpudo da história — constituem as ideias centrais, debatidas incansável e empobrecedoramente por uma mídia que se arroga o papel de fornecer supostos "especialistas" que validem a linha geral do governo. Devo observar, ainda, que está longe de ser coincidência o fato de que o general Sharon, de Israel, que em 1982 liderou a invasão do Líbano com o objetivo de mudar o governo libanês e matou 17 mil civis no processo, é agora um parceiro de George W. Bush na "paz", e que nos Estados Unidos, pelo menos, não houve contestação suficiente da tese duvidosa de que só o poderio militar será capaz de alterar o mapa do planeta.

Reflexão, debate, argumentação racional, princípios morais baseados na noção secular de que o ser humano deve criar sua própria história — tudo isso foi substituído por ideias abstratas que celebram a excepcionalidade americana ou ocidental, denigrem a relevância do contexto e veem as outras culturas com desprezo e descaso. Talvez alguém me diga que exagero em minhas transições abruptas entre interpretação humanista, de um lado, e política externa, de outro, e que uma sociedade tecnológica moderna que, a par de seu poderio sem precedentes, possui a internet e os jatos de guerra F-16 deve, afinal, ser liderada por especialistas técnico-políticos formidáveis, como Donald Rumsfeld e Richard Perle. Nenhum dos dois, uma vez deflagrada a guerra, participaria dos combates, que ficaram a cargo de homens e mulheres menos afortunados. O que se perdeu verdadeiramente, contudo, é o sentido da densidade e da interdependência da vida humana, noções que não podem ser reduzidas a fórmulas nem afastadas como irrelevantes. Mesmo a linguagem da guerra planejada é desumanizadora ao extremo: "vamos entrar lá, tirar o Saddam, destruir o Exército dele com golpes limpos, cirúrgicos, e todos vão achar o máximo", disse um membro do Congresso uma noite dessas em rede nacional de televisão. Parece-me inteiramente expressivo do momento precário que estamos vivendo o fato de que, ao pronunciar seu discurso linha-dura de 26 de agosto de 2002, sobre a necessidade imperativa de atacar o Iraque, o vice-presidente Cheney tenha citado, como seu único "especialista" em Oriente Médio — favorável à intervenção militar no Iraque —, um acadêmico árabe que, como consultor remunerado pela mídia de massas, repete todas as noites pela televisão seu ódio por seu próprio povo e sua renúncia ao próprio passado. Mais ainda: em seus esforços, esse acadêmico conta com o apoio dos militares e dos grupos de pressão sionistas nos Estados Unidos. Uma tal *trahison des clercs* é um sintoma de como o humanismo genuíno pode degenerar em jingoísmo e em falso patriotismo.

Esse é um dos lados do debate global. Nos países árabes e muçulmanos, a situação não chega a ser muito melhor. Como afirma Roula Khalaf em seu excelente artigo publicado pelo *Financial Times* (4 de setembro de 2002), a região escorregou para um antiamericanismo fácil que mostra pouco entendimento do que os Estados Unidos efetivamente são como sociedade. Relativamente impotentes para influenciar a política norte-americana, os governos acabam voltando suas energias para a repressão e a contenção de suas populações, o que provoca ressentimento, ira e imprecações impotentes que em nada contribuem para arejar sociedades em que as ideias seculares acerca da história e do desenvolvimento humanos foram sobrepujadas pelo malogro e pela frustração, e também por um islamismo construído a partir do aprendizado mecânico, da obliteração do que é percebido como formas competitivas de conhecimento secular, e da incapacidade de analisar e intercambiar ideias no âmbito do mundo predominantemente discordante do discurso moderno. O desaparecimento gradual da extraordinária tradição do *ijtihad* islâmico foi um dos maiores desastres do nosso tempo, com o resultado de que o pensamento crítico e os embates individuais diante dos problemas do mundo moderno simplesmente saíram do cenário. Em vez disso, imperam a ortodoxia e o dogma.

Isso não significa que o mundo cultural tenha simplesmente regredido, de um lado, para um neo-orientalismo beligerante e, de outro, para a rejeição coletiva. Com efeito, a recente Cúpula Mundial das Nações Unidas em Johannesburgo, com todas as suas limitações, revelou uma vasta área de preocupação global comum cujas atividades em torno de questões relacionadas a meio ambiente, fome, abismo entre países desenvolvidos e países em desenvolvimento, saúde e direitos humanos apontam para a emergência bem-vinda de um novo eleitorado coletivo que confere urgência renovada à noção tantas vezes fácil de "um só mundo". Em tudo isso, porém, somos forçados a reconhecer que ninguém tem condições de avaliar a unidade extraordinária e complexa de nosso mundo globalizado, a despeito do fato de que, como afirmei no início, o mundo tem uma interdependência efetiva entre as partes que não deixa nenhuma possibilidade genuína de isolacionismo.

Desejo concluir insistindo neste ponto: os terríveis conflitos reducionistas que agrupam as pessoas sob rubricas falsamente unificadoras como "América", "Ocidente" ou "Islã", inventando identidades coletivas para multidões de indivíduos que na realidade são muito diferentes uns dos outros, não podem continuar tendo a força que têm e devem ser combatidos; sua eficácia assassina precisa ser radicalmente reduzida tanto em eficácia como em poder mobilizador. Ainda podemos recorrer às artes interpretativas racionais, legado da cultura humanista — não com a atitude piedosamente sentimental de quem advoga a retomada dos valores tradicionais ou a volta aos clássicos, mas com a prática ativa do discurso racional, secular e profano. O mundo secular é o mundo da história — da história vista como algo feito por seres humanos. A ação humana está sujeita à investigação e à análise; a inteligência tem como missão apreender, criticar, influenciar e julgar. Antes de mais nada, o pensamento crítico não se submete a poderes de Estado ou a injunções para cerrar fileiras com os que marcham contra este ou aquele inimigo sacramentado. Mais do que no choque manufaturado de civilizações, precisamos concentrar-nos no lento trabalho conjunto de culturas que se sobrepõem, tomam isto ou aquilo emprestado uma à outra e vivem juntas de maneiras muito mais interessantes do que qualquer modo abreviado ou inautêntico de compreensão poderia supor. Acontece que esse tipo de percepção mais ampla exige tempo, paciência e indagação crítica, construídos a partir da fé em comunidades voltadas para a interpretação, tão difíceis de manter num mundo que exige ação e reação instantâneas.

O humanismo está centrado na ação da individualidade e da intuição subjetiva humanas, mais do que em ideias prontas e na autoridade aceita. Os textos precisam ser lidos como textos produzidos no domínio histórico e que nele vivem, sob uma variedade de modos profanos. Isso, contudo, não exclui o poder. De modo algum. Pelo contrário, o que procurei demonstar em meu livro foram as insinuações, as imbricações do poder mesmo no mais recôndito dos campos de estudo.

E, finalmente, o que de fato importa é que o humanismo é nossa única possibilidade de resistência — e eu chegaria mesmo ao ponto de dizer que ele é nossa última possibilidade de resistência — contra as práticas desumanas que desfiguram a história humana. Hoje somos favorecidos pelo campo democrático fantasticamente animador do ciberespaço, aberto para todos os usuários de maneiras jamais sonhadas pelas gerações anteriores, tanto de tiranos como de ortodoxias. Os protestos em escala mundial logo antes do início da guerra no Iraque não teriam sido possíveis sem a existência de comunidades alternativas pelo mundo afora, comunidades informadas pela rede alternativa de informação e agudamente conscientes das iniciativas ambientais, de direitos humanos e libertárias que nos unem a todos neste minúsculo planeta. Não é fácil esmagar o desejo humano e humanista por esclarecimento e emancipação, a despeito do poderio inimaginável da oposição que esse desejo suscita nos Rumsfelds, Bin Ladens, Sharons e Bushes deste mundo. Eu gostaria de acreditar que *Orientalismo* teve um papel no longo percurso, tantas vezes interrompido, rumo à liberdade do homem.

INTRODUÇÃO

I

Numa visita a Beirute durante a terrível guerra civil de 1975-6, um jornalista francês escreveu com pesar sobre a área deserta no centro da cidade que "ela outrora parecia pertencer [...] ao Oriente de Chateaubriand e Nerval".[1] Ele tinha razão sobre o lugar, é claro, e especialmente no que dizia respeito a um europeu. O Oriente era praticamente uma invenção europeia e fora desde a Antiguidade um lugar de episódios romanescos, seres exóticos, lembranças e paisagens encantadas, experiências extraordinárias. Agora estava desaparecendo; num certo sentido, já desaparecera, seu tempo havia passado. Talvez parecesse irrelevante que os próprios orientais tivessem alguma coisa em jogo nesse processo, que mesmo no tempo de Chateaubriand e Nerval os orientais tivessem vivido ali, e que agora fossem eles que estavam sofrendo; o principal para o visitante europeu era uma certa representação europeia — compartilhada pelo jornalista e por seus leitores franceses — a respeito do Oriente e de seu destino atual.

Os americanos não sentirão exatamente o mesmo sobre o Oriente, que mais provavelmente associarão ao Extremo Oriente (principalmente à China e ao Japão). Ao contrário dos americanos, os franceses e os britânicos — e em menor medida os alemães, os russos, os espanhóis, os portugueses, os italianos e os suíços — tiveram uma longa tradição do que vou chamar *Orientalismo*, um modo de abordar o Oriente que tem como fundamento o lugar especial do Oriente na experiência ocidental europeia. O Oriente não é apenas adjacente à Europa; é também o lugar das maiores, mais ricas e mais antigas colônias europeias, a fonte de suas civilizações e línguas, seu rival cultural e uma de suas imagens mais profundas e mais recorrentes do Outro. Além disso, o Oriente ajudou a definir a Europa (ou o Ocidente) com sua imagem, ideia, personalidade, experiência contrastantes. Mas nada nesse Oriente é meramente imaginativo. O Oriente é uma parte integrante da civilização e da cultura *material* europeia. O Orientalismo expressa e representa essa parte em termos culturais e mesmo ideológicos, num modo de discurso baseado em instituições, vocabulário, erudição, imagens, doutrinas, burocracias e estilos coloniais. Em contraste, a compreensão americana do Oriente parecerá consideravelmente menos densa, embora nossas recentes aventuras no Japão, na Coreia e na Indochina devam estar criando uma consciência "oriental" mais sóbria, mais realista. Além disso, a enorme expansão do papel político e econômico da América no Oriente Próximo (o Oriente Médio) exige com urgência nossa compreensão desse Oriente.

Ficará claro para o leitor (e tornar-se-á ainda mais claro nas muitas páginas que se seguem) que por Orientalismo quero dizer várias coisas, todas, na minha opinião, interdependentes. A designação mais prontamente aceita para Orientalismo é acadêmica, e certamente o rótulo ainda tem serventia em várias instituições acadêmicas. Quem ensina, escreve ou pesquisa sobre o Oriente — seja um antropólogo, um sociólogo, um historiador ou um filólogo — nos seus aspectos específicos ou gerais é um orientalista, e o que ele ou ela faz é Orientalismo. Comparado a *estudos orientais* ou *estudos de área*, é verdade que o termo *Orientalismo* deixou de ser o preferido dos especialistas atuais, não só porque é demasiado vago e geral, como porque conota a atitude arrogante do colonialismo europeu do século XIX e do início do século XX. Ainda assim escrevem-se livros e realizam-se congressos que têm o "Oriente" como foco principal, e o orientalista, à nova ou velha maneira, como autoridade principal. O ponto é que, ainda que não sobreviva como antigamente, o Orientalismo continua a viver na academia por meio de suas doutrinas e teses sobre o Oriente e o oriental.

Relacionado a essa tradição acadêmica, cujos caminhos, transmigrações, especializações e transmissões são em parte o tema deste estudo, há um significado mais geral para o Orientalismo. O Orientalismo é um estilo de pensamento baseado numa distinção ontológica e epistemológica feita entre o "Oriente" e (na maior parte do tempo) o "Ocidente". Assim, um grande número de escritores, entre os quais poetas, romancistas, filósofos, teóricos políticos, economistas e administradores imperiais, tem aceitado a distinção básica entre o Leste e o Oeste como ponto de partida para teorias elaboradas, epopeias, romances, descrições sociais e relatos políticos a respeito do Oriente, seus povos, costumes, "mentalidade", destino e assim por diante. *Esse* Orientalismo pode acomodar Ésquilo, digamos, e Victor Hugo, Dante e Karl Marx. Um pouco mais além nesta introdução, vou tratar dos problemas metodológicos encontrados num "campo" tão amplamente trabalhado como este.

O intercâmbio entre o significado acadêmico e o sentido mais ou menos imaginativo de Orientalismo é constante, e desde o final do século XVIII há um movimento considerável, totalmente disciplinado — talvez até regulado — entre os dois. Neste ponto chego ao terceiro significado de Orientalismo, cuja definição é mais histórica e material que a dos outros dois. Tomando o final do século XVIII como ponto de partida aproximado, o Orientalismo pode ser discutido e analisado como a instituição autorizada a lidar com o Oriente — fazendo e corroborando afirmações a seu respeito, descrevendo-o, ensinando-o, colonizando-o, governando-o: em suma, o Orientalismo como um estilo ocidental para dominar, reestruturar e ter autoridade sobre o Oriente. Achei útil neste ponto empregar a noção de discurso de Michel Foucault, assim como é descrita por ele em *Arqueologia do saber* e em *Vigiar e punir*. Minha argumentação é que, sem examinar o Orientalismo como um discurso, não se pode compreender a disciplina extremamente sistemática por meio da qual a cultura europeia foi capaz de manejar — e até produzir — o Oriente política, sociológica, militar, ideológica, científica e imaginativamente durante o período do pós-Iluminismo. Além disso, o Orientalismo tinha uma posição de tal força que ninguém escrevendo, pensando ou agindo sobre o Oriente poderia fazê-lo sem levar em consideração as limitações ao pensamento e à ação impostas por ele. Em suma, por causa do Orientalismo, o Oriente não era (e não é) um tema livre para o pensamento e a ação. Isso não quer dizer que o Orientalismo determina unilateralmente o que pode ser dito sobre o Oriente, mas que consiste numa rede de interesses inevitavelmente aplicados (e assim sempre envolvidos) em toda e qualquer ocasião em que essa entidade peculiar, o "Oriente", é discutida. Este livro tenta mostrar de que maneira isso acontece. Ele também tenta mostrar que a cultura europeia ganhou força e identidade ao se contrastar com o Oriente, visto como uma espécie de eu substituto e até subterrâneo.

Histórica e culturalmente, há uma diferença quantitativa bem como qualitativa entre o envolvimento franco-britânico no Oriente e — até o período do domínio americano depois da Segunda Guerra Mundial — o envolvimento de qualquer outra potência europeia e atlântica. Falar do Orientalismo, portanto, é falar principalmente, embora não exclusivamente, de um empreendimento cultural britânico e francês, um projeto cujas dimensões incluem áreas tão díspares como a própria imaginação, toda a Índia e o Levante, os textos bíblicos e as terras bíblicas, o comércio de especiarias, os exércitos coloniais e uma longa tradição de administradores, um formidável corpo de eruditos, inúmeros "especialistas" e "auxiliares" orientais, um professorado oriental, um arranjo complexo de ideias "orientais" (o despotismo oriental, o esplendor oriental, a crueldade, a sensualidade), muitas seitas, filosofias e sabedorias orientais domesticadas para o uso europeu local — a lista pode se estender mais ou menos indefinidamente. A minha ideia é que o Orientalismo deriva de uma intimidade particular experimentada entre a Grã-Bretanha, a França e o Oriente, que até o início do século XIX significava apenas a Índia e as terras bíblicas. Do começo do século XIX até o fim da Segunda Guerra Mundial, a França e a Grã-Bretanha dominaram o Oriente e o Orientalismo; desde a Segunda Guerra Mundial, os Estados Unidos dominam o Oriente, abordando-o como a França e a Grã-Bretanha outrora o fizeram. Dessa intimidade, cuja dinâmica é muito produtiva, mesmo que sempre demonstre a força relativamente maior do Ocidente (britânico, francês ou americano), provém o grande corpo de textos que chamo de orientalistas.

Deve-se dizer logo de início que, apesar do número generoso de livros e autores que examino, há um número muito maior que simplesmente tive de omitir. O meu argumento, entretanto, não depende de um catálogo exaustivo de textos que tratam do Oriente, nem de um conjunto claramente delimitado de textos, autores e ideias que, juntos, compõem o cânone orientalista. Em vez disso, baseei-me numa alternativa metodológica diferente, cuja espinha dorsal é, em certo sentido, o conjunto de generalizações históricas que venho fazendo nesta introdução; e são essas generalizações que agora quero discutir com mais vagar analítico.

II

Comecei com a suposição de que o Oriente não é um fato inerte da natureza. Ele não está meramente *ali*, assim como o próprio Ocidente tampouco está apenas *ali*. Devemos levar a sério a grande observação de Vico de que os homens fazem a sua história, de que só podem conhecer o que eles mesmos fizeram, e estendê-la à geografia: como entidades geográficas e culturais — para não falar de entidades históricas —, tais lugares, regiões, setores geográficos, como o "Oriente" e o "Ocidente", são criados pelo homem. Assim, tanto quanto o próprio Ocidente, o Oriente é uma ideia que tem uma história e uma tradição de pensamento, um imaginário e um vocabulário que lhe deram realidade e presença no e para o Ocidente. As duas entidades geográficas, portanto, sustentam e, em certa medida, refletem uma à outra.

Dito isso, deve-se passar a indicar algumas observações razoáveis. Em primeiro lugar, seria errado concluir que o Oriente foi *essencialmente* uma ideia ou uma criação sem realidade correspondente. Quando Disraeli disse no seu romance *Tancredo* que o Leste era uma carreira, ele queria dizer que estar interessado pelo Leste era algo que os jovens ocidentais brilhantes descobririam ser uma paixão absorvente; não se deve interpretar a sua frase como uma afirmação de que o Leste era *apenas* uma carreira para os ocidentais. Havia — e há — culturas e nações cuja localização a leste, e suas vidas, histórias e costumes têm uma realidade bruta obviamente maior que qualquer coisa que se poderia dizer a respeito no Ocidente. Quanto a esse fato, o presente estudo do Orientalismo tem muito pouco a contribuir, exceto reconhecê-lo tacitamente. Mas o fenômeno do Orientalismo, como eu o estudo aqui, não tem como tema principal uma correspondência entre Orientalismo e Oriente, mas a coerência interna do Orientalismo e suas ideias sobre o Oriente (o Leste como uma carreira) apesar ou além de qualquer correspondência ou falta de correspondência com um Oriente "real". O meu ponto é que a afirmação de Disraeli sobre o Leste se refere principalmente a essa coerência criada, a essa constelação regular de ideias como ponto relevante no que diz respeito ao Oriente, e não ao seu mero ser, conforme a expressão de Wallace Stevens.

Uma segunda observação é que as ideias, as culturas e as histórias não podem ser seriamente compreendidas ou estudadas sem que sua força ou, mais precisamente, suas configurações de poder também sejam estudadas. Seria incorreto acreditar que o Oriente foi criado — ou, como digo, "orientalizado" — e acreditar que tais coisas acontecem simplesmente como uma necessidade da imaginação. A relação entre o Ocidente e o Oriente é uma relação de poder, de dominação, de graus variáveis de uma hegemonia complexa, o que está indicado com muita acuidade no título do clássico de K. M. Panikkar, *A dominação ocidental na Ásia*.[2] O Oriente não foi orientalizado só porque se descobriu que era "oriental" em todos aqueles aspectos considerados lugares-comuns por um europeu comum do século XIX, mas também porque *poderia* ser — isto é, submeteu-se a ser — *transformado em* oriental. Há muito pouco consenso em jogo, por exemplo, no fato de que o encontro de Flaubert com uma cortesã egípcia produziu um modelo amplamente influente da mulher oriental; ela nunca falava de si mesma, nunca representou suas emoções, presença ou história. *Ele* falava por ela e a representou. Ele era estrangeiro, relativamente rico, do sexo masculino, e esses eram fatos históricos de dominação que lhe permitiram não apenas possuir fisicamente Kuchuk Hanem, mas falar por ela e contar a seus leitores de que maneira ela era "tipicamente oriental". O meu argumento é que a situação de força de Flaubert em relação a Kuchuk Hanem não era um caso isolado. Representa justamente o padrão de força relativa entre o Leste e o Oeste, e o discurso sobre o Oriente que esse padrão tornou possível.

Isso nos leva a uma terceira observação. Não se deve supor que a estrutura do Orientalismo não passa de uma estrutura de mentiras ou de mitos que simplesmente se dissipariam ao vento se a verdade a seu respeito fosse contada. Eu mesmo acredito que o Orientalismo é mais particularmente valioso como um sinal do poder europeu-atlântico sobre o Oriente do que como um discurso verídico sobre o Oriente (o que, na sua forma acadêmica ou erudita, é o que ele afirma ser). Ainda assim, o que devemos respeitar e tentar compreender é a pura força consolidada do discurso orientalista, seus laços muito próximos com as instituições do poder político e socioeconômico, e sua persistência formidável. Afinal, qualquer sistema de ideias capaz de permanecer imutável como conhecimento passível de ser ensinado (em academias, livros, congressos, universidades, institutos de relações exteriores) da época de Ernest Renan, no final da década de 1840, até o presente nos Estados Unidos deve ser algo mais formidável que uma simples coletânea de mentiras. O Orientalismo, portanto, não é uma visionária fantasia europeia sobre o Oriente, mas um corpo elaborado de teoria e prática em que, por muitas gerações, tem-se feito um considerável investimento material. O investimento continuado criou o Orientalismo como um sistema de conhecimento sobre o Oriente, uma rede aceita para filtrar o Oriente na consciência ocidental, assim como o mesmo investimento multiplicou — na verdade, tornou verdadeiramente produtivas — as afirmações que transitam do Orientalismo para a cultura geral.

Gramsci fez uma útil distinção analítica entre a sociedade civil e a política, na qual a primeira é composta de associações voluntárias (ou, pelo menos, racionais e não coercivas), como escolas, famílias e sindicatos, e a última é constituída de instituições estatais (o exército, a polícia, a burocracia central), cujo papel na vida política é a dominação direta. A cultura, é claro, deve estar em operação dentro da sociedade civil, onde a influência de ideias, instituições e pessoas não funciona pela dominação, mas pelo que Gramsci chama consenso. Numa sociedade não totalitária, portanto, certas formas culturais predominam sobre outras, assim como certas ideias são mais influentes que outras; a forma dessa liderança cultural é o que Gramsci identificou como *hegemonia*, um conceito indispensável para qualquer compreensão da vida cultural no Ocidente industrial. É a hegemonia, ou antes o resultado da hegemonia cultural em ação, que dá ao Orientalismo a durabilidade e a força de que tenho falado até o momento. O Orientalismo nunca está muito longe do que Denys Hay chama "a ideia de Europa",[3] uma noção coletiva que identifica a "nós" europeus contra todos "aqueles" não europeus, e pode-se argumentar que o principal componente da cultura europeia é precisamente o que tornou hegemônica essa cultura, dentro e fora da Europa: a ideia de uma identidade europeia superior a todos os povos e culturas não europeus. Além disso, há a hegemonia das ideias europeias sobre o Oriente, elas próprias reiterando a superioridade europeia sobre o atraso oriental, anulando em geral a possibilidade de que um pensador mais independente, ou mais cético, pudesse ter visões diferentes sobre a questão.

De um modo bem constante, a estratégia do Orientalismo depende dessa *posição* de superioridade flexível, que põe o ocidental em toda uma série de possíveis relações com o Oriente sem jamais lhe tirar o relativo domínio. E por que deveria ser diferente, especialmente durante o período de extraordinário predomínio europeu do final da Renascença até o presente? O cientista, o erudito, o missionário, o negociante ou o soldado estava no Oriente ou pensava a respeito porque *podia estar ali* ou podia pensar a respeito, com muito pouca resistência da parte do Oriente. Sob o título geral de conhecimento do Oriente e no âmbito da hegemonia ocidental sobre o Oriente a partir do fim do século XVIII, surgiu um Oriente complexo, adequado para o estudo na academia, para a exibição no museu, para a reconstrução na repartição colonial, para a ilustração teórica em teses antropológicas, biológicas, linguísticas, raciais e históricas sobre a humanidade e o universo, para exemplo de teorias econômicas e sociológicas de desenvolvimento, revolução, personalidade cultural, caráter nacional ou religioso. Além disso, a indagação imaginativa das coisas orientais era baseada mais ou menos exclusivamente numa consciência ocidental soberana, de cuja centralidade não questionada surgia um mundo oriental, primeiro de acordo com ideias gerais sobre quem ou o que era um oriental, depois de acordo com uma lógica detalhada regida não apenas pela realidade empírica, mas por uma bateria de desejos, repressões, investimentos e projeções. Se podemos apontar grandes obras orientalistas de erudição genuína como a *Chrestomathie arabe*, de Silvestre de Sacy, ou *Account of the manners and customs of the modern Egyptians*, de Edward William Lane, precisamos também notar que as ideias raciais de Renan e Gobineau nasceram do mesmo impulso, assim como muitos romances pornográficos vitorianos (ver a análise de Steven Marcus sobre *The lustful Turk*).[4]

E, ainda assim, devemos nos perguntar várias vezes se o que importa no Orientalismo é o grupo geral de ideias que domina a massa de material — impregnadas de doutrinas da superioridade europeia, vários tipos de racismo, imperialismo e coisas semelhantes, visões dogmáticas do "oriental" como uma espécie de abstração ideal e imutável — ou o trabalho muito mais variado produzido por um número quase incontável de autores individuais, que podem ser considerados como exemplos individuais de autores que tratam do Oriente. Num certo sentido, as duas alternativas, a geral e a particular, são realmente duas perspectivas sobre o mesmo material: em ambos os casos, teríamos de lidar com pioneiros na área como William Jones, com grandes artistas como Nerval ou Flaubert. E por que não seria possível empregar as duas perspectivas em combinação ou em sequência? Não há um óbvio perigo de distorção (precisamente do tipo a que o Orientalismo acadêmico sempre foi inclinado) se um nível demasiado geral ou demasiado específico de descrição for mantido sistematicamente?

Os meus dois receios são a distorção e a imprecisão, ou antes o tipo de imprecisão produzido por uma generalidade demasiado dogmática e um foco localizado demasiado positivista. Ao lidar com esses problemas, procurei trabalhar com três aspectos principais de minha realidade contemporânea que me parecem indicar a solução para as dificuldades de método ou perspectiva que estou discutindo, dificuldades que poderiam nos forçar, no primeiro caso, a escrever uma polêmica grosseira sobre um nível de descrição tão inaceitavelmente geral a ponto de não compensar o esforço, ou, no segundo caso, a escrever uma série de análises tão detalhadas e atomísticas a ponto de perdermos de vista as linhas de força gerais que informam a área, emprestando-lhe o seu poder convincente especial. Como então reconhecer a individualidade e conciliá-la com seu contexto geral e hegemônico inteligente e de modo nenhum passivo ou meramente ditatorial?

III

Mencionei três aspectos da minha realidade contemporânea: agora devo explicá-los e discuti-los brevemente, para que se possa ver como fui levado a uma determinada trajetória de pesquisa e escrita.

1. *A distinção entre o conhecimento puro e o político.* É muito fácil argumentar que o conhecimento sobre Shakespeare ou

Wordsworth não é político, enquanto o conhecimento sobre a China contemporânea ou a União Soviética o é. A minha própria designação formal e profissional é a de "humanista", um título que indica as humanidades como minha área e, portanto, a improvável eventualidade de que possa haver algo político sobre o que faço nessa área. Claro, todos esses rótulos e termos não têm nuanças na forma como os emprego aqui, mas a verdade geral do que estou apontando é, creio eu, amplamente aceita. Uma razão para dizer que um humanista que escreve sobre Wordsworth, ou um editor que tem como especialidade Keats, não está envolvido em nada político é que sua atividade não parece ter nenhum efeito político direto sobre a realidade no sentido cotidiano. Um erudito que estuda a economia soviética trabalha numa área altamente carregada em que há muito interesse do governo, e o que ele pode produzir na forma de estudos e propostas será adotado por responsáveis por políticas públicas, funcionários do governo, economistas institucionais, peritos dos serviços de inteligência. A distinção entre "humanistas" e pessoas cujo trabalho tem implicações políticas, ou importância política, pode ser ainda mais ampliada pela afirmação de que a coloração ideológica dos primeiros é uma questão de importância incidental para a política (embora possivelmente de grande peso para seus colegas na área, que podem fazer objeções a seu stalinismo, fascismo ou liberalismo demasiado fácil), enquanto a ideologia das últimas está diretamente entrelaçada ao seu material — na verdade, a economia, a política e a sociologia na academia moderna são ciências ideológicas — e assim aceita naturalmente como sendo "política".

Ainda assim, a imposição determinante sobre a maior parte do conhecimento produzido no Ocidente contemporâneo (e aqui falo principalmente dos Estados Unidos) é que seja apolítico, isto é, erudito, acadêmico, imparcial, acima de crenças sectárias ou doutrinárias estreitas. Talvez não haja o que objetar a tal ambição em teoria, mas na prática a realidade é muito mais problemática. Ninguém jamais inventou um método para distanciar o erudito das circunstâncias da vida, da realidade de seu envolvimento (consciente ou inconsciente) com uma classe, um conjunto de crenças, uma posição social, ou do mero fato de ser um membro da sociedade. Tudo isso continua a ter relação com o que ele faz no exercício da sua profissão, mesmo que muito naturalmente a sua pesquisa e os frutos desse seu trabalho tentem atingir um nível de relativa isenção das inibições e restrições da bruta realidade de todos os dias. Pois há um conhecimento que é menos, e não mais, parcial do que o indivíduo (com suas circunstâncias de vida envolventes e perturbadoras) que o produz. Mas nem esse conhecimento é automaticamente apolítico.

Saber se as discussões de literatura ou filologia clássica estão carregadas de significado político — ou o possuem de forma direta — é uma grande questão, que tentei tratar com algum detalhe em outra parte.[5] Meu interesse aqui é sugerir que o consenso liberal geral de que o "verdadeiro" conhecimento é fundamentalmente apolítico (e, inversamente, que o conhecimento manifestamente político não é conhecimento "verdadeiro") confunde as circunstâncias políticas altamente organizadas, embora de forma obscura, que prevalecem no momento em que o conhecimento é produzido. É ainda mais complicado compreender isso hoje em dia, quando o adjetivo "político" é usado como um rótulo para desacreditar qualquer obra que ousa violar o protocolo da pretensa objetividade suprapolítica. Podemos dizer, primeiro, que a sociedade civil reconhece uma gradação de importância política nas várias áreas de conhecimento. Em alguma medida, a importância política conferida a uma área provém da possibilidade de sua tradução direta para o campo econômico; mas, em maior medida, a importância política provém da proximidade de uma área com fontes determináveis de poder na sociedade política. Assim, é provável que um estudo econômico do potencial energético soviético a longo prazo e seu efeito sobre a capacidade militar seja encomendado pelo Departamento de Defesa, e mais tarde adquira uma espécie de status político que seria impossível para um estudo da primeira ficção de Tolstói, financiado em parte por uma fundação. No entanto, ambas as pesquisas pertencem ao que a sociedade civil reconhece como uma área comum, os estudos russos, mesmo que uma delas possa ser feita por um economista muito conservador e a outra por um historiador literário radical. O meu ponto aqui é que "Rússia" como um tema geral tem prioridade política sobre distinções mais sutis como "economia" e "história literária", porque a sociedade política no sentido de Gramsci entra em campos da sociedade civil como a academia e satura-os de um significado que diretamente lhe concerne.

Não quero continuar a insistir nessa ideia em bases teóricas gerais: parece-me que o valor e a credibilidade do meu argumento podem ser demonstrados de forma muito mais específica, assim como, por exemplo, Noam Chomsky estudou a conexão instrumental entre a Guerra do Vietnã e a noção de erudição objetiva a que se recorreu para cobrir a pesquisa militar patrocinada pelo estado.[6] Agora, como a Grã-Bretanha, a França e recentemente os Estados Unidos são potências imperiais, suas sociedades políticas conferem a suas sociedades civis um senso de urgência, como que uma infusão política direta, em qualquer lugar e sempre que questões relacionadas a seus interesses imperiais no exterior estejam presentes. Duvido que seja controverso dizer, por exemplo, que o interesse que um inglês na Índia ou no Egito no final do século XIX tinha por esses países estava relacionado a sua condição de colônias britânicas. Afirmar tal coisa talvez pareça totalmente diferente de dizer que todo o conhecimento acadêmico sobre a Índia e o Egito é de certo modo matizado, marcado, violado pelo fato político bruto — ainda assim, *é isso o que estou dizendo* neste estudo do Orientalismo. Pois, se é verdade que nenhuma produção de conhecimento nas ciências humanas jamais pode ignorar ou negar o envolvimento de seu autor como sujeito humano nas suas próprias circunstâncias, deve ser também verdade que, quando um europeu ou um americano estuda o Oriente, não pode haver negação das principais circunstâncias de *sua* realidade: ele se aproxima do Oriente primeiro como um europeu ou um americano, em segundo lugar como um indivíduo. E ser um americano ou um europeu nessa situação não é absolutamente um fato irrelevante. Significava e significa estar consciente, ainda que obscuramente, de pertencer a uma potência com interesses definidos no Oriente e, mais importante, pertencer a uma parte da terra com uma história definida de envolvimento no Oriente quase desde os tempos de Homero.

Dito dessa maneira, essas realidades políticas ainda são demasiado indefinidas e gerais para serem realmente interessantes. Qualquer um concordaria com elas, sem concordar necessariamente que tiveram uma grande importância, por exemplo, para Flaubert quando escreveu *Salammbô*, ou para H. A. R. Gibb quando escreveu *Modern trends in Islam*. O problema é que há uma enorme distância entre o grande fato dominante, como o descrevi, e os detalhes da vida cotidiana que regem a disciplina minuciosa de um romance ou de um texto erudito, quando estão sendo escritos. Mas, se eliminarmos desde o início qualquer noção de que os fatos "grandes" como a dominação imperial podem ser aplicados de forma mecânica e determinista a questões complexas como a cultura e as ideias, começaremos a nos aproximar de um tipo interessante de estudo. Minha ideia é que o interesse europeu e depois americano no Oriente era político segundo alguns dos óbvios relatos históricos que apresentei, mas que foi a cultura que criou esse interesse, que atuou dinamicamente junto com a lógica política, econômica e militar bruta para fazer do Oriente o lugar variado e complicado que ele evidentemente era no campo de estudo que chamo de Orientalismo.

Portanto, o Orientalismo não é um simples tema ou campo político refletido passivamente pela cultura, pela erudição ou pelas instituições; nem é uma grande e difusa coletânea de textos sobre o Oriente; nem é representativo ou expressivo de alguma execrável trama imperialista "ocidental" para oprimir o mundo "oriental". É antes a *distribuição* de consciência geopolítica em textos estéticos, eruditos, econômicos, sociológicos, históricos e filológicos; é a *elaboração* não só de uma distinção geográfica básica (o mundo é composto de duas metades desiguais, o Oriente e o Ocidente), mas também de toda uma série de "interesses" que, por meios como a descoberta erudita, a reconstrução filológica, a análise psicológica, a descrição paisagística e sociológica, o Orientalismo não só cria, mas igualmente mantém; *é*, mais do que expressa, uma certa *vontade* ou *intenção* de compreender, em alguns casos controlar, manipular e até incorporar o que é um mundo manifestamente diferente (ou alternativo e novo); é sobretudo um discurso que não está absolutamente em relação correspondente direta com o poder político ao natural, mas antes é produzido e existe num intercâmbio desigual com vários tipos de poder, modelado em certa medida pelo intercâmbio com o poder político (como um regime imperial ou colonial), o poder intelectual (como as ciências dominantes, por exemplo, a linguística ou a anatomia comparadas, ou qualquer uma das modernas ciências políticas), o poder cultural (como as ortodoxias e os cânones de gosto, textos, valores), o poder moral (como as ideias sobre o que "nós" fazemos e o que "eles" não podem fazer ou compreender como "nós" fazemos e compreendemos). Na verdade, o meu argumento real é que o Orientalismo é — e não apenas representa — uma dimensão considerável da moderna cultura político-intelectual e, como tal, tem menos a ver com o Oriente do que com o "nosso" mundo.

Como fato cultural e político, o Orientalismo não existe num vácuo de arquivos; muito ao contrário, acho que se pode mostrar que aquilo que é pensado, dito ou até feito sobre o Oriente segue (talvez ocorra dentro de) certas linhas nítidas e cognoscíveis. Nesse ponto também se pode ver em ação um grau considerável de nuança e elaboração entre as amplas pressões da superestrutura e os detalhes da composição, os fatos da textualidade. A maioria dos estudiosos das humanidades parece perfeitamente satisfeita, creio eu, com a noção de que os textos existem em contextos, que há uma intertextualidade, que as pressões das convenções, dos predecessores e dos estilos retóricos limitam aquilo que Walter Benjamin certa vez chamou "sobretaxar a pessoa produtiva em nome do [...] princípio da 'criatividade'", segundo o qual o poeta, por conta própria e a partir puramente de seu espírito, criaria sua obra.[7] Mas há uma relutância em admitir que as coerções políticas, institucionais e ideológicas agem da mesma maneira sobre o autor individual. Um humanista acreditará ser um fato interessante para qualquer intérprete de Balzac que ele tenha sido influenciado, na *Comédia humana*, pelo conflito entre Geoffroy Saint-Hilaire e Cuvier, mas a mesma espécie de pressão sobre Balzac exercida por um monarquismo profundamente reacionário é sentida, de forma vaga, como algo que avilta o seu "gênio" literário, sendo assim menos digna de um estudo sério. Da mesma forma — como Harry Bracken tem mostrado incansavelmente —, os filósofos conduzirão suas discussões sobre Locke, Hume e o empirismo sem jamais levar em conta que há uma conexão explícita nesses escritores clássicos entre as suas doutrinas "filosóficas" e a teoria racial, as justificações da escravidão ou os argumentos para a exploração colonial.[8] Essas são formas bastante comuns pelas quais a erudição contemporânea se mantém pura.

Talvez seja verdade que a maioria das tentativas de esfregar o nariz da cultura na lama da política tem sido cruamente iconoclasta; talvez também a interpretação social da literatura na minha própria área simplesmente não tenha acompanhado os enormes avanços técnicos da análise textual detalhada. Mas não há como escapar do fato de que os estudos literários, em geral, e os teóricos marxistas americanos, em particular, têm evitado o esforço de preencher seriamente a lacuna entre os níveis da superestrutura e da base na erudição histórica, textual; em outra ocasião, cheguei a dizer que o *establishment* literário-cultural em geral tem deixado de lado o estudo sério do imperialismo e da cultura.[9] Pois o Orientalismo nos coloca diretamente diante dessa questão — isto é, leva-nos a perceber que o imperialismo político rege todo um campo de estudo, imaginação e instituições eruditas —, de tal maneira que torna o ato de evitá-la uma impossibilidade intelectual e histórica. Mas sempre restará o perene mecanismo de fuga que consiste em dizer que um erudito literário e um filósofo, por exemplo, recebem um treinamento em literatura e filosofia respectivamente, e não em política ou análise ideológica. Em outras palavras, o argumento do especialista pode funcionar com muita eficácia para bloquear a perspectiva mais ampla e, na minha opinião, mais séria em termos intelectuais.

Nesse ponto parece-me haver uma resposta simples, em duas partes, ao menos no que diz respeito ao estudo do imperialismo e da cultura (ou Orientalismo). Em primeiro lugar, quase todo escritor do século XIX (e o mesmo vale para escritores de períodos anteriores) era extraordinariamente consciente do fato do império: esse é um assunto não muito bem estudado, mas um especialista moderno no período vitoriano não levará muito tempo para admitir que heróis culturais do liberalismo como John Stuart Mill, Arnold, Carlyle, Newman, Macaulay, Ruskin, George Eliot e até Dickens tinham opiniões definidas sobre raça e imperialismo, todas elas bem representadas em seus escritos. Assim, até um especialista deve lidar com o conhecimento de que Mill, por exemplo, deixou claro em *Sobre a liberdade* e *Governo representativo* que suas opiniões ali expressas não podiam ser aplicadas à Índia (afinal, ele foi funcionário do India Office durante boa parte da sua vida) porque os indianos eram inferiores quanto ao grau de civilização, se não quanto à raça. O mesmo tipo de paradoxo deve ser encontrado em Marx, como tento mostrar neste livro. Em segundo lugar, acreditar que a política na forma de imperialismo tenha relação com a produção de literatura, erudição, teoria social e escritos históricos não equivale de modo algum a dizer que a cultura é, portanto, algo aviltado ou difamado. Bem ao contrário: toda a minha ideia consiste em dizer que podemos compreender melhor a persistência e a durabilidade de sistemas hegemônicos saturadores como a cultura quando percebemos que suas coerções internas sobre os escritores e os pensadores foram *produtivas*, e não unilateralmente inibidoras. É essa ideia que Gramsci, certamente, e Foucault e Raymond Williams, cada um a seu modo, têm tentado ilustrar. Até uma ou duas páginas de Williams sobre "os usos do Império" em *The long revolution* nos dizem mais sobre a riqueza cultural do século XIX que muitos volumes de análises textuais herméticas.[10]

Assim, estudo o Orientalismo como um intercâmbio dinâmico entre autores individuais e os grandes interesses políticos modelados pelos três grandes impérios — o britânico, o francês, o americano — em cujo território intelectual e imaginativo a escrita foi produzida. O que me interessa principalmente, como erudito, não é a verdade política bruta, mas o detalhe, como na verdade o que nos interessa em alguém como Lane, Flaubert ou Renan não é a verdade (para ele) indiscutível de que os ocidentais são superiores aos orientais, mas as marcas profundamente elaboradas e moduladas de seu trabalho no interior do espaço muito amplo aberto por essa verdade. Para compreender o que estou dizendo, basta lembrar que *Manners and customs of the modern Egyptians*, de Lane, é um clássico da observação histórica e antropológica por causa de seu estilo, seus detalhes enormemente inteligentes e brilhantes, e não como simples reflexo da ideia de superioridade racial.

As perguntas políticas que o Orientalismo suscita são, portanto, da seguinte ordem: que outras espécies de energias intelectuais, estéticas, eruditas e culturais entraram na elaboração de uma tradição imperialista como a orientalista? Como foi que a filologia, a lexicografia, a história, a biologia, a teoria política e econômica, a criação de romances e a poesia lírica se colocaram a serviço da visão amplamente imperialista do mundo apresentada pelo Orientalismo? Que mudanças, modulações, refinamentos, até revoluções ocorrem dentro do Orientalismo? Qual é o significado de originalidade, continuidade, individualidade nesse contexto? Como é que o Orientalismo se transmite ou reproduz a si mesmo de uma época para outra? Em suma, de que forma podemos tratar o fenômeno cultural e histórico do Orientalismo como uma espécie de *obra humana voluntária* — e não um mero raciocínio incondicionado — em toda a sua complexidade, detalhe e valor históricos sem, ao mesmo tempo, perder de vista a aliança entre a obra cultural, as tendências políticas, o estado e as realidades específicas da dominação? Regido por essas preocupações, um estudo humanístico pode abordar responsavelmente a política *e* a cultura. Mas isso não quer dizer que tal estudo estabeleça uma regra imutável sobre a relação entre o conhecimento e a política. Meu argumento é que cada investigação humanística deve formular a natureza dessa conexão no contexto específico do estudo, do tema e de suas circunstâncias históricas.

2. *A questão metodológica*. Num livro anterior, dediquei muita atenção e análise à importância metodológica, para o trabalho em ciências humanas, de encontrar e formular o primeiro passo, o ponto de partida, o princípio inaugural.[11] Uma lição capital que aprendi e tentei apresentar foi que não há um ponto de partida meramente dado ou simplesmente disponível: o início de cada projeto tem de ser feito de maneira a *permitir* o que se segue. Em nenhum momento da minha experiência, a dificuldade dessa lição foi mais conscientemente vivida (com que sucesso — ou fracasso — não saberia dizer) do que neste estudo do Orientalismo. A ideia do início, o ato de começar, implica necessariamente um ato de delimitação pelo qual algo é cortado de uma grande massa de material, separado da massa e obrigado a representar, bem como a ser, um ponto de partida, um início: para o estudioso de textos, essa noção de delimitação inaugural é a ideia, proposta por Louis Althusser, da *problemática*, uma determinada unidade específica de um texto ou grupo de textos, algo gerado pela análise.[12] Mas no caso do Orientalismo (em oposição ao caso dos textos de Marx, o objeto dos estudos de Althusser) não há simplesmente o problema de encontrar um ponto de partida, ou problemática, mas também a questão de designar que textos, autores e períodos são os mais adequados para estudo.

Pareceu-me tolice tentar uma história narrativa enciclopédica do Orientalismo, sobretudo porque, se meu princípio orientador devia ser "a ideia europeia do Oriente", não haveria virtualmente limites para o material que eu teria de tratar; segundo, porque o próprio modelo narrativo não era adequado para os meus interesses descritivos e políticos; terceiro, porque em livros como *La Renaissance orientale*, de Raymond Schwab, *Die Arabischen Studien in Europa bis in den Anfang des 20. Jahrhunderts*, de Johann Fück, e, mais recentemente, *The matter of Araby in medieval England*, de Dorothee Metlitzki,[13] já existem trabalhos enciclopédicos sobre certos aspectos do encontro europeu-oriental que tornam diferente a tarefa do crítico no contexto político e intelectual geral que esbocei acima.

Ainda restava o problema de reduzir um arquivo muito dilatado a dimensões manuseáveis e, mais importante, delinear algo que tivesse o caráter de uma ordem intelectual dentro daquele grupo de textos, sem seguir ao mesmo tempo uma ordem insensatamente cronológica. Meu ponto de partida foi, portanto, a experiência britânica, a francesa e a americana no Oriente tomadas como unidade: que pano de fundo histórico e intelectual tornou essa experiência possível, qual foi o teor e o caráter da experiência. Por razões que logo discutirei, limitei o já limitado (mas ainda excessivo) conjunto de questões à experiência anglo-franco-americana dos árabes e do islã, que por quase mil anos seguidos representou o Oriente. Com isso, eliminava-se uma grande parte do Oriente — Índia, Japão, China e outras regiões do Extremo Oriente — não porque essas regiões não fossem importantes (elas eram, obviamente), mas porque se poderia discutir a experiência europeia no Oriente Próximo ou no islã independentemente de sua experiência no Extremo Oriente. No entanto, em certos momentos dessa história europeia geral do interesse pelo Leste, determinadas regiões do Oriente como o Egito, a Síria e a Arábia não podem ser discutidas sem o estudo concomitante do envolvimento da Europa nas regiões mais distantes, entre as quais a Pérsia e a Índia são as mais importantes; um exemplo notável é a conexão entre o Egito e a Índia no que diz respeito à Grã-Bretanha dos séculos XVIII e XIX. Da mesma forma o papel da França no deciframento do Zend-Avesta, a preeminência de Paris como um centro dos estudos de sânscrito durante a primeira década do século XIX, o fato de que o interesse de Napoleão pelo Oriente dependia de sua percepção do papel britânico na Índia: todos esses interesses pelo Extremo Oriente influenciaram diretamente o interesse francês pelo Oriente Próximo, pelo islã e pelos árabes.

A Grã-Bretanha e a França dominaram o Mediterrâneo oriental desde aproximadamente o fim do século XVII. Mas a minha discussão dessa dominação e desse interesse sistemático não faz justiça (*a*) às contribuições importantes da Alemanha, da Itália, da Rússia, da Espanha e de Portugal ao Orientalismo e (*b*) ao fato de que um dos impulsos importantes para o estudo do Oriente no século XVIII foi a revolução nos estudos bíblicos estimulada por pioneiros tão diversos e interessantes como o bispo Lowth, Eichhorn, Herder e Michaelis. Em primeiro lugar, tive de focar rigorosamente o material britânico-francês e mais tarde o americano, porque parecia uma verdade inescapável não só que a Grã-Bretanha e a França foram as nações pioneiras no Oriente e nos estudos orientais, mas que essas posições de vanguarda foram mantidas em virtude das duas maiores redes coloniais da história pré-século-XX; a posição oriental americana desde a Segunda Guerra Mundial tem se ajustado — acho que conscientemente — aos lugares investigados pelas duas potências europeias anteriores. Além disso, acredito que a pura qualidade, a consistência e o volume dos escritos britânicos, franceses e americanos sobre o Oriente os elevam acima do trabalho, sem dúvida crucial, realizado na Alemanha, na Itália, na Rússia e em outras partes. Mas acredito ser também verdade que os principais passos na erudição oriental foram dados primeiro ou na Grã-Bretanha ou na França, sendo depois elaborados pelos alemães. Silvestre de Sacy, por exemplo, não foi apenas o primeiro orientalista europeu moderno e institucional que trabalhou sobre o islã, a literatura árabe, a religião drusa e a Pérsia sassânida; foi também o professor de Champollion e de Franz Bopp, o fundador da linguística comparada germânica. Uma reivindicação similar de prioridade e subsequente preeminência pode ser feita para William Jones e Edward William Lane.

Em segundo lugar — e nesse ponto as falhas de meu estudo são amplamente compensadas —, há importantes estudos mais recentes sobre a erudição bíblica como fonte do que chamei Orientalismo moderno. O melhor e mais relevante é o formidável *"Kubla Khan" and the fall of Jerusalem*[14] de E. S. Shaffer, um estudo indispensável das origens do romantismo e da atividade intelectual que sustenta muito do que se passa em Coleridge,

Browning e George Eliot. Em algum grau, a obra de Shaffer refina os contornos fornecidos em Schwab, articulando o material de relevância a ser encontrado nos eruditos bíblicos alemães e usando esse material para ler, de um modo inteligente e sempre interessante, a obra de três escritores britânicos capitais. Mas o que falta no livro é uma percepção do gume político e ideológico dado ao material oriental pelos escritores britânicos e franceses que me interessam; além disso, ao contrário de Shaffer, tento elucidar desenvolvimentos subsequentes no Orientalismo acadêmico e literário que estão relacionados com a conexão entre o Orientalismo britânico e francês, por um lado, e com o surgimento de um imperialismo de mentalidade colonial explícita, de outro. E também desejo mostrar como todas essas questões anteriores são mais ou menos reproduzidas no Orientalismo americano depois da Segunda Guerra Mundial.

Ainda assim, há um aspecto possivelmente desorientador, quando, salvo uma referência ocasional, não discuto exaustivamente os desenvolvimentos alemães depois do período inaugural dominado por Sacy. Qualquer trabalho que procure fornecer uma compreensão do Orientalismo acadêmico e não dê muita atenção a eruditos como Steinthal, Müller, Becker, Goldziher, Brockelmann, Nöldeke — para mencionar apenas uns poucos — precisa ser criticado, e eu francamente me critico. Lamento de modo particular não considerar com mais atenção o grande prestígio científico atribuído, por volta da metade do século XIX, à erudição alemã, cujo esquecimento foi transformado por George Eliot numa acusação aos eruditos insulares. Tenho em mente o inesquecível retrato do sr. Casaubon criado por George Eliot em *Middlemarch*. Uma razão pela qual Casaubon não consegue encontrar a sua Chave para Todas as Mitologias é, segundo seu jovem primo Will Ladislaw, ele não estar familiarizado com a erudição alemã. Pois não só Casaubon escolheu um tema "tão cambiante como a química: novas descobertas estão constantemente criando novos pontos de vista"; ele está realizando uma tarefa semelhante a uma refutação de Paracelsus, porque "ele não é um orientalista, sabe?".[15]

Eliot não estava errada ao insinuar que por volta de 1830, o período em que se passa *Middlemarch*, a erudição alemã alcançara a plena preeminência europeia. Mas em nenhum período da erudição alemã durante os primeiros dois terços do século XIX poderia ter se desenvolvido uma parceria próxima entre o Orientalismo e um interesse *nacional* continuado e prolongado pelo Oriente. Não havia nada na Alemanha que correspondesse à presença anglo-francesa na Índia, no Levante, no Norte da África. Além do mais, o Oriente alemão era quase exclusivamente um Oriente erudito ou ao menos clássico: tornou-se tema de poemas líricos, fantasias e até romances, mas nunca foi real, como o Egito e a Síria eram reais para Chateaubriand, Lane, Lamartine, Burton, Disraeli ou Nerval. Há algum significado no fato de que as duas obras alemãs mais famosas sobre o Oriente, *Divã Ocidental-Oriental*, de Goethe, e *Sobre a língua e a sabedoria dos hindus*, de Friedrich Schlegel, fossem baseadas, respectivamente, numa viagem pelo Reno e em horas passadas em bibliotecas de Paris. O que a erudição oriental alemã fez foi refinar e elaborar técnicas aplicadas a textos, mitos, ideias e línguas quase literalmente colhidos no Oriente pela Grã-Bretanha e pela França imperiais.

Entretanto, o que o Orientalismo alemão tinha em comum com o anglo-francês e mais tarde com o americano era uma espécie de *autoridade* intelectual sobre o Oriente dentro da cultura ocidental. Essa autoridade deve ser em grande parte o tema de qualquer descrição do Orientalismo, como acontece neste estudo. Até o nome *Orientalismo* sugere um estilo sério, talvez pesado, de especialização; quando o aplico aos modernos cientistas sociais americanos (como eles não se chamam de orientalistas, o meu emprego da palavra é anômalo), é para chamar a atenção sobre o modo como os especialistas em Oriente Médio ainda podem recorrer aos vestígios da posição intelectual do Orientalismo na Europa do século XIX.

Não há nada misterioso ou natural sobre a autoridade. É formada, irradiada, disseminada; é instrumental, é persuasiva; tem status, estabelece cânones de gosto e valor; é virtualmente indistinguível de certas ideias que dignifica como verdadeiras, e de tradições, percepções e julgamentos que forma, transmite, reproduz. Acima de tudo, a autoridade pode, na verdade deve, ser analisada. Todos esses atributos da autoridade se aplicam ao Orientalismo, e muito do que faço neste estudo é descrever tanto a autoridade histórica como as autoridades pessoais do Orientalismo.

Os meus principais planos metodológicos para estudar a autoridade nesse ponto são o que podemos chamar *localização estratégica*, que é um modo de descrever a posição do autor num texto em relação ao material oriental sobre o qual escreve, e *formação estratégica*, que é um modo de analisar a relação entre os textos e o modo como grupos de textos, tipos de textos, até gêneros textuais, adquirem massa, densidade e poder referencial entre si mesmos e a partir daí na cultura em geral. Uso a noção de estratégia simplesmente para identificar o problema que todo escritor sobre o Oriente enfrenta: como agarrá-lo, como abordá-lo, como não ser derrotado ou esmagado por sua grandeza, seu alcance, suas exorbitantes dimensões. Todo aquele que escreve sobre o Oriente deve se localizar vis-à-vis ao Oriente; traduzida no seu texto, essa localização inclui o tipo de voz narrativa que ele adota, o tipo de estrutura que constrói, os tipos de imagens, temas, motivos que circulam no seu texto — todos os quais se somam para formar os modos deliberados de se dirigir ao leitor, de abranger o Oriente e, enfim, de representá-lo ou falar em seu nome. Mas nada disso ocorre de forma abstrata. Todo escritor sobre o Oriente (e isso vale até para Homero) assume algum precedente oriental, algum conhecimento prévio do Oriente, a que se refere e em que se baseia. Além disso, cada obra sobre o Oriente *associa-se* a outras obras, a públicos, a instituições, ao próprio Oriente. O conjunto das relações entre as obras, os públicos e alguns aspectos particulares do Oriente constitui, portanto, uma formação analisável — por exemplo, a dos estudos filológicos, a das antologias de trechos tirados da literatura oriental, a dos livros de viagens, a das fantasias orientais — cuja presença no tempo, no discurso, nas instituições (escolas, bibliotecas, serviços de relações exteriores) lhe dá força e autoridade.

Está claro, assim espero, que meu interesse pela autoridade não me leva à análise do que está oculto no texto orientalista, mas antes à análise da superfície do texto, sua exterioridade em relação ao que descreve. Nunca é demais enfatizar essa ideia. O Orientalismo é postulado sobre a exterioridade, isto é, sobre o fato de que o orientalista, poeta ou erudito, faz o Oriente falar, descreve o Oriente, esclarece os seus mistérios por e para o Ocidente. Ele nunca está preocupado com o Oriente exceto como causa primeira do que diz. O que ele diz e escreve, em virtude do fato de ser dito ou escrito, pretende indicar que o orientalista está fora do Oriente, não só como um fato existencial, mas também moral. O produto principal dessa exterioridade é certamente a representação: desde um marco tão remoto como a peça de Ésquilo *Os persas*, o Oriente é transformado, passando de uma alteridade muito distante e frequentemente ameaçadora para figuras que são relativamente familiares (no caso de Ésquilo, mulheres asiáticas aflitas). A proximidade dramática da representação em *Os persas* obscurece o fato de que o público está assistindo a uma encenação altamente artificial de algo que um não oriental transformou num símbolo de todo o Oriente. A minha análise do texto orientalista, portanto, coloca a ênfase na evidência, de modo algum invisível, de tais representações como *representações*, e não como descrições "naturais" do Oriente. Essa evidência é encontrada de modo proeminente no assim chamado texto verdadeiro (histórias, análises filológicas, tratados políticos), bem como no texto declaradamente artístico (isto é, manifestamente imaginativo). Os dados a serem observados são o estilo, as figuras de retórica, o cenário, os esquemas narrativos, as circunstâncias históricas e sociais, e *não* a correção da representação, nem sua fidelidade a algum grande original. A exterioridade da representação é sempre regida por alguma versão do truísmo de que, se o Oriente pudesse representar a si mesmo, ele o faria; como não pode, a representação cumpre a tarefa para o Ocidente e, *faute de mieux*, para o pobre Oriente.

"Sie können sich nicht vertreten, sie müssen vertreten werden", como escreveu Marx em *O 18 brumário de Luís Bonaparte*.

Outra razão para insistir na exterioridade é que julgo necessário ficar bem claro, sobre o discurso e o intercâmbio cultural dentro de uma cultura, que aquilo que comumente circula não é a "verdade", mas uma representação. Não precisa ser mais uma vez demonstrado que a própria língua é um sistema altamente organizado e codificado que emprega muitos esquemas para expressar, indicar, trocar mensagens e informações, representar, e assim por diante. Em qualquer exemplo, ao menos da língua escrita, não há nada que seja uma presença transmitida, mas antes uma *represença*, ou uma representação. O valor, a eficácia, a força, a aparente veracidade de uma afirmação escrita sobre o Oriente baseiam-se muito pouco no próprio Oriente, dele não podem depender instrumentalmente. Ao contrário, a afirmação escrita é uma presença para o leitor em virtude de ter excluído, deslocado, tornado supérflua qualquer *coisa real* como o "Oriente". Assim, todo o Orientalismo representa e se afasta do Oriente: o fato de o Orientalismo fazer sentido depende mais do Ocidente que do Oriente, e esse sentido tem uma dívida direta com várias técnicas ocidentais de representação que tornam o Oriente visível, claro, "presente" no discurso a seu respeito. E, para obter os seus efeitos, essas representações se baseiam em instituições, tradições, convenções, códigos consensuais de compreensão, e não num distante e amorfo Oriente.

A diferença entre as representações do Oriente antes do último terço do século XVIII e as existentes depois desse período (isto é, aquelas pertencentes ao que chamo de Orientalismo moderno) é que o alcance da representação se expandiu enormemente na fase mais recente. É verdade que depois de William Jones e Anquetil-Duperron, e depois da expedição egípcia de Napoleão, a Europa veio a conhecer o Oriente de forma mais científica, a viver no Oriente com mais autoridade e disciplina que nunca. Mas o que importava para a Europa era o alcance expandido e o refinamento muito maior dado às suas técnicas de perceber o Oriente. Quando, por volta da virada do século XVIII, o Oriente revelou definitivamente a idade de suas línguas — tornando obsoleta a linhagem divina do hebraico — foi um grupo de europeus quem fez a descoberta, passou-a a outros estudiosos e preservou-a na nova ciência da filologia indo-europeia. Nasceu uma nova ciência poderosa para examinar o Oriente linguístico, e com ela, como Foucault mostrou em *A ordem das coisas*, toda uma teia de interesses científicos relacionados. Da mesma forma, William Beckford, Byron, Goethe e Hugo reestruturaram o Oriente com sua arte e tornaram visíveis suas cores, suas luzes e seus povos por meio de imagens, ritmos e temas. Quando muito, o Oriente "real" provocava a visão do escritor; muito raramente o orientava.

O Orientalismo reagia mais à cultura que o produzia do que a seu suposto objeto, também produzido pelo Ocidente. A história do Orientalismo, portanto, tem uma coerência interna e um conjunto altamente articulado de relações para com a cultura dominante que o circunda. Consequentemente, minhas análises tentam mostrar a forma e a organização interna do campo, seus pioneiros, as autoridades patriarcais, os textos canônicos, as ideias doxológicas, as figuras exemplares, seus seguidores, elaboradores e novas autoridades; tento também explicar como o Orientalismo se apropriou de ideias "fortes", doutrinas e tendências que regem a cultura, tendo sido frequentemente informado por elas. Havia assim (e há) um Oriente linguístico, um Oriente freudiano, um Oriente splengeriano, um Oriente darwiniano, um Oriente racista — e assim por diante. Mas nunca houve um Oriente puro, ou incondicional; da mesma forma, nunca houve uma forma não material de Orientalismo, muito menos algo tão inocente quanto uma "ideia" do Oriente. Nessa convicção subjacente e nas suas consequências metodológicas, eu me diferencio de eruditos que estudam a história das ideias. Pois as ênfases e a forma executiva, sobretudo a eficácia material, das afirmações feitas pelo discurso orientalista são possíveis de maneiras que qualquer história hermética das ideias tende completamente a limitar. Sem essas ênfases e essa eficácia material, o Orientalismo seria apenas outra ideia, enquanto é e foi muito mais que isso. Portanto, proponho examinar não só as obras eruditas, mas também as obras de literatura, tratados políticos, textos jornalísticos, livros de viagem, estudos religiosos e filológicos. Em outras palavras, minha perspectiva híbrida é amplamente histórica e "antropológica", dado que acredito que todos os textos são mundanos e circunstanciais e que variam, claro, de gênero para gênero e de período histórico para período histórico.

No entanto, ao contrário de Michel Foucault, a cuja obra devo muito, acredito na marca determinante de escritores individuais sobre o que seria de outro modo um corpo coletivo e anônimo de textos a constituir uma formação discursiva como o Orientalismo. A unidade do grande conjunto de textos que analiso se deve em parte ao fato de que eles frequentemente se referem um ao outro: o Orientalismo é afinal um sistema para citar obras e autores. *Manners and customs of the modern Egyptians*, de Edward William Lane, era lido e citado por figuras tão diversas como Nerval, Flaubert e Richard Burton. Era uma autoridade de uso imperativo para quem escrevesse ou pensasse sobre o Oriente, e não apenas sobre o Egito: quando Nerval se apropria de passagens verbatim de *Modern Egyptians*, é para que a autoridade de Lane o ajude a descrever as cenas de vila na Síria, e não no Egito. A autoridade de Lane e as oportunidades proporcionadas para citá-lo de forma discriminada e indiscriminada estavam à mão, porque o Orientalismo podia dar a seu texto a espécie de circulação distributiva que ele adquiriu. Entretanto, não há como entender a circulação do texto de Lane sem também compreender as características peculiares de *seu* texto; isso vale igualmente para Renan, Sacy, Lamartine, Schlegel e um grupo de outros escritores influentes. Foucault acredita que em geral o texto individual ou o autor tem pouca importância; empiricamente, no caso do Orientalismo (e talvez em nenhuma outra parte) não acho que seja assim. Por isso, as minhas análises empregam leituras textuais minuciosas, cuja finalidade é revelar a dialética entre o texto individual ou o escritor e a complexa formação coletiva para a qual sua obra contribui.

No entanto, embora inclua uma ampla seleção de escritores, este livro ainda está longe de ser uma história completa ou um relato geral do Orientalismo. Dessa deficiência estou muito consciente. O tecido de um discurso tão denso como o Orientalismo sobrevive e funciona na sociedade ocidental por causa de sua riqueza: o que fiz foi descrever partes desse tecido em certos momentos, e simplesmente sugerir a existência de uma totalidade maior, detalhada, interessante, salpicada de figuras, textos e acontecimentos fascinantes. Consolei-me acreditando que este livro é uma parte dentre várias outras, e espero que haja eruditos e críticos que talvez queiram escrever as outras partes. Há ainda um ensaio geral a ser escrito sobre o imperialismo e a cultura; outros estudos se aprofundariam mais na conexão entre o Orientalismo e a pedagogia, ou no Orientalismo italiano, holandês, alemão e suíço, ou na dinâmica entre a erudição e a escrita imaginativa, ou na relação entre as ideias administrativas e a disciplina intelectual. Talvez a tarefa mais importante de todas seja a de empreender estudos das alternativas contemporâneas ao Orientalismo, perguntar como é possível estudar outras culturas e povos a partir de uma perspectiva libertária, ou não repressiva e não manipuladora. Mas nesse caso seria necessário repensar todo o problema complexo de conhecimento e poder. Essas são todas tarefas deixadas constrangedoramente incompletas neste estudo.

A última e talvez autocomplacente observação que desejo fazer sobre o método é que escrevi este estudo com vários públicos em mente. Para os estudiosos de literatura e crítica, o Orientalismo oferece um exemplo maravilhoso da inter-relação entre a sociedade, a história e a textualidade; além disso, o papel cultural desempenhado pelo Oriente no Ocidente liga o Orientalismo com a ideologia, a política e a lógica do poder, questões de relevância, creio eu, para a comunidade literária. Para os estudiosos contemporâneos do Oriente, desde eruditos universitários a tomadores de decisões políticas, escrevi com duas finalidades em mente: primeiro, apresentar-lhes a sua genealogia intelectual de um modo que ainda não foi feito; segundo, criticar — com a esperança de provocar debates — as pressuposições frequentemente não questionadas de que o seu trabalho em grande parte depende. Para o leitor em geral, este estudo trata de questões que sempre prendem a atenção, todas ligadas não só a concepções e tratamentos ocidentais do Outro, mas também ao papel singularmente importante desempenhado pela cultura ocidental no que Vico chamava o mundo das nações. Por fim, para os leitores do assim chamado Terceiro Mundo, este estudo se apresenta como um passo para compreender menos a política ocidental e o mundo não ocidental nessa política do que a *força* do discurso cultural ocidental, uma força muitas vezes tomada erroneamente como apenas decorativa ou de "superestrutura". A minha esperança é ilustrar a formidável estrutura de dominação cultural e, especificamente para os povos outrora colonizados, os perigos e as tentações de empregar essa estrutura em si mesmos e em outros.

Os três longos capítulos e as doze unidades mais curtas em que este livro está dividido pretendem facilitar a exposição da melhor maneira possível. O capítulo 1, "O alcance do Orientalismo", traça um grande círculo ao redor de todas as dimensões do tema, tanto em relação a tempo histórico e experiências como em relação a temas filosóficos e políticos. O capítulo 2, "Estruturas e reestruturas orientalistas", tenta delinear o desenvolvimento do Orientalismo moderno por meio de uma descrição amplamente cronológica, e também pela descrição de um conjunto de esquemas comuns ao trabalho de importantes poetas, artistas e eruditos. O capítulo 3, "O Orientalismo hoje", começa no ponto em que parou o seu predecessor, por volta de 1870. Esse é o período da grande expansão colonial no Oriente, que culmina na Segunda Guerra Mundial. A última parte do capítulo 3 caracteriza a mudança da hegemonia britânica e francesa para a americana. Tento finalmente esboçar as presentes realidades intelectuais e sociais do Orientalismo nos Estados Unidos.

3. *A dimensão pessoal*. Em *Cadernos do Cárcere*, Gramsci diz: "O ponto de partida da elaboração crítica é a consciência do que você é realmente, é o 'conhece-te a ti mesmo' como um produ-

to do processo histórico até aquele momento, o qual depositou em você uma infinidade de traços, sem deixar um inventário". A única tradução inglesa existente omite inexplicavelmente o comentário de Gramsci nesse ponto, quando de fato, em seu texto italiano, ele conclui acrescentando: "portanto, é imperativo no início compilar esse inventário".[16]

Muito do investimento pessoal neste estudo deriva da minha consciência de ser um "oriental", por ter sido uma criança que cresceu em duas colônias britânicas. Toda a minha educação, naquelas colônias (Palestina e Egito) e nos Estados Unidos, foi ocidental, e ainda assim aquela primeira consciência profunda persistiu. De muitas maneiras, o meu estudo do Orientalismo foi uma tentativa de inventariar em mim o sujeito oriental, os traços da cultura cuja dominação tem sido um fator tão poderoso na vida de todos os orientais. É por isso que para mim o Oriente islâmico teve de ser o centro da atenção. Não cabe a mim julgar se o que realizei é o inventário prescrito por Gramsci, embora tenha considerado importante a consciência de tentar produzir tal inventário. Ao longo do caminho, com toda a severidade e a racionalidade de que fui capaz, tentei manter uma consciência crítica, bem como empregar aqueles instrumentos de pesquisa histórica, humanística e cultural de que a minha educação me tornou o feliz beneficiário. Em nada disso, entretanto, jamais perdi a consciência da realidade cultural de um "oriental", o envolvimento pessoal de ter sido constituído como um "oriental".

As circunstâncias históricas que tornaram possível este estudo são bastante complexas, e só posso listá-las esquematicamente neste ponto. Qualquer residente no Ocidente desde a década de 1950, particularmente nos Estados Unidos, terá vivido uma era de extraordinária turbulência nas relações entre Leste e Oeste. Ninguém terá deixado de notar como o "Leste" sempre representou perigo e ameaça durante esse período, mesmo quando significava o Oriente tradicional e a Rússia. Nas universidades, uma crescente criação de programas e institutos de estudos de área tornou o estudo erudito do Oriente um ramo da política nacional. Os negócios públicos neste país incluem um interesse saudável pelo Oriente, tanto por sua importância estratégica e econômica como por seu exotismo tradicional. Se o mundo se tornou imediatamente acessível a um cidadão ocidental que vive na era eletrônica, o Oriente dele se aproximou, sendo agora talvez menos um mito do que um lugar entrecruzado por interesses ocidentais, especialmente americanos.

Um aspecto do mundo eletrônico pós-moderno é que houve um reforço dos estereótipos pelos quais o Oriente é visto. A televisão, os filmes e todos os recursos da mídia têm forçado as informações a se ajustar em moldes cada vez mais padronizados. No que diz respeito ao Oriente, a padronização e os estereótipos culturais intensificaram o domínio da demonologia imaginativa e acadêmica do "misterioso Oriente" do século XIX. Em nenhum lugar isso é mais verdade do que na forma como o Oriente Próximo é compreendido. Três coisas contribuíram para transformar até a mais simples percepção dos árabes e do islã numa questão altamente politizada, quase estridente: primeiro, a história do preconceito popular contra os árabes e o islã no Ocidente, que se reflete diretamente na história do Orientalismo; segundo, a luta entre os árabes e o sionismo israelense, e seus efeitos sobre os judeus americanos, bem como sobre a cultura liberal e a população em geral; terceiro, a quase total ausência de qualquer posição cultural que possibilite a identificação com os árabes e o islã ou uma discussão imparcial a seu respeito. Além do mais, não é preciso dizer que, como o Oriente Médio é agora identificado com a política da Grande Potência, a economia do petróleo e a dicotomia simplista entre um Israel democrático e amante da liberdade e os árabes malvados, totalitários e terroristas, as chances de uma visão clara do que dizemos ao falar sobre o Oriente Próximo são deprimentemente pequenas.

As minhas próprias experiências dessas questões constituem, em parte, o que me fez escrever este livro. A vida de um palestino árabe no Ocidente, particularmente na América, é desanimadora. Há, nesse ponto, um consenso quase unânime de que politicamente ele não existe e, quando lhe é permitida a existência, ele aparece como um incômodo ou como um oriental. A teia de racismo, estereótipos culturais, imperialismo político, ideologia desumanizadora que reprime os árabes ou os muçulmanos é realmente muito forte, e essa teia é o que todo palestino vem a sentir como seu destino singularmente punitivo. A situação ainda se torna pior quando observamos que nos Estados Unidos nenhuma pessoa academicamente envolvida com o Oriente Próximo — isto é, nenhum orientalista — jamais se identificou de todo o coração, cultural e politicamente, com os árabes; certamente ocorreram identificações em algum nível, mas elas nunca adotaram uma forma "aceitável", como a da identificação americana liberal com o sionismo, tendo sido com muita frequência radicalmente prejudicadas pela sua associação com interesses políticos e econômicos desacreditados (arabistas das companhias de petróleo e do Departamento de Estado, por exemplo) ou com a religião.

O nexo de conhecimento e poder que cria o "oriental" e, num certo sentido, o oblitera como ser humano não é para mim uma questão exclusivamente acadêmica. Mas é uma questão *intelectual* de importância muito óbvia. Fui capaz de fazer uso de meus interesses humanísticos e políticos para a análise e descrição de uma questão muito mundana: o surgimento, o desenvolvimento e a consolidação do Orientalismo. Muito frequentemente presume-se que a literatura e a cultura sejam politicamente, mesmo historicamente inocentes; a minha impressão tem sido, com regularidade, diversa, e o meu estudo do Orientalismo certamente me convenceu (e espero que convença meus colegas literários) de que a sociedade e a cultura literária só podem ser compreendidas e estudadas em conjunto. Além disso, e por uma lógica quase inevitável, eu me vi escrevendo a história de um estranho e secreto parceiro do antissemitismo ocidental. Que o antissemitismo e o Orientalismo, assim como o discuto no seu ramo islâmico, são muito parecidos um com o outro é uma verdade histórica, cultural e política que basta ser mencionada a um palestino árabe para que sua ironia seja perfeitamente compreendida. Mas gostaria também de ter contribuído para uma melhor compreensão do modo como a dominação cultural tem operado. Se isso estimular uma nova maneira de lidar com o Oriente, na verdade, se eliminar completamente o "Oriente" e o "Ocidente", teremos avançado um pouco no processo do que Raymond Williams chamou de "desaprender" o "modo dominador inerente".[17]

1. O ALCANCE DO ORIENTALISMO

> [...] *le génie inquiet et ambitieux des Européens* [...]
> *impatient d'employer les nouveaux instruments de*
> *leur puissance* [...]
>
> [o gênio inquieto e ambicioso dos europeus
> [...] impaciente de empregar os novos instru-
> mentos de seu poder]
> Jean-Baptiste-Joseph Fourier, *Préface historique*
> (1809), *Description de l'Égypte*

CONHECENDO O ORIENTAL

Em 13 de junho de 1910, Arthur James Balfour instruiu a
Câmara dos Comuns sobre "os problemas com que temos de
lidar no Egito". Esses, disse ele, "pertencem a uma categoria
inteiramente diversa" da inerente aos problemas que "afetam a
Ilha de Wight ou o West Riding de Yorkshire". Ele falava com
a autoridade de um antigo membro do Parlamento, ex-secretário privado de lorde Salisbury, ex-primeiro secretário para a
Irlanda, ex-secretário para a Escócia, ex-primeiro-ministro, ve-
terano de inúmeras crises, realizações e mudanças além-mar.
Durante o seu envolvimento em assuntos imperiais, Balfour serviu uma monarca que em 1876 fora declarada Imperadora da
Índia; esteve em posições de influência incomum para acompa-
nhar as guerras afegã e zulu, a ocupação britânica do Egito em
1882, a morte do general Gordon no Sudão, o Incidente Fashoda, a batalha de Omdurman, a Guerra dos Bôeres, a Guerra
Russo-Japonesa. Além disso, sua extraordinária eminência política, a amplitude de sua erudição e inteligência — ele podia escrever sobre temas tão variados como Bergson, Haendel, teísmo e
golfe —, sua educação em Eton e Trinity College, Cambridge, e
seu aparente domínio dos assuntos imperiais, tudo emprestava
considerável autoridade ao que ele proferiu na Câmara dos Co-

muns em junho de 1910. Mas havia algo mais no discurso de Balfour, ou ao menos na sua necessidade de proferi-lo de modo tão didático e moralista. Alguns membros estavam questionando a necessidade da "Inglaterra no Egito", o tema do livro entusiástico de Alfred Miller em 1892, mas que no caso designava uma ocupação antes lucrativa e que se tornara uma fonte de problemas, agora que o nacionalismo egípcio estava crescendo e a presença britânica continuada no Egito já não era tão fácil de defender. Balfour, portanto, para informar e explicar.

Lembrando o desafio de J. M. Robertson, representante de Tyneside, o próprio Balfour fez mais uma vez a pergunta de Robertson: "Que direito temos de assumir esses ares de superioridade em relação aos povos que decidimos chamar de orientais?". A escolha de "oriental" era canônica; fora empregada por Chaucer e Mandeville, por Shakespeare, Dryden, Pope e Byron. Designava a Ásia ou o Leste, geograficamente, moralmente, culturalmente. Na Europa, podia-se falar de uma personalidade oriental, uma atmosfera oriental, um conto oriental, o despotismo oriental ou um modo de produção oriental, e ser compreendido. Marx tinha usado a palavra, e agora Balfour a estava usando; a sua escolha era compreensível e não exigia nenhum comentário.

> Eu não assumo nenhuma atitude de superioridade. Mas pergunto [a Robertson e a qualquer outro] [...] que tenha até o conhecimento mais superficial de história, se eles enfrentarão os fatos com que um estadista britânico tem de lidar quando é colocado numa posição de supremacia sobre grandes raças como os habitantes do Egito e de países no Leste. Conhecemos melhor a civilização do Egito do que a civilização de qualquer outro país. Nós a conhecemos no passado remoto; nós a conhecemos intimamente; nós a conhecemos mais. Ela ultrapassa o alcance pequeno da história de nossa raça, que se perde no período pré-histórico numa época em que a civilização egípcia já passara por seu apogeu. Considerem todos os países orientais. Não falem sobre superioridade ou inferioridade.

Dois grandes temas dominam seus comentários nesse ponto e no que se seguirá: conhecimento e poder, os temas de Bacon. Quando Balfour justifica a necessidade da ocupação britânica do Egito, a supremacia na sua mente está associada com o "nosso" conhecimento do Egito, e não principalmente com o poder econômico ou militar. Para Balfour, o conhecimento significa examinar uma civilização desde as suas origens ao seu apogeu e ao seu declínio — e, claro, significa *ser capaz de fazer tal coisa*. O conhecimento significa elevar-se acima do imediatismo, além de si mesmo, introduzir-se no estrangeiro e distante. O objeto de tal conhecimento é inerentemente passível de escrutínio; se cresce, muda ou de qualquer outro modo se transforma, como acontece frequentemente nas civilizações, esse objeto é ainda assim um "fato" fundamental, ontologicamente estável. Ter esse conhecimento de tal objeto é dominá-lo, ter autoridade sobre ele. E a autoridade nesse ponto significa que "nós" devemos negar autonomia a "ele" — o país oriental — porque o conhecemos e ele existe, num certo sentido, *assim como* o conhecemos. O conhecimento britânico do Egito *é* o Egito para Balfour, e o peso do conhecimento faz com que essas questões como inferioridade e superioridade pareçam mesquinhas. Em nenhum momento Balfour nega a superioridade britânica e a inferioridade egípcia; ele as aceita como naturais quando descreve as consequências do conhecimento.

Em primeiro lugar, considerem os fatos da questão. Tão logo surgem na história, as nações ocidentais já mostram os primórdios daquelas capacidades para o autogoverno [...] tendo méritos próprios. [...] Pode-se examinar toda a história dos orientais no que se chama, falando amplamente, o Leste, e jamais se encontrarão vestígios de autogoverno. Todos os seus grandes séculos — e eles têm sido grandes — foram passados sob despotismos, sob um governo absoluto. Todas as suas grandes contribuições para a civilização — e elas têm sido grandes — foram feitas sob essa forma de governo. Conquistador sucedeu a conquistador, uma dominação seguiu-se à outra, mas jamais, em todas as reviravoltas do destino e da fortuna, se viu uma daquelas nações estabelecer de moto próprio o que nós, de um ponto de vista ocidental, chamamos de autogoverno. Esse é o fato. Não é uma questão de superioridade e inferioridade. Suponho que um verdadeiro sábio oriental diria que o governo operante que assumimos no Egito e em outras regiões não é uma obra digna de um filósofo — é a obra suja, a obra inferior, de realizar o trabalho necessário.

Visto que esses fatos são fatos, Balfour deve passar então à próxima parte de seu argumento:

> É bom para estas grandes nações — admito a sua grandeza — que esse governo absoluto seja exercido por nós? Acho que é bom. Acho que a experiência mostra que sob nosso domínio eles conseguiram um governo muito melhor do que jamais tiveram em toda a história do mundo, um governo que não só é um benefício para eles, mas indubitavelmente um benefício para todo o Ocidente civilizado [...] Estamos no Egito não somente por causa dos egípcios, embora ali estejamos por sua causa; estamos ali também por causa da Europa em geral.

Balfour não apresenta evidências de que os egípcios e "as raças com que lidamos" apreciam ou mesmo compreendem o bem que lhes está sendo feito pela ocupação colonial. Não ocorre a Balfour, entretanto, deixar que o egípcio fale por si mesmo, já que é mais provável que qualquer egípcio disposto a falar seja "o agitador [que] deseja criar dificuldades", e não o bom nativo que faz vista grossa às "dificuldades" da dominação estrangeira. E assim, tendo resolvido os problemas éticos, Balfour volta-se por fim aos práticos. "Se nos cabe governar, com ou sem gratidão, com ou sem a memória genuína e real de todos os males de que livramos a população [note-se que Balfour não menciona a perda ou ao menos o adiamento indefinido da independência egípcia] e sem uma imaginação vívida de todos os benefícios que lhes concedemos; se esse é o nosso dever, como deve ser cumprido?" A Inglaterra exporta "o que de melhor temos para esses países". Esses administradores abnegados fazem o seu trabalho "em meio a dezenas de milhares de pessoas que pertencem a um credo diferente, a uma raça diferente, a uma disciplina diferente, a condições diferentes de vida". O que torna possível a sua tarefa de governar é a percepção de serem apoiados em casa por um governo que endossa o que eles fazem. Mas

> tão logo as populações nativas têm o sentimento instintivo de que aqueles com quem elas devem lidar não possuem por trás o poder, a autoridade, a simpatia, o apoio pleno e de boa vontade do país que os enviou, essas populações perdem todo aquele senso de ordem que é a própria base de sua civilização, assim como nossos oficiais perdem todo aquele senso de poder e autoridade, que é a própria base de tudo o que podem fazer para o benefício daqueles entre os quais foram enviados.

A lógica de Balfour é interessante nesse ponto, não menos importante por ser completamente coerente com as premissas de todo o seu discurso. A Inglaterra conhece o Egito; o Egito é o que a Inglaterra conhece; a Inglaterra sabe que o Egito não pode ter autogoverno; a Inglaterra confirma esse conhecimento ocupando o Egito; para os egípcios, o Egito é o que a Inglaterra ocupou e agora governa; a ocupação estrangeira torna-se, portanto, "a própria base" da civilização egípcia contemporânea; o Egito requer, até insistentemente, a ocupação britânica. Mas, se a intimidade especial entre o governante e o governado no Egito é perturbada pelas dúvidas do Parlamento em casa, então "a autoridade do que [...] é a raça dominante — e, na minha opinião, deve continuar a ser a raça dominante — é solapada". Não se trata apenas do prestígio inglês; "é inútil para um punhado de funcionários britânicos — dotem-nos como quiserem, deem-lhes todas as qualidades de caráter e gênio que puderem imaginar —, é impossível que eles realizem a grande tarefa que no Egito não apenas nós, mas o mundo civilizado lhes impusemos".[1]

Como desempenho retórico, o discurso de Balfour é significativo pelo modo como ele desempenha o papel de uma variedade de personagens, como ele as representa. Há, claro, "o inglês", para quem o pronome "nós" é usado com toda a importância de um homem ilustre e poderoso que se sente representativo de tudo o que há de melhor na história de sua nação. Balfour também pode falar pelo mundo civilizado, o Ocidente, e o corpo relativamente pequeno de funcionários coloniais no Egito. Se ele não fala diretamente pelos orientais, é porque eles afinal falam outra língua; mas ele sabe o que eles sentem porque conhece a sua história, a sua confiança em homens como ele, e as suas expectativas. Ainda assim, ele fala pelos orientais no sentido de que aquilo que eles poderiam ter a dizer, se lhes fosse perguntado e pudessem responder, confirmaria um tanto inutilmente o que já é evidente: que eles são uma raça subjugada, dominada por uma raça que os conhece e sabe o que é bom para eles mais e melhor do que poderiam possivelmente saber eles próprios. Os seus grandes momentos estavam no passado; são úteis no mundo moderno apenas porque os novos impérios poderosos efetivamente os tiraram da desgraça de seu declínio e transformaram-nos em residentes de colônias produtivas.

O Egito em particular era um excelente exemplo, e Balfour estava perfeitamente seguro, como membro do parlamento, de seu direito de falar sobre o Egito em nome da Inglaterra, do Ocidente, da civilização ocidental. Pois o Egito não era apenas outra colônia: era a justificação do imperialismo ocidental; era, até a sua anexação pela Inglaterra, um exemplo quase acadêmico do atraso oriental; devia tornar-se o triunfo do conhecimento e do poder ingleses. Entre 1882, o ano em que a Inglaterra ocupou o Egito e pôs fim à rebelião nacionalista do coronel Arabi, e 1907, o representante da Inglaterra no Egito, o senhor do Egito, foi Evelyn Baring (também conhecido como "Over-ba-

66

ring"*), lorde Cromer. Em 30 de julho de 1907, foi Balfour quem apoiou na Câmara dos Comuns o projeto para dar a lorde Cromer uma aposentadoria de 50 mil libras como recompensa pelo que ele tinha feito no Egito. Cromer *criou* o Egito, disse Balfour:

> Em tudo em que se envolvia, ele obtinha sucesso [...] Os serviços de lorde Cromer durante o último quarto de século elevaram o Egito do nível mais baixo da degradação econômica e social até o ponto em que agora está entre as nações orientais, na minha opinião, absolutamente sozinho na sua prosperidade financeira e moral.[2]

Balfour não se arriscava a dizer de que maneira a prosperidade moral do Egito podia ser aferida. As exportações britânicas para o Egito igualavam as que se dirigiam a toda a África; isso certamente indicava uma espécie de prosperidade financeira, tanto para o Egito como para a Inglaterra (um tanto desigualmente). Mas o que realmente importava era a tutela ocidental inquebrantável, abrangente sobre um país oriental, desde os eruditos, missionários, negociantes, soldados e professores que prepararam e depois realizaram a ocupação, até altos funcionários como Cromer e Balfour que se viam como os que propiciaram, dirigiram e às vezes até forçaram a ascensão do Egito, da incúria oriental até sua presente eminência solitária.

Se o sucesso britânico no Egito foi tão excepcional como dizia Balfour, não era absolutamente um sucesso irracional ou inexplicável. Os assuntos egípcios tinham sido controlados segundo uma teoria geral, expressa tanto por Balfour nas suas noções sobre a civilização oriental como por Cromer na sua administração da atividade cotidiana no Egito. O mais importante sobre a teoria durante a primeira década do século XX era

---

* Um trocadilho com *overbearing*, que significa despótico, autoritário. (N. T.)

que funcionava, e funcionava tremendamente bem. Quando reduzido à sua forma mais simples, o argumento era claro, era preciso, era fácil de compreender. Há ocidentais, e há orientais. Os primeiros dominam; os últimos devem ser dominados, o que geralmente significa ter suas terras ocupadas, seus assuntos internos rigidamente controlados, seu sangue e seu tesouro colocados à disposição de uma ou outra potência ocidental. Que Balfour e Cromer, como logo veremos, podiam reduzir a humanidade a essas essências raciais e culturais desumanas, não indicava absolutamente uma depravação particular. Antes indicava como a doutrina geral se tornara aperfeiçoada quando aplicada — aperfeiçoada e eficiente.

Ao contrário de Balfour, cujas teses sobre os orientais pretendiam atingir a universalidade objetiva, Cromer falava sobre os orientais especificamente como aquilo que ele havia governado e com que tivera de lidar, primeiro na Índia, depois por 25 anos no Egito, período durante o qual surgiu como o cônsul-geral supremo no império da Inglaterra. Os "orientais" de Balfour são as "raças subjugadas" de Cromer, que ele transformou no tópico de um longo ensaio publicado na *Edinburgh Review*, em janeiro de 1908. Mais uma vez, o conhecimento das raças subjugadas ou dos orientais é o que torna fácil e lucrativa a sua administração; o conhecimento fornece poder, mais poder requer mais conhecimento, e assim por diante numa dialética crescentemente lucrativa de informação e controle. A noção de Cromer é que o império da Inglaterra não se dissolverá, se coisas como o militarismo e o egoísmo comercial em casa e "instituições livres" na colônia (em oposição ao governo britânico "segundo o Código da moralidade cristã") forem reprimidas. Pois se, de acordo com Cromer, a lógica é algo "cuja existência o oriental está totalmente disposto a ignorar", o método apropriado de governar não é impor-lhe medidas ultracientíficas ou forçá-lo fisicamente a aceitar a lógica. É antes compreender as suas limitações e "empenhar-se para encontrar, no contentamento da raça subjugada, um laço mais digno e, talvez se possa esperar, mais forte de união entre os governantes e os governados". Movendo-se furtivamente por trás da pacificação da raça subjugada está o poderio imperial, mais eficaz por meio da compreensão refinada e do uso pouco frequente da força que por meio de seus soldados, seus brutais coletores de impostos e sua potência imoderada. Em uma palavra, o Império deve ser sábio; deve temperar sua cupidez com abnegação, e sua impaciência com disciplina flexível.

> Para ser mais explícito, o que se quer dizer quando se diz que o espírito comercial deve estar sob algum controle é o seguinte — que ao lidar com indianos ou egípcios, shilluks ou zulus, a primeira questão é considerar o que esses povos, que estão todos, em termos nacionais, mais ou menos *in statu pupillari*, pensam ser melhor para seus interesses, ainda que esse seja um ponto que merece séria consideração. Mas é essencial que cada questão especial seja decidida principalmente com referência ao que, à luz do conhecimento e da experiência ocidental temperados por considerações locais, julgamos conscienciosamente ser o melhor para a raça subjugada, sem relação com nenhuma vantagem real ou suposta que possa advir para a Inglaterra como nação, ou — como acontece mais frequentemente — para os interesses especiais representados por uma ou mais classes influentes de ingleses. Se a nação britânica como um todo mantém persistentemente esse princípio em mente, e insiste rigorosamente na sua aplicação, embora jamais possamos criar um patriotismo análogo ao baseado na afinidade de raça ou na comunidade da língua, podemos talvez fomentar uma espécie de lealdade cosmopolita fundada no respeito sempre concedido aos talentos superiores e à conduta abnegada, e na gratidão derivada dos favores já conferidos e dos que ainda estão por vir. Em todo caso, talvez haja alguma esperança de que os egípcios hesitarão antes de compartilhar a sorte de algum futuro Arabi [...] Até o selvagem da África central pode acabar aprendendo a cantar um hino em honra de Astraea Redux, representada pelo funcionário britânico

que lhe nega gim, mas lhe dá justiça. Mais do que isso, o comércio lucrará.[3]

Quanta "consideração séria" o governante devia dar às propostas da raça subjugada é um dado ilustrado pela total oposição de Cromer ao nacionalismo egípcio. Instituições nativas livres, ausência de ocupação estrangeira, soberania nacional autossustentada: essas demandas pouco surpreendentes eram rejeitadas por Cromer, que afirmava sem ambiguidade que "o futuro real do Egito [...] não está na direção de um nacionalismo estreito, que apenas abrangerá os egípcios nativos [...] mas antes no de um cosmopolitismo ampliado".[4] As raças subjugadas não possuíam a capacidade de saber o que era bom para elas. A maior parte delas era constituída por orientais, cujas características Cromer conhecia bem, porque tivera experiência com eles tanto na Índia como no Egito. Para Cromer, uma das coisas convenientes sobre os orientais era que administrá-los, embora as circunstâncias pudessem diferir um pouco aqui e ali, vinha a ser quase por toda parte mais ou menos a mesma coisa.[5] Assim acontecia, claro, porque os orientais eram quase por toda parte mais ou menos a mesma coisa.

Agora, por fim, abordamos o núcleo do conhecimento essencial, tanto acadêmico como prático, que Cromer e Balfour herdaram de todo um século de Orientalismo ocidental: conhecimento sobre os orientais e conhecimento dos orientais, sua raça, caráter, cultura, história, tradições, sociedade e possibilidades. Esse conhecimento era efetivo: Cromer acreditava tê-lo empregado ao governar o Egito. Além disso, era um conhecimento testado e imutável, porque os "orientais", para todos os fins práticos, eram uma essência platônica que qualquer orientalista (ou governante de orientais) poderia examinar, compreender e expor. Assim, no capítulo 34 de sua obra em dois volumes, *Modern Egypt*, o registro magistral de sua experiência e realização, Cromer estabelece uma espécie de cânone pessoal da sabedoria orientalista:

Sir Alfred Lyall me disse certa vez: "A precisão é incompatível com a mente oriental. Todo anglo-indiano deve sempre lembrar essa máxima". A falta de precisão, que facilmente degenera em falsidade, é de fato a principal característica da mente oriental.

O europeu é um bom raciocinador; suas afirmações factuais não possuem nenhuma ambiguidade; ele é um lógico natural, mesmo que não tenha estudado lógica; é por natureza cético e requer provas antes de aceitar a verdade de qualquer proposição; sua inteligência treinada funciona como um mecanismo. A mente do oriental, por outro lado, como as suas ruas pitorescas, é eminentemente carente de simetria. Seu raciocínio é dos mais descuidados. Embora os antigos árabes tivessem adquirido num grau bem mais elevado a ciência da dialética, seus descendentes são singularmente deficientes na faculdade lógica. São muitas vezes incapazes de tirar as conclusões mais óbvias de quaisquer premissas simples, das quais talvez admitam a verdade. Procurem extrair uma simples declaração de fatos de qualquer egípcio comum. Sua explicação será geralmente longa e carente de lucidez. É muito provável que se contradiga meia dúzia de vezes antes de terminar sua história. Ele com frequência sucumbirá sob o processo mais ameno de acareação.

Mostra-se então que os orientais e os árabes são crédulos, "sem energia e iniciativa", muito dados a uma "adulação repugnante", a intrigas, astúcia e maldade para com os animais; os orientais nem sabem caminhar numa estrada ou num pavimento (suas mentes desordenadas não compreendem o que o inteligente europeu apreende imediatamente, que as estradas e os pavimentos são feitos para caminhar); os orientais são mentirosos contumazes, são "letárgicos e desconfiados", e em tudo opõem-se à clareza, à franqueza e à nobreza da raça anglo-saxônica.[6]

Cromer não faz esforços para esconder que, a seus olhos, os orientais eram sempre e apenas o material humano que ele governava nas colônias britânicas. "Como sou apenas um diplomata e um administrador, a quem igualmente cabe estudar o homem, mas do ponto de vista de como governá-lo", diz Cromer, "eu me contento em notar o fato de que de uma ou outra maneira o oriental geralmente age, fala e pensa de um modo exatamente oposto ao do europeu."[7] As descrições de Cromer, é claro, são baseadas em parte na observação direta, mas aqui e ali ele se refere a autoridades orientalistas ortodoxas (em particular, Ernest Renan e Constantin de Volney) para sustentar suas opiniões. A essas autoridades ele também se submete, quando passa a explicar por que os orientais são da maneira como são. Ele não tem a menor dúvida de que *qualquer* conhecimento do oriental acabará por confirmar suas próprias opiniões — segundo as quais, a julgar por sua descrição do egípcio sucumbindo sob uma acareação, o oriental é sempre o culpado. O crime era um oriental ser oriental, e um sinal acurado de como essa tautologia era comumente aceitável consiste no fato de que podia ser escrita sem nem nenhum apelo à lógica ou à simetria mental do europeu. Julgava-se mesmo não ser natural qualquer desvio do que se considerava serem as normas do comportamento oriental; assim, o último relatório anual de Cromer no Egito proclamava que o nacionalismo egípcio era uma "ideia inteiramente nova" e "uma planta de crescimento antes exótico que nativo".[8]

Estaríamos errados, penso eu, em subestimar o reservatório de conhecimento digno de crédito, os códigos da ortodoxia orientalista a que Cromer e Balfour se referem em toda parte nos seus escritos e na sua política pública. Dizer simplesmente que o Orientalismo foi uma racionalização do regime colonial é ignorar até que ponto o regime colonial foi justificado de antemão pelo Orientalismo. Os homens sempre dividiram o mundo em regiões que possuem diferenças reais ou imaginadas entre si. A demarcação absoluta entre o Leste e o Oeste, que Balfour e Cromer aceitam com tanta complacência, fora construída por anos, até por séculos. Houve, claro, inumeráveis viagens de descobrimento; houve contatos por meio do comércio e da guerra. Porém, mais que isso, desde a metade do século XVIII havia os elementos principais na relação entre o Leste e o Oeste. Um deles era um conhecimento sistemático crescente na Europa sobre o Oriente, conhecimento reforçado pelo encontro colonial bem como pelo interesse geral pelo estranho e insólito, explorado pelas ciências em desenvolvimento da etnologia, da anatomia comparada, da filologia c da história; além do mais, a esse conhecimento sistemático acrescentava-se um corpo de literatura de bom tamanho produzido por romancistas, poetas, tradutores e viajantes talentosos. A outra característica das relações oriental-europeias era que a Europa estava sempre numa posição de força, para não dizer dominação. Não há como expressar esse dado com eufemismos. Verdade, a relação do forte para com o fraco podia ser disfarçada ou mitigada, como quando Balfour reconhece a "grandeza" das civilizações orientais. Mas a relação essencial, em questões políticas, culturais e até religiosas, era vista — no Ocidente, que é o que nos interessa no momento — como uma relação entre um parceiro forte e um fraco.

Muitos termos foram usados para expressar a relação: Balfour e Cromer, tipicamente, usaram vários. O oriental é irracional, depravado, infantil, "diferente"; o europeu é racional, virtuoso, maduro, "normal". Mas o modo de estimular a relação em toda parte era enfatizar o fato de que o oriental vivia num mundo próprio totalmente organizado, mas diferente, um mundo com suas próprias fronteiras nacionais, culturais e epistemológicas e seus princípios de coerência interna. Mas o que dava ao mundo dos orientais a sua inteligibilidade e identidade não era o resultado de seus próprios esforços, mas antes toda a complexa série de manipulações sagazes pelas quais o Oriente era identificado pelo Ocidente. Assim unem-se as duas características da relação cultural que tenho discutido. O conhecimento do Oriente, porque gerado pela força, *cria* num certo sentido o Oriente, o oriental e o seu mundo. Na linguagem de Balfour e Cromer, o oriental é descrito como algo que se julga (como num tribunal), algo que se estuda e descreve (como num currículo), algo que se disciplina (como numa escola ou prisão), algo que se ilustra (como num manual de zoologia). O ponto é que em cada um desses casos o oriental é *contido* e *representado* por estruturas dominadoras. De onde vêm essas estruturas?

A força cultural não é algo que se possa discutir com muita facilidade — e um dos objetivos do presente trabalho é ilustrar, analisar e refletir sobre o Orientalismo como um exercício de força cultural. Em outras palavras, é melhor não arriscar generalizações sobre uma noção tão vaga, mas tão importante como a força cultural, até que grande parte do material tenha sido analisada. Mas, em princípio, pode-se dizer que, no que dizia respeito ao Ocidente durante os séculos XIX e XX, supunha-se que o Oriente e tudo que nele havia era, se não patentemente inferior ao Ocidente, algo que necessitava de um estudo corretivo pelo Ocidente. O Oriente era visto como se estruturado pela sala de aula, pela corte criminal, pela prisão, pelo manual ilustrado. O Orientalismo é, portanto, o conhecimento do Oriente que coloca as coisas orientais na aula, no tribunal, na prisão ou no manual, para escrutínio, estudo, julgamento, disciplina ou governo.

Durante os primeiros anos do século XX, homens como Balfour e Cromer podiam dizer o que diziam, da maneira como diziam, porque uma tradição de Orientalismo ainda mais antiga que a do século XIX fornecia-lhes um vocabulário, um imaginário, uma retórica e figuras com que dizê-lo. Mas o Orientalismo reforçava o conhecimento indiscutível de que a Europa ou o Ocidente comandava realmente a maior parte da superfície da Terra, e esse conhecimento o reforçava. O período de imenso progresso nas instituições e no conteúdo do Orientalismo coincide exatamente com o período de expansão europeia sem paralelo; de 1815 a 1914, o domínio colonial direto dos europeus expandiu-se de cerca de 35% para cerca de 85% da superfície da Terra.[9] Todos os continentes foram afetados, e nenhum mais que a África e a Ásia. Os dois maiores impérios eram o britânico e o francês; aliados e parceiros em algumas coisas, em outras eles eram rivais hostis. No Oriente, das costas orientais do Mediterrâneo à Indochina e à Malásia, as suas possessões coloniais e esferas imperiais de influência eram adjacentes, muitas vezes coincidindo em parte, o que com frequência tornava-se motivo de lutas. Mas era no Oriente Próximo, nas terras do Oriente Próximo árabe, onde se supunha que o islã definia as características culturais e raciais, que os britânicos e os franceses se encontravam uns com os outros e com o "Oriente" com maior intensidade, familiaridade e complexidade. Durante grande parte do século XIX, como disse lorde Salisbury em 1881, sua visão comum do Oriente era intricadamente problemática: "Quando temos um [...] aliado leal que está inclinado a se intrometer num país pelo qual temos profundo interesse — temos três caminhos à nossa frente. Podemos renunciar — ou monopolizar — ou partilhar. Renunciar teria sido colocar os franceses no meio de nosso caminho para a Índia. Monopolizar teria sido aproximar-se muito do risco da guerra. Então decidimos partilhar".[10]

E assim eles partilharam, de maneiras que vamos em breve investigar. O que eles partilharam, entretanto, não era apenas terra, lucro ou governo; era a espécie de poder intelectual que tenho chamado de Orientalismo. Num sentido, o Orientalismo era uma biblioteca ou um arquivo de informações mantido de comum acordo e, em alguns de seus aspectos, de forma unânime. O que unia o arquivo era uma família de ideias[11] e um conjunto unificador de valores, que se mostravam eficazes de várias maneiras. Essas ideias explicavam o comportamento dos orientais; supriam os orientais com uma mentalidade, uma genealogia, uma atmosfera; muito importante, permitiam que os europeus lidassem com os orientais e até os vissem como um fenômeno que possuía características regulares. Mas, como qualquer conjunto de ideias duradouras, as noções orientalistas influenciaram os povos que eram chamados orientais, bem como os chamados ocidentais, europeus ou do oeste; em suma, o Orientalismo é mais bem compreendido como um conjunto de restrições e limitações do pensamento do que simplesmente como uma doutrina positiva. Se a essência do Orientalismo é a distinção indelével entre a superioridade ocidental e a inferioridade oriental, devemos estar preparados para notar como no seu desenvolvimento e história subsequentes o Orientalismo aprofundou e endureceu a distinção. Quando se tornou prática comum durante o século XIX que a Grã-Bretanha retirasse seus administradores da Índia e de outras regiões assim que tivessem completado 55 anos, mais um refinamento no Orientalismo fora realizado; jamais se permitiu que um oriental visse um ocidental envelhecer e degenerar, assim como nenhum ocidental jamais precisou se ver, espelhado nos olhos da raça subjugada, senão como um jovem Raj vigoroso, racional e sempre alerta.[12]

As ideias orientalistas assumiram formas diferentes durante os séculos XIX e XX. Em primeiro lugar, na Europa havia uma imensa literatura sobre o Oriente herdada do passado europeu. O que distingue o fim do século XVIII e início do século XIX, período no qual este estudo assume que o Orientalismo moderno teria começado, é que ocorreu uma renascença oriental, como Edgar Quinet a chamou.[13] De repente uma ampla variedade de pensadores, políticos e artistas teve a impressão de que surgira uma nova consciência do Oriente, que se estendia da China ao Mediterrâneo. Essa consciência era em parte o resultado de textos orientais em línguas como o sânscrito, o zenda e o árabe, descobertos e traduzidos havia pouco tempo; era também o resultado de uma relação recentemente percebida entre o Oriente e o Ocidente. Para meus fins neste estudo, o princípio básico da relação foi estabelecido para o Oriente Próximo e para a Europa pela invasão napoleônica do Egito em 1798, uma invasão que foi de muitas maneiras o modelo de uma apropriação verdadeiramente científica de uma cultura por outra na aparência mais forte. Com a ocupação do Egito por Napoleão, foram postos em movimento processos entre o Oriente e o Ocidente que ainda dominam nossas perspectivas culturais e políticas contemporâneas. E a expedição napoleônica, com seu grande monumento coletivo de erudição, a *Description de l'Égypte*, forneceu uma cena ou cenário para o Orientalismo, uma vez que o Egito e subsequentemente as outras terras islâmicas eram vistos como a província viva, o laboratório, o teatro do efetivo conhecimento ocidental sobre o Oriente. Retornarei à aventura napoleônica um pouco mais adiante.

Com experiências como a de Napoleão, o Oriente como um corpo de conhecimento no Ocidente foi modernizado, e essa é uma segunda forma do Orientalismo nos séculos XIX e XX. Desde o início do período que vou examinar, havia por toda parte entre os orientalistas a ambição de formular suas descobertas, experiências e intuições adequadamente do ponto de vista moderno, de pôr as ideias sobre o Oriente em contato muito próximo com as realidades modernas. Em 1848, por exemplo, as investigações linguísticas de Renan sobre o semita foram enunciadas num estilo que tirava da gramática comparada, da anatomia comparada e da teoria racial contemporâneas grande parte da sua autoridade; essas disciplinas emprestavam prestígio ao seu Orientalismo e — o outro lado da moeda — tornavam o Orientalismo vulnerável, como sempre foi desde então, a correntes de pensamento em voga e muito influentes no Ocidente. O Orientalismo foi submetido ao imperialismo, ao positivismo, ao utopismo, ao historicismo, ao darwinismo, ao racismo, ao freudianismo, ao marxismo, ao spenglerismo. Mas o Orientalismo, como muitas das ciências naturais e sociais, tem "paradigmas" de pesquisa, suas próprias sociedades eruditas, seu próprio *establishment*. Durante o século XIX, o campo cresceu enormemente em prestígio, como também cresceram a reputação e a influência de instituições como a Société Asiatique, a Royal Asiatic Society, a Deutsche Morgenländische Gesellschaft e a American Oriental Society. Com o crescimento dessas sociedades ocorreu também um aumento, em toda a Europa, do número de cátedras nos estudos orientais; consequentemente, houve uma expansão dos meios disponíveis para disseminar o Orientalismo. Os periódicos orientalistas, começando com o *Fundgraben des Orients* (1809), multiplicaram o acervo de conhecimento bem como o número de especializações.

Mas só uma pequena parte dessa atividade e muito poucas dessas instituições existiam e floresciam livremente, pois numa terceira forma em que se apresentava o Orientalismo impunha limites ao pensamento sobre o Oriente. Mesmo os escritores mais imaginativos de uma era, homens como Flaubert, Nerval ou Scott, sofreram restrições no que podiam experimentar ou dizer sobre o Oriente. Pois o Orientalismo constituía em última análise uma visão política da realidade, cuja estrutura promovia a diferença entre o familiar (a Europa, o Ocidente, "nós") e o estranho (o Oriente, o Leste, "eles"). Em certo sentido, essa visão criava e depois servia os dois mundos assim concebidos. Os orientais viviam em seu mundo, "nós" vivíamos no nosso. A visão e a realidade material sustentavam-se uma à outra e mantinham-se em andamento. Uma certa liberdade de diálogo sempre foi privilégio do ocidental; como sua cultura era a mais forte, ele podia penetrar, lutar corpo a corpo, dar forma e significado ao grande mistério asiático, como Disraeli certa vez o chamou. Mas o que foi antes negligenciado, creio eu, é o vocabulário restrito desse privilégio e as limitações relativas dessa visão. O meu argumento supõe que a realidade do Orientalismo é anti-humana e persistente. O seu alcance, assim como suas instituições e influência disseminada, perdura até o presente.

Mas como é que o Orientalismo funcionava e funciona? Como se pode descrevê-lo ao mesmo tempo como um fenômeno histórico, um modo de pensamento, um problema contemporâneo e uma realidade material? Consideremos Cromer mais uma vez, um consumado técnico do império, mas também um beneficiário do Orientalismo. Ele pode nos dar uma resposta rudimentar. Em "O governo das raças subjugadas", ele luta com o problema de como a Grã-Bretanha, uma nação de indivíduos, deve administrar um imenso império segundo alguns princípios centrais. Ele estabelece o contraste entre o "agente local", que tem um conhecimento especializado do nativo e uma individualidade anglo-saxônica, e a autoridade central na metrópole, em Londres. O primeiro pode "tratar os assuntos de interesse local de um modo calculado para prejudicar, até pôr em perigo, os interesses imperiais. A autoridade central está em posição de neutralizar qualquer perigo que possa surgir dessa causa". Por quê? Porque essa autoridade pode "assegurar o funcionamento harmonioso das diferentes partes da máquina" e "na medida do possível deve esforçar-se para perceber as circunstâncias que cercam o governo da dependência".[14] A linguagem é vaga e pouco atraente, mas a ideia não é de difícil compreensão. Cromer prefigura uma base de poder no Ocidente e, irradiando a partir desse núcleo para o Leste, uma grande máquina abrangente que sustenta a autoridade central, mas é por ela comandada. O que os ramos da máquina introduzem no Leste — material humano, riqueza material, conhecimento, o que se quiser — é processado pela máquina, depois convertido em mais poder. O especialista faz a tradução imediata da simples matéria oriental em substância útil: o oriental torna-se, por exemplo, uma raça subjugada, o exemplo de uma mentalidade "oriental", tudo para o aprimoramento da "autoridade" na metrópole. Os "interesses locais" são interesses especiais orientalistas, a "autoridade central" é o interesse geral da sociedade imperial como um todo. O que Cromer percebe com muita acuidade é a administração do conhecimento pela sociedade, o fato de que o conhecimento — não importa quão especial — é regulado primeiro pelos interesses locais de um especialista, mais tarde pelos interesses gerais de um sistema social de autoridade. A interação entre os interesses locais e centrais é intricada, mas de modo algum indiscriminada.

Na argumentação de Cromer como administrador imperial, o "estudo apropriado é também o homem", diz ele. Quando Pope proclamou que o estudo próprio da humanidade é o homem, ele falava de todos os homens, inclusive dos "pobres indianos"; enquanto o argumento de Cromer "também" nos lembra que certos homens, como os orientais, podem ser escolhidos como tema para um estudo *apropriado*. O estudo apropriado — nesse sentido — dos orientais é o Orientalismo, apropriadamente separado de outras formas de conhecimento, mas enfim útil (porque finito) para o material e a realidade social que encerra todo o conhecimento em qualquer tempo, que sustenta o conhecimento, que lhe fornece os usos. Uma ordem de soberania é estabelecida do Leste para o Oeste, uma falsa cadeia de seres cuja forma mais clara foi apresentada certa vez por Kipling:

Mula, cavalo, elefante ou boi, ele obedece o condutor, e o condutor obedece o seu sargento, e o sargento o seu tenente, e o tenente o seu capitão, e o capitão o seu major, e o major o seu coronel, e o coronel o seu brigadeiro que comanda três regimentos, e o brigadeiro o seu general que obedece o vice--rei, que é o criado da Imperatriz.[15]

Tão profundamente forjado como essa monstruosa cadeia de comando, tão fortemente administrado como o "funcionamento harmonioso" de Cromer, o Orientalismo também pode expressar a força do Ocidente e a fraqueza do Oriente — assim como é visto pelo Ocidente. Tal força e tal fraqueza são tão intrínsecas ao Orientalismo quanto o são a qualquer visão que divida o mundo em grandes partes gerais, entidades que coexistem num estado de tensão produzido pelo que se acredita ser uma diferença radical.

Pois essa é a principal questão proposta pelo Orientalismo. Será possível dividir a realidade humana, assim como a realidade humana parece ser de fato dividida, em culturas, histórias, tradições, sociedades, até raças claramente diferentes, e sobreviver humanamente às consequências? "Sobreviver humanamente às consequências": quero indagar se há algum modo de evitar a hostilidade expressa pela divisão, digamos, dos homens em "nós" (ocidentais) e "eles" (orientais). Pois essas divisões são generalidades cujo uso tem sido, historicamente e hoje, imprimir a importância da distinção entre alguns homens e outros homens, em geral para fins não especialmente admiráveis. Quando se empregam categorias como oriental e ocidental como ponto de partida e ponto final de análises, pesquisa, política pública (como o fizeram Balfour e Cromer), o resultado é geralmente polarizar a distinção — o oriental torna-se mais oriental, o ocidental mais ocidental — e limitar o encontro humano entre culturas, tradições e sociedades diferentes. Em suma, desde os primórdios da história moderna até o presente, o Orientalismo como uma forma de pensamento para lidar com o estrangeiro tem, de maneira previsível, exibido a muito lamentável tendência de qualquer conhecimento baseado nessas distinções rígidas como "Leste" e "Oeste": canalizar o pensamento para dentro de um compartimento Oeste ou de um compartimento Leste. Como essa tendência está bem no centro da teoria, da prática e dos valores orientalistas encontrados no Oeste, o senso de poder ocidental sobre o Oriente é aceito como natural com o status de verdade científica.

Um ou dois exemplos contemporâneos devem esclarecer perfeitamente essa observação. É natural que os homens no poder examinem de tempos em tempos o mundo com que devem lidar. Era o que Balfour frequentemente fazia. Nosso contemporâneo Henry Kissinger também o faz, raramente com uma franqueza mais manifesta que no seu ensaio "A estrutura doméstica e a política externa". O que ele descreve é um drama real, no qual os Estados Unidos devem administrar seu comportamento no mundo sob as pressões das forças domésticas, de um lado, e das realidades estrangeiras, de outro. Somente por essa razão o discurso de Kissinger deve estabelecer uma polaridade entre os Estados Unidos e o mundo; além disso, é claro, ele fala conscientemente como uma voz autorizada em nome da principal potência ocidental, cuja história recente e realidade presente a colocam diante de um mundo que não aceita facilmente seu poder e domínio. Kissinger sente que os Estados Unidos podem lidar menos problematicamente com o Ocidente desenvolvido e industrial que com o mundo em desenvolvimento. E também a realidade contemporânea das relações entre os Estados Unidos e o assim chamado Terceiro Mundo (que inclui a China, a Indochina, o Oriente Próximo, a África e a América Latina) é manifestamente um conjunto espinhoso de problemas, o que nem Kissinger pode ocultar.

O método de Kissinger no ensaio obedece ao que os linguistas chamam oposição binária: isto é, ele mostra que há dois estilos na política externa (o profético e o político), dois tipos de técnica, dois períodos, e assim por diante. Quando, ao final da parte histórica de seu argumento, é obrigado a encarar o mundo contemporâneo, ele o divide assim em duas metades, os países desenvolvidos e os países em desenvolvimento. A primeira metade, que é o Ocidente, "está profundamente comprometida com a noção de que o mundo real é externo ao observador, de que o conhecimento consiste em registrar e classificar dados — quanto mais precisamente, melhor". A prova de Kissinger para essa proposição é a revolução newtoniana, que não ocorreu no mundo em desenvolvimento: "As culturas que escaparam do primeiro impacto do pensamento newtoniano retiveram a visão essencialmente pré-newtoniana de que o mundo real é quase completamente *interno* ao observador". Consequentemente, acrescenta, "a realidade empírica tem para muitos dos novos países um significado bem diferente do que tem para o Ocidente, porque num certo sentido eles nunca passaram pelo processo de descobri-la".[16]

Ao contrário de Cromer, Kissinger não precisa citar sir Alfred Lyall sobre a incapacidade do oriental em ser rigoroso; o que ele propõe é tão indiscutível que não requer nenhuma validação especial. Tivemos a nossa revolução newtoniana; eles não. Como pensadores, estamos em melhor situação que eles. Bem: enfim, as linhas são traçadas mais ou menos do mesmo modo como Balfour e Cromer as traçaram. Mas sessenta e mais anos se passaram entre Kissinger e os imperialistas britânicos. Inúmeras guerras e revoluções provaram conclusivamente que o estilo profético pré-newtoniano, que Kissinger associa com os "imprecisos" países em desenvolvimento e com a Europa antes do Congresso de Viena, não está inteiramente desprovido de sucessos. Novamente ao contrário de Balfour e Cromer, Kissinger se sente obrigado a respeitar essa perspectiva pré-newtoniana, porque "ela oferece grande flexibilidade com respeito ao turbilhão revolucionário contemporâneo". Assim o dever dos homens no mundo (real) pós-newtoniano é "construir uma ordem internacional *antes* que uma crise a imponha como necessidade": em outras palavras, *nós* ainda devemos encontrar um modo pelo qual o mundo em desenvolvimento possa ser contido. Não é semelhante à visão de Cromer de uma máquina em funcionamento harmonioso, destinada em última análise a beneficiar alguma autoridade central que se opõe ao mundo em desenvolvimento?

Kissinger talvez não soubesse a que fundo de conhecimento de refinada linhagem estava recorrendo quando dividiu o mundo nas concepções pré-newtoniana e pós-newtoniana da realidade. Mas a sua distinção é idêntica à ortodoxa feita pelos orientalistas, que separam os orientais dos ocidentais. E, como a distinção do Orientalismo, a de Kissinger não é isenta de juízo de valor, apesar da aparente neutralidade de seu tom. Assim, palavras como "profético", "acuidade", "interno", "realidade empírica" e "ordem" estão espalhadas por toda sua descrição e caracterizam ou virtudes atraentes, familiares, desejáveis, ou defeitos ameaçadores, peculiares, desregrados. Tanto o orientalista tradicional, como veremos, quanto Kissinger concebem a diferença entre as culturas, primeiro, como criadora de uma frente de batalha que as separa, e segundo, como um convite para que o Ocidente controle, contenha e de outras maneiras governe (por meio de um conhecimento superior e de um poder acomodatício) o Outro. Com que efeito e a que preço considerável essas divisões militantes têm sido mantidas ninguém no presente precisa ser lembrado.

Outro exemplo combina muito bem — talvez bem demais — com a análise de Kissinger. No número de fevereiro de 1972, a *American Journal of Psychiatry* publicou um ensaio de Harold W. Glidden, identificado como membro aposentado do Bureau de Inteligência e Pesquisa, Departamento de Estado dos Estados Unidos; o título do ensaio ("O mundo árabe"), seu tom e conteúdo demonstram um viés mental orientalista altamente característico. Assim, em quatro páginas de colunas duplas, para o retrato psicológico de mais de 100 milhões de pessoas, cobrindo um período de 1300 anos, Glidden cita exatamente quatro fontes de suas ideias: um livro recente sobre Trípoli, uma edição do jornal egípcio *Al-Ahram*, o periódico *Oriente Moderno*, e um livro de Majid Khadduri, orientalista bem conhecido. O próprio artigo pretende revelar "o funcionamento interno do comportamento árabe", que de *nosso* ponto de vista é "aberrante", mas para os árabes é "normal". Depois desse início auspicioso, somos informados de que os árabes enfatizam a conformidade; que os árabes vivem numa cultura vergonhosa cujo "sistema de prestígio" implica a capacidade de atrair seguidores e clientes (como um aparte, somos informados de que "a sociedade árabe é e sempre foi baseada num sistema de relações cliente-benfeitor"); que os árabes só funcionam em situações de conflito; que o prestígio é baseado unicamente na capacidade de dominar os outros; que uma cultura vergonhosa — e, portanto, o próprio islã — faz da vingança uma virtude (nesse ponto, Glidden cita triunfantemente o *Ahram* de 29 de junho de 1970 para mostrar que "em 1969 [no Egito] em 1070 casos de assassinato em que os culpados foram presos, descobriu-se que 20% dos crimes se baseavam num desejo de apagar a vergonha, 30% num desejo de revidar ofensas reais ou imaginárias, e 31% num desejo de vingança sangrenta"); que se, de um ponto de vista ocidental, "a única coisa racional que os árabes podem fazer é criar a paz [...] para os árabes, a situação não é regida por essa espécie de lógica, pois a objetividade não é um valor no sistema árabe".

Glidden continua, então, mais entusiasticamente: "é um fato notável que, embora exija uma solidariedade absoluta dentro do grupo, o sistema de valores árabe estimula ao mesmo tempo entre os seus membros uma espécie de rivalidade que destrói essa mesma solidariedade"; na sociedade árabe, apenas "o sucesso conta" e "o fim justifica os meios"; os árabes vivem "naturalmente" num mundo "caracterizado pela ansiedade expressa em suspeita e desconfiança generalizadas, que têm sido rotuladas de hostilidade sem controle"; "a arte do subterfúgio é altamente desenvolvida na vida árabe, bem como no próprio islã"; o árabe precisa que a vingança domine tudo, do contrário ele sentiria um vergonha "destruidora do ego". Portanto, se "os ocidentais consideram que a paz ocupa um lugar elevado na escala de valores", e se "temos uma consciência altamente desenvolvida do valor do tempo", isso não vale para os árabes. "De fato", somos informados, "na sociedade árabe tribal (da qual se originaram os valores árabes), a luta, e não a paz, constituía o estado normal das atividades, porque os ataques e invasões eram um dos dois principais sustentos da economia." O propósito dessa investigação erudita é apenas mostrar como na escala de valores ocidentais e orientais "a posição relativa dos elementos é totalmente diferente". QED.[17]

Esse é o apogeu da convicção orientalista. Qualquer generalidade ganha foros de verdade; qualquer lista especulativa de atributos orientais acaba por se aplicar ao comportamento dos orientais no mundo real. Num lado, há ocidentais, e no outro, há árabes-orientais; os primeiros são (em nenhuma ordem particular) racionais, pacíficos, liberais, lógicos, capazes de manter valores reais, sem suspeita natural; os últimos não são nada disso. De que visão coletiva e ainda assim particularizada do Oriente provêm essas afirmações? Que habilidades especializadas, que pressões imaginativas, que instituições e tradições, que forças culturais produzem essas semelhanças nas descrições do Oriente encontradas em Cromer, Balfour e nosso estadista contemporâneo?

A GEOGRAFIA IMAGINATIVA E SUAS REPRESENTAÇÕES: ORIENTALIZANDO O ORIENTAL

Estritamente falando, o Orientalismo é um campo de estudo erudito. No Ocidente cristão, considera-se que o Orientalismo começou sua existência formal com a decisão do Conselho da Igreja de Viena em 1312 para estabelecer uma série de cátedras de "árabe, grego, hebraico e siríaco em Paris, Oxford, Bolonha, Avignon e Salamanca".[18] Mas qualquer relato do Orientalismo teria de considerar não só o orientalista profissional e seu trabalho, mas também a própria noção de um campo de estudo baseado numa unidade geográfica, cultural, linguística e étnica chamada Oriente. Os campos de estudo, é claro, são criados. Adquirem coerência e integridade com o tempo, porque os eruditos se dedicam de diversas maneiras ao que parece ser um tema decidido em conjunto. Mas não é preciso dizer que um campo de estudo raramente é definido com a simplicidade com que até os seus partidários mais comprometidos — em geral eruditos, professores, especialistas e afins — afirmam que seja. Além disso, um campo de estudo pode mudar completamente, até nas disciplinas mais tradicionais como a filologia, a história ou a teologia, a ponto de tornar quase impossível uma definição do tema com múltiplas finalidades. Isso vale certamente para o Orientalismo, por algumas razões interessantes.

Falar da especialização erudita como um "campo" geográfico é, no caso do Orientalismo, bastante revelador, porque não é provável que alguém imagine um campo simétrico chamado Ocidentalismo. Já se torna evidente o caráter especial, talvez até excêntrico, do Orientalismo. Pois embora muitas disciplinas eruditas impliquem uma posição adotada para com o, digamos, material *humano* (um historiador lida com o passado humano de um ponto de observação especial no presente), não há uma analogia real para adotar uma posição geográfica fixa, mais ou menos abrangente, para com uma ampla variedade de realidades sociais, linguísticas, políticas e históricas. Um classicista, um especialista românico, até um americanista focaliza uma porção relativamente modesta do mundo, não chega nem mesmo a uma metade plena. Mas o Orientalismo é um campo com uma ambição geográfica considerável. E como os orientalistas se ocuparam tradicionalmente com as coisas orientais (um especialista em lei islâmica, não menos que um especialista em dialetos chineses ou em religiões indianas, é considerado um orientalista pelas pessoas que se apresentam como orientalistas), devemos aprender a aceitar esse tamanho enorme e indiscriminado mais uma capacidade quase infinita para a subdivisão como uma das principais características do Orientalismo — uma característica evidenciada no seu confuso amálgama de indeterminação imperativa e detalhe preciso.

Tudo isso descreve o Orientalismo como uma disciplina acadêmica. O "ismo" em Orientalismo serve para insistir que essa disciplina é distinta de qualquer outro tipo. A regra no seu desenvolvimento histórico como disciplina acadêmica tem sido a ampliação de sua esfera, e não a maior seletividade. Orientalistas da Renascença como Erpenius e Guillaume Postel foram primariamente especialistas em línguas das províncias bíblicas, embora Postel se vangloriasse de poder atravessar a Ásia até a China sem precisar de um intérprete. De modo geral, até a metade do século XVIII os orientalistas eram cruditos bíblicos, estudiosos das línguas semíticas, especialistas islâmicos ou sinólogos, à maneira dos jesuítas que tinham inaugurado o novo estudo da China. Toda a extensão média da Ásia só foi academicamente conquistada para o Orientalismo durante o final do século XVIII. Anquetil-Duperron e sir William Jones foram capazes de revelar inteligivelmente a extraordinária riqueza do avéstico e do sânscrito. Pela metade do século XIX, o Orientalismo era o mais vasto tesouro de erudição que se poderia imaginar. Há duas excelentes indicações desse novo e triunfante ecletismo. Uma é a descrição enciclopedista do Orientalismo, aproximadamente de 1765 a 1850, apresentada por Raymond Schwab no seu *La Renaissance orientale*.[19] Totalmente à parte das descobertas científicas dos temas orientais realizadas por profissionais eruditos durante esse período na Europa, havia a virtual epidemia de temas orientais que influenciou todo grande poeta, ensaísta e filósofo do período. A noção de Schwab é que "oriental" identifica um entusiasmo profissional ou amador por qualquer coisa asiática, que era um sinônimo maravilhoso para o exótico, o misterioso, o profundo, o seminal; é uma transposição tardia para o Leste de um entusiasmo semelhante na Europa pela antiguidade grega e latina durante a Alta Renascença. Em 1829, Victor Hugo expressou essa mudança de direção da seguinte maneira: "Au siècle de Louis XIV on était helléniste, maintenant on est orientaliste"[20] [No século de Luís XIV éramos helenistas, agora somos orientalistas]. Um orientalista do século XIX era, portanto, um erudito (um sinólogo, um islamista, um indo-europeísta), um entusiasta talentoso (Hugo em *Les orientales*, Goethe no *Divã ocidental-oriental*) ou ambos (Richard Burton, Edward Lane, Friedrich Schlegel).

A segunda indicação de como o Orientalismo se tornara

abrangente desde o Congresso de Viena deve ser encontrada nas crônicas do próprio campo de estudo no século XIX. A obra mais completa desse gênero é *Vingt-sept ans d'histoire des études orientales*, de Jules Mohl, um relatório de todos os fatos importantes que ocorreram no Orientalismo entre 1840 e 1867.[21] Mohl era o secretário da Société Asiatique em Paris e, por um período um pouco maior do que a primeira metade do século XIX, Paris foi a capital do mundo orientalista (e, segundo Walter Benjamin, do século XIX). A posição de Mohl na Société não poderia ter sido mais central para o campo do Orientalismo. Quase nada foi realizado por eruditos europeus sobre a Ásia durante esses 27 anos que Mohl não tivesse registrado como "études orientales". Os seus verbetes, é claro, dizem respeito a publicações, mas o alcance do material publicado de interesse para os eruditos orientalistas é tremendo. Árabe, inúmeros dialetos indianos, hebraico, pehlevi, assírio, babilônio, mongol, chinês, birmanês, mesopotâmio, javanês: a lista das obras filológicas consideradas orientalistas é quase incontável. Além disso, os estudos orientalistas abrangem aparentemente tudo, desde a edição e tradução de textos até estudos de numismática, antropologia, arqueologia, sociologia, economia, história, literatura e cultura em toda a civilização asiática e norte-africana conhecida, antiga e moderna. *Histoire des orientalistes de l'Europe du XIIe au XIXe siècle* (1868-1870),[22] de Gustave Dugat, é uma história seletiva de figuras capitais, mas a esfera representada não é menos imensa que a de Mohl.

Ainda assim, tal ecletismo tinha os seus pontos cegos. Os orientalistas acadêmicos, na sua maior parte, estavam interessados no período clássico de qualquer língua ou sociedade que estudassem. Foi só bem no fim do século, com a única grande exceção do Institut d'Égypte de Napoleão, que se deu mais atenção ao estudo acadêmico do Oriente moderno ou real. Além disso, o Oriente estudado era um universo textual de modo geral; o impacto do Oriente era criado por livros e manuscritos, e não, como na influência da Grécia sobre a Renascença, por meio de artefatos miméticos como a escultura e a cerâmica. Até a relação entre um orientalista e o Oriente era textual, tanto que se dizia de alguns dos orientalistas alemães do início do século XIX que a sua primeira visão de uma estátua indiana de oito braços os curou completamente de seu gosto orientalista.[23] Quando um orientalista erudito viajava no país da sua especialização, era sempre com máximas abstratas inabaláveis sobre a "civilização" que tinha estudado; raramente os orientalistas estavam interessados em algo que não fosse provar a validade dessas "verdades" mofadas, aplicando-as, sem grande sucesso, a nativos que não as compreendiam — degenerados, portanto. Finalmente, o próprio poder e alcance do Orientalismo produziu não apenas uma boa quantidade de conhecimento positivo exato sobre o Oriente, mas também uma espécie de conhecimento de segunda classe — escondido em lugares como o conto "oriental", a mitologia do Oriente misterioso, as noções da inescrutabilidade asiática — com vida própria, o que V. G. Kiernan chamou apropriadamente "o devaneio coletivo europeu sobre o Oriente".[24] Um resultado feliz dessa conjuntura é que um número estimável de escritores importantes durante o século XIX eram entusiastas do Oriente: é perfeitamente correto, creio eu, falar de um gênero de escritos orientalistas exemplificado nas obras de Hugo, Goethe, Nerval, Flaubert, Fitzgerald e outros. O que inevitavelmente acompanha esse tipo de obra, entretanto, é uma espécie de mitologia livre do Oriente, um Oriente que deriva não só das atitudes contemporâneas e preconceitos populares, mas também do que Vico chamou a vaidade das nações e dos eruditos. Já aludi aos usos políticos desse material como os que vigoraram no século XX.

Hoje é menos provável que um orientalista se denomine orientalista do que em qualquer outra época até a Segunda Guerra Mundial. Mas a designação ainda é útil, como quando as universidades mantêm programas ou departamentos de línguas orientais ou civilizações orientais. Há uma "faculdade" oriental em Oxford, e um departamento de estudos orientais em Princeton. Em data tão recente quanto 1959, o governo britânico deu posse a uma comissão "para revisar desenvolvimentos nas universidades nos campos de estudos orientais, eslavos, do Leste europeu e africanos [...] e para considerar e direcionar propostas para futuro desenvolvimento".[25] O relatório Hayter, como foi chamado quando apareceu em 1961, parecia não se perturbar com a ampla designação da palavra *oriental*, que considerava também ser proveitosamente empregada nas universidades americanas. Pois até o maior nome nos estudos anglo--americanos modernos sobre o Islã, H. A. R. Gibb, preferia denominar-se orientalista em vez de arabista. O próprio Gibb, classicista como era, usava o feio neologismo "estudo de área" para o Orientalismo como um modo de mostrar que os estudos de área e o Orientalismo eram afinal títulos geográficos intercambiáveis.[26] Mas isso, acho eu, desvirtua ingenuamente uma relação muito mais interessante entre o conhecimento e a geografia. Gostaria de considerar brevemente essa relação.

A despeito da distração de muitos e vagos desejos, impulsos e imagens, a mente parece formular persistentemente o que Claude Lévi-Strauss chamou uma ciência do concreto.[27] Uma tribo primitiva, por exemplo, atribui lugar, função e significado definidos a toda espécie com folhas no seu ambiente imediato. Muitas dessas gramas e flores não têm uso prático; mas a ideia que Lévi-Strauss apresenta é que a mente requer ordem, e a ordem é alcançada pela discriminação e anotação de tudo, pela inserção de tudo o que a mente percebe num lugar seguro e fácil de encontrar, pela atribuição às coisas de um papel a desempenhar na economia dos objetos e identidades que compõem um ambiente. Esse tipo de classificação rudimentar tem uma lógica própria, mas as regras da lógica pela qual uma samambaia verde numa sociedade simboliza a graça, e em outra é considerada maléfica, não são previsivelmente racionais, nem universais. Há sempre uma medida do puramente arbitrário no modo como são vistas as distinções entre as coisas. E essas distinções são acompanhadas de valores cuja história, se pudesse ser completamente desenterrada, mostraria provavelmente a mesma medida de arbitrariedade. Isso é bastante evidente no caso da moda. Por que perucas, golas de renda e sapatos altos afivelados aparecem, depois desaparecem, num período de décadas? Parte da resposta tem a ver com a utilidade e parte com a beleza inerente da moda. Mas se concordamos que todas as coisas na história, bem como a própria história, são criadas pelos homens, veremos como é grande a possibilidade de que a muitos objetos, lugares ou tempos sejam atribuídos papéis e significados que adquirem validade objetiva só *depois* de essas atribuições terem sido feitas. Isso vale sobretudo para coisas relativamente incomuns, como estrangeiros, mutantes ou comportamento "anormal".

É perfeitamente possível argumentar que alguns objetos distintivos são criados pela mente, e que esses objetos, embora pareçam ter existência objetiva, possuem apenas uma realidade ficcional. Um grupo de pessoas vivendo em alguns acres de terra estabelecerá fronteiras entre a sua terra e seus arredores imediatos e o território mais além, a que dão o nome de "a terra dos bárbaros". Em outras palavras, essa prática universal de designar mentalmente um lugar familiar, que é "o nosso", e um espaço não familiar além do "nosso", que é "o deles", é um modo de fazer distinções geográficas que *pode* ser inteiramente arbitrário. Uso a palavra "arbitrário" neste ponto, porque a geografia imaginativa da variedade "nossa terra-terra bárbara" não requer que os bárbaros reconheçam a distinção. Basta que "nós" tracemos essas fronteiras em nossas mentes; "eles" se tornam "eles" de acordo com as demarcações, e tanto o seu território como a sua mentalidade são designados como diferentes dos "nossos". Numa certa medida, as sociedades modernas e primitivas parecem obter a percepção de suas identidades de modo negativo. É muito provável que um ateniense do século V se sentisse tão não bárbaro quanto se sentia positivamente ateniense. As fronteiras geográficas acompanham as sociais, étnicas e culturais de maneiras previsíveis. Mas o modo como alguém se sente não estrangeiro com frequência se baseia numa ideia muito pouco rigorosa do que existe "lá fora", para além do território conhecido. Todos os tipos de suposições, associações e ficções parecem amontoar-se no espaço não familiar fora do nosso.

O filósofo francês Gaston Bachelard propôs certa vez uma análise do que chamou a poética do espaço.[28] O interior de uma casa, disse ele, adquire um significado de intimidade, segredo, segurança, real ou imaginada, por obra das experiências que se julgam adequadas a esse espaço. O espaço objetivo de uma casa — seus cantos, corredores, porão, quartos — é muito menos importante que a essência de que é poeticamente dotado, que é em geral uma qualidade com um valor figurativo ou imaginário que podemos nomear e sentir: assim uma casa pode ser assombrada, aconchegante como um lar, semelhante a uma prisão, ou mágica. Dessa forma o espaço adquire um sentido emocional, ou mesmo racional, por uma espécie de processo poético, o mesmo pelo qual as áreas distantes vazias ou anônimas são convertidas em significado para nós. Processo semelhante ocorre quando lidamos com o tempo. Muitas de nossas associações ou até nosso conhecimento sobre períodos como "há muito tempo" ou "o início" ou "no final dos tempos" são poéticos — inventados. Para um historiador do Egito do Médio Reinado, "há muito tempo" terá uma espécie muito clara de significado, mas até esse significado não dissipa totalmente a qualidade imaginativa, quase ficcional que sentimos oculta num tempo muito diferente e distante do nosso. Pois não há dúvida de que a geografia e a história imaginativa ajudam a mente a intensificar a sua percepção de si mesma, dramatizando a distância e a diferença entre o que está próximo e o que está longe. Isso não vale menos para o sentimento muitas vezes experimentado de que estaríamos mais "em casa" no século XVI ou no Taiti.

Mas não adianta fingir que tudo o que conhecemos sobre o tempo e o espaço, ou melhor, a história e a geografia, é, mais do que qualquer outra coisa, imaginativo. Há uma história positiva e uma geografia positiva que na Europa e nos Estados Unidos têm realizações impressionantes. Os estudiosos agora sabem mais sobre o mundo, seu passado e seu presente, do que sabiam, por exemplo, nos tempos de Gibbon. Mas isso não quer dizer que eles conhecem tudo o que há para conhecer, nem quer dizer, o que é ainda mais importante, que aquilo que conhecem dissipou efetivamente o conhecimento imaginativo geográfico e histórico a que tenho me referido. Não precisamos decidir neste momento se esse tipo de conhecimento imaginativo inspira a história e a geografia, ou se de algum modo as anula. Por ora, digamos apenas que ele existe como um algo *mais* que aquilo que passa por ser conhecimento positivo.

Quase desde os primórdios da Europa, o Oriente era algo mais que aquilo que se conhecia empiricamente a seu respeito. Pelo menos até o início do século XVIII, como R. W. Southern mostrou de forma tão elegante, a compreensão europeia de um tipo de cultura oriental, a islâmica, era ignorante, mas complexa.[29] Pois certas associações com o Leste — não totalmente ignorantes, não totalmente informadas — sempre parecem ter se reunido ao redor da noção de um Oriente. Considere-se primeiro a demarcação entre Oriente e Ocidente. Já parece ousada na época da *Ilíada*. Duas das qualidades mais profundamente influentes associadas com o Oriente aparecem em *Os persas* de Ésquilo, a mais antiga peça ateniense existente, e em *As bacantes* de Eurípides, a última que chegou até nós. Ésquilo retrata a sensação de desastre que cai sobre os persas quando ficam sabendo que seus exércitos, liderados pelo rei Xerxes, foram completamente destruídos pelos gregos. O coro canta a seguinte ode:

> *Agora toda a terra da Ásia*
> *Geme no vazio.*
> *Xerxes liderou, oh oh!*
> *Xerxes destruiu, ai ai!*
> *Todos os planos de Xerxes naufragaram*
> *Em navios do mar.*
> *Por que então Dario*
> *Não causou dano a seus homens*
> *Quando os conduzia para a batalha,*
> *Este amado líder de homens de Susa?*[30]

O que importa nesse ponto é que a Ásia fala por meio e em virtude da imaginação europeia, descrita como vitoriosa em relação à Ásia, esse "outro" mundo hostil além dos mares. À Ásia são atribuídos os sentimentos de vazio, perda e desastre, que desde então parecem recompensar os desafios orientais ao Ocidente; e também, o lamento de que em algum passado glorioso a Ásia teve melhor sorte, foi ela própria vitoriosa em relação à Europa.

Em *As bacantes*, talvez o mais asiático de todos os dramas áticos, Dioniso é explicitamente ligado às suas origens asiáticas e aos excessos estranhamente ameaçadores dos mistérios orientais. Penteu, o rei de Tebas, é destruído pela mãe, Agave, e suas colegas bacantes. Tendo desafiado Dioniso por não reconhecer nem o seu poder nem a sua divindade, Penteu é horrivelmente punido, e a peça termina com o reconhecimento geral do terrível poder do deus excêntrico. Os comentaristas modernos de *As bacantes* não deixaram de notar a gama extraordinária de efeitos estéticos e intelectuais da peça; mas não há como evitar o detalhe histórico adicional de que "Eurípides foi certamente influenciado pelo novo aspecto que os cultos dionisíacos devem ter assumido à luz das religiões extáticas estrangeiras de Bendis, Cibele, Sabázio, Adonis e Isis, que, introduzidas a partir da Ásia Menor e do Levante, varreram Pireu e Atenas durante os anos frustrantes e cada vez mais irracionais da Guerra do Peloponeso".[31]

Os dois aspectos do Oriente que o distinguem do Ocidente nessas duas peças continuarão a ser temas essenciais da geografia imaginativa europeia. Uma linha é traçada entre dois continentes. A Europa é poderosa e articulada; a Ásia é derrotada e distante. Ésquilo *representa* a Ásia, faz com que fale na pessoa da idosa rainha persa, mãe de Xerxes. É a Europa que articula o Oriente; essa articulação não é a prerrogativa de um mestre de marionetes, mas de um genuíno criador, cujo poder de dar a vida representa, anima, constitui o espaço do contrário silencioso e perigoso além das fronteiras familiares. Há uma analogia entre a orquestra de Ésquilo, que contém o mundo asiático assim como o dramaturgo o concebe, e o invólucro erudito dos estudos orientalistas, que também conterá a imensa e amorfa expansão asiática para um escrutínio às vezes simpático, mas sempre dominador. Em segundo lugar, há o tema do Oriente como algo que insinua perigo. A racionalidade é solapada pelos excessos orientais, aqueles opostos misteriosamente atraentes do que parecem ser os valores normais. A diferença que separa o Leste do Oeste é simbolizada pela severidade com que, a princípio, Penteu rejeita as bacantes histéricas. Quando mais tarde ele próprio se torna um bacante, é destruído menos por ter cedido a Dioniso do que por ter avaliado incorretamente a ameaça de Dioniso em primeiro lugar. A lição que Eurípides pretende dar é dramatizada pela presença de Cadmo e Tirésias na peça, velhos de grande conhecimento que compreendem que só a "soberania" não governa os homens;[32] há ainda o julgamento, dizem, o que significa calcular corretamente a força dos poderes alheios e com destreza chegar a um acordo com eles. Desse ponto em diante os mistérios orientais serão levados a sério, sendo uma das razões de não pouca importância que desafiam a mente ocidental racional a exercitar de novo sua permanente ambição e seu poder.

Mas uma grande divisão, como a existente entre o Ocidente e o Oriente, conduz a outras menores, especialmente quando os empreendimentos normais das civilizações provocam atividades expansivas, como viagem, conquista, novas experiências. Na Grécia e na Roma clássicas, os geógrafos, os historiadores, as figuras públicas como César, os oradores e os poetas contribuíam para o fundo de saber taxonômico que separava as raças, as regiões, as nações e as mentes umas das outras; grande parte disso funcionava em benefício próprio, existindo para provar que os romanos e os gregos eram superiores a outras espécies de povos. Mas o interesse pelo Oriente tinha a sua própria tradição de classificação e hierarquia. Desde pelo menos o segundo século a.C., nenhum viajante ou potentado ocidental ambicioso e com os olhos voltados para o Oriente deixava de perceber que Heródoto — historiador, viajante, cronista de inesgotável curiosidade — e Alexandre — rei guerreiro, conquistador científico — haviam estado no Oriente. O Oriente era, portanto, subdividido entre domínios antes conhecidos, visitados, conquistados por Heródoto e Alexandre bem como por seus epígonos, e aqueles domínios antes não conhecidos, visitados, conquistados. O cristianismo completou o estabelecimento das principais esferas intraorientais: havia um Oriente Próximo e um Extremo Oriente, um Oriente familiar, que René Grousset chama "l'empire du Levant",[33] e um novo Oriente. Assim o Oriente se alternava na geografia mental entre ser um Velho Mundo a que se retornava, como ao Éden ou ao Paraíso, para ali erguer uma nova versão do velho, e ser um lugar completamente novo a que se chegava como Colombo chegou à América, para estabelecer um Novo Mundo (embora, ironicamente, o próprio Colombo achasse que havia descoberto uma nova região do Velho Mundo). Certamente nenhum desses Orientes era puramente uma coisa ou outra: são as suas contradições, o seu atraente caráter sugestivo, a sua capacidade para entreter e confundir a mente que são interessantes.

Considere-se como o Oriente, e em particular o Oriente Próximo, tornou-se conhecido no Ocidente como o seu grande oposto complementar desde a antiguidade. Houve a Bíblia e o surgimento do cristianismo; houve viajantes como Marco Polo que traçaram as rotas comerciais e padronizaram um sistema regulado de intercâmbio comercial, e depois dele Lodovico di Varthema e Pietro della Valle; houve fabulistas como Mandeville; houve os temíveis movimentos orientais de conquista, principalmente do islã, é claro; houve os peregrinos militantes, sobretudo os cruzados. Todo um arquivo internamente estruturado é construído a partir da literatura que pertence a essas experiências. Disso surge um número restrito de condensações típicas: a viagem, a história, a fábula, o estereótipo, o confronto polêmico. Essas são as lentes pelas quais o Oriente é vivenciado, e elas moldam a linguagem, a percepção e a forma do encontro entre o Leste e o Oeste. O que dá ao imenso número de encontros alguma unidade, entretanto, é a contradição de que falava acima. Algo patentemente estrangeiro e distante adquire, por uma ou outra razão, um status mais, e não menos, familiar. Tende-se a parar de julgar as coisas quer como completamente novas, quer como completamente conhecidas; surge uma nova categoria mediana, uma categoria que permite que se vejam novas coisas, coisas vistas pela primeira vez, como versões de algo previamente conhecido. Em essência, essa categoria é menos um modo de receber novas informações do que um método de controlar o que parece ser uma ameaça a alguma visão estabelecida das coisas. Se a mente de repente deve lidar com o que acredita ser uma forma radicalmente nova de vida — como o islã parecia à Europa na Baixa Idade Média — a resposta em geral é conservadora e defensiva. O islã é julgado como uma nova versão fraudulenta de alguma experiência anterior, nesse caso o cristianismo. A ameaça é abafada, os valores familiares se impõem, e no final a mente reduz a pressão que sofre acomodando as coisas em si mesma como "originais" ou "repetitivas". O islã a partir de então é "manejado": a sua novidade e o seu caráter sugestivo passam a ser controlados, de modo que então são feitas distinções relativamente matizadas que teriam sido impossíveis se a novidade bruta do islã não tivesse chamado a atenção. O Oriente, portanto, oscila em geral entre o desprezo ocidental pelo que é familiar e seus estremecimentos de prazer — ou de medo — diante da novidade.

Mas, no que dizia respeito ao islã, o medo europeu, mais que o respeito, tinha razão de ser. Depois da morte de Maomé em 632, a hegemonia militar e mais tarde cultural e religiosa do islã cresceu enormemente. Primeiro a Pérsia, a Síria e o Egito, depois a Turquia e mais tarde a África do Norte caíram nas mãos dos exércitos muçulmanos; nos séculos VIII e IX, a Espanha, a Sicília e partes da França foram conquistadas. Por volta dos séculos XIII e XIV, o islã se expandiu para o leste, até a Índia, a Indonésia e a China. E a esse extraordinário avanço, a Europa só conseguia reagir com muito pouco além de medo e uma espécie de temor reverente. Os autores cristãos que testemunharam as conquistas islâmicas tinham escasso interesse pela erudição, pela alta cultura e pela abundante magnificência dos muçulmanos, que foram, como dizia Gibbon, "coevos com o período mais sombrio e mais inativo dos anais europeus". (Mas, com alguma satisfação, ele acrescentava, "desde que a suma da ciência se ergueu no Ocidente, parece que os estudos orientais definharam e declinaram".[34]) O que os cristãos sentiam sobre os exércitos orientais era que eles tinham "toda a aparência de um enxame de abelhas, mas com mão pesada [...] devastavam tudo": assim escreveu Erchembert, um clérigo em Monte Cassino no século XI.[35]

Não é por nada que o islã veio a simbolizar o terror, a devastação, as hordas demoníacas dos odiados bárbaros. Para a Europa, o islã era um trauma duradouro. Até o fim do século XVII, o "perigo otomano" estava à espreita ao longo da Europa, representando para toda a civilização cristã um perigo constante, e com o tempo a civilização europeia incorporou esse perigo e seu saber, seus grandes acontecimentos, figuras, virtudes e vícios como algo entrelaçado no tecido da vida. Na Inglaterra da Renascença, como relata Samuel Chew no seu estudo clássico *The crescent and the rose*, "um homem de educação e inteligência mediana" sabia na ponta dos dedos e podia observar no palco londrino uma quantidade relativamente grande de acontecimentos detalhados da história do islã otomano e suas incursões pela Europa cristã.[36] O importante é que aquilo que continuava corrente sobre o islã era uma versão necessariamente diminuída daquelas grandes forças perigosas que ele simbolizava para a Europa. Como os sarracenos de Walter Scott, a representação europeia do muçulmano, do otomano ou do árabe era sempre um meio de controlar o Oriente temível, e numa certa medida vale o mesmo para os métodos dos orientalistas eruditos contemporâneos, cujo tema é menos o próprio Leste do que o Leste dado a conhecer, e assim menos temível, ao público leitor ocidental.

Não há nada especialmente controverso ou repreensível nessas domesticações do exótico; ocorrem entre todas as culturas, certamente, e entre todos os homens. O meu ponto, entretanto, é enfatizar que o orientalista, tanto quanto qualquer um no Ocidente europeu que tenha pensado ou vivenciado o Oriente, executou esse tipo de operação mental. Mas ainda mais importantes são o vocabulário e o imaginário limitados que se impõem como consequência. A recepção do islã no Ocidente é um exemplo perfeito, admiravelmente estudado por Norman Daniel. Uma restrição aos pensadores cristãos que tentavam compreender o islã era analógica; como Cristo é a base do credo cristão, supunha-se — de forma totalmente incorreta — que Maomé fosse para o islã o que Cristo era para o Cristianismo. Daí o nome polêmico "maometismo" dado ao islã, e o epíteto automático de "impostor" aplicado a Maomé.[37] De todas essas concepções errôneas "formou-se um círculo que não foi jamais quebrado pela exteriorização imaginativa [...] O conceito cristão do islã era integral e autossuficiente".[38] O islã tornou-se uma imagem — a palavra é de Daniel, mas parece-me ter implicações extraordinárias para o Orientalismo em geral — cuja função era menos representar o islã em si mesmo do que representá-lo para o cristão medieval.

> A tendência invariável a desconsiderar o que o Alcorão queria dizer, ou o que os muçulmanos achavam que o Alcorão queria dizer, ou o que os muçulmanos achavam ou faziam em quaisquer circunstâncias, implica necessariamente que a doutrina corânica e outras doutrinas islâmicas fossem apresentadas numa forma que convenceria os cristãos; e formas cada vez mais extravagantes teriam uma chance de aceitação, quanto maior fosse a distância dos escritores e do público em relação à fronteira islâmica. Foi com relutância muito grande que aquilo em que os muçulmanos diziam acreditar foi aceito como aquilo em que realmente acreditavam. Havia uma imagem cristã em que os detalhes (mesmo sob pressão dos fatos) foram abandonados o menos possível, e em que o contorno geral nunca foi abandonado. Havia nuances de diferença, mas só com uma estrutura comum. Todas as correções feitas no interesse de uma precisão cada vez maior eram apenas uma defesa do que fora recentemente percebido como vulnerável, o escoramento de uma estrutura enfra-

quecida. A opinião cristã era uma edificação que não podia ser demolida, nem que fosse para ser reconstruída.[39]

Essa imagem cristã do islã ganhava corpo de inúmeras maneiras, inclusive — durante a Idade Média e o início da Renascença — por uma grande variedade de poesia, controvérsia erudita e superstição popular.[40] Por essa época, o Oriente Próximo fora quase todo incorporado na imagem mundial comum da cristandade latina — como na *Chanson de Roland*, em que o culto dos sarracenos abrange Maomé e Apolo. Na metade do século XV, como R. W. Southern brilhantemente mostrou, tornou-se aparente para pensadores europeus sérios "que algo teria de ser feito sobre o islã", o qual havia virado a situação ao contrário um pouco por si mesma ao chegar militarmente à Europa Oriental. Southern narra um episódio dramático entre 1450 e 1460, quando quatro eruditos, João de Segóvia, Nicolau de Cusa, Jean Germain e Aeneas Silvius (Pio II), tentaram lidar com o islã por meio de *contraferentia*, ou "conferência". A ideia foi de João de Segóvia: deveria ser uma conferência encenada com o islã, na qual os cristãos tentariam uma conversão de muçulmanos por atacado. "Ele via a conferência como um instrumento com uma função política e estritamente religiosa, e, usando palavras que soariam familiares aos modernos, exclamava que, mesmo que fosse para durar dez anos, a conferência seria menos dispendiosa e menos nociva que a guerra." Não houve consenso entre os quatro homens, mas o episódio é crucial por ter sido uma tentativa bastante sofisticada — parte de uma tentativa europeia geral, de Beda a Lutero — de pôr um Oriente representativo diante da Europa, *apresentar* o Oriente e a Europa juntos de maneira coerente, com o intuito de que os cristãos deixassem claro aos muçulmanos que o islã era apenas uma versão mal orientada do cristianismo. Segue a conclusão de Southern:

> Muito visível para nós é a incapacidade de qualquer um desses sistemas de pensamento [cristãos europeus] fornecer uma explicação plenamente satisfatória do fenômeno que se

propuseram a explicar [o islã] — ainda menos influenciar o curso dos acontecimentos práticos de modo decisivo. Num nível prático, os acontecimentos nunca se revelavam tão bons ou tão maus quanto os observadores mais inteligentes prediziam; e talvez valha a pena notar que nunca se revelavam melhores do que quando os melhores juízes esperavam confiantemente um final feliz. Houve algum progresso [no conhecimento cristão do islã]? Devo expressar minha convicção de que houve. Mesmo que a solução do problema continuasse obstinadamente oculta, o enunciado do problema tornou-se mais complexo, mais racional e mais relacionado à experiência [...] Os eruditos que trabalhavam sobre o problema do islã na Idade Média não encontraram a solução que procuravam e desejavam; mas desenvolveram hábitos mentais e poderes de compreensão que, em outros homens e em outros campos de estudo, podem ainda ser dignos de sucesso.[41]

A melhor parte da análise de Southern, aqui e em outras passagens na sua breve história das visões ocidentais do islã, consiste na sua demonstração de que é finalmente a ignorância ocidental que se torna mais refinada e complexa, e não algum corpo de conhecimento ocidental positivo que aumenta de tamanho e acuidade. Pois as ficções têm a sua própria lógica e a sua própria dialética de crescimento ou declínio. Sobre o caráter de Maomé na Idade Média, foi amontoado um feixe de atributos que correspondiam ao "caráter dos profetas do 'Livre Espírito' [do século XII] que surgiram realmente na Europa, reivindicando crédito e reunindo seguidores". Da mesma forma, uma vez que Maomé era visto como o disseminador de uma falsa Revelação, ele também se tornou o epítome da lascívia, devassidão, sodomia e toda uma bateria de diversas traições, todas derivadas "logicamente" de suas imposturas doutrinárias.[42] Assim o Oriente adquiriu, por assim dizer, representantes e representações, cada um mais concreto, mais internamente congruente com alguma exigência ocidental, do que os precedentes. É como se, tendo estabelecido o

Oriente como um local adequado para encarnar o infinito numa forma finita, a Europa não pudesse parar essa prática; o Oriente e o oriental, o árabe, o islâmico, o indiano, o chinês ou o que quer que fosse, tornam-se pseudoencarnações repetitivas de algum grande original (Cristo, a Europa, o Ocidente) que deviam estar imitando. Apenas a fonte dessas ideias ocidentais um tanto narcisistas sobre o Oriente mudou com o tempo, não o seu caráter. Assim encontraremos a crença comum nos séculos XII e XIII de que a Arábia estava "na orla do mundo cristão, um asilo natural para marginais heréticos",[43] e que Maomé era um apóstata astucioso, enquanto no século XX será um erudito orientalista, um especialista, quem vai apontar que o islã não passa realmente de uma heresia ariana de segunda categoria.[44]

Nossa descrição inicial do Orientalismo como uma área erudita adquire então uma nova concretude. Uma área é frequentemente um espaço fechado. A ideia de representação é teatral: o Oriente é o palco sobre o qual todo o Leste está confinado. Nesse palco aparecerão figuras cujo papel é representar o conjunto maior do qual elas emanam. O Oriente então parece ser, não uma extensão ilimitada além do mundo europeu familiar, mas antes uma área fechada, um palco teatral afixado à Europa. Um orientalista não passa de um especialista particular em um conhecimento pelo qual a Europa é em geral responsável, assim como um público é histórica e culturalmente responsável por dramas tecnicamente montados pelo dramaturgo (aos quais reage). Nas profundezas desse palco oriental, encontra-se um repertório cultural prodigioso, cujos itens individuais evocam um mundo fabulosamente rico: a Esfinge, Cleópatra, o Éden, Troia, Sodoma e Gomorra, Astarteia, Isis e Osíris, Sabá, Babilônia, os Gênios, os Magos, Nínive, Prester John, Maomé e mais dezenas; cenários, em alguns casos apenas nomes, meio imaginados, meio conhecidos; monstros, diabos, heróis; terrores, prazeres, desejos. A imaginação europeia era amplamente nutrida com esse repertório: entre a Idade Média e o século XVIII, autores capitais como Ariosto, Milton, Marlowe, Tasso, Shakespeare, Cervantes e os autores da *Chanson de Roland* e do *Poema del Cid* recorreram à riqueza do Oriente para criar as suas produções de maneiras que aguçavam os contornos das imagens, das ideias e das figuras que as povoavam. Além disso, grande parte do que era considerado estudos orientalistas eruditos na Europa forçava os mitos ideológicos a entrar em ação, mesmo quando o conhecimento parecia estar genuinamente progredindo.

Um exemplo famoso de como a forma dramática e as imagens eruditas se reúnem no teatro orientalista é a *Bibliothèque orientale* de Barthélemy d'Herbelot, publicada postumamente em 1697, com um prefácio de Antoine Galland. A introdução da recente *Cambridge History of Islam* considera a *Bibliothèque*, junto com o discurso preliminar de George Sale para a sua tradução do Corão (1734) e *History of the Saracens*, de Simon Ockley (1708, 1718), "altamente importante" para alargar "a nova compreensão do islã" e transmiti-la "a leitores menos acadêmicos".[45] Esse texto descreve inadequadamente a obra de d'Herbelot, que não era restrita ao islã como as de Sale e Ockley. Com exceção de *Historia orientalis*, de Johann H. Hottinger, que apareceu em 1651, a *Bibliothèque* continuou a obra de referência na Europa até o início do século XIX. Seu alcance era verdadeiramente memorável. Galland, que foi o primeiro tradutor europeu de *As mil e uma noites* e um arabista de renome, comparou a realização de d'Herbelot com todas as obras anteriores, ressaltando o prodigioso alcance de seu empreendimento. D'Herbelot leu muitas obras, dizia Galland, em árabe, persa e turco, o que o tornou capaz de descobrir dados sobre questões até então ocultas dos europeus.[46] Depois de primeiro compor um dicionário dessas três línguas orientais, d'Herbelot passou a estudar história, teologia, geografia, ciência e arte oriental, tanto nas suas variedades fabulosas como nas reais. A seguir decidiu compor duas obras, a primeira uma *bibliothèque*, ou "biblioteca", um dicionário alfabeticamente ordenado, a segunda um *florilège*, ou antologia. Apenas a primeira parte foi completada.

A descrição de Galland da *Bibliothèque* afirmava que "orientale" tinha a intenção de incluir principalmente o Levante, embora — Galland diz com admiração — o período de tempo abarcado não começasse apenas com a criação de Adão e terminasse com os "temps où nous sommes" [os tempos em que estamos]: d'Herbelot foi ainda mais longe no passado, a um tempo descrito como "plus haut" [mais antigos] nas histórias fabulosas — ao longo período dos Solimões pré-adâmicos. À medida que prossegue a descrição de Galland, ficamos sabendo que a *Bibliothèque* assemelhava-se a "qualquer outra" história do mundo, pois o que tentava realizar era quase um compêndio completo do conhecimento existente sobre temas como a Criação, o Dilúvio, a destruição de Babel, e assim por diante — com a diferença de que as fontes de d'Herbelot eram orientais. Ele dividia a história em dois tipos, sagrado e profano (os judeus e os cristãos no primeiro, os muçulmanos no segundo) e em dois períodos, ante e pós-diluviano. Assim d'Herbelot foi capaz de discutir histórias tão amplamente divergentes como a mongol, a tártara, a turca e a eslavônia; incluiu também todas as províncias do Império Muçulmano, desde o Extremo Oriente aos Pilares de Hércules, com seus costumes, rituais, tradições, explicações, dinastias, palácios, rios e flora. Essa obra, mesmo que desse alguma atenção a "la doctrine perverse de Mahomet, qui a causé si grands dommages au Christianisme" [a doutrina perversa de Maomé, que causou estragos tão grandes ao cristianismo], era mais amplamente completa do que qualquer obra anterior. Galland concluía o seu "Discours" assegurando ao leitor com detalhes que a *Bibliothèque* de d'Herbelot era singularmente "utile et agréable" [útil e agradável]; outros orientalistas, como Postel, Scaliger, Golius, Pockoke e Erpenius, produziram estudos orientalistas gramaticais, lexicográficos, geográficos ou coisas desse gênero por demais estreitos. Apenas d'Herbelot conseguiu escrever uma obra capaz de convencer os leitores europeus de que o estudo da cultura oriental era mais do que apenas ingrato e infrutífero: apenas d'Herbelot, segundo Galland, tentou formar na mente de seus leitores uma ideia suficientemente ampla do que significava conhecer e estudar o Oriente, uma ideia que não só preencheria a mente como satisfaria as grandes expectativas antes concebidas.[47]

Em trabalhos como o de d'Herbelot, a Europa descobriu as suas capacidades de abranger e orientalizar o Oriente. Um certo senso de superioridade aparece aqui e ali no que Galland tinha a dizer sobre a sua *materia orientalia* e a de d'Herbelot; assim como na obra de geógrafos do século XVII como Raphael du Mans, os europeus percebiam que o Oriente estava sendo superado e ultrapassado pela ciência ocidental.[48] O que se torna evidente não é apenas a vantagem de uma perspectiva ocidental: há também a técnica triunfante de apoderar-se da imensa fecundidade do Oriente e torná-la sistematicamente, até do ponto de vista alfabético, conhecível para os leigos ocidentais. Quando afirmou sobre d'Herbelot que ele satisfazia as expectativas, Galland queria dizer que a *Bibliothèque* não tentava revisar ideias comumente recebidas sobre o Oriente. Pois o que o orientalista faz é *confirmar* o Oriente aos olhos de seus leitores; ele não tenta, nem quer desestabilizar convicções já firmes. A proeza da *Bibliothèque orientale* foi representar o Oriente de forma mais plena e mais clara; o que poderia ter sido uma coletânea solta de fatos adquiridos ao acaso que vagamente diziam respeito à história levantina, às imagens da Bíblia, à cultura islâmica, aos nomes de lugares e assim por diante, foi transformado num panorama oriental racional, de A a Z. No verbete para Maomé, d'Herbelot forneceu primeiro todos os nomes conhecidos do profeta, depois veio a confirmar o valor ideológico e doutrinário de Maomé da seguinte maneira:

C'est le fameux imposteur Mahomet, Auteur et Fondateur d'une hérésie, qui a pris le nom de religion, que nous appellons Mahometane. *Voyez* le titre d'Eslam.

Les Interprètes de l'Alcoran et autres Docteurs de la Loy Musulmane ou Mahometane ont appliqué à ce faux prophète tous les éloges, que les Ariens, Paulitiens ou Paulianistes & autres Hérétiques ont attribué à Jésus-Christ, en lui ôtant sa Divinité.[49]

[É o famoso impostor Maomé, Autor e Fundador de uma heresia, que adotou o nome da religião que chamamos de maometana.

Os Intérpretes do Alcorão e outros Doutores da Lei Muçulmana ou Maometana deram a esse falso profeta todos os elogios que os arianos, os paulicianos e os paulianistas & outros Hereges atribuíram a Jesus Cristo, roubando-lhe a Divindade.]

"Maometana" é a designação europeia relevante (e insultuosa); "islã", que é por acaso o nome muçulmano correto, é relegado a outro verbete. A "heresia [...] que chamamos de maometana" é "compreendida" como a imitação de uma imitação cristã da verdadeira religião. Depois, no longo relato histórico da vida de Maomé, d'Herbelot pode se voltar para uma narrativa mais ou menos direta. Mas é a *colocação* de Maomé que conta na *Bibliothèque*. Os perigos da heresia manifestada de maneira livre e improvisada são removidos quando ela é transformada numa questão ideologicamente explícita para um item alfabético. Maomé já não erra pelo mundo oriental como um devasso imoral e ameaçador; ele permanece quieto na sua porção (reconhecidamente proeminente) do palco orientalista.[50] A ele é dada uma genealogia, uma explicação, até um desenvolvimento, tudo agrupado sob afirmações simples que o impedem de se desviar para outros lugares.

Imagens do Oriente como essas são imagens na medida em que representam ou simbolizam uma entidade muito grande, que elas nos permitem compreender e ver; do contrário ela seria difusa de maneira impossível. São também *caracteres*, relacionados a tipos como os fanfarrões, os avarentos ou os glutões produzidos por Teofrasto, La Bruyère ou Selden. Talvez não seja exatamente correto dizer que *vemos* caracteres como o *miles gloriosus* ou Maomé, o impostor, pois o confinamento discursivo de um caráter deve quando muito permitir que se apreenda um tipo genérico sem dificuldade ou ambiguidade. O caráter de Maomé criado por d'Herbelot é uma *imagem*, entretanto, porque o falso profeta é parte de uma representação teatral geral chamada *orientale*, cuja totalidade está contida na *Bibliothèque*.

A qualidade didática da representação orientalista não pode ser destacada do resto do desempenho. Numa obra erudita como a *Bibliothèque orientale*, resultado de um estudo e uma pesquisa sistemáticos, o autor impõe uma ordem disciplinar ao material sobre o qual trabalhou; além disso, quer que fique claro para o leitor que tudo o que se apresenta na página impressa é um julgamento ordenado e disciplinado do material. O que é assim transmitido pela *Bibliothèque* é uma ideia do poder e da eficácia do Orientalismo, que em toda parte faz lembrar ao leitor que a partir daquele momento, para chegar ao Oriente, ele terá de passar pelas grades e pelos códigos eruditos fornecidos pelo orientalista. Não só o Orientalismo é acomodado às exigências morais do cristianismo ocidental; é também circunscrito por uma série de atitudes e julgamentos que não enviam a mente ocidental em primeiro lugar às fontes orientais para correção e verificação, mas antes a outras obras orientalistas. O palco orientalista, como o venho chamando, torna-se um sistema de rigor moral e epistemológico. Como uma disciplina que representa o conhecimento ocidental institucionalizado do Oriente, o Orientalismo passa assim a exercer uma força de três vias, sobre o Oriente, sobre o orientalista e sobre o "consumidor" ocidental do Orientalismo. Seria errado, creio eu, subestimar a força da relação dessas três vias assim estabelecida. Pois o Oriente ("lá fora" na direção do Leste) é corrigido, até penalizado, por se encontrar fora dos limites da sociedade europeia, o "nosso" mundo; o Oriente é assim *orientalizado*, um processo que não só marca o Oriente como a província do orientalista, mas também força o leitor ocidental não iniciado a aceitar as codificações orientalistas (como a *Bibliothèque* em ordem alfabética de d'Herbelot) como o *verdadeiro* Oriente. A verdade, em suma, torna-se uma função do julgamento erudito, e não do próprio material que com o tempo parece dever até a sua existência ao orientalista.

Todo esse processo didático não é difícil de entender, nem de explicar. Deve-se lembrar mais uma vez que todas as culturas impõem correções à realidade bruta, transformando-a de objetos flutuantes em unidades de conhecimento. O problema não é que ocorra a conversão. É perfeitamente natural que a mente humana resista ao ataque de uma estranheza não elaborada; por isso as culturas sempre manifestaram a tendência de impor transformações completas às outras culturas, recebendo-as não como elas são, mas como, para o benefício do receptor, elas devem ser. Para o ocidental, entretanto, o oriental sempre foi *semelhante* a algum aspecto do Ocidente; para alguns dos românticos alemães, por exemplo, a religião indiana era essencialmente uma versão oriental do panteísmo germano-cristão. Mas o orientalista impõe a si mesmo a tarefa de estar sempre convertendo o Oriente de uma coisa em outra diferente: é o que faz para si mesmo, por causa de sua cultura, em alguns casos porque acredita favorecer o oriental. Esse processo de conversão é disciplinado: é ensinado, tem suas próprias sociedades, periódicos, tradições, vocabulário, retórica, tudo basicamente conectado e suprido pelas normas políticas e culturais prevalecentes no Ocidente. E, como demonstrarei, tende a tornar-se antes mais do que menos abrangente no que tenta fazer, tanto assim que, ao examinarmos o Orientalismo nos séculos XIX e XX, a impressão predominante é de uma esquematização insensível de todo o Oriente efetuada pelo Orientalismo.

Quão cedo começou essa esquematização fica claro pelos exemplos apresentados das representações ocidentais do Oriente na Grécia clássica. Quão fortemente articuladas foram as representações posteriores, construídas sobre as primeiras, quão excessivamente cuidadosa sua esquematização, quão dramaticamente eficaz sua colocação na geografia imaginativa ocidental pode ser ilustrado se nos voltarmos agora para o *Inferno* de Dante. A realização de Dante na *Divina comédia* foi ter combinado de forma inconsútil o retrato realista da realidade secular e um sistema eterno e universal de valores cristãos. O que Dante, o peregrino, vê enquanto caminha pelo Inferno, pelo Purgatório e pelo Paraíso é uma singular visão de julgamento. Paolo e Francesca, por exemplo, são vistos eternamente confinados no inferno por causa de seus pecados, mas são vistos representando, na verdade vivendo, os mesmos caracteres e ações que os colocaram onde permanecerão para toda a eternidade. Assim cada uma das figuras na visão de Dante não só representa a si mesma, mas é também uma representação típica de seu caráter e do destino que lhe foi imposto.

"Maometto" — Maomé — aparece no canto 28 do *Inferno*. Está localizado no oitavo dos nove círculos do inferno, na nona das dez Malebolge, um círculo de valas sombrias que circundam a cidadela de Satã no Inferno. Assim, antes de chegar a Maomé, Dante passa por círculos que contêm pessoas cujos pecados são de uma ordem menor: os lascivos, os avarentos, os glutões, os hereges, os coléricos, os suicidas, os blasfemos. Depois de Maomé existem apenas os falsificadores e os traidores (que incluem Judas, Brutus e Cassius) antes de se chegar ao próprio fundo do inferno, que é onde se deve encontrar o próprio Satã. Maomé pertence assim a uma hierarquia rígida de males, na categoria do que Dante chama *seminator di scandalo e di scisma*. O castigo de Maomé, que constitui também o seu destino eterno, é peculiarmente asqueroso: ele é interminavelmente partido em dois do queixo ao ânus como um barril, diz Dante, cujas aduelas fossem fendidas. O verso de Dante nesse ponto não poupa ao leitor nenhum dos detalhes escatológicos que decorrem de um castigo tão vívido: as entranhas de Maomé e os seus excrementos são descritos com uma precisão pertinaz. Maomé explica o seu castigo a Dante, apontando também para Ali, que o precede na linha dos pecadores que o diabo assistente está dividindo em dois; ele também pede a Dante que avise um certo Fra Dolcino, um padre renegado cuja seita defendia a posse comum de mulheres e bens e que era acusado de ter uma amante, do que o aguardava no futuro. Não terá passado despercebido ao leitor que Dante via um paralelo entre a sensualidade revoltante de Dolcino e a de Maomé, e também entre as suas pretensões a uma eminência teológica.

Mas isso não é tudo o que Dante tem a dizer sobre o islã. Um pouco antes no *Inferno*, aparece um pequeno grupo de muçulmanos. Avicena, Averróis e Saladino encontram-se entre aqueles pagãos virtuosos que, junto com Heitor, Enéas, Abraão, Sócrates, Platão e Aristóteles, estão confinados no primeiro círculo do Inferno, para sofrer ali um castigo mínimo (e até honroso) por não terem recebido o benefício da revelação cristã. Dante, é claro, admira as suas grandes virtudes e realizações, mas como eles não eram cristãos deve condená-los, ainda que de forma leve, ao Inferno. A Eternidade é uma grande niveladora de distinções, é verdade, mas os anacronismos e as anomalias especiais de colocar luminares pré-cristãos na mesma categoria de danação "pagã" de muçulmanos pós-cristãos não perturbam Dante. Embora o Alcorão especifique Jesus como um profeta, Dante prefere considerar os grandes filósofos e o rei muçulmanos como fundamentalmente ignorantes a respeito do cristianismo. Que eles também habitem o mesmo nível ilustre dos heróis e sábios da antiguidade clássica é uma visão a-histórica semelhante à de Rafael no seu afresco *A escola de Atenas*, em que Averróis convive no espaço da academia com Sócrates e Platão (semelhante a *Dialogues des morts* (1700-18) de Fénelon, em que ocorre uma discussão entre Sócrates e Confúcio).

As distinções e os refinamentos da compreensão poética de Dante sobre o islã são um exemplo da inevitabilidade esquemática, quase cosmológica, com que o islã e seus representantes designados são criaturas de uma percepção ocidental geográfica, histórica e sobretudo moral. Os dados empíricos sobre o Oriente ou sobre qualquer uma de suas regiões contam muito pouco; o que importa, o que é decisivo, vem a ser o que tenho chamado de visão orientalista, uma visão de modo algum confinada ao erudito profissional, mas antes uma posse comum de todos os que pensaram sobre o Oriente no Ocidente. Os poderes de Dante como poeta intensificam, tornam mais representativas, e não menos, essas perspectivas sobre o Oriente. Maomé, Saladino, Averróis e Avicena estão fixados numa cosmologia visionária — fixados, expostos, encerrados, aprisionados, sem muita consideração por nada exceto a sua "função" e os padrões que realizam no palco em que aparecem. Isaiah Berlin descreveu o efeito dessas atitudes da seguinte maneira:

> Numa [tal] [...] cosmologia, o mundo dos homens (e, em algumas versões, todo o universo) é uma única hierarquia que a tudo inclui, de modo que explicar por que cada ingrediente é como é, está onde está e quando, e faz o que faz, é *eo ipso* dizer qual é o seu propósito, até que ponto o realiza com sucesso e quais são as relações de coordenação e subordinação entre os objetivos das várias entidades que perseguem objetivos na pirâmide harmoniosa que coletivamente formam. Se essa é uma imagem verdadeira da realidade, então a explicação histórica, como toda outra forma de explicação, deve consistir, acima de tudo, em atribuir a indivíduos, grupos, nações, espécies o seu lugar apropriado no padrão universal. Conhecer o lugar "cósmico" de uma coisa ou pessoa é dizer o que é e faz e, ao mesmo tempo, por que deve ser e fazer como é e faz. Assim, ser e ter valor, existir e possuir uma função (e realizá-la com menos ou mais sucesso) são uma e a mesma coisa. O padrão, e apenas o padrão, gera a existência, causa o desaparecimento e confere propósito, isto é, valor e significado, a tudo o que existe. Compreender é perceber padrões [...]. Quanto mais inevitável possa ser apresentado um acontecimento, uma ação ou um caráter, mais bem compreendido terá sido, mais profunda a intuição do pesquisador, mais perto estaremos da única verdade suprema e abrangente.
>
> Essa atitude é profundamente antiempírica.[51]

E assim, realmente, é a atitude orientalista em geral. Partilha com a magia e com a mitologia o caráter autocontido e autorreforçado de um sistema fechado, em que os objetos são o que são *porque* são o que são, agora e sempre, por razões ontológicas que nenhum material empírico pode desalojar ou alterar. O encontro europeu com o Oriente, especificamente com o islã, reforçou esse sistema de representar o Oriente e, como foi sugerido por Henri Pirenne, transformou o islã no próprio epítome do estranho contra o qual foi fundada toda a civilização europeia, da Idade Média em diante. O declínio do Império Romano como resultado das invasões bárbaras teve o efeito paradoxal de incorporar modos bárbaros na cultura romana e mediterrânea, na România; enquanto, argumenta Pirenne, a consequência das invasões islâmicas a partir do século VII deveria mover o centro da cultura europeia para longe do Mediterrâneo, que era então uma província árabe, e para o norte. "O germanismo começou a desempenhar o seu papel na história. Até então a tradição romana não fora interrompida. Agora uma original civilização romano-germânica estava prestes a se desenvolver." A Europa se fechou em si mesma: o Oriente, quando não era apenas um lugar em que se comerciava, estava cultural, intelectual e espiritualmente *fora* da Europa e da civilização europeia, que, nas palavras de Pirenne, tornou-se "uma grande comunidade cristã, adjacente à *ecclesia* [...] O Ocidente estava agora vivendo a sua própria vida".[52] No poema de Dante, na obra de Pedro, o Venerável, e outros orientalistas de Cluny, nos escritos dos polêmicos cristãos contra o islã desde Guilbert de Nogent e Bede a Roger Bacon, William de Trípoli, Burchard de Monte Sião e Lutero, no *Poema del Cid*, na *Chanson de Roland* e em *Otelo* ("esse difamador do mundo"), de Shakespeare, o Oriente e o islã são sempre representados como estranhos que têm um papel especial a desempenhar *dentro* da Europa.

A geografia imaginativa, dos retratos vívidos no *Inferno* aos nichos prosaicos da *Bibliothèque orientale* de d'Herbelot, legitima um vocabulário, um universo de discurso representativo peculiar à discussão e à compreensão do islã e do Oriente. O que esse discurso considera ser um fato — que Maomé é um impostor, por exemplo — é um componente do discurso, uma afirmação que o discurso nos compele a fazer sempre que ocorre o nome Maomé. Subjacente a todas as diferentes unidades do discurso orientalista — com isso me refiro simplesmente ao vocabulário empregado sempre que se fala ou escreve sobre o Oriente — está um conjunto de figuras representativas, ou tropos. Essas figuras estão para o Oriente real — ou islã, que é o meu principal interesse aqui — assim como os figurinos estilizados estão para os personagens numa peça teatral; por exemplo, são como a cruz carregada pelo Homem, o Everyman do teatro medieval inglês, ou a indumentária multicor usada por Arlequim numa peça da *commedia dell'arte*. Em outras palavras, não é preciso procurar uma correspondência entre a linguagem usada para retratar o Oriente e o próprio Oriente, não tanto porque a linguagem seja imprecisa, mas porque nem está tentando ser precisa. O que está tentando fazer, como Dante tentou realizar no *Inferno*, é ao mesmo tempo caracterizar o Oriente como estranho e incorporá-lo esquematicamente num palco teatral cujo público, gerente e atores estão voltados *para* a Europa, e apenas para a Europa. Por isso a vacilação entre o familiar e o estranho; Maomé é sempre o impostor (familiar, porque ele pretende ser como o Jesus que conhecemos) e sempre o oriental (estranho, porque, embora seja em alguns aspectos "semelhante" a Jesus, afinal ele não é como Jesus).

Em vez de listar todas as figuras de linguagem associadas ao Oriente — sua estranheza, sua diferença, sua sensualidade exótica, e assim por diante —, podemos generalizar a seu respeito segundo o modo como essas figuras nos foram transmitidas pela Renascença. São todas declarativas e autoevidentes; o tempo verbal que empregam é o eterno atemporal; transmitem uma impressão de repetição e força; são sempre simétricas e, ainda assim, diametralmente inferiores a um equivalente europeu, que é ora especificado, ora não. Para todas essas funções, basta frequentemente usar o simples elemento de ligação *é*. Assim, Maomé *é* um impostor, a mesma frase canonizada na *Bibliothèque* de d'Herbelot e dramatizada num certo sentido por Dante. Não se limita a frase, não parece necessário dizer que Maomé *era* um impostor, nem é preciso considerar por um momento sequer que talvez não seja necessário repetir a afirmação. Ela *é* repetida, ele *é* um impostor e, cada vez que se menciona tal coisa, ele se torna mais impostor e o autor da afirmação ganha um pouco mais de autoridade por tê-la declarado. Assim a famosa biografia de Maomé, escrita no século XVII por Humphrey Prideaux, tem como subtítulo *A verdadeira natureza da impostura*. Por fim, claro, categorias como a de impostor (ou oriental, no caso) implicam, na verdade requerem, um oposto que não seja fraudulentamente outra coisa, nem precise de uma contínua identificação explícita. E esse oposto é "ocidental" ou, no caso de Maomé, Jesus.

Filosoficamente, portanto, o tipo de linguagem, pensamento e visão que tenho chamado de Orientalismo de modo muito geral é uma forma de realismo radical; qualquer um que empregue o Orientalismo, isto é, o hábito de lidar com questões, objetos, qualidades e regiões consideradas orientais, designará, nomeará, apontará, fixará o tema de seu discurso e pensamento com uma palavra ou frase, que então se considera ter adquirido realidade ou, mais simplesmente, ser a realidade. Em termos retóricos, o Orientalismo é absolutamente anatômico e enumerativo; usar o seu vocabulário é empenhar-se em particularizar e dividir as coisas orientais em partes manipuláveis. Sob o enfoque psicológico, o Orientalismo é uma forma de paranoia, um conhecimento de um tipo diferente, digamos, do conhecimento histórico comum. Esses são alguns dos resultados, creio eu, da geografia imaginativa e das fronteiras dramáticas que traça. Há algumas transmutações especificamente modernas desses resultados orientalizados, entretanto, às quais devo agora me voltar.

PROJETOS

É necessário examinar os sucessos operacionais mais vistosos do Orientalismo, ao menos para julgar quão exatamente errada (e quão totalmente oposta à verdade) era a ideia grandiosa e ameaçadora expressa por Michelet: "o Oriente avança, invencível, fatal para os deuses da luz pelo encanto de seus sonhos, pela magia de seu *chiaroscuro*".[53] As relações culturais, materiais e intelectuais entre a Europa e o Oriente passaram por inúmeras fases, mas em geral foi o Ocidente que se moveu

114

para o Oriente, e não vice-versa. "Orientalismo" é o termo genérico que tenho empregado para descrever a abordagem ocidental do Oriente; Orientalismo é a disciplina pela qual o Oriente era (e é) abordado de maneira sistemática, como um tópico de erudição, descoberta e prática. Mas, além disso, tenho usado a palavra para designar o conjunto de sonhos, imagens e vocabulários disponíveis para quem tenta falar sobre o que existe a leste da linha divisória. Esses dois aspectos do Orientalismo não são incongruentes, pois foi pelo uso dos dois que a Europa conseguiu avançar de forma segura e não metafórica sobre o Oriente. Neste ponto gostaria principalmente de considerar a evidência material desse avanço.

À exceção do islã, até o século XIX o Oriente era para a Europa uma área com uma história contínua de domínio ocidental inquestionável. Isso é verdadeiro de forma evidente para a experiência britânica na Índia, a experiência portuguesa nas Índias Orientais, na China e no Japão, e as experiências francesa e italiana em várias regiões do Oriente. Houve exemplos ocasionais de intransigência nativa para perturbar o idílio, como quando em 1638-9 um grupo de cristãos japoneses expulsou os portugueses da área; no geral, entretanto, apenas o Oriente árabe e islâmico apresentou à Europa um desafio não resolvido nos níveis político, intelectual e, por algum tempo, econômico. Durante grande parte da sua história, portanto, o Orientalismo carrega dentro de si o carimbo de uma atitude europeia problemática para com o islã, e é para esse aspecto agudamente sensível do Orientalismo que se volta o meu interesse neste estudo.

Sem dúvida, o islã era de muitas maneiras uma provocação real. Estava próximo do cristianismo de maneira perturbadora, geográfica e culturalmente. Recorria às tradições judaico-helênicas, tomava empréstimos criativos do cristianismo, vangloriava-se de sucessos militares e políticos sem paralelo. E isso não era tudo. As terras islâmicas se encontram adjacentes e até sobrepostas às terras bíblicas; além disso, o coração do domínio islâmico sempre foi a região mais próxima da Europa, a que tem sido chamada de Oriente Próximo. O árabe e o hebraico são línguas semíticas, e juntas utilizam e reutilizam o material que é crucial para o cristianismo. Do final do século VII até a batalha de Lepanto em 1571, o islã, na sua forma árabe, otomana ou norte-africana e espanhola, dominou ou, de maneira efetiva, ameaçou o cristianismo europeu. Que o islã tenha sobrepujado Roma e brilhado mais que aquele centro é um fato que não pode estar ausente da mente de nenhum europeu do passado ou do presente. Nem Gibbon foi exceção, como fica evidente na seguinte passagem de *Declínio e queda do Império Romano*:

> Nos dias vitoriosos da república romana, fora objetivo do senado confinar os seus conselhos e legiões numa única guerra, e liquidar completamente um primeiro inimigo antes de provocar as hostilidades de um segundo. Essas máximas tímidas de política eram desdenhadas pela magnanimidade ou entusiasmo dos califas árabes. Com o mesmo vigor e sucesso, eles invadiram os sucessores de Augustus e Artaxerxes; e as monarquias rivais no mesmo instante caíram presas de um inimigo a quem estavam acostumadas há muito tempo a menosprezar. Nos dez anos da administração de Omar, os sarracenos impuseram obediência a 36 mil cidades ou castelos, destruíram 4 mil igrejas ou templos dos infiéis, e edificaram 1400 mesquitas para o exercício da religião de Maomé. Cem anos depois de sua fuga de Meca, as armas e o reino de seus sucessores estendiam-se da Índia ao oceano Atlântico, sobre várias e distantes províncias.[54]

Quando o termo "Oriente" não era simplesmente um sinônimo para o Leste asiático como um todo, nem considerado como uma denotação geral do distante e do exótico, era muito rigorosamente compreendido como uma referência ao Oriente islâmico. Esse Oriente "militante" veio a simbolizar o que Henri Baudet chamou "a maré asiática".[55] Certamente foi o que aconteceu na Europa até meados do século XVIII, período em que, nos repositórios do conhecimento "oriental", como a *Bibliothèque orientale* de d'Herbelot, Oriente deixa de significar primariamente o islã, os árabes ou os otomanos. Até essa época, a memória cultural conferia uma compreensível proeminência a acontecimentos relativamente distantes, como a queda de Constantinopla, as Cruzadas e a conquista da Sicília e da Espanha, mas, se esses fatos significavam o Oriente ameaçador, não apagavam ao mesmo tempo o que restava da Ásia.

Pois sempre havia a Índia, onde, depois de Portugal ter estabelecido pioneiramente as primeiras bases da presença europeia no início do século XVI, a Europa, sobretudo a Inglaterra, depois de um longo período (de 1600 a 1758) de atividade essencialmente comercial, dominava politicamente como uma força de ocupação. Mas a própria Índia nunca ofereceu uma ameaça à Europa. Foi porque a autoridade nativa ali desmoronou e abriu espaço para a rivalidade inter-europeia e para o controle político europeu total que o Oriente indiano pôde ser tratado pela Europa com tanta arrogância de proprietário — jamais com o sentimento de perigo reservado para o islã.[56] Ainda assim, entre essa arrogância e algo parecido com um conhecimento positivo e preciso existia uma imensa disparidade. Os verbetes de d'Herbelot para os temas indo-persas na *Bibliothèque* eram todos baseados em fontes islâmicas, e pode-se dizer que até o início do século XIX a expressão "línguas orientais" era considerada um sinônimo para "línguas semíticas". A renascença oriental de que Quinet falava serviu para expandir alguns limites bastante estreitos, nos quais o islã era o exemplo oriental do saco de bugigangas em que tudo cabe.[57] O sânscrito, a religião indiana e a história indiana só adquiriram o status de conhecimento científico após o trabalho de sir William Jones no final do século XVIII, e até o interesse de Jones pela Índia nasceu de seu interesse anterior pelo islã e do seu conhecimento do islã.

Não é surpreendente, portanto, que a primeira obra capital da erudição oriental depois da *Bibliothèque* de d'Herbelot tenha sido *História dos sarracenos*, de Simon Ockley, cujo primeiro volume foi publicado em 1708. Um recente historiador do Orientalismo opinou que a atitude de Ockley para com os muçulmanos — a de que lhes são devidos os primeiros conhecimentos de filosofia dos cristãos europeus — "chocou dolorosamente" seu público europeu. Pois Ockley não só deixou clara essa preeminência islâmica na sua obra: ele também "deu à Europa a sua primeira percepção autêntica e substancial do ponto de vista árabe a respeito das guerras com Bizâncio e a Pérsia".[58] Entretanto, Ockley teve o cuidado de se dissociar da influência infecciosa do islã, e ao contrário de seu colega William Whiston (o sucessor de Newton em Cambridge), deixou sempre claro que o islã era uma heresia ultrajante. Pelo seu entusiasmo islâmico, por outro lado, Whiston foi expulso de Cambridge em 1709.

O acesso à riqueza indiana sempre teve de se fazer pela travessia das províncias islâmicas e opondo-se à perigosa influência do islã como um sistema de crença quase ariana. E, ao menos durante o maior segmento do século XVIII, a Grã-Bretanha e a França foram bem-sucedidas. O Império Otomano acomodara-se havia muito tempo num envelhecimento confortável (para a Europa), que seria inscrito no século XIX como a "Questão do Leste". A Grã-Bretanha e a França brigaram entre si na Índia entre 1744 e 1748 e novamente entre 1756 e 1763, até que, em 1769, os britânicos obtiveram o controle político e econômico prático do subcontinente. O que era mais inevitável do que a decisão de Napoleão de incomodar o império oriental britânico, interceptando primeiro a sua rota de passagem islâmica, o Egito?

Embora fossem quase imediatamente precedidas por ao menos dois projetos orientalistas capitais, a invasão do Egito por Napoleão em 1798 e sua incursão na Síria tiveram de longe a maior consequência para a história moderna do Orientalismo. Antes de Napoleão, apenas dois esforços tinham sido feitos (ambos por eruditos) para invadir o Oriente, despindo-o de seus véus e também indo além do relativo abrigo do Oriente bíblico. O primeiro foi o realizado por Abraham-Hyacinthe Anquetil-Duperron (1731-1805), um teórico excêntrico do igualitarismo, um homem que conseguiu conciliar na sua cabeça o jansenismo com o catolicismo ortodoxo e o bramanismo, além de ter viajado à Ásia para provar a existência real de um Povo Eleito e das genealogias da Bíblia. Em vez disso, ele ultrapassou a sua primeira meta e viajou na direção leste até Surat, para ali encontrar um depósito secreto de textos avésticos e completar a sua tradução do Avesta. Sobre o misterioso fragmento avéstico que compeliu Anquetil a realizar suas viagens, Raymond Schwab disse que, enquanto "os eruditos examinavam o famoso fragmento de Oxford e retornavam a seus estudos, Anquetil o examinou e partiu rumo à Índia". Schwab também observa que Anquetil e Voltaire, embora temperamental e ideologicamente em irremediável desacordo, tinham um interesse semelhante pelo Oriente e pela Bíblia, "um para tornar a Bíblia mais indiscutível, o outro para torná-la mais inacreditável". Ironicamente, as traduções do Avesta feitas por Anquetil serviram aos objetivos de Voltaire, porque as descobertas de Anquetil "logo provocaram a crítica dos próprios textos [bíblicos] que até então passavam por ser uma revelação divina". O efeito real da expedição de Anquetil é bem descrito por Schwab:

Em 1759, Anquetil terminou a sua tradução do *Avesta* em Surat; em 1786, a dos *Upanishades* em Paris — ele cavara um canal entre os hemisférios do gênio humano, corrigindo e expandindo o velho humanismo da bacia mediterrânea. Antes dele, procuravam-se informações sobre o passado remoto de nosso planeta exclusivamente entre os grandes escritores latinos, gregos, judeus e árabes. A Bíblia era considerada uma rocha solitária, um meteorito. Existia um universo em escritos, mas ninguém parecia suspeitar da imensidão daquelas terras ignotas. A percepção começou com a sua tradução do *Avesta*, e alcançou alturas estonteantes devido à exploração na Ásia Central das línguas que se multiplicaram depois de Babel. Em nossas escolas, até então limitadas à estreita herança greco-latina da Renascença [grande parte da qual fora transmitida para a Europa pelo islã], ele introduziu uma visão de inumeráveis civilizações de eras passadas, de uma infinidade de literaturas; além do mais, as poucas províncias europeias não foram os únicos lugares a deixar a sua marca na história.[59]

Pela primeira vez, o Oriente era revelado à Europa na materialidade de seus textos, línguas e civilizações. Também pela primeira vez, a Ásia adquiria a precisa dimensão intelectual e histórica com que apoiar os mitos de sua distância e imensidão geográficas. Por uma daquelas compensações de contração inevitáveis para uma expansão cultural repentina, os estudos orientais de Anquetil foram sucedidos pelos de William Jones, o segundo dos projetos pré-napoleônicos que mencionei acima. Enquanto Anquetil abriu grandes panoramas, Jones os fechou, codificando, tabulando, comparando. Antes de deixar a Inglaterra rumo à Índia em 1783, Jones já era um mestre de árabe, hebraico e persa. Essas pareciam talvez as menores de suas realizações: ele era igualmente um poeta, um jurista, um polímata, um classicista e um infatigável estudioso, cujas capacidades o recomendariam a homens como Benjamin Franklin, Edmund Burke, William Pitt e Samuel Johnson. No devido tempo foi nomeado para "uma posição honrosa e lucrativa nas Índias", e imediatamente depois de sua chegada para assumir um cargo na Companhia das Índias Orientais deu início a uma trajetória de estudo pessoal que devia reunir, cercar, domesticar o Oriente e com isso transformá-lo numa província da erudição europeia. Para a sua obra pessoal, intitulada "Objetos de investigação durante minha residência na Ásia", ele enumerou entre os tópicos de sua pesquisa "as Leis dos Hindus e dos Maometanos, a Política e a Geografia Modernas do Indostão, o Melhor Modo de Governar Bengala, Aritmética e Geometria e Ciências Variadas dos Asiáticos, Medicina, Química, Cirurgia e Anatomia dos Indianos, Produções Naturais da Índia, Poesia, Retórica e Moralidade da Ásia, Música das Nações Orientais, Negócios, Manufatura, Agricultura e Comércio da Índia", e assim por diante. Em 17 de agosto de 1787, escreveu modestamente a lorde Althorp que "é minha ambição conhecer a Índia como qualquer outro europeu jamais a conheceu". É nessa declaração que Balfour em 1910 encontraria o primeiro prenúncio de sua afirmação de, como inglês, conhecer o Oriente mais e melhor que qualquer outro.

A profissão oficial de Jones era o Direito, uma ocupação com significado simbólico para a história do Orientalismo. Sete anos antes de Jones chegar à Índia, Warren Hastings decidira que os indianos deviam ser regidos pelas suas próprias leis, um projeto mais empreendedor do que parece à primeira vista, porque o código das leis em sânscrito só existia então para uso prático numa tradução persa, e nenhum inglês naquela época conhecia bastante bem o sânscrito para consultar os textos originais. Um funcionário da companhia, Charles Wilkins, dominou primeiro o sânscrito, depois começou a traduzir os *Institutos* de Manu; no seu trabalho, foi logo auxiliado por Jones. (Wilkins, incidentalmente, foi o primeiro tradutor de *Bhagavad-Gita*.) Em janeiro de 1784, Jones convocou a reunião inaugural da Sociedade Asiática de Bengala, que devia ser para a Índia o que a Royal Society era para a Inglaterra. Como primeiro presidente da sociedade e como magistrado, Jones adquiriu um conhecimento efetivo do Oriente e dos orientais, que mais tarde deveria torná-lo o fundador indiscutível (a expressão é de A. J. Arberry) do Orientalismo. Governar e conhecer, depois comparar o Oriente com o Ocidente: essas eram as metas de Jones que, com seu impulso irresistível para sempre codificar, para submeter a infinita variedade do Oriente a um "digesto completo" de leis, figuras, costumes e obras, acredita-se, ele teria realizado. Seu pronunciamento mais famoso indica até que ponto o Orientalismo moderno, mesmo nos seus primórdios filosóficos, era uma disciplina comparada tendo por principal objetivo indicar os fundamentos das línguas europeias numa fonte oriental distante e inofensiva:

A língua *sânscrita*, seja qual for a sua antiguidade, tem uma estrutura maravilhosa; mais perfeita que o *grego*, mais copiosa que o *latim*, e mais apuradamente refinada que qualquer uma das duas, mas tendo com ambas uma afinidade mais forte, tanto nas raízes dos verbos quanto nas formas gramaticais, do que as similaridades que poderiam ter sido produzidas por acaso; tão fortes, na verdade, que nenhum filólogo poderia examinar todas as três línguas sem acreditar que tivessem brotado de uma fonte comum.[60]

Muitos dos primeiros orientalistas ingleses na Índia eram, como Jones, eruditos legais, ou então, de forma bastante interessante, eram médicos com fortes inclinações missionárias. Que se saiba, a maioria estava imbuída do duplo propósito de investigar "as ciências e as artes da Ásia, com a esperança de facilitar melhoramentos na região e promover o conhecimento e aperfeiçoar as artes na metrópole";[61] assim foi declarada a meta orientalista comum no *Centenary volume* da Sociedade Asiática Real, fundada em 1823 por Henry Thomas Colebrooke. Ao lidar com os orientais modernos, os primeiros orientalistas profissionais como Jones tinham apenas dois papéis a cumprir, mas não podemos culpá-los hoje por restrições impostas à sua humanidade pelo caráter *ocidental* e oficial de sua presença no Oriente. Eram juízes ou médicos. Até Edgar Quinet, escrevendo de forma mais metafísica que realista, tinha uma vaga consciência dessa relação terapêutica. "L'Asie a les prophètes" [A Ásia tem os profetas], dizia em *Le génie des religions*; "L'Europe a les docteurs" [A Europa tem os doutores].[62] O conhecimento apropriado do Oriente provinha de um estudo completo dos textos clássicos e, só depois disso, de uma aplicação desses textos ao Oriente moderno. Confrontado com a óbvia decrepitude e impotência política do oriental moderno, o orientalista europeu julgava ser seu dever resgatar parte de uma perdida grandeza do passado oriental clássico para "facilitar melhoramentos" no Oriente do presente. O que o europeu considerava ser o passado oriental clássico era uma visão (e milhares de fatos e artefatos) que só ele sabia empregar com o máximo de proveito; ao oriental moderno, ele propiciava facilitação e melhoramento — e, também, o benefício de seu julgamento quanto ao que era melhor para o Oriente moderno.

Antes dos planos de Napoleão, era característico de todos os projetos orientalistas que muito pouco podia ser feito de antemão para preparar o seu sucesso. Anquetil e Jones, por exemplo, só adquiriram o seu conhecimento sobre o Oriente depois de ali chegarem. Foram como que confrontados pelo Oriente inteiro, e foi só depois de um certo tempo e de um considerável aperfeiçoamento que conseguiram reduzi-lo a uma província menor. Napoleão, por outro lado, queria nada menos que apoderar-se de todo o Egito, e seus preparativos prévios foram de uma magnitude e minúcia sem paralelo. Mesmo assim, esses preparativos eram quase fanaticamente esquemáticos e — se posso usar a palavra — textuais, características que exigem aqui um pouco de análise. Três coisas, acima de tudo, parecem ter ocupado a mente de Napoleão enquanto ele se preparava, ainda na Itália em 1797, para sua ação militar seguinte. Primeiro, à exceção do poder ainda ameaçador da Inglaterra, os seus sucessos militares, que haviam culminado no Tratado de Campoformio, não lhe deixavam nenhum outro lugar a explorar em busca de mais glória senão o Leste. Além do mais, Talleyrand o prevenira recentemente sobre "les avantages à retirer de colonies nouvelles dans les circonstances présentes" [as vantagens a obter de novas colônias nas circunstâncias atuais], e essa noção, junto com a perspectiva atraente de prejudicar a Grã-Bretanha, puxava-o em direção ao leste. Segundo, Napoleão sentia-se atraído pelo Oriente desde sua adolescência; seus manuscritos juvenis, por exemplo, contêm um resumo seu de *Histoire des arabes*, de Marigny, sendo evidente em todos os seus escritos e conversas que ele estava mergulhado, como disse Jean Thiry, nas memórias e glórias ligadas ao Oriente de Alexandre em geral e ao Egito em particular.[63] Assim, a ideia de reconquistar o Egito como um novo Alexandre se propunha à sua mente, aliada ao benefício adicional de adquirir uma nova colônia islâmica à custa da Inglaterra. Terceiro, Napoleão considerava o Egito um projeto provável precisamente porque ele o conhecia tática, estratégica, histórica e — o que não deve ser subestimado — textualmente, isto é, como algo que é resultado de leituras e que se conheceu pelos escritos de autoridades europeias clássicas e recentes. O importante em tudo isso é que, para Napoleão, o Egito era um projeto que adquiriu realidade na sua mente, e mais tarde nos seus preparativos para a conquista, por meio de experiências que pertencem ao domínio das ideias e dos mitos colhidos de textos, e não da realidade empírica. Seu projeto para o Egito, portanto, tornou-se o primeiro de uma longa série de encontros europeus com o Oriente, em que o conhecimento especial do orientalista prestou-se diretamente a um uso colonial funcional; pois no instante crucial em que um orientalista tinha de decidir se suas lealdades e simpatias estavam com o Oriente ou com o Ocidente conquistador, ele sempre escolheu o último, dos tempos de Napoleão em diante. Quanto ao próprio imperador, ele só via o Oriente como esse fora codificado, primeiro pelos textos clássicos e depois pelos especialistas orientalistas, cuja visão, baseada nos textos clássicos, parecia um substituto útil para qualquer encontro de verdade com o Oriente real.

O fato de Napoleão ter recrutado várias dezenas de *savants* para sua Expedição Egípcia é bem conhecido. Sua ideia era construir uma espécie de arquivo vivo para a expedição, na forma de estudos realizados sobre todos os tópicos pelos membros do Institut d'Égypte, que ele fundou. O que talvez seja menos conhecido é a confiança prévia de Napoleão na obra do conde de Volney, um viajante francês cujo *Voyage en Égypte et en Syrie* fora publicado em dois volumes em 1787. Salvo um curto prefácio pessoal informando ao leitor que a repentina aquisição de uma soma de dinheiro (por herança) lhe permitira fazer a viagem para o leste em 1783, a *Voyage* de Volney é um documento quase opressivamente impessoal. Volney via-se evidentemente como um cientista, cuja tarefa era sempre registrar o "état" de algo que observava. O clímax do *Voyage* ocorre no segundo volume, um relato do islã como religião.[64] As visões de Volney eram canonicamente hostis ao islã como religião e como sistema de instituições políticas; ainda assim, Napoleão achava essa obra e *Considérations sur la guerre actuelle des Turcs* (1788), de Volney, de particular importância. Pois Volney era afinal um francês sagaz,

124

e — como Chateaubriand e Lamartine um quarto de século mais tarde — ele via o Oriente Próximo como um lugar provável para a realização da ambição colonial francesa. O que Napoleão aproveitou em Volney foi a enumeração, em ordem ascendente de dificuldades, dos obstáculos a serem enfrentados no Oriente por qualquer força expedicionária francesa.

Napoleão se refere explicitamente a Volney nas suas reflexões sobre a expedição egípcia, *Campagnes d'Égypte et de Syrie, 1798-1799*, que ele ditou ao general Bertrand em Santa Helena. Volney, dizia, considerava que havia três barreiras à hegemonia francesa no Oriente e que assim qualquer força francesa teria de travar ali três guerras: uma contra a Inglaterra, uma segunda contra a Porta otomana, e uma terceira, a mais difícil, contra os muçulmanos.[65] A avaliação de Volney era perspicaz e difícil de criticar, porque era claro para Napoleão, como seria para qualquer um que lesse Volney, que seus *Voyage* e *Considérations* eram textos eficazes que deviam ser usados por qualquer europeu que desejasse vencer no Oriente. Em outras palavras, a obra de Volney constituía um manual para atenuar o choque humano que um europeu poderia sentir quando experimentasse diretamente o Oriente: Leia os livros, parece ter sido a tese de Volney, e, longe de ser desorientado pelo Oriente, você o obrigará a vir ao seu encontro.

Napoleão compreendeu Volney quase ao pé da letra, mas de um modo caracteristicamente sutil. Desde o primeiro instante em que a Armée d'Égypte apareceu no horizonte egípcio, fizeram-se todos os esforços para convencer os muçulmanos de que "nous sommes les vrais musulmans" [nós somos os verdadeiros muçulmanos], como dizia a proclamação de Bonaparte, em 2 de julho de 1798, ao povo de Alexandria.[66] Equipado com um grupo de orientalistas (e sentado a bordo de uma nau capitânia chamada *Orient*), Napoleão usou a inimizade egípcia para com os mamelucos e a ideia revolucionária de oportunidade igual para todos, com o fim de travar uma guerra singularmente benigna e seletiva contra o islã. Mais que qualquer outra coisa, causou impressão ao primeiro cronista árabe da expedição, Abd-al-Rahman al-Jabarti,

125

o fato de Napoleão ter usado eruditos para administrar seus contatos com os nativos — isso e o impacto de observar de perto uma moderna instituição intelectual europeia.[67] Napoleão tentou em toda parte provar que estava lutando *pelo* islã; tudo o que dizia era traduzido em árabe corânico, assim como o exército francês foi obrigado pelo seu comando a sempre lembrar a sensibilidade islâmica. (Compare-se, a esse respeito, a tática de Napoleão no Egito com a tática do *Requerimiento*, documento redigido em 1513 — em espanhol — pelos espanhóis para ser lido em voz alta aos indianos: "Tomaremos vocês e suas mulheres e seus filhos, e faremos deles escravos, e como tais os venderemos e liquidaremos conforme as ordens de Suas Altezas [o rei e a rainha da Espanha]; e tiraremos os seus bens, e faremos a vocês todo o mal e os danos que pudermos, como a vassalos que não obedecem". Etc. etc.[68]) Quando pareceu óbvio a Napoleão que sua força era demasiado pequena para se impor aos egípcios, ele tentou fazer com que os imãs, cádis, muftis e ulemás locais interpretassem o Alcorão em favor da Grande Armée. Para esse fim, os sessenta ulemás que lecionavam em Azhar foram convidados para um encontro em seus alojamentos, onde receberam plenas honras militares, e depois foram adulados pela admiração de Napoleão pelo islã e Maomé e pela sua evidente veneração pelo Alcorão, com o qual parecia perfeitamente familiarizado. Isso funcionou, e logo a população do Cairo parecia ter perdido a sua desconfiança em relação às forças de ocupação.[69] Mais tarde Napoleão deu a seu representante Kleber instruções rigorosas para que, depois da sua partida, sempre administrasse o Egito por meio dos orientalistas e dos líderes islâmicos religiosos que pudessem convencer; qualquer outra política era por demais cara e tola.[70] Hugo achava ter compreendido a glória cheia de tato da expedição oriental de Napoleão no seu poema "Lui":

> *Au Nil je le retrouve encore.*
> *L'Égypte resplendit des feux de son aurore;*
> *Son astre impérial se lève à l'orient.*

Vainqueur, enthousiaste, éclatant de prestiges,
Prodige, il étonna la terre des prodiges.
Les vieux scheiks vénéraient l'émir jeune et prudent;
Le peuple redoutait ses armes inouies;
Sublime, il apparut aux tribus éblouies
Comme un Mahomet d'occident.[71]

[Junto ao Nilo, eu o encontro mais uma vez.
O Egito resplandece com os fogos de sua aurora;
Seu astro imperial se levanta no Oriente.

Vencedor, entusiasta, transbordando prestígios,
Prodígio, ele assombrou a terra dos prodígios.
Os velhos xeques veneravam o emir jovem e prudente;
O povo temia suas armas inauditas;
Sublime, ele parecia às tribos deslumbradas
Um Maomé do Ocidente.]

Um tal triunfo só poderia ter sido preparado *antes* de uma expedição militar, talvez apenas por alguém que não tivesse nenhuma experiência anterior do Oriente exceto o que livros e eruditos lhe contavam. A ideia de levar junto uma academia completa é um aspecto dessa atitude textual para com o Oriente. E essa atitude, por sua vez, escorava-se em decretos revolucionários específicos (particularmente o decreto de 10 Germinal do Ano III — 30 de março de 1793 — estabelecendo uma *école publique* na Bibliothèque Nationale para ensinar árabe, turco e persa)[72] cujo objeto racionalista era dissipar o mistério e institucionalizar até o conhecimento mais recôndito. Assim muitos dos tradutores orientalistas de Napoleão eram estudantes de Sylvestre de Sacy, que, a partir de junho de 1796, foi o primeiro e único professor de árabe na École Publique des Langues Orientales. Mais tarde Sacy tornou-se o professor de quase todos os orientalistas principais da Europa, onde seus estudantes dominaram o campo por quase três quartos de século. Muitos deles foram politicamente úteis, do modo como muitos tinham sido para Napoleão no Egito.

Mas negociações com os muçulmanos eram apenas uma parte do projeto de Napoleão para dominar o Egito. A outra parte era torná-lo completamente aberto, totalmente acessível ao escrutínio europeu. De uma terra da obscuridade e de uma parte do Oriente que era até então conhecida de segunda mão pelas façanhas de antigos viajantes, eruditos e conquistadores, o Egito deveria tornar-se um departamento da erudição francesa. Aí também as atitudes textuais e esquemáticas são evidentes. O Instituto, com suas equipes de químicos, historiadores, biólogos, arqueólogos, cirurgiões e antiquários, era a divisão erudita do exército. A sua tarefa não era menos agressiva: traduzir o Egito em francês moderno; e, ao contrário da *Description de l'Égypte* de 1735, do Abbé Le Mascrier, a de Napoleão deveria ser um empreendimento universal. Quase desde os primeiros momentos da ocupação, Napoleão cuidou para que o Instituto começasse as suas reuniões, os seus experimentos — sua missão de revelar os fatos, como diríamos hoje em dia. Muito importante, tudo o que era dito, visto e estudado devia ser registrado, e era realmente registrado naquela grande apropriação de um país por outro, a *Description de l'Égypte*, publicada em 23 enormes volumes entre 1809 e 1828.[73]

A singularidade da *Description* não estava apenas no seu tamanho, nem mesmo na inteligência de seus colaboradores, mas na sua atitude para com o tema central, e é essa atitude que possui grande interesse para o estudo dos projetos orientalistas modernos. As primeiras e poucas páginas de seu *préface historique*, escrito por Jean-Baptiste-Joseph Fourier, o secretário do Instituto, deixavam claro que, ao "criar" o Egito, os eruditos estavam também lutando corpo a corpo com uma espécie de significação histórica, geográfica e cultural não adulterada. O Egito era o ponto focal das relações entre a África e a Ásia, entre a Europa e o Oriente, entre a memória e os fatos.

Situado entre a África e a Ásia, e comunicando-se facilmente com a Europa, o Egito ocupa o centro do antigo continente. Esse país apresenta apenas grandes lembranças; é o lar das artes e conserva inúmeros monumentos; seus principais templos e os palácios habitados pelos seus reis ainda existem, mesmo que seus edifícios menos antigos já tivessem sido construídos na época da guerra de Troia. Homero, Licurgo, Sólon, Pitágoras e Platão, todos foram ao Egito para estudar as ciências, a religião e as leis. Alexandre fundou ali uma opulenta cidade, que por muito tempo desfrutou uma supremacia comercial, e que testemunhou Pompeu, César, Marco Antônio e Augusto decidindo entre si o destino de Roma e o do mundo inteiro. É, portanto, apropriado que esse país atraia a atenção de ilustres príncipes que regem o destino de nações.

Nenhum poder considerável foi jamais reunido por qualquer nação, no Ocidente ou na Ásia, sem que essa nação se voltasse para o Egito, que era considerado em alguma medida o seu lote natural.[74]

Como o Egito estava saturado de significação para as artes, as ciências e o governo, seu papel deveria ser o palco em que ocorreriam ações de importância histórica mundial. Ao apoderar-se do Egito, portanto, uma potência moderna demonstraria naturalmente sua força e justificaria sua história; o próprio destino do Egito era ser anexado, de preferência à Europa. Além disso, essa potência também entraria numa história cujo elemento comum era definido por figuras não menos grandiosas que Homero, Alexandre, César, Platão, Sólon e Pitágoras, que honraram o Oriente com sua presença anterior. O Oriente, em suma, existia como um conjunto de valores ligados, não a suas realidades modernas, mas a uma série de contatos valorizados que tivera com um passado europeu distante. Esse é um exemplo puro da atitude textual, esquemática a que tenho me referido.

Fourier continua de modo semelhante por mais de cem páginas (cada página, por sinal, tem um metro quadrado de tamanho, como se o projeto e o tamanho da página tivessem sido concebidos em escala comparável). A partir do passado sem controle, entretanto, ele deve justificar a expedição napoleônica como algo que precisava ser realizado no momento em que aconteceu. A perspectiva dramática jamais é abandonada. Consciente de seu público europeu e das figuras orientais que estava manipulando, ele escreve:

> Lembramos a impressão causada sobre toda a Europa pela notícia espantosa de que os franceses estavam no Oriente [...] Esse grande projeto foi meditado em silêncio, e preparado com tal atividade e sigilo que a vigilância preocupada de nossos inimigos foi enganada; apenas no momento em que ocorreu é que eles ficaram sabendo que ele fora concebido, empreendido e realizado com sucesso.

Um *coup de théâtre* tão dramático também tinha as suas vantagens para o Oriente: "Este país, que transmitiu o seu conhecimento a tantas nações, está hoje mergulhado na barbárie". Apenas um herói poderia unir todos esses fatores, e é o que Fourier descreve abaixo:

> Napoleão avaliou com precisão a influência que esse acontecimento teria sobre as relações entre a Europa, o Oriente e a África, sobre a marinha mercante mediterrânea e sobre o destino da Ásia. [...] Napoleão queria oferecer um exemplo europeu proveitoso ao Oriente e, finalmente, também tornar a vida dos habitantes mais agradável, bem como proporcionar-lhes todas as vantagens de uma civilização aperfeiçoada.
>
> Nada disso seria possível sem uma aplicação contínua ao projeto das artes e das ciências.[75]

Retirar uma região de sua presente barbárie e restaurar sua antiga grandeza clássica; instruir o Oriente (para seu próprio benefício) nos modos do Ocidente moderno; subordinar ou minimizar o poder militar para engrandecer o projeto do glorioso conhecimento adquirido no processo de dominação política do Oriente; formular o Oriente, dar-lhe forma, identidade, definição com pleno reconhecimento de seu lugar na memória, sua importância para a estratégia imperial e seu papel "natural" como apêndice da Europa; dignificar todo o conhecimento coligido durante a ocupação colonial com o título "contribuição para a erudição moderna", quando os nativos não tinham sido nem consultados, nem tratados senão como pretextos para um texto cuja utilidade não se destinava a eles; sentir-se como um europeu a comandar, quase à vontade, a história, o tempo e a geografia orientais; instituir novas áreas de especialização; estabelecer novas disciplinas; dividir, organizar, esquematizar, tabular, indexar e registrar tudo à vista (e fora da vista); fazer de cada detalhe observável uma generalização e de toda generalização uma lei imutável sobre a natureza, o temperamento, a mentalidade, o costume ou o tipo oriental; e, acima de tudo, transmutar a realidade viva na matéria de textos, possuir (ou pensar possuir) a realidade, principalmente porque nada no Oriente parece resistir a seus poderes: essas são as características da projeção orientalista inteiramente realizada em *Description de l'Égypte*, ela própria possibilitada e reforçada pela absorção inteiramente orientalista do Egito por Napoleão com os instrumentos do conhecimento e do poder ocidentais. Assim, Fourier conclui o seu prefácio anunciando que a história lembrará como "Égypte fut le théâtre de sa gloire [de Napoleão], et préserve de l'oubli toutes les circonstances de cet évènement extraordinaire"[76] [o Egito foi o teatro de sua glória, e preserva do esquecimento todas as circunstâncias desse acontecimento extraordinário].

A *Description* com isso desloca a história egípcia ou oriental como uma história que possui sua própria coerência, identidade e sentido. Em vez disso, a história registrada na *Description* suplanta a história egípcia e oriental, identificando-se direta e imediatamente com a história mundial, um eufemismo para a história europeia. Salvar um acontecimento do esquecimento é na mente do orientalista o equivalente a transformar o Oriente num teatro para as suas representações do Oriente: é quase exatamente o que diz Fourier. Além do mais, o puro poder de ter descrito o Oriente em termos ocidentais modernos ergue o

Oriente dos domínios de obscuridade silenciosa em que permaneceu negligenciado (exceto por murmúrios incipientes de uma percepção vasta, mas indefinida, de seu próprio passado) para a claridade da moderna ciência europeia. Ali esse novo Oriente figura — por exemplo, nas teses biológicas de Geoffroy Saint-Hilaire na *Description* — como a confirmação das leis da especialização zoológica formuladas por Buffon.[77] Ou serve de "contraste frappante avec les habitudes des nations Européennes"[78] [contraste gritante com os hábitos das nações europeias], no qual as "bizarres jouissances" [prazeres bizarros] dos orientais servem para acentuar a sobriedade e a racionalidade dos hábitos ocidentais. Ou, para citar mais um uso do Oriente, os equivalentes daquelas características fisiológicas orientais que tornavam possível embalsamar cadáveres com sucesso são buscados nos corpos europeus, para que os cavaleiros caídos no campo da honra pudessem ser preservados como relíquias naturais da grande campanha oriental de Napoleão.[79]

Mas o fracasso militar da ocupação do Egito por Napoleão não destruiu a fertilidade de sua projeção global para o Egito ou o resto do Oriente. Bem literalmente, a ocupação deu origem a toda a experiência moderna do Oriente interpretada a partir do interior do universo de discurso fundado por Napoleão no Egito, cujas agências de dominação e disseminação incluíam o Instituto e a *Description*. A ideia, como foi caracterizada por Charles-Roux, era que o Egito "restaurado à prosperidade, regenerado por uma administração sábia e esclarecida [...] espalharia seus raios civilizadores sobre todos os seus vizinhos orientais".[80] É verdade que as outras potências europeias procurariam competir nessa missão, nenhuma mais que a Inglaterra. Mas o que sucederia como um legado de continuidade da missão ocidental comum no Oriente — apesar das disputas inter-europeias, da competição indecente ou de uma franca guerra — seria a criação de novos projetos, novas visões, novos empreendimentos que combinassem partes adicionais do antigo Oriente com o espírito europeu conquistador. Depois de Napoleão, portanto, a própria língua do Orientalismo mudou radicalmente. O seu realismo descritivo foi aperfeiçoado e tornou-se não apenas um estilo de representação, mas uma linguagem, na verdade, um meio de *criação*. Junto com as *langues mères*, como eram chamadas por Antoine Fabre d'Olivet aquelas fontes esquecidas do moderno demótico europeu, o Oriente foi reconstruído, remontado, moldado, em suma, *nasceu* dos esforços orientalistas. A *Description* tornou-se o tipo mestre de todos os esforços posteriores para aproximar o Oriente da Europa, absorvê-lo inteiramente a partir de então e — centralmente importante — cancelar, ou ao menos sujeitar e reduzir, a sua estranheza e, no caso do islã, a sua hostilidade. Pois o Oriente islâmico apareceria desde então como uma categoria que denota o poder dos orientalistas, e não o povo islâmico como seres humanos, nem a sua história como história.

Assim, a partir da expedição de Napoleão surgiu toda uma série de filhos textuais, do *Itinéraire* de Chateaubriand e *Voyage en Orient* de Lamartine a *Salammbô* de Flaubert, e, na mesma tradição, *Manners and customs of the modern Egyptians*, de Lane, e *Personal narrative of a pilgrimage to al-Madinah and Meccah*, de Richard Burton. O que os une não é apenas o pano de fundo comum de lenda e experiência oriental, mas também a dependência erudita do Oriente, uma espécie de útero do qual todos foram paridos. Se paradoxalmente essas criações se revelaram simulacros altamente estilizados, imitações elaboradamente forjadas da aparência que se poderia atribuir a um Oriente vivo, isso de modo algum avilta a força de sua concepção imaginativa ou a força do domínio europeu no Oriente, cujos protótipos eram respectivamente Cagliostro, o grande personificador europeu do Oriente, e Napoleão, seu primeiro conquistador moderno.

O trabalho artístico ou textual não foi o único produto da expedição napoleônica. Além disso, e certamente com mais influência, houve o projeto científico, cujo principal exemplo é *Système comparé et histoire générale des langues sémitiques*, de Ernest Renan, completado em 1848 — com bastante capricho — para o Prix Volney, e o projeto geopolítico, do qual o Canal de Suez de Ferdinand de Lesseps e a ocupação inglesa do Egito em 1882 são os exemplos mais importantes. A diferença entre os dois não está apenas na escala manifesta, mas também na qualidade da convicção orientalista. Renan acreditava verdadeiramente que havia recriado o Oriente, como ele realmente era, na sua obra. De Lesseps, por outro lado, sempre ficou um pouco intimidado pela novidade que seu projeto fizera surgir do antigo Oriente, e essa sensação se comunicava a todos para quem a abertura do canal em 1869 não era um acontecimento trivial. No seu *Excursionist and tourist advertiser*, de 1º de julho de 1869, o entusiasmo de Thomas Cook se equipara ao de Lesseps:

> Em 17 de novembro, o sucesso da maior proeza de engenharia do presente século deve ser comemorado com uma magnífica festa de inauguração, na qual quase todas as famílias reais europeias terão seu representante especial. Sem dúvida, a ocasião será excepcional. A formação de uma linha de comunicação aquática entre a Europa e o Oriente tem sido o sonho de séculos, ocupando, cada uma por sua vez, as mentes de gregos, romanos, saxões e gauleses, mas foi só nos últimos poucos anos que a civilização moderna começou seriamente a imitar os trabalhos dos antigos faraós, que, há muitos séculos, construíram um canal entre os dois mares, vestígios do qual ainda existem hoje em dia [...]. Tudo ligado à obra [a atual] está numa escala gigantesca, e o exame de um pequeno panfleto que descreve o empreendimento, de autoria do Chevalier de St. Stoess, grava em nossa mente com muita força o gênio do grande Mentor — M. Ferdinand de Lesseps —, cuja perseverança, ousadia calma e visão de futuro transformaram por fim o sonho de eras num fato real e tangível [...] o projeto para aproximar mais os países do Ocidente e do Oriente, e assim unir as civilizações de diferentes épocas.[81]

A combinação de ideias antigas com novos métodos, a união de culturas cujas relações com o século XIX eram diferentes, a imposição genuína do poder da tecnologia moderna e da vontade intelectual a entidades geográficas outrora estáveis e divididas como o Leste e o Oeste: isso é o que Cook percebe e o que, nos seus diários, discursos, prospectos e cartas, De Lesseps anuncia.

Do ponto de vista da genealogia, o começo de vida de Ferdinand foi auspicioso. Mathieu de Lesseps, seu pai, fora ao Egito com Napoleão e ali permaneceu (como "um representante francês não oficial", diz Marlowe[82]) por quatro anos depois que os franceses saíram do país, em 1801. Muitos dos escritos tardios de Ferdinand se referem ao próprio interesse de Napoleão em cavar um canal, que, como havia sido mal informado pelos peritos, ele nunca pensou que fosse uma meta realizável. Infectado pela história errática dos projetos de canal que incluíam as plantas francesas cogitadas por Richelieu e os sansimonistas, De Lesseps retornou ao Egito em 1854, para ali embarcar no empreendimento que acabou sendo completado quinze anos mais tarde. Ele não tinha uma formação real de engenheiro. Apenas uma fé tremenda nas suas habilidades quase divinas como construtor, autor de iniciativas e criador o mantinha ativo; como seus talentos diplomáticos e financeiros lhe granjearam o apoio egípcio e europeu, ele parece ter adquirido o necessário conhecimento para levar os trabalhos a seu termo. De mais utilidade, talvez, ele aprendeu como dispor os seus potenciais colaboradores no teatro histórico mundial e fazê-los ver o que a sua "pensée morale" [ideia moral], como ele chamava o seu projeto, realmente significava. "Vous envisagez", ele lhes disse em 1860, "les immenses services que le rapprochement de l'Occident et de l'Orient doit rendre à la civilization et au développement de la richesse générale. Le monde attend de vous un grand progrès et vous voulez répondre à l'attente du monde"[83] [Considerem os imensos serviços que a aproximação do Ocidente e do Oriente deve trazer à civilização e ao desenvolvimento da riqueza geral. O mundo espera de vocês um grande progresso, e vocês querem corresponder à expectativa do mundo]. De acordo com essas noções, o nome da companhia de investimento formada por De Lesseps em 1858 era uma palavra carregada de significados e refletia os planos grandiosos que ele alimentava: a Compagnie

Universelle. Em 1862, a Académie Française ofereceu um prêmio para uma epopeia sobre o canal. Bornier, o vencedor, deu à luz a seguinte hipérbole, nada que contradissesse fundamentalmente a imagem que De Lesseps entretinha sobre o que estava fazendo:

> *Au travail! Ouvriers que notre France envoie,*
> *Tracez, pour l'univers, cette nouvelle voie!*
> *Vos pères, les héros, sont venus jusqu'ici;*
> *Soyez ferme comme aux intrepides,*
> *Comme eux vous combattez aux pieds des pyramides,*
> *Et leurs quatre mille ans vous contemplent aussi!*
>
> *Oui, c'est pour l'univers! Pour l'Asie et l'Europe,*
> *Pour ces climats lointain que la nuit enveloppe,*
> *Pour le Chinois perfide e l'Indien demi-nu;*
> *Pour les peuples heureux, libres, humains et braves,*
> *Pour les peuples méchants, pour les peuples esclaves,*
> *Pour ceux à qui le Christ est encore inconnu.*[84]

[Ao trabalho! Operários que nossa França envia
Traçai, para o universo, esta nova via!
Vossos pais, os heróis, vieram até aqui;
Sede firmes como eles, intrépidos,
Como eles combatei ao pé das pirâmides,
E seus quatro mil anos também vos contemplam!

Sim, é para o universo! Para a Ásia e a Europa,
Para os climas longínquos que a noite envolve,
Para o chinês pérfido e o indiano seminu;
Para os povos felizes, livres, humanos e bravos,
Para os povos malvados, para os povos escravos,
Para quem o Cristo ainda é desconhecido.]

De Lesseps nunca era mais eloquente e engenhoso do que quando obrigado a justificar as enormes despesas de dinheiro e homens que o canal requeria. Ele podia despejar estatísticas para encantar qualquer ouvido; citava Heródoto e estatísticas marítimas com igual fluência. Nas anotações de seu diário em 1864, citou com aprovação a observação de Casimir Leconte, de que uma vida excêntrica desenvolveria uma originalidade significativa nos homens, e da originalidade surgiriam grandes e inusitadas proezas.[85] Essas proezas eram a sua própria justificação. Apesar de sua linhagem imemorial de fracassos, do seu custo extravagante, das suas ambições espantosas de alterar o modo como a Europa lidaria com o Oriente, o canal valia o esforço. Era um projeto singularmente capaz de passar por cima das objeções daqueles que eram consultados, e de realizar, ao melhorar o Oriente como um todo, o que os egípcios calculistas, os pérfidos chineses e os indianos seminus nunca haviam feito por si mesmos.

As cerimônias da abertura do canal em novembro de 1869 foram uma ocasião que, não menos que toda a história das maquinações de De Lesseps, encarnou perfeitamente as suas ideias. Por anos os seus discursos, cartas e panfletos foram sobrecarregados de um vocabulário vividamente enérgico e teatral. Em busca do sucesso, podia-se encontrá-lo dizendo de si mesmo (sempre na primeira pessoa do plural), nós criamos, lutamos, dispusemos, realizamos, agimos, reconhecemos, perseveramos, avançamos; nada, ele repetiu em muitas ocasiões, podia nos deter, nada era impossível, nada importava finalmente exceto a realização de "le résultat final, le grand but" [o resultado final, o grande objetivo] que ele tinha concebido, definido e finalmente executado. Quando o enviado papal para as cerimônias falou em 16 de novembro aos dignitários reunidos, o seu discurso procurou desesperadamente estar à altura do espetáculo intelectual e imaginativo oferecido pelo canal de De Lesseps:

> Il est permis d'affirmer que l'heure qui vient de sonner est non seulement une des plus solennelles de ce siècle, mais encore une des plus grandes et des plus décisives qu'ait vues l'humanité, depuis qu'elle a une histoire ci-bas. Ce lieu, où

confinent — sans désormais y toucher — l'Afrique et l'Asie, cette grande fête du genre humain, cette assistance auguste et cosmopolite, toutes les races du globe, tous les drapeaux, tous les pavillions, flottant joyeusement sous ce ciel radieux et immense, la croix debout et respectée de tous en face du croissant, que de merveilles, que de contrastes saisissants, que de rêves réputés chimériques devenus de palpables réalités! et, dans cet assemblage de tant de prodiges, que de sujets de réflexions pour le penseur, que de joies dans l'heure présente et, dans les perspectives de l'avenir, que de glorieuses espérances! [...]

Les deux extrémités du globe se rapprochent; en se rapprochant, elles se reconnaissent; en se reconnaissant, tous les hommes, enfants d'un seul et même Dieu, éprouvent le tressaillement joyeux de leur mutuelle fraternité! O Occident! O Orient! rapprochez, regardez, reconnaissez, saluez, étreignez-vous! [...]

Mais derrière le phénomène matériel, le regard du penseur découvre des horizons plus vastes que les espaces mésurables, les horizons sans bornes où mouvent les plus hautes destinées, les plus glorieuses conquêtes, les plus immortelles certitudes du genre humain [...]

[Dieu] que votre souffle divin plane sur ces eaux! Qu'il y passe et repasse, de l'Occident à l'Orient, de l'Orient à l'Occident! O Dieu! Servez vous de cette voie pour rapprocher les hommes les uns des autres![86]

[É possível dizer que a hora que acaba de soar não é somente uma das mais solenes deste século, mas ainda uma das maiores e mais decisivas que a humanidade conheceu, desde que tem uma história sobre a Terra. Este lugar, onde confinam — sem entretanto se tocarem — a África e a Ásia, esta grande festa do gênero humano, este público augusto e cosmopolita, todas as raças do globo, todas as bandeiras, todos os pavilhões, flutuando alegremente sob o céu radiante e imenso, a cruz erguida e respeitada por todos em face do crescente, quantas maravilhas, quantos contrastes cativantes, quantos sonhos considerados quiméricos e transformados em realidades palpáveis! e, nesta reunião de tantos prodígios, quantos temas de reflexão para o pensador, quantas alegrias na hora presente e, nas perspectivas do futuro, quantas gloriosas esperanças! [...]

As duas extremidades do globo se aproximam; ao se aproximar, elas se reconhecem; ao se reconhecer, todos os homens, filhos de um único e mesmo Deus, experimentam o frêmito alegre de sua fraternidade mútua! Oh, Ocidente! Oh, Oriente! aproximai-vos, contemplai, reconhecei, saudai, abraçai-vos! [...]

Mas, por trás do fenômeno material, o olhar do pensador descobre horizontes mais vastos que os espaços mensuráveis, os horizontes sem limites onde se movem os mais altos destinos, as mais gloriosas conquistas, as mais imortais certezas do gênero humano [...]

[Deus] que vosso sopro divino paire sobre estas águas! Que ali passe e repasse, do Ocidente ao Oriente, do Oriente ao Ocidente! Oh, Deus! Empregai esta via para aproximar os homens uns dos outros!]

Todo o mundo parecia reunido para prestar homenagem a um plano que Deus só podia abençoar e utilizar para seus desígnios. Antigas distinções e inibições se dissolviam: a Cruz confrontava o Crescente, o Ocidente vinha ao encontro do Oriente para nunca mais abandoná-lo (até que, em julho de 1956, Gamal Abdel Nasser se apoderasse do canal em nome do Egito, pronunciando o nome de De Lesseps).

Na ideia do Canal de Suez, vemos a conclusão lógica do pensamento orientalista e, mais interessante, do esforço orientalista. Para o Ocidente, a Ásia representara outrora a distância silenciosa e a alienação; o islã era a hostilidade militante ao cristianismo europeu. Para superar essas temíveis constantes, o Oriente precisava primeiro ser conhecido, depois invadido e possuído, depois recriado por eruditos, soldados e juízes que desenterravam línguas, histórias, raças e culturas esquecidas para situá-las — fora do alcance do oriental moderno — como o verdadeiro Oriente clássico que poderia ser usado para julgar e governar o Oriente moderno. A obscuridade esvaeceu para ser substituída por entidades de estufa; o Oriente era uma palavra de erudito, significando o que a Europa moderna recentemente fizera do ainda peculiar Leste. De Lesseps e seu canal destruíram finalmente a distância do Oriente, a sua intimidade enclausurada, *longe* do Ocidente, o seu exotismo permanente. Assim como uma barreira de terra podia ser transmutada numa artéria líquida, assim também o Oriente foi transubstanciado, passando de uma hostilidade resistente a uma parceria obsequiosa e submissa. Após De Lesseps, ninguém podia falar do Oriente como se pertencesse a outro mundo, estritamente falando. Havia apenas o "nosso" mundo, "um" mundo unido porque o Canal de Suez frustrara aqueles últimos provincianos que ainda acreditavam na diferença entre os mundos. A partir de então, a noção de "oriental" é administrativa ou executiva, e está subordinada a fatores demográficos, econômicos e sociológicos. Para imperialistas como Balfour, ou para anti-imperialistas como J. A. Hobson, o oriental, como o africano, é membro de uma raça subjugada, e não exclusivamente um habitante de uma área geográfica. De Lesseps dissolvera a identidade geográfica do Oriente, arrastando-o (quase literalmente) para o Ocidente e dissipando finalmente a ameaça do islã. Surgiriam novas categorias e experiências, inclusive as imperialistas, e com o tempo o Orientalismo se adaptaria a elas, mas não sem alguma dificuldade.

CRISE

Talvez pareça estranho falar sobre algo ou alguém como portador de uma atitude *textual*, mas um estudioso da literatura compreenderá a expressão mais facilmente, se pensar no tipo de visão atacada por Voltaire em *Cândido* ou na atitude para com a realidade satirizada por Cervantes em *Dom Quixote*. O que parece bom senso incontestável para esses escritores é o fato de ser uma falácia supor que a confusão abundante, imprevisível e problemática em que os seres humanos vivem possa ser compreendida com base no que os livros — os textos — dizem; aplicar o que se aprende num livro literalmente à realidade é arriscar cair na loucura ou na ruína. Ninguém pensaria em usar *Amadís de Gaula* para compreender a Espanha do século XVI (ou dos dias de hoje), assim como não usaria a Bíblia para compreender, digamos, a Câmara dos Comuns. Mas, é evidente, as pessoas tentaram e tentam usar textos dessa maneira tão simplista, pois do contrário *Cândido* e *Dom Quixote* não teriam para os leitores o apelo que têm hoje em dia. Parece uma falha humana comum preferir a autoridade esquemática de um texto à desorientação dos encontros diretos com o humano. Mas essa falha está constantemente presente, ou há circunstâncias que, mais que outras, tornam provável que prevaleça a atitude textual?

Duas situações favorecem uma atitude textual. Uma delas é quando um ser humano enfrenta de perto algo relativamente desconhecido e ameaçador, outrora distante. Nesse caso, ele pode recorrer não só ao que na sua experiência anterior se assemelha à novidade, mas também ao que leu a respeito. Os livros ou guias de viagem são um tipo de texto quase tão "natural", tão lógico na sua composição e no seu uso quanto qualquer livro que se possa imaginar, precisamente por causa dessa tendência humana de recorrer a um texto quando as incertezas da viagem em regiões estranhas parecem ameaçar nossa serenidade. Muitos viajantes se descobrem dizendo sobre uma experiência num país novo que ela não corresponde a suas expectativas, querendo dizer que ela não é o que um livro afirmava que seria. E, claro, muitos escritores de livros ou guias de viagem compõem suas obras para dizer que um país *é* assim, ou melhor, que *é* colorido, caro, interessante e assim por diante. A ideia em qualquer um dos casos é que as pessoas, os lugares e as experiências sempre podem ser descritos por um livro, tanto assim que o livro (ou texto) adquire autoridade e uso até maior do que a realidade que descreve. O cômico da busca de Fabrice del Dongo pela batalha de Waterloo não se deve tanto ao fato de ele não conseguir encontrar a batalha, mas de procurá-la como algo de que soube pelos textos.

Uma segunda situação que favorece a atitude textual é a experiência do êxito. Se alguém lê num livro a afirmação de que os leões são ferozes e depois encontra um leão feroz (simplifico, é claro), é provável que será encorajado a ler mais livros do mesmo autor e acreditar neles. Mas se, além disso, o livro sobre leões ensina como lidar com um leão feroz, e as instruções funcionam com perfeição, então não só o autor será digno de confiança, ele será também impelido a tentar realizar outros tipos de desempenho escrito. Há uma dialética de reforço um tanto complexa, pela qual as experiências dos leitores na realidade são determinadas pelo que leram, e isso por sua vez influencia os escritores a adotar temas definidos de antemão pelas experiências dos leitores. Um livro sobre como lidar com um leão feroz poderia então causar uma série de livros a serem produzidos sobre temas como a ferocidade dos leões, as origens da ferocidade, e assim por diante. Da mesma forma, à medida que o foco do texto se concentra mais estreitamente sobre o tema — já não são os leões, mas a sua ferocidade —, podemos talvez esperar que os modos pelos quais se recomenda que se lide com a ferocidade de um leão vão na verdade *aumentar* a sua ferocidade, forçá-lo a ser feroz porque é isso o que ele é, e isso é o que, em essência, nós sabemos ou *só* podemos saber a seu respeito.

Um texto que se propõe conter conhecimento sobre algo real, e que surge de circunstâncias semelhantes às que acabei de descrever, não é facilmente descartado. Atribui-se-lhe conhecimento. A autoridade de acadêmicos, instituições e governos pode ser-lhe acrescentada, circundando-o com um prestígio ainda maior que o garantido por seus sucessos práticos. Muito importante, esses textos podem *criar* não só conhecimento, mas também a própria realidade que parecem descrever. Com o tempo, esse conhecimento e a realidade produzem uma tradição, ou o que Michel Foucault chama discurso, cuja presença ou peso material — seja qual for a originalidade de um determinado autor — é responsável pelos textos a que dá origem. Esse tipo de texto é composto a partir daquelas unidades de informação preexistentes depositadas por Flaubert no catálogo das *idées reçues*.

À luz de tudo isso, consideremos Napoleão e De Lesseps. Tudo o que eles conheciam, mais ou menos, sobre o Oriente provinha daqueles livros escritos na tradição do Orientalismo, localizada na sua biblioteca das *idées reçues*; para eles o Oriente, como o leão feroz, era algo a ser encontrado e enfrentado, em certa medida *porque* os textos tornavam esse Oriente possível. Esse Oriente era silencioso, à disposição da Europa para a realização de projetos que envolviam os habitantes nativos sem jamais assumir uma responsabilidade direta para com eles, e incapaz de resistir aos projetos, às imagens ou a meras descrições que lhe eram traçadas. Mais acima, neste capítulo, considerei essa relação entre a escrita ocidental (e suas consequências) e o silêncio oriental como o resultado e o sinal da grande força cultural do Ocidente, a sua vontade de dominar o Oriente. Mas há um outro lado dessa força, um lado cuja existência depende das pressões da tradição orientalista e de sua atitude textual para com o Oriente; esse lado tem a sua própria vida, assim como os livros sobre leões ferozes terão a sua, enquanto os leões não puderem responder. Napoleão e De Lesseps — para tomar dois dentre os muitos projetistas que tramaram planos para o Oriente — seguem adiante no silêncio imensurável do Oriente principalmente porque o discurso do Orientalismo, além de decretar a impotência do Oriente para fazer qualquer coisa a respeito, tingia a sua atividade com significado, inteligibilidade e realidade. O discurso do Orientalismo e o que o tornava possível — no caso de Napoleão, um Ocidente com muito mais poderio militar que o Oriente — ofereciam-lhes orientais que podiam ser descritos em obras como a *Description de l'Égypte* e um Oriente que podia ser atravessado como De Lesseps atravessou o Suez. Além do mais, o Orientalismo lhes propiciava o seu sucesso — ao menos de seu ponto de vista, que não tinha nada a ver com o do oriental. O sucesso, em outras palavras, tinha todo o real

143

intercâmbio humano entre o oriental e o ocidental do "disse eu para mim mesmo, disse eu" do juiz em *Trial by jury*.

Assim que começamos a pensar no Orientalismo como uma espécie de projeção ocidental sobre o Oriente e vontade de governá-lo, encontramos poucas surpresas. Pois se é verdade que historiadores como Michelet, Ranke, Toqueville e Burckhardt *tramam* suas narrativas "como uma história de um tipo particular",[87] o mesmo vale para os orientalistas que delinearam a história, o caráter e o destino oriental por centenas de anos. Durante os séculos XIX e XX, os orientalistas se tornaram uma grandeza mais séria, porque a essa altura o alcance da geografia imaginativa e real havia encolhido, porque a relação oriental-europeia era então determinada por uma expansão europeia incontrolável em busca de mercados, recursos e colônias, e finalmente porque o Orientalismo realizara a sua própria metamorfose, de um discurso erudito para uma instituição imperial. A evidência dessa metamorfose já é aparente no que falei sobre Napoleão, De Lesseps, Balfour e Cromer. Seus projetos no Oriente são compreensíveis apenas no nível mais rudimentar como os esforços de homens de visão e gênio, heróis no sentido de Carlyle. De fato, Napoleão, De Lesseps, Cromer e Balfour são muito mais *regulares*, muito menos inusitados, se lembramos os esquemas de d'Herbelot e Dante e acrescentamos a ambos uma máquina modernizada e eficiente (como o império europeu do século XIX) e uma guinada positiva: já que não podemos obliterar ontologicamente o Oriente (como d'Herbelot e Dante talvez tenham percebido), temos o meio de capturá-lo, tratá-lo, descrevê-lo, melhorá-lo, alterá-lo radicalmente.

A ideia que estou tentando expressar é que ocorreu a transição de uma apreensão, formulação ou definição meramente textual do Oriente para o ato de pôr tudo isso em prática no Oriente, e que o Orientalismo teve muito a ver com essa transição *disparatada* — se posso usar a palavra num sentido literal. No que dizia respeito ao seu trabalho estritamente erudito (e acho de difícil compreensão a ideia de um trabalho estritamente erudito ser desinteressado e abstrato: ainda assim, podemos admiti-la intelectualmente), o Orientalismo realizou muitas coisas. Durante a sua grande era no século XIX produziu eruditos; aumentou o número de línguas ensinadas no Ocidente e a quantidade de manuscritos editados, traduzidos e comentados; em muitos casos, forneceu ao Oriente estudiosos europeus compreensivos, genuinamente interessados em temas como a gramática sânscrita, a numismática fenícia e a poesia árabe. No entanto — e neste ponto devemos ser muito claros —, o Orientalismo atropelou o Oriente. Como um sistema de pensamento sobre o Oriente, sempre partiu do detalhe específico para a afirmação geral; uma observação sobre um poeta árabe do século X desdobrava-se numa política para com (e sobre) a mentalidade oriental no Egito, no Iraque ou na Arábia. Da mesma forma, um verso do Alcorão seria considerado a melhor evidência de uma sensualidade muçulmana indelével. O Orientalismo supunha um Oriente imutável, absolutamente diferente (as razões mudam de época para época) do Ocidente. E o Orientalismo, na sua forma pós-oitocentista, nunca se revisou. Tudo isso torna Cromer e Balfour, como observadores e administradores do Oriente, inevitáveis.

A proximidade entre a política e o Orientalismo ou, para falar de modo mais circunspecto, a grande probabilidade de que as ideias sobre o Oriente tiradas do Orientalismo possam ser empregadas na política é uma verdade importante, mas extremamente delicada. Propõe questões sobre a predisposição para a inocência e a culpa, o desinteresse erudito ou a cumplicidade do grupo de pressão, em campos como os estudos dos negros e das mulheres. Provoca necessariamente inquietação em nossa consciência sobre generalizações culturais, raciais ou históricas, os seus usos, valor, grau de objetividade e intenção fundamental. Mais que qualquer outra coisa, as circunstâncias políticas e culturais em que o Orientalismo ocidental floresceu chamam a atenção para a posição degradada do Oriente ou do oriental como um objeto de estudo. Pode alguma outra relação política que não a de senhor-escravo produzir o Oriente orientalizado perfeitamente caracterizado por Anwar Abdel Malek?

a) No nível da *proposição do problema* e da problemática [...] o Oriente e os orientais [são considerados pelo Orientalismo] um "objeto" de estudo, carimbado com uma alteridade — como tudo o que é diferente, seja "sujeito" ou "objeto" —, mas de uma alteridade constitutiva, de um caráter essencialista [...] Esse "objeto" de estudo será, como de costume, passivo, não participativo, dotado de uma subjetividade "histórica" e, acima de tudo, não ativo, não autônomo, não soberano em relação a si mesmo: o único Oriente, oriental ou "sujeito" que poderia ser admitido, no limite extremo, é o ser alienado filosoficamente, isto é, diferente de si mesmo em relação a si mesmo, proposto, compreendido, definido — e representado — por outros.

b) No nível da *temática*, [os orientalistas] adotam uma concepção essencialista dos países, das nações e dos povos do Oriente em estudo, uma concepção que se expressa por uma tipologia étnica caracterizada [...] e logo a levam em direção ao racismo.

Segundo os orientalistas tradicionais, deve existir uma essência — às vezes até claramente descrita em termos metafísicos — que constitui a base comum e inalienável de todos os seres considerados; essa essência é tanto "histórica", pois remonta à aurora da história, como fundamentalmente a-histórica, pois transfixa o ser, o "objeto" de estudo, dentro de sua especificidade inalienável e não evolutiva, em vez de defini-lo como todos os outros seres, estados, nações, povos e culturas — como um produto, uma resultante das forças que operam no campo da evolução histórica.

Assim acaba-se tendo uma tipologia — baseada numa especificidade real, mas separada da história e, consequentemente, concebida como intangível, essencial — que faz do "objeto" estudado um outro ser, em relação ao qual o sujeito que estuda é transcendente; teremos um homo sinicus, um homo arabicus (e por que não um homo aegypticus, etc.), um homo africanus, sendo o homem — o "homem normal", bem entendido — o homem europeu do período histórico, isto é, desde a antiguidade grega. Percebe-se, do século XVIII ao século XX, o quanto a hegemonia das minorias proprietárias, revelada por Marx e Engels, e o antropocentrismo, desmantelado por Freud, são acompanhados pelo eurocentrismo na área das ciências sociais e humanas, e mais particularmente naquelas em relação direta com os povos não europeus.[88]

Abdel Malek vê o Orientalismo como detentor de uma história que, segundo o "oriental" do final do século XX, levou-o ao impasse descrito acima. Vamos agora delinear brevemente essa história que prosseguiu pelo século XIX para acumular importância e poder, "a hegemonia das minorias proprietárias" e o antropocentrismo em aliança com o eurocentrismo. Desde as últimas décadas do século XVIII e ao menos por um século e meio, a Grã-Bretanha e a França dominaram o Orientalismo como disciplina. As grandes descobertas filológicas da gramática comparada feitas por Jones, Franz Bopp, Jakob Grimm e outros foram originariamente tributárias de manuscritos trazidos do Leste para Paris e Londres. Quase sem exceção, todo orientalista começou a sua carreira como filólogo, e a revolução na filologia que produziu Bopp, Sacy, Burnouf e seus discípulos era uma ciência comparativa baseada na premissa de que as línguas pertencem a famílias, das quais o indo-europeu e o semítico são dois grandes exemplos. Desde o início, portanto, o Orientalismo apresentou duas características: (1) uma autoconsciência científica recém-descoberta baseada na importância linguística do Oriente para a Europa, e (2) uma tendência a dividir, subdividir e tornar a dividir o seu tema, sem jamais mudar de opinião sobre o Oriente ser sempre o mesmo objeto imutável, uniforme e radicalmente peculiar.

Friedrich Schlegel, que aprendeu sânscrito em Paris, ilustra todas essas características. Embora, na época em que publicou o seu *Über die Sprache und Weisheit der Indier* em 1808, Schlegel já houvesse praticamente renunciado a seu Orientalismo, ele ainda sustentava que o sânscrito e o persa, de um lado, e o grego e o alemão, de outro, tinham mais afinidades uns com os outros do que com as línguas semíticas, chinesas, americanas ou africanas. Além do mais, a família do indo-europeu era artisticamente simples e satisfatória, de um modo como o semítico, por exemplo, não era. Abstrações como essa não perturbavam Schlegel, para quem as nações, as raças, as mentes e os povos como temas de que se podia falar apaixonadamente — na perspectiva cada vez mais estreita do populismo sugerido pela primeira vez por Herder — se mantiveram fascinantes pela vida inteira. No entanto, em nenhum lugar Schlegel fala sobre o Oriente vivo, contemporâneo. Quando disse, em 1800, "É no Oriente que devemos buscar o mais alto romantismo", ele falava do Oriente de *Sakuntala*, do Zend-Avesta e dos Upanishades. Quanto aos semitas, cuja língua era aglutinativa, não estética e mecânica, eles eram diferentes, inferiores, atrasados. As palestras de Schlegel sobre a linguagem e a vida, a história e a literatura, estão cheias dessas discriminações, que ele fazia sem a menor ressalva. O hebraico, dizia, era feito para o pronunciamento profético e o vaticínio; os muçulmanos, entretanto, esposavam "um teísmo vazio e morto, um credo unitário meramente negativo".[89]

Grande parte do racismo, nas restrições impostas por Schlegel aos semitas e outros orientais "inferiores", era amplamente difundida na cultura europeia. Mas em nenhum outro lugar, a não ser mais tarde, no século XIX, entre os antropólogos darwinianos e os frenologistas, ele se tornou a base de um tema científico como na linguística comparada ou na filologia. A língua e a raça pareciam inextricavelmente ligadas, e o "bom" Oriente era invariavelmente um período clássico em algum lugar numa Índia há muito desaparecida, enquanto o "mau" Oriente subsistia na Ásia do presente, em regiões do Norte da África, e em toda parte no islã. Os "arianos" estavam confinados na Europa e no antigo Oriente; como Léon Poliakov mostrou (sem observar nem uma vez, entretanto, que os "semitas" não eram apenas os judeus, mas também os muçulmanos),[90] o mito ariano dominava a antropologia histórica e cultural às custas dos povos "menores".

A genealogia oficial do Orientalismo incluiria certamente Gobineau, Renan, Humboldt, Steinthal, Burnouf, Remusat, Palmer, Weil, Dozy, Muir, para mencionar quase ao acaso alguns nomes famosos do século XIX. Incluiria também a capacidade propagadora das sociedades eruditas: a Société Asiatique, fundada em 1822; a Royal Asiatic Society, fundada em 1823; a American Oriental Society, fundada em 1842; e assim por diante. Mas esqueceria forçosamente a grande contribuição da literatura imaginativa e de viagens, que reforçava as divisões estabelecidas pelos orientalistas entre os vários departamentos geográficos, temporais e raciais do Oriente. Esse esquecimento seria incorreto, porque para o Oriente islâmico essa literatura é especialmente rica e dá uma contribuição significativa para a construção do discurso orientalista. Ela inclui obras de Goethe, Hugo, Lamartine, Chateaubriand, Kinglake, Nerval, Flaubert, Lane, Burton, Scott, Byron, Vigny, Disraeli, George Eliot, Gautier. Mais tarde, no final do século XIX e início do século XX, poderíamos acrescentar Doughty, Barrès, Loti, T. E. Lawrence, Forster. Todos esses escritores fornecem um esboço bem mais ousado do "grande mistério asiático" de Disraeli. Nesse empreendimento existe um apoio considerável, proveniente não só da descoberta de civilizações orientais mortas (por escavadores europeus) na Mesopotâmia, Egito, Síria e Turquia, mas também de levantamentos geográficos importantes feitos por todo o Oriente.

No final do século XIX, essas realizações foram materialmente auxiliadas pela ocupação europeia de todo o Oriente Próximo (com exceção de partes do Império Otomano, que foi tragado depois de 1918). As principais potências coloniais eram mais uma vez a Grã-Bretanha e a França, embora a Rússia e a Alemanha também desempenhassem algum papel.[91] Colonizar significava primeiro a identificação — na verdade, a criação — de interesses; esses podiam ser comerciais, de comunicação, religiosos, militares, culturais. Com relação ao islã e aos territórios islâmicos, por exemplo, a Grã-Bretanha sentia que, como potência cristã, tinha interesses legítimos a salvaguardar. Desenvolveu-se um aparato complexo para cuidar desses interesses. As primeiras organizações, como a Sociedade para Promover o Conhecimento Cristão (1698) e a Sociedade para a Propagação do Evangelho em Regiões Estrangeiras (1701), foram sucedidas e mais tarde auxiliadas pela Sociedade Missionária Batista (1792), a Sociedade Missionária da Igreja (1799), a Sociedade Britânica e Estrangeira da Bíblia (1804), a Sociedade Londrina para Promover o Cristianismo entre os Judeus (1808). Essas missões "aderiram abertamente à expansão da Europa".[92] Acrescentem-se a esses grupos as sociedades comerciais, as sociedades eruditas, os fundos de exploração geográfica, os fundos de tradução, a implantação no Oriente de escolas, missões, escritórios consulares, fábricas e às vezes grandes comunidades europeias, e a noção de um "interesse" vai adquirir bastante sentido. A partir de então, os interesses eram defendidos com muito zelo e despesas.

Até agora o meu esboço é grosseiro. Que dizer das experiências e emoções típicas que acompanham tanto os avanços eruditos do Orientalismo como as conquistas políticas auxiliadas pelo Orientalismo? Primeiro, há desapontamento pelo fato de o Oriente moderno não ser absolutamente como os textos. Eis Gérard de Nerval escrevendo a Théophile Gautier no final de agosto de 1843:

> Já perdi, Reino após Reino, província após província, a mais bela metade do universo, e em breve não conhecerei nenhum lugar em que possa encontrar um refúgio para os meus sonhos; mas é o Egito que mais lamento ter afastado da minha imaginação, agora que o coloquei tristemente nas minhas lembranças.[93]

Isso foi escrito pelo autor de uma grande *Voyage en Orient*. O lamento de Nerval é um tópico comum do romantismo (o sonho traído, conforme descrito por Albert Béguin em *L'âme romantique et le rêve*) e dos viajantes no Oriente bíblico, de Chateaubriand a Mark Twain. Qualquer experiência direta do Oriente mundano comenta ironicamente valorizações como as que devem ser encontradas em "Mahometsgesang", de Goethe, ou "Adieux de l'hôtesse arabe", de Hugo. A memória do Oriente moderno contesta a imaginação, envia-nos de volta à imaginação como um lugar preferível, para a sensibilidade europeia, ao Oriente real. Para uma pessoa que nunca viu o Oriente, Nerval disse outrora a Gautier, um lótus é ainda um lótus; para mim, é apenas uma espécie de cebola. Escrever sobre o Oriente moderno é revelar uma desmistificação perturbadora das imagens colhidas de textos, ou limitar-se ao Oriente de que Hugo falava no seu prefácio original a *Les orientales*, o Oriente como "image" ou "pensée" [imagem ou pensamento], símbolos de "une sorte de préoccupation générale"[94] [uma espécie de preocupação geral].

Se mapeiam corretamente a sensibilidade orientalista, o desencanto pessoal e a preocupação geral também suscitam hábitos mais familiares de pensamento, sentimento e percepção. A mente aprende a distinguir entre uma apreensão geral e uma experiência específica do Oriente; cada uma segue o seu caminho separado, por assim dizer. No romance de Scott, *The talisman* (1825), *sir* Kenneth (do *Crouching leopard*) combate um único sarraceno até um empate de forças em algum lugar no deserto palestino; quando o cruzado e seu oponente, que é Saladino disfarçado, travam mais tarde uma conversa, o cristão descobre que seu antagonista muçulmano não é afinal um sujeito assim tão ruim. Mas observa:

Bem que eu pensei [...] que tua raça cega descendesse do diabo imundo, pois sem tal ajuda ela nunca teria conseguido manter esta terra abençoada da Palestina contra tantos valorosos soldados de Deus. Não falo assim de ti em particular, sarraceno, mas em geral de teu povo e religião. É estranho para mim, entretanto, não que vocês descendam do Demônio, mas que disso se vangloriem.[95]

Pois, na verdade, o sarraceno se vangloria de traçar a linhagem da sua raça até Eblis, o Lúcifer muçulmano. Mas o verdadeiramente curioso não é o fraco historicismo pelo qual Scott torna a cena "medieval", permitindo que o cristão ataque o muçulmano teologicamente de um modo como os europeus do século XIX não atacariam (embora o fizessem); antes, é a condescendência afetada de maldizer todo um povo "em geral", ao mesmo tempo que atenua a ofensa com um frio "não me refiro a ti em particular".

Scott, entretanto, não era um conhecedor do islã (embora H. A. R. Gibb, que o conhecia bem, elogiasse *The talisman* por sua visão do islã e de Saladino),[96] e ele estava tomando enormes liberdades com o papel de Eblis ao transformá-lo num herói para os fiéis. O conhecimento de Scott provinha provavelmente de Byron e Beckford, mas basta que observemos nesse ponto com que força o caráter geral atribuído às coisas orientais podia resistir ao vigor retórico e existencial de óbvias exceções. É como se, por um lado, existisse uma lata de lixo chamada "oriental" em que todas as atitudes ocidentais autorizadas, anônimas e tradicionais para com o Leste fossem jogadas sem pensar, enquanto, por outro lado, fiéis à tradição anedótica da arte de contar histórias, pudéssemos ainda assim contar experiências no ou com o Oriente que tivessem pouco a ver com a lata de lixo geralmente prestativa. Mas a própria estrutura da prosa de Scott mostra um entrelaçamento mais estreito das duas atitudes. Pois a categoria geral oferece de antemão ao exemplo específico um terreno limitado em que operar: não importa quão profunda seja a exceção específica, não importa o quanto um único oriental possa escapar das cercas colocadas ao seu redor, ele é *primeiro* um oriental, *segundo* um ser humano, e *por último* mais uma vez um oriental.

Uma categoria tão geral quanto "oriental" é capaz de variações bem interessantes. O entusiasmo de Disraeli pelo Oriente apareceu primeiro durante uma viagem ao Leste em 1831. No Cairo, ele escreveu: "Meus olhos e minha mente ainda doem com uma grandeza tão pouco em harmonia com nossa própria imagem".[97] A grandeza e a paixão gerais inspiraram uma percepção transcendente das coisas e pouca paciência com a realidade dos fatos. O seu romance *Tancredo* está impregnado de platitudes raciais e geográficas; tudo é uma questão de raça, afirma Sidonia, tanto assim que a salvação só pode ser encontrada no Oriente e entre suas raças. Ali, como um caso exemplar, os drusos, os cristãos, os muçulmanos e os judeus tornam-se facilmente íntimos porque — alguém graceja — os árabes são apenas judeus a cavalo, e todos são orientais de coração. Os uníssonos são criados entre categorias gerais, e não entre as categorias e o que elas contêm. Um oriental vive no Oriente, leva uma vida de conforto oriental, num estado de despotismo e sensualidade orientais, imbuído do sentimento de fatalismo oriental. Escritores tão diferentes como Marx, Disraeli, Burton e Nerval podiam manter uma longa discussão entre si, por assim dizer, usando todas essas generalidades sem questioná-las, mas de forma inteligível.

Ao lado do desencanto e da visão generalizada — para não dizer esquizofrênica — do Oriente, há em geral outra peculiaridade. Como é transformado num objeto geral, todo o Oriente pode servir como ilustração de uma forma particular de excentricidade. Embora o Oriente individual não possa abalar ou perturbar as categorias gerais que criam o sentido de sua estranheza, ainda assim essa sua estranheza pode ser desfrutada em si mesma. Eis, por exemplo, Flaubert descrevendo o espetáculo do Oriente:

> Para divertir a multidão, o bobo de Mohammed Ali pegou uma mulher num bazar do Cairo certo dia, colocou-a sobre o balcão de uma loja e copulou com ela em público, enquanto o lojista fumava calmamente o seu cachimbo.
>
> Há algum tempo, na estrada do Cairo a Shubra, um jovem se fez sodomizar em público por um grande macaco — como na história acima, para criar uma boa opinião de si mesmo e provocar o riso nas pessoas.
>
> Um marabu morreu há pouco tempo — um idiota que por muito tempo passara por um santo marcado por Deus; todas as muçulmanas vinham vê-lo para masturbá-lo — ele

acabou morrendo de exaustão; da manhã à noite era uma punheta perpétua [...]

Quid dicis do seguinte fato: há algum tempo um *santon* (um sacerdote asceta) costumava caminhar pelas ruas do Cairo completamente nu a não ser por um gorro na cabeça e outro no pênis. Para mijar, ele tirava o gorro do pênis, e as mulheres estéreis que desejavam filhos aproximavam-se correndo, colocavam-se sob a parábola da sua urina e esfregavam-se com o líquido.[98]

Flaubert reconhece francamente que é um grotesco de tipo especial. "Todo o velho material cômico" — com o que Flaubert queria dizer as convenções bem conhecidas de "o escravo espancado [...] o traficante grosseiro de mulheres [...] o mercador ladrão" — adquire um sentido novo, "fresco [...] genuíno e encantador" no Oriente. Esse significado não pode ser reproduzido; só pode ser apreciado no local e "trazido de volta" de forma muito aproximada. O Oriente é *observado*, porque o seu comportamento quase (mas nunca totalmente) ofensivo nasce de um reservatório de infinita peculiaridade; o europeu, cuja sensibilidade viaja pelo Oriente, é um observador, jamais envolvido, sempre distanciado, sempre pronto para novos exemplos do que a *Description de l'Égypte* chamava "bizarre jouissance" [prazer bizarro]. O Oriente torna-se um quadro vivo de estranheza.

E esse quadro, muito logicamente, torna-se um tópico especial para os textos. Assim o círculo se completa; antes exposto como algo para o qual os textos não nos preparam, o Oriente pode retornar como algo sobre o qual escrevemos de forma disciplinada. Sua estranheza pode ser traduzida, seus significados decodificados, sua hostilidade domada; mas a *generalidade* atribuída ao Oriente, o desencanto que sentimos depois de encontrá-lo, a excentricidade não resolvida que revela, tudo é redistribuído no que é dito ou escrito a respeito. O islã, por exemplo, era tipicamente oriental para os orientalistas do final do século XIX e início do século XX. Carl Becker argumentou que, embora o "islã" (notem a imensa generalidade) herdasse a tradição helênica, não podia compreender nem empregar a tradição humanística grega; além do mais, para compreender o islã era preciso, mais que qualquer outra coisa, compreendê-lo não como uma religião "original", mas como uma espécie de tentativa oriental fracassada de empregar a filosofia grega sem a inspiração criativa que encontramos na Europa da Renascença.[99] Para Louis Massignon, talvez o mais renomado e influente dos orientalistas franceses modernos, o islã era uma rejeição sistemática da encarnação cristã, e seu maior herói não era Maomé ou Averróis, mas al-Hallaj, um santo muçulmano que foi crucificado pelos muçulmanos ortodoxos por ter ousado personalizar o islã.[100] O que Becker e Massignon deixaram explicitamente fora de seus estudos foi a excentricidade do Oriente, que eles reconheciam de forma ambígua, tentando com muito empenho regularizá-la nos termos do Ocidente. Maomé foi afastado, mas al-Hallaj foi transformado em alguém proeminente, porque se considerava uma figura de Cristo.

Como um juiz do Oriente, o orientalista moderno não assume uma distância objetiva de seu objeto de estudo, como ele acredita e até afirma fazer. O seu distanciamento humano, cujo sinal é a ausência de simpatia coberta pelo conhecimento profissional, é carregado pesadamente com todas as atitudes, perspectivas e estados de espírito ortodoxos do Orientalismo que tenho descrito. O seu Oriente não é o Oriente como ele é, mas o Oriente como ele foi orientalizado. Um arco ininterrupto de conhecimento e poder conecta os estadistas europeus ou ocidentais e os orientalistas ocidentais; forma a orla do palco que contém o Oriente. No final da Segunda Guerra Mundial, tanto a África como o Oriente formavam menos um espetáculo intelectual para o Ocidente do que um terreno privilegiado para os ocidentais. O alcance do Orientalismo correspondia exatamente ao alcance do império, e foi essa absoluta unanimidade entre os dois que provocou a única crise na história do pensamento ocidental sobre o Oriente e nas negociações com o próprio. E essa crise continua hoje em dia.

Começando nos anos 20, de uma ponta do Terceiro Mundo à outra, a resposta ao império e ao imperialismo tem sido dialética. Na época da Conferência de Bandung em 1955, todo o Oriente havia ganho a sua independência política dos impérios ocidentais e enfrentado uma nova configuração das potências imperiais, os Estados Unidos e a União Soviética. Incapaz de reconhecer o "seu" Oriente no novo Terceiro Mundo, o Orientalismo estava então em face de um Oriente desafiador e politicamente armado. Duas alternativas abriam-se diante do Orientalismo. Uma era continuar como se nada houvesse acontecido. A segunda era adaptar os antigos modos aos novos. Mas para o orientalista, que acredita que o Oriente nunca muda, o novo é simplesmente o antigo traído pelo novo, *des-orientais* (se nos permitem o neologismo) equivocados. Uma terceira alternativa revisionista, desfazer-se totalmente do Orientalismo, era considerada apenas por uma pequena minoria.

Um indicador da crise, segundo Abdel Malek, não era simplesmente que "os movimentos de libertação nacional no Oriente ex-colonial" provocavam estragos nas concepções orientalistas das "raças subjugadas" passivas e fatalistas; além disso, havia o fato de que "os especialistas e o público em geral se tornavam conscientes da defasagem de tempo, não só entre a ciência orientalista e o material sob estudo, mas também — e isso devia ser determinante — entre as concepções, os métodos e os instrumentos de trabalho nas ciências sociais e humanas e os do Orientalismo".[101] Os orientalistas — de Renan a Goldziher, a Macdonald, a von Grunebaum, Gibb e Bernard Lewis — viam o islã, por exemplo, como uma "síntese cultural" (a expressão é de P. M. Holst) que podia ser estudada ao largo da economia, da sociologia e da política dos povos islâmicos. Para o Orientalismo, o islã tinha um significado que, se fôssemos procurar a sua formulação mais sucinta, poderia ser encontrado no primeiro tratado de Renan: para ser mais bem compreendido, o islã tinha de ser reduzido a "tenda e tribo". O impacto do colonialismo, das circunstâncias mundanas, do desenvolvimento histórico: tudo isso era para os orientalistas como moscas para meninos caprichosos, mortas — ou desconsideradas — por diversão, nunca levadas bastante a sério para complicar o islã essencial.

A carreira de H. A. R. Gibb ilustra em si mesma as duas abordagens alternativas pelas quais o Orientalismo reagira ao Oriente moderno. Em 1945, Gibb proferiu as Conferências Haskell na Universidade de Chicago. O mundo que ele examinou não era o mesmo que Balfour e Cromer conheceram antes da Primeira Guerra Mundial. Várias revoluções, duas guerras mundiais e inúmeras mudanças econômicas, políticas e sociais tornavam as realidades de 1945 um objeto inequivocamente, e mesmo catastroficamente, novo. Mas vemos Gibb abrir as palestras, que ele chamou de "Tendências modernas no Islã", da seguinte maneira:

O estudioso da civilização árabe é constantemente confrontado com o contraste formidável entre o poder imaginativo demonstrado, por exemplo, em certos ramos da literatura árabe e o literalismo, o pedantismo, demonstrado no raciocínio e na exposição, mesmo quando dedicados a essas mesmas produções. É verdade que houve grandes filósofos entre os povos muçulmanos e que alguns deles eram árabes, mas foram raras exceções. A mente árabe, quer em relação com o mundo exterior, quer em relação com os processos de pensamento, não pode livrar-se da sua intensa sensibilidade para com a separação e a individualidade dos acontecimentos concretos. Esse é, creio eu, um dos principais fatores por trás daquela "falta de um senso de lei" que o professor Macdonald considerava a diferença característica do oriental.

É também o que explica — o que é tão difícil para o estudioso ocidental compreender [até que lhe seja explicado pelo orientalista] — a aversão do muçulmano pelos processos mentais do racionalismo [...] A rejeição dos modos de pensamento racionalista e da ética utilitária que lhes é inseparável tem as suas raízes, portanto, não no assim chamado "obscurantismo" dos teólogos muçulmanos, mas no atomismo e na descontinuidade da imaginação árabe.[102]

Isso é puro Orientalismo, claro, mas mesmo que se reconheça o conhecimento extraordinário do islã institucional que caracteriza o resto do livro, os vieses inaugurais de Gibb continuam a ser um obstáculo formidável para qualquer um que espere compreender o islã moderno. Qual é o significado de "diferença", quando a preposição "de" sumiu completamente de vista? Não nos pedem mais uma vez que examinemos o muçulmano oriental como se seu mundo, ao contrário do nosso — "diferentemente" dele —, nunca tivesse se aventurado além do século VII? Quanto ao próprio islã moderno, por que ele deve ser considerado com uma hostilidade tão implacável quanto a de Gibb? Se o islã tem falhas desde o início em virtude de suas permanentes incapacidades, o orientalista se descobrirá opondo-se a quaisquer tentativas islâmicas de reformar o islã, porque, segundo as suas visões, a reforma é uma traição do islã: esse é exatamente o argumento de Gibb. Como pode um oriental escapar desses grilhões e ingressar no mundo moderno a não ser repetindo com o Bobo em *Rei Lear*: "Eles mandam que eu seja açoitado por falar a verdade, tu mandas que eu seja açoitado por mentir; e às vezes sou açoitado por ficar calado".

Dezoito anos mais tarde, Gibb defrontou-se com um público de compatriotas ingleses, só que agora ele falava como diretor do Centro para Estudos do Oriente Médio em Harvard. O seu tópico era "Estudos de área reconsiderados", no qual, entre outros *aperçus*, ele concordava que "o Oriente é muito importante para ser deixado aos orientalistas". A nova abordagem ou segunda alternativa aberta aos orientalistas estava sendo anunciada, assim como *Modern trends* exemplificava a primeira abordagem, ou a tradicional. A fórmula de Gibb é bem-intencionada em "Estudos de área reconsiderados", no que dizia respeito, claro, aos especialistas ocidentais em Oriente, cuja tarefa é preparar estudantes para carreiras "na vida pública e nos negócios". O que necessitamos agora, disse Gibb, é do orientalista tradicional *mais* um bom cientista social trabalhando juntos: entre eles, os dois realizarão um trabalho "interdisciplinar". No entanto, o orientalista tradicional não aportará conhecimentos ultrapassados para tratar do Oriente; não, a sua especialização servirá para lembrar a seus colegas não iniciados em estudos de área que "aplicar a psicologia e a mecânica das instituições políticas ocidentais às situações asiáticas ou árabes é puro Walt Disney".[103]

Na prática, essa noção significa que, quando os orientais lutam contra a ocupação colonial, deve-se dizer (para não correr o risco de passar por um Walt Disney) que os orientais jamais compreenderam o sentido de autogoverno do modo como "nós" compreendemos. Quando alguns orientais se opõem à discriminação racial enquanto outros a praticam, diz-se "são todos orientais no fundo", e o interesse de classe, as circunstâncias políticas, os fatores econômicos são totalmente irrelevantes. Ou com Bernard Lewis, diz-se que, se os palestinos árabes se opõem à colonização e ocupação de suas terras por Israel, isso é meramente "o retorno do islã", ou, como o define um renomado orientalista contemporâneo, a oposição islâmica a povos não islâmicos,[104] um princípio do islã cultuado no século VII. A história, a política e a economia não têm importância. O islã é o islã, o Oriente é o Oriente, e por favor levem todas as suas ideias sobre a esquerda e a direita, revoluções e mudança de volta para a Disneylândia.

Se tais tautologias, afirmações e repúdios não soavam familiares a historiadores, sociólogos, economistas e humanistas em nenhum outro campo a não ser no do Orientalismo, a razão é patentemente óbvia. Pois, como o seu suposto tema, o Orientalismo não permite que as ideias violem a sua profunda serenidade. Mas os orientalistas modernos — ou especialistas de área, para lhes dar seu novo nome — não se encerraram passivamente em departamentos de língua. Ao contrário, eles aproveitaram o conselho de Gibb. A maioria deles é hoje indistinguível dos outros "especialistas" e "conselheiros" no que Harold Lasswell chamou as ciências da política.[105] Assim, em termos militares e de segurança nacional, a possibilidade de uma aliança, digamos, entre um especialista em "análise do caráter nacional" e um conhecedor das instituições islâmicas logo foi reconhecida, quando mais não fosse, por conveniência. Afinal, o "Ocidente" desde a Segunda Guerra Mundial enfrentara um inimigo totalitário inteligente que arrumava aliados para si mesmo entre as nações orientais (africanas, asiáticas, subdesenvolvidas) crédulas. Que melhor meio de passar a perna nesse inimigo do que apelar para a mente ilógica do oriental de maneiras que só um orientalista podia conceber? Assim surgiram tramas magistrais, como a técnica da vara e cenoura, a Aliança para o Progresso, SEATO e outras, todas baseadas no "conhecimento" tradicional reequipado para uma melhor manipulação de seu suposto objeto.

Assim, quando o turbilhão revolucionário toma conta do Oriente islâmico, os sociólogos nos lembram que os árabes são viciados em "funções orais",[106] enquanto os economistas — orientalistas reciclados — observam que, para o islã moderno, nem o capitalismo nem o socialismo são uma rubrica adequada.[107] Quando o anticolonialismo varre e na verdade unifica o mundo oriental inteiro, o orientalista maldiz a história toda, não apenas como um incômodo, mas como um insulto às democracias ocidentais. Quando se apresentam ao mundo questões graves de importância geral — questões que envolvem a destruição nuclear, recursos catastroficamente escassos, demandas humanas sem precedentes por igualdade, justiça e paridade econômica —, as caricaturas populares do Oriente são exploradas por políticos cuja fonte de suprimento ideológico não é apenas o tecnocrata subletrado, mas o orientalista superletrado. Os lendários arabistas no Departamento de Estado alertam contra os planos árabes de se apoderar do mundo. Os pérfidos chineses, os indianos seminus e os muçulmanos passivos são descritos como abutres sobre a "nossa" liberalidade, e são amaldiçoados quando "nós os perdemos" para o comunismo ou para seus instintos orientais incorrigíveis: a diferença é pouco significativa.

Essas atitudes orientalistas contemporâneas inundam a imprensa e a mente popular. Os árabes, por exemplo, são imaginados como libertinos a cavalgar camelos, com narizes aduncos, terroristas, venais, cuja riqueza imerecida é uma afronta à verdadeira civilização. Está sempre subjacente a pressuposição de

160

que, embora pertença a uma minoria numérica, o consumidor ocidental tem o direito de possuir ou gastar (ou ambas as coisas) a maioria dos recursos do mundo. Por quê? Porque ele, ao contrário do oriental, é um verdadeiro ser humano. Não existe melhor exemplo hoje em dia do que Anwar Abdel Malek chama "a hegemonia das minorias de posses" e do antropocentrismo aliado ao eurocentrismo: um ocidental branco de classe média acredita ser sua prerrogativa humana não só administrar o mundo não branco, mas também possuí-lo, só porque por definição "esse mundo" não é tão humano quanto "nós" somos. Não há exemplo mais puro do pensamento desumanizado.

Num sentido as limitações do Orientalismo são, como disse acima, as limitações que surgem depois de se desconsiderar, essencializar, desnudar a humanidade de outra cultura, povo ou região geográfica. Mas o Orientalismo foi além disso: ele considera o Oriente como algo cuja existência não é apenas demonstrada, mas permaneceu fixa no tempo e no espaço para o Ocidente. Tão impressionantes foram os sucessos descritivos e textuais do Orientalismo que períodos inteiros da história cultural, política e social do Oriente são considerados meras respostas ao Ocidente. O Ocidente é o ator, o Oriente é um coadjuvante passivo. O Ocidente é o espectador, o juiz e o júri de cada faceta do comportamento oriental. Mas, se a história durante o século XX provocou uma mudança intrínseca no e para o Oriente, o orientalista fica estupefato: ele não percebe que em alguma medida

os novos líderes [orientais], intelectuais ou responsáveis por programas públicos, aprenderam muitas lições com o trabalho de seus predecessores. Foram também ajudados pelas transformações estruturais e institucionais realizadas nesse meio-tempo e pelo fato de que em grande medida têm mais liberdade de modelar o futuro de seus países. São também muito mais confiantes e um pouco agressivos. Já não têm de agir esperando obter um veredicto favorável do júri invisível do Ocidente. O seu diálogo não é com o Ocidente, é com seus concidadãos.[108]

Além disso, o orientalista supõe que tudo aquilo para o qual seus textos não o prepararam é resultado de agitação externa no Oriente ou da inanidade desorientada do Oriente. Nenhum dos inúmeros textos orientalistas sobre o islã, inclusive o seu compêndio, *The Cambridge History of Islam*, pode preparar o seu leitor para o que tem ocorrido desde 1948 no Egito, na Palestina, no Iraque, na Síria, no Líbano ou no Iêmen. Quando os dogmas sobre o islã não servem, nem mesmo para o orientalista mais panglossiano, há que recorrer a um jargão orientalizado de ciência social, a abstrações negociáveis, como elites, estabilidade política, modernização e desenvolvimento institucional, tudo carimbado com o selo da sabedoria orientalista. Enquanto isso, uma fenda crescente e cada vez mais perigosa separa o Oriente e o Ocidente.

A presente crise dramatiza a disparidade entre os textos e a realidade. Mas, neste estudo do Orientalismo, não quero apenas expor as fontes das visões do orientalismo, mas também refletir sobre a sua importância, pois o intelectual contemporâneo sente com razão que ignorar uma parte do mundo que está sem sombra de dúvida invadindo o seu espaço é evitar a realidade. Os humanistas limitaram frequentemente a sua atenção a tópicos compartimentalizados de pesquisa. Não observaram, nem assimilaram disciplinas como o Orientalismo, cuja ambição infatigável era dominar *todo* um mundo, e não alguma parte sua facilmente delimitada, como um autor ou uma coletânea de textos. Entretanto, junto com algumas redes de segurança acadêmicas como a "história", a "literatura" ou "as humanidades", e apesar de suas aspirações exageradas, o Orientalismo está envolvido em circunstâncias mundanas, históricas que tentou esconder por trás de um cientificismo frequentemente pomposo e apelos ao racionalismo. O intelectual contemporâneo pode aprender com o Orientalismo, por um lado, como limitar ou ampliar realistamente o alcance das afirmações de sua disciplina e, por outro, como ver o terreno humano (a imunda loja de artigos usados do coração, nas palavras de Yeats) em que os textos, as visões, os métodos e as disciplinas começam, crescem, prosperam e dege-

162

neram. Investigar o Orientalismo é também propor modos intelectuais de lidar com os problemas metodológicos que a história apresentou, por assim dizer, no seu tema de estudo, o Oriente. Mas antes disso devemos virtualmente examinar os valores humanísticos que o Orientalismo, pelo seu alcance, suas experiências e suas estruturas, quase eliminou.

2. ESTRUTURAS E REESTRUTURAS ORIENTALISTAS

> *Quando o seyyid 'Omar, o Nakeeb el-Ashráf (ou chefe dos descendentes do Profeta) [...] casou uma filha, há cerca de 45 anos, caminhava à frente da procissão um jovem que havia feito uma incisão no abdômen e puxado para fora uma grande porção dos intestinos, que ele carregava à sua frente sobre uma bandeja de prata. Depois da procissão, ele os recolocou no seu devido lugar, e ficou de cama durante muitos dias antes de se recuperar dos efeitos desse ato tolo e repugnante.*
>
> Edward William Lane, *An account of the manners and customs of the modern Egyptians*

> [...] *dans le cas de la chute de cet empire, soit par une révolution à Constantinople, soit par un démembrement successif, les puissances européennes prendront chacune, à titre de protectorat, la partie de l'empire que lui sera assignée par les stipulations du congrès; que ces protectorats, définis et limités, quant aux territoires, selon les voisinages, la sûreté des frontières, l'analogie de religions, de moeurs et d'interêts* [...] *ne consacreront que la suzeraineté des puissances. Cette sorte de suzeraineté définie ainsi, et consacrée comme droit européen, consistera principalement dans le droit d'occuper telle partie du territoire ou des côtes, pour y fonder, soit des villes libres, soit des colonies européennes, soit des ports et des échelles de commerce* [...] *Ce n'est qu'une tutelle armée et civilizatrice que chaque puissance exercera sur son protectorat; elle garantira son existence et ses*

éléments de nationalité, sous le drapeau d'une nationalité plus forte [...]

[em caso de queda desse império, seja por uma revolução em Constantinopla, seja por um desmembramento sucessivo, cada uma das potências europeias tomará, a título de protetorado, a parte do império que lhe será designada pelas estipulações do congresso; que esses protetorados, definidos e limitados quanto aos territórios, segundo as vizinhanças, a segurança das fronteiras, a analogia de religiões, de costumes e de interesses [...] não consagrarão senão a suserania das potências. Essa espécie de suserania assim definida, e consagrada como direito europeu, consistirá principalmente no direito de ocupar tal parte do território ou do litoral, para ali fundar, seja cidades livres, seja colônias europeias, seja portos e escalas de comércio [...] É apenas uma tutela armada e civilizadora que cada potência exercerá sobre o seu protetorado; ela garantirá a sua existência e seus elementos de nacionalidade, sob a bandeira de uma nacionalidade mais forte.]

Alphonse de Lamartine, *Voyage en Orient*

FRONTEIRAS RETRAÇADAS, QUESTÕES REDEFINIDAS, RELIGIÃO SECULARIZADA

Gustave Flaubert morreu em 1880 sem ter acabado *Bouvard et Pécuchet*, o seu romance cômico-enciclopédico sobre a degeneração do conhecimento e a inanidade do esforço humano. Ainda assim, as linhas essenciais de sua visão são claras, e estão amplamente apoiadas pelo grande detalhamento do romance. Os dois escrivãos são membros da burguesia que, sendo um deles o beneficiário inesperado de um belo testamento, retiram-se da cidade para passar a vida numa propriedade rural fazendo o que lhes agrada ("nous ferons tout ce qui nous plaira!"). Quando Flaubert retrata essa experiência, "fazer o que lhes agrada" lança Bouvard e Pécuchet num passeio prático e teórico pela agricultura, pela história, pela química, pela educação, pela arqueologia, pela literatura, sempre com resultados que ficam aquém do sucesso; eles se movem pelos campos da erudição como viajantes no tempo e no conhecimento, experimentando os desapontamentos, os desastres e as decepções de amadores sem inspiração. O que atravessam nesse percurso é, de fato, toda a experiência desenganadora do século XIX, pela qual — na expressão de Charles Morazé — "les bourgeois conquerants" [os burgueses vencedores] revelam-se as vítimas desajeitadas de sua própria incompetência e mediocridade niveladora. Todo entusiasmo termina num clichê aborrecido, e toda disciplina ou tipo de conhecimento vai da esperança e do poder à desordem, ruína e tristeza.

Entre os esboços de Flaubert para a conclusão desse panorama de desespero estão dois itens de especial interesse para nós neste ponto. Os dois homens debatem o futuro da humanidade. Pécuchet vê "o futuro da Humanidade por uma lente sombria", enquanto Bouvard o vê "brilhante!":

> O homem moderno está progredindo, a Europa será regenerada pela Ásia. A lei histórica de que a civilização se move do Oriente para o Ocidente [...] as duas formas de humanidade serão por fim soldadas.[1]

O eco óbvio de Quinet representa o início de mais outro dos ciclos de entusiasmo e desilusão pelos quais os dois homens passarão. As notas de Flaubert revelam que, como todos os seus outros projetos, esse plano aguardado por Bouvard é rudemente interrompido pela realidade — dessa vez pela aparição repentina de policiais que o acusam de devassidão. Algumas linhas mais adiante, entretanto, aparece o segundo item de interesse. Os dois homens confessam simultaneamente um para o outro que o seu desejo secreto é voltar a ser copista. Mandam fazer uma mesa dupla para eles, compram livros, lápis, borrachas e — assim Flaubert conclui o esboço — "ils s'y mettent": põem mãos à obra. De tentar viver pelo conhecimento e aplicá-lo de forma mais ou menos direta, Bouvard e Pécuchet são por fim reduzidos a transcrevê-lo acriticamente de um texto para o outro.

Embora a visão de Bouvard de uma Europa regenerada pela Ásia não seja plenamente delineada, ela (e aquilo a que se reduz na escrivaninha do copista) pode ser explicada de várias maneiras importantes. Como muitas das outras visões dos dois homens, esta é global e *reconstrutiva*; representa o que Flaubert sentia ser a predileção do século XIX pela reconstrução do mundo segundo uma visão imaginativa, às vezes acompanhada por uma técnica científica especial. Entre as visões que Flaubert tem em mente estão as utopias de Saint-Simon e Fourier, as regenerações científicas da humanidade concebidas por Comte, e todas as religiões técnicas ou seculares promovidas por ideólogos, positivistas, ecléticos, ocultistas, tradicionalistas e idealistas como Destutt de Tracy, Cabanis, Michelet, Cousin, Proudhon, Cournot, Cabet, Janet e Lamennais.[2] Em todo o romance, Bouvard e Pécuchet adotam as várias causas dessas figuras; depois, tendo-as arruinado, eles continuam a procurar causas mais recentes, mas sem melhores resultados.

As raízes desse tipo de ambição revisionista são românticas de um modo muito específico. Devemos lembrar até que ponto a parte principal do projeto espiritual e intelectual do final do século XVIII era uma teologia reconstituída — o sobrenaturalismo natural, como o chamou M. H. Adams; esse tipo de pensamento é levado adiante pelas atitudes típicas do século XIX que Flaubert satiriza em *Bouvard et Pécuchet*. A noção de regeneração, portanto, volta a

> uma tendência romântica conspícua, depois do racionalismo e do decoro do Iluminismo [...] [reverter] ao drama perfeito e aos mistérios suprarracionais da história e doutrinas cristãs e aos conflitos violentos e reviravoltas abruptas

da vida interior cristã, atentando para os extremos de destruição e criação, inferno e céu, exílio e reunião, morte e renascimento, depressão e alegria, paraíso perdido e paraíso reconquistado [...] Mas como eles viviam, inevitavelmente, depois do Iluminismo, os escritores românticos reviviam essas antigas questões com uma diferença: comprometiam-se a salvar o panorama da história e destino humanos, os paradigmas existenciais e os valores cardinais de sua herança religiosa, reconstituindo-os de um modo que os tornasse por ora intelectualmente aceitáveis, bem como emocionalmente pertinentes.[3]

O que Bouvard tem em mente — a regeneração da Europa pela Ásia — era uma ideia romântica muito influente. Friedrich Schlegel e Novalis, por exemplo, insistiam que seus conterrâneos, e os europeus em geral, realizassem um estudo detalhado da Índia porque, diziam, a cultura e a religião indiana é que podiam derrotar o materialismo e o mecanicismo (e republicanismo) da cultura ocidental. E dessa derrota surgiria uma nova Europa revitalizada: as imagens bíblicas de morte, renascimento e redenção são evidentes nessa prescrição. Além disso, o projeto orientalista romântico não era meramente um caso específico de uma tendência geral; era um poderoso modelador da própria tendência, como argumentou tão convincentemente Raymond Schwab em *La Renaissance orientale*. Mas o que importava não era tanto a Ásia como o *uso da Ásia* para a Europa moderna. Assim, qualquer um que, como Schlegel ou Franz Bopp, dominasse uma língua oriental era um herói espiritual, um cavaleiro errante trazendo de volta para a Europa um sentido da missão sagrada que ela tinha perdido. É precisamente esse sentido que as religiões seculares posteriores retratadas por Flaubert levam adiante no século XIX. Não menos que Schlegel, Wordsworth e Chateaubriand, Auguste Comte — como Bouvard — era adepto e proponente de um mito secular pós-Iluminismo cujas principais linhas são inequivocamente cristãs.

Ao permitir que Bouvard e Pécuchet passem regularmente

por noções revisionistas desde o princípio até o fim comicamente degradado, Flaubert chamava a atenção para a falha humana comum a todos os projetos. Ele via perfeitamente bem que por baixo da *idée reçue* "Europa-regenerada-pela-Ásia" espreitava um húbris muito insidioso. Nem a "Europa", nem a "Ásia" eram alguma coisa sem a técnica dos visionários para transformar vastos domínios geográficos em entidades tratáveis e administráveis. No fundo, portanto, a Europa e a Ásia eram a *nossa* Europa e a *nossa* Ásia — a nossa *vontade e representação*, como dissera Schopenhauer. As leis históricas eram na verdade leis de *historiadores*, assim como "as duas formas da humanidade" chamavam a atenção menos para a realidade que para a capacidade europeia de emprestar a distinções criadas pelo homem um ar de inevitabilidade. Quanto à outra metade da frase — "serão por fim soldadas" —, ali Flaubert zombava da indiferença jovial da ciência para com a realidade, uma ciência que anatomizava e dissolvia entidades humanas como se fossem matéria inerte. Mas não era de qualquer ciência que ele escarnecia: era a ciência europeia entusiástica, até messiânica, cujas vitórias incluíam revoluções fracassadas, guerras, opressão e um desejo incorrigível e quixotesco de pôr ideias grandiosas e livrescas imediatamente em prática. O que essa ciência ou conhecimento nunca considerava era a sua própria falsa inocência profundamente entranhada e inconsciente, e a resistência dessa atitude à realidade. Quando faz o papel do cientista, Bouvard supõe ingenuamente que a ciência meramente existe, que a realidade é como o cientista diz que ela é, que não importa se o cientista é um tolo ou um visionário; ele (ou qualquer um que pensa como ele) não pode ver que o Oriente talvez não quisesse regenerar a Europa, ou que a Europa não estava prestes a se fundir democraticamente com os asiáticos amarelos ou morenos. Em suma, o cientista não reconhece na sua ciência a vontade egoísta de poder que nutre o seu empenho e corrompe as suas ambições.

Flaubert, claro, cuida para que seus pobres tolos sejam forçados a esfregar o nariz nessas dificuldades. Bouvard e Pécuchet aprenderam que é melhor não negociar com as ideias e com a realidade ao mesmo tempo. A conclusão do romance é uma imagem dos dois, agora perfeitamente contentes em copiar as suas ideias favoritas fielmente do livro para o papel. O conhecimento já não requer a aplicação à realidade; o conhecimento é o que se transporta silenciosamente, sem comentários, de um texto para outro. As ideias são propagadas e disseminadas anonimamente, são repetidas sem atribuição; tornaram-se literalmente *idées reçues*: o que importa é que elas estão *ali*, para serem repetidas, ecoadas e reecoadas de forma acrítica.

Numa forma altamente condensada, esse breve episódio, tirado das notas de Flaubert para *Bouvard et Pécuchet*, organiza as estruturas especificamente modernas do Orientalismo, que afinal é uma disciplina entre os credos seculares (e quase religiosos) do pensamento europeu no século XIX. Já caracterizamos o alcance geral do pensamento sobre o Oriente que foi transmitido pelos períodos medieval e renascentista, para o qual o islã era o Oriente essencial. Durante o século XVIII, entretanto, houve vários novos elementos interligados que sugeriam a futura fase evangélica, cujas linhas principais Flaubert deveria mais tarde recriar.

Por um lado, o Oriente abria-se para além das terras islâmicas. Essa mudança quantitativa era, em grande medida, o resultado de uma contínua e expansiva exploração europeia do resto do mundo. A influência crescente da literatura de viagem, utopias imaginárias, viagens morais e relatórios científicos focalizava o Oriente com mais nitidez e mais amplitude. Se o Orientalismo muito deve principalmente às descobertas orientais frutíferas de Anquetil e Jones durante a última terça parte do século, essas devem ser vistas no contexto mais amplo criado por Cook e Bougainville, pelas viagens de Tournefort e Adamson, pela *Histoire des navigations aux terres australes*, do Président de Brosses, pelos mercadores franceses no Pacífico, pelos missionários jesuítas na China e nas Américas, pelas explorações e relatórios de William Dampier, pelas inúmeras especulações sobre gigantes, patagões, selvagens, nativos e monstros supostamente residentes nos extremos leste, oeste, sul e norte da Europa. Mas todos esses horizontes que se ampliavam tinham a Europa firmemente no centro privilegiado, como o principal observador (ou o objeto principalmente observado, como em *Citizen of the world*, [Cidadão do mundo], de Goldsmith). Pois, mesmo quando a Europa se movia para o exterior, seu senso de força cultural era fortalecido. A partir de contos de viajantes, e não apenas de grandes instituições como as várias companhias da Índia, as colônias eram criadas e as perspectivas etnocêntricas asseguradas.[4]

Por outro lado, uma condição de mais conhecimento do alheio e do exótico era favorecida não só por viajantes e exploradores, mas também por historiadores para quem a experiência europeia podia ser proveitosamente comparada com outras civilizações mais antigas. Essa corrente poderosa na antropologia histórica do século XVIII, descrita pelos estudiosos como o confronto dos deuses, significava que Gibbon poderia ler as lições do declínio de Roma na ascensão do islã, assim como Vico teria possibilidade de compreender a civilização moderna em termos do esplendor bárbaro e poético de seus primórdios. Enquanto os historiadores da Renascença julgavam o Oriente inflexivelmente como um inimigo, os do século XVIII confrontavam as peculiaridades do Oriente com algum distanciamento e com uma tentativa de lidar diretamente com a fonte oriental da matéria, talvez porque essa técnica ajudasse o europeu a se conhecer melhor. A tradução do Alcorão feita por George Sale e o discurso preliminar que a acompanha ilustram a mudança. Ao contrário de seus predecessores, Sale tentou lidar com a história árabe baseado em fontes árabes; além disso, deixou que os comentaristas muçulmanos sobre o texto sagrado falassem por si mesmos.[5] Em Sale, como em todo o século XVIII, o simples comparatismo foi a primeira fase das disciplinas comparadas (filologia, anatomia, jurisprudência, religião), que se tornariam o motivo de orgulho do método do século XIX.

Mas, entre alguns pensadores, havia uma tendência de ir além do estudo comparado e seus levantamentos judiciosos sobre a humanidade da "China ao Peru", por meio de uma identificação baseada na empatia. Esse é um terceiro elemento do século XVIII que prepara o caminho para o Orientalismo moderno. O que hoje chamamos historicismo é uma ideia setecentista; Vico, Herder e Hamann, entre outros, acreditavam que todas as culturas eram orgânica e internamente coerentes, unidas por um espírito, gênio, *Klima* ou ideia nacional, que um estrangeiro só podia compreender por um ato de simpatia histórica. Assim *Ideen zur Philosophie der Geschichte der Menschheit* (1784-91), de Herder, era uma visão panorâmica de várias culturas, cada uma permeada por um espírito criativo hostil, cada uma acessível apenas a um observador que sacrificasse seus preconceitos a uma empatia (*Einfühlung*). Imbuída do senso populista e pluralista da história advogado por Herder e outros,[6] uma inteligência do século XVIII podia abrir uma brecha nas paredes doutrinárias erigidas entre o Ocidente e o islã, e ver elementos ocultos de parentesco entre ela própria e o Oriente. Napoleão é um caso famoso dessa identificação (em geral seletiva) pela simpatia. Mozart é outro caso; *A flauta mágica* (em que os códigos maçônicos se entrelaçam com visões de um Oriente benigno) e *O rapto do serralho* localizam uma forma particularmente magnânima de humanidade no Oriente. E foi isso, muito mais que os hábitos em voga da música "turca", o que atraiu a simpatia de Mozart para com o Leste.

Ainda assim, é muito difícil separar intuições do Oriente como a de Mozart de toda a série de representações pré-românticas e românticas do Oriente como um local exótico. O Orientalismo popular, durante o final do século XVIII e início do século XIX, atingiu uma voga de considerável intensidade. Mas mesmo essa voga, facilmente identificável em William Beckford, Byron, Thomas Moore e Goethe, não pode ser simplesmente separada do interesse pelos contos góticos, idílios pseudomedievais, visões de esplendor e crueldade bárbaros. Assim, em alguns casos, a representação oriental pode ser associada com as prisões de Piranesi, em outros com os ambientes luxuosos de Tiepolo, ainda em outros com o sublime exótico das pinturas do final do século XVIII.[7] Mais tarde, no século XIX, nas obras de Delacroix e de literalmente dezenas de outros pintores franceses e britânicos, o quadro de gênero oriental transformava a representação numa expressão visual e numa vida própria (que este livro infelizmente deve deixar de lado). A sensualidade, a promessa, o terror, o sublime, o prazer idílico, a energia intensa: o Oriente como uma figura na imaginação orientalista pré-romântica e pré-técnica da Europa do final do século XVIII tinha realmente uma qualidade camaleônica chamada (adjetivamente) de "oriental".[8] Mas esse Oriente livre e sem controle seria severamente cerceado com o advento do Orientalismo acadêmico.

Um quarto elemento que prepara o caminho para as estruturas orientalistas modernas foi todo o impulso de classificar a natureza e o homem em *tipos*. Os maiores nomes são, é claro, Lineu e Buffon, mas era muito difundido o processo intelectual pelo qual a extensão corporal (e portanto moral, intelectual e espiritual) — a típica materialidade de um objeto — podia ser transformada, passando de um mero espetáculo a uma medição precisa de elementos característicos. Lineu dizia que toda nota escrita sobre um tipo natural "devia ser um produto de número, de forma, de proporção, de situação"; e, realmente, se olhamos em Kant, Diderot ou Johnson, há em toda parte uma tendência semelhante de dramatizar os traços gerais, de reduzir vastos números de objetos a um número menor de tipos ordenáveis e descritíveis. Na história natural, na antropologia, na generalização cultural, um tipo tinha um *caráter* particular que fornecia ao observador uma designação e, como diz Foucault, "uma derivação controlada". Esses tipos e caracteres pertenciam a um sistema, uma rede de generalizações relacionadas. Assim,

> toda designação deve ser realizada por meio de uma certa relação com todas as outras possíveis designações. Saber o que pertence propriamente a um indivíduo é ter diante de si a classificação — ou a possibilidade de classificar todas as outras.[9]

Na escrita de filósofos, historiadores, enciclopedistas e ensaístas, encontramos o caráter-como-designação aparecendo como classificação fisiológico-moral: há, por exemplo, os selvagens, os europeus, os asiáticos e assim por diante. Esses aparecem, é claro, em Lineu, mas também em Montesquieu, em Johnson, em Blumenbach, em Soemmerring, em Kant. As características fisiológicas e morais são distribuídas de modo mais ou menos igual: o americano é "vermelho, colérico, ereto", o asiático é "amarelo, melancólico, rígido", o africano é "negro, fleumático, lasso".[10] Mas essas designações ganham força quando, mais tarde, no século XIX, são aliadas ao caráter como derivação, como tipo genético. Em Vico e Rousseau, por exemplo, a força da generalização moral é realçada pela precisão com que figuras dramáticas, quase arquetípicas — o homem primitivo, os gigantes, os heróis —, são mostradas como a gênese das presentes questões morais, filosóficas, até linguísticas. Assim, quando nos referíamos a um oriental, era em termos de universais genéticos, como seu estado "primitivo", suas características primárias, sua formação espiritual particular.

Os quatro elementos que descrevi — expansão, confronto histórico, simpatia, classificação — são as correntes no pensamento do século XVIII de cuja presença dependem as estruturas intelectuais e institucionais específicas do Orientalismo moderno. Sem elas o Orientalismo, como veremos em breve, não poderia ter ocorrido. Além disso, esses elementos tiveram o efeito de liberar o Oriente em geral, e o islã em particular, do escrutínio estreitamente religioso, por meio do qual tinha sido até então examinado (e julgado) pelo Ocidente cristão. Em outras palavras, o Orientalismo moderno deriva de elementos secularizadores na cultura europeia do século XVIII. Primeiro, a expansão do Oriente, geograficamente mais para o leste e temporalmente mais para o passado, afrouxou e até dissolveu bastante a estrutura bíblica. Os pontos de referência já não eram o cristianismo e o judaísmo, com seus calendários e mapas bastante modestos, mas a Índia, a China, o Japão e a Suméria, o budismo, o sânscrito, o zoroastrismo e Manu. Segundo, a capacidade de lidar historicamente (e não de forma redutora, como um tópico de política eclesiástica) com culturas não europeias e não judaico-cristãs foi reforçada, quando a própria história passou a ser concebida de um modo mais radical que antes; compreender apropriadamente a Europa significava também compreender as relações objetivas entre a Europa e suas próprias fronteiras temporais e culturais antes inalcançáveis. Num certo sentido, a ideia de João de Segóvia de uma *contraferentia* entre o Oriente e a Europa foi realizada, mas de um modo inteiramente secular; Gibbon podia tratar Maomé como uma figura histórica que influenciou a Europa, e não como um vilão diabólico a pairar em algum ponto entre a magia e a falsa profecia. Terceiro, uma identificação seletiva com regiões e culturas alheias desgastou a obstinação do eu e da identidade, que fora polarizada numa comunidade de fiéis guerreiros enfrentando hordas bárbaras. As fronteiras da Europa cristã já não serviam como uma espécie de alfândega; as noções de associação humana e de possibilidade humana adquiriram uma legitimidade geral muito ampla — em oposição à paroquial. Quarto, as classificações da humanidade foram sistematicamente multiplicadas, à medida que as possibilidades de designação e derivação eram refinadas além das categorias do que Vico chamava nações pagãs e sacras; a raça, a cor, a origem, o temperamento, o caráter e os tipos sobrepujaram a distinção entre os cristãos e todos os demais.

Mas, se os elementos interligados representam uma tendência secularizadora, isso não quer dizer que os antigos padrões religiosos da história e do destino humanos e "os paradigmas existenciais" foram simplesmente eliminados. Longe disso: foram reconstituídos, reorganizados, redistribuídos nas estruturas seculares recém-enumeradas. Para quem estudasse o Oriente, era necessário um vocabulário secular em conformidade com essas estruturas. No entanto, se o Orientalismo fornecia o vocabulário, o repertório conceitual, as técnicas — pois isso é o que, do final do século XVIII em diante, o Orientalismo *fez* e o que o Orientalismo *foi* —, ele também retinha, como uma corrente inamovível no seu discurso, um impulso religioso reconstruído, um sobrenaturalismo naturalizado. O que vou tentar mostrar é que esse impulso no Orientalismo residia na concepção que o orientalista tinha de si mesmo, do Oriente e de sua disciplina.

O orientalista moderno se considerava um herói resgatando o Oriente da obscuridade, alienação e estranheza que ele próprio cuidara de identificar. A sua pesquisa reconstruía as línguas perdidas, os costumes, até as mentalidades do Oriente, assim como Champollion reconstruiu os hieróglifos egípcios da Pedra de Roseta. As técnicas orientalistas específicas — lexicografia, gramática, tradução, decodificação cultural — restauravam, encarnavam, reafirmavam tanto os valores de um Oriente antigo, clássico, quanto os das disciplinas tradicionais de filologia, história, retórica e polêmica doutrinária. Mas, nesse processo, o Oriente e as disciplinas orientalistas mudavam dialeticamente, pois não podiam sobreviver na sua forma original. O Oriente, mesmo na forma "clássica" que o orientalista comumente estudava, era modernizado, restituído ao presente; as disciplinas tradicionais eram também transportadas para a cultura contemporânea. Mas ambos traziam os vestígios do *poder* — o poder de ter ressuscitado, na verdade criado, o Oriente, o poder que residia nas novas técnicas cientificamente avançadas da filologia e da generalização antropológica. Em suma, tendo transportado o Oriente para a modernidade, o orientalista podia celebrar o seu método e a sua posição como os de um criador secular, um homem que criava novos mundos assim como outrora Deus criou o antigo. Quanto a levar esses métodos e essas posições além do período de vida de qualquer orientalista individual, haveria uma tradição secular de continuidade, uma ordem laica de metodologistas disciplinados, cuja irmandade seria baseada não numa linhagem de sangue, mas num discurso comum, numa práxis, numa biblioteca, num conjunto de ideias recebidas, em suma, numa doxologia, comum a todos os que ingressassem nas fileiras. Flaubert teve suficiente presciência para ver que com o tempo o orientalista moderno se tornaria um copista, como Bouvard e Pécuchet; mas durante os primeiros tempos, nas carreiras de Silvestre de Sacy e Renan, tal perigo não era aparente.

A minha tese é que os aspectos essenciais da teoria e da práxis orientalista moderna (de que deriva o Orientalismo dos dias atuais) podem ser compreendidos não como um aumento repentino de conhecimento objetivo sobre o Oriente, mas como um conjunto de estruturas herdadas do passado, secularizadas, redispostas e reformadas por disciplinas como a filologia, que eram, por sua vez, substitutos naturalizados, modernizados e laicizados do sobrenaturalismo cristão (ou suas versões). Na forma de novos textos ou ideias, o Leste foi acomodado a essas estruturas. Linguistas e exploradores como Jones e Anquetil contribuíram para o Orientalismo moderno, sem dúvida, mas o que distingue o Orientalismo moderno como um campo de estudo, um grupo de ideias, um discurso, é o trabalho de uma geração posterior à deles. Se usamos a expedição napoleônica (1798-1801) como uma espécie de primeira experiência que possibilitou o Orientalismo moderno, podemos considerar seus heróis inaugurais — nos estudos islâmicos, Sacy, Renan e Lane — os construtores do campo, os criadores de uma tradição, os progenitores da irmandade orientalista. O que Sacy, Renan e Lane fizeram foi colocar o Orientalismo numa base científica e racional. Isso teve como consequência não só o seu próprio trabalho exemplar, mas também a criação de um vocabulário e ideias que podiam ser usados impessoalmente por qualquer um que desejasse tornar-se um orientalista. Sua inauguração do Orientalismo foi uma proeza considerável. Tornou possível uma terminologia científica; baniu a obscuridade e instituiu uma forma especial de iluminação *para* o Oriente; estabeleceu a figura do orientalista como a autoridade central para o Oriente; legitimou um tipo especial de obra orientalista especificamente coerente; pôs em circulação na cultura uma forma de moeda discursiva, cuja presença seria a partir de então o meio pelo qual o Oriente *falaria*; acima de tudo, o trabalho dos inauguradores modelou um campo de estudos e uma família de ideias que, revezando-se, podiam formar uma comunidade de eruditos cuja linhagem, tradições e ambições eram, ao mesmo tempo, internas a esse campo e suficientemente externas para angariar prestígio geral. Quanto mais a Europa se impunha ao Oriente durante o século XIX, mais o Orientalismo ganhava confiança pública. No entanto, se esse ganho coincidia com uma perda de originalidade, não deveríamos ficar totalmente surpresos, porque o seu método, desde o início, foi reconstrução e repetição.

Uma observação final: as ideias, instituições e figuras do final do século XVIII e de todo o século XIX, que vou examinar neste capítulo, são uma parte importante, uma elaboração crucial, da primeira fase da maior era de aquisição territorial que o mundo já conheceu. No final da Primeira Guerra Mundial, a Europa tinha colonizado 85% da terra. Dizer simplesmente que o Orientalismo moderno foi um aspecto do imperialismo e do colonialismo não é dizer nada de muito discutível. Mas não basta dizê-lo; é preciso que a afirmação seja elaborada analítica e historicamente. Estou interessado em mostrar como o Orientalismo moderno, ao contrário da percepção pré-colonial de Dante e d'Herbelot, encarna uma disciplina sistemática de *acumulação*. E, longe de ser exclusivamente uma característica intelectual ou teórica, isso levou o Orientalismo a tender fatalmente para a acumulação sistemática de seres humanos e territórios. Reconstruir uma língua oriental morta ou perdida significava, em última análise, reconstruir um Oriente morto ou esquecido; significava igualmente que a precisão, a ciência, até a imaginação reconstrutiva podiam preparar o caminho para o que os exércitos, as administrações e as burocracias fariam mais tarde no local, no Oriente. Num certo sentido, a justificação do Orientalismo era não só seu sucesso intelectual ou artístico, mas sua eficácia posterior, sua utilidade, sua autoridade. Ele certamente merece atenção séria por todos esses motivos.

SILVESTRE DE SACY E ERNEST RENAN: ANTROPOLOGIA RACIONAL E LABORATÓRIO FILOLÓGICO

Os dois grandes temas da vida de Silvestre de Sacy são o esforço heroico e a compreensão zelosa da utilidade pedagógica e racional. Nascido em 1757 numa família jansenista cuja ocupação tradicional era a de *notaire*, Antoine-Isaac-Silvestre foi educado com aulas particulares numa abadia beneditina, primeiro em árabe, sírio e caldeu, depois em hebraico. O árabe em particular foi a língua que lhe abriu o Oriente, porque era em árabe, segundo Joseph Reinaud, que o material oriental, tanto sagrado como profano, devia então ser encontrado na sua forma mais antiga e mais instrutiva.[11] Embora um legitimista, em 1769 foi indicado como o primeiro professor de árabe na recém-criada escola de *langues orientales vivantes* [línguas orientais vivas], da qual se tornou diretor em 1824. Em 1806, foi nomeado professor no Collège de France, embora, de 1805 em diante, fosse o orientalista residente no Ministério das Relações Exteriores francês. Ali o seu trabalho (não remunerado até 1811) foi a princípio traduzir os boletins da Grande Armée e o *Manifesto* de Napoleão de 1806, no qual esperava-se que o "fanatismo muçulmano" pudesse ser insuflado contra a ortodoxia russa. Mas desde então, por muitos anos, Sacy criou intérpretes para o dragomanato oriental francês, bem como futuros eruditos. Quando os franceses ocuparam Argel em 1830, foi Sacy quem traduziu a proclamação aos argelinos; ele era regularmente consultado sobre todas as questões diplomáticas relacionadas ao Oriente pelo ministro do Exterior, e de vez em quando pelo ministro da Guerra. Com 75 anos, substituiu Dacier como secretário da Académie des Inscriptions e tornou-se curador dos manuscritos orientais na Bibliothèque Royale. Em toda sua longa e ilustre carreira, seu nome era associado com razão à reestruturação e à reforma da educação (particularmente nos estudos orientais) na França pós-revolucionária.[12] Com Cuvier, Sacy tornou-se em 1832 um novo par da França.

Não foi apenas por ele ter sido o primeiro presidente da Société Asiatique (fundada em 1822) que o nome de Sacy é associado com o início do Orientalismo moderno; é porque seu trabalho colocou virtualmente diante da profissão todo um corpo sistemático de textos, uma prática pedagógica, uma tradição erudita e uma importante ligação entre a erudição oriental e a política pública. Na obra de Sacy, pela primeira vez na Europa desde o Congresso de Viena, havia em ação um princípio metodológico autoconsciente, coetâneo com a disciplina erudita. De não menos importância, Sacy sempre se sentiu um homem vinculado ao surgimento de um importante projeto revisionista. Era um inaugurador consciente e, o que mais diz respeito à nossa tese geral, agia nos seus escritos literários como um eclesiástico secularizado para quem o seu Oriente e os seus estudantes eram, respectivamente, a doutrina e os paroquianos. O duque de Broglie, um contemporâneo seu admirador, dizia da obra de Sacy que ela conciliava o estilo de um cientista com o de um instrutor da Bíblia, e que Sacy era o único homem capaz de conciliar "as metas de Leibniz com os esforços de Bossuet".[13] Consequentemente, tudo o que ele escrevia era dirigido especificamente a estudantes (no caso de sua primeira obra, o seu *Principes de grammaire générale* [Princípios de gramática geral], de 1799, o estudante era o seu próprio filho) e apresentado não como uma novidade, mas como um resumo revisado do melhor que já fora feito, dito ou escrito.

Essas duas características — a apresentação didática aos estudantes e a intenção confessada de repetir pela revisão e pelo resumo — são cruciais. A escrita de Sacy sempre transmite o tom de uma voz falando; a sua prosa está pontilhada de pronomes na primeira pessoa, qualificações pessoais, presença retórica. Mesmo nos seus aspectos mais obscuros — como numa nota erudita sobre a numismática sassânida do terceiro século — sente-se menos uma pena escrevendo do que uma voz falando. O tom principal da sua obra está contido nas linhas de abertura da dedicatória de *Principes de grammaire générale* a seu filho: "C'est à toi, mon cher Fils, que cet ouvrage a été entrepris" [Foi para ti, meu querido Filho, que esta obra foi realizada] — isto é, estou escrevendo (ou falando) para ti porque precisas conhecer essas coisas, e como elas não existem em nenhuma forma aproveitável, fiz eu próprio o trabalho para ti. Discurso direto; utilidade; esforço; racionalidade imediata e benéfica. Pois Sacy acreditava que tudo podia se tornar claro e razoável, por mais que a tarefa fosse difícil e o tema, obscuro. Aí estão a severidade de Bossuet e o humanismo abstrato de Leibniz, bem como o *tom* de Rousseau, tudo junto no mesmo estilo.

O efeito do tom de Sacy é formar um círculo que isola a ele e a seu público do mundo em geral, assim como um professor e seus alunos juntos numa sala de aula fechada formam um espaço selado. Ao contrário da matéria da física, da filosofia ou da literatura clássica, a matéria dos estudos orientais é arcana; tem importância para pessoas que já sentem um interesse pelo Oriente, mas querem conhecê-lo melhor, de um modo mais ordenado, e nesse ponto a disciplina pedagógica é mais eficaz que atraente. O falante didático, portanto, *apresenta* seu material aos discípulos, cujo papel é receber o que lhes é ministrado na forma de tópicos cuidadosamente selecionados e arranjados. Como o Oriente é antigo e distante, a apresentação do professor é uma restauração, uma revisão do que desapareceu da percepção mais ampla. E como também o Oriente imensamente rico (em espaço, tempo e culturas) não pode ser totalmente exposto, apenas as suas partes mais representativas precisam ser apresentadas. Assim o foco de Sacy é a antologia, a crestomatia, o quadro, o levantamento dos princípios gerais, em que um conjunto relativamente pequeno de exemplos poderosos revela o Oriente para o estudante. Esses exemplos são poderosos por duas razões: primeiro, porque refletem os poderes de Sacy como uma autoridade ocidental que extrai deliberadamente do Oriente o que a distância e a excentricidade até então mantiveram oculto, e segundo, porque esses exemplos têm em si (ou o orientalista lhes confere) o poder semiótico de significar o Oriente.

Toda a obra de Sacy é essencialmente uma compilação; é assim cerimoniosamente didática e elaboradamente revisionista. Além de *Principes de grammaire générale*, ele produziu uma *Chrestomathie arabe* [Antologia árabe] em três volumes (1806 e 1827), uma antologia de escritos gramaticais árabes (1825), uma gramática árabe, em 1810 (*à l'usage des élèves de l'École spéciale* [para o uso dos alunos da Escola especial]), tratados sobre a prosódia árabe e a religião drusa, e inúmeras obras curtas sobre numismática, onomástica, epigrafia, geografia, história e pesos e medidas orientais. Realizou um bom número de traduções e dois comentários extensos sobre *Calila e Dimna* e o *Maqamat*, de al-Hariri. Como editor, memorialista e historiador da erudição moderna, Sacy foi similarmente enérgico. Havia muito pouca coisa importante em outras disciplinas correlatas com a qual não estivesse *au courant*, embora sua própria escrita fosse centrada num só tema e, nos seus aspectos não orientalistas, de um alcance positivista estreito.

Mas quando em 1802 o Institut de France recebeu de Napoleão a incumbência de formar um *tableau générale* sobre o estado e o progresso das artes e ciências desde 1789, Sacy foi escolhido para fazer parte da equipe de escritores: ele era o mais rigoroso dos especialistas e tinha a mentalidade mais histórica de todos os generalistas. O Relatório de Dacier, como era informalmente conhecido, encarnava muitas das predileções de Sacy, além de conter as suas contribuições para o estado da erudição oriental. O seu título — *Tableau historique de l'érudition française* — anuncia a nova consciência histórica (em oposição à sagrada). Essa consciência é dramática: a erudição pode ser arranjada, por assim dizer, num cenário em que sua totalidade pode ser prontamente examinada. Dirigido ao rei, o prefácio de Dacier enunciava perfeitamente o tema. Um levantamento como esse tornou possível fazer algo que nenhum outro soberano havia tentado, isto é, captar, com um *coup d'oeil* [uma olhadela], todo o conhecimento humano. Se esse *tableau historique* tivesse sido empreendido em tempos anteriores, continuava Dacier, poderíamos ter hoje em dia muitas obras-primas que agora estão perdidas ou destruídas; o interesse e a utilidade do quadro consistiam em que preservava o conhecimento e o tornava imediatamente acessível. Dacier sugeria que essa tarefa fora simplificada pela expedição oriental de Napoleão, pois um de seus resultados tinha sido intensificar o grau do conhecimento geográfico moderno.[14] (No *discours* completo de Dacier, mais que em qualquer outro ponto, é que vemos como a forma dramática de um *tableau historique* tem uso equivalente nas arcadas e balcões de uma moderna loja de departamentos.)

A importância do *Tableau historique* para uma compreensão da fase inaugural do Orientalismo é que ele exterioriza a forma do conhecimento orientalista e suas características, assim como também descreve a relação do orientalista com seu tema. Nas páginas de Sacy sobre o Orientalismo — como em todos os outros lugares na sua escrita — ele fala de seu próprio trabalho como tendo *revelado*, *trazido à luz*, *resgatado* uma vasta quantidade de matéria obscura. Por quê? A fim de *colocá-lo diante* do estudioso. Pois, como todos os seus contemporâneos eruditos, Sacy considerava uma obra erudita um acréscimo positivo ao edifício que todos os eruditos erigiam juntos. O conhecimento era essencialmente *tornar visível* o material, e o objetivo de um quadro era a construção de uma espécie de Panopticon à maneira de Bentham. A disciplina erudita era, portanto, uma tecnologia específica de poder: proporcionava a seu usuário (e a seus estudantes) ferramentas e conhecimento que até então estavam perdidos.[15] E, na verdade, o vocabulário do poder e da aquisição especializados está particularmente associado à reputação de Sacy como pioneiro do Orientalismo. Seu heroísmo como erudito foi ter enfrentado com sucesso dificuldades insuperáveis; adquiriu os meios de apresentar um campo de estudo a seus estudantes, quando não havia campo nenhum. Ele *fez* os livros, os preceitos, os exemplos, dizia sobre Sacy o duque de Broglie. O resultado foi a produção de material sobre o Oriente, de métodos para estudá-lo, e de exemplos que até os orientais não tinham.[16]

Comparados com os trabalhos de um helenista ou um latinista da equipe do Institut, os de Sacy apresentavam terríveis dificuldades. Aqueles tinham os textos, as convenções, as escolas; ele não os possuía, e consequentemente tinha de dar um jeito de criá-los. A dinâmica da perda primária e ganho subsequente é obsessiva na escrita de Sacy; seu investimento na escrita foi verdadeiramente pesado. Como seus colegas em outros campos, ele acreditava que o conhecimento é ver — pan-opticamente, por assim dizer —, mas, ao contrário deles, Sacy não só precisava identificar o conhecimento, como tinha de decifrá-lo, interpretá-lo e, o mais difícil, torná-lo disponível. Sua realização foi ter produzido todo um campo de estudo. Como europeu, ele saqueou os arquivos orientais, o que conseguiu fazer sem sair da

183

França. Os textos que separava, ele os levava de volta; tratava-os; depois anotava-os, codificava-os, organizava-os e comentava-os. Com o tempo, o Oriente como tal tornou-se menos importante que a entidade em que o orientalista o transformava; assim, atraído por Sacy para o lugar discursivo fechado de um quadro pedagógico, o Oriente do orientalista reluta desde então em emergir para a realidade.

Sacy era inteligente demais para deixar que suas visões e sua prática ficassem sem uma argumentação de apoio. Em primeiro lugar, ele sempre deixava claro por que o "Oriente" por sua própria conta não poderia subsistir diante do gosto, da inteligência ou da paciência de um europeu. Sacy defendia a utilidade e o interesse de coisas como a poesia árabe, mas o que de fato estava dizendo era que a poesia árabe tinha de ser transformada de maneira apropriada pelo orientalista antes que pudesse começar a ser apreciada. As razões eram amplamente epistemológicas, mas também continham uma autojustificação orientalista. A poesia árabe era produzida por um povo de todo estranho (aos europeus), sob condições climáticas, sociais e históricas demasiado diferentes das conhecidas por um europeu; além disso, uma poesia dessas era nutrida por "opiniões, preconceitos, crenças, superstições que só podemos alcançar depois de um longo e penoso estudo". Mesmo que passemos pelos rigores do estudo especializado, grande parte da descrição na poesia não será acessível aos europeus, "que alcançaram um grau mais elevado de civilização". Mas o que podemos dominar é de grande valor para nós como europeus acostumados a disfarçar nossos atributos exteriores, nossa atividade corporal e nossa relação com a natureza. Portanto, o orientalista torna disponível a seus compatriotas uma série considerável de experiências inusitadas e, o que é ainda mais valioso, uma espécie de literatura capaz de nos ajudar a compreender a poesia "verdadeiramente divina" dos hebreus.[17]

Por conseguinte, se o orientalista é necessário para pescar algumas pérolas úteis nas profundezas orientais, e como o Oriente não pode ser conhecido sem a sua mediação, é também verdade que a própria escrita oriental não deve ser absorvida por inteiro. Essa é a introdução de Sacy à sua teoria dos fragmentos, uma preocupação romântica comum. Não só as produções literárias orientais são essencialmente alheias aos europeus; elas também não contêm bastante interesse sustentado, nem são escritas com bastante "gosto e espírito crítico" a ponto de merecerem publicação exceto como extratos (*pour mériter d'être publiés autrement que par extrait*).[18] Portanto, exige-se que o orientalista *apresente* o Oriente por uma série de fragmentos representativos, fragmentos republicados, explicados, anotados e rodeados de ainda mais fragmentos. Para essa apresentação, é requerido um gênero especial: a crestomatia, que é, no caso de Sacy, onde mais se demonstram, de forma direta e proveitosa, a utilidade e o interesse do Orientalismo. A produção mais famosa de Sacy foi a *Chrestomathie arabe* de três volumes, que era selada no início, por assim dizer, com um dístico árabe de rima interna: "Kitab al-anis al-mufid lil-Taleb al-mustafid; wa gam'i al shathur min manthoum wa manthur" (Um livro agradável e proveitoso para o aluno estudioso; colige fragmentos de poesia e de prosa).

As antologias de Sacy foram usadas muito amplamente na Europa por várias gerações. Embora seu conteúdo fosse declarado típico, elas submergem e cobrem a censura do Oriente exercida pelo orientalista. Além disso, a ordem interna de seu conteúdo, o arranjo de suas partes, a escolha de fragmentos nunca revelam o seu segredo; temos a impressão de que, se os fragmentos não foram escolhidos pela sua importância, pelo seu desenvolvimento cronológico ou por sua beleza estética (como não foram os de Sacy), eles devem ainda assim encarnar uma certa naturalidade oriental, isto é, uma inevitabilidade típica. Mas isso também jamais é dito. Sacy afirma simplesmente ter se esforçado no interesse de seus estudantes, tornando desnecessário que eles comprassem (ou lessem) uma biblioteca grotescamente grande de material oriental. Com o tempo, o leitor esquece o esforço do orientalista e toma a reestruturação do Oriente apontada por uma crestomatia como o Oriente *tout court*. A estrutura objetiva (a designação do Oriente) e a reestrutura subjetiva (a representação do Oriente pelo orientalista) tornam-se intercambiáveis. O Oriente é sobrecarregado com a racionalidade do orientalista; seus princípios se tornam os do orientalista. Antes distante, ele se torna acessível; antes insustentável por sua própria conta, ele se torna pedagogicamente útil; antes perdido, é encontrado mesmo que as partes em falta tenham sido abandonadas durante o processo. As antologias de Sacy não só suplementam o Oriente; fornecem-no como presença oriental ao Ocidente.[19] A obra de Sacy canoniza o Oriente; gera um cânone de objetos textuais transmitidos de uma geração de estudiosos para a seguinte.

E o legado vivo dos discípulos de Sacy era espantoso. Todo arabista de renome na Europa durante o século XIX atribuía-lhe autoridade intelectual. As universidades e as academias na França, na Espanha, na Noruega, na Suécia, na Dinamarca e especialmente na Alemanha estavam pontilhadas de estudiosos que se formaram aos pés de Sacy e por meio dos quadros antológicos fornecidos pela sua obra.[20] Como acontece com todos os patrimônios intelectuais, entretanto, os enriquecimentos e as restrições eram simultaneamente passados adiante. A originalidade genealógica de Sacy foi ter tratado o Oriente como algo a ser restaurado, não só por causa da presença desordenada e elusiva do Oriente moderno, mas também a despeito dessa presença. Sacy *situava* os árabes *no* Oriente, que era ele próprio situado no quadro geral da erudição moderna. O Orientalismo pertencia, portanto, à erudição europeia, mas o seu material tinha de ser recriado pelo orientalista antes de poder entrar nas arcadas junto com o latinismo e o helenismo. Cada orientalista recriava o seu próprio Oriente de acordo com as regras epistemológicas fundamentais de perda e ganho, fornecidas e postas em prática em primeiro lugar por Sacy. Assim como foi o pai do Orientalismo, ele foi também o primeiro sacrifício da disciplina, pois, ao traduzir novos textos, fragmentos e extratos, os orientalistas subsequentes suplantaram inteiramente a sua obra, fornecendo o seu próprio Oriente restaurado. Ainda assim, o processo a que ele deu início continuaria, à medida que a filologia em particular desenvolvia poderes sistemáticos e institucionais que Sacy jamais explorara. Essa foi a realização de Renan: ter associado o Oriente às disciplinas comparativas mais recentes, dentre as quais a filologia era uma das mais eminentes.

A diferença entre Sacy e Renan é a diferença entre a inauguração e a continuidade. Sacy é quem deu a origem, aquele cuja obra representa o surgimento do campo e seu status como uma disciplina do século XIX com raízes no romantismo revolucionário. Renan deriva da segunda geração do Orientalismo: era sua tarefa consolidar o discurso oficial do Orientalismo, sistematizar as suas compreensões, e estabelecer as suas instituições intelectuais e mundanas. Para Sacy, foram os seus esforços pessoais que lançaram e vitalizaram o campo e suas estruturas; para Renan, foi a sua adaptação do Orientalismo à filologia e de ambos à cultura intelectual de seu tempo que perpetuou intelectualmente as estruturas orientalistas e lhes deu mais visibilidade.

Por seus próprios méritos, Renan não foi uma figura nem de total originalidade, nem de absoluta derivação. Portanto, como uma força cultural ou como um orientalista importante, ele não pode ser simplesmente reduzido à sua personalidade, nem ao conjunto de ideias esquemáticas em que acreditava. Renan é mais bem compreendido como uma força dinâmica cujas oportunidades já haviam sido criadas por pioneiros como Sacy, mas que transportou suas realizações para a cultura como uma espécie de moeda corrente que pôs a circular e recircular com (para forçar a imagem ainda um pouco mais) sua própria e inequívoca moeda recorrente. Renan é uma figura que deve ser compreendida, em suma, como um tipo de práxis cultural e intelectual, como um estilo para fazer afirmações orientalistas dentro do que Michel Foucault chamaria o arquivo de seu tempo.[21] O que importa não são apenas as coisas que Renan disse, mas também como ele as disse, aquilo que, dada a sua formação e educação, escolheu usar como seu tema de estudo, o que combinar com o que, e assim por diante. As relações de Renan com seu tema oriental, com seu tempo e público, mesmo com o seu próprio trabalho, podem ser descritas, portanto, sem que se recorra a fórmulas que dependem de hipóteses não investigadas de estabilidade ontológica (por exemplo, o *Zeitgeist*, a história das ideias, vida e época). Em vez disso, somos capazes de ler Renan como um escritor que realiza algo descritível, num lugar definido temporalmente, espacialmente e culturalmente (ou seja, arquivisticamente), para um público e, não menos importante, para a promoção de sua própria posição no Orientalismo de sua era.

Renan chegou ao Orientalismo pela filologia, e a posição cultural extraordinariamente rica e celebrada dessa disciplina é que dotou o Orientalismo com as suas características técnicas mais importantes. Para quem a palavra *filologia* sugere um estudo de palavras empoeirado e inconsequente, entretanto, soará como uma surpresa a proclamação de Nietzsche de que, junto com as maiores inteligências do século XIX, ele é um filólogo — embora não surpreenda ninguém que se lembrar de *Louis Lambert*, de Balzac:

> Que livro maravilhoso alguém escreveria narrando a vida e as aventuras de uma palavra! Sem dúvida, uma palavra recebe várias impressões dos acontecimentos para os quais foi usada; dependendo dos lugares em que foi empregada, uma palavra desperta tipos diferentes de impressões em pessoas diferentes; mas não é ainda mais grandioso considerar uma palavra no seu triplo aspecto de alma, corpo e movimento?[22]

Qual é a categoria, Nietzsche perguntará mais tarde, que permitirá incluir a ele próprio, Wagner, Schopenhauer e Leopardi como filólogos? O termo parece incluir tanto um dom, uma sagacidade excepcional em relação à linguagem, como a capacidade de produzir obras cuja articulação tenha força estética e histórica. Embora a profissão da filologia tenha nascido naquele dia de 1777 "quando F. A. Wolf inventou para si mesmo o nome de *stud. philol.*", Nietzsche ainda assim se dá ao trabalho de mostrar que os estudiosos profissionais dos clássicos gregos e romanos são comumente incapazes de compreender a sua disciplina: "eles nunca atingem as *raízes da matéria*: eles nunca apresentam a filologia como um problema". Pois simplesmente "como conhecimento do mundo antigo, a filologia não pode, é claro, durar para sempre; o seu material é exaurível".[23] É isso o que o rebanho de filólogos não consegue compreender. Mas o que distingue os poucos espíritos excepcionais que Nietzsche considera dignos de louvor — não sem ambiguidade, e não no modo superficial que estou descrevendo — é a sua profunda relação com a modernidade, uma relação que lhes é dada pela prática da filologia.

A filologia problematiza — a ela própria, a quem a pratica, ao presente. Encarna uma condição peculiar de ser moderno e europeu, uma vez que nenhuma dessas duas categorias tem verdadeiro significado sem estar relacionada com uma cultura e um tempo estranhos e anteriores. O que Nietzsche também compreende é a filologia como algo *nascido*, *feito* no sentido de Vico como um sinal da ação humana, criado como uma categoria de descoberta, autodescoberta e originalidade humanas. A filologia é um modo de nos destacarmos historicamente de nosso tempo e de um passado imediato, como fazem os grandes artistas, mesmo quando, de maneira paradoxal e contraditória, na verdade caracterizamos nossa modernidade ao fazê-lo.

Entre o Friedrich August Wolf de 1777 e o Friedrich Nietzsche de 1875, há Ernest Renan, um filólogo oriental e também um homem com uma compreensão complexa e interessante do modo como a filologia e a cultura moderna estão implicadas uma na outra. Em *L'avenir de la science* [O futuro da ciência] (escrito em 1848, mas só publicado em 1890), ele afirmou que "os fundadores da mente moderna são filólogos". E o que é a mente moderna senão "racionalismo, crítica, liberalismo, [todos os quais] foram fundados no mesmo dia que a filologia?". A filologia, continua, é uma disciplina comparativa que apenas os modernos possuem, e um símbolo da superioridade moderna (e europeia); todo progresso feito pela humanidade desde o século XV pode ser atribuído a mentes que deveríamos chamar filológicas. A tarefa da filologia na cultura moderna (uma cultura que Renan chama de filológica) é continuar vendo claramente a rea-

189

lidade e a natureza, afastando assim o sobrenaturalismo, e continuar acompanhando as descobertas nas ciências físicas. Porém, mais do que tudo isso, a filologia possibilita uma visão geral da vida humana e do sistema das coisas: "Eu, estando ali no centro, inalando o perfume de tudo, julgando, comparando, combinando, induzindo — dessa maneira chegarei ao próprio sistema das coisas". Há uma aura inequívoca de poder ao redor do filólogo. E Renan dá a sua opinião sobre a filologia e as ciências naturais:

> Fazer filosofia é conhecer as coisas; segundo a bela expressão de Cuvier, a filosofia é *instruir o mundo na teoria*. Como Kant, acredito que toda demonstração puramente especulativa não tem mais validade do que uma demonstração matemática, e nada pode nos ensinar sobre a realidade existente. A filologia é a ciência exata das coisas do espírito [*La philologie est la science exacte des choses de l'esprit*]. É para as ciências da humanidade o que a física e a química são para as ciências filosóficas dos corpos.[24]

Retornarei à citação tirada de Cuvier por Renan, bem como às constantes referências à ciência natural, um pouco mais adiante. Por enquanto, devemos observar que toda a parte central de *L'avenir de la science* é dedicada a exposições filológicas em que Renan revela sua admiração por esse ramo de estudo, uma ciência que descreve ao mesmo tempo como a mais difícil de ser caracterizada dentre todos os empenhos humanos e a mais precisa de todas as disciplinas. Nas aspirações da filologia a ser uma verdadeira ciência da humanidade, Renan se associa explicitamente a Vico, Herder, Wolf, Montesquieu, e também a filólogos quase contemporâneos, como Wilhelm von Humboldt, Bopp e o grande orientalista Eugène Burnouf (a quem o volume é dedicado). Renan localiza a filologia no centro daquilo a que se refere por toda parte como a marcha do conhecimento, e na verdade o próprio livro é um manifesto do aperfeiçoamento humanístico, o que, considerando-se o seu subtítulo ("Pensées de 1848") e outros livros de 1848 como *Bouvard et Pécuchet* e *O 18 brumário de Luís Bonaparte*, não é pouca ironia. Num certo sentido, portanto, o manifesto, em geral, e os ensaios filológicos de Renan, em particular — a essa altura ele já escrevera o grande tratado filológico sobre línguas semíticas que lhe valera o Prix Volney —, estavam destinados a situar Renan como um intelectual numa relação claramente perceptível com as grandes questões sociais provocadas por 1848. Que ele tenha escolhido moldar essa relação com base na *menos* imediata de todas as disciplinas intelectuais (a filologia), aquela com o menor grau de relevância *popular* aparente, a mais conservadora e a mais tradicional, sugere a deliberação extrema da posição de Renan. Pois ele não falava realmente como um homem a todos os homens, mas antes como uma voz especializada e reflexiva que aceitava, como ele disse no prefácio de 1890, a desigualdade das raças e a dominação necessária da maioria por uma minoria como uma lei antidemocrática da natureza e da sociedade.[25]

Mas como foi possível que Renan se mantivesse, a si mesmo e àquilo que estava dizendo, numa posição tão paradoxal? Pois o que era a filologia, por um lado, senão uma ciência de toda a humanidade, uma ciência que tem como premissa a unidade da espécie humana e o valor de todo detalhe humano, e ainda assim o que era o filólogo, por outro lado, senão — como o próprio Renan provou com seu notório preconceito de raça contra os próprios semitas orientais cujo estudo lhe granjeara seu nome profissional[26] — um divisor severo dos homens em raças superiores e inferiores, um crítico liberal cuja obra abrigava as noções mais esotéricas de temporalidade, origens, desenvolvimento, relação e valor humano? Parte da resposta a essa questão é que, como mostram as suas primeiras cartas de intenção filológica a Victor Cousin, Michelet e Alexander Von Humboldt,[27] Renan tinha uma forte consciência corporativa como erudito profissional, um orientalista profissional, de fato, uma consciência que estabelecia uma distância entre a sua pessoa e as massas. Porém, mais importante, creio eu, é a própria concepção de Renan acerca de seu papel como filólogo orientalista dentro da história, do desenvolvimento e dos objetivos mais amplos da filologia, assim como ele os compreendia. Em outras palavras, o que pode nos parecer um paradoxo era o resultado previsível de como Renan percebia a sua posição soberana dentro da filologia, sua história e suas descobertas inaugurais, e o que ele, Renan, realizava dentro desse campo. Portanto, ele deve ser caracterizado não como alguém que fala *sobre* a filologia, mas antes como alguém que *fala filologicamente* com toda a força de um iniciado a usar a linguagem codificada de uma nova ciência prestigiosa, cujos pronunciamentos sobre a própria linguagem não poderiam ser interpretados de modo nem direto, nem ingênuo.

À medida que Renan compreendia e acolhia a filologia, sendo nela instruído, a disciplina lhe impunha um conjunto de regras doxológicas. Ser um filólogo significava ter a atividade regida, em primeiro lugar, por um conjunto de recentes descobertas que propunham reavaliações, descobertas que efetivamente inauguraram a ciência da filologia e lhe deram uma epistemologia distintiva própria: eu me refiro ao período que vai aproximadamente da década de 1780 à metade da década de 1830, cuja última parte coincide com o período do início da educação de Renan. Suas memórias registram como a crise de fé religiosa, que culminou com a perda da fé, levou-o em 1845 a uma vida de estudos eruditos: essa foi a sua iniciação na filologia, com sua visão de mundo, crises e estilo. Ele acreditava que, no campo pessoal, sua vida refletia a vida institucional da filologia. Na sua vida, entretanto, decidiu ser tão cristão quanto no passado, só que agora sem o cristianismo e com o que ele chamava "la science laïque" (a ciência laica).[28]

O melhor exemplo do que uma ciência laica poderia ou não fazer foi apresentado anos mais tarde por Renan numa palestra proferida na Sorbonne em 1878, "Sobre os serviços prestados pela filologia às ciências históricas". O que esse texto revela é como Renan tinha claramente a religião em mente quando falava sobre filologia — por exemplo, o que a filologia, como a religião, nos ensina sobre as origens da humanidade, da civilização e da linguagem —, só para deixar evidente a seus ouvintes que a filologia podia transmitir uma mensagem muito menos coerente, menos coesa e positiva que a religião.[29] Sendo a perspectiva de Renan irremediavelmente histórica e, conforme disse certa vez, morfológica, era lógico que a única maneira pela qual, ainda muito jovem, poderia sair da religião para entrar na erudição filológica seria reter na nova ciência laica a visão de mundo histórica que havia obtido na religião. Por isso, "apenas uma ocupação me parecia digna de preencher a minha vida; e essa era realizar a minha pesquisa crítica sobre o cristianismo [uma alusão ao principal projeto erudito de Renan sobre a história e as origens do cristianismo] usando aqueles meios muito mais amplos que me eram oferecidos pela ciência laica".[30] Renan se adaptara à filologia segundo a sua própria maneira pós-cristã.

A diferença entre a história oferecida internamente pelo cristianismo e a história oferecida pela filologia, uma disciplina relativamente nova, é precisamente o que tornou a filologia moderna possível, e isso Renan sabia muito bem. Pois sempre que se fala em "filologia" por volta do final do século XVIII e início do XIX, devemos compreender a *nova* filologia, cujos principais sucessos incluem a gramática comparada, a reclassificação das línguas em famílias e a rejeição final das origens divinas da linguagem. Não é exagero dizer que essas realizações eram uma consequência mais ou menos direta da visão que afirmava ser a linguagem um fenômeno inteiramente humano. E essa visão tornou-se corrente, assim que se descobriu empiricamente que as assim chamadas línguas sacras (o hebraico, em primeiro lugar) não tinham antiguidade primordial nem proveniência divina. O que Foucault chamou a descoberta da linguagem foi, portanto, um acontecimento secular que suplantou a concepção religiosa de como Deus entregou a linguagem ao homem no Éden.[31] Na verdade, uma das consequências dessa mudança, pela qual uma noção dinástica, etimológica da filiação linguística foi abandonada pela visão da linguagem como um domínio independente que se mantém unido com estruturas e coerências internas irregulares, é a diminuição dramática do interesse pelo problema das origens da linguagem. Enquanto na década de 1770, época em que o ensaio de Herder sobre as origens da linguagem ganhou a medalha de 1772 da Academia de Berlim, estava em voga discutir esse problema, na primeira década do novo século o tema se achava quase banido como tópico de debates eruditos na Europa.

Em toda parte, e de muitas maneiras diferentes, o que William Jones afirmava em seus *Anniversary discourses* (1785-92), ou o que Franz Bopp demonstrava em sua *Gramática comparada* (1832) era que a dinastia divina da linguagem estava definitivamente rompida e desacreditada como ideia. Era necessária uma nova concepção histórica, em suma, porque o cristianismo parecia incapaz de sobreviver à evidência empírica que reduzia o status divino de seu principal texto. Para alguns, como disse Chateaubriand, a fé era inabalável apesar do novo conhecimento de como o sânscrito tornara o hebraico obsoleto: "Hélas! il est arrivé qu'une connaissance plus approfondie de la langue savante de l'Inde a fait rentrer ces siècles innombrables dans le cercle étroit de la Bible. Bien m'en a pris d'être redevenue croyant, avant d'avoir éprouvé cette mortification"[32] [Ai de mim! aconteceu que um conhecimento mais aprofundado da língua erudita da Índia forçou esses inumeráveis séculos a entrar no círculo estreito da Bíblia. Uma sorte que eu tenha voltado a crer, antes de ter experimentado essa mortificação]. Para outros, especialmente filólogos como o pioneiro Bopp, ele mesmo, o estudo da linguagem acarretava a sua própria história, filosofia e erudição, e tudo isso liquidava qualquer noção de uma linguagem primeva dada por Deus ao homem no Éden. Assim como o estudo do sânscrito e o estado de espírito expansivo do final do século XVIII pareciam ter deslocado os primórdios da civilização bem para leste das terras bíblicas, assim também a linguagem se tornara menos uma continuidade entre um poder exterior e o falante humano que um campo interno criado e realizado pelos usuários da linguagem entre si. Não havia nenhuma primeira linguagem, assim como — exceto por um método que discutirei em breve — não havia nenhuma linguagem simples.

Para Renan, o legado desses filólogos da primeira geração era da mais alta importância, ainda mais relevante que o trabalho realizado por Sacy. Sempre que discutia linguagem e filologia, no começo, no meio ou no fim da sua longa carreira, ele repetia as lições da nova filologia, cujo principal pilar é constituído pelos princípios antidinásticos e anticontínuos de uma prática linguística técnica (em oposição à divina). Para o linguista, a linguagem não pode ser imaginada como o resultado da força que emana unilateralmente de Deus. Como se expressou Coleridge, "A linguagem é o arsenal da mente humana; e contém ao mesmo tempo os troféus de seu passado e as armas de suas futuras conquistas".[33] A ideia de uma primeira linguagem edênica dá ensejo à noção heurística de uma protolinguagem (o indo-europeu, o semítico) cuja existência jamais é tema de debate, porque é reconhecido que tal linguagem não pode ser recapturada, mas só pode ser reconstituída no processo filológico. Na medida em que uma única linguagem serve, mais uma vez heuristicamente, como uma pedra de toque para todas as outras, essa linguagem é o sânscrito na sua forma indo-europeia mais antiga. A terminologia também mudou: há agora *famílias* de línguas (a analogia com as classificações anatômicas e as espécies é marcante), há a forma linguística *perfeita*, que não precisa corresponder a nenhuma língua "real", e há línguas originais apenas como uma função do discurso filológico, não devido à natureza.

Mas alguns escritores comentaram sagazmente o modo como o sânscrito e as coisas indianas em geral simplesmente tomaram o lugar do hebraico e da falácia edênica. Já em 1804 Benjamin Constant anotava no seu *Journal intime* que não discutiria a Índia em seu *De la religion*, porque os ingleses, que eram donos do lugar, e os alemães, que o estudavam infatigavelmente, haviam tornado a Índia a *fons et origo* de tudo; e depois havia os franceses, que tinham decidido após Napoleão e Champollion que tudo se originara no Egito e no novo Oriente.[34] Esses entusiasmos teleológicos foram alimentados depois de 1808 pelo célebre *Sobre a língua e a sabedoria dos hindus*, de Friedrich Schlegel, que parecia confirmar o seu próprio pronunciamento feito em 1800 sobre o Oriente ser a forma mais pura do romantismo.

O que a geração de Renan — educada da metade da década

de 1830 ao final da década de 1840 — reteve de todo esse entusiasmo sobre o Oriente foi a necessidade intelectual do Oriente para o estudioso ocidental de línguas, culturas e religiões. Nesse ponto, o texto chave foi *Le génie des religions*, de Edgar Quinet (1832), uma obra que anunciava a renascença oriental e colocava o Oriente e o Ocidente numa relação funcional um com o outro. Já me referi ao vasto significado dessa relação, analisada pormenorizadamente por Raymond Schwab em *La Renaissance orientale*; o meu interesse aqui é apenas notar aspectos específicos que tenham relação com a vocação de Renan como filólogo e orientalista. A associação de Quinet com Michelet, o interesse dos dois por Herder e Vico, respectivamente, gravaram neles a necessidade de o historiador erudito confrontar o diferente, o estranho, o distante, quase à maneira de um público vendo o desenrolar de um acontecimento dramático, ou de um crente testemunhando a revelação. A formulação de Quinet era que o Oriente propõe e o Ocidente dispõe: a Ásia tem os seus profetas, a Europa os seus doutores (os seus eruditos, os seus cientistas: o trocadilho é intencional). Desse encontro nasce um novo dogma ou deus, mas a ideia de Quinet é que tanto o Oriente como o Ocidente cumprem os seus destinos e confirmam suas identidades no encontro. Como atitude erudita, a imagem de um ocidental culto examinando, como se a partir de um ponto de observação peculiarmente adequado, o Oriente passivo, seminal, feminino, até silencioso e inativo, e depois passando a *articular* o Oriente, fazendo o Oriente entregar os seus segredos sob a autoridade erudita de um filólogo cujo poder deriva da capacidade de decifrar línguas secretas e esotéricas — isso persistiria em Renan. O que não persistiu em Renan durante a década de 1840, quando ele realizou o seu aprendizado de filologia, foi a atitude dramática: essa foi substituída pela atitude científica.

Para Quinet e Michelet, a história era um drama. Quinet descreve sugestivamente o mundo inteiro como um templo, e a história humana como uma espécie de rito religioso. Tanto Michelet como Quinet *viam* o mundo que discutiam. A origem da história humana era algo que podiam descrever nos mesmos termos esplêndidos, impregnados de paixão e drama, usados por Vico e Rousseau para retratar a vida sobre a terra nos tempos primitivos. Quanto a Michelet e Quinet, não há dúvida de que pertencem aos românticos europeus que procuram "quer no gênero épico, quer em algum outro gênero superior — no drama, no romance em prosa ou na visionária 'ode maior' — remodelar radicalmente, de maneira apropriada às circunstâncias históricas e intelectuais de sua própria era, o padrão cristão da queda, da redenção e do surgimento de uma nova terra que constituirá um paraíso restaurado".[35] Acho que para Quinet a ideia do nascimento de um novo deus equivalia a preencher o lugar deixado pelo antigo deus; para Renan, entretanto, ser um filólogo significava a separação de todas e quaisquer conexões com o antigo deus cristão, de modo que, em vez disso, uma nova doutrina — provavelmente ciência — surgiria, por assim dizer, livre e num novo lugar. Toda a carreira de Renan foi dedicada à realização dessa jornada.

Ele expressou muito claramente no final de seu hermético ensaio sobre as origens da linguagem: o homem já não é um inventor, e a era da criação está definitivamente terminada.[36] Houve um período, sobre o qual só podemos conjecturar, quando o homem foi literalmente *transportado* do silêncio para as palavras. Depois desse período, houve a linguagem, e para o verdadeiro cientista a tarefa é examinar como *é* a linguagem, e não como é que ela veio a ser. Mas, se dissipa a criação apaixonada dos tempos primitivos (que havia entusiasmado Herder, Vico, Rousseau, até Quinet e Michelet), Renan institui um novo e deliberado tipo de criação artificial, uma criação executada como resultado da análise científica. Na sua *leçon inaugurale* no Collège de France (21 de fevereiro de 1862), Renan proclamou as suas palestras abertas ao público para que todos pudessem ver em primeira mão "le laboratoire même de la science philologique" [o próprio laboratório da ciência filológica].[37] Qualquer leitor de Renan teria compreendido que havia nessa declaração a intenção de expressar uma ironia típica, ainda que bastante fraca, uma ironia que pretendia menos chocar do que encantar passivamente. Pois Renan estava assumindo a cátedra de hebraico, e a sua palestra era sobre a contribuição dos povos semíticos à história da civilização. Que afronta mais sutil poderia haver à história "sagrada" do que a substituição da intervenção divina na história por um laboratório filológico; e que modo mais explícito de declarar que a relevância contemporânea do Oriente era simplesmente constituir o material para a investigação europeia?[38] Os fragmentos relativamente sem vida de Sacy, arrumados em quadros, estavam sendo substituídos por algo novo.

A peroração estimulante com que Renan concluiu a sua *leçon* tinha outra função além de ligar simplesmente a filologia oriental-semítica com o futuro e com a ciência. Étienne Quatremère, que precedeu imediatamente Renan na cátedra de hebraico, era um erudito que parecia exemplificar a caricatura popular de um erudito. Um homem de hábitos prodigiosamente diligentes e pedantes, ele realizou a sua obra, dizia Renan num diminuto memorial relativamente insensível para o *Journal des débats* em outubro de 1857, como um trabalhador laborioso que, mesmo ao prestar imensos serviços, ainda assim não conseguia ver todo o edifício que estava sendo construído. O edifício era nada menos que "la science historique de l'esprit humain" [a ciência histórica do espírito humano], então no processo de ser construída pedra por pedra.[39] Assim como Quatremère não pertencia a essa época, Renan na sua obra estava determinado a dela fazer parte. Além disso, se o Oriente fora até então identificado exclusiva e indiscriminadamente com a Índia e a China, a ambição de Renan era adquirir uma nova província oriental para si mesmo, nesse caso o Oriente semítico. Ele observara sem dúvida a confusão casual e certamente corrente do árabe com o sânscrito (como em *A pele de onagro* de Balzac, no qual a escrita árabe do talismã fatal é descrita como sânscrito), e por isso assumiu a tarefa de fazer para as línguas semíticas o que Bopp fizera para o indo-europeu: era o que dizia na prefácio de 1855 ao tratado semítico.[40] Portanto, os planos de Renan eram focalizar as línguas semíticas de um modo nítido e elegante *à la*

Bopp, e além disso elevar o estudo dessas línguas inferiores negligenciadas ao nível de uma nova e apaixonante ciência da mente *à la* Louis Lambert.

Em mais de uma ocasião Renan foi totalmente explícito nas suas afirmativas de que os semitas e o semítico eram *criações* do estudo filológico orientalista.[41] Como ele era o homem que realizava o estudo, a intenção era deixar pouca dúvida sobre a centralidade de seu papel nessa nova e artificial criação. Mas que significado atribuía Renan à palavra *criação* nesses exemplos? E como essa criação estava conectada com a criação natural ou com a criação atribuída por Renan e outros ao laboratório e às ciências naturais e classificatórias, principalmente ao que era chamado de anatomia filosófica? Nesse ponto, devemos especular um pouco. Em toda a sua carreira, Renan parecia imaginar o papel da ciência na vida humana como (e cito numa tradução o mais literal possível) "o de *dizer* (falar ou articular) definitivamente para o homem a palavra [logos?] das coisas".[42] A ciência propicia discurso às coisas; melhor ainda, a ciência traz à tona, faz com que seja pronunciado, um discurso potencial dentro das coisas. O valor especial da linguística (como a nova filologia era então frequentemente chamada) não é que a ciência natural lhe seja semelhante, mas antes que ela trata as palavras como objetos naturais, do contrário silenciosos, que são forçados a revelar seus segredos. É preciso lembrar que o principal ato pioneiro no estudo das inscrições e hieróglifos foi a descoberta de Champollion de que os símbolos sobre a Pedra de Roseta tinham um componente *fonético* além de semântico.[43] Fazer os objetos falarem era como fazer as palavras falarem, dando-lhes valor circunstancial e um lugar preciso numa ordem de regularidade regida por regras. No seu primeiro sentido, a *criação*, como Renan empregava a palavra, significava o processo pelo qual um objeto como o *semítico* podia ser visto como uma espécie de criatura. Segundo, a criação também significava o cenário — no caso do semítico significava a história, a cultura, a raça e a mente oriental — iluminado e extraído da sua reticência pelo cientista. Finalmente, a criação era a formulação de um sistema de classificação pelo qual tornava-se possível ver o objeto em questão comparado com outros objetos semelhantes; e, ao dizer "comparado", Renan se referia a uma complexa rede de relações paradigmáticas que existiam entre as línguas semíticas e indo-europeias.

Se, no que tenho afirmado até agora, tanto insisti no estudo relativamente esquecido de Renan sobre as línguas semíticas, foi por várias razões importantes. O semítico foi o estudo científico a que Renan se voltou logo depois da perda de sua fé cristã; descrevi acima como ele começou a ver o estudo do semítico como um substituto de sua fé, possibilitando-lhe uma futura relação crítica com ela. O estudo do semítico foi o primeiro estudo científico e orientalista completo de Renan (terminado em 1847, publicado pela primeira vez em 1855), tendo sido parte de suas grandes obras posteriores sobre as origens do cristianismo e a história dos judeus, bem como uma propedêutica para elas. Na intenção, se não talvez na realização — interessante, poucas das obras padrões ou contemporâneas na história linguística ou na história do Orientalismo citam Renan com algo mais do que uma atenção apressada[44] —, a sua obra semítica se propunha a ser um texto filológico pioneiro, do qual em anos posteriores ele sempre extraiu autoridade retrospectiva para suas posições (quase sempre más) sobre a religião, a raça e o nacionalismo.[45] Sempre que Renan queria fazer uma afirmação sobre os judeus ou sobre os muçulmanos, por exemplo, tinha em mente suas restrições extraordinariamente duras (e infundadas, exceto segundo a ciência que ele estava praticando) sobre os semitas. Além disso, o semítico de Renan pretendia ser uma contribuição tanto ao desenvolvimento da linguística indo-europeia como à diferenciação do Orientalismo. Para a primeira, o semítico era uma forma degradada, tanto no sentido moral como biológico, enquanto, para o último, o semítico era uma — se não a — forma estável da decadência cultural. Por fim, o semítico foi a primeira criação de Renan, uma ficção inventada por ele no laboratório filológico para satisfazer o seu senso de lugar e missão públicos. Não devemos absolutamente deixar de perceber que o semítico era para o ego de Renan o símbolo do domínio europeu (e, consequentemente, de seu domínio) sobre o Oriente e sobre sua própria era.

Portanto, como um ramo do Oriente, o semítico não era plenamente um objeto natural — como uma espécie de macaco, por exemplo — nem plenamente um objeto não natural ou divino, como fora outrora considerado. Melhor, o semítico ocupava uma posição mediana, legitimado nas suas estranhezas (a regularidade sendo definida pelo indo-europeu) por uma relação inversa com as línguas normais, compreendido como um fenômeno excêntrico, quase monstruoso, em parte porque as bibliotecas, os laboratórios e os museus podiam servir como seu lugar de exibição e análise. No seu tratado, Renan adotava um tom de voz e um método de exposição que extraía o máximo da erudição livresca e da observação natural, assim como eram praticadas por homens como Cuvier e os dois Geoffroy Saint-Hilaire, *père et fils*. Essa é uma importante realização estilística, pois permitia que Renan aproveitasse coerentemente a *biblioteca*, em vez de recorrer ao primitivismo e ao *fiat* divino como uma estrutura conceitual para compreender a linguagem, junto com o *museu*, que é o lugar em que os resultados da observação do laboratório são entregues para exibição, estudo e ensino.[46] Em todo lugar, Renan trata de fatos humanos normais — linguagem, história, cultura, mentalidade, imaginação — como se transformados em alguma outra coisa, como algo peculiarmente desviante, porque são semíticos e orientais, e porque acabam sendo analisados no laboratório. Os semitas, assim, são monoteístas raivosos que não produziram mitologia, arte, comércio, civilização; sua consciência é estreita e rígida; tudo considerado, representam "une combinaison inférieure de la nature humaine"[47] [uma combinação inferior da natureza humana]. Ao mesmo tempo, Renan quer que todos compreendam que ele fala de um protótipo, e não de um tipo semítico real com existência real (embora violasse esse preceito discutindo os judeus e os muçulmanos do seu tempo com uma atitude bem aquém de um distanciamento científico em muitos pontos na sua escrita).[48] Temos, portanto, por um lado, expressa a transformação do humano em espécime e, por outro, o juízo comparativo pelo qual o espécime continua a ser um espécime e um tema para o estudo filológico e científico.

Espalhadas por toda a *Histoire générale et système comparé des langues sémitiques* estão reflexões sobre as ligações entre a linguística e a anatomia e — para Renan, isso é igualmente importante — comentários sobre como essas ligações podiam ser empregadas para fazer história humana (*les sciences historiques*). Mas primeiro devemos considerar as ligações implícitas. Não acho errado ou exagerado dizer que uma página típica da *Histoire générale* de Renan tenha sido construída tipográfica e estruturalmente por alguém que tinha em mente uma página de anatomia filosófica comparada, no estilo de Cuvier ou Geoffroy Saint-Hilaire. Tanto os linguistas como os anatomistas pretendem estar falando sobre questões que não são diretamente possíveis ou observáveis na natureza; um esqueleto e um desenho detalhado de um músculo, assim como os paradigmas constituídos pelos linguistas a partir de um protossemítico ou proto-indo-europeu puramente hipotético, são similarmente produtos do laboratório e da biblioteca. O texto de uma obra linguística ou anatômica tem a mesma relação geral com a natureza (ou a realidade) que a de uma vitrine de museu exibindo um espécime de mamífero ou um órgão. O que é apresentado na página e na vitrine de museu é um exagero truncado, como muitos dos extratos orientais de Sacy, cujo objetivo é mostrar uma relação entre a ciência (ou o cientista) e o objeto, não entre o objeto e a natureza. Leia-se quase toda página de Renan sobre o árabe, o hebraico, o aramaico ou o protossemítico, e o que se lê é um fato de poder, pelo qual a autoridade do filólogo orientalista colhe à vontade na biblioteca exemplos do discurso humano e ali os enfileira rodeados por uma suave prosa europeia que aponta os defeitos, as virtudes, os barbarismos e as deficiências na linguagem, no povo e na civilização. O tom e o tempo da exposição são moldados quase uniformemente no presente contemporâneo, de modo que se tem a impressão de uma demonstração pedagógica durante a qual o cientista erudito se mantém diante de nós numa plataforma de laboratório e conferência, criando, limitando e julgando o material que discute.

Essa ansiedade da parte de Renan para transmitir o sentido de uma demonstração que está realmente ocorrendo é intensificada quando ele observa explicitamente que, se a anatomia emprega sinais estáveis e visíveis pelos quais atribui os objetos a classes, a linguística não o faz.[49] Portanto, o filólogo deve fazer com que um determinado fato linguístico corresponda de algum modo a um período histórico: daí a possibilidade de classificação. Mas, como Renan devia dizer com frequência, a temporalidade e a história linguísticas estão cheias de lacunas, enormes descontinuidades, períodos hipotéticos. Portanto, os acontecimentos linguísticos ocorrem numa dimensão temporal não linear e essencialmente descontínua controlada pelo linguista de um modo muito particular. Esse modo, como todo o tratado de Renan sobre o ramo semítico das línguas orientais vai bem longe para demonstrar, é comparativo: o indo-europeu é considerado a norma *orgânica*, viva, e as línguas orientais semíticas são vistas comparativamente como inorgânicas.[50] O tempo é transformado no espaço da classificação comparativa, que no fundo é baseada numa oposição binária rígida entre as línguas orgânicas e inorgânicas. Assim, por um lado, há o processo orgânico, biologicamente gerativo, representado pelo indo-europeu, enquanto por outro lado há um processo inorgânico, essencialmente não gerativo, ossificado no semítico: muito importante, Renan deixa absolutamente claro que esse julgamento tão imperioso é feito pelo filólogo oriental no seu laboratório, pois as distinções do tipo que o interessam só são possíveis e acessíveis para o profissional treinado. "Nous refusons donc aux langues sémitiques la faculté de se régénérer, toute em reconnaissant qu'elles n'échappent pas plus que les autres oeuvres de la conscience humaine à la nécessité du changement et des modifications successives" [Assim recusamos às línguas semíticas a faculdade de se regenerar, mesmo reconhecendo que elas não escapam, não mais que as outras obras da consciência humana, da necessidade de mudança e de modificações sucessivas].[51]

No entanto, mesmo por trás dessa oposição radical, há outra operando na mente de Renan, e em várias páginas no primeiro capítulo do livro 5 ele expõe a sua posição de forma muito franca ao leitor. Isso ocorre quando introduz as visões de Saint--Hilaire sobre a "degradação dos tipos".[52] Embora Renan não especifique a qual dos Saint-Hilaire ele alude, a referência é bastante clara. Pois tanto Étienne como seu filho Isidore eram especuladores biológicos de extraordinária fama e influência, particularmente entre os intelectuais literários durante a primeira metade do século XIX na França. Étienne, lembramos, participara da expedição napoleônica, e Balzac lhe dedicou uma importante seção do prefácio para *A comédia humana*; há também evidências de que Flaubert leu tanto o pai como o filho e usou as visões dos dois em sua obra.[53] Étienne e Isidore não foram só legatários da tradição da biologia "romântica", que incluía Goethe e Cuvier, com um forte interesse pela analogia, homologia e a *ur*-forma orgânica entre as espécies, mas eram também especialistas na filosofia e na anatomia da monstruosidade — a teratologia, como Isidore a chamava —, na qual as aberrações fisiológicas mais horrendas eram consideradas resultado da degradação interna dentro da vida da espécie.[54] Não posso entrar aqui nas complexidades (bem como no fascínio macabro) da teratologia, embora baste mencionar que tanto Étienne como Isidore exploravam o poder teórico do paradigma linguístico para explicar os desvios possíveis dentro de um sistema biológico. A noção de Étienne era que um monstro é uma *anomalia*, no mesmo sentido que na língua as palavras existem em relações analógicas e anômalas entre si: na linguística, a ideia é ao menos tão antiga quanto *De lingua latina*, de Varro. Nenhuma anomalia pode ser considerada simplesmente uma exceção gratuita; pelo contrário, as anomalias confirmam a estrutura regular que une todos os membros da mesma classe. Essa visão é muito ousada em anatomia. Em certo momento no discurso preliminar a sua *Philosophie anatomique*, Étienne diz:

E, na verdade, tal é o caráter de nossa época que se torna impossível hoje em dia encerrar-se estritamente dentro da estrutura de uma simples monografia. Estudem um objeto isolado, e serão apenas capazes de trazê-lo de volta para si mesmo; consequentemente, jamais poderão ter um conhecimento perfeito a seu respeito. Mas vejam-no em meio a seres que estão ligados entre si de muitas maneiras diferentes, isolados uns dos outros de maneiras diferentes, e descobrirão para esse objeto um alcance mais amplo de relações. Em primeiro lugar, vocês o conhecerão melhor, mesmo na sua especificidade; porém, mais importante, ao considerá-lo no próprio centro da sua esfera de atividade, vocês saberão precisamente como ele se comporta no seu mundo exterior, e vocês também saberão como as suas características são constituídas em reação a seu ambiente circundante.[55]

Saint-Hilaire não está apenas dizendo que é próprio do caráter específico do estudo contemporâneo (escrevia em 1822) examinar os fenômenos de forma comparativa; está também dizendo que, para o cientista, não existe fenômeno, por mais aberrante e excepcional que seja, que não possa ser explicado com referência a outros fenômenos. Note-se também como Saint-Hilaire emprega a metáfora da centralidade (*le centre de sa sphère d'activité*) usada mais tarde por Renan em *L'avenir de la science* para descrever a posição ocupada por qualquer objeto na natureza — incluindo até o filólogo — desde que o objeto seja cientificamente *colocado* ali pelo cientista examinador. Depois, entre o objeto e o cientista é estabelecido um laço de simpatia. Claro que isso só pode ocorrer durante a experiência do laboratório, e não em qualquer outra parte. A ideia em questão é que um cientista tem à sua disposição uma espécie de influência pela qual até uma ocorrência de todo inusitada pode ser vista em termos naturais e conhecida no âmbito da ciência, o que nesse caso significa sem recorrer ao sobrenatural, mas apenas ao ambiente circundante constituído pelo cientista. Como resultado, a própria natureza pode ser percebida de novo como contínua, coerente de forma harmoniosa e fundamentalmente inteligível.

Assim, para Renan, o semítico é um fenômeno de desenvolvimento interrompido em comparação com as línguas e culturas maduras do grupo indo-europeu, e até com as outras línguas orientais semíticas.[56] O paradoxo sustentado por Renan, entretanto, é que mesmo quando nos estimula a ver as línguas como se correspondessem de algum modo aos "êtres vivants de la nature", ele está provando em algum outro lugar que as suas línguas orientais, as línguas semíticas, são inorgânicas, de crescimento interrompido, totalmente ossificadas, incapazes de autorregeneração; em outras palavras, ele prova que o semítico não é uma língua viva e, falando nisso, tampouco os semitas são criaturas vivas. Além disso, a língua e a cultura indo-europeias são vivas e orgânicas *por causa*, e não a despeito, do laboratório. Mas, longe de ser uma questão marginal na obra de Renan, esse paradoxo está, creio eu, no próprio centro de toda a sua obra, no seu estilo e na sua existência nos arquivos da cultura de seu tempo, uma cultura para a qual — entre pessoas tão diferentes umas das outras quanto Matthew Arnold, Oscar Wilde, James Frazer e Marcel Proust — ele deu uma contribuição muito importante. Ser capaz de sustentar uma visão que integra a vida (a cultura europeia e indo-europeia) e um conjunto de criaturas quase monstruosas e fenômenos inorgânicos (a cultura semítica, oriental) é precisamente a realização do cientista europeu no seu laboratório. Ele *constrói*, e o próprio ato da construção é um sinal de poder imperial sobre fenômenos recalcitrantes, bem como a confirmação da cultura dominante e sua "naturalização". Na verdade, não é exagerado dizer que o laboratório filológico de Renan é o local real de seu etnocentrismo europeu; mas o que precisa ser enfatizado é que o laboratório filológico não existe fora do discurso, a escrita pela qual é constantemente produzido e experimentado. Até a cultura que ele chama de orgânica e viva — a da Europa — é também uma *criatura sendo criada* no laboratório e pela filologia.

Toda a carreira posterior de Renan foi europeia e cultural.

Suas realizações foram diversas e celebradas. A autoridade que seu estilo chegou a possuir pode ser atribuída, creio eu, à sua técnica de construir o inorgânico (ou o que está em falta) e lhe dar a aparência de vida. Ele ficou muito famoso, é claro, pela sua *Vie de Jésus*, a obra que inaugurou as suas monumentais histórias do cristianismo e do povo judeu. Mas devemos compreender que a *Vie* era exatamente o mesmo tipo de proeza realizada em *Histoire générale*, uma construção possibilitada pela capacidade do historiador de criar com talento uma biografia oriental morta (morta para Renan no duplo sentido de uma fé morta e perdida, daí um período histórico morto) — e o paradoxo é de imediato aparente — *como se fosse* a narrativa de uma vida natural. Tudo o que Renan dizia passava primeiro pelo laboratório filológico; quando aparecia impresso, entrelaçado no texto, havia nas palavras a força vital de uma assinatura cultural contemporânea, que tirava da modernidade todo o seu poder científico e toda a sua autoaprovação acrítica. Para esse tipo de cultura, genealogias como a dinastia, a tradição, a religião, as comunidades étnicas eram todas funções de uma teoria que tinha por tarefa ordenar o mundo. Ao tomar emprestada essa última expressão de Cuvier, Renan estava colocando, de forma circunspecta, a demonstração científica acima da experiência; a temporalidade era relegada ao campo cientificamente útil da experiência comum, enquanto à periodicidade especial da cultura e ao comparativismo cultural (que geraram o etnocentrismo, a teoria racial e a opressão econômica) eram dados poderes muito à frente da visão moral.

O estilo de Renan, sua carreira como orientalista e homem de letras, as circunstâncias do significado que ele comunica, sua relação peculiarmente íntima com a cultura europeia geral e erudita de seu tempo — liberal, exclusivista, imperiosa, anti-humana exceto num sentido muito condicional —, tudo isso é o que eu chamaria de *celibatário* e científico. Para ele, a geração está consagrada ao domínio de *l'avenir*, que no seu famoso manifesto ele associou à ciência. Embora como historiador da cultura ele pertença à escola de homens como Turgot, Condorcet, Guizot, Cousin, Jouffroy e Ballanche, e na erudição à escola de Sacy, Caussin de Perceval, Ozanam, Fauriel e Burnouf, o mundo de Renan é um mundo de história e erudição peculiarmente devastado, furiosamente masculino; é realmente o mundo, não de pais, mães e filhos, mas de homens como o seu Jesus, o seu Marco Aurélio, o seu Caliban, o seu deus solar (descrito em "Rêves", parte dos *Dialogues philosophiques*).[57] Ele apreciava particularmente o poder da ciência e da filologia orientalista; procurava as intuições e técnicas desta última; usava-a para intervir, frequentemente com uma eficácia considerável, na vida de sua época. Ainda assim, o seu papel ideal era o de espectador.

Segundo Renan, um filólogo deve preferir o *bonheur* [felicidade] à *jouissance* [prazer]: a preferência expressa uma escolha de felicidade elevada, ainda que estéril, acima do prazer sexual. As palavras pertencem ao reino do *bonheur*, assim como o estudo das palavras, idealmente falando. Que eu saiba, há bem poucos momentos em toda a escrita pública de Renan em que seja atribuído às mulheres um papel benéfico e instrumental. Um desses momentos ocorre quando Renan opina que mulheres estrangeiras (enfermeiras, criadas) devem ter instruído os filhos dos normandos, o que pode explicar as mudanças que ocorrem na língua. Note-se como a produtividade e a disseminação não são as funções favorecidas, mas antes a mudança interna e, ainda assim, subsidiária. "O homem", diz no fim do mesmo ensaio, "não pertence nem à sua língua, nem à sua raça; pertence a si mesmo antes de tudo, porque antes de tudo ele é um ser livre e moral".[58] O homem era livre e moral, mas preso pela raça, pela história e pela ciência assim como Renan as via, condições impostas pelo erudito ao homem.

O estudo das línguas orientais levou Renan ao coração dessas condições, e a filologia tornou aparente, de modo concreto, que o conhecimento do homem seria — parafraseando Ernst Cassirer — poeticamente transfigurador[59] somente se tivesse sido, antes, separado da realidade crua (como Sacy separara necessariamente os fragmentos árabes da sua realidade) e depois colocado numa camisa de força doxológica. Ao tornar-se *filologia*, o estudo das palavras, assim como fora outrora praticado por Vico, Herder, Rousseau, Michelet e Quinet, perdeu a sua trama e a sua qualidade dramática de apresentação, como Schelling certa vez a chamou. Em vez disso, a filologia tornou-se epistemologicamente complexa; já não bastava o *Sprachgefühl*, porque as próprias palavras diziam respeito menos aos sentidos ou ao corpo (como para Vico) e mais a um reino abstrato, sem visão e sem imagem, regido por formulações artificiais como raça, mente, cultura e nação. Nesse reino, construído na forma discursiva e chamado Oriente, certos tipos de afirmações podiam ser feitos, todos possuindo a mesma poderosa generalidade e validade cultural. Pois todo o esforço de Renan consistiu em negar à cultura oriental o direito de ser gerada, exceto artificialmente no laboratório filológico. O homem não era filho da cultura; essa concepção imperiosa fora muito eficazmente questionada pela filologia. A filologia ensinava como a cultura é uma construção, uma *articulação* (no sentido em que Dickens usava a palavra para a profissão do sr. Venus em *Our mutual friend*), até uma criação, mas não algo mais que uma estrutura quase orgânica.

O que é especialmente interessante em Renan é ver até que ponto ele sabia ser uma criatura do seu tempo e da sua cultura etnocêntrica. Por ocasião de uma resposta acadêmica a um discurso proferido por Ferdinand de Lesseps em 1885, Renan afirmou que "era muito triste ser um homem mais sábio que sua nação. [...] Não se pode sentir amargura para com a terra natal. Melhor equivocar-se junto com a nação do que ter razão com aqueles que lhe dizem verdades duras".[60] A economia dessa declaração é quase perfeita demais para ser verdadeira. Pois o velho Renan não está dizendo que a melhor relação é de paridade com a nossa própria cultura, sua moralidade e seu etos durante o nosso tempo, e não uma relação dinástica pela qual não somos filhos de nosso tempo, nem seus pais? E nesse ponto retornamos ao laboratório, pois é ali — como pensava Renan — que as responsabilidades filiais e, em última análise, sociais deixam de existir, e as científicas e orientalistas tomam o seu lugar. O seu laboratório era a plataforma a partir da qual como orientalista se dirigia ao mundo; mediava as declarações que ele fazia, dava-lhes confiança e precisão geral, bem como continuidade. Assim o laboratório filológico, como Renan o compreendia, não só redefinia a sua época e a sua cultura, datando-as e modelando-as de novas maneiras; dava a seu tema oriental uma coerência erudita, e mais, transformava-o (e a orientalistas posteriores que seguiram sua tradição) na figura *cultural* ocidental que então se tornou. Podemos nos perguntar se essa nova autonomia dentro da cultura era a liberdade que Renan esperava da sua ciência orientalista filológica, ou se, no que dizia respeito ao historiador crítico do Orientalismo, ela não armava uma associação complexa entre o Orientalismo e seu suposto tema humano, baseada enfim no poder, e não realmente numa objetividade desinteressada.

RESIDÊNCIA E ERUDIÇÃO ORIENTAL: OS REQUISITOS DA LEXICOGRAFIA E DA IMAGINAÇÃO

As visões de Renan sobre os semitas orientais pertencem, é claro, menos ao domínio do preconceito popular e do antissemitismo comum do que ao domínio da filologia oriental científica. Quando lemos Renan e Sacy, observamos imediatamente o modo como a generalização cultural já começara a adquirir a armadura da afirmação científica e o ambiente do estudo corretivo. Como muitas especializações acadêmicas nas suas primeiras fases, o Orientalismo moderno mantinha o seu tema, a que dava definição, num controle firme como o aperto de um torno, fazendo quase tudo que estava em seu poder para sustentá-lo. Assim desenvolveu-se um vocabulário cognitivo, e suas funções, bem como o seu estilo, localizavam o Oriente numa estrutura *comparativa*, do tipo empregado e manipulado por Renan. Esse comparatismo raramente é descritivo; com muita frequência, é avaliador e expositor. Eis Renan comparando tipicamente:

Vemos que em todas as coisas a raça semítica nos parece ser uma raça incompleta, em virtude de sua simplicidade. Essa raça — se me atrevo a usar a analogia — é para a família indo-europeia o que um esboço a lápis é para uma pintura; falta-lhe aquela variedade, aquela amplitude, aquela abundância de vida que é a condição da perfeição. Como aqueles indivíduos que possuem tão pouca fecundidade que, depois de uma infância graciosa, atingem apenas a virilidade mais medíocre, as nações semíticas experimentaram o pleno florescimento na sua primeira era e nunca foram capazes de alcançar a verdadeira maturidade.[61]

Os indo-europeus são a pedra de toque nesse ponto, assim como quando Renan diz que a sensibilidade oriental semítica nunca chegou às alturas atingidas pelas raças indo-germânicas.

Se essa atitude comparativa é sobretudo uma necessidade erudita, ou se é um disfarçado preconceito racial etnocêntrico, não podemos dizer com absoluta certeza. O que podemos afirmar é que as duas coisas trabalham juntas, apoiando uma à outra. O que Renan e Sacy tentaram fazer foi reduzir o Oriente a um tipo de achatamento humano, que expunha as suas características fáceis de escrutinar e eliminava a sua complicada humanidade. No caso de Renan, a legitimidade de seus esforços era fornecida pela filologia, cujos princípios ideológicos estimulam a redução de uma língua a suas raízes; depois disso, o filólogo acha possível ligar essas raízes linguísticas, como fizeram Renan e outros, às raízes de raça, mentalidade, caráter e temperamento. A afinidade entre Renan e Gobineau, por exemplo, era reconhecida por Renan como uma perspectiva filológica e orientalista comum;[62] em edições subsequentes da *Histoire générale*, ele incorporou parte da obra de Gobineau dentro da sua. Assim o comparatismo no estudo do Oriente e dos orientais passa a ser sinônimo da aparente desigualdade ontológica do Ocidente e do Oriente.

Vale a pena recapitular brevemente os principais traços dessa desigualdade. Já me referi ao entusiasmo de Schlegel pela

Índia, e depois a sua subsequente repugnância por esse país e, claro, pelo islã. Muitos dos primeiros aficionados do Oriente começaram por acolher o Oriente como um salutar *dérangement* de seus hábitos mentais e espirituais europeus. O Oriente era superestimado por seu panteísmo, sua espiritualidade, sua estabilidade, sua longevidade, seu primitivismo, e assim por diante. Schelling, por exemplo, via no politeísmo oriental uma preparação do caminho para o monoteísmo judaico-cristão: Abraão estava prefigurado em Brahma. Mas, quase sem exceção, tal superestima era seguida por uma reação contrária: o Oriente parecia de repente lamentavelmente sub-humanizado, antidemocrático, atrasado, bárbaro, e assim por diante. Um movimento do pêndulo numa direção causava um movimento igual e oposto na direção contrária: o Oriente era subestimado. O Orientalismo como profissão surgiu desses opostos, de compensações e correções baseadas na desigualdade, ideias nutrindo ideias semelhantes na cultura em geral, e sendo por elas nutridas. Na verdade, o próprio projeto de restrição e reestruturação associado ao Orientalismo pode ser ligado diretamente à desigualdade pela qual a pobreza (ou riqueza) comparativa do Oriente pedia um tratamento erudito e científico do tipo a ser encontrado em disciplinas como a filologia, a biologia, a história, a antropologia, a filosofia ou a economia.

E assim a profissão real do orientalista venerava essa desigualdade e os paradoxos especiais que engendrava. Com muita frequência um indivíduo ingressava na profissão como um modo de ajustar contas com o que o Oriente dele exigia; mas, também com muita frequência, seu treinamento orientalista lhe abria os olhos, por assim dizer, e o que então lhe restava era uma espécie de projeto de desmascaramento, pelo qual o Oriente era reduzido a muito menos do que a eminência que antes se lhe atribuía. De que outro modo explicar os enormes esforços representados pela obra de William Muir (1819-1905), por exemplo, ou de Reinhart Dozy (1820-83), e a antipatia impressionante pelo Oriente, pelo islã e pelos árabes encontrada nessa obra? De forma característica, Renan foi um dos que apoiaram Dozy, assim como na obra de Dozy em quatro volumes, *Histoire des mussulmans d'Espagne, jusqu'à la conquête de l'Andalousie par les Almoravides* (1861), aparecem muitas das restrições antissemíticas de Renan, reunidas em 1864 num único volume em que se argumenta que o Deus primitivo dos judeus não era Javé, mas Baal, devendo a prova de tal declaração ser encontrada, dentre todos os lugares, em Meca. *Life of Mahomet* [Vida de Maomé] (1858--61), de Muir, e o seu *The caliphate, its rise, decline and fall* [O califado, sua ascensão, declínio e queda] (1891) ainda são monumentos confiáveis de erudição, mas ele deixa bem clara a sua atitude para com o tema, quando diz que "a espada de Maomé e o Alcorão são os inimigos mais obstinados da Civilização, da Liberdade e da Verdade que o mundo já conheceu".[63] Muitas das mesmas noções são encontradas na obra de Alfred Lyall, que era um dos autores citados com aprovação por Cromer.

Mesmo que o orientalista não julgue explicitamente o seu material como Dozy e Muir o fizeram, o princípio da desigualdade exerce ainda assim a sua influência. Continua a ser tarefa do orientalista profissional formar uma imagem, uma imagem como que restaurada, do Oriente ou do oriental; fragmentos, como os desenterrados por Sacy, suprem o material, mas a forma, a continuidade e as figuras da narrativa são construídas pelo erudito, para quem a erudição consiste em circundar a não história indisciplinada (não ocidental) do Oriente com uma crônica, retratos e enredos ordenados. *Essai sur l'histoire des Arabes avant l'Islamisme, pendant l'époque de Mahomet* (três volumes, 1847-8), de Caussin de Perceval, é um estudo todo ele profissional, cujas fontes dependem de documentos que outros orientalistas (sobretudo Sacy, é claro) tornaram *internamente* disponíveis dentro do campo, ou de documentos — como os textos de ibn--Khaldun, a quem Caussin recorreu muito — que repousam nas bibliotecas orientalistas da Europa. A tese de Caussin é que Maomé transformou os árabes num povo, sendo o islã apenas um instrumento político, de modo algum espiritual. O que Caussin procura é clareza no meio de uma imensa massa de detalhes confusos. Assim, o que surge do estudo do islã é bem literalmente um retrato unidimensional de Maomé, apresentado no final da obra (depois da descrição de sua morte) com detalhes fotográficos precisos.[64] Nem demônio, nem protótipo de Cagliostro, o Maomé de Caussin é um homem apropriado para uma história do islã (sua versão mais adequada) como um movimento exclusivamente político, centralizado pelas inúmeras citações que o exaltam, lançando-o para cima e, num certo sentido, para fora do texto. A intenção de Caussin era não calar nada sobre Maomé; o Profeta é assim visto numa luz fria, despido tanto de sua imensa força religiosa como de quaisquer poderes residuais para atemorizar os europeus. O importante nesse ponto é que, como figura para seu tempo e lugar, Maomé é apagado para que dele fique apenas uma miniatura humana muito insignificante.

Um análogo não profissional ao Maomé de Caussin é o de Carlyle, um Maomé forçado a servir uma tese que desconsidera totalmente as circunstâncias históricas e culturais do tempo e lugar do profeta. Embora Carlyle cite Sacy, seu ensaio é claramente o produto de alguém que argumenta a favor de algumas ideias gerais sobre a sinceridade, o heroísmo e a condição do profeta. Seu propósito é salutar: Maomé não é uma lenda, nem um sensualista desavergonhado, nem um pequeno feiticeiro risível que treinava pombos a tirar ervilhas de sua orelha. Ele é um homem de visão real e convicções próprias, ainda que autor de um livro, o Alcorão, que é "uma mistura confusa e cansativa, grosseira, desconexa; iterações intermináveis, prolixidade, emaranhamento; muito grosseiro, tosco — uma estupidez insuportável, em suma".[65] Sem ser ele próprio um modelo de lucidez e graça estilística, Carlyle afirma essas coisas como um modo de resgatar Maomé dos padrões benthamistas, que teriam condenado tanto Maomé como a ele próprio. Mas Maomé é um herói, transplantado para a Europa a partir do mesmo Oriente bárbaro que lorde Macaulay achou deficiente na sua famosa "Minuta" de 1835, em que se afirmava que "nossos súditos nativos" têm mais a aprender conosco que nós com eles.[66]

Tanto Caussin como Carlyle, em outras palavras, nos mostram que o Oriente não precisa nos causar uma ansiedade indevida, tão desiguais são as realizações orientais e as europeias. As perspectivas orientalistas e não orientalistas coincidem nesse ponto. Pois, dentro do campo comparativo em que o Orientalismo se transformou depois da revolução filológica do início do século XIX, bem como fora dessa esfera, quer em estereótipos populares, quer nas imagens do Oriente criadas por filósofos como Carlyle e em estereótipos como os de Macaulay, o Oriente em si mesmo estava subordinado ao Ocidente. Como material para estudo ou reflexão, o Oriente adquiriu todas as marcas de uma fraqueza inerente. Tornou-se sujeito às extravagâncias de teorias heterogêneas que o usavam como ilustração. O cardeal Newman, que não era nenhum grande orientalista, usava o islã oriental como a base de palestras em 1853 que justificavam a intervenção britânica na Guerra da Crimeia.[67] Cuvier achou o Oriente útil para a sua obra *Le règne animal* (1816). O Oriente era proveitosamente empregado como matéria de conversação nos vários salões de Paris.[68] A lista de referências, empréstimos e transformações que tomaram conta da ideia oriental é imensa, mas no fundo o que o antigo orientalista realizou, e o que o não orientalista no Ocidente explorou, foi um modelo reduzido do Oriente adequado para a cultura prevalecente, dominante e suas exigências teóricas (e, logo depois das teóricas, as exigências práticas).

De vez em quando encontramos exceções ou, se não exceções, complicações interessantes, nessa parceria desigual entre o Leste e o Oeste. Karl Marx identificou a noção de um sistema econômico asiático nas suas análises de 1853 sobre o governo britânico na Índia, e depois colocou imediatamente a seu lado a depredação humana introduzida nesse sistema pela interferência, rapacidade e rematada crueldade colonial inglesa. Em artigo após artigo, ele retornou com crescente convicção à ideia de que, mesmo destruindo a Ásia, a Grã-Bretanha estava tornando possível uma verdadeira revolução social naquela região. O estilo de Marx nos empurra contra a dificuldade de conciliar a nossa repugnância natural de criaturas solidárias diante dos sofrimentos dos orientais, enquanto sua sociedade está sendo violentamente transformada, com a necessidade histórica dessas transformações.

Ora, por mais revoltante que deva ser para o sentimento humano testemunhar essas miríades de organizações laboriosas, patriarcais e inofensivas sendo desorganizadas e dissolvidas nas suas unidades, arremessadas num mar de sofrimentos, e seus membros individuais perdendo ao mesmo tempo a sua antiga forma de civilização e seu meio hereditário de subsistência, não devemos esquecer que essas comunidades de vila idílica, por mais inofensivas que possam parecer, sempre foram o fundamento sólido do despotismo oriental, que elas reprimiram a mente humana dentro da menor esfera possível, tornando-a o instrumento submisso da superstição, escravizando-a a regras tradicionais, privando-a de todas as energias grandiosas e históricas. [...]

A Inglaterra, é verdade, ao causar uma revolução social no Indostão, foi impulsionada apenas pelos interesses mais vis, e foi estúpida na sua maneira de impô-los. Mas essa não é a questão. A questão é: a humanidade pode cumprir o seu destino sem uma revolução fundamental no estado social da Ásia? Se não, quaisquer que possam ter sido os crimes da Inglaterra, ela foi o instrumento inconsciente da história ao provocar essa revolução.

Assim, por mais amargo que o espetáculo do desmoronar de um mundo antigo possa ser para nossos sentimentos pessoais, temos o direito, com respeito à história, de exclamar com Goethe:

> Sollte diese Qual uns quälen
> Da sie unsere Lust vermehrt
> Hat nicht Myriaden Seelen
> Timurs Herrschaft aufgezehrt? [69]

[Deveria esta tortura nos atormentar
Porquanto nos aumenta o prazer?

Miríades de almas não foram devoradas
Pelo governo de Timur?]

A citação, que sustenta o argumento de Marx sobre o tormento que produz prazer, é tirada do *Divã ocidental-oriental* e identifica as fontes das concepções de Marx sobre o Oriente. Essas são românticas e até messiânicas: como material humano, o Oriente é menos importante do que como um elemento num projeto redentor romântico. As análises econômicas de Marx são perfeitamente adequadas a um empreendimento orientalista padrão, ainda que a humanidade de Marx, a sua simpatia pela miséria do povo, esteja claramente envolvida. Mas, por fim, é a visão orientalista romântica que vence, enquanto as visões socioeconômicas teóricas de Marx se tornam submersas na seguinte imagem classicamente padrão:

> A Inglaterra tem de cumprir uma dupla missão na Índia: uma destrutiva, a outra regeneradora — o aniquilamento da sociedade asiática, e o estabelecimento dos fundamentos materiais da sociedade ocidental na Ásia.[70]

A ideia de regenerar uma Ásia fundamentalmente sem vida é puro Orientalismo romântico, claro, mas vindo do mesmo escritor que não podia esquecer facilmente o sofrimento humano implicado a declaração é enigmática. Exige primeiro que perguntemos como a equação moral de Marx acaba sendo desviada para a antiga desigualdade entre o Leste e o Oeste que observamos até agora. Segundo, exige que perguntemos para onde foi a simpatia humana, em que reino do pensamento desapareceu enquanto a visão orientalista tomava o seu lugar.

Somos imediatamente lembrados de que os orientalistas, como muitos outros pensadores do início do século XIX, concebem a humanidade quer em grandes termos coletivos, quer em generalidades abstratas. Os orientalistas não estão interessados em discutir indivíduos, nem são capazes dessa proeza; em vez disso, predominam as entidades artificiais, talvez com suas raízes no populismo de Herder. Há orientais, asiáticos, semitas, muçulmanos, árabes, judeus, raças, mentalidades, nações e outras coisas semelhantes, alguns sendo o produto de operações eruditas do tipo encontrado na obra de Renan. Da mesma forma, a distinção secular entre a "Europa" e a "Ásia" ou o "Ocidente" e o "Oriente" arrebanha debaixo de rótulos muito amplos toda variedade possível da pluralidade humana, reduzindo-a no processo a uma ou duas abstrações coletivas, terminais. Marx não é exceção. No seu texto, o Oriente coletivo era mais fácil de ser usado como ilustração de uma teoria do que como um conjunto de identidades humanas existenciais. Pois entre o Oriente e o Ocidente, como se numa proclamação que se vê cumprida, importava ou existia apenas a vasta coletividade anônima. Não havia à mão nenhum outro tipo de troca, por mais restrita que pudesse ser.

Que Marx ainda tenha sido capaz de experimentar algum sentimento de solidariedade, identificar-se nem que fosse um pouco com a pobre Ásia, sugere que algo aconteceu antes que os rótulos tomassem conta, antes que ele fosse despachado para o Goethe, que seria uma fonte de sabedoria sobre o Oriente. É como se a mente individual (a de Marx, nesse caso) pudesse encontrar na Ásia uma individualidade pré-coletiva, pré-oficial — encontrá-la e ceder a suas pressões sobre as emoções, os sentimentos, os sentidos — apenas para abandoná-la quando confrontada com um censor mais formidável no próprio vocabulário que se via obrigada a empregar. O que esse censor fazia era deter e depois dissipar a simpatia, e isso era acompanhado por uma definição lapidar: Aqueles povos, dizia, não sofrem — são orientais e por isso têm de ser tratados de outras maneiras que não estas que acabamos de usar. Uma onda de sentimento desaparecia, portanto, quando encontrava as definições inabaláveis construídas pela ciência orientalista, sustentada pelo saber "oriental" (por exemplo, o *Divã ocidental-oriental*) que supostamente lhe era apropriado. O vocabulário da emoção se dissipava ao se submeter à ação policial lexicográfica da ciência orientalista e até da arte orientalista. A experiência era desalojada por uma definição de dicionário: é o que se pode quase ver acontecer nos ensaios indianos de Marx, onde o que finalmente ocorre é que algo o obriga a voltar correndo para Goethe, ali permanecendo no seu protetor Oriente orientalizado.

Em parte, é claro, Marx estava interessado em defender as suas próprias teses sobre a revolução socioeconômica; mas em parte, também, parece ter tido fácil acesso a um corpo volumoso de escritos, não só consolidado internamente pelo Orientalismo como por ele proposto fora do campo de estudos, que controlava qualquer afirmação feita sobre o Oriente. No capítulo 1, tentei mostrar como esse controle teve uma história cultural geral na Europa desde a Antiguidade; neste capítulo, a minha preocupação tem sido mostrar como no século XIX foram criadas uma terminologia e uma prática profissionais modernas, cuja existência dominava o discurso sobre o Oriente, tanto o de orientalistas como o de não orientalistas. Sacy e Renan foram exemplos de como o Orientalismo moldava, respectivamente, um corpo de textos e um processo de raízes filológicas, pelos quais o Oriente assumia uma identidade discursiva que o tornava desigual ao Ocidente. Ao usar Marx como o caso pelo qual os compromissos humanos de um não orientalista foram primeiro dissolvidos, depois usurpados por generalizações orientalistas, nós nos vemos obrigados a considerar o processo da consolidação lexicográfica e institucional peculiar ao Orientalismo. Em que consistia essa operação, por meio da qual, sempre que se discutia o Oriente, um formidável mecanismo de definições onicompetentes se apresentava como o único que possuía validade adequada para a discussão? E, já que devemos também mostrar como esse mecanismo operava (com eficácia) sobre as experiências humanas pessoais que, sob outros aspectos, o contradiziam, devemos igualmente revelar para onde *elas* foram e que formas *elas* assumiram, enquanto duraram.

Tudo isso é uma operação muito difícil e complexa de ser descrita, ao menos tão difícil e complexa quanto o modo como qualquer disciplina em desenvolvimento afasta seus competidores e adquire autoridade para suas tradições, métodos e instituições, bem como legitimidade cultural geral para suas declarações, personalidades e atividades. Mas podemos simplificar grande parte da pura complexidade narrativa da operação especificando os tipos de experiência que o Orientalismo costumava empregar para seus próprios fins e representar para seu público mais amplo que o profissional. Em essência, essas experiências continuam a ser aquelas que descrevi como tendo ocorrido em Sacy e Renan. Mas, enquanto aqueles dois eruditos representam um Orientalismo inteiramente livresco, pois nenhum afirmava ter qualquer conhecimento do Oriente *in situ*, há outra tradição que reivindicava a sua legitimidade pelo fato peculiarmente convincente da residência no Oriente, por um contato existencial real com esse mundo. Anquetil, Jones, a expedição napoleônica definem os primeiros contornos da tradição, é claro, e esses terão mais tarde uma influência inabalável sobre todos os residentes orientalistas. Esses contornos são os do poder europeu: residir no Oriente é levar vida privilegiada, não de um cidadão comum, mas de um europeu representativo cujo império (francês ou britânico) *contém* o Oriente nos seus braços militares, econômicos e, sobretudo, culturais. A residência oriental e seus frutos eruditos são com isso introduzidos na tradição livresca que encontramos em Renan e Sacy: juntas, as duas experiências constituirão uma formidável biblioteca contra a qual ninguém, nem mesmo Marx, pode se rebelar, e que ninguém pode subestimar.

A residência no Oriente envolve uma experiência pessoal e, até certo ponto, um testemunho pessoal. As contribuições para a biblioteca do Orientalismo e para sua consolidação dependem de como a experiência e o testemunho são transformados, passando de um documento puramente pessoal para os códigos que tornam possível a ciência orientalista. Em outras palavras, dentro de um texto deve ocorrer uma metamorfose da declaração pessoal para a oficial; o registro da residência e da experiência oriental de um europeu deve desprezar, ou ao menos minimizar, as descrições puramente autobiográficas e indulgentes em favor de descrições sobre as quais o Orientalismo em geral, e mais tarde os orientalistas em particular, podem traçar, construir e basear outras observações e descrições científicas. Uma das coisas que podemos esperar ver é uma conversão, mais explícita que em Marx, de sentimentos pessoais sobre o Oriente em declarações orientalistas oficiais.

Agora a situação é enriquecida e complicada pelo fato de que, durante todo o século XIX, o Oriente, e especialmente o Novo Oriente, era um dos cenários favoritos para passeios e livros europeus. Além disso, desenvolveu-se um corpo bastante grande de literatura europeia de estilo oriental, baseada muito frequentemente em experiências pessoais no Oriente. Flaubert vem à mente imediatamente como uma fonte proeminente dessa literatura; Disraeli, Mark Twain e Kinglake são três outros exemplos óbvios. Mas o que tem interesse é a diferença entre os escritos convertidos do Orientalismo pessoal para o profissional e o segundo tipo, também baseado no testemunho pessoal e de residência, que continua a ser "literatura", e não ciência: é essa diferença que desejo agora explorar.

Ser um europeu no Oriente *sempre* implica ser uma consciência separada de seu ambiente e desigual em relação a esse meio. Mas o principal a notar é a intenção dessa consciência: Para que está no Oriente? Por que se encontra ali, mesmo quando, como é o caso de escritores como Scott, Hugo e Goethe, viaja para o Oriente em busca de uma espécie muito concreta de experiência, sem deixar realmente a Europa? De forma esquemática, propunha-se um pequeno número de categorias de intenções. Número Um: o escritor que pretende usar sua residência para a tarefa específica de fornecer material científico ao Orientalismo profissional, aquele que considera a residência uma forma de observação científica. Número Dois: o escritor que tem o mesmo propósito, mas está menos disposto a sacrificar a excentricidade e o estilo de sua consciência individual às definições orientalistas impessoais. Estas últimas aparecem na sua obra, mas só com dificuldade são desemaranhadas dos caprichos pessoais de estilo. Número Três: o escritor para quem uma viagem real ou metafórica ao Oriente é a realização de um projeto premente e profundamente vivenciado. Seu texto é, portanto, construído sobre uma estética pessoal, nutrido e informado pelo projeto. Nas categorias dois e três, há consideravelmente mais espaço do que na categoria um para o desempenho de uma consciência pessoal — ou, ao menos, não orientalista; se tomamos *Manners and customs of the modern Egyptians*, de Edward William Lane, como o exemplo preeminente da categoria um, *Pilgrimage to al-Madinah and Meccah*, de Burton, como pertencente à categoria dois, e *Voyage en Orient*, de Nerval, como representante da categoria três, ficarão claros os espaços relativos deixados no texto para exercício e exposição da presença do autor.

Apesar de suas diferenças, entretanto, essas três categorias não são tão separadas umas das outras como se imaginaria. Tampouco contêm tipos representativos "puros". Por exemplo, as obras em todas as três dependem dos puros poderes egoístas da consciência europeia que está no seu centro. Em todos os casos, o Oriente existe *para* o observador europeu, e ainda mais, na categoria que contém *Egyptians*, de Lane, o ego orientalista está muito em evidência, por mais que seu estilo busque uma impessoalidade imparcial. Além disso, certos temas aparecem coerentemente em todos os três tipos. O Oriente como um lugar de peregrinação é um desses temas; assim também a visão do Oriente como espetáculo, ou *tableau vivant*. Nessas categorias, toda obra sobre o Oriente tenta caracterizar o lugar, claro, mas o mais interessante é ver até que ponto a estrutura interna da obra é em alguma medida sinônimo de uma *interpretação* (ou tentativa de interpretação) abrangente do Oriente. A maior parte do tempo, o que não é surpreendente, essa interpretação é uma forma de reestruturação romântica do Oriente, uma revisão do Oriente, que o restitui redentoramente ao presente. Toda interpretação, toda estrutura criada para o Oriente é uma reinterpretação, uma reconstrução do Oriente.

Dito isso, retornamos diretamente às diferenças entre as categorias. O livro de Lane sobre os egípcios foi importante, era frequentemente lido e citado (por Flaubert entre outros), e estabeleceu a reputação de seu autor como uma eminente figura na erudição orientalista. Em outras palavras, a autoridade de Lane não foi obtida simplesmente em virtude do que ele dizia, mas em virtude de como seu texto podia ser adaptado ao Orientalismo. Ele é citado como fonte de conhecimento sobre o Egito ou a Arábia, enquanto Burton ou Flaubert eram e são lidos pelo que nos dizem sobre Burton e Flaubert, muito mais do que pelo seu conhecimento do Oriente. A função do autor em *Modern Egyptians*, de Lane, é menos forte que nas outras categorias, porque sua obra foi disseminada na profissão, por ela consolidada, com ela institucionalizada. A identidade autoral numa obra de disciplina profissional como a sua está subordinada às demandas do campo de estudo, bem como às demandas do tema. Mas isso não se faz com simplicidade, nem sem provocar problemas.

O clássico de Lane, *An account of the manners and customs of the modern Egyptians* (1836), foi o resultado autoconsciente de uma série de trabalhos e de dois períodos de residência no Egito (1825-8 e 1833-5). Usamos a expressão "autoconsciente" com alguma ênfase, porque a impressão que Lane queria causar era que seu estudo consistia numa obra de descrição imediata e direta, sem adornos e neutra, enquanto de fato era o produto de considerável edição (a obra que escreveu diferia da que finalmente publicou) e também de uma variedade considerável de esforços bem especiais. Nada na sua origem ou formação parecia destiná-lo ao Oriente, exceto seu afinco metódico nos estudos e sua aptidão para os estudos clássicos e para a matemática, o que de certo modo explica a ordem interna de seu livro. O prefácio oferece uma série de pistas interessantes sobre o que ele realizou para o livro. Foi ao Egito originalmente para estudar o árabe. Depois de fazer algumas notas sobre o Egito moderno, foi encorajado a produzir uma obra sistemática sobre o país e seus habitantes por um comitê da Sociedade para a Difusão do Conhecimento Útil. De um conjunto aleatório de observações, a obra foi transformada num documento de conhecimento útil, conhecimento arranjado e imediatamente acessível para qualquer um que desejasse conhecer os elementos essenciais de uma sociedade estrangeira. O prefácio deixa claro que esse conhecimento deve de alguma forma abandonar o conhecimento preexistente, bem como reivindicar para si mesmo um caráter particularmente efetivo: nesse ponto Lane é o polemista sutil. Ele deve mostrar inicialmente que fez o que outros antes dele não puderam fazer ou não fizeram e, depois, que ele foi capaz de adquirir informações autênticas e perfeitamente corretas. E assim começa a surgir a sua peculiar autoridade.

Embora Lane brinque no seu prefácio com um "relato do povo de Aleppo" de dr. Russell (uma obra esquecida), é óbvio que a *Description de l'Égypte* é seu principal concorrente anterior. Mas essa obra, confinada por Lane numa longa nota ao pé da página, é mencionada com aspas desdenhosas como "a grande obra francesa" sobre o Egito. *Essa* obra era, ao mesmo tempo, demasiado geral e demasiado descuidada quanto à filosofia, diz Lane; e o famoso estudo de Jakob Burckhardt não passava de uma coletânea da sabedoria proverbial egípcia, "maus testes da moralidade de um povo". Ao contrário do francês e de Burckhardt, Lane foi capaz de mergulhar entre os nativos, viver como eles viviam, conformar-se aos seus hábitos, e "evitar despertar, nos estranhos, qualquer suspeita de [...] ser uma pessoa que não tinha o direito de se intrometer entre eles". Para que isso não sugerisse que Lane teria perdido a sua objetividade, ele passa a dizer que se adaptou apenas às *palavras* (o itálico é seu) do Alcorão, e que sempre teve consciência da sua diferença no meio de uma cultura essencialmente estrangeira.[71] Assim, enquanto uma porção da identidade de Lane flutua facilmente no mar muçulmano que de nada suspeita, uma parte submersa retém o seu poder europeu secreto, para comentar, adquirir, possuir tudo ao seu redor.

O orientalista pode imitar o Oriente, sem que o oposto seja verdade. O que ele diz sobre o Oriente deve ser, portanto, compreendido como uma descrição obtida num intercâmbio unilateral: enquanto *eles* falavam e se comportavam, *ele* observava e anotava. O seu poder era ter vivido entre eles como um falante nativo, por assim dizer, e também como um escritor secreto. E

224

o que ele escreveu tinha a intenção de ser conhecimento útil, não para eles, mas para a Europa e suas várias instituições disseminadoras. Pois esse é um fato que a prosa de Lane nunca nos deixa esquecer: que o ego, o pronome de primeira pessoa que se move pelos costumes, rituais, festivais, infância, vida adulta e ritos funerários egípcios, é na realidade uma mascarada oriental e um esquema orientalista de capturar e transmitir informações valiosas, do contrário inacessíveis. Como narrador, Lane é tanto o exposto como o expositor, conquistando ao mesmo tempo duas confianças, demonstrando dois desejos de experiência: o oriental, de envolver-se com o companheirismo (ou assim parece), e o ocidental, de obter um conhecimento útil, autorizado.

Nada ilustra melhor essa situação do que o último episódio tripartido no prefácio. Lane ali descreve o seu principal informante e amigo, Sheikh Ahmed, como companheiro e como curiosidade. Juntos, os dois fingem que Lane é muçulmano; mas só depois de Ahmed vencer o seu medo, inspirado pela imitação audaciosa de Lane, é que ele consegue fazer os gestos de orar ao seu lado numa mesquita. Essa realização final é precedida por duas cenas em que Ahmed é retratado como um bizarro comedor de vidro e um polígamo. Em todas as três partes do episódio de Sheikh Ahmed, a distância entre o muçulmano e Lane aumenta, mesmo quando na própria ação diminui. Como mediador e tradutor, por assim dizer, do comportamento muçulmano, Lane adapta-se ironicamente ao padrão muçulmano apenas até o ponto de ser capaz de descrevê-lo numa prosa inglesa sóbria. Sua identidade como falso crente e europeu privilegiado é a própria essência da má-fé, pois o último boicota o primeiro de modo certeiro. Assim, o que parece ser um relato factual das ações de um muçulmano bastante peculiar surge pelas palavras de Lane como o centro sinceramente exposto de *toda* a fé muçulmana. Lane nem dá importância à traição de sua amizade com Ahmed ou com os outros que lhe fornecem informações. O que importa é que o relato pareça preciso, geral e desapaixonado, que o leitor inglês seja convencido de que Lane nunca foi infectado pela heresia ou apostasia e, finalmente, que o texto de

Lane anule o conteúdo humano de seu tema em favor de sua validade científica.

É para todos esses fins que o livro é organizado, não simplesmente como a narrativa da residência de Lane no Egito, mas como a estrutura narrativa dominada pela reestruturação e detalhamento orientalista. Essa, creio eu, é a realização central da obra de Lane. Nas linhas gerais e na forma, *Modern Egyptians* segue a rotina de um romance do século XVIII, digamos, um romance de Fielding. O livro abre com uma descrição do país e da paisagem, seguida pelos capítulos sobre "Características pessoais" e "Infância e primeira educação". Vinte e cinco capítulos sobre temas como festivais, leis, caráter, indústria, magia e vida doméstica precedem a última seção, "Morte e ritos funerários". A julgar pelas aparências, o argumento de Lane obedece à cronologia e ao desenvolvimento. Ele escreve sobre si mesmo como o observador de cenas que seguem as principais divisões na vida humana: o seu modelo é o padrão narrativo, tal como existe em *Tom Jones*, com o nascimento do herói, aventuras, casamento e morte sugerida. Só que no texto de Lane a voz narrativa não tem idade; o seu tema, entretanto, o egípcio moderno, passa pelo ciclo de vida individual. Essa inversão, pela qual um indivíduo solitário confere a si mesmo faculdades eternas e impõe a uma sociedade e a um povo um período de vida pessoal, não é senão a primeira de várias operações que regulam o que poderia ter sido a mera narração de viagens em regiões estrangeiras, transformando um texto simples numa enciclopédia de exposição exótica e num pátio de recreio para o escrutínio orientalista.

O controle de Lane sobre seu material não é estabelecido apenas por sua dupla presença dramatizada (como falso muçulmano e ocidental genuíno) e sua manipulação da voz e do sujeito narrativo, mas também por meio do uso do detalhe. Toda parte principal em cada capítulo é invariavelmente introduzida com alguma observação geral pouco surpreendente. Por exemplo, "observa-se geralmente que muitas das peculiaridades mais notáveis nas maneiras, costumes e caráter de uma nação podem ser atribuídas a peculiaridades físicas do país".[72] O que se segue confirma facilmente essa observação — o Nilo, o clima "extraordinariamente salubre" do Egito, o trabalho "preciso" do camponês. Mas, em vez de esse trecho levar ao próximo episódio na ordem narrativa, é acrescentado o detalhe, e consequentemente não acontece a realização narrativa esperada por razões puramente formais. Em outras palavras, embora os contornos grosseiros do texto de Lane se conformem à sequência narrativa e causal de nascimento-vida-morte, o detalhe especial introduzido durante a própria sequência frustra o movimento narrativo. De uma observação geral à delineação de um aspecto do caráter egípcio, a um relato da infância, adolescência, maturidade e velhice egípcias, Lane está sempre ali com grandes detalhes para *impedir* transições suaves. Pouco depois de escutarmos sobre o clima salubre do Egito, por exemplo, somos informados de que poucos egípcios vivem mais que alguns anos, devido a doenças fatais, à ausência de cuidados médicos e a um opressivo clima de verão. Mais tarde ficamos sabendo que o calor "incita o egípcio [uma generalização sem ressalvas] à intemperança nos prazeres sensuais", e logo nos atolamos em descrições, completadas com mapas e desenhos da arquitetura, da decoração, dos chafarizes e das fechaduras do Cairo. Quando um veio narrativo torna a aparecer, é claramente apenas uma formalidade.

O que obstrui a ordem narrativa, mesmo sendo ela a ficção dominante do texto de Lane, é a pura, avassaladora, monumental descrição. O objetivo de Lane é tornar o Egito e os egípcios totalmente visíveis, não deixar nada oculto para o leitor, apresentar os egípcios sem profundidade, com excessivo detalhamento. Como contador de histórias, sua tendência é falar de colossais delícias sadomasoquistas: a automutilação dos dervixes, a crueldade dos juízes, a mistura de religião com licenciosidade entre os muçulmanos, o excesso de paixões libidinosas, e assim por diante. No entanto, por mais estranho e perverso que o acontecimento possa ser e por mais perdidos que fiquemos nos seus detalhes estonteantes, Lane é ubíquo, sendo sua tarefa tornar a reunir os pedaços e permitir que sigamos em frente, ainda que aos tropeções. Em certa medida, ele cumpre essa tarefa só por ser um europeu que pode controlar discursivamente as paixões e as excitações a que os muçulmanos estão infelizmente sujeitos. Mas, numa medida ainda maior, a capacidade de Lane de refrear o seu tema profuso com a rédea inflexível da disciplina e do distanciamento depende da sua fria distância em relação à vida egípcia e à produtividade egípcia.

O principal momento simbólico ocorre no início do capítulo 6, "Vida doméstica — Continuação". A essa altura, Lane adaptou a convenção narrativa de dar um passeio pela vida egípcia e, tendo chegado ao fim de sua volta pelos quartos e hábitos públicos de um lar egípcio (quando mistura os mundos social e espacial), ele começa a discutir o lado íntimo da vida familiar. Imediatamente, "deve apresentar algum relato do casamento e das cerimônias do casamento". Como de costume, o relato começa com uma observação geral: abster-se do casamento "quando um homem atingiu a idade adequada, e quando não há justo impedimento, é considerado pelos egípcios impróprio, e até indecoroso". Sem transição, essa observação é aplicada por Lane a si mesmo, e ele se considera culpado. Num longo parágrafo, ele então conta as pressões que sofreu para se casar, o que resolutamente recusa. Finalmente, depois que um amigo nativo até se oferece para arranjar um *mariage de convenance*, também recusado por Lane, toda a sequência é abruptamente encerrada com um ponto e um travessão.[73] Ele retoma a sua discussão geral com outra observação geral.

Não só temos aqui uma interrupção da narrativa principal com detalhes desalinhados, bem típica de Lane, temos igualmente um firme e literal distanciamento do autor em relação aos processos produtivos da sociedade oriental. A mininarrativa da sua recusa a se juntar à sociedade que descreve conclui com um hiato dramático: a *sua* história não pode continuar, ele parece estar dizendo, enquanto não entrar na intimidade da vida doméstica, e assim ele desaparece de vista como candidato a essa posição. Ele literalmente se anula como sujeito humano ao se recusar a casar na sociedade humana. Assim preserva a sua identidade autorizada de falso participante e escora a objetividade da sua narrativa. Se já sabíamos que Lane era um não muçulmano, agora também sabemos que para se tornar um orientalista — em vez de um oriental — ele teve de abdicar dos prazeres sensuais da vida doméstica. Além disso, teve também de evitar que se tornasse datado ao entrar no ciclo de vida humano. Só desse modo negativo é que poderia reter sua autoridade atemporal como observador.

A escolha de Lane era entre viver sem "inconveniência e desconforto" e realizar seu estudo dos egípcios modernos. O resultado de sua escolha é simplesmente ter possibilitado sua definição dos egípcios, porque se tivesse se tornado um deles sua perspectiva já não teria sido antisséptica e assexuadamente lexicográfica. De duas maneiras importantes e urgentes, portanto, Lane adquire credibilidade e legitimidade erudita. Primeiro, interferindo no curso narrativo comum da vida humana: essa é a função do seu colossal detalhismo, pelo qual a inteligência observadora de um estrangeiro pode introduzir e depois montar uma enorme quantidade de informações. Os egípcios são estripados, por assim dizer, para a exposição, depois reconstruídos admonitoriamente por Lane. Segundo, distanciando-se da geração da vida egípcio-oriental: essa é a função da repressão de seu desejo animal em prol de disseminar informações, não no Egito e para o Egito, mas na Europa e para a erudição europeia em geral. Ter realizado não só a imposição de uma vontade erudita a uma realidade desordenada, mas também um deslocamento intencional do lugar de sua residência para a cena de sua reputação erudita, é a fonte da sua grande fama nos anais do Orientalismo. Um conhecimento útil como o seu somente poderia ter sido obtido, formulado e difundido por essas negações.

As duas outras grandes obras de Lane, o seu léxico árabe jamais completado e a tradução pouco inspirada das *Mil e uma noites*, consolidaram o sistema de conhecimento inaugurado por *Modern Egyptians*. Nas duas obras posteriores, sua individualidade desaparece inteiramente como presença criativa, assim como, é claro, a própria ideia de uma obra narrativa. Lane, o homem, aparece apenas na persona oficial do anotador e retradutor (as *Mil e uma noites*) e lexicógrafo impessoal. De um autor contemporâneo do seu tema, Lane tornou-se — como erudito orientalista do árabe e do islã clássicos — o seu sobrevivente. Mas é a forma dessa sobrevivência que tem interesse. Pois o legado de Lane como erudito não tinha importância para o Oriente, é claro, mas para as instituições e agências de sua sociedade europeia. E essas eram ou acadêmicas — as sociedades, instituições e agências orientalistas oficiais — ou eram extra--acadêmicas de maneiras muito particulares, aparecendo na obra de europeus que mais tarde residiram no Oriente.

Se lemos *Modern Egyptians* não como uma fonte de conhecimento oriental, mas como uma obra dirigida para a organização crescente do Orientalismo acadêmico, nós a consideramos iluminadora. A subordinação do ego genético à autoridade erudita em Lane corresponde exatamente à maior especialização e institucionalização do conhecimento sobre o Oriente, representada pelas várias sociedades orientais. A Royal Asiatic Society foi fundada uma década antes da publicação do livro de Lane, mas seu comitê de correspondência — cujos "objetivos eram receber informações e pesquisas relativas às artes, ciências, literatura, história e antiguidades" do Oriente[74] — constituía o recipiente estrutural do fundo de informações de Lane, assim como essas eram processadas e formuladas. Quanto à difusão de obras como as de Lane, havia não só as várias sociedades de conhecimento útil, mas também, numa época em que se esgotara o programa orientalista original de ajudar o comércio e as transações com o Oriente, as sociedades eruditas especializadas cujos produtos eram obras que exibiam os valores potenciais (se não reais) da erudição desinteressada. Assim, um programa da Société Asiatique afirma:

> Compor ou imprimir gramáticas, dicionários e outros livros elementares reconhecidos como úteis ou indispensáveis para o estudo dessas línguas ensinadas por professores nomeados [de línguas orientais]; por subscrições ou por outros meios, contribuir para a publicação do mesmo tipo de obra realiza-

da na França ou no exterior; adquirir manuscritos ou copiar na sua totalidade ou em parte aqueles que devem ser encontrados na Europa, traduzir ou tirar extratos desses manuscritos, multiplicar o seu número reproduzindo-os por meio de gravuras ou litografias; tornar possível que os autores de obras úteis sobre geografia, história, as artes e as ciências adquiram os meios de fazer com que o público aproveite os frutos de seu trabalho noturno; chamar a atenção do público, por meio de uma coletânea periódica dedicada à literatura asiática, para as produções científicas, literárias ou poéticas do Oriente e aquelas do mesmo tipo que são regularmente produzidas na Europa, para aqueles fatos sobre o Oriente que poderiam ser relevantes para a Europa, para aquelas descobertas e obras de todos os tipos que poderiam ter os povos orientais como tema: esses são os objetivos propostos para e pela Société Asiatique.

O Orientalismo se organizou sistematicamente pela aquisição de material oriental e sua disseminação regulada como uma forma de conhecimento especializado. Copiavam-se e imprimiam-se obras de gramática, adquiriam-se textos originais, multiplicava-se o seu número e difundiam-se esses textos amplamente, até distribuía-se conhecimento em forma periódica. Foi dentro desse sistema e para esse sistema que Lane escreveu seu livro e sacrificou seu ego. O modo como sua obra persistiu nos arquivos do Orientalismo foi também providenciado. Devia haver um "museu", disse Sacy,

> um vasto depósito de objetos de todos os tipos, desenhos, livros originais, mapas, relatos de viagem, todos oferecidos àqueles que desejam se dedicar ao estudo [do Oriente]; de tal maneira que cada um desses estudiosos fosse capaz de se sentir transportado, como por encanto, para o meio de uma tribo da Mongólia ou da raça chinesa, aquela que tivesse se tornado o objeto de seus estudos. [...] É possível dizer [...] que depois da publicação dos livros elementares sobre [...]

as línguas orientais, nada é mais importante do que assentar a pedra fundamental deste museu, que considero um comentário vivo e uma interpretação [*truchement*] dos dicionários.[75]

Truchement deriva do árabe *turjaman*, que significa "intérprete", "intermediário" ou "porta-voz". Por um lado, o Orientalismo adquiriu o Oriente tão literal e tão amplamente quanto possível; por outro lado, domesticou o conhecimento para o Ocidente, filtrando-o através de códigos reguladores, classificações, exemplos de espécime, revistas periódicas, dicionários, gramáticas, comentários, edições, traduções, todos os quais juntos formavam um simulacro do Oriente e reproduziam-no materialmente no Ocidente, para o Ocidente. O Oriente, em suma, seria transformado, passando do testemunho pessoal e às vezes deturpado de intrépidos viajantes e residentes para a definição impessoal de todo um grupo de trabalhadores científicos. Seria transformado, passando da experiência consecutiva da pesquisa individual para uma espécie de museu imaginário sem paredes, onde tudo o que fosse colhido nas imensas distâncias e variedades da cultura oriental tornava-se categoricamente *oriental*. Seria reconvertido, reestruturado, deixando de ser o amontoado de fragmentos colhidos aos poucos por exploradores, expedições, comissões, exércitos e mercadores, para incorporar o sentido orientalista lexicográfico, bibliográfico, departamentalizado e *textualizado*. Na metade do século XIX, o Oriente se tornara, como disse Disraeli, uma carreira, uma carreira em que alguém podia refazer e restaurar não apenas o Oriente, mas a si próprio.

PEREGRINOS E PEREGRINAÇÕES, BRITÂNICOS E FRANCESES

Todo viajante ou residente europeu no Oriente tinha de se proteger de suas influências desestabilizadoras. Alguém como Lane, enfim, reprogramava e ressituava o Oriente quando começava a escrever a seu respeito. As excentricidades da vida oriental, com seus calendários esquisitos, suas configurações espaciais exóticas, suas línguas irremediavelmente estranhas, sua moralidade de aparência perversa, eram bastante reduzidas quando apareciam como uma série de itens detalhados, apresentados num estilo de prosa europeia normativa. É correto dizer que, ao orientalizar o Oriente, Lane não só o definiu como o editou; ele extirpou de lá o que, além de suas próprias simpatias humanas, poderia ter irritado a sensibilidade europeia. Na maioria dos casos, o Oriente parecia ter ofendido o decoro sexual; tudo sobre o Oriente — ou pelo menos o Oriente-no-Egito de Lane — transpirava sexo perigoso, ameaçava a higiene e o decoro doméstico com uma excessiva "liberdade de relações sexuais", como Lane se expressou de forma mais irreprimível que a habitual.

Mas havia outros tipos de ameaça além do sexo. Todas desgastavam a distinção europeia e a racionalidade de tempo, espaço e identidade pessoal. No Oriente víamo-nos de repente diante de uma inimaginável antiguidade, uma desumana beleza, uma ilimitada distância. Essas poderiam ser postas em prática, por assim dizer, se fossem pensadas e comentadas por escrito, e não diretamente experimentadas. Em "Giaour", de Byron, no *Divã ocidental-oriental*, em *Orientales*, de Hugo, o Oriente é uma forma de libertação, um lugar de oportunidade original, cuja nota dominante foi soada em "Hegire", de Goethe —

> *Nord und West Süd zersplittern,*
> *Throne bersten, Reiche zittern,*
> *Fluchte du, in reinen Osten*
> *Patriarchenluft zu kosten!*

> [Norte, Oeste e Sul se estilhaçam,
> Tronos estalam, impérios tremem,
> Foge tu, para no puro Leste
> Provar o ar dos Patriarcas!]

Sempre *retornávamos* ao Oriente — "Dort, im Reinen und in Rechten / Will ich menschlichen Geschlechten / In des Ursprungs Tiefe dringen" (Ali, na pureza e na retidão, quero atingir a raça humana na profundeza da sua origem) — vendo-o como a perfeição e a confirmação de tudo o que se imaginara:

> *Gottes ist der Orient!*
> *Gottes ist der Okzident!*
> *Nord und südliches Gelände*
> *Ruht im Frieden seiner Hände.*[76]

> [É de Deus o Oriente!
> É de Deus o Ocidente!
> As terras do norte e do sul
> Repousam na paz de Suas mãos.]

O Oriente, com a sua poesia, sua atmosfera, suas possibilidades, era representado por poetas como Hafiz — *unbegrenzt*, ilimitado, disse Goethe, mais velho e mais jovem do que nós, europeus. E para Hugo, em "Cri de guerre du mufti" e "La douleur du pacha",[77] a ferocidade e a melancolia excessiva dos orientais eram mediadas não por um medo real diante da vida ou por uma desorientada falta de rumo, mas por Volney e por George Sale, cuja obra erudita traduzia o esplendor bárbaro em informações utilizáveis para o poeta de talento sublime.

O que orientalistas como Lane, Sacy, Renan, Volney, Jones (para não mencionar a *Description de l'Égypte*) e outros pioneiros tornaram disponível, a multidão literária explorou. Devemos lembrar agora a nossa discussão anterior dos três tipos de obra que tratam do Oriente e se baseiam na residência real naquelas regiões. As rigorosas exigências de conhecimento eliminaram da escrita orientalista a sensibilidade do autor: daí a autoextirpação de Lane, e daí também o primeiro tipo de obra que enumeramos. Quanto aos tipos dois e três, o eu é ali proeminentemente subserviente a uma voz cuja tarefa é dispensar o conhecimento real (tipo dois) ou dominar e mediar tudo o que nos dizem sobre o Oriente (tipo três). Mas de uma ponta do século XIX à outra — isto é, depois de Napoleão — o Oriente foi um lugar de peregrinação, e toda obra de importância pertencente a um Orientalismo genuíno, ainda que nem sempre acadêmico, tirava a sua forma, estilo e intenção da ideia de peregrinação pela região. Nessa ideia, como em muitas das outras formas da escrita orientalista que temos discutido, a ideia romântica de reconstrução restauradora (sobrenaturalismo natural) é a fonte principal.

Todo peregrino vê as coisas a seu próprio modo, mas há limites para os objetivos de uma peregrinação, para a forma e a natureza que pode assumir, para as verdades que revela. Todas as peregrinações ao Oriente passavam pelas terras bíblicas ou tinham de por ali passar; a maioria delas era de fato tentativas de reviver ou liberar do grande e incrivelmente fecundo Oriente uma porção da realidade judaico-cristã/greco-romana. Para esses peregrinos, o Oriente orientalizado, o Oriente dos eruditos orientalistas, era um desafio a ser enfrentado, assim como a Bíblia, as Cruzadas, o Islã, Napoleão e Alexandre eram predecessores temíveis a serem considerados. O Oriente erudito não só inibe os devaneios e as fantasias privadas do peregrino; a sua própria antecedência coloca barreiras entre o viajante contemporâneo e o seu escrito, a menos que, como no caso de Nerval e Flaubert ao fazerem uso de Lane, a obra orientalista seja desligada da biblioteca e inserida no projeto estético. Outra inibição é que a escrita orientalista é demasiado circunscrita pelos requisitos oficiais da erudição orientalista. Um peregrino como Chateaubriand afirmava insolentemente que empreendia suas viagens só para seu próprio benefício: "j'allais chercher des images: voilà tout"[78] [eu ia à procura de imagens: só isso]. Flaubert, Vigny, Nerval, Kinglake, Disraeli, Burton, todos realizaram as suas peregrinações para tirar o mofo do arquivo orientalista preexistente. A sua escrita devia ser um novo e viçoso repositório da experiência oriental — mas, como veremos, até esse projeto acabava em geral (mas nem sempre) no reducionismo dos escritos orientalistas. As razões são complexas e têm muito a ver com a natureza do peregrino, seu modo de escrever e a forma intencional de sua obra.

O que era o Oriente para o viajante individual no século

XIX? Considerem-se primeiro as diferenças entre um inglês e um francês. Para o primeiro, o Oriente era a Índia, claro, uma possessão britânica real; passar pelo Oriente Próximo era, portanto, passar a caminho de uma colônia de grande importância. Já então o espaço disponível para o jogo imaginativo era limitado pelas realidades da administração, legalidade territorial e poder executivo. Scott, Kinglake, Disraeli, Warburton, Burton e até George Eliot (em cujo *Daniel Deronda* o Oriente é objeto de planos ocidentais) são escritores, como o próprio Lane e Jones antes dele, para quem o Oriente era definido pela posse material, por uma imaginação material, por assim dizer. A Inglaterra derrotara Napoleão, expulsara a França: o que a mente inglesa examinava era um domínio imperial que por volta da década de 1880 tornara-se um trecho ininterrupto de território britânico, do Mediterrâneo à Índia. Escrever sobre o Egito, a Síria ou a Turquia, bem como viajar nesses países, era uma questão de visitar a esfera da vontade política, da administração política, da definição política. O imperativo territorial era extremamente coercivo, até mesmo para um escritor tão incontido como Disraeli, cujo *Tancredo* não é meramente um divertimento oriental, mas um exercício na astuta administração política de forças reais em territórios reais.

Em contraste, o peregrino francês estava imbuído de um senso de perda aguda no Oriente. Ele chegava a um lugar em que a França, ao contrário da Grã-Bretanha, não tinha presença soberana. O Mediterrâneo ecoava com os sons das derrotas francesas, das Cruzadas a Napoleão. O que devia tornar-se conhecido como "la mission civilisatrice" começou no século XIX como a segunda presença política mais importante depois da britânica. Consequentemente, os peregrinos franceses de Volney em diante planejavam e projetavam, imaginavam, ruminavam sobre lugares que estavam principalmente *nas suas mentes*; construíam planos para um concerto tipicamente francês, talvez até europeu, no Oriente, que supunham, é claro, seria por eles orquestrado. O seu era o Oriente de memórias, ruínas sugestivas, segredos esquecidos, correspondências ocultas e um estilo quase virtuosístico de ser, um Oriente cujas formas literárias mais elevadas seriam encontradas em Nerval e Flaubert, nas obras dos quais estava solidamente fixado numa dimensão imaginativa, irrealizável (exceto esteticamente).

Isso também valia em certa medida para os viajantes franceses eruditos no Oriente. A maioria deles estava interessada no passado bíblico ou nas Cruzadas, como Henri Bordeaux argumentou em seu *Voyageurs d'Orient*.[79] A esses nomes devemos acrescentar (por sugestão de Hassan al-Nouty) os nomes de semitistas orientais, inclusive Quatremère; Saulcy, o explorador do mar Morto; Renan como arqueólogo fenício; Judas, o estudioso das línguas fenícias; Catafago e Défrémery, que estudaram os ansár, os ismaelitas e os seljúcidas; Clermont-Ganneau, que explorou a Judeia; e o marquês de Vogüé, cuja obra era centrada na epigrafia palmiriana. Além desses, havia toda a escola de egiptólogos descendentes de Champollion e Mariette, uma escola que mais tarde incluiria Maspero e Legrain. Como um indicador da diferença entre as realidades britânicas e as fantasias francesas, vale lembrar as palavras no Cairo do pintor Ludovic Lepic, que comentou tristemente em 1884 (dois anos depois do início da ocupação britânica): "L'Orient est mort au Caire" [O Oriente está morto no Cairo]. Apenas Renan, sempre o racista realista, justificou a supressão britânica da rebelião nacionalista de Arabi, a qual, baseado na sua superior sabedoria, ele disse ter sido uma "desgraça para a civilização".[80]

Ao contrário de Volney e Napoleão, os peregrinos franceses do século XIX procuravam antes uma realidade exótica, mas atraente, do que uma realidade científica. Isso vale, é evidente, para os peregrinos literários, a começar por Chateaubriand, que encontrou no Oriente um local simpático a seus mitos, obsessões e requisitos privados. Nesse ponto, notamos como todos os peregrinos, mas em especial os franceses, exploram o Oriente na sua obra para justificar de um modo urgente a sua vocação existencial. Só quando há uma finalidade cognitiva adicional na escrita sobre o Oriente é que o transbordamento do eu parece mais sob controle. Lamartine, por exemplo, escreve sobre si mesmo e também sobre a França como uma potência no Oriente; esse segundo empreendimento abafa e finalmente controla os imperativos acumulados sobre seu estilo pela *sua* alma, *sua* memória e *sua* imaginação. Nenhum peregrino, francês ou inglês, dominou de forma tão implacável o seu eu ou o seu tema quanto Lane. Até Burton e T. E. Lawrence — o primeiro modelou uma peregrinação deliberadamente muçulmana e o último o que chamava uma peregrinação inversa *para longe* de Meca — produziram volumes de Orientalismo histórico, político e social que nunca foram tão livres de seus egos quanto as escritas de Lane eram do seu. É por isso que Burton, Lawrence e Charles Doughty ocupam uma posição média entre Lane e Chateaubriand.

Itinéraire de Paris à Jérusalem, et de Jérusalem à Paris (1810-1), de Chateaubriand, registra os detalhes de uma viagem empreendida em 1805-6, depois que ele viajara pela América do Norte. As suas muitas centenas de páginas atestam a admissão do autor de que "je parle éternellement de moi" [falo sempre de mim mesmo], a tal ponto que Stendhal, que estava longe da abnegação, pensava que o fracasso de Chateaubriand como viajante instruído se devia a seu "egoísmo fedorento". Ele trazia uma carga muito pesada de objetivos e suposições pessoais para o Oriente, descarregava-a ali, e depois passava a mover pessoas, lugares e ideias pelo Oriente, como se nada pudesse resistir à sua imaginação imperiosa. Chateaubriand foi ao Oriente como uma *figura* construída, e não como um eu verdadeiro. Na sua opinião, Bonaparte foi o último cruzado; ele, por sua vez, era "o último francês que saiu de seu país para viajar pela Terra Santa com as ideias, as metas e os sentimentos de um peregrino dos tempos antigos". Mas havia outras razões. Simetria: tendo estado no Novo Mundo e visto seus monumentos naturais, ele precisava completar seu círculo de estudos visitando o Oriente e seus monumentos de conhecimento; como tinha estudado a antiguidade romana e celta, só o que lhe restava eram as ruínas de Atenas, Mênfis e Cartago. Aperfeiçoamento de si mesmo: ele precisava reabastecer seu estoque de imagens. Confirmação da importância do espírito religioso: "a religião é um tipo de linguagem universal compreendida por todos os homens", e onde melhor observá-la do que ali no Oriente, mesmo em terras onde dominava uma religião relativamente baixa como o islã? Acima de tudo, a necessidade de ver as coisas, não como eram, mas como Chateaubriand supunha que fossem: o Alcorão era "le livre de Mahomet" [o livro de Maomé]; não continha "ni principe de civilisation, ni précepte qui puisse élever le caractère" [nem princípio de civilização, nem preceito que pudesse elevar o caráter]. "Esse livro", continuava, inventando mais ou menos livremente à medida que avançava, "não prega nem o ódio da tirania, nem o amor da liberdade."[81]

Para uma figura tão preciosamente construída como Chateaubriand, o Oriente era uma tela decrépita aguardando seus esforços restauradores. O árabe oriental era "o homem civilizado caído de novo num estado selvagem": não é de admirar, portanto, que, ao observar os árabes tentando falar francês, Chateaubriand sentisse a emoção de Robinson Crusoe ao escutar pela primeira vez a fala de seu papagaio. Verdade, havia lugares, como Belém (cujo significado etimológico Chateaubriand compreendeu de modo completamente errado), em que se encontrava de novo uma aparência de civilização real — isto é, europeia —, mas esses lugares eram poucos e distantes uns dos outros. Em toda parte encontravam-se orientais, árabes cuja civilização, religião e maneiras eram tão baixas, bárbaras e antagônicas a ponto de merecerem a reconquista. As Cruzadas, argumentava, não foram uma agressão; foram uma contrapartida cristã justa à chegada de Omar à Europa. Além disso, acrescentava, mesmo que as Cruzadas na sua forma moderna ou original fossem uma agressão, a discussão que propunham transcendia essas questões da mortalidade comum:

As Cruzadas não consistiam apenas na libertação do Santo Sepulcro, mas em saber o que venceria sobre a Terra, um culto que era inimigo da civilização, sistematicamente favorável à ignorância [esse era o islã, é claro], ao despotismo, à escravidão, ou um culto que fizera renascer nos modernos o gênio de uma antiguidade sábia e abolira a servidão vil?[82]

Essa é a primeira menção significativa de uma ideia que vai adquirir uma autoridade quase insustentável, chegando às raias do irracional, nos escritos europeus: o tema da Europa ensinando ao Oriente o significado da liberdade, uma ideia que, segundo Chateaubriand e todos os que vieram depois dele, os orientais, e especialmente os muçulmanos, ignoravam.

De liberdade, eles nada sabem; decoro, não possuem nenhum: a força é o seu Deus. Quando passam longos períodos sem ver conquistadores que praticam a justiça celeste, eles têm o ar de soldados sem líder, de cidadãos sem legisladores, e de uma família sem um pai.[83]

Já em 1810 temos um europeu falando como Cromer em 1910, argumentando que os orientais requerem a conquista, sem considerar paradoxal que uma conquista ocidental do Oriente não fosse afinal conquista, mas liberdade. Chateaubriand expressa toda a ideia nos termos românticos redentores de uma missão cristã que daria nova vida a um mundo morto, despertaria nele um senso de seu próprio potencial, um potencial que só um europeu consegue discernir sob uma superfície sem vida e degenerada. Para o viajante, isso significa que ele deve usar o Antigo Testamento e os Evangelhos como seu guia na Palestina;[84] só dessa maneira a aparente degeneração do Oriente moderno pode ser superada. Mas Chateaubriand não percebe nenhuma ironia no fato de que sua viagem e sua visão não lhe revelarão nada sobre o oriental moderno e *seu* destino. O que importa sobre o Oriente são os acontecimentos que propicia a Chateaubriand, o que consente que o espírito de Chateaubriand faça, o que permite que Chateaubriand revele sobre si mesmo, suas ideias, suas expectativas. A liberdade que tanto preocupa Chateaubriand não é mais que a sua própria libertação dos ermos hostis do Oriente.

O que sua libertação lhe permite é voltar diretamente para o reino da imaginação e da interpretação imaginativa. A descrição do Oriente é obliterada pelos desígnios e padrões nele impingidos pelo ego imperial, que não faz segredo de seus poderes. Se na prosa de Lane observamos o ego desaparecer para que o Oriente possa aparecer com todos os seus detalhes realistas, em Chateaubriand o ego se dissolve na contemplação das maravilhas que cria, e depois renasce, mais forte que nunca, mais capaz de saborear seus poderes e desfrutar suas interpretações.

> Quando viajamos na Judeia, primeiro um grande tédio toma conta do coração; mas quando, passando de um lugar solitário para outro, o espaço se estende sem limites à nossa frente, o tédio lentamente se dissipa, e sentimos um terror secreto, que, longe de deprimir a alma, insufla-lhe coragem e eleva nosso gênio nato. Coisas extraordinárias são reveladas de todas as regiões de uma terra elaborada por milagres: o sol ardente, a águia impetuosa, a figueira estéril; toda a poesia, todas as cenas da Escritura estão ali presentes. Todo nome encerra um mistério; toda gruta declara o futuro; todo cume retém dentro de si as palavras de um profeta. O próprio Deus falou a partir dessas costas: as torrentes áridas, as rochas fendidas, os túmulos abertos atestam o prodígio; o deserto ainda parece emudecido de terror, e dir-se-ia que ainda não foi capaz de quebrar o silêncio desde que escutou a voz do eterno.[85]

O processo de pensamento nessa passagem é revelador. Uma experiência de terror pascaliano não reduz meramente a autoconfiança, antes milagrosamente a estimula. A paisagem árida aparece assim como um texto iluminado se apresenta ao escrutínio de um ego muito forte, novamente fortalecido. Chateaubriand transcendeu a realidade abjeta, embora assustadora, do Oriente contemporâneo para poder manter com a região uma relação original e criativa. No fim da passagem, ele já não é um homem moderno, mas um vidente visionário mais ou menos contemporâneo de Deus; se o deserto da Judeia tem permanecido em silêncio desde que Deus ali falou, é Chateaubriand quem pode escutar o silêncio, compreender o seu significado, e — para seu leitor — fazer o deserto falar de novo.

Os grandes dons de intuição empática que haviam permitido que Chateaubriand representasse e interpretasse os mistérios da América do Norte em *René* e *Atala*, bem como o cristianismo em *Le génie du christianisme*, são despertados para proezas ainda maiores de interpretação durante o *Itinéraire*. O autor já não está lidando com o primitivo natural e o sentimento romântico: está lidando com a própria criatividade eterna e a originalidade divina, pois é no Oriente bíblico que elas foram depositadas pela primeira vez, e ali permaneceram em forma não mediada e latente. Claro, elas não podem ser simplesmente captadas; devem ser desejadas e alcançadas por Chateaubriand. E é esse objetivo ambicioso que *Itinéraire* passa a servir, assim como no texto o ego de Chateaubriand deve ser reconstruído bastante radicalmente para dar conta da tarefa. Ao contrário de Lane, Chateaubriand tenta *consumir* o Oriente. Ele não só se apropria da região, mas a representa e fala em seu nome, não na história mas além da história, na dimensão atemporal de um mundo completamente sanado, onde os homens e as terras, Deus e os homens, são uma coisa só. Em Jerusalém, portanto, no centro de sua visão e no fim supremo de sua peregrinação, ele se concede uma espécie de reconciliação total com o Oriente, o Oriente judaico, cristão, muçulmano, grego, persa, romano e finalmente francês. Fica comovido com a situação dos judeus, mas julga que eles também servem para iluminar sua visão geral e, como um benefício adicional, emprestam a necessária pungência a seu desejo de vingança cristão. Deus, diz ele, escolheu um novo povo, e não é o dos judeus.[86]

No entanto, ele faz algumas outras concessões à realidade terrestre. Se Jerusalém está inscrita no seu itinerário como sua meta extraterrestre final, o Egito lhe propicia material para uma digressão política. Suas ideias sobre o Egito suplementam adequadamente sua peregrinação. O magnífico delta do Nilo o leva a afirmar que

> Considerei dignas daquelas planícies magníficas apenas as memórias de meu glorioso país; vi os restos dos monumentos de uma nova civilização, trazida para as margens do Nilo pelo gênio da França.[87]

Mas essas ideias são expressas de modo nostálgico, porque no Egito Chateaubriand acredita poder igualar a ausência da França à ausência de um governo livre regendo um povo feliz. Além disso, depois de Jerusalém, o Egito parece ser apenas um tipo de anticlímax espiritual. Depois de comentários políticos sobre seu triste estado, Chateaubriand faz a si mesmo a pergunta rotineira sobre a "diferença" como resultado do desenvolvimento histórico: como pôde essa turba estúpida e degenerada de "musulmans" ter chegado a habitar a mesma terra que fora possuída por povos imensamente diferentes que tanto impressionaram Heródoto e Deodoro?

Esse é um discurso de despedida adequado para o Egito, que ele abandona por Túnis, as ruínas de Cartago e, finalmente, o lar na França. Mas ele realiza uma última coisa digna de nota no Egito: incapaz de fazer mais que contemplar as Pirâmides a partir de uma certa distância, ele se dá ao trabalho de enviar um emissário para inscrever o nome dele (de Chateaubriand) sobre a pedra, acrescentando, para nosso benefício, "é preciso cumprir todas as pequenas obrigações de um viajante piedoso". Em geral, não daríamos muito mais que uma atenção divertida a esse detalhe encantador de banalidade turística. Como preparação, entretanto, para a última página de *Itinéraire*, parece mais importante do que à primeira vista. Refletindo sobre seu projeto de vinte anos para estudar "tous les hasards et tous les chagrins" [todos os acasos e todos os pesares] de um exilado, Chateaubriand observa elegiacamente que cada um de seus livros foi de fato uma espécie de prolongamento de sua existência. Um homem sem lar e sem a possibilidade de adquirir um lar, ele se descobre então bem além de sua juventude. Se o céu lhe conceder o descanso eterno, diz ele, promete dedicar-se em silêncio a erigir um "monument à ma patrie" [monumento à minha pátria]. O que lhe resta sobre a terra, entretanto, é sua escrita, a qual, se seu nome tiver vida longa, foi suficiente, e, se seu nome não sobreviver, foi abundante demais.[88]

Essas linhas finais nos enviam de volta ao interesse de Chateaubriand em ter seu nome inscrito nas Pirâmides. Teremos compreendido que suas memórias orientais egocêntricas nos fornecem uma experiência de si mesmo constantemente demonstrada e infatigavelmente executada. Escrever era um ato de vida para Chateaubriand, para quem nada, nem mesmo uma pedra distante, deveria permanecer sem sua inscrição, se ele quisesse permanecer vivo. Se a ordem da narrativa de Lane deveria ser violada pela autoridade científica e pelos enormes detalhes, a de Chateaubriand deveria ser transformada na vontade afirmada de um indivíduo egoísta, altamente volúvel. Enquanto Lane sacrificava o ego ao cânone orientalista, Chateaubriand tornava tudo o que dizia sobre o Oriente inteiramente dependente de seu ego. Mas nenhum dos dois escritores poderia imaginar que sua posteridade continuaria a produzir frutos depois de seu período de vida. Lane adotou a impessoalidade de uma disciplina técnica: sua obra seria usada, mas não como documento humano. Chateaubriand, por outro lado, via que sua escrita, como a inscrição simbólica de seu nome numa pirâmide, significaria o seu eu; senão, se ele não tivesse conseguido prolongar sua vida pela escrita, seria meramente excessiva, supérflua.

Mesmo que todos os viajantes ao Oriente depois de Chateaubriand e Lane tivessem levado em consideração as suas obras (em alguns casos, a ponto de copiar trechos delas verbatim), seu legado encarna o destino do Orientalismo e as opções a que estava limitado. Ou se escrevia ciência como Lane, ou declarações pessoais como Chateaubriand. Os problemas com o primeiro consistiam na sua confiança ocidental impessoal de que eram possíveis as descrições de fenômenos gerais e coletivos, e na sua tendência a criar realidades não tanto a partir do

Oriente, mas a partir de suas próprias observações. O problema com a declaração pessoal era que ela inevitavelmente recuava a uma posição que igualava o Oriente a uma fantasia privada, mesmo que a fantasia fosse realmente de uma ordem muito elevada quanto à estética. Em ambos os casos, é claro, o Orientalismo exercia uma poderosa influência sobre como o Oriente era descrito e caracterizado. Mas o que essa influência sempre impedia, mesmo nos dias de hoje, era uma percepção do Oriente que não fosse nem impossivelmente geral, nem imperturbavelmente privada. Procurar no Orientalismo a percepção viva de uma realidade humana ou até social de um oriental — como um habitante contemporâneo do mundo moderno — é procurar em vão.

A influência das duas opções que descrevi, a de Lane e a de Chateaubriand, britânica e francesa, é uma grande parte da razão para essa omissão. O acúmulo do conhecimento, em particular do conhecimento especializado, é um processo muito lento. Longe de ser apenas aditivo ou cumulativo, o aumento do conhecimento é um processo de acumulação seletiva, deslocamento, eliminação, rearranjo e insistência dentro do que tem sido chamado um consenso de pesquisa. A legitimidade de um conhecimento como o Orientalismo durante o século XIX não provinha da autoridade religiosa, como acontecera antes do Iluminismo, mas do que podemos chamar a citação restauradora de uma autoridade anterior. Começando com Sacy, a atitude do orientalista erudito era a de um cientista que examinava uma série de fragmentos textuais, que ele então editava e arranjava, assim como um restaurador de velhos esboços poderia juntar uma série deles para a imagem cumulativa que representam de maneira implícita. Consequentemente, entre eles os orientalistas tratam das obras uns dos outros usando o mesmo modo de fazer citações. Burton, por exemplo, tratava *As mil e uma noites* ou o Egito indiretamente, *por meio* da obra de Lane, citando seu predecessor, questionando-o, embora estivesse lhe reconhecendo grande autoridade. A viagem de Nerval ao Oriente foi realizada por meio da viagem de Lamartine, e a do último por meio de Chateaubriand. Em suma, como uma espécie de conhecimento crescente, o Orientalismo recorria, para se nutrir, principalmente a citações de eruditos anteriores no campo de estudo. Mesmo quando novos materiais vinham ao seu encontro, o orientalista os julgava tomando como empréstimo de predecessores (o que os eruditos fazem com tanta frequência) as suas perspectivas, ideologias e teses orientadoras. De um modo bastante estrito, portanto, os orientalistas depois de Sacy e Lane reescreveram Sacy e Lane; depois de Chateaubriand, os peregrinos o reescreveram. Desses reescritos complexos, as realidades do Oriente moderno eram sistematicamente excluídas, sobretudo quando peregrinos talentosos como Nerval e Flaubert preferiam as descrições de Lane ao que seus olhos e mentes lhes mostravam de maneira imediata.

No sistema de conhecimento sobre o Oriente, ele é menos um lugar do que um *topos*, um conjunto de referências, uma coleção de características, que parece ter sua origem numa citação, num fragmento de um texto, num trecho citado da obra de alguém sobre o Oriente, em algo imaginado antes, ou num amálgama de todas essas possibilidades. A observação direta ou a descrição circunstancial do Oriente são as ficções apresentadas pelos escritos sobre o Oriente, mas de maneira invariável essas ficções são totalmente secundárias em relação a tarefas sistemáticas de outro tipo. Em Lamartine, Nerval e Flaubert, o Oriente é uma representação de material canônico guiada por uma vontade estética e executiva capaz de produzir interesse no leitor. Mas, em todos esses três escritores, o Orientalismo ou algum de seus aspectos é afirmado, embora, como disse antes, seja dado à consciência narrativa um papel muito grande a desempenhar. O que veremos é que, apesar de toda a sua individualidade excêntrica, essa consciência narrativa acabará percebendo, como Bouvard e Pécuchet, que a peregrinação é afinal uma forma de cópia.

Quando começou a sua viagem ao Oriente em 1833, Lamartine partiu, disse ele, para fazer algo com que sempre sonhara: "un voyage en Orient [était] comme un grand acte de ma vie intérieure" [uma viagem ao Oriente [era] como um grande ato da minha vida interior]. Ele é um amontoado de predisposições, simpatias, vieses: odeia os romanos e Cartago, e ama os judeus, os egípcios e os hindus, de quem afirma que se tornará o Dante. Armado com um verso formal de "Adieu" à França, em que lista tudo o que pretende fazer no Oriente, ele embarca para o Leste. A princípio tudo o que encontra confirma suas predições poéticas ou concretiza sua propensão para a analogia. Lady Hester Stanhope é a Circe do deserto; o Oriente é a "patrie de mon imagination" [pátria de minha imaginação]; os árabes são um povo primitivo; a poesia bíblica está gravada na terra do Líbano; o Oriente atesta a grandeza atraente da Ásia e a pequenez relativa da Grécia. Pouco depois de chegar à Palestina, entretanto, ele se torna o criador incorrigível de um Oriente imaginário. Alega que as planícies de Canaã aparecem melhor nas obras de Poussin e Lorrain. Antes uma "tradução", como ele primeiro a chamou, sua viagem é transformada numa oração, que lhe exercita a memória, a alma e o coração mais do que seus olhos, sua mente ou seu espírito.[89]

Essa declaração sincera desata completamente o zelo analógico e reconstrutivo (e indisciplinado) de Lamartine. O cristianismo é uma religião da imaginação e da recordação, e como Lamartine considera que tipifica o crente piedoso, ele se entrega às imagens e às lembranças. Um catálogo de suas "observações" tendenciosas seria interminável: uma mulher entrevista lembra-lhe Haidée em *Don Juan*; a relação entre Jesus e a Palestina é como a existente entre Rousseau e Genebra; o rio Jordão real é menos importante que os "mistérios" a que dá origem na nossa alma; os orientais, e os muçulmanos em particular, são preguiçosos, sua política é caprichosa, apaixonada e sem futuro; outra mulher lhe recorda uma passagem em *Atala*; nem Tasso, nem Chateaubriand (cujas viagens anteriores parecem frequentemente incomodar o egoísmo sob outros aspectos desatento de Lamartine) compreenderam a Terra Santa — e assim por diante. Suas páginas sobre a poesia árabe, a respeito da qual discursa com suprema confiança, não traem nenhum desconforto quanto à sua total ignorância da língua. Só o que importa é que suas viagens no Oriente lhe revelem que o Oriente é "la terre des cultes, des prodiges" [a terra dos cultos, dos prodígios], e que ele é o seu poeta nomeado no Ocidente. Sem nenhum vestígio de autoironia, ele anuncia:

> Esta terra árabe é a terra dos prodígios; ali tudo brota, e todo homem crédulo ou fanático tem ali a sua oportunidade de tornar-se um profeta.[90]

Ele se tornou um profeta apenas pelo fato de residir no Oriente.

No final da narrativa, Lamartine realizou o objetivo da sua peregrinação ao Santo Sepulcro, esse início e fim de todo o tempo e espaço. Internalizou suficiente realidade para querer recuar de volta à pura contemplação, à solidão, à filosofia e à poesia.[91]

Elevando-se acima do Oriente meramente geográfico, ele é transformado num Chateaubriand moderno, examinando o Leste como se fosse uma província pessoal (ou, no mínimo, francesa) pronta para ser usada pelas potências europeias. De viajante e peregrino no tempo e no espaço reais, Lamartine tornou-se um ego transpessoal que se identifica, em poder e consciência, com toda a Europa. O que ele vê à sua frente é o Oriente no processo de seu futuro e inevitável desmembramento, sendo tomado e consagrado pela suserania europeia. Assim, na visão apoteótica de Lamartine, o Oriente renasce com o direito-ao-poder europeu sobre a sua cabeça:

> Essa espécie de suserania, assim definida e consagrada como um direito europeu, consistirá principalmente no direito de ocupar um ou outro território, bem como as costas, para ali fundar cidades livres, colônias europeias ou portos comerciais de escala. [...]

Lamartine tampouco para por aí. Sobe ainda mais alto, até o ponto em que o Oriente, o que ele acabou de ver e onde acabou de estar, é reduzido a "nações sem território, *patrie*, direitos, leis ou segurança [...] esperando ansiosamente o abrigo" da ocupação europeia.[92]

Em todas as visões do Oriente fabricadas pelo Orientalismo, não há, literalmente, nenhuma recapitulação tão completa quanto essa. Para Lamartine, uma peregrinação ao Oriente implica não só a penetração do Oriente por uma consciência imperiosa, mas também a virtual eliminação dessa consciência como resultado de seu acesso a uma espécie de controle impessoal e continental sobre o Oriente. A identidade real do Oriente é enfraquecida num conjunto de fragmentos consecutivos, as observações das recordações de Lamartine, a serem mais tarde reunidos e apresentados como um sonho napoleônico reafirmado de hegemonia mundial. Enquanto a identidade humana de Lane desaparecia na grade científica de suas classificações egípcias, a consciência de Lamartine transgride completamente seus limites normais. Ao fazê-lo, repete a viagem de Chateaubriand e suas visões apenas para avançar mais além, na esfera da abstração de Napoleão e Shelley, por meio da qual mundos e populações são deslocados ao redor como muitas cartas sobre a mesa. O que resta do Oriente na prosa de Lamartine não é em absoluto muito substancial. Sua realidade geopolítica foi coberta pelos planos de Lamartine para a região; os sítios que visitou, as pessoas que encontrou, as experiências que teve, são reduzidos a uns poucos ecos nas suas pomposas generalizações. Os últimos vestígios de sua peculiaridade foram apagados no "résumé politique" com que conclui a *Voyage en Orient*.

Contra o egoísmo transcendente quase nacional de Lamartine, devemos colocar Nerval e Flaubert como contraste. Suas obras orientais desempenham um papel substancial na *oeuvre* completa dos dois, muito maior do que o da *Voyage* imperialista de Lamartine na sua *oeuvre*. Mas ambos, como Lamartine, foram ao Oriente preparados por uma leitura volumosa dos clássicos, literatura moderna e Orientalismo acadêmico; sobre essa preparação, Flaubert foi muito mais franco que Nerval, que em *Les filles du feu* [As filhas do fogo] diz insinceramente que tudo o que sabia sobre o Oriente era uma lembrança meio esquecida de sua educação na escola.[93] A evidência de seu *Voyage en Orient* contradiz categoricamente essa declaração, embora mostre um conhecimento muito menos sistemático e disciplinado das coisas orientais que o de Flaubert. Mais importante, entretanto, é o fato de que ambos os escritores (Nerval em 1842-3 e Flaubert em 1849-50) tiveram maiores usos pessoais e estéticos para suas visitas ao Oriente do que quaisquer outros viajantes do século XIX. Não é inconsequente que ambos, para começo de conversa, fossem gênios e que ambos fossem totalmente versados em aspectos da cultura europeia que estimulavam uma visão compreensiva, ainda que perversa, do Oriente. Nerval e Flaubert pertenciam àquela comunidade de pensamento e sentimento descrita por Mario Praz em *The romantic agony*, uma comunidade para a qual o imaginário de lugares exóticos, o cultivo de gostos sadomasoquistas (o que Praz chama *algolagnia*), um fascínio pelo macabro, pela noção da Mulher Fatal, pelo secreto e pelo oculto, tudo combinava para tornar possíveis obras literárias do tipo produzido por Gautier (ele próprio fascinado pelo Oriente), Swinburne, Baudelaire e Huysmans.[94] Para Nerval e Flaubert, figuras femininas como Cleópatra, Salomé e Ísis têm um significado especial; e não foi absolutamente por acaso que na sua obra sobre o Oriente, bem como em suas visitas à região, eles tivessem preeminentemente valorizado e realçado tipos femininos dessa espécie lendária, ricamente sugestiva e associativa.

Além de suas atitudes culturais gerais, Nerval e Flaubert levaram ao Oriente uma mitologia pessoal cujos interesses e até estrutura requeriam o Oriente. Os dois homens foram influenciados pela renascença oriental, como Quinet e outros a definiram: procuravam o revigoramento fornecido pelo antigo e pelo exótico. Para cada um deles, entretanto, a peregrinação oriental era uma busca de algo relativamente pessoal: Flaubert procurando uma "terra natal", como Jean Bruneau a chamou,[95] nos locais da origem das religiões, visões e antiguidade clássica; Nerval procurando — ou antes seguindo — os vestígios de seus sentimentos e sonhos pessoais, como fizera o Yorick de Sterne

250

antes dele. Para ambos os escritores, o Oriente era assim um lugar do *déjà vu*, e para ambos, com a economia artística típica de todas as grandes imaginações estéticas, era um lugar a que frequentemente se retornava depois de realizada uma viagem. Nenhum deles esgotou os usos que fizeram do Oriente, mesmo que muitas vezes apareça uma qualidade de desapontamento, desencanto ou desmistificação em seus escritos orientais.

A suprema importância de Nerval e Flaubert para um estudo como este sobre a mentalidade do Orientalismo no século XIX é que eles produziram uma obra que se liga ao tipo de Orientalismo que discutimos até agora e dele depende, embora permaneça independente desse mesmo Orientalismo. Primeiro, há a questão do alcance da obra dos dois. Nerval produziu sua *Voyage en Orient* como uma coletânea de notas de viagem, esboços, histórias e fragmentos; a sua preocupação com o Oriente também deve ser encontrada em *Les chimères* [As quimeras], nas suas cartas, em parte da sua ficção e outros escritos em prosa. A escrita de Flaubert, tanto antes como depois da sua visita, está impregnada de Oriente. O Oriente aparece nos *Carnets de voyage* [Cadernetas de viagem] e na primeira versão de *A tentação de santo Antônio* (e nas duas versões posteriores), bem como em *Herodíade*, *Salammbô* e nas inúmeras notas de leitura, roteiros e histórias inacabadas que nos são acessíveis e que foram estudadas de forma muito inteligente por Bruneau.[96] Há também ecos de Orientalismo nos outros grandes romances de Flaubert. No conjunto, tanto Flaubert como Nerval elaboraram continuamente o seu material oriental e o absorveram de formas variadas nas estruturas especiais de seus projetos estéticos pessoais. Isso não quer dizer, entretanto, que o Oriente seja incidental nas suas obras. Em contraste com escritores como Lane (de quem ambos tomaram desavergonhadamente empréstimos), Chateaubriand, Lamartine, Renan, Sacy, seu Oriente era menos apreendido, apropriado, reduzido ou codificado do que vivido, explorado estética e imaginativamente como um lugar espaçoso, pleno de possibilidades. O que lhes interessava era a estrutura de sua obra como um fato independente, estético e pessoal, e não o modo pelo qual, se quiséssemos, poderíamos efetivamente dominar o Oriente ou registrá-lo com gráficos. Seus egos nunca absorveram o Oriente, nem o identificaram totalmente com o conhecimento documental e textual que dele se possuía (com o Orientalismo oficial, em suma).

Por um lado, portanto, o alcance de sua obra oriental ultrapassa os limites impostos pelo Orientalismo ortodoxo. Por outro lado, o tema de sua obra é mais do que oriental ou orientalista (mesmo que eles próprios tenham orientalizado o Oriente); esse tema interfere conscientemente com as limitações e os desafios que o Oriente e o conhecimento sobre essa região lhes apresentavam. Nerval, por exemplo, acredita que tem de infundir vitalidade no que vê, porque, diz ele,

> Le ciel et la mer sont toujours là; le ciel d'Orient, la mer d'Ionie se donnent chaque jour le saint baiser d'amour; mais la terre est morte, morte sous la main de l'homme, et les dieux se sont envolés!

> [O céu e o mar estão sempre lá; o céu oriental e o céu jônico trocam o beijo sagrado a cada manhã; mas a terra está morta, morta porque o homem a matou, e os deuses fugiram.]

Se o Oriente quiser viver, agora que seus deuses fugiram, deve contar com os férteis esforços de Nerval. Na *Voyage en Orient*, a consciência narrativa é uma voz constantemente enérgica, movendo-se pelos labirintos da existência oriental, armada — Nerval nos diz — com duas palavras árabes, *tayeb*, a palavra para assentimento, e *mafisch*, a palavra para rejeição. Essas duas palavras o tornam capaz de confrontar seletivamente o mundo oriental antagônico, confrontá-lo e extrair dele os seus princípios secretos. Ele está predisposto a reconhecer que o Oriente é "le pays des rêves et de l'illusion" [o país dos sonhos e da ilusão] que, assim como os véus que ele vê por toda parte no Cairo, oculta um fundo rico e profundo de sensualidade feminina. Nerval repete a experiência de Lane ao descobrir a necessidade do casamento numa sociedade islâmica, mas, ao contrário de Lane, ele se liga a uma mulher. A sua ligação com Zaynab é mais do que socialmente obrigatória:

> Devo me unir com uma jovem inocente nascida neste solo sagrado, que é a nossa primeira terra natal; devo me banhar nas fontes vivificadoras da humanidade, das quais flui a poesia e a fé de nossos pais! [...] Gostaria de levar a minha vida como um romance, colocando-me voluntariamente na situação de um desses heróis ativos e resolutos que desejam a todo custo criar um drama ao seu redor, um nó de complexidade, em uma palavra, ação.[97]

Nerval se envolve com o Oriente, produzindo menos uma narrativa novelística que uma intenção duradoura — jamais plenamente realizada — de fundir a mente com a ação física. Essa antinarrativa, essa paraperegrinação é um desvio da finalidade discursiva do tipo imaginado pelos escritores anteriores sobre o Oriente.

Ligado física e empaticamente ao Oriente, Nerval erra com informalidade pelas suas riquezas e seu ambiente cultural (e sobretudo feminino), localizando-se em especial no Egito, aquele "centro" materno "ao mesmo tempo misterioso e acessível" do qual deriva toda a sabedoria.[98] Suas impressões, sonhos e memórias se alternam com partes de uma narrativa ornada e maneirista em estilo oriental; as duras realidades da viagem — no Egito, no Líbano, na Turquia — misturam-se com o formato de uma digressão deliberada, como se Nerval estivesse repetindo o *Itinéraire* de Chateaubriand por meio de uma rota subterrânea, embora muito menos imperial e óbvia. Michel Butor expressa essa ideia com grande beleza:

> Aos olhos de Nerval, a viagem de Chateaubriand continua a ser um percurso pela superfície, enquanto a sua é calculada, utilizando centros anexos, vestíbulos de elipses que englobam os centros principais; isso lhe permite colocar em evi-

253

dência, por paralaxe, todas as dimensões da armadilha abrigada nos centros normais. Errando pelas ruas ou arredores do Cairo, Beirute ou Constantinopla, Nerval está sempre à espera de algo que lhe permita perceber uma caverna estendendo-se embaixo de Roma, Atenas e Jerusalém [as principais cidades do *Itinéraire* de Chateaubriand]. [...]

Assim como as três cidades de Chateaubriand estão em comunicação — Roma, com seus imperadores e papas, reunindo a herança, o testamento de Atenas e Jerusalém —, as cavernas de Nerval [...] envolvem-se numa relação.[99]

Mesmo os dois grandes episódios com enredo, "O conto do califa Hakim" e "O conto da rainha da manhã", que supostamente transmitem um discurso narrativo durável e sólido, parecem afastar Nerval da finalidade "acima da superfície", impelindo-o cada vez mais longe num mundo interior assombrado de paradoxo e sonho. Os dois contos tratam da múltipla identidade, sendo um de seus temas — explicitamente declarado — o incesto, e ambos nos remetem à quintessência do mundo oriental de Nerval, com seus sonhos fluidos e incertos multiplicando-se infinitamente além da resolução, dos contornos definidos, da materialidade. Quando a viagem é completada e Nerval chega a Malta no seu caminho de volta ao continente europeu, ele compreende que está agora em "le pays du froid et des orages, et déjà l'Orient n'est plus pour moi qu'un de ces rêves du matin auxquels viennent bientôt succéder les ennuis du jour"[100] [o país do frio e das tempestades, e o Oriente já não é para mim senão um desses sonhos da manhã aos quais logo se seguem os aborrecimentos do dia]. A sua *Voyage* incorpora numerosas páginas copiadas de *Modern Egyptians* de Lane, mas até à lúcida confiança dessas passagens parece dissolver-se no elemento cavernoso e de interminável decomposição que é o Oriente de Nerval.

O seu *carnet* para a *Voyage* nos fornece, creio eu, dois textos perfeitos para compreender como o seu Oriente se desligava de qualquer coisa que se assemelhasse a uma concepção orientalista do Oriente, mesmo que sua obra dependesse, em certa medida,

254

do Orientalismo. Primeiro, os seus desejos procuram reunir indiscriminadamente experiência e memória: "Je sens le besoin de m'assimiler toute la nature (femmes étrangères). Souvenirs d'y avoir vécu" [Sinto a necessidade de me apropriar de toda a natureza (mulheres estrangeiras). Lembranças de ali ter vivido]. O segundo texto elabora um pouco o primeiro: "Les rêves et la folie [...] Le désir de l'*Orient*. L'Europe s'élève. Le rêve se réalise [...] Elle. Je l'avais fuie, je l'avais perdue [...] Vaisseau d'Orient"[101] [Os sonhos e a loucura [...] O desejo do *Oriente*. A Europa se ergue. O sonho se realiza [...] Ela. Eu lhe fugira, eu a perdera [...] Nau do Oriente]. O Oriente simboliza a busca onírica de Nerval e a mulher fugitiva que lhe é central, como desejo e como perda. "Vaisseau d'Orient" — nau do Oriente — refere-se enigmaticamente à mulher como a nau que carrega o Oriente, ou possivelmente à própria nau de Nerval para o Oriente, a sua *voyage* em prosa. Em qualquer um dos casos, o Oriente é identificado com uma *ausência* comemorativa.

De que outro modo podemos explicar na *Voyage*, uma obra de mentalidade tão original e individual, o emprego preguiçoso de grandes trechos de Lane, incorporados sem um murmúrio de Nerval como *suas* descrições do Oriente? É como se, tendo fracassado na sua busca de uma realidade oriental estável e na sua intenção de dar uma ordem sistemática à sua representação do Oriente, Nerval estivesse empregando a autoridade emprestada de um texto orientalista canonizado. Depois de sua viagem, a terra continuava morta e, salvo suas corporificações brilhantemente modeladas mas fragmentadas na *Voyage*, o seu eu não estava menos intoxicado e exaurido que antes. Portanto, o Oriente parecia, em retrospecto, pertencer a um reino negativo, em que narrativas fracassadas, crônicas desordenadas, mera transcrição de textos eruditos eram a sua única nau possível. Ao menos Nerval não tentou salvar o seu projeto entregando-se inteiramente aos desígnios franceses no Oriente, embora tivesse recorrido ao Orientalismo para expressar algumas de suas ideias.

Em contraste com a visão negativa de Nerval de um Oriente esvaziado, a de Flaubert é eminentemente corpórea. Suas notas de viagem e cartas revelam um homem relatando com escrúpulo acontecimentos, pessoas e cenários, deleitando-se nas suas *bizarreries*, jamais tentando reduzir as incongruências à sua frente. No que ele escreve (ou talvez porque ele escreve), a recompensa está naquilo que atrai a atenção, traduzido em frases elaboradas com esmero: por exemplo, "Inscrições e titicas de pássaros são as duas únicas coisas no Egito que dão alguma indicação de vida".[102] Seus gostos tendem para o perverso, cuja forma é amiúde uma combinação de extrema animalidade, até de sordidez grotesca, com um refinamento extremo e às vezes intelectual. Mas esse tipo particular de perversidade não era algo meramente observado, era também estudado e veio a representar um elemento essencial na ficção de Flaubert. As oposições, ou ambivalências, como Harry Levin as chamou, que erram pela escrita de Flaubert — a carne versus a mente, Salomé versus são João, Salammbô versus santo Antônio[103] — são poderosamente validadas pelo que ele viu no Oriente, pelo que, dada a sua erudição eclética, ele ali poderia ver na parceria entre o conhecimento e a grosseria carnal. No Alto Egito, ele ficou maravilhado com a arte egípcia antiga, com seu caráter precioso e deliberadamente lúbrico: "imagens tão sujas existiam mesmo num período tão remoto da antiguidade?". Até que ponto o Oriente na verdade mais respondia às perguntas do que as propunha, fica evidente no seguinte:

> Você [a mãe de Flaubert] me pergunta se o Oriente corresponde ao que dele imaginava. Sim, corresponde; e, mais do que isso, vai muito além da ideia estreita que tinha a seu respeito. Encontrei, claramente delineado, tudo o que era enevoado na minha mente. Os fatos tomaram o lugar das suposições — de forma tão excelente que muitas vezes é como se de repente eu encontrasse antigos sonhos esquecidos.[104]

A obra de Flaubert é tão complexa e tão vasta a ponto de dar a qualquer relato simples de sua escrita oriental um caráter de esboço e de algo irremediavelmente incompleto. Ainda assim, no contexto criado por outros escritores sobre o Oriente, um certo número de características principais no Orientalismo de Flaubert pode ser descrito de modo apropriado. Descontando a diferença entre a escrita pessoal (cartas, notas de viagem, apontamentos no diário) e a escrita formalmente estética (romances e contos), ainda podemos observar que a perspectiva oriental de Flaubert está enraizada na busca de uma "alternativa visionária" a leste e ao sul, que "significava cor deslumbrante, em contraste com a tonalidade cinzenta da paisagem provinciana francesa. Significava um espetáculo emocionante em vez da rotina monótona, o para sempre misterioso em lugar do demasiado familiar".[105] Quando ele realmente visitou a região, entretanto, esse Oriente o impressionou por sua decrepitude e envelhecimento. Como todo outro orientalista, portanto, Flaubert é revitalizador: *ele* deve dar vida ao Oriente, deve criá-lo para si mesmo e para seus leitores, e o que realizará esse truque é sua experiência oriental em livros e no local, bem como sua linguagem para o Oriente. Seus romances do Oriente constituíam, por isso, elaboradas reconstruções históricas e eruditas. Cartago em *Salammbô* e os produtos da imaginação febril de santo Antônio eram frutos autênticos da vasta leitura de Flaubert nas fontes (sobretudo ocidentais) sobre religião, guerra, ritual e sociedades orientais.

O que a obra estética formal conserva, acima das marcas das leituras e recensões vorazes de Flaubert, são lembranças da viagem oriental. A *Bibliothèque des idées reçues* diz que um orientalista é "un homme qui a beaucoup voyagé"[106] [um homem que viajou muito], só que, ao contrário da maioria dos outros viajantes, Flaubert deu a suas viagens um emprego engenhoso. A maioria de suas experiências é transmitida em forma teatral. Ele não só está interessado no conteúdo do que vê, mas — como Renan — em *como* o visualiza, o modo pelo qual o Oriente, às vezes de maneira horrível mas sempre atraente, parece apresentar-se a seus olhos. Flaubert é o melhor público desse Oriente:

[...] Hospital Kasr el-'Aini. Bem cuidado. Obra de Clot Bey — o toque de sua mão ainda é visível. Belos casos de sífilis; na ala dos mamelucos de Abba, vários têm a doença no traseiro. A um sinal do médico, todos se levantavam nas suas camas, desatavam os cintos das calças (era como um exercício do exército), e abriam o ânus com os dedos para mostrar os seus cancros. Enormes infundíbulos; um tinha um crescimento de cabelo dentro do ânus. Um velho com o pênis totalmente sem pele; recuei diante do fedor. Um raquítico: mãos curvadas para trás, unhas longas como garras; podia-se ver a estrutura óssea de seu torso tão claramente como um esqueleto; o resto do corpo também era fantasticamente magro, e a cabeça estava coberta com anéis brancos de lepra.

Sala de dissecação: [...] Sobre a mesa um cadáver árabe, todo aberto; belos cabelos negros. [...][107]

Os detalhes medonhos dessa cena estão relacionados com muitas cenas nos romances de Flaubert, em que a doença nos é apresentada como se num anfiteatro de anatomia. Seu fascínio pela dissecação e pela beleza lembra, por exemplo, a cena final de *Salammbô*, que culmina na morte cerimonial de Mâtho. Nessas cenas, os sentimentos de repulsa ou simpatia são totalmente reprimidos; o que importa é a descrição correta do detalhe exato.

Os momentos mais famosos da viagem oriental de Flaubert têm a ver com Kuchuk Hanem, uma célebre dançarina e cortesã egípcia que ele encontrou em Wadi Halfa. Ele lera em Lane sobre as *almehs* e os *khawals*, garotas e garotos dançarinos, respectivamente, mas foi antes a sua imaginação, e não a de Lane, aquela capaz de compreender imediatamente, bem como saborear, o paradoxo quase metafísico da profissão de *almeh* e o significado de seu nome. (Em *Victory*, Joseph Conrad devia repetir a observação de Flaubert tornando a sua heroína musicista — Alma — irresistivelmente atraente e perigosa para Axel Heyst.) *Alemah* em árabe significa uma mulher instruída. Era o nome dado a mulheres, na sociedade egípcia conservadora do século

XVIII, que recitavam poesia com perfeição. Pela metade do século XIX, o título era usado como termo geral para as dançarinas que também eram prostitutas, e Kuchuk Hanem era uma dessas moças. Flaubert assistiu à dança da "abelha" antes de dormir com ela. Kuchuk foi certamente o protótipo de várias personagens femininas de seus romances com sua sensualidade e delicadeza culta, e (segundo Flaubert) com sua grosseria impensada. O que sobretudo lhe agradava na dançarina era que ela não parecia exigir-lhe nada, enquanto o "odor nauseante" dos percevejos de sua cama se misturava encantadoramente com "o aroma de sua pele, que gotejava sândalo". Depois de sua viagem, ele escrevera tranquilizadoramente a Louise Colet que "a mulher oriental não passa de uma máquina: ela não faz distinção entre um homem e outro homem". A sexualidade muda e irredutível de Kuchuk permitia que o pensamento de Flaubert se perdesse em ruminações que exerciam sobre a sua mente um poder obsessivo que nos lembra um pouco Deslauriers e Frédéric Moreau no final de *L'education sentimentale*:

> Quanto a mim, mal fecho os olhos. Observando aquela bela criatura adormecida (ela ressonava, a cabeça encostada no meu braço: eu enfiara o dedo indicador embaixo de seu colar), a minha noite era um longo devaneio infinitamente intenso — era por isso que eu ali permanecia. Pensava nas minhas noites nos bordéis de Paris — toda uma série de velhas lembranças retornava — e eu pensava nela, na sua dança, na sua voz enquanto cantava as canções que para mim não tinham significado, nem mesmo palavras distinguíveis.[108]

A mulher oriental é uma ocasião e uma oportunidade para as meditações de Flaubert; ele está extasiado com a autossuficiência de Kuchuk, com a sua indiferença emocional, e também com o fato de que, deitada a seu lado, ela lhe permite pensar. Menos uma mulher do que um espetáculo de feminilidade impressionante mas verbalmente inexpressiva, Kuchuk é o protótipo da Salammbô e da Salomé de Flaubert, bem como de todas as versões da tentação feminina carnal a que seu santo Antônio é submetido. Como a Rainha de Sabá (que também dançava "abelha"), ela podia dizer — se fosse capaz de falar — "Je ne suis pas une femme, je suis un monde"[109] [Não sou uma mulher, sou um mundo]. Vista de outro ângulo, Kuchuk é um símbolo perturbador da fecundidade, tão oriental na sua sexualidade luxuriante e aparentemente ilimitada. O seu lar perto da extremidade superior do Nilo ocupava uma posição semelhante, na estrutura, ao lugar em que o véu de Tanit — a deusa descrita como *Omniféconde* — é escondido em *Salammbô*.[110] Mas como Tanit, Salomé e a própria Salammbô, Kuchuk estava fadada a permanecer estéril, corruptora, sem prole. O quanto ela e o mundo oriental em que vivia passaram a intensificar em Flaubert o senso de esterilidade é indicado na seguinte passagem:

> Temos uma grande orquestra, uma rica palheta, uma variedade de recursos. Conhecemos muito mais truques e artimanhas, provavelmente, do que jamais foi conhecido. Não, o que nos falta é o princípio intrínseco, a alma da coisa, a própria ideia do tema. Tomamos notas, fazemos viagens: vazio! vazio! Tornamo-nos eruditos, arqueólogos, historiadores, médicos, borra-tintas, pessoas de gosto. Que bem nos faz tudo isso? Onde está o coração, a verve, a seiva? De onde começar? Somos bons em sugar, fazemos muitas brincadeiras com a língua, acariciamo-nos por horas: exceto a coisa real! Ejacular, conceber a criança![111]

Entrelaçada em todas as experiências orientais de Flaubert, emocionantes ou decepcionantes, está uma associação quase uniforme entre o Oriente e o sexo. Ao fazer essa associação, Flaubert não era o primeiro caso, nem o exemplo mais exagerado de um tema que persiste de forma extraordinária nas atitudes ocidentais para com o Oriente. E, na verdade, o próprio motivo é singularmente constante, embora o gênio de Flaubert possa ter contribuído mais do que qualquer outro para lhe dar dignidade artística. Por que o Oriente ainda parece sugerir não só a fecundidade, mas a promessa (e a ameaça) sexual, a sensualidade incansável, o desejo ilimitado, as profundas energias gerativas, é algo sobre o qual poderíamos especular: não é a província de minha análise aqui, infelizmente, apesar de sua presença percebida com frequência. Ainda assim, devemos reconhecer a sua importância como algo que suscita nos orientalistas respostas complexas, às vezes até uma assustadora descoberta sobre si mesmo, e Flaubert era um caso interessante nesse sentido.

O Oriente remeteu-o a seus próprios recursos humanos e técnicos. Não respondeu, assim como Kuchuk também não reagiu, à sua presença. Diante da vida oriental em curso, Flaubert, como Lane antes dele, sentia sua impotência distante, e talvez sua falta de vontade autoinduzida, de penetrar e tornar-se parte do que via. Esse era, sem dúvida, o perene problema de Flaubert; o Oriente já existia antes de ele partir rumo ao Leste, e continuou a existir depois da sua visita. Flaubert admitia a dificuldade, cujo antídoto consistia em enfatizar na sua obra (em especial numa obra oriental como *La tentation de saint Antoine*) a *forma* de apresentação enciclopédica do material à custa do envolvimento humano na vida. Na verdade, santo Antônio não é senão um homem para quem a realidade é uma série de livros, espetáculos e procissões que se desenrolam tentadoramente e a uma certa distância diante de seus olhos. Toda a imensa erudição de Flaubert é estruturada — como Michel Foucault observou com grande força — como uma fantástica biblioteca teatral, a desfilar diante do olhar do anacoreta;[112] de modo residual o desfile carrega na sua forma as memórias de Flaubert sobre Kasr el'Aini (os exercícios militares dos sifilíticos) e a dança de Kuchuk. Mais pertinente, entretanto, é o fato de que santo Antônio é um celibatário para quem as tentações são primariamente sexuais. Depois de aguentar toda espécie de encanto perigoso, é-lhe enfim concedido um vislumbre dos processos biológicos da vida; ele delira imaginando-se capaz de ver a vida nascer, uma cena para a qual Flaubert sentiu-se incompetente durante sua estada no Oriente. Mas, porque Antônio delira, somos levados a ler a cena com ironia. O que lhe é concedido no final, o desejo de *tornar-se* matéria, tornar-se vida, é quando muito um desejo — se realizável e atingível ou não, não sabemos.

Apesar da energia de sua inteligência e seu enorme poder de absorção intelectual, Flaubert sentia no Oriente, primeiro, que "quanto mais nos concentramos nele [no detalhe], menos compreendemos o conjunto" e, segundo, que "as peças se encaixam por si mesmas".[113] Quando muito, isso produz uma forma *espetacular*, mas o Oriente continua barrado à plena participação do ocidental. Num certo nível, isso era uma dificuldade pessoal para Flaubert, e ele inventou meios, alguns dos quais já discutimos, para lidar com o problema. Num nível mais geral, isso constituía uma dificuldade *epistemológica* para a qual, é claro, existia a disciplina do Orientalismo. Num determinado momento durante sua viagem oriental, ele considerou o que o desafio epistemológico poderia provocar. Sem o que ele chamava espírito e estilo, a mente poderia "perder-se na arqueologia": estava se referindo a uma espécie de antiquarianismo sistematizado, pelo qual o exótico e o estranho seriam formulados em léxicos, códigos e, por fim, em clichês do tipo que ele deveria ridicularizar no *Dictionnaire des idées reçues*. Sob influência dessa atitude, o mundo seria "regulado como um colégio. Os professores serão a lei. Todo mundo estará de uniforme".[114] Em oposição a essa disciplina imposta, ele sem dúvida sentia que seu tratamento do material exótico, em especial do material oriental que experimentara e sobre o qual lera durante anos, era infinitamente preferível. No seu texto, pelo menos, havia espaço para um senso de imediatismo, imaginação e discernimento, enquanto das fileiras dos tomos arqueológicos tudo que não fosse "erudição" fora suprimido. E, mais que a maioria dos romancistas, Flaubert era familiarizado com a erudição organizada, seus produtos e seus resultados: esses produtos são claramente evidentes nas desgraças de Bouvard e Pécuchet, mas eles teriam sido igualmente cômicos em campos como o Orientalismo, cujas atitudes textuais pertenciam ao mundo das *idées reçues*. Podia-se, portanto, construir o mundo com verve e estilo, ou podia-se copiá-lo incansavelmente segundo regras acadêmicas impessoais de procedimento. Em ambos os casos, com relação ao Oriente, havia um reconhecimento franco de que era um mundo em outra região, distante das ligações, sentimentos e valores comuns de *nosso* mundo no Ocidente.

Em todos os seus romances, Flaubert associa o Oriente com o escapismo da fantasia sexual. Emma Bovary e Frédéric Moreau sofrem pelo que não têm nas suas vidas burguesas enfadonhas (ou oprimidas), e seus desejos conscientes aparecem facilmente em seus devaneios envoltos em clichês orientais: haréns, princesas, príncipes, escravos, véus, dançarinas e dançarinos, sorvetes, unguentos, e assim por diante. O repertório é familiar, não tanto porque nos lembra as viagens de Flaubert no Oriente e sua obsessão pela região, mas porque, mais uma vez, é feita com clareza uma associação entre o Oriente e a liberdade do sexo licencioso. Podemos também reconhecer que para a Europa do século XIX, com seu crescente *embourgeoisement*, o sexo fora institucionalizado num grau muito considerável. Por um lado, não havia sexo "livre", e, por outro, o sexo na sociedade acarretava uma teia de obrigações legais, morais, até políticas e econômicas, de um tipo detalhado e com certeza complicado. Assim como as várias possessões coloniais — sem se levar em conta seu benefício econômico para a Europa metropolitana — eram úteis como lugares para enviar filhos teimosos, populações supérfluas de delinquentes, pobres e outros indesejáveis, o Oriente era um lugar onde se poderia procurar a experiência sexual que não existia na Europa. Virtualmente nenhum escritor europeu que escreveu sobre o Oriente ou para lá viajou no período depois de 1800 eximiu-se dessa busca: Flaubert, Nerval, "Dirty Dick" Burton e Lane são apenas os mais notáveis. No século XX, podemos lembrar de Gide, Conrad, Maugham e dezenas de outros. O que eles frequentemente procuravam era um tipo diferente de sexualidade, talvez mais libertina e menos assolada pela culpa; porém, mesmo essa busca, se repetida por um número suficiente de pessoas, podia tornar-se (e tornou-se) tão regulada e uniforme quanto a própria erudição. Com o tempo, "sexo oriental" passou a ser uma mercadoria tão padrão quanto qualquer outra existente na cultura de massa, com o resultado de que os leitores e os escritores poderiam obtê-lo, se quisessem, sem que fosse necessário viajar para o Oriente.

Era certamente verdade que, pela metade do século XIX, a França, não menos que a Inglaterra e o resto da Europa, tinha uma florescente indústria do conhecimento, do tipo que Flaubert temia. Grandes números de textos eram produzidos e, mais importante, as agências e instituições para sua disseminação e propagação podiam ser encontradas por toda a parte. Como os historiadores da ciência e do conhecimento têm observado, a organização dos campos científico e erudito que teve lugar durante o século XIX foi rigorosa e abrangente. A pesquisa tornou-se uma atividade regular; havia uma troca controlada de informações e uma concordância quanto à natureza dos problemas, bem como um consenso quanto aos paradigmas apropriados para a pesquisa e seus resultados.[115] O aparato que servia aos estudos orientais fazia parte da cena, e essa era uma das coisas que Flaubert tinha com certeza em mente quando proclamou que "todo mundo estará de uniforme". Um orientalista já não era um entusiasta amador talentoso, ou, se o fosse, teria dificuldade em ser levado a sério como erudito. Ser um orientalista significava treinamento universitário em estudos orientais (por volta de 1850, toda grande universidade europeia tinha um currículo plenamente desenvolvido numa ou noutra das disciplinas orientalistas), significava subvenção para viagens (talvez de uma das sociedades asiáticas, de um fundo de exploração geográfica ou de um subsídio do governo), significava publicação num veículo credenciado (talvez com o selo de uma sociedade erudita ou de um fundo de tradução oriental). E tanto na corporação dos eruditos orientalistas como para o público em geral, esse credenciamento uniforme que revestia a obra dos estudos orientalistas, e não o testemunho pessoal, nem o impressionismo subjetivo, é que significava Ciência.

Além da regulação opressiva das questões orientais, havia a atenção acelerada que as Potências (como eram chamados os impérios europeus) prestavam ao Oriente e ao Levante, em particular. Desde o Tratado de Chanak, de 1806, entre o Império Otomano e a Grã-Bretanha, a Questão Oriental havia pairado cada vez com mais proeminência nos horizontes mediterrâneos da Europa. Os interesses da Grã-Bretanha no Leste eram mais substanciais que os da França, mas não devemos esquecer os movimentos da Rússia em direção ao Oriente (Samarkand e Bokhara foram tomadas em 1868; a Ferrovia Transcaspiana estava sendo sistematicamente estendida), nem os da Alemanha e os da Áustria-Hungria. As intervenções da França no Norte da África, entretanto, não eram os únicos componentes de sua política islâmica. Em 1860, durante os confrontos entre os maronitas e os drusos no Líbano (já preditos por Lamartine e Nerval), a França apoiou os cristãos, a Inglaterra os drusos. Pois, muito próxima ao centro de toda a política europeia no Leste, estava a questão das minorias cujos "interesses" as Potências, cada uma a seu modo, afirmavam proteger e representar. Judeus, ortodoxos gregos e russos, drusos, circassianos, armênios, curdos, as várias pequenas seitas cristãs: todos esses eram objeto de estudos, planos e projetos das Potências Europeias, que improvisavam e construíam a sua política oriental.

Menciono essas questões apenas como um modo de manter vívida a imagem de camada sobre camada de interesses, erudição oficial, pressão institucional que cobriam o Oriente como tema de estudo e como território durante a última metade do século XIX. Mesmo o livro de viagem mais inócuo — e foram escritos literalmente centenas depois da metade do século[116] — contribuía para a densidade da percepção pública do Oriente; uma linha divisória fortemente demarcada separava as delícias, a miscelânea de proezas e o testemunho portentoso dos peregrinos individuais no Oriente (que incluíam uns viajantes americanos, entre eles Mark Twain e Herman Melville[117]) dos relatos autorizados de viajantes eruditos, missionários, funcionários governamentais e outras testemunhas especializadas. Essa linha divisória era clara na mente de Flaubert, como deve ter existido para qualquer consciência individual que não tivesse uma perspectiva inocente sobre o Oriente como terreno para exploração literária.

Os escritores ingleses em geral tinham uma noção mais acentuada e mais dura que os franceses sobre as possíveis consequências das peregrinações orientais. A Índia era uma constante valiosa e real nesse sentido, e assim todo o território entre o Mediterrâneo e a Índia adquiria, em correspondência, uma importância elevada. Por essa razão, escritores românticos como Byron e Scott tinham uma visão política do Oriente Próximo e uma consciência muito combativa de como as relações entre o Oriente e a Europa deveriam ser conduzidas. O senso histórico de Scott em *The talisman* e em *Count Robert of Paris* lhe permitiu ambientar esses romances na Palestina dos cruzados e na Bizâncio do século XI, respectivamente, sem ao mesmo tempo diminuir a sua sagaz apreciação política do modo como as potências agem no exterior. O fracasso de *Tancredo*, de Disraeli, pode ser, com facilidade, atribuído ao conhecimento, talvez desenvolvido em excesso, de seu autor sobre a política oriental e a rede de interesses do *establishment* britânico; o desejo ingênuo de Tancredo de visitar Jerusalém logo enreda Disraeli em descrições absurdas e complexas de como um chefe tribal libanês tenta controlar drusos, muçulmanos, judeus e europeus para obter vantagens políticas. No final do romance, a busca oriental de Tancredo mais ou menos desapareceu, porque não há nada na visão material das realidades orientais apresentada por Disraeli que possa nutrir os impulsos um tanto caprichosos do peregrino. Até George Eliot, que nunca visitou o Oriente, não conseguiu sustentar o equivalente judaico de uma peregrinação oriental em *Daniel Deronda* (1876), sem se perder nas complexidades das realidades britânicas que afetavam decisivamente o projeto oriental.

Assim, sempre que o tema oriental não era para o escritor inglês sobretudo uma questão estilística (como em *Rubáiyát*, de FitzGerald, ou em *Adventures of Hajji Baba of Ispahan*, de Morier), forçava-o a confrontar um conjunto de imponentes resistências à sua fantasia individual. Não há equivalentes ingleses para as obras orientais de Chateaubriand, Lamartine, Nerval e Flaubert, assim como os primeiros equivalentes orientalistas de Lane — Sacy e Renan — tinham muito mais consciência do quanto criavam no tema sobre o qual escreviam. A forma de obras como *Eothen* (1844), de Kinglake, e *Personal narrative of a pilgrimage to Al-Madinah and Meccah* [Narrativa pessoal de uma peregrinação a Medina e Meca] (1855-6), de Burton, é rigidamente cronológica e devidamente linear, como se o que os autores estivessem descrevendo fosse uma excursão de compras a um *bazaar* oriental, e não uma aventura. A obra de Kinglake, de fama e popularidade imerecidas, é um catálogo patético de etnocentrismos pomposos e relatos cansativamente indefinidos do Oriente de um inglês. Seu propósito ostensivo no livro é provar que a viagem no Oriente é importante para "moldar o caráter — isto é, a própria identidade", mas isso se revela pouco mais do que solidificar o antissemitismo, a xenofobia e o preconceito racial geral de múltiplas finalidades. Somos informados, por exemplo, que *As mil e uma noites* é uma obra demasiado viva e inventiva para ter sido criada por um "mero oriental, que, para fins criativos, é algo morto e seco — uma múmia mental". Embora Kinglake confesse alegremente não conhecer nenhuma língua oriental, essa sua ignorância não o impede de fazer generalizações abrangentes sobre o Oriente, sua cultura, mentalidade e sociedade. Muitas das atitudes que ele repete são canônicas, claro, mas é interessante como a experiência de ver a realidade do Oriente pouco afetou suas opiniões. Como muitos outros viajantes, ele está mais interessado em refazer a si mesmo e ao Oriente (morto e seco — uma múmia mental) do que em ver o que há ali para ser visto. Todo ser que ele encontra somente corrobora sua crença de que é melhor lidar com os orientais quando intimidados, e que melhor instrumento de intimidação do que um soberano ego ocidental? A caminho de Suez pelo deserto, sozinho, ele exulta com sua autossuficiência e poder: "Eu estava neste deserto africano, e *eu próprio, e nenhum outro, cuidava da minha vida*".[118] É para o objetivo de certa forma inútil de deixar que Kinglake tome conta de si mesmo que o Oriente lhe serve.

Como Lamartine antes dele, Kinglake identificava confortavelmente sua consciência superior com a da nação, a diferença sendo que, no caso do inglês, seu governo estava mais perto de estabelecer-se no resto do Oriente que a França — por enquanto. Flaubert percebeu isso com perfeita acuidade:

> Parece-me quase impossível que em pouco tempo a Inglaterra não se torne a senhora do Egito. Ela já mantém Aden entupida com suas tropas, a travessia do Suez tornará muito fácil que os casacos vermelhos cheguem ao Cairo numa bela manhã — a notícia atingirá a França duas semanas mais tarde e todos ficarão muito surpresos! Lembrem-se de minha predição: ao primeiro sinal de problema na Europa, a Inglaterra tomará o Egito, a Rússia tomará Constantinopla, e nós, por retaliação, nos faremos massacrar nas montanhas da Síria.[119]

Apesar de toda a sua individualidade alardeada, as visões de Lane expressam uma vontade pública e nacional a respeito do Oriente; seu ego é o instrumento da expressão dessa vontade, de modo algum o senhor dela. Não há evidências na sua escrita de que tenha lutado para criar uma nova opinião do Oriente; nem seu conhecimento, nem sua personalidade eram adequados para essa proeza, e essa é a grande diferença entre ele e Richard Burton. Como viajante, Burton foi um verdadeiro aventureiro; como erudito, podia enfrentar qualquer orientalista acadêmico da Europa; como caráter, tinha plena consciência da necessidade do combate entre ele próprio e os professores uniformizados que controlavam a Europa e o conhecimento europeu com um anonimato tão preciso e tanta firmeza científica. Tudo o que Burton escreveu atesta essa combatividade, raramente com um desprezo mais franco pelos seus oponentes do que no prefácio à sua tradução das *Mil e uma noites*. Ele parece ter experimentado um tipo especial de prazer infantil em demonstrar que conhecia mais que qualquer erudito profissional, que havia assimilado mais detalhes, que podia tratar o material com mais inteligência, tato e frescor.

Como disse antes, a obra de Burton, baseada em sua experiência pessoal, ocupa uma posição intermédia entre os gêneros orientalistas representados, de um lado, por Lane e, de outro, pelos escritores franceses de que tratei. Suas narrativas orientais são estruturadas como peregrinações e, no caso de *The land of Midian revisited*, como peregrinações realizadas pela segunda vez a sítios de significado ora religioso, ora político e econômico. Ele está presente como o personagem principal dessas obras, constituindo não só o centro da aventura fantástica e até da fantasia (como os escritores franceses), mas também o comentarista autorizado e o ocidental distanciado a falar sobre a sociedade e os costumes orientais (como Lane). Thomas Assad considerou-o, com razão, o primeiro de uma série de viajantes vitorianos ferozmente individualistas (os outros sendo Blunt e Doughty), que se distanciam, em tom e inteligência, de obras como *Discoveries in the ruins of Nineveh and Babylon* (1851), de Austen Layard, o célebre *The crescent and the cross* (1844), de Eliot Warburton, *Visit to the monasteries of the Levant* (1849), de Robert Curzon, e (uma obra que ele não menciona) o moderadamente divertido *Notes of a journey from Cornhill to Grand Cairo* (1845), de Thackeray.[120] Mas o legado de Burton é mais complexo do que o individualismo, precisamente porque na sua escrita podemos encontrar exemplificada a luta entre o individualismo e um forte sentimento de identificação nacional com a Europa (em especial a Inglaterra) como uma potência imperial no Oriente. Assad aponta com sensibilidade que Burton era um imperialista, apesar de toda a sua autoassociação compreensiva com os árabes; porém, o mais relevante é que Burton se julgava tanto um rebelde contra a autoridade (daí a sua identificação com o Oriente como um lugar de liberdade em relação à autoridade moral vitoriana) como um agente potencial da autoridade no Oriente. É a *maneira* dessa coexistência, entre dois papéis antagônicos para si mesmo, o que interessa.

O problema se reduz, na verdade, à questão do conhecimento do Oriente, sendo essa a razão pela qual uma consideração sobre o Orientalismo de Burton deve concluir nosso relato das estruturas e reestruturas do Oriente na maior parte do século XIX. Como aventureiro viajante, Burton se imaginava participando da vida dos povos em cujas terras vivia. Muito mais bem-sucedido que T. E. Lawrence, ele foi capaz de se tornar um oriental; não só falava a língua sem erros, como conseguiu penetrar no coração do islã e, disfarçado de médico indiano muçulmano, realizar a peregrinação a Meca. Mas a característica mais extraordinária de Burton é, creio eu, que ele sabia preternaturalmente até que ponto a vida humana na sociedade era regida por regras e códigos. Toda sua vasta informação sobre o Oriente, que pontilha toda página que escreveu, revela o conhecimento de que o Oriente, em geral, e o islã, em particular, eram sistemas de informação, comportamento e crença, de que ser um oriental ou um muçulmano significava conhecer certas coisas de uma certa maneira, e de que essas coisas estavam certamente sujeitas à história, à geografia e ao desenvolvimento da sociedade nas circunstâncias que lhe eram específicas. Nesse sentido, os seus relatos de viagem no Oriente nos revelam uma consciência que percebia tais coisas e era capaz de guiar uma trajetória narrativa nesse meio: ninguém que não conhecesse o árabe e o islã tão bem quanto Burton poderia ter ido tão longe a ponto de tornar-se realmente um peregrino a caminho de Meca e Medina. O que lemos, portanto, em sua prosa é a história de uma consciência que negocia seu caminho por uma cultura estranha em virtude de ter absorvido com sucesso seus sistemas de informação e comportamento. A liberdade de Burton residia em ter se livrado de suas origens europeias a ponto de ser capaz de viver como um oriental. Cada cena na *Pilgrimage* o mostra vencendo os obstáculos que o confrontam, um estrangeiro, num lugar estranho. Foi capaz dessa proeza porque tinha, para esse fim, suficiente conhecimento de uma sociedade estrangeira.

Em nenhum outro escritor sobre o Oriente sentimos que as generalizações sobre o oriental — por exemplo, as páginas sobre a noção de *Kayf* para o árabe ou sobre como a educação é adequada à mente oriental (páginas que são claramente escritas como uma refutação às afirmativas simplistas de Macaulay)[121] — resultam do conhecimento que o autor adquiriu sobre o Oriente por ali viver, por conhecê-lo de fato em primeira mão, por tentar verdadeiramente ver a vida oriental do ponto de vista de uma pessoa nela imersa. Mas o que não está nunca longe da superfície da prosa de Burton é outro senso que ela irradia, um senso de afirmação e dominação sobre todas as complexidades da vida oriental. Cada uma das notas ao pé da página de Burton, quer em *Pilgrimage*, quer em sua tradução de *As mil e uma noites* (o mesmo vale para seu "Ensaio Terminal" nessa tradução),[122] foi escrita para ser o testemunho de sua vitória sobre o sistema às vezes escandaloso do conhecimento oriental, um sistema que ele dominara sozinho. Pois, mesmo na prosa de Burton, o Oriente nunca nos é *dado* de forma direta; tudo a seu respeito nos é apresentado pelas intervenções bem informadas (e com frequência lascivas) de Burton, que nos lembram repetidamente como ele assumira a administração da vida oriental para os fins de sua narrativa. E é esse fato — pois, em *Pilgrimage*, é um fato — que eleva a consciência de Burton a uma posição de supremacia sobre o Oriente. Nessa posição, sua individualidade tem forçosamente um encontro, e até uma mistura, com a voz do Império, que é ela própria um sistema de regras, códigos e hábitos epistemológicos concretos. Assim, quando Burton nos diz em *Pilgrimage* que "o Egito é um tesouro a ser conquistado", que ele "é a recompensa mais tentadora que o Oriente estende à ambição da Europa, sem excetuar nem mesmo o Chifre de Ouro",[123] devemos reconhecer a voz do mestre altamente idiossincrático do conhecimento oriental que informa e nutre a voz da ambição europeia de dominar o Oriente.

As duas vozes de Burton, que se misturam numa única voz, pressagiam a obra de agentes orientalistas-*cum*-imperiais como T. E. Lawrence, Edward Henry Palmer, D. G. Hogarth, Gertrude Bell, Ronald Storrs, St. John Philby e William Gifford Palgrave, para citar apenas alguns escritores ingleses. A dupla intenção da obra de Burton é, ao mesmo tempo, usar sua residência oriental para observação científica *e* não sacrificar facilmente sua individualidade a esse fim. A segunda dessas duas intenções o leva inevitavelmente a submeter-se à primeira porque, como parecerá cada vez mais óbvio, ele é um europeu para quem o seu conhecimento da sociedade oriental só é possível para um europeu, com a autoconsciência europeia da sociedade como um grupo de regras e práticas. Em outras palavras, para ser um europeu no Oriente, e para ser um europeu munido de conhecimento, deve-se ver e conhecer o Oriente como um domínio regido pela Europa. O Orientalismo, que é o sistema do conhecimento europeu ou ocidental sobre o Oriente, torna-se assim sinônimo da dominação europeia do Oriente, e essa dominação controla efetivamente até as excentricidades do estilo pessoal de Burton.

Burton levou a afirmação do conhecimento pessoal, autêntico, simpático e humanístico do Oriente tão longe quanto possível na sua luta com o arquivo do conhecimento europeu oficial sobre o Oriente. Na história das tentativas do século XIX de restaurar, reestruturar e redimir todos os vários campos do conhecimento e da vida, o Orientalismo — como todas as outras disciplinas eruditas de inspiração romântica — teve uma importante contribuição. Pois não só o campo evoluiu de um sistema de observações inspiradas para o que Flaubert chamava um colégio regulado de erudição, como também reduziu ao papel de escriba imperial as personalidades de individualistas temíveis como Burton. Antes apenas um lugar, o Oriente tornou-se uma esfera de regras eruditas reais e domínio imperial potencial. O papel dos primeiros orientalistas, como Renan, Sacy e Lane, devia suprir o trabalho dos eruditos e o Oriente de uma *mise en scène*; os orientalistas posteriores, eruditos ou imaginativos, tomaram conta da cena com firmeza. Ainda mais tarde, como a cena requeria administração, tornou-se claro que as instituições e os governos eram melhores no jogo da administração que os indivíduos. Esse é o legado do Orientalismo do século XIX, do qual o século XX se tornou herdeiro. Devemos agora investigar, com a maior exatidão possível, o modo como o Orientalismo do século XX — inaugurado pelo longo processo da ocupação ocidental do Oriente da década de 1880 em diante — controlou com sucesso a liberdade e o conhecimento; em suma, o modo como o Orientalismo foi plenamente formalizado numa cópia muitas vezes repetida de si mesmo.

3. O ORIENTALISMO HOJE

> *On les apercevait tenant leurs idoles entre leurs bras comme des grands enfants paralytiques.*
>
> [Era possível divisá-los segurando seus ídolos entre os braços como grandes crianças paralíticas.]
> Gustave Flaubert,
> *La tentation de saint Antoine*

> *A conquista da terra, que significa sobretudo arrebatá-la daqueles que têm uma cor de pele diferente e narizes um pouco mais chatos que os nossos, não é algo bonito, quando se examina de perto a questão. O que a redime é apenas a ideia. Uma ideia por trás da conquista; não uma presunção sentimental, mas uma ideia; e uma crença altruísta na ideia — algo que se pode erguer, diante do qual se inclinar e oferecer um sacrifício [...]*
> Joseph Conrad, *O coração das trevas*

ORIENTALISMO LATENTE E MANIFESTO

No capítulo 1, tentei indicar o âmbito de pensamento e ação cobertos pela palavra "Orientalismo", usando como tipos privilegiados as experiências francesas e britânicas de e com o Oriente Próximo, o islã e os árabes. Nessas experiências, discerni uma relação rica e íntima, talvez até a mais íntima, entre o Ocidente e o Oriente. Essas experiências faziam parte de uma relação europeia ou ocidental muito mais ampla com o Oriente, porém o que mais parece ter influenciado o Orientalismo foi uma sensação bem constante de confronto experimentada pelos ocidentais que lidavam com o Leste. As noções limítrofes de Leste e Oeste, os graus variáveis de inferioridade e força projetadas, o alcance do trabalho realizado, os tipos de traços característicos atribuídos ao Oriente: todos esses fatores atestam uma divisão geográfica e imaginativa traçada voluntariamente entre o Leste e o Oeste, e experimentada durante muitos séculos. No capítulo 2, meu foco se estreitou muito. Estava interessado nas primeiras fases do que chamo Orientalismo moderno, que começou durante a última parte do século XVIII e os primeiros anos do século XIX. Como não pretendia que meu estudo se tornasse uma crônica narrativa do desenvolvimento dos estudos orientais no Ocidente moderno, propus em seu lugar uma exposição do surgimento, do desenvolvimento e das instituições do Orientalismo, à medida que essas se formavam contra o pano de fundo da história intelectual, cultural e política até cerca de 1870 ou 1880. Embora meu interesse no Orientalismo incluísse uma variedade ampla de eruditos e escritores imaginativos, não posso em absoluto afirmar que tenha apresentado mais que um retrato das estruturas típicas (e suas tendências ideológicas) que constituem o campo de estudo, as associações com outros campos e a obra de alguns de seus eruditos mais influentes. Minhas principais pressuposições operacionais eram — e continuam a ser — que os campos de estudo, tanto quanto as obras até do artista mais excêntrico, são restritos e influenciados pela sociedade, por tradições culturais, pela circunstância mundana e por influências estabilizadoras como as escolas, as bibliotecas e os governos; além disso, que tanto os escritos eruditos como os imaginativos nunca são livres, mas limitados nas suas imagens, pressuposições e intenções; e, finalmente, que os progressos feitos por uma "ciência" como o Orientalismo na sua forma acadêmica são menos objetivamente verdadeiros do que muitas vezes gostamos de pensar. Em suma, meu estudo até agora tentou descrever a *economia* que torna o Orientalismo um tema coerente, mesmo admitindo que, como ideia, conceito ou imagem, a palavra *Oriente* possui uma grande e interessante ressonância cultural no Ocidente.

Percebo que essas pressuposições não deixam de ter seu lado controverso. A maioria de nós supõe em geral que os estudos e a erudição progridem; eles melhoram, sentimos, à medida que o tempo passa e que mais informações são acumuladas, métodos são refinados e gerações posteriores de eruditos se aperfeiçoam com base nas anteriores. Além disso, possuímos uma mitologia da criação, na qual se acredita que o gênio artístico, um talento original ou um intelecto poderoso podem ultrapassar os limites de seu próprio tempo e lugar para colocar diante do mundo uma nova obra. Não teria sentido negar que ideias como essas possuem alguma verdade. Ainda assim, as possibilidades de trabalho que uma cultura apresenta a uma grande mente original jamais são ilimitadas, assim como é também verdade que um grande talento tem um respeito muito saudável pelo que outros realizaram antes e pelo que o campo já contém. A obra de predecessores, a vida institucional de um campo erudito, a natureza coletiva de qualquer empreendimento erudito: essas circunstâncias, para não falar das econômicas e sociais, tendem a diminuir os efeitos da produção do erudito individual. Um campo de estudos como o Orientalismo tem uma identidade cumulativa e corporativa, uma identidade que é particularmente forte dadas as suas associações com a erudição tradicional (os clássicos, a Bíblia, a filologia), as instituições públicas (governos, companhias comerciais, sociedades geográficas, universidades) e os escritos genericamente determinados (livros de viagem, livros de exploração, fantasia, descrição exótica). O resultado para o Orientalismo tem sido uma espécie de consenso: certas coisas, certos tipos de afirmação, certos tipos de obra parecem corretos ao orientalista. Ele constrói a sua obra e pesquisa com base nessas coisas, e elas, por sua vez, exercem forte pressão sobre os novos escritores e eruditos. Assim, o Orientalismo pode ser considerado um modo de escrita, visão e estudo regularizados (ou orientalizados), dominados por imperativos, perspectivas e vieses ideológicos ostensivamente adequados para o Oriente. O Oriente é ensinado, pesquisado, administrado e comentado segundo maneiras determinadas.

O Oriente que aparece no Orientalismo, portanto, é um sistema de representações estruturado por todo um conjunto de forças que introduziram o Oriente na erudição ocidental, na consciência ocidental e, mais tarde, no império ocidental. Se essa definição do Orientalismo parece mais política, é simplesmente porque acho que ele foi o produto de certas forças e atividades políticas. O Orientalismo é uma escola de interpretação cujo material é por acaso o Oriente, suas civilizações, povos e localidades. Suas descobertas objetivas — o trabalho de inúmeros eruditos dedicados que editaram e traduziram textos, codificaram gramáticas, escreveram dicionários, reconstruíram épocas mortas, produziram erudição positivistamente verificável — são e sempre foram condicionadas pelo fato de que suas verdades, como quaisquer verdades transmitidas pela linguagem, estão incorporadas na linguagem, e o que é a verdade da linguagem, perguntou Nietzsche certa vez, senão

> um exército móvel de metáforas, metonímias e antropomorfismos — em suma, uma soma de relações humanas que foram realçadas, transpostas e embelezadas poética e retoricamente, e que depois de um longo uso parecem firmes, canônicas e obrigatórias a um povo: as verdades são ilusões, sobre as quais esquecemos que é isso o que elas são.[1]

Talvez uma visão como a de Nietzsche nos pareça demasiado niilista, mas ao menos chamará a atenção para o fato de que, desde que passou a existir na consciência do Ocidente, o Oriente foi uma palavra a que mais tarde se acrescentou um amplo campo de significados, associações e conotações, e de que esses não se referiam necessariamente ao Oriente real, mas ao campo que circundava a palavra.

O Orientalismo não é somente uma doutrina positiva sobre o Oriente que existe num determinado momento no Ocidente; é também uma tradição acadêmica influente (quando nos referimos a um especialista acadêmico como um orientalista), bem como uma área de interesse definida por viajantes, empresas comerciais, governos, expedições militares, leitores de romances e de relatos de aventuras exóticas, historiadores naturais e peregrinos, para quem o Oriente é um tipo específico de conhecimento sobre lugares, povos e civilizações específicos. Tornou-se frequente, em relação ao Oriente, o uso de expressões peculiares, e essas expressões se assentaram com firmeza no discurso europeu. Por baixo das expressões, havia uma camada de doutrina sobre o Oriente; essa doutrina era modelada com as experiências de muitos europeus, todas convergindo para aspectos essenciais, como o caráter oriental, o despotismo oriental, a sensualidade oriental e coisas afins. Para qualquer europeu no decorrer do século XIX — e acho que se pode afirmar isso quase sem ressalvas — o Orientalismo era esse sistema de verdades, verdades no sentido que Nietzsche dava à palavra. É portanto correto dizer que todo europeu, no que podia falar sobre o Oriente, era consequentemente um racista, um imperialista e um etnocêntrico quase por inteiro. Parte da mordacidade imediata será removida desses rótulos se nos lembrarmos ainda que as sociedades humanas, ao menos as culturas mais avançadas, quase nunca ofereceram ao indivíduo algo que não fosse imperialismo, racismo e etnocentrismo para lidar com "outras" culturas. O Orientalismo, portanto, ajudou e foi ajudado por pressões culturais gerais que tendiam a tornar mais rígido o senso de diferença entre as regiões europeia e asiática do mundo. A minha afirmação é que o Orientalismo é, no fundamental, uma doutrina política, imposta ao Oriente porque esse era mais fraco que o Ocidente, que elidia a diferença do Oriente com a sua fraqueza.

Essa proposição foi introduzida acima, no capítulo 1, e quase tudo nas páginas que se seguiam tinha em parte a intenção de corroborá-la. A própria presença de um "campo" como o Orientalismo, sem equivalente correspondente no próprio Oriente, sugere a força relativa entre Oriente e Ocidente. Existe um imenso número de páginas sobre o Oriente, e elas revelam certamente um grau e uma quantidade de interação com o Oriente que são formidáveis; mas o indicador crucial da força ocidental é que não há possibilidade de comparar o movimento dos ocidentais para o leste (desde o fim do século XVIII) com o movimento dos orientais para o oeste. Deixando de lado o fato de que os exércitos orientais, os corpos consulares, os negociantes e as expedições científicas e arqueológicas estavam sempre indo em direção ao leste, o número de viajantes do Oriente islâmico para a Europa entre 1800 e 1900 é minúsculo, quando comparado com o número na outra direção.[2] Além disso, os viajantes orientais no Ocidente ali estavam para aprender, embasbacados com uma cultura adiantada; os objetivos dos viajantes ocidentais no Oriente eram, como vimos, de uma ordem diferente. Mais ainda, tem-se estimado que foram escritos cerca de 60 mil livros sobre o Oriente Próximo entre 1800 e 1950; não há um número nem de longe comparável de livros orientais sobre o Ocidente. Como aparato cultural, o Orientalismo é agressão, atividade, julgamento, persistência e conhecimento. O Oriente existia para o Ocidente, ou assim parecia a incontáveis orientalistas cuja atitude para com o objeto de seu trabalho era paternalista ou francamente condescendente — a não ser, é claro, que fossem antiquários: nesse caso o Oriente "clássico" era um crédito para *eles*, e não para o lamentável Oriente moderno. E depois, engordando o trabalho dos eruditos ocidentais, havia numerosas agências e instituições sem paralelos na sociedade oriental.

Esse desequilíbrio entre o Leste e o Oeste é obviamente uma função de padrões históricos mutáveis. Durante seu auge político e militar do século VIII ao XVI, o islã dominou tanto o Leste como o Oeste. Depois o centro do poder se deslocou na direção do Oeste, e agora no final do século XX parece estar se dirigindo de volta para o Leste. Meu relato sobre o Orientalismo do século XIX, no capítulo 1, deteve-se num período particularmente carregado na última parte do século, quando os aspectos frequentemente dilatórios, abstratos e projetivos do Orientalismo estavam prestes a assumir um novo sentido de missão mundana a serviço do colonialismo formal. É esse projeto e esse momento que quero agora descrever, em especial porque nos propiciará um importante pano de fundo para as crises do Orientalismo no século XX e o ressurgimento da força política e cultural no Oriente.

Em várias ocasiões, aludi a conexões entre o Orientalismo, como um corpo de ideias, crenças, clichês ou erudição sobre o

Oriente, e outras escolas de pensamento em geral na cultura. Ora, um dos desenvolvimentos importantes no Orientalismo do século XIX foi a destilação de ideias essenciais sobre o Oriente — sua sensualidade, sua tendência ao despotismo, sua aberrante mentalidade, seus hábitos de imprecisão, seu atraso — numa coerência separada e inconteste; assim, o fato de um escritor usar a palavra *oriental* era uma referência suficiente para o leitor identificar um corpo específico de informações sobre o Oriente. Essas informações pareciam ser moralmente neutras e objetivamente válidas; pareciam ter um status epistemológico equiparado ao da cronologia histórica ou da localização geográfica. Na sua forma mais básica, portanto, o material oriental não poderia na verdade ser violado pelas descobertas de ninguém, nem parecia ser jamais completamente reavaliado. Em vez disso, a obra de vários eruditos do século XIX e de escritores imaginativos tornou esse corpo essencial de conhecimento mais claro, mais detalhado, mais substancial — e mais distinto do "Ocidentalismo". No entanto, as ideias orientalistas podiam aliar-se a teorias filosóficas gerais (como aquelas sobre a história da humanidade e da civilização) e difundir hipóteses-de-mundo, como os filósofos às vezes as chamam; e de muitas maneiras os profissionais que contribuíam para o conhecimento oriental estavam ansiosos para expressar suas formulações e ideias, sua obra erudita, suas observações contemporâneas ponderadas, numa linguagem e numa terminologia cuja validade cultural derivava de outras ciências e sistemas de pensamento.

A distinção que estou fazendo é realmente entre uma positividade quase inconsciente (e com certeza intangível), que chamarei de Orientalismo *latente*, e as várias visões declaradas sobre sociedade, línguas, literaturas, história, sociologia orientais e outros tópicos afins, que chamarei de Orientalismo *manifesto*. Qualquer mudança que ocorra no conhecimento do Oriente é encontrada quase que apenas no Orientalismo manifesto; a unanimidade, a estabilidade e a durabilidade do Orientalismo latente são mais ou menos constantes. Nos escritores do século XIX que analisei no capítulo 2, as diferenças nas suas ideias sobre o

Oriente podem ser caracterizadas como diferenças exclusivamente manifestas, diferenças na forma e no estilo pessoal, poucas vezes no conteúdo básico. Cada uma delas mantinha intacta a separação do Oriente, sua excentricidade, seu atraso, sua indiferença silenciosa, sua penetrabilidade feminina, sua supina maleabilidade; é por isso que todo escritor sobre o Oriente, de Renan a Marx (ideologicamente falando), ou dos eruditos mais rigorosos (Lane e Sacy) às imaginações mais poderosas (Flaubert e Nerval), via o Oriente como um local que exigia a atenção, a reconstrução, até a redenção ocidental. O Oriente existia como um lugar isolado da principal corrente do progresso europeu nas ciências, nas artes e no comércio. Assim, todos os valores bons e ruins imputados ao Oriente pareciam ser funções de algum interesse ocidental altamente especializado em relação ao Oriente. Essa era a situação desde mais ou menos a década de 1870 até a primeira parte do século XX — mas permitam-me dar alguns exemplos que ilustram o que quero dizer.

No início do século XIX, as teses do atraso, degeneração e desigualdade orientais em relação ao Ocidente associavam-se muito facilmente a ideias sobre as bases biológicas da desigualdade racial. As classificações raciais encontradas em *Le règne animal*, de Cuvier, *Essai sur l'inégalité des races humaines*, de Gobineau, e *The dark races of man*, de Robert Knox, encontravam um parceiro solícito no Orientalismo latente. A essas ideias era acrescentado um darwinismo de segunda categoria, que parecia acentuar a validade "científica" da divisão das raças em adiantadas e atrasadas, ou europeias-arianas e orientais-africanas. Dessa forma, toda a questão do imperialismo, assim como era debatida no final do século XIX tanto por pró-imperialistas como por anti-imperialistas, levava adiante a tipologia binária das raças, culturas e sociedades adiantadas e atrasadas (ou subjugadas). *Chapters on the principles of international law* (1894), de John Westlake, argumenta, por exemplo, que as regiões do mundo designadas como "incivilizadas" (uma palavra que carrega o peso de pressuposições orientalistas, entre outras coisas) deviam ser anexadas ou ocupadas pelas potências adiantadas. Da mesma forma, as ideias de escritores como Carl Peters, Leopold de Saussure e Charles Temple recorriam ao binarismo adiantado/atrasado[3] tão centralmente advogado no Orientalismo do século XIX.

Junto com todos os outros povos designados, de forma variada, como atrasados, degenerados, incivilizados e retardados, os orientais eram vistos numa estrutura construída a partir do determinismo biológico e da censura moral-política. O oriental era, portanto, associado a elementos na sociedade ocidental (os delinquentes, os insanos, as mulheres, os pobres) que tinham em comum uma identidade mais bem descrita como lamentavelmente estrangeira. Os orientais raras vezes eram vistos ou olhados; eram devassados, analisados não como cidadãos, nem como um povo, mas como problemas a serem resolvidos ou confinados ou — como as potências coloniais cobiçavam abertamente o seu território — conquistados. O ponto é que a própria designação de algo como oriental implicava um julgamento avaliativo já acentuado e, no caso dos povos que habitavam o Império Otomano arruinado, um programa implícito de ação. Como o oriental era membro de uma raça subjugada, ele tinha de ser subjugado: era assim simples. O *locus classicus* para esse julgamento e ação deve ser encontrado em *Les lois psychologiques de l'évolution des peuples* (1894), de Gustave Le Bon.

Mas havia outros empregos para o Orientalismo latente. Se esse grupo de ideias permitia separar os orientais das potências adiantadas e civilizadoras, e se o Oriente "clássico" servia para justificar tanto o orientalista como seu desdém pelos orientais modernos, o Orientalismo latente também encorajava uma concepção peculiarmente (para não dizer invejosamente) masculina do mundo. Já me referi a isso de passagem em minha exposição sobre Renan. O homem oriental era isolado da comunidade total em que vivia e, na esteira de Lane, visto de um modo que conjuga desdém e medo. O próprio Orientalismo, além do mais, era uma província exclusivamente masculina; como tantas associações profissionais durante o período moderno, ele via a si e a seu tema com vendas sexistas sobre os olhos. Isso é evidente de maneira particular nos escritos de viajantes e romancistas: as mulheres são em geral criaturas de uma fantasia de poder masculina. Manifestam uma sexualidade ilimitada, são mais ou menos estúpidas e, acima de tudo, insaciáveis. Kuchuk Hanem de Flaubert é o protótipo dessas caricaturas, bastante comuns em romances pornográficos (por exemplo, *Aphrodite*, de Pierre Louÿs) cuja inovação era valer-se do Oriente para despertar interesse. Além disso, a concepção masculina do mundo, no seu efeito sobre o orientalista praticante, tende a ser estática, congelada, eternamente fixa. A própria possibilidade de desenvolvimento, transformação, movimento humano — no sentido mais profundo da palavra — é negada ao Oriente e ao oriental. Como uma qualidade conhecida e, em última análise, imobilizada ou improdutiva, eles vêm a ser identificados com um tipo ruim de eternidade: daí, quando o Oriente é visto positivamente, expressões como "a sabedoria do Leste".

Transferido de uma avaliação social implícita para outra grandiosamente cultural, esse Orientalismo masculino estático assumiu uma variedade de formas no final do século XIX, especialmente quando o islã estava em questão. Historiadores culturais tão respeitados como Leopold von Ranke e Jacob Burckhardt atacavam o islã como se estivessem lidando menos com uma abstração antropomórfica do que com uma cultura político-religiosa, sobre a qual as generalizações profundas eram possíveis e autorizadas: na sua *Weltgeschichte* (1881-8), Ranke falava do islã como derrotado pelos povos germânico-românicos, e nos "Historische fragmente" (notas inéditas de 1893), Burckhardt falava do islã como miserável, árido e trivial.[4] Essas operações intelectuais eram realizadas com muito mais perspicácia e entusiasmo por Oswald Spengler, cujas ideias sobre a personalidade do mago (tipificada no oriental muçulmano) impregnam *Der Untergang des Abendlandes* (1918-22) e a "morfologia" das culturas que advoga.

Essas noções difundidas com amplitude do Oriente dependiam da quase total ausência do Oriente na cultura ocidental contemporânea como uma força genuinamente sentida e experimentada. Por várias razões evidentes, o Oriente esteve sempre, em relação ao Ocidente, na posição do forasteiro e do parceiro mais fraco. Na medida em que os eruditos ocidentais tinham consciência dos orientais contemporâneos ou dos movimentos orientais de pensamento e cultura, esses eram percebidos quer como sombras silenciosas a serem animadas pelo orientalista, trazidas por ele à realidade, quer como um tipo de proletariado cultural e intelectual útil para a atividade interpretativa mais ilustre do orientalista, necessária para o seu desempenho como juiz superior, homem erudito, vontade cultural poderosa. Quero dizer que, nas discussões sobre o Oriente, o Oriente é uma ausência total, enquanto sentimos o orientalista e o que ele diz como presença; no entanto, não devemos esquecer que a presença do orientalista é possibilitada pela ausência efetiva do Oriente. Esse fato de substituição e deslocamento, como devemos chamá-lo, claramente exerce uma certa pressão sobre o orientalista, que acaba por degradar o Oriente, mesmo depois de ter dedicado muito tempo a elucidá-lo e expô-lo. De que outro modo se pode explicar a existência, na grande produção erudita do tipo que associamos a Julius Wellhausen e Theodor Nöldeke, de afirmações vazias, indiscriminadas que denigrem e anulam quase totalmente o tema escolhido? Assim Nöldeke podia declarar em 1887 que a soma total de sua obra como orientalista devia confirmar sua "má opinião" dos povos orientais.[5] Como Carl Becker, Nöldeke era um filo-helenista que curiosamente demonstrava seu amor pela Grécia manifestando uma taxativa aversão pelo Oriente, que afinal era o que ele estudava como erudito.

Um estudo muito inteligente e valioso do Orientalismo — *L'Islam dans le miroir de l'Occident* [O islã dentro do espelho do Ocidente], de Jacques Waardenburg — examina cinco especialistas importantes como criadores de uma imagem do islã. A metáfora do espelho-imagem criada por Waardenburg para o Orientalismo do final do século XIX e início do século XX é adequada. Na obra de cada um de seus eminentes orientalistas, há uma visão altamente tendenciosa — em quatro dentre cinco casos, até hostil — do islã, como se cada homem visse o islã como um reflexo da própria fraqueza escolhida. Cada erudito tinha conhecimentos profundos, e o estilo de sua contribuição era único. Os cinco orientalistas exemplificam o que havia de melhor e mais forte na tradição durante o período que vai aproximadamente da década de 1880 aos anos entre as guerras. Mas a apreciação de Ignaz Goldziher sobre a tolerância do islã para com as outras religiões era boicotada por sua aversão aos antropomorfismos de Maomé e à teologia e jurisprudência demasiado exteriores do islã; o interesse de Duncan Black Macdonald pela piedade e ortodoxia do islã era corrompido pela sua percepção do que ele considerava o cristianismo herético do islã; a compreensão de Carl Becker sobre a civilização islâmica fazia com que a visse como uma civilização tristemente estacionada; os estudos altamente refinados de C. Snouck Hurgronje sobre o misticismo islâmico (que ele considerava a parte essencial do islã) o levavam a um julgamento duro de suas limitações mutiladoras; e a extraordinária identificação de Louis Massignon com a teologia, a paixão mística e a arte poética muçulmanas o mantinha curiosamente implacável com o islã devido ao que ele considerava ser a irregenerada revolta islâmica contra a ideia da encarnação. As diferenças manifestas nos seus métodos parecem menos importantes que seu consenso orientalista sobre o islã: inferioridade latente.[6]

O estudo de Waardenburg tem a virtude adicional de mostrar como esses cinco eruditos partilhavam uma tradição intelectual e metodológica comum, cuja unidade era verdadeiramente internacional. Desde o primeiro congresso, em 1873, os eruditos nesse campo conhecem a obra uns dos outros e sentem a presença uns dos outros de uma forma muito direta. O que Waardenburg não enfatiza bastante é que a maioria dos orientalistas do final do século XIX também tinha ligações políticas entre si. Snouck Hurgronje passou diretamente de seus estudos do islã à condição de conselheiro do governo holandês sobre como lidar com suas colônias indonésias muçulmanas; Macdonald e Massignon eram muito procurados como conhecedores das questões islâmicas por administradores coloniais da África do Norte ao Paquistão; e, como diz Waardenburg (brevemente demais) em

284

certo momento, todos os cinco eruditos modelaram uma visão coerente do islã que exerceu uma ampla influência sobre os círculos governamentais por todo o mundo ocidental.[7] O que devemos acrescentar à observação de Waardenburg é que esses eruditos estavam completando, levando a um supremo refinamento concreto, a tendência existente desde os séculos XVI e XVII de tratar o Oriente não só como um vago problema literário, mas — segundo Masson-Oursel — como "un ferme propos d'assimiler adéquatement la valeur des langues pour pénétrer les moeurs et les pensées, pour forcer même des secrets de l'histoire"[8] [um firme propósito de assimilar adequadamente o valor das línguas para penetrar nos costumes e nos pensamentos, para forçar até a revelação de segredos da história].

Falei antes da incorporação e assimilação do Oriente, assim como essas atividades eram praticadas por escritores tão diferentes entre si como Dante e d'Herbelot. Há claramente uma diferença entre esses esforços e o que, no final do século XIX, tornara-se um empreendimento europeu cultural, político e material na verdade formidável. A disputa colonial pela África no século XIX não era absolutamente limitada à África, é claro. Nem a penetração do Oriente era um segundo momento súbito e dramático depois de anos de estudo erudito sobre a Ásia. O que devemos levar em conta é um longo e lento processo de apropriação, pelo qual a Europa, ou a consciência europeia do Oriente, passou de textual e contemplativa a administrativa, econômica e até militar. A mudança fundamental foi espacial e geográfica, ou melhor, foi uma mudança na qualidade da apreensão geográfica e espacial no que dizia respeito ao Oriente. A designação secular do espaço geográfico a leste da Europa como "oriental" era em parte política, em parte doutrinária, e em parte imaginativa; não implicava nenhuma conexão necessária entre a experiência real do Oriente e o conhecimento do que é oriental, e certamente Dante e d'Herbelot nada reivindicavam a respeito de suas ideias orientais a não ser o fato de serem corroboradas por uma longa tradição *erudita* (e não existencial). Mas quando Lane, Renan, Burton e as muitas centenas de viajantes e

285

eruditos europeus do século XIX discutem o Oriente, notamos de pronto uma atitude muito mais íntima e até possessiva para com o Oriente e as coisas orientais. Na forma clássica e muitas vezes temporalmente remota em que era reconstruído pelo orientalista, na forma precisamente real em que o Oriente moderno era experimentado, estudado ou imaginado, seu *espaço geográfico* era penetrado, elaborado, conquistado. O efeito cumulativo de décadas de um tratamento ocidental tão soberano transformou o espaço do Oriente, que passou de estrangeiro a colonial. O importante no final do século XIX não era *se* o Ocidente havia penetrado e possuído o Oriente, mas antes *como* os britânicos e os franceses pensavam ter realizado tal proeza.

O estudioso britânico do Oriente e, mais ainda, o administrador colonial britânico estavam lidando com um território no qual não havia dúvida de que o poder inglês estava verdadeiramente numa curva ascendente, mesmo que os nativos, diante das circunstâncias, se sentissem atraídos para a França e os modos de pensamento francês. No que dizia respeito ao espaço real do Oriente, entretanto, a Inglaterra estava de fato ali, a França não, exceto como uma sedutora frívola dos caipiras orientais. Não há melhor indicação dessa diferença qualitativa quanto a atitudes espaciais do que ver o que lorde Cromer tinha a dizer sobre o assunto, um tema que lhe era especialmente caro ao coração:

> As razões pelas quais a civilização francesa apresenta um grau especial de atração para os asiáticos e levantinos são simples. É, na verdade, mais atraente do que as civilizações da Inglaterra e da Alemanha, e, além disso, é de imitação mais fácil. Compare-se o inglês tímido e retraído, com seu exclusivismo social e hábitos insulares, ao francês vivaz e cosmopolita, que não sabe o que significa a palavra timidez, e que em dez minutos torna-se aparentemente amigo íntimo de qualquer conhecido casual que possa encontrar. O oriental semieducado não reconhece que o primeiro tem, de qualquer modo, o mérito da sinceridade, enquanto o último está frequentemente apenas desempenhando um papel. Ele

olha friamente para o inglês e corre a se atirar nos braços do francês.

As insinuações sexuais se desenvolvem mais ou menos naturalmente desse ponto em diante. O francês é todo sorrisos, espirituosidade, graça e elegância; o inglês é pesadão, trabalhador, baconiano, preciso. A argumentação de Cromer baseia-se, é claro, na solidez britânica em oposição ao poder de sedução francês sem nenhuma presença real na realidade egípcia. Cromer continua:

> Pode ser motivo de surpresa que o egípcio, com seu pequeno lastro intelectual, deixe de ver que há frequentemente uma falácia no fundo do raciocínio do francês, ou que ele prefira o brilho algo superficial do francês à atividade laboriosa e pouco atraente do inglês ou do alemão? Considerem, mais uma vez, a perfeição teórica dos sistemas administrativos franceses, seus elaborados detalhes e as medidas aparentemente tomadas para enfrentar toda contingência que possa surgir. Comparem essas características com os sistemas práticos do inglês, que estabelecem regras em poucos pontos principais e deixam uma massa de detalhes ao discernimento individual. O egípcio semieducado prefere naturalmente o sistema do francês, pois ele é, segundo todas as aparências exteriores, mais perfeito e de aplicação mais fácil. Além do mais, ele deixa de ver que o inglês deseja elaborar um sistema que se adaptará aos fatos com que tem de lidar, enquanto a principal objeção à aplicação dos procedimentos administrativos ao Egito é que os fatos quase com demasiada frequência têm de se conformar ao sistema já pronto.

Como há uma presença britânica real no Egito, e como essa presença — de acordo com Cromer — está ali não tanto para treinar a mente dos egípcios como "para formar o seu caráter", segue-se que as atrações efêmeras dos franceses são as de uma donzela bonita com "encantos um tanto artificiais", enquanto as dos ingleses pertencem a "uma matrona sóbria e mais velha, de valor moral talvez bem maior, mas de aparência exterior menos agradável".[9]

Subjacente ao contraste de Cromer entre a sóbria ama britânica e a coquete francesa está o puro privilégio da posição britânica no Oriente. "Os fatos com que ele [o inglês] tem de lidar" são mais complexos e interessantes do que qualquer coisa que o volúvel francês poderia apontar. Dois anos depois da publicação de seu *Modern Egypt* (1908), Cromer discorreu filosoficamente em *Ancient and modern imperialism*. Comparado com o imperialismo romano, com suas políticas francamente assimilacionistas, exploradoras e repressivas, o imperialismo britânico parecia preferível a Cromer, ainda que um pouco mais fraco. Em certos pontos, entretanto, os britânicos eram bastante claros, mesmo que "de um modo bastante obscuro, descuidado, mas caracteristicamente anglo-saxão", e seu império parecia indeciso entre "uma de duas bases — uma ocupação militar extensa ou o princípio da nacionalidade [para as raças subjugadas]". Mas essa indecisão era afinal de contas acadêmica, pois na prática Cromer e a própria Grã-Bretanha haviam optado contra "o princípio da nacionalidade". E depois havia outras coisas a serem observadas. Um ponto era que os ingleses não desistiriam do império. Outro era que o casamento entre nativos e ingleses era indesejável. Terceiro — e muito importante, creio eu —, Cromer pensava que a presença imperial britânica nas colônias orientais tinha um efeito duradouro, para não dizer cataclísmico, sobre as mentes e as sociedades do Oriente. A sua metáfora para expressar esse efeito é quase teológica, tão poderosa na mente de Cromer era a ideia da penetração ocidental nas terras orientais. "O país", diz ele, "sobre o qual passou uma vez o sopro do Ocidente pesadamente carregado de pensamento científico, deixando ao passar uma marca duradoura, jamais pode voltar a ser o que era antes."[10]

Em aspectos como esses, entretanto, a inteligência de Cromer estava longe de ser original. O que ele via e como o expressava eram moeda comum entre seus colegas tanto no *establish-*

ment imperial como na comunidade intelectual. Esse consenso é notavelmente verdadeiro no caso dos colegas vice-reais de Cromer, Curzon, Swettenham e Lugard. Lorde Curzon, em particular, sempre falava na língua franca imperial e, de modo ainda mais impertinente que Cromer, delineava a relação entre a Grã-Bretanha e o Oriente nos termos da posse de um grande espaço geográfico inteiramente às mãos de um eficiente senhor colonial. Na sua opinião, disse ele numa ocasião, o Império não era um "objeto de ambição", mas "em primeiro lugar um grande fato histórico, político e sociológico". Em 1909, ele lembrou aos delegados ao encontro da Conferência da Imprensa Imperial em Oxford que "aqui educamos seus governadores, administradores e juízes, seus professores, pregadores e advogados". E essa visão quase pedagógica do império tinha, para Curzon, um cenário específico na Ásia, que, como ele disse certa vez, nos obrigava a "fazer uma pausa e pensar".

Às vezes gosto de imaginar este grande edifício imperial como uma enorme estrutura semelhante a um "Palácio da Arte" tennysoniano, cujas fundações estão neste país, onde foram assentadas e devem ser mantidas por mãos inglesas, mas cujos pilares são as colônias; pairando sobre tudo isso, flutua a imensidão de um domo asiático.[11]

Com esse Palácio da Arte tennysoniano em mente, Curzon e Cromer eram membros entusiásticos de um comitê departamental formado em 1909 em prol de uma escola de estudos orientais. Além de observar tristemente que, se conhecesse o vernáculo, teria recebido ajuda durante as suas "viagens famélicas" na Índia, Curzon argumentava em favor dos estudos orientais como parte da responsabilidade britânica para com o Oriente. Em 27 de setembro de 1909, ele informou à Câmara dos Lordes que

a nossa familiaridade, não meramente com as línguas dos povos do Leste, mas com os seus costumes, os seus sentimentos, as suas tradições, a sua história e religião, a nossa capacidade de compreender o que pode ser chamado o gênio do Leste é a única base sobre a qual seremos talvez capazes de manter no futuro a posição que conquistamos, e nenhum passo que possa ser tomado para reforçar essa posição pode ser considerado indigno da atenção do Governo de Sua Majestade ou de um debate na Câmara dos Lordes.

Numa conferência em Mansion House sobre o tema cinco anos mais tarde, Curzon finalmente pôs os pontos nos is. Os estudos orientais não eram um luxo intelectual; eram, dizia ele,

> uma grande obrigação imperial. Na minha opinião, a criação de uma escola [de estudos orientais — devia tornar-se mais tarde a Escola de Estudos Orientais e Africanos da Universidade de Londres] como esta em Londres faz parte do equipamento necessário do Império. Aqueles de nós que, de um modo ou de outro, passamos vários anos no Leste, que consideramos esse período a parte mais feliz de nossas vidas, e que achamos que o trabalho que ali realizamos, grande ou pequeno, foi a mais alta responsabilidade que poderia ser colocada sobre os ombros dos ingleses, sentimos que há uma lacuna em nosso equipamento nacional que deve ser enfaticamente preenchida, e que aqueles na Cidade de Londres que, por meio de apoio financeiro ou qualquer outra forma de assistência ativa e prática, contribuem para preencher essa lacuna estarão cumprindo um dever patriótico para com o Império e promovendo a causa e a boa vontade entre a humanidade.[12]

Em grande medida, as ideias de Curzon sobre os estudos orientais derivam logicamente de um bom século de administração utilitária e de filosofia britânicas nas colônias orientais. A influência de Bentham e dos Mill sobre o governo britânico no Oriente (em particular na Índia) foi considerável e bem-sucedida em eliminar o excesso de regulamento e inovação; em vez disso, como Eric Stokes mostrou de forma convincente, o utilitarismo, combinado aos legados do liberalismo e evangelismo como filosofias do domínio britânico no Leste, enfatizava a importância racional de um executivo forte, armado com vários códigos legais e penais, um sistema de doutrinas sobre questões como fronteiras e arrendamento de terras, e por toda parte uma autoridade imperial supervisora e irredutível.[13] A pedra angular de todo o sistema era um conhecimento constantemente refinado do Oriente; por isso, quando as sociedades tradicionais correram a se tornar modernas sociedades comerciais, não houve perda do controle paternal britânico, nem tampouco perda de renda. Entretanto, quando se referiu um tanto deselegantemente aos estudos orientais como "o equipamento necessário do Império", Curzon estava expressando por meio de uma imagem estática as transações pelas quais os ingleses e os nativos realizavam os seus negócios e mantinham seus lugares. Desde os dias de sir William Jones, o Oriente fora o que a Grã-Bretanha governava e o que a Grã-Bretanha conhecia a seu respeito: a coincidência entre a geografia, o conhecimento e o poder, com a Grã-Bretanha sempre no lugar do senhor, era completa. Ter dito, como Curzon disse certa vez, que "o Leste é uma Universidade em que o erudito jamais cola grau" era outra maneira de dizer que o Leste requeria a sua presença ali mais ou menos para sempre.[14]

Mas havia também as outras potências europeias, a França e a Rússia entre elas, que deixavam a presença britânica sob constante (e talvez marginal) ameaça. Curzon estava certamente consciente de que todas as principais potências europeias tinham para com o mundo os mesmos sentimentos que a Grã-Bretanha experimentava. A transformação da geografia, que passou de "monótona e pedante" — a expressão de Curzon para o que fora então retirado da geografia como tema acadêmico — à "mais cosmopolita de todas as ciências", advogava *exatamente* essa nova predileção ocidental e difundida. Não é por nada que Curzon em 1912 disse à Sociedade Geográfica, da qual era presidente, que ocorreu uma revolução absoluta, não apenas na maneira e métodos de ensinar geografia, mas na estima que lhe devota a opinião pública. Hoje em dia consideramos o conhecimento geográfico uma parte essencial do conhecimento em geral. Pela ajuda da geografia, e por nenhuma outra maneira, compreendemos a ação de grandes forças naturais, a distribuição da população, o crescimento do comércio, a expansão das fronteiras, o desenvolvimento dos estados, as esplêndidas realizações da energia humana nas suas várias manifestações.

Reconhecemos a geografia como a criada da história. [...] A geografia é também uma ciência irmã da economia e da política, e qualquer um de nós que tenha tentado estudar geografia sabe que, no momento em que nos desviamos do campo geográfico, descobrimos estar cruzando as fronteiras da geologia, da zoologia, da etnologia, da química, da física e de quase todas as ciências afins. Portanto, temos motivos para dizer que a geografia é uma das principais ciências; que faz parte do equipamento necessário para uma concepção apropriada de cidadania, sendo um auxílio indispensável na produção de um homem público.[15]

A geografia era essencialmente o material que sustentava o conhecimento sobre o Oriente. Todas as características latentes e imutáveis do Oriente repousavam sobre a sua geografia, estavam nela enraizadas. Assim, por um lado, o Oriente geográfico nutria seus habitantes, garantia suas características e definia a especificidade desses traços; por outro lado, o Oriente geográfico solicitava a atenção do Ocidente, mesmo quando — por um desses paradoxos revelados tão frequentemente pelo conhecimento organizado — o Leste era Leste e o Oeste era Oeste. O cosmopolitismo da geografia constituía, na mente de Curzon, a sua importância universal para todo o Ocidente, cuja relação com o resto do mundo era de franca cobiça. Mas o apetite geográfico podia também assumir a neutralidade moral de um impulso epistemológico para descobrir, assentar, revelar —

como quando, em *O coração das trevas*, Marlow confessa ter uma paixão por mapas.

> Olhava por horas para a América do Sul, a África ou a Austrália, e me perdia em todas as glórias da exploração. Naquela época havia muitos espaços vazios sobre a terra, e quando eu via um que parecia particularmente convidativo num mapa (só que todos parecem assim) punha o dedo sobre a região e dizia: Quando crescer, vou até lá.[16]

Aproximadamente setenta anos antes de Marlow fazer essa declaração, não incomodava Lamartine que o espaço vazio num mapa fosse habitado por nativos; nem, teoricamente, havia qualquer reserva na mente de Emer de Vattel, a autoridade suíço-prussiana em lei internacional, quando em 1758 convidou os estados europeus a tomar posse de território habitado apenas por meras tribos errantes.[17] O importante era dignificar uma simples conquista com uma ideia, transformar o desejo de mais espaço geográfico numa teoria sobre a relação especial entre a geografia, de um lado, e os povos civilizados ou incivilizados, de outro. Mas a essas racionalizações acrescentou-se também uma contribuição nitidamente francesa.

Pelo fim do século XIX, as circunstâncias políticas e intelectuais coincidiam o bastante na França para tornar a geografia e a especulação geográfica (nos dois sentidos da palavra) um passatempo nacional atraente. O clima geral da opinião na Europa era propício; certamente os sucessos do imperialismo britânico falavam bastante alto por si mesmos. Entretanto, a França e os pensadores franceses sobre o tema sempre achavam que a Grã-Bretanha bloqueava um papel imperial francês até relativamente bem-sucedido no Oriente. Antes da guerra franco-prussiana, era grande o desejo de que muitas ilusões políticas sobre o Oriente fossem verdadeiras, e ele não estava confinado aos poetas e romancistas. Eis, por exemplo, Saint-Marc Girardin escrevendo na *Revue des Deux Mondes* em 15 de março de 1862:

La France a beaucoup à faire en Orient, parce que l'Orient attend beaucoup d'elle. Il lui demande même plus qu'elle ne peut faire; il lui remettrait volontiers le soin entier de son avenir, ce qui serait pour la France et pour l'Orient un grand danger: pour la France, parce que, disposée a prendre en mains la cause des populations souffrantes, elle se charge le plus souvent de plus d'obligations qu'elle n'en peut remplir; pour l'Orient, parce que tout peuple qui attend sa destinée de l'étranger n'a jamais qu'une condition précaire et qu'il n'y a de salut pour les nations que celui qu'elles se font elles-mêmes.[18]

[A França tem muito a fazer no Oriente, porque o Oriente espera muito da França. Ele lhe pede até mais do que ela pode fazer; ele lhe confiaria de bom grado todo o cuidado com o seu futuro, o que seria para a França e para o Oriente um grande perigo: para a França, porque, disposta a tomar nas mãos a causa das populações sofridas, ela assume, na maioria das vezes, mais obrigações do que aquelas que pode cumprir; para o Oriente, porque todo povo que espera seu destino do estrangeiro nunca tem senão uma condição precária, e porque não há salvação para as nações a não ser a que elas criam por si mesmas.]

De visões como essa Disraeli teria sem dúvida dito, como disse com frequência, que a França só tinha "interesses sentimentais" na Síria (que é o "Oriente" sobre o qual Girardin escrevia). A ficção das "populações sofridas" fora usada, é claro, por Napoleão, quando apelou aos egípcios contra os turcos e pelo islã. Durante os anos 30, 40, 50 e 60, as populações sofridas do Oriente estavam limitadas às minorias cristãs na Síria. E não havia nenhum registro de que "l'Orient" tivesse lançado um apelo à França por sua salvação. Teria sido bem mais verdadeiro dizer que a Grã-Bretanha estava no caminho da França no Oriente, pois mesmo que a França sentisse genuinamente obrigações para com o Oriente (e havia alguns franceses que as sentiam), era muito pouco o que a França podia fazer para se interpor entre a Grã-Bretanha e a imensa massa de terra que ela comandava da Índia ao Mediterrâneo.

Entre as consequências mais notáveis da Guerra de 1870 na França estavam um tremendo florescimento de sociedades geográficas e uma demanda poderosamente renovada de conquista territorial. No final de 1871, a Société de Géographie de Paris declarou já não estar limitada à "especulação científica". Instava os cidadãos a não "esquecerem que a nossa antiga preponderância foi contestada desde o dia em que deixamos de competir [...] nas conquistas da civilização sobre a barbárie". Guillaume Depping, um líder do que veio a ser chamado o movimento geográfico, afirmou em 1881 que durante a guerra de 1870 "quem triunfou foi o mestre-escola", querendo dizer que os verdadeiros triunfos eram os da geografia científica prussiana sobre o desleixo estratégico francês. O *Journal Officiel* do governo patrocinou número após número de textos centrados nas virtudes (e lucros) da exploração geográfica e da aventura colonial; num dos números, o cidadão podia aprender com De Lesseps sobre "as oportunidades na África" e com Garnier sobre "a exploração de Blue River". A geografia científica logo cedeu lugar à "geografia comercial", à medida que se insistia na conexão entre o orgulho nacional pela realização científica e civilizacional e o tema bastante rudimentar do lucro, devendo ser mais tarde canalizada para o apoio à conquista colonial. Nas palavras de um entusiasta: "As sociedades geográficas são formadas para quebrar o encanto fatal que nos mantém acorrentados a nossas praias". Para ajudar essa busca libertadora, todas as espécies de planos eram tramados, inclusive o recrutamento de Jules Verne — cujo "incrível sucesso", como se dizia, mostrava ostensivamente a mente científica num nível muito elevado de raciocínio — para chefiar "uma campanha de exploração científica ao redor do mundo", um projeto de criar um novo mar bem ao sul da costa norte-africana, além de um projeto para "ligar" a Argélia ao Senegal por uma ferrovia — "uma fita de aço", como a chamavam os projetistas.[19]

Grande parte do fervor expansionista na França durante a última terça parte do século XIX foi gerado a partir de um desejo explícito de compensar a vitória prussiana em 1870-1 e, não menos importante, a partir do desejo de igualar as realizações imperiais britânicas. Tão poderoso era esse último desejo, e derivado de uma tradição tão longa de rivalidade anglo-francesa no Oriente, que a França parecia literalmente assombrada pela Grã-Bretanha, ansiosa por alcançar e emular os britânicos em todas as coisas ligadas ao Oriente. Quando, no final da década de 1870, a Société Académique Indo-Chinoise reformulou as suas metas, achou importante "trazer a Indochina para o domínio do Orientalismo". Por quê? Para transformar a Cochinchina numa "Índia francesa". A ausência de propriedades coloniais substanciais era atribuída pelos militares àquela combinação de fraqueza militar e comercial na guerra com a Prússia, sem falar na inferioridade colonial duradoura e acentuada em relação à Grã-Bretanha. O "poder de expansão das raças ocidentais", argumentava um ilustre geógrafo, La Roncière Le Noury, "suas causas superiores, seus elementos, suas influências sobre os destinos humanos serão um belo estudo para os futuros historiadores". Mas apenas se as raças brancas derem vazão a seu gosto de viajar — uma das marcas de sua supremacia intelectual — é que a expansão colonial poderá ocorrer.[20]

De teses como essa provinha a visão do Oriente, comumente sustentada, como um espaço geográfico a ser cultivado, colhido e guardado. Em consequência, proliferaram as imagens do cuidado agrícola com o Oriente e de uma franca atenção sexual. Eis uma efusão típica de Gabriel Charmes, escrevendo em 1880:

Nesse dia, quando já não estaremos no Oriente, e quando outras grandes potências europeias lá estiverem, tudo estará terminado para o nosso comércio no Mediterrâneo, para o nosso futuro na Ásia, para o trânsito de nossos portos do sul. *Uma das fontes mais férteis de nossa riqueza nacional estará seca.* [Destaque meu]

Outro pensador, Leroy-Beaulieu, elaborou ainda mais essa filosofia:

> Uma sociedade coloniza quando, tendo chegado ela própria a um alto grau de maturidade e força, procria, protege, coloca em boas condições de desenvolvimento e torna viril uma nova sociedade a que deu origem. A colonização é um dos fenômenos mais complexos e delicados da fisiologia social.

A equação da autorreprodução com a colonização conduziu Leroy-Beaulieu à ideia um tanto sinistra de que tudo o que é vivo numa sociedade moderna é "ampliado por esse derramamento de sua atividade exuberante no exterior". Portanto, dizia ele,

> A colonização é a força expansiva de um povo; é seu poder de reprodução; *é sua ampliação e sua multiplicação pelo espaço*; é a sujeição do universo ou de uma vasta parte do universo à linguagem, aos costumes, às ideias e às leis desse povo.[21]

A ideia nesse ponto é que o espaço das regiões mais fracas ou subdesenvolvidas como o Oriente era visto como algo que atraía o interesse, a penetração, a inseminação dos franceses — em suma, a colonização. As concepções geográficas, literal e figurativamente, acabavam com as entidades separadas contidas pelos limites e fronteiras. Não menos do que os visionários empreendedores como De Lesseps, cujo plano era libertar o Oriente e o Ocidente de seus laços geográficos, os eruditos, os administradores, os geógrafos e os agentes comerciais franceses derramavam sua exuberante atividade sobre o Oriente feminino, claramente passivo. Havia as sociedades geográficas, cujo número e membros superavam os de toda a Europa por um fator de dois; havia organizações poderosas como o Comité de l'Asie Française e o Comité d'Orient; havia as sociedades eruditas, a principal sendo a Société Asiatique, com sua organização e membros firmemente implantados nas universidades, nos institutos e no governo. Cada uma à sua maneira, tornavam os interesses franceses no Oriente mais reais, mais substanciais. Quase um século inteiro do que então parecia um estudo passivo do Oriente se passara quando a França passou a enfrentar com destemor suas responsabilidades transnacionais, nas duas últimas décadas do século XIX.

Na única região do Oriente em que os interesses britânicos e franceses literalmente se sobrepunham, o território do então irremediavelmente enfermo Império Otomano, os dois antagonistas administravam seu conflito com uma coerência quase perfeita. A Grã-Bretanha estava *no* Egito e *na* Mesopotâmia; por meio de uma série de tratados quase fictícios com os chefes locais (sem poder), ela controlava o mar Vermelho, o golfo Pérsico e o canal de Suez, bem como a maior parte da massa de terras interposta entre o Mediterrâneo e a Índia. A França, por outro lado, parecia fadada a pairar sobre o Oriente, descendo de vez em quando para realizar planos que repetiam o sucesso de De Lesseps com o canal; na sua maior parte, esses planos eram projetos de ferrovias, como o planejado para cruzar mais ou menos o território britânico, a linha sírio-mesopotâmica. Além disso, a França se via como a protetora das minorias cristãs — maronitas, caldeias, nestorianas. Juntas, a Grã-Bretanha e a França estavam, em princípio, de acordo sobre a necessidade, quando chegasse a hora, de divisão da Turquia asiática. Não só antes como durante a Primeira Guerra Mundial, a diplomacia secreta estava inclinada a cortar o Oriente Próximo em esferas de influência, mandatos ou territórios ocupados. Na França, grande parte do sentimento expansionista formou-se durante o auge do movimento geográfico concentrado nos planos de divisão da Turquia asiática, tanto assim que em Paris, em 1914, "foi lançada na imprensa uma campanha espetacular" com esse fim.[22] Na Inglaterra, foram autorizados numerosos comitês para estudar e recomendar políticas sobre a melhor maneira de dividir o Oriente. De comissões como o Comitê Bunsen sairiam as equipes anglo-francesas, das quais a mais famosa foi a chefiada por Mark

Sykes e Georges Picot. Uma divisão equitativa do espaço geográfico era a regra desses planos, que também eram tentativas deliberadas de acalmar a rivalidade anglo-francesa. Pois, como Sykes disse num memorando,

> era claro [...] que um levante árabe deveria ocorrer mais cedo ou mais tarde, e que os franceses e nós próprios devemos nos entender melhor para que o levante não seja uma maldição em vez de uma bênção [...][23]

As animosidades continuaram. E a elas se acrescentou a irritação provocada pelo programa wilsoniano de autodeterminação nacional, que, como o próprio Sykes devia notar, parecia invalidar todo o esqueleto de planos coloniais e divisórios decididos em conjunto pelas Potências. Seria fora de lugar discutir neste ponto toda a história labiríntica e profundamente controversa do Oriente Próximo no início do século XX, quando seu destino estava sendo decidido entre as Potências, as dinastias nativas, os vários partidos e movimentos nacionalistas, os sionistas. O que importa mais imediatamente é a peculiar estrutura epistemológica pela qual o Oriente era visto, e a partir da qual as Potências agiam. Apesar de suas diferenças, os britânicos e os franceses viam o Oriente como uma entidade geográfica — e cultural, política, demográfica, sociológica e histórica — sobre cujo destino eles acreditavam possuir um direito tradicional. O Oriente não era para eles nenhuma descoberta repentina, nenhum mero acaso histórico, mas uma área a leste da Europa cujo principal valor era definido, de maneira uniforme, em termos da Europa, mais particularmente em termos específicos que reivindicavam para a Europa — para a ciência, erudição, compreensão e administração europeia — o crédito por ter feito do Oriente o que ele então era. E essa fora a realização — involuntária ou não, não vem ao caso — do Orientalismo moderno.

Havia dois métodos principais pelos quais o Orientalismo transmitia o Oriente ao Ocidente no início do século XX. O primeiro era por meio das capacidades disseminadoras da erudição moderna, seu aparato difusor nas profissões eruditas, nas universidades, nas sociedades profissionais, nas organizações exploratórias e geográficas, na indústria editorial. Tudo isso, como vimos, construído sobre a autoridade prestigiosa dos eruditos, viajantes e poetas pioneiros, cuja visão cumulativa modelara a quintessência do Oriente; a manifestação doutrinária — ou doxológica — de tal Oriente é o que venho chamando de Orientalismo latente. Quanto a qualquer um que desejasse fazer uma afirmação de alguma importância sobre o Oriente, o Orientalismo latente lhe fornecia uma capacidade enunciativa que podia ser usada, ou antes, mobilizada, e transformada num discurso sensato para a ocasião concreta do momento. Assim, quando Balfour falou sobre o oriental para a Câmara dos Comuns em 1910, ele devia sem dúvida ter em mente essas capacidades enunciativas na linguagem corrente e aceitavelmente racional de seu tempo, pelas quais algo chamado um "oriental" podia ser nomeado e comentado sem perigo de ficar obscuro demais. Mas, como todas as capacidades enunciativas e os discursos que elas possibilitam, o Orientalismo latente era profundamente conservador — isto é, dedicado a sua autopreservação. Transmitido de uma geração à outra, era uma parte da cultura, uma linguagem sobre uma porção da realidade tanto quanto a geometria ou a física. O Orientalismo sustentava sua existência, não em seu caráter aberto, na sua receptividade ao Oriente, mas na coerência interna e repetitiva sobre sua vontade-de-poder constitutiva sobre o Oriente. Dessa maneira o Orientalismo foi capaz de sobreviver a revoluções, a guerras mundiais e ao literal desmembramento de impérios.

O segundo método pelo qual o Orientalismo transmitia o Oriente ao Ocidente resultava de uma importante convergência. Por décadas os orientalistas haviam falado sobre o Oriente, haviam traduzido textos, haviam explicado civilizações, religiões, dinastias, culturas, mentalidades — como objetos acadêmicos, separados da Europa em virtude de seu inimitável caráter estrangeiro. O orientalista era um especialista, como Renan e Lane, cuja tarefa na sociedade era interpretar o Oriente para seus compatriotas. A relação entre o orientalista e o Oriente era essencialmente hermenêutica: posicionado diante de uma civilização ou movimento cultural distante, quase ininteligível, o erudito orientalista reduzia a obscuridade traduzindo, retratando com simpatia, captando interiormente o objeto de difícil alcance. Mas o orientalista permanecia fora do Oriente, que, por mais que se tornasse inteligível na aparência, continuava além do Ocidente. Essa distância cultural, temporal e geográfica era expressa em metáforas de profundidade, sigilo e promessa sexual: expressões como "os véus de uma noiva oriental" ou "o inescrutável Oriente" entraram na linguagem comum.

No entanto, quase paradoxalmente, a distância entre o Oriente e o Ocidente estava sendo reduzida durante todo o século XIX. Quando aumentaram os encontros comerciais, políticos ou de outra ordem existencial entre o Leste e o Oeste (das maneiras que temos discutido ao longo dessas páginas), desenvolveu-se uma tensão entre os dogmas do Orientalismo latente, apoiado em estudos do Oriente "clássico", e as descrições de um Oriente presente, moderno, manifesto, articulado por viajantes, peregrinos, estadistas e outros. Em algum momento impossível de determinar com precisão, a tensão causou uma convergência dos dois tipos de Orientalismo. Provavelmente — e isso é apenas uma especulação — a convergência ocorreu quando o Orientalismo, a começar por Sacy, passou a aconselhar os governos sobre o que era o Oriente moderno. Nesse ponto, o papel do conhecedor especialmente treinado e equipado assumiu mais uma dimensão: o orientalista podia ser considerado o agente especial do poder ocidental, quando esse tentava uma política vis-à-vis com o Oriente. Todo viajante europeu culto (e não tão culto) no Oriente sentia-se um ocidental representativo que conseguira se introduzir por baixo dos véus da obscuridade. Isso vale obviamente para Burton, Lane, Doughty, Flaubert e as outras figuras capitais que tenho discutido.

As descobertas dos ocidentais sobre o Oriente manifesto e moderno adquiriram uma premência insistente quando aumentou a expansão territorial ocidental no Oriente. Assim, o que o orientalista erudito definia como o Oriente "essencial" era às vezes desmentido, mas em muitos casos confirmado, quando o Oriente se tornou uma obrigação administrativa real. Sem dúvida, as teorias de Cromer sobre o oriental — teorias adquiridas no arquivo orientalista tradicional — foram plenamente confirmadas quando ele de fato governou milhões de orientais. Isso não valia menos para a experiência francesa na Síria, na África do Norte e em outros lugares nas colônias francesas existentes. Mas em nenhum período a convergência entre a doutrina do Orientalismo latente e a experiência do Orientalismo manifesto ocorreu mais dramaticamente do que quando, como resultado da Primeira Guerra Mundial, a Turquia asiática foi analisada pela Grã-Bretanha e pela França com vistas a seu desmembramento. Ali, deitado numa mesa de operação para a cirurgia, estava o Homem Doente da Europa, revelado em todas as suas fraquezas, características e contornos topográficos.

O orientalista, com seu conhecimento especializado, desempenhou um papel de importância inestimável nessa cirurgia. Já houvera indicações de seu papel crucial como um tipo de agente secreto *dentro* do Oriente quando o erudito britânico Edward Henry Palmer foi enviado ao Sinai em 1822 para avaliar o sentimento antibritânico e o possível emprego dessa tendência em nome da revolta de Arabi. Palmer foi morto no processo, mas ele foi apenas o mais infeliz dos muitos que executaram serviços similares para o Império, então uma atividade séria e exigente, confiada em parte ao "especialista" regional. Não foi por nada que outro orientalista, D. G. Hogarth, autor do famoso relato da exploração da Arábia adequadamente intitulado *The penetration of Arabia* (1904),[24] assumiu a chefia do Departamento Árabe no Cairo durante a Primeira Guerra Mundial. E tampouco foi por acaso que homens e mulheres como Gertrude Bell, T. E. Lawrence e St. John Philby, todos especialistas em Oriente, viajaram para lá como agentes do Império, amigos do Oriente, formuladores de políticas alternativas por causa de seu conhecimento íntimo e experimentado do Oriente e dos orientais. Eles formavam um "bando" — como Lawrence os chamou certa vez —, unidos por noções contraditórias e semelhanças pessoais: grande individualidade, simpatia e identificação intuitiva com o Oriente, um sentimento ciosamente preservado de missão pessoal na região, uma excentricidade cultivada, uma desaprovação final do Oriente. Para eles, todo o Oriente era a sua experiência direta e peculiar da região. Neles, o Orientalismo e uma práxis efetiva de lidar com o Oriente receberam sua forma europeia final, antes que o Império desaparecesse e passasse o seu legado a outros candidatos ao papel de potência dominante.

Individualistas dessa estirpe não eram acadêmicos. Logo veremos que foram beneficiários do estudo acadêmico do Oriente, sem pertencer em nenhum sentido ao grupo oficial e profissional dos eruditos orientalistas. Seu papel, entretanto, não era restringir o Orientalismo acadêmico, nem subvertê-lo, mas torná-lo efetivo. Na sua genealogia estavam pessoas como Lane e Burton, tanto por seu autodidatismo enciclopédico quanto pelo conhecimento acurado e quase erudito do Oriente que tinham obviamente desenvolvido ao lidar com os orientais ou escrever a seu respeito. Eles substituíram o estudo curricular do Oriente por uma espécie de elaboração do Orientalismo latente, que lhes era de fácil acesso na cultura imperial da época. Seu referencial erudito, assim como se apresentava, foi modelado por pessoas como William Muir, Anthony Bevan, D. S. Margoliouth, Charles Lyall, E. G. Browne, R. A. Nicholson, Guy Le Strange, E. D. Ross e Thomas Arnold, que também descendiam diretamente de Lane. Suas perspectivas imaginativas provinham principalmente do seu ilustre contemporâneo Rudyard Kipling, que cantara de forma tão memorável o "domínio sobre a palmeira e o pinheiro".

A diferença entre a Grã-Bretanha e a França nessas questões era perfeitamente coerente com a história de cada nação no Oriente: os britânicos estavam lá; os franceses lamentavam a perda da Índia e dos territórios intermediários. No final do século, a Síria se tornara o principal foco da atividade francesa, mas mesmo ali era uma questão de consenso comum que os franceses não igualavam os britânicos, quer na qualidade do pessoal, quer no grau de influência política. A competição anglo-francesa em torno dos despojos otomanos era sentida até no campo de batalha em Hejaz, na Síria, na Mesopotâmia — mas em todos esses lugares, observavam homens astutos como Edmond Bremond, os orientalistas franceses e os especialistas locais eram superados em brilho e manobras táticas pelos seus equivalentes britânicos.[25] À exceção de um gênio ocasional como Louis Massignon, não havia Lawrences, Sykeses ou Bells franceses. Mas havia imperialistas determinados como Étienne Flandin e Franklin-Bouillon. Proferindo uma palestra na Aliança Francesa de Paris em 1913, o conde de Cressaty, um imperialista vociferante, proclamou a Síria como o Oriente da França, o sítio dos interesses políticos, morais e econômicos franceses — interesses, acrescentou, que tinham de ser defendidos durante esta "âge des envahissants impérialistes" [era dos imperialistas invasores]; ainda assim, Cressaty observou que, mesmo com as firmas comerciais e industriais francesas no Oriente, com um número muito maior de estudantes nativos matriculados nas escolas francesas, a França era sempre empurrada de um lado para outro no Oriente, ameaçada não apenas pela Grã-Bretanha, mas pela Áustria, Alemanha e Rússia. Se a França quisesse continuar a prevenir "le retour de l'Islam" [o retorno do islã], faria melhor se tomasse conta do Oriente: esse era um argumento proposto por Cressaty e secundado pelo senador Paul Doumer.[26] Essas opiniões eram repetidas em numerosas ocasiões, e na verdade apenas a França foi bem-sucedida na África do Norte e na Síria depois da Primeira Guerra Mundial, mas a administração concreta e especial das populações orientais emergentes e dos territórios teoricamente independentes, de que os britânicos sempre se vangloriavam, era algo que os franceses sentiam que lhes fugia. Talvez, em última análise, seja de ordem estilística a diferença que sempre se sente entre o Orientalismo moderno britânico e o francês; a importância das generalizações sobre o Oriente e os orientais, o sentido de distinção preservado entre o Oriente e o Ocidente, o desejo de domínio ocidental sobre o Oriente — tudo isso é igual em ambas as tradições. Dos muitos elementos que compõem o que se costuma chamar "conhecimento especializado", o estilo — que resulta de circunstâncias específicas do mundo sendo moldadas pela tradição, pelas instituições, pela vontade e pela inteligência numa articulação formal — é um dos mais manifestos. É a esse determinante, a esse refinamento perceptível e modernizado do Orientalismo no início do século XX na Grã-Bretanha e na França, que devemos agora nos voltar.

ESTILO, PERÍCIA, VISÃO: A MUNDANIDADE DO ORIENTALISMO

O Homem Branco de Kipling, que aparece em vários poemas, em romances como *Kim* e em muitas frases de efeito como uma ideia, uma persona, um estilo de ser, parece ter servido a muitos britânicos enquanto estavam no exterior. A cor de sua pele os distinguia de forma dramática e tranquilizadora do mar de nativos, mas, para o britânico que circulava entre os indianos, os africanos ou os árabes, havia também o conhecimento seguro de que ele pertencia a uma longa tradição de responsabilidade executiva para com as raças de cor, podendo recorrer às reservas empíricas e espirituais dessa tradição. Foi sobre essa tradição, suas glórias e dificuldades, que Kipling escreveu quando celebrou o "caminho" tomado pelos Homens Brancos nas colônias:

> *Now, this is the road that the White Men tread*
> *When they go to clean a land —*
> *Iron underfoot and the vine overhead*
> *And the deep on either hand.*
> *We have trod that road — and a wet and windy road —*
> *Our chosen star for guide.*
> *Oh, well for the world when the White Men tread*
> *Their highway side by side!*[27]

[Ora, esta é a estrada que os Homens Brancos trilham
Quando vão limpar uma terra —

Sob os pés o ferro, a vinha sobre a cabeça
E o abismo em cada lado.
Já trilhamos essa estrada — úmida e tempestuosa —
Nossa estrela eleita por guia.
Oh, bom para o mundo quando os Homens Brancos trilham
A sua estrada lado a lado!]

"Limpar uma terra" é algo que os Homens Brancos fazem melhor num delicado entendimento entre si, uma alusão aos perigos presentes da rivalidade europeia nas colônias; pois, fracassando na tentativa de coordenar a política, os Homens Brancos de Kipling estão bem preparados para ir à guerra: "Liberdade para nós e liberdade para nossos filhos/ E, faltando liberdade, Guerra". Por trás da máscara de amável liderança do Homem Branco, há sempre a vontade expressa de usar a força, matar e ser morto. O que dignifica a sua missão é um senso de dedicação intelectual; ele é um Homem Branco, mas não por mero lucro, pois a sua "estrela eleita" está presumivelmente muito acima do ganho terreno. Sem dúvida, muitos Homens Brancos se perguntavam com frequência pelo que é que lutavam naquela "estrada úmida e tempestuosa", e sem dúvida um grande número deve ter se perguntado de que modo a cor de sua pele lhes dava status ontológico superior e enorme poder sobre grande parte do mundo habitado. Porém, no final, ser um Homem Branco, para Kipling e para aqueles cuja percepção e retórica ele influenciou, era uma atividade que confirmava a si mesma. Uma pessoa se tornava um Homem Branco porque era um Homem Branco; mais importante, "beber essa taça", viver aquele destino inalterável nos "dias do Homem Branco", deixava pouco tempo para a especulação ociosa sobre as origens, as causas, a lógica histórica.

Ser um Homem Branco era, portanto, uma ideia e uma realidade. Implicava uma posição racional para com o mundo branco e o não branco. Significava — nas colônias — falar de uma certa maneira, comportar-se de acordo com um código de regras, e até sentir certas coisas e não outras. Significava julgamentos, avaliações, gestos específicos. Era uma forma de autoridade diante da qual esperava-se que os não brancos, ou até os próprios brancos, se inclinassem. Nas formas institucionais que assumia (governos coloniais, corpos consulares, estabelecimentos comerciais), era um veículo para a expressão, difusão e implementação da política em relação ao mundo, e dentro desse veículo, embora fosse permitida uma certa latitude pessoal, regia a ideia comunal e impessoal de ser um Homem Branco. Ser um Homem Branco, em suma, era um modo muito concreto de estar-no-mundo, um modo de tomar conta da realidade, da linguagem e do pensamento. Tornava possível um estilo específico.

O próprio Kipling não poderia ter simplesmente acontecido; o mesmo vale para o seu Homem Branco. Essas ideias e seus autores surgem de circunstâncias históricas e culturais complexas, das quais ao menos duas têm muito em comum com a história do Orientalismo no século XIX. Uma delas é o hábito culturalmente sancionado de desenvolver grandes generalizações pelas quais a realidade é dividida em vários coletivos: línguas, raças, tipos, cores, mentalidades, cada categoria sendo menos uma designação neutra que uma interpretação avaliativa. Sublinhando essas categorias está a oposição rigidamente binômica de "nosso" e "deles", com o primeiro sempre invadindo o último (até o ponto de tornar o "deles" exclusivamente uma função do "nosso"). Essa oposição foi reforçada não só pela antropologia, pela linguística e pela história, mas também, é claro, pelas teses darwinianas sobre a sobrevivência e a seleção natural, e — não menos decisivo — pela retórica do alto humanismo cultural. O que dava a escritores como Renan e Arnold o direito a generalidades sobre a raça era o caráter oficial de sua formação cultural. Os "nossos" valores eram (digamos) liberais, humanos, corretos; apoiavam-se na tradição das *belles-lettres*, na erudição informada, na pesquisa racional; como europeus (e homens brancos) "nós" os partilhávamos toda vez que suas virtudes eram exaltadas. Ainda assim, as parcerias humanas formadas por reiterados valores culturais excluíam tanto quanto incluíam. Para toda ideia sobre a "nossa" arte expressa por Arnold, Ruskin, Mill,

Newman, Carlyle, Renan, Gobineau ou Comte, formava-se outro elo na cadeia que "nos" unia, enquanto outro estranho era banido. Mesmo que esse seja sempre o resultado dessa retórica, onde e quando ocorra, devemos nos lembrar que, para a Europa do século XIX, um imponente edifício de erudição e cultura era construído, por assim dizer, em face de elementos estranhos verdadeiros (as colônias, os pobres, os delinquentes), cujo papel na cultura era definir aquilo para que *eles* eram constitucionalmente inadequados.[28]

A outra circunstância comum à criação do Homem Branco e do Orientalismo é o "campo" sob o comando de cada um deles, bem como a percepção de que esse campo acarreta modos peculiares, até rituais, de comportamento, erudição e posse. Apenas um ocidental poderia falar dos orientais, por exemplo, assim como só o Homem Branco poderia designar e nomear os de cor ou não brancos. Toda afirmação feita por orientalistas ou Homens Brancos (que eram em geral intercambiáveis) transmitia uma percepção da distância irredutível que separa os brancos dos de cor, ou os ocidentais dos orientais; além disso, por trás de cada afirmação ressoava a tradição de experiência, erudição e educação, que mantinha o oriental de cor na sua posição de *objeto estudado pelo branco-ocidental*, em vez de vice-versa. Quando um Homem Branco estava numa posição de poder — como Cromer, por exemplo —, o oriental pertencia ao sistema de governo cujo princípio era simplesmente assegurar que não fosse permitido a nenhum oriental ser independente e governar a si mesmo. A premissa era que, como os orientais ignoravam o autogoverno, o melhor é que se mantivessem nessa ignorância para seu próprio bem.

Uma vez que o Homem Branco, como o orientalista, vivia muito próximo da linha de tensão que mantém os de cor à distância, ele sentia que lhe cabia definir e redefinir prontamente o domínio que estudava. Passagens de descrição narrativa alternam-se regularmente com passagens de definição e julgamento articulados que interrompem a narrativa; esse é um estilo característico da escrita produzida por especialistas orientais que operavam usando o Homem Branco de Kipling como uma máscara. Eis T. E. Lawrence escrevendo a V. W. Richards em 1918:

> [...] o árabe atraía a minha imaginação. É a antiga, antiga civilização, que se refinou livrando-se dos deuses domésticos e dos enfeites que a nossa se apressa a assumir. O evangelho da nudez de materiais é bom, e também envolve aparentemente uma espécie de nudez moral. Eles pensam para o momento, e esforçam-se por deslizar pela vida sem dobrar esquinas ou escalar morros. Em parte, é uma fadiga mental e moral, uma raça esgotada, e para evitar dificuldades eles têm de jogar fora muitas coisas que consideramos honradas e graves: no entanto, sem de modo algum partilhar o seu ponto de vista, creio poder compreendê-lo o bastante para olhar para mim mesmo e para outros estrangeiros a partir de sua perspectiva, sem condená-lo. Sei que sou um estranho para eles, e sempre serei; mas não acredito que sejam piores, assim como não poderia mudar a ponto de adotar os seus modos.[29]

Uma perspectiva semelhante, por mais diferente que possa parecer o tema em discussão, é encontrada nestas observações de Gertrude Bell:

> Quantos milhares de anos durou esse estado de coisas [isto é, que os árabes vivem num estado de guerra], aqueles que lerão os registros mais antigos do deserto interno nos dirão, pois ele é tão antigo quanto o primeiro desses registros, mas em todos esses séculos o árabe não adquiriu sabedoria com a experiência. Ele jamais está seguro, apesar de comportar-se como se a segurança fosse seu pão diário.[30]

Ao que, como uma glosa, deveríamos acrescentar a sua observação posterior, desta vez sobre a vida em Damasco:

> Começo a ver vagamente o que significa a civilização de uma grande cidade oriental, como eles vivem, o que pensam; e

consegui entrar num acordo com eles. Acredito que o fato de eu ser inglesa ajuda muito. [...] Subimos no conceito do mundo há cinco anos. A diferença é muito acentuada. Acho que se deve, em grande medida, ao sucesso de nosso governo no Egito. [...] A derrota da Rússia representa muito, e a minha impressão é que a política vigorosa de lorde Curzon no golfo Pérsico e na fronteira da Índia representa ainda mais. Quem não conhece o Oriente não percebe como ele é todo unido. Não é exagerado dizer que, se a missão inglesa tivesse sido forçada a retroceder dos portões de Cabul, o turista inglês só veria sobrancelhas franzidas nas ruas de Damasco.[31]

Em afirmações como essa, notamos imediatamente que "o árabe" ou "os árabes" têm uma aura de isolamento, definição e coerência coletiva a ponto de apagar todos os vestígios de árabes individuais com histórias de vida narráveis. O que atraía a imaginação de Lawrence era a clareza do árabe, como uma imagem e como uma suposta filosofia (ou atitude) para com a vida: em ambos os casos, aquilo em que Lawrence se fixa é o árabe como se visto da perspectiva purificadora de um não árabe, alguém para quem a simplicidade primitiva inconsciente que o árabe possui é algo definido pelo observador, nesse caso o Homem Branco. Mas o refinamento árabe, que nos seus elementos essenciais corresponde às visões de Yeats sobre Bizâncio, nas quais

Flames that no faggot feeds, flint nor steel has lit,
Nor storm disturbs, flames begotten of flame,
Where blood-begotten spirits come
And all complexities of fury leave[32]

[Flamas que graveto não nutre, sílex nem aço acende,
E tempestade não perturba, flamas geradas de flama,
Para onde vêm espíritos gerados do sangue
E de onde saem todas as complexidades da fúria]

está associado com a capacidade árabe de perdurar, como se o árabe não tivesse sido submetido aos processos comuns da história. De forma paradoxal, para Lawrence o árabe parece ter se exaurido na sua própria persistência temporal. A enorme era da civilização árabe serviu assim para refinar o árabe, depurando-o até a quintessência de seus atributos, e para esgotá-lo moralmente no processo. O que nos resta é o árabe de Bell: séculos de experiência e nenhuma sabedoria. Como entidade coletiva, portanto, o árabe não acumula nenhuma densidade existencial ou mesmo semântica. Ele permanece o mesmo, exceto pelos refinamentos cansativos mencionados por Lawrence, de um extremo a outro dos "registros do deserto interno". Devemos supor que, se *um* árabe sente alegria, se ele fica triste com a morte de seu filho ou de seus pais, se ele tem uma percepção das injustiças da tirania política, essas experiências estão necessariamente subordinadas ao fato simples, sem enfeites e persistente de ser um árabe.

O caráter primitivo desse estado existe simultaneamente em pelo menos dois níveis: primeiro, *na definição*, que é redutora; segundo (de acordo com Lawrence e Bell), *na realidade*. Essa coincidência absoluta não era em si mesma uma simples coincidência. Em primeiro lugar, só poderia ser feita a partir de fora por meio de um vocabulário e instrumentos epistemológicos, designados tanto para chegar ao coração das coisas como para evitar as distrações do acaso, circunstância ou experiência. Em segundo lugar, a coincidência era um fato resultante unicamente do método, da tradição e da política, todos operando juntos. Cada um, num certo sentido, obliterava as distinções entre o tipo — *o* oriental, *o* semita, *o* árabe, *o* Oriente — e a realidade humana comum, "o incontrolável mistério sobre o solo bestial" de Yeats, em que todos os seres humanos vivem. O investigador erudito considerava um tipo marcado "oriental" como idêntico a qualquer oriental individual que pudesse encontrar. Anos de tradição haviam coberto o discurso sobre temas como o espírito semítico ou oriental com alguma legitimidade. E o bom senso político ensinava, na expressão maravilhosa de Bell, que no

Leste "todas as coisas estão unidas". O caráter primitivo, portanto, era inerente ao Oriente, *era* o Oriente, uma ideia a que qualquer um que lidasse com o Oriente ou escrevesse a seu respeito tinha de retornar, como se a uma pedra de toque mais duradoura que o tempo e a experiência.

Há um modo excelente de compreender tudo isso que se aplicava aos agentes, especialistas e conselheiros brancos para o Oriente. O que importava a Lawrence e Bell era que suas referências aos árabes e aos orientais pertenciam a uma convenção de formulação reconhecível e autorizada, capaz de subordinar a si mesma os detalhes. Mas de onde, mais particularmente, vinham "o árabe", "o semita" ou "o oriental"?

Observamos como, durante o século XIX, em escritores como Renan, Lane, Flaubert, Caussin de Perceval, Marx e Lamartine, uma generalização sobre "o Oriente" tirava o seu poder da presumida representatividade de tudo o que era oriental; cada partícula do Oriente falava de seu caráter oriental, tanto assim que o atributo de ser oriental atropelava todo exemplo contrário. Um homem oriental era primeiro um oriental, e só em segundo lugar um homem. Essa tipificação radical era naturalmente reforçada pelas ciências (ou discursos, como prefiro chamá-los) que adotavam uma direção para baixo e para trás rumo à categoria das espécies, que também devia ser uma explicação ontogênica para cada membro das espécies. Assim, dentro de designações amplas e semipopulares como o "oriental", estavam sendo feitas algumas distinções mais cientificamente válidas; a maioria delas era baseada, de maneira prioritária, em tipos de língua — por exemplo, o semítico, o dravídico, o hamítico —, mas adquiria com rapidez o apoio de evidências antropológicas, psicológicas, biológicas e culturais. O "semítico" de Renan, por exemplo, era uma generalização linguística que, nas mãos de Renan, podia acrescentar a si própria toda a sorte de ideias paralelas tiradas da anatomia, da história, da antropologia e até da geologia. O "semítico" podia então ser empregado não só como uma simples descrição ou designação; podia ser aplicado a qualquer complexo de acontecimentos históricos e políticos para podá-

-los até um núcleo que fosse tanto anterior como inerente a eles. O "semítico" era, portanto, uma categoria transtemporal e transindividual que se propunha predizer todo ato distinto no comportamento "semítico" com base em alguma essência "semítica" preexistente, e também interpretar todos os aspectos da vida e da atividade humanas em relação a algum elemento "semítico" comum.

Parecerá misterioso o domínio peculiar dessas ideias relativamente punitivas sobre a cultura europeia liberal do século XIX, se não nos lembrarmos que o apelo de ciências como a linguística, a antropologia e a biologia era o fato de serem empíricas, de modo algum como o indo-europeu de Bopp, era um objeto construído, é verdade, mas era considerado lógico e inevitável como uma protoforma, levando-se em conta os dados cientificamente apreensíveis e empiricamente analisáveis de línguas semíticas específicas. Assim, ao se tentar formular um tipo linguístico prototípico e primitivo (bem como cultural, psicológico e histórico), havia também uma "tentativa de definir um potencial humano primário",[33] do qual derivavam de modo uniforme exemplos completamente específicos de comportamento. Ora, essa tentativa teria sido impossível, se não houvesse também a convicção — sob um enfoque empirista clássico — de que a mente e o corpo eram realidades interdependentes, ambos determinados, em sua origem, por um dado conjunto de condições geográficas, biológicas e quase históricas.[34] Desse conjunto, que não estava disponível à descoberta e introspecção do nativo, não havia saída subsequente. O viés antiquário dos orientalistas era sustentado por essas ideias empiristas. Em todos os seus estudos do islã, do budismo ou do zoroastrismo "clássicos", eles sentiam, como confessa o dr. Casaubon de George Eliot, que estavam agindo "como o fantasma de um antigo, errando pelo mundo e tentando mentalmente construí-lo como costumava ser, apesar da ruína e das confusas mudanças".[35]

Se essas teses sobre características linguísticas, civilizacionais e enfim raciais fossem apenas um lado de um debate acadêmico entre cientistas e eruditos europeus, poderíamos desconsiderá-

-las como material de cena para uma insignificante leitura dramática. A questão, porém, é que tanto os termos do debate como o próprio debate tiveram uma circulação muito ampla; na cultura do final do século XIX, como disse Lionel Trilling, "a teoria racial, estimulada por um nacionalismo que surgia e um imperialismo que se espalhava, apoiada por uma ciência incompleta e mal assimilada, era quase indisputável".[36] A teoria da raça, as ideias sobre as origens primitivas e as classificações primitivas, a decadência moderna, o progresso da civilização, o destino das raças brancas (ou arianas), a necessidade de territórios coloniais — todos esses elementos existiam no amálgama peculiar da ciência, da política e da cultura, cujo impulso, quase sem exceção, sempre elevava a Europa ou uma raça europeia ao domínio sobre porções não europeias da humanidade. Havia também um consenso geral de que, segundo uma variedade estranhamente transformada de darwinismo sancionada pelo próprio Darwin, os orientais modernos eram remanescentes degradados de uma antiga grandeza; as civilizações antigas ou "clássicas" do Oriente podiam ser percebidas em meio às desordens da decadência presente, mas apenas (a) porque um especialista branco com técnicas científicas altamente refinadas podia realizar as distinções e as reconstruções, e (b) porque um vocabulário de generalidades abrangentes (os semitas, os arianos, os orientais) não se referia a um conjunto de ficções, mas antes a todo um arranjo de distinções aparentemente objetivas e consensuais. Assim, um comentário sobre aquilo de que os orientais eram ou não eram capazes apoiava-se em "verdades" biológicas como as enunciadas em "Uma visão biológica de nossa política externa" (1896), de P. Charles Michel, em *The struggle for existence in human society* (1888), de Thomas Henry Huxley, *Social evolution* (1894), de Benjamin Kidd, *History of intellectual development on the lines of modern evolution* (1897-1901), e *The biology of British politics* (1904), de Charles Harvey.[37] Supunha-se que, se as línguas fossem tão distintas umas das outras como a linguística dizia que eram, também os usuários das línguas — suas mentes, suas culturas, seus potenciais e até seus corpos — seriam diferentes de modo similar. E essas distinções tinham por trás de si a força da verdade ontológica, empírica, junto com a demonstração convincente dessa verdade em estudos de origens, desenvolvimentos, caráter e destino.

O ponto a ser enfatizado é que essa verdade sobre as diferenças distintivas entre raças, civilizações e línguas era (ou pretendia ser) radical e inextirpável. Ia ao fundo das coisas, afirmava que não havia como escapar das origens e dos tipos que essas origens possibilitavam; traçava as fronteiras reais entre os seres humanos, nas quais as raças, as nações e as civilizações eram construídas; forçava a visão a se desviar do comum e das realidades humanas plurais como a alegria, o sofrimento, a organização política, obrigando a atenção a fixar-se na direção para baixo e para trás das origens imutáveis. Um cientista não podia escapar dessas origens na sua pesquisa, assim como um oriental não conseguia escapar aos "semitas", "árabes" ou "indianos", dos quais a sua presente realidade — aviltada, colonizada, atrasada — o excluía, a não ser para a apresentação didática do pesquisador branco.

A profissão da pesquisa especializada conferia privilégios únicos. Lembramos que Lane podia parecer um oriental e, ainda assim, conservar o seu distanciamento erudito. Os orientais que ele estudava tornavam-se de fato os *seus* orientais, pois ele os via não só como pessoas reais, mas como objetos monumentalizados no que relatava a seu respeito. Essa dupla perspectiva estimulava uma espécie de ironia estruturada. Por um lado, havia um grupo de pessoas vivendo no presente; por outro lado, essas pessoas — como o tema do estudo — tornavam-se "os egípcios", "os muçulmanos" ou "os orientais". Só o erudito podia ver e manipular a discrepância entre os dois níveis. A tendência do primeiro apontava sempre para uma maior variedade, mas essa variedade estava sendo sempre restringida, comprimida para baixo e para trás até o terminal *radical* da generalidade. Todo exemplo moderno e nativo de comportamento tornava-se uma efusão a ser enviada de volta ao terminal original, que era reforçado no processo. Esse tipo de "despacho" era precisamente a *disciplina* do Orientalismo.

A capacidade de Lane de lidar com os egípcios como seres presentes e como validações de rótulos *sui generis* era uma função da disciplina orientalista e das visões sustentadas em geral sobre o muçulmano ou semita do Oriente Próximo. Em nenhum povo mais que nos semitas orientais era possível ver o presente e a origem juntos. Os judeus e os muçulmanos, como temas do estudo orientalista, tornavam-se de imediato compreensíveis em vista de suas origens primitivas: essa era (e em certa medida ainda é) a pedra de toque do Orientalismo moderno. Renan chamara os semitas de um caso de desenvolvimento interrompido, e, na prática, isso passava a significar que, para o orientalista, nenhum semita moderno, por mais que se acreditasse moderno, poderia ultrapassar as afirmações organizadoras que suas origens lhe impunham. A regra funcional operava junto nos níveis temporal e espacial. Nenhum semita avançava no tempo além do desenvolvimento de um período "clássico"; nenhum semita jamais conseguia livrar-se do ambiente pastoral e deserto de sua tenda e de sua tribo. Toda manifestação da vida "semítica" real podia ser, e devia ser, referida à categoria explicativa primitiva de "o semítico".

O poder executivo desse sistema de referência, pelo qual cada caso distinto de comportamento real podia ser reduzido, para baixo e para trás, a um pequeno número de categorias "originais" explicativas, era considerável por volta do fim do século XIX. No Orientalismo, equivalia à burocracia na administração pública. O departamento era mais útil que o arquivo individual, e certamente o ser humano valia principalmente como oportunidade para criar um arquivo. Devemos imaginar o orientalista a trabalhar no papel de um escrivão que reunisse um sortimento muito amplo de arquivos num grande armário com o rótulo de "os semitas". Ajudado pelas recentes descobertas em antropologia comparada e primitiva, um erudito como William Robertson Smith podia agrupar os habitantes do Oriente Próximo e escrever sobre seu parentesco e seus costumes de casamento, sobre a forma e o conteúdo de sua prática religiosa. A força da obra de Smith é a sua desmitologização claramente radical dos semitas. As barreiras nominais apresentadas ao mundo pelo islã ou pelo judaísmo são afastadas; Smith usa a filologia e a mitologia semíticas e a erudição orientalista "para construir [...] uma imagem hipotética do desenvolvimento dos sistemas sociais, coerente com todos os fatos árabes". Se essa imagem consegue revelar as raízes anteriores e ainda influentes do monoteísmo no totemismo ou culto dos animais, o erudito foi bem-sucedido. E isso, diz Smith, apesar do fato de que "as nossas fontes maometanas cobrem com um véu, na medida do possível, todos os detalhes do velho paganismo".[38]

A obra de Smith sobre os semitas abrangia áreas como teologia, literatura e história; foi realizada com plena consciência da obra dos orientalistas (ver, por exemplo, o ataque selvagem de Smith em 1887 à *Histoire du peuple d'Israël*, de Renan) e, mais importante, com a intenção de ser uma ajuda para a compreensão dos semitas modernos. Pois Smith, creio eu, foi um elo crucial na cadeia intelectual que ligava o Homem-Branco-como--especialista ao Oriente moderno. Nem um átimo da sabedoria condensada, transmitida como conhecimento oriental por Lawrence, Hogarth, Bell e os outros, teria sido possível sem Smith. E até Smith, o antiquário erudito, não teria tido nem a metade da sua autoridade sem a experiência adicional e direta dos "fatos árabes". Foi a combinação, em Smith, da "compreensão" das categorias primitivas com a capacidade de perceber verdades gerais por trás das divagações empíricas do comportamento oriental contemporâneo que deu relevância a seus escritos. Além disso, foi essa combinação especial que prenunciou o estilo de especialização sobre o qual Lawrence, Bell e Philby construíram sua reputação.

Como Burton e Charles Doughty antes dele, Smith viajou no Hejaz, entre 1880 e 1881. A Arábia tem sido um lugar especialmente privilegiado para o orientalista, não só porque os muçulmanos tratam o islã como o *genius loci* da Arábia, mas também porque o Hejaz parece historicamente tão árido e atrasado quanto o é geograficamente; o deserto árabe é assim considerado um local a respeito do qual é possível fazer afirmações sobre o passado exatamente da mesma forma (e com o mesmo conteúdo) que é possível fazê-las sobre o presente. No Hejaz, pode-se falar sobre os muçulmanos, o islã moderno e o islã primitivo sem se dar ao trabalho de fazer distinções. A esse vocabulário sem fundamento histórico, Smith foi capaz de acrescentar o selo da autoridade de seus estudos semíticos. O que escutamos nos seus comentários é o ponto de vista de um erudito que domina *todos* os antecedentes do islã, dos árabes e da Arábia. Por isso:

> É característico do maometismo que todo o sentimento nacional assuma um aspecto religioso, na medida em que todo o estado e as formas sociais de um país muçulmano estão cobertos por uma vestimenta religiosa. Mas seria um erro supor que um genuíno sentimento religioso esteja no fundo de tudo que se justifica com a adoção de uma forma religiosa. Os preconceitos do árabe têm as suas raízes num conservadorismo mais profundo que sua crença no islã. Na verdade, é uma grande falha da religião do Profeta que ela se preste tão facilmente aos preconceitos da raça entre a qual foi promulgada pela primeira vez, e que tenha adotado sob a sua proteção tantas ideias bárbaras e obsoletas em que até Maomé deve ter percebido a ausência de valor religioso, mas que ele transferiu para o seu sistema a fim de facilitar a propagação de suas doutrinas reformadas. Mas muitos dos preconceitos que nos parecem muito nitidamente maometanos não têm nenhuma base no Corão.[39]

O "nos" na última frase desse trecho de lógica surpreendente define explicitamente a posição vantajosa do Homem Branco. Isso "nos" permite dizer na primeira frase que toda a vida política e social é "coberta" por uma vestimenta religiosa (assim o islã pode ser caracterizado como totalitário), depois dizer na segunda frase que a religião é apenas uma capa usada pelos muçulmanos (em outras palavras, todos os muçulmanos são essencialmente hipócritas). Na terceira frase, afirma-se que o islã — mesmo quando controlando a fé do árabe — não reformou realmente o conservadorismo pré-islâmico básico do árabe. Mas isso não é tudo. Pois, se o islã teve sucesso como religião, foi porque permitiu irresponsavelmente que esses preconceitos árabes "autênticos" se infiltrassem; por essa tática (agora vemos que foi uma tática da parte do islã) devemos culpar Maomé, que era afinal um criptojesuíta cruel. Mas tudo isso é mais ou menos apagado na última frase, quando Smith "nos" assegura que tudo o que tem dito sobre o islã é inválido, porque os aspectos essenciais que o Ocidente conhece do islã não são afinal "maometanos".

Os princípios de identidade e não contradição claramente não constrangem o orientalista. O que os anula é a perícia orientalista, baseada numa verdade coletiva irrefutável dentro da compreensão filosófica e retórica do orientalista. Sem a menor trepidação, Smith é capaz de falar sobre "o hábito monótono, prático e [...] constitucionalmente irreligioso da mente árabe", o islã como um sistema de "hipocrisia organizada", a impossibilidade de "sentir qualquer respeito pela devoção maometana, na qual o formalismo e a vã repetição são reduzidos a um sistema". Os seus ataques ao islã não são relativistas, pois ele não tem dúvida de que a superioridade da Europa e do cristianismo é real, não imaginária. No fundo, Smith tem uma visão do mundo binária, como fica evidente em passagens como a seguinte:

> O viajante árabe é totalmente diferente de nós. O trabalho de se mover de lugar para lugar é um mero incômodo para ele, ele não sente prazer com o esforço [como "nós" sentimos], e resmunga de fome ou fadiga com todas as suas forças [como "nós" não fazemos]. Nunca persuadiremos um oriental de que, apeado de seu camelo, é possível ter algum outro desejo que não seja acocorar-se em cima de um tapete e fazer um descanso (*isterih*), fumando e bebendo. Além do mais, o árabe fica pouco impressionado pela paisagem [mas "nós" nos impressionamos].[40]

"Nós" somos isto, "eles" são aquilo. Que árabe, que islã, quando, como, segundo que testes: essas parecem ser distinções irrelevantes para o escrutínio e a experiência de Smith no Hejaz. O ponto crucial é que tudo o que se pode conhecer ou aprender sobre os "semitas" e os "orientais" recebe imediata corroboração, não apenas nos arquivos, mas diretamente no local.

Dessa estrutura coerciva, pela qual um homem moderno "de cor" é acorrentado irrevogavelmente às verdades gerais formuladas sobre seus antepassados linguísticos, antropológicos e doutrinários prototípicos por um erudito europeu branco, derivava a obra dos grandes conhecedores orientais do século XX na Inglaterra e na França. A essa estrutura, esses conhecedores também acrescentavam sua mitologia e suas obsessões privadas, que em escritores como Doughty e Lawrence têm sido estudadas com considerável energia. Cada um — Wilfrid Scawen Blunt, Doughty, Lawrence, Bell, Hogarth, Philby, Sykes, Storrs — acreditava que sua visão das coisas orientais era individual, criada a partir de algum encontro intensamente pessoal com o Oriente, o islã ou os árabes; cada um expressava um desdém geral pelo conhecimento oficial que se tinha sobre o Leste. "O sol me fez árabe", escreveu Doughty em *Arabia deserta*, "mas nunca me vergou ao Orientalismo." Mas, na análise final, todos eles (exceto Blunt) expressavam o medo e a hostilidade ocidental tradicional em relação ao Oriente. Suas visões emprestavam um refinamento e um trejeito pessoal ao estilo acadêmico do Orientalismo moderno, com seu repertório de generalizações grandiosas, sua "ciência" tendenciosa da qual não havia apelação, suas fórmulas redutoras. (Doughty mais uma vez, na mesma página de zombaria do Orientalismo: "Os semitas são como um homem enfiado numa cloaca até os olhos, e com as sobrancelhas roçando o céu".[41]) Agiam, prometiam, recomendavam ações políticas públicas com base nessas generalizações; e, por uma extraordinária ironia, adquiriam a identidade de orientais brancos nas suas culturas natais — mesmo quando, nos casos de Doughty, Lawrence, Hogarth e Bell, o seu envolvimento profissional com o Leste (como o de Smith) não impedia que o menosprezassem por inteiro. O ponto principal para eles era preservar o Oriente e o islã sob o controle do Homem Branco.

Uma nova dialética emerge desse projeto. O que se requer do especialista em Oriente já não é simplesmente "compreensão": agora o Oriente deve ser forçado a mostrar um desempenho, o seu poder deve ser recrutado para o lado de "nossos" valores, civilização, interesses, metas. O conhecimento do Oriente é diretamente traduzido em atividade, e os resultados dão origem a novas correntes de pensamento e ação no Oriente. Mas essas, por sua vez, vão requerer do Homem Branco uma nova declaração de controle, desta vez não como autor de uma obra erudita sobre o Oriente, mas como criador da história contemporânea, criador do Oriente como realidade premente (que, como ele o começou, só o especialista pode compreender adequadamente). O orientalista tornava-se então uma figura da história oriental, indistinguível dela, o seu modelador, o seu *sinal* característico para o Ocidente. Eis a dialética em poucas palavras:

> Alguns ingleses, de quem Kitchener era o chefe, acreditavam que uma rebelião dos árabes contra os turcos tornaria a Inglaterra capaz de, combatendo a Alemanha, derrotar simultaneamente a sua aliada Turquia. O conhecimento que tinham da natureza, do poder e da região dos povos de língua árabe levava-os a pensar que o resultado dessa rebelião seria feliz: e indicavam seu caráter e método. Assim permitiram que começasse, tendo obtido para esse fim garantias de ajuda do governo britânico. Mas, ainda assim, a rebelião do xerife de Meca surgiu aos olhos da maioria como uma surpresa, e encontrou os aliados despreparados. Despertou sentimentos mistos e criou fortes amigos e inimigos, cujos ciúmes conflitantes fizeram com que suas atividades começassem a fracassar.[42]

Essa é a sinopse do próprio Lawrence para o capítulo 1 de *Os sete pilares da sabedoria*. O "conhecimento" de "alguns ingleses" provoca um movimento no Oriente cujas "atividades" criam um produto misto; as ambiguidades, os resultados meio imaginados e tragicômicos desse novo Oriente revivido tornam-se o tema de escritos especializados, uma nova forma de discurso orientalista que apresenta uma visão do Oriente contemporâneo, não como narrativa, mas como complexidade, problemática, esperança frustrada — com o autor orientalista branco como sua definição profética, articulada.

A derrota da narrativa pela visão — o que vale até para uma obra tão patentemente semelhante a uma narrativa como *Os sete pilares* — é algo que já encontramos em *Modern Egyptians* de Lane. Um conflito entre uma visão holística do Oriente (descrição, registro monumental) e uma narrativa de acontecimentos no Oriente é um conflito em vários níveis, envolvendo várias questões diferentes. Como o conflito é frequentemente renovado no discurso do Orientalismo, vale analisá-lo aqui de forma sucinta. O orientalista examina o Oriente a partir de uma posição superior, com o objetivo de tomar conta de todo o panorama que se espraia à sua frente — cultura, religião, mentalidade, história, sociedade. Para tal fim, ele deve ver todo detalhe por meio do estratagema de um conjunto de categorias redutoras (os semitas, a mentalidade muçulmana, o Oriente, e assim por diante). Como essas categorias são antes de mais nada esquemáticas e eficientes, e como mais ou menos se supõe que nenhum oriental pode conhecer a si mesmo assim como um orientalista o conhece, qualquer visão do Oriente, em última análise, busca sua coerência e força apoiando-se na pessoa, na instituição ou no discurso a que essa visão pertence. Qualquer visão abrangente é fundamentalmente conservadora, e temos observado, na história das ideias sobre o Oriente Próximo no Ocidente, como essas ideias têm se mantido a despeito de qualquer evidência que as conteste. (Na verdade, podemos argumentar que essas ideias produzem evidências que provam a sua validade.)

O orientalista é sobretudo um tipo de agente dessas visões abrangentes; Lane é um caso típico do modo como um indivíduo acredita ter subordinado suas ideias, ou até o que ele vê, às exigências de uma visão "científica" de todo o fenômeno conhecido coletivamente como o Oriente ou a nação oriental. A visão é, portanto, estática, assim como as categorias científicas que informam o Orientalismo do final do século XIX são estáticas: não há nenhum recurso além de "os semitas" ou "a mente oriental"; essas categorias são terminais finais que mantêm toda a variedade do comportamento oriental dentro de uma visão geral do campo inteiro. Como disciplina, como profissão, como linguagem ou discurso especializado, o Orientalismo se sustenta na permanência de todo o Oriente, pois sem "o Oriente" não pode haver o conhecimento coerente, inteligível e articulado chamado "Orientalismo". Dessa forma, o Oriente pertence ao Orientalismo, assim como se supõe que haja informações pertinentes que pertencem ao (ou sobre o) Oriente.

Contra esse sistema estático de "essencialismo sincrônico"[43] que tenho chamado de visão, porque presume que todo o Oriente pode ser visto panopticamente, há uma pressão constante. A fonte da pressão é narrativa, na medida em que, se for possível demonstrar que qualquer detalhe oriental se move ou se desenvolve, a diacronia é introduzida no sistema. O que parecia estável — e o Oriente é sinônimo de estabilidade e eternidade imutável — parece então instável. A instabilidade sugere que a história, com seu detalhe demolidor, suas correntes de mudança, sua tendência ao crescimento, declínio ou movimento dramático, é possível no Oriente e para o Oriente. A história e a narrativa, pela qual a história é representada, afirmam que a visão é insuficiente, que "o Oriente" como uma categoria ontológica incondicional comete uma injustiça para com o potencial da realidade para a mudança.

Além disso, a narrativa é a forma específica adotada pela história escrita para se opor à permanência da visão. Lane sentiu os perigos da narrativa quando se recusou a dar forma linear a si mesmo e a suas informações, preferindo o modelo monumental da visão enciclopédica ou lexicográfica. A narrativa afirma o poder dos homens para nascer, crescer e morrer, a tendência das instituições e realidades para a mudança, a probabilidade de que a modernidade e a contemporaneidade alcançarão finalmente as civilizações "clássicas"; acima de tudo, afirma que o domínio da realidade pela visão não é mais que uma vontade de poder, uma vontade de verdade e interpretação, e não uma condição objetiva da história. Em suma, a narrativa introduz um ponto de vista, uma perspectiva, uma consciência opostos à teia unitária da visão; viola as serenas ficções apolônicas afirmadas pela visão.

Quando, como resultado da Primeira Guerra Mundial, o Oriente foi forçado a entrar na história, o orientalista-como-agente é que realizou a proeza. Hannah Arendt fez a brilhante observação de que o equivalente da burocracia é o agente imperial,[44] o que significa que, se o empenho acadêmico coletivo chamado Orientalismo era uma instituição burocrática baseada numa certa visão conservadora do Oriente, os servidores dessa visão no Oriente eram agentes imperiais como T. E. Lawrence. Na sua obra, podemos ver muito claramente o conflito entre a história narrativa e a visão quando — nas suas palavras — o "novo imperialismo" tentou "impor responsabilidade aos povos locais [do Oriente]".[45] A competição entre as Potências Europeias fez com que incitassem o Oriente a uma vida ativa, pressionando o Oriente a prestar serviços, fazendo o Oriente sair da passividade "oriental" imutável para a vida moderna militante. Seria importante, ainda assim, jamais deixar que o Oriente seguisse seu próprio caminho ou saísse fora do controle, considerando a visão canônica de que os orientais não tinham tradição de liberdade.

O grande drama da obra de Lawrence é que ela simboliza a luta, primeiro, para incitar o Oriente (sem vida, sem tempo, sem força) ao movimento; segundo, para impor a esse movimento uma forma essencialmente ocidental; terceiro, para conter o novo Oriente despertado numa visão pessoal, cujo modo retrospectivo inclui uma poderosa sensação de fracasso e traição.

Minha intenção é criar uma nova nação, restaurar uma influência perdida, dar a 20 milhões de semitas o fundamento sobre o qual construir um inspirado palácio de sonhos com seus pensamentos nacionais. [...] Todas as províncias subjugadas do Império não valiam para mim um único inglês morto. Se restituí ao Oriente algum respeito por si mesmo, um objetivo, ideais: se tornei mais exigente o domínio padrão do branco sobre o vermelho, adaptei esses povos, numa certa medida, à nova nação em que as raças dominantes esquecerão as suas realizações brutas e os brancos, os vermelhos, os amarelos, os morenos e os negros se verão unidos, sem olhares desconfiados, a serviço do mundo.[46]

Nada disso, quer como intenção, quer como empreendimento real, quer como projeto fracassado, teria sido remotamente possível sem a perspectiva do orientalista branco no início:

O judeu no Metropole em Brighton, o avarento, o adorador de Adônis, o devasso na agitação de Damasco eram sinais similares da capacidade semítica para o prazer, e expressões da mesma energia que nos dava, no outro polo, a abnegação dos essênios, dos primeiros cristãos ou dos primeiros califas, que consideravam os caminhos para o céu mais favoráveis para o pobre de espírito. O semita pairava entre a sensualidade e a abnegação.

Lawrence é apoiado nessas declarações por uma tradição respeitável que se estende como o facho de luz de um farol por todo o século XIX; no centro que emana a luz está, é claro, o "Oriente", suficientemente poderoso para iluminar as topografias grosseiras e refinadas dentro do seu alcance. O judeu, o adorador de Adônis, o devasso de Damasco são menos sinais da humanidade, digamos, que de um campo semiótico chamado semítico e construído de forma coerente pelo ramo semítico do Orientalismo. Dentro desse campo, certas coisas eram possíveis:

Os árabes poderiam ser balançados sobre uma ideia como sobre uma corda, pois a submissão sem compromisso de suas mentes os tornava criados obedientes. Nenhum deles iria escapar do liame até obter sucesso, e com ele a responsabilidade, o dever e o comprometimento. Depois a ideia desaparecia e o trabalho terminava — em ruínas. Sem um credo, eles poderiam ser levados aos quatro cantos do mundo (mas não ao céu), se lhes mostrassem as riquezas da terra e seus prazeres; mas se na estrada [...] encontrassem o profeta de uma ideia, que não tinha onde repousar a cabeça e que dependia da caridade ou dos pássaros para ganhar o seu sustento, todos abandonariam a riqueza pela inspiração do profeta. [...] Eram instáveis como a água, e como a água talvez por fim prevalecessem. Desde a aurora da vida, em ondas sucessivas, eles vinham se arremessando contra as costas da humanidade. Cada onda era quebrada. [...] Uma dessas ondas (e não a menor delas), eu levantei e rolei diante do sopro de uma ideia, até que ela atingisse a sua crista, e desabasse e caísse sobre Damasco. A ressaca dessa onda, repelida pela resistência das coisas assentadas, fornecerá a matéria da onda seguinte, quando na plenitude do tempo o mar será mais uma vez erguido.

"Poderiam", "iria" e "se" são o modo de Lawrence se inserir no campo, por assim dizer. Assim é preparada a possibilidade para a última frase, em que, como manipulador dos árabes, Lawrence se coloca à sua frente. Como o Kurtz de Conrad, Lawrence se desligou da terra para se identificar com uma nova realidade a fim de poder ser responsável — diz mais tarde — por "apressar a tomar forma [...] a nova Ásia que o tempo estava inexoravelmente trazendo sobre nós".[47]

A Revolta Árabe só adquire significado quando Lawrence lhe atribui um sentido; o significado assim conferido à Ásia era um triunfo, "um estado de espírito expansivo [...] na medida em que sentíamos ter assumido a dor ou a experiência de um outro, a sua personalidade". O orientalista torna-se então o oriental representativo, ao contrário dos primeiros observadores participantes como Lane, para quem o Oriente era algo mantido cuidadosamente à distância. Mas há em Lawrence um conflito insolúvel entre o Homem Branco e o oriental e, embora não o diga de forma explícita, esse conflito essencial torna a encenar na sua mente o conflito histórico entre o Leste e o Oeste. Consciente de seu poder sobre o Oriente, consciente também de sua duplicidade, inconsciente de qualquer coisa no Oriente que lhe sugerisse que a história, afinal, é história e que mesmo sem ele os árabes acabariam cuidando de sua briga com os turcos, Lawrence reduz toda a narrativa da revolta (os seus sucessos momentâneos e o seu amargo fracasso) à *sua* visão de si mesmo como uma "guerra civil permanente" não resolvida:

> Mas, na verdade, tínhamos suportado o vicário por nós mesmos, ou ao menos porque estava apontado para o nosso benefício: e só poderíamos escapar desse conhecimento por um faz de conta no sentido e no motivo. [...]
>
> Não parecia haver um caminhar reto para nós, líderes, nesta faixa tortuosa de conduta; círculo dentro de círculo de motivos desconhecidos, envergonhados, cancelando ou sobrecarregando seus precedentes.[48]

A essa sensação íntima de derrota, Lawrence devia acrescentar mais tarde uma teoria sobre "os velhos" que lhe roubaram o triunfo. Em todo caso, o que importa para Lawrence é que como conhecedor branco, legatário de anos de sabedoria acadêmica e popular sobre o Oriente, ele é capaz de subordinar o seu estilo de ser ao deles, assumindo a partir de então o papel de profeta oriental que dá forma a um movimento "na nova Ásia". E quando, por qualquer razão, o movimento fracassa (é encampado por outros, seus objetivos são traídos, seu sonho de independência, invalidado), o que conta é o desapontamento de Lawrence. Longe de ser um mero homem perdido na grande precipitação de acontecimentos confusos, Lawrence se equipara plenamente à luta da nova Ásia que deve nascer. Enquanto Ésquilo representara a Ásia lamentando suas perdas, e Nerval expressara seu desapontamento no Oriente por ele não ser mais fascinante do que imaginara, Lawrence *torna-se* tanto o continente que lamenta, como uma consciência subjetiva que expressa um desencantamento quase cósmico. Por fim, Lawrence — graças não somente a Lowell Thomas e Robert Graves — e a visão de Lawrence se tornaram o próprio símbolo do problema oriental: Lawrence, em suma, assumiu a responsabilidade pelo Oriente ao entremear sua experiência sagaz entre o leitor e a história. Na verdade, o que Lawrence apresenta ao leitor é um poder cognitivo não mediado — o poder destinado a ser, por um breve tempo, o Oriente. Todos os acontecimentos atribuídos supostamente à Revolta Árabe histórica são finalmente reduzidos a experiências de Lawrence em nome da rebelião.

Nesse caso, portanto, o estilo não é apenas o poder de simbolizar generalidades tão enormes como a Ásia, o Oriente ou os árabes; é também uma forma de deslocamento e incorporação, pela qual uma voz se torna uma história inteira e — para o branco ocidental, como leitor ou escritor — o único tipo de Oriente que é possível conhecer. Assim como Renan mapeara o campo de possibilidades aberto aos semitas na cultura, no pensamento e na linguagem, assim também Lawrence cartografa o espaço (na realidade, apropria-se desse espaço) e o tempo da Ásia moderna. O efeito desse estilo é trazer a Ásia torturantemente para perto do Ocidente, mas apenas por um breve momento. Resta-nos, no final, uma percepção da distância patética que ainda "nos" separa de um Oriente destinado a carregar sua estranheza como uma marca de sua permanente separação do Ocidente. Essa é a conclusão decepcionante, corroborada (contemporaneamente) pelo final de *Passagem para a Índia*, de E. M. Forster, quando Aziz e Fielding tentam sem sucesso uma reconciliação:

> "Por que não podemos ser amigos agora?", disse o outro, segurando-o afetuosamente. "É o que desejo. É o que você deseja."
>
> Mas os cavalos não o desejavam — separaram-se com uma guinada; a terra não o desejava, erguendo rochedos pelos quais os cavaleiros deviam passar em fila indiana; os

templos, o tanque, a prisão, o palácio, os pássaros, a carniça, a Hospedaria, que apareceram a seus olhos quando saíram da passagem estreita e viram Mau lá embaixo: eles não o desejavam, diziam em suas centenas de vozes, "Não, ainda não", e o céu dizia, "Não, ali não".[49]

Esse estilo, essa definição compacta, é o que o Oriente sempre terá de confrontar.

Apesar de seu pessimismo, há uma mensagem política positiva por trás de suas frases. O abismo entre o Leste e o Oeste pode ser modulado, como Cromer e Balfour sabiam muito bem, pelo conhecimento superior e pelo poder ocidentais. A visão de Lawrence é complementada na França por *Une enquête aux pays du Levant*, de Maurice Barrès, o registro de uma viagem pelo Oriente Próximo em 1914. Como tantas obras anteriores, a *Enquête* é uma obra de recapitulação, e seu autor não só pesquisa fontes e origens da cultura ocidental no Oriente, mas também repete os passos de Nerval, Flaubert e Lamartine em suas viagens ao Oriente. Para Barrès, entretanto, há uma dimensão política adicional na sua viagem: ele busca provas e evidências conclusivas para um papel francês construtivo no Leste. Mas a diferença entre o conhecimento britânico e francês persiste: o primeiro administra uma conjunção real de povos e território, enquanto o último lida com um reino de possibilidade espiritual. Para Barrès, a presença francesa é mais bem vista nas escolas francesas em que, como ele diz sobre uma escola em Alexandria: "É encantador ver aquelas meninas orientais acolhendo e reproduzindo tão maravilhosamente a *fantaisie* e a melodia [no seu francês falado] da Île-de-France". Se a França não possui realmente nenhuma colônia ali, ela não é inteiramente desprovida de possessões:

Há, ali no Oriente, um sentimento sobre a França tão religioso e forte que é capaz de absorver e conciliar todas as nossas mais diversas aspirações. No Oriente, representamos a espiritualidade, a justiça e a categoria do ideal. A Inglaterra é poderosa ali; a Alemanha é todo-poderosa; mas nós possuímos almas orientais.

Discutindo de forma veemente com Jaurès, esse célebre doutor europeu propõe vacinar a Ásia contra suas próprias doenças, ocidentalizar os orientais, colocá-los em saudável contato com a França. No entanto, mesmo nesses projetos, a visão de Barrès preserva a própria distinção entre Leste e Oeste que afirma estar mitigando.

> Como seremos capazes de formar para nós próprios uma elite intelectual com que possamos trabalhar, composta de orientais que não seriam desenraizados, que continuariam a evoluir segundo suas próprias normas, que não deixariam de ser penetrados pelas tradições familiares, e que formariam assim uma ligação entre nós e a massa de nativos? Como criaremos relações com vistas a preparar o caminho para acordos e tratados que seriam a forma desejável assumida pelo nosso futuro político [no Oriente]? Todas essas coisas tratam, finalmente, de provocar nesses povos estranhos o gosto de manter contato com a nossa inteligência, *ainda que esse gosto possa de fato provir da própria consciência de seu destino nacional.*[50]

A ênfase na última frase é do próprio Barrès. Como, ao contrário de Lawrence e Hogarth (cujo livro *The wandering scholar* é o registro inteiramente informativo e não romântico de duas viagens ao Levante em 1896 e 1910),[51] ele escreve sobre um mundo de probabilidades distantes, Barrès está mais preparado para imaginar o Oriente que segue seu próprio caminho. Mas o liame (ou grilhão) entre o Leste e o Oeste que advoga é projetado para permitir uma constante variedade de pressão intelectual partindo do Oeste para o Leste. Barrès percebe as coisas não na forma de ondas, batalhas, aventuras espirituais, mas como o cultivo do imperialismo intelectual, tão inextirpável quanto sutil. A visão britânica, exemplificada por Lawrence, é a do

Oriente do pensamento dominante, de povos, organizações políticas e movimentos guiados e controlados pela tutela experiente do Homem Branco; o Oriente é o "nosso" Oriente, o "nosso" povo, os "nossos" domínios. As discriminações entre as elites e as massas são menos prováveis entre os britânicos que entre os franceses, cujas percepções e ações políticas sempre se baseavam nas minorias e nas pressões insidiosas da comunidade espiritual entre a França e seus filhos coloniais. O agente-orientalista britânico — Lawrence, Bell, Philby, Storrs, Hogarth — durante e após a Primeira Guerra Mundial assumia tanto o papel de conhecedor-aventureiro-excêntrico (criado no século XIX por Lane, Burton, Hester Stanhope) como o da autoridade colonial, cuja posição está em um lugar central próximo do governante nativo: Lawrence com os hashemitas e Philby com a casa de Saud são os dois exemplos mais conhecidos. O conhecimento oriental britânico se formou em torno de consenso, da ortodoxia e da autoridade soberana; o conhecimento oriental francês entre as guerras se preocupava com a heterodoxia, os laços espirituais, os excêntricos. Não é por acaso, portanto, que as duas principais carreiras eruditas desse período, uma britânica, a outra francesa, tenham sido as de H. A. R. Gibb e Louis Massignon: a primeira com o interesse definido pela noção de *sunna* (ou ortodoxia) no islã, a outra com o foco na figura teosófica sufista, quase igual a Cristo, de Mansur al-Hallaj. Retornarei a esses dois grandes orientalistas um pouco mais adiante.

Se nessa parte tenho me concentrado nos agentes imperiais e nos responsáveis pelas suas ações políticas, e não nos eruditos, é para acentuar o principal movimento no Orientalismo, no conhecimento sobre o Oriente, no diálogo com o Oriente: da atitude acadêmica para a *instrumental*. O que acompanha o movimento é uma mudança também na atitude do orientalista individual, que já não precisa se ver — como Lane, Sacy, Renan, Caussin, Müller e outros — como pertencente a uma espécie de comunidade corporativa com suas tradições e rituais internos. Agora o orientalista se tornou o representante de sua cultura ocidental, um homem que comprime dentro de seu texto uma dualidade capital de que essa obra (independentemente de sua forma específica) é a expressão simbólica: a consciência, o conhecimento, a ciência ocidentais apoderando-se das regiões mais remotas do Oriente bem como dos detalhes orientais mais diminutos. Formalmente, o orientalista se vê realizando a união do Oriente e do Ocidente, mas sobretudo para reafirmar a supremacia tecnológica, política e cultural do Ocidente. A história, nessa união, é radicalmente atenuada, se não banida. Vista como uma corrente de desenvolvimento, como um fio narrativo ou como uma força dinâmica que se desenrola sistemática e materialmente no tempo e no espaço, a história humana — do Leste ou do Oeste — está subordinada a uma concepção essencialista, idealista do Ocidente e do Oriente. Como sente estar bem na margem da linha divisória Leste-Oeste, o orientalista não só fala em vastas generalidades; ele também procura converter cada aspecto da vida oriental ou ocidental num sinal não mediado de uma ou outra metade geográfica.

O intercâmbio na escrita do orientalista entre o seu eu conhecedor e o seu eu observador e testemunhal como representante ocidental é elaborado de preferência quanto à visão. Eis uma passagem típica (citada por Gibb) da obra clássica de Duncan Macdonald *The religious attitude and life in Islam* (1909):

> Os árabes não se mostram especialmente fáceis na crença, mas teimosos, materialistas, questionadores, desconfiados, zombando de suas próprias superstições e usos, gostando de testes do sobrenatural — e tudo isso de um modo curiosamente irrefletido, quase infantil.[52]

O verbo central é *mostrar*, que nos dá a entender que os árabes se exibem (voluntária ou involuntariamente) ao e para o escrutínio dos conhecedores. O número de atributos a eles atribuídos, por seu conjunto apinhado de puras aposições, faz com que os "árabes" adquiram uma espécie de insignificância existencial; com isso, obriga-se os "árabes" a retornar à designação muito ampla, comum ao pensamento antropológico moderno, do "primitivo infantil". O que Macdonald também sugere é que, para essas descrições, há uma posição peculiarmente privilegiada ocupada pelo orientalista ocidental, cuja função representativa é precisamente *mostrar* o que precisa ser visto. Toda história específica é capaz de ser assim percebida no ápice, isto é, na fronteira melindrosa entre Oriente e Ocidente. A dinâmica complexa da vida humana — o que tenho chamado de a história como narrativa — torna-se irrelevante ou trivial em comparação com a visão circular pela qual os detalhes da vida oriental servem meramente para reafirmar o caráter oriental do objeto e o caráter ocidental do observador.

Se essa visão de certa maneira lembra a de Dante, não devemos absolutamente deixar de perceber a enorme diferença que existe entre esse Oriente e o de Dante. A evidência nesse ponto pretende ser (e provavelmente é considerada) científica; sua estirpe, quanto à genealogia, é a ciência intelectual e humana europeia durante o século XIX. Além disso, o Oriente não é uma maravilha simples, nem um inimigo, nem um ramo do exótico; é uma realidade política de grande e significativa importância. Como Lawrence, Macdonald não pode realmente separar suas características representativas como ocidental de seu papel como erudito. Assim, sua visão do islã, tanto quanto a de Lawrence sobre os árabes, implica a *definição* do objeto pela *identidade* da pessoa que define. Todos os orientais árabes devem ser adaptados à visão de um tipo oriental construído pelo erudito ocidental, bem como a um encontro específico com o Oriente em que o ocidental torna a captar a essência do Oriente como consequência de seu distanciamento íntimo em relação à região. Para Lawrence como para Forster, essa última sensação produz o desalento bem como o fracasso pessoal; para eruditos como Macdonald, reforça o próprio discurso orientalista.

E põe esse discurso em circulação no mundo da cultura, da política e da realidade. No período entre as guerras, como podemos facilmente julgar, digamos, pelos romances de Malraux, as relações entre o Leste e o Oeste assumiram um curso que era muito difundido e preocupante. Os sinais das reivindicações orientais de independência política estavam por toda parte; no Império Otomano desmembrado, esses indícios eram certamente estimulados pelos Aliados e, como é bem evidente em toda a Revolta Árabe e suas consequências, logo se tornavam problemáticos. O Oriente então parecia constituir um desafio, não apenas para o Ocidente em geral, mas para o espírito, o conhecimento e o império do Ocidente. Depois de um bom século de intervenção constante no Oriente (e no estudo do Oriente), o papel do Oeste num Leste que reagia ele próprio às crises da modernidade parecia consideravelmente mais delicado. Havia a questão da ocupação pura e simples; havia a questão dos territórios sob mandato; havia a questão da competição europeia no Oriente; havia a questão de lidar com as elites nativas, os movimentos populares nativos e as demandas nativas de autogoverno e independência; havia a questão de contatos civilizacionais entre o Oriente e o Ocidente. Essas questões forçavam a reconsideração do conhecimento ocidental do Oriente. Ninguém menos que Sylvain Lévi, presidente da Société Asiatique entre 1928 e 1935, professor de sânscrito no Collège de France, refletiu seriamente em 1925 sobre a urgência do problema Leste--Oeste:

> Nosso dever é compreender a civilização oriental. O problema humanístico, que consiste, do ponto de vista intelectual, em fazer um esforço compreensivo e inteligente para entender as civilizações estrangeiras nas suas formas passadas e futuras, propõe-se especificamente para nós franceses [embora sentimentos semelhantes pudessem ter sido expressos por um inglês: o problema era *europeu*] de um modo prático com relação a nossas grandes colônias asiáticas. [...]
>
> Esses povos são os herdeiros de uma longa tradição de história, de arte e de religião, cuja percepção eles não perderam de todo e que estão provavelmente ansiosos por prolongar. Temos assumido a responsabilidade de intervir no seu desenvolvimento, às vezes sem consultá-los, às vezes em resposta a seu pedido. [...] Pretendemos, correta ou erro-

neamente, representar uma civilização superior, e devido ao direito que nos é dado por essa superioridade, a qual afirmamos regularmente com tanta segurança a ponto de parecer incontestável aos nativos, temos questionado todas as suas tradições nativas. [...]

De modo geral, portanto, sempre que o europeu interveio, o nativo percebeu a si mesmo com uma espécie de desespero geral, realmente pungente por ele sentir que a totalidade de seu bem-estar, mais na esfera moral que simplesmente na material, em vez de aumentar, havia de fato diminuído. Tudo isso fez com que o fundamento de sua vida social parecesse frágil e ruísse debaixo de seus pés, e com que os pilares de ouro, sobre os quais pensara reconstruir sua vida, parecessem então não mais do que papelão pintado.

Esse desapontamento foi traduzido em rancor de uma extremidade à outra do Oriente, e esse rancor está agora muito perto de se transformar em ódio, e o ódio só espera o momento certo de se transformar em ação.

Se, por preguiça ou incompreensão, a Europa não realizar os esforços que tão somente os interesses dela exigem, *o drama asiático se aproximará do ponto de crise*.

É nesse momento que aquela ciência que é uma forma de vida e um instrumento de política — isto é, sempre que nossos interesses estão em jogo — deve a si mesma a tarefa de penetrar a intimidade da civilização e da vida nativas para descobrir seus valores fundamentais e características duráveis, em vez de sufocar a vida nativa com a ameaça incoerente das importações civilizacionais europeias. Devemos nos oferecer a essas civilizações, assim como oferecemos os nossos outros produtos, isto é, no mercado local [grifos no original].[53]

Lévi não tem dificuldade em ligar o Orientalismo com a política, pois a longa — ou melhor, a prolongada — intervenção ocidental no Leste não pode ser negada nas suas consequências para o conhecimento ou no seu efeito sobre o infeliz nativo; juntas, as duas coisas contribuem para o que poderia ser um futuro ameaçador. Apesar de todo seu humanismo expresso, de sua preocupação admirável com os semelhantes, Lévi concebe a presente conjuntura em termos desagradavelmente constritos. Imagina-se que o oriental sente seu mundo ameaçado por uma civilização superior; mas seus motivos são provocados não por um desejo positivo de liberdade, independência política ou realização cultural *em seus próprios termos*, mas pelo rancor ou pela malícia invejosa. A panaceia oferecida para essa mudança potencialmente feia da situação é que o Oriente seja mercadejado para um consumidor ocidental, disposto à sua frente como uma dentre inúmeras mercadorias que atraem a sua atenção. De um só golpe, desarma-se o Oriente (deixando que pense ser uma grandeza "igual" no mercado ocidental de ideias) e apaziguam-se os temores ocidentais de uma onda de maré oriental. No fundo, é claro, a principal ideia de Lévi — e sua confissão mais evidente — é que, se algo não for feito a respeito do Oriente, "o drama asiático se aproximará do ponto de crise".

A Ásia sofre, mas no seu sofrimento ameaça a Europa: a eterna, irritada fronteira resiste entre o Leste e o Oeste, quase inalterada desde a antiguidade clássica. O que Lévi diz como o mais augusto dos orientalistas modernos é ecoado com menos sutileza pelos humanistas culturais. Por exemplo: em 1925 o periódico francês *Les Cahiers du Mois* realizou um levantamento entre figuras intelectuais notáveis; os escritores investigados incluíam orientalistas (Lévi, Émile Senart), bem como literatos como André Gide, Paul Valéry e Edmond Jaloux. As perguntas tratavam das relações entre o Oriente e o Ocidente de um modo oportuno, para não dizer descaradamente provocador, e isso já indica algo sobre o ambiente cultural do período. Reconhecemos de imediato o modo como ideias do tipo promulgado na erudição orientalista atingem então o nível da verdade aceita. Uma pergunta indaga se o Oriente e o Ocidente são mutuamente impenetráveis (a ideia era de Maeterlinck) ou não; outra inquire se a influência oriental representava ou não "un peril grave" [um perigo grave] — palavras de Henri Massis — para o pensamento francês; uma terceira questiona sobre aqueles valores na cultura ocidental que explicam sua superioridade sobre o Oriente. A resposta de Valéry me parece digna de ser citada, tão diretas são as linhas de seu argumento e tão tradicionais, pelo menos no início do século XX:

> Do ponto de vista cultural, não acho que temos muito a temer *agora* da influência oriental. Ela não é desconhecida para nós. Devemos ao Oriente todos os primórdios de nossas artes e muito de nosso conhecimento. Podemos muito bem saudar o que agora vem do Oriente, se algo novo está vindo de lá — do que duvido muito. Essa dúvida é precisamente a nossa garantia e a nossa arma europeia.
>
> Além disso, a real questão nesses assuntos é *digerir*. Mas essa sempre foi, com igual precisão, a grande especialidade da mente europeia ao longo das eras. Nosso papel é, portanto, manter esse poder de escolha, de compreensão universal, de transformação de tudo em nossa substância, poderes que fizeram de nós o que somos. Os gregos e os romanos nos mostraram como lidar com os monstros da Ásia, como tratá-los pela análise, como extrair deles sua quintessência. [...] A bacia mediterrânea me parece ser um navio fechado para onde sempre acorreram as essências do vasto Oriente para ser condensadas. [Destaques e elipses no original][54]

Se a cultura europeia digeriu o Oriente, Valéry tinha certamente consciência de que uma agência específica para realizar essa tarefa foi o Orientalismo. No mundo dos princípios wilsonianos de autodeterminação nacional, Valéry se apoia confiantemente em analisar e assim descartar a ameaça do Oriente. "O poder de escolha" para a Europa consiste, sobretudo, primeiro em reconhecer o Oriente como a origem da ciência europeia, depois em tratá-lo como uma origem suplantada. Assim, em outro contexto, Balfour podia considerar que os habitantes nativos da Palestina tinham a prioridade sobre a terra, mas estavam muito longe da subsequente autoridade para mantê-la; os meros desejos de 700 mil árabes, dizia, não tinham importância em comparação com o destino de um movimento colonial essencialmente europeu.[55]

A Ásia representava, portanto, a desagradável probabilidade de uma súbita explosão que destruiria o "nosso" mundo; como disse John Buchan em 1922:

A terra está fervilhando com um poder incoerente e uma inteligência desorganizada. Já refletiram sobre o caso da China? Lá temos milhões de cérebros ativos abafados em tarefas ordinárias. Eles não têm direção, nem força motora, assim a soma de seus esforços é fútil e o mundo ri da China.[56]

Mas se a China se organizasse (como iria fazer), não seria o caso de rir. O esforço da Europa era, portanto, manter-se como o que Valéry chamava "une machine puissante"[57] [uma máquina poderosa], absorvendo o que podia de fora da Europa, convertendo tudo para o seu uso intelectual e material, mantendo o Oriente seletivamente organizado (ou desorganizado). Mas isso só poderia ser feito por meio de uma clareza de visão e análise. Se o Oriente não fosse visto como o que era, o seu poder — militar, material, espiritual — esmagaria mais cedo ou mais tarde a Europa. Os grandes impérios coloniais, os grandes sistemas de repressão sistemática existiam para afastar a eventualidade temida. Os súditos coloniais, como George Orwell os via em Marrakech em 1939, só deviam ser vistos como uma espécie de emanação continental, africana, asiática, oriental:

Quando se anda por uma cidade como esta — 200 mil habitantes, dentre os quais ao menos 20 mil não possuem literalmente nada exceto os trapos com que se mantêm de pé —, quando se vê como as pessoas vivem e, mais ainda, como elas morrem facilmente, é sempre difícil acreditar que se está caminhando entre seres humanos. Todos os impérios coloniais são na realidade fundados sobre esse fato.

As pessoas têm faces morenas — além do mais, elas têm tantas faces! São realmente da mesma carne que nós? Possuem mesmo nomes? Ou são meramente uma espécie de matéria morena indiferenciada, quase tão individuais quanto as abelhas ou os pólipos corais? Emergem da terra, suam e passam fome por alguns anos, e depois afundam de volta aos montes de pedras sem nome do cemitério, e ninguém nota que desapareceram. E até os próprios túmulos logo se dissolvem no solo.[58]

À parte os personagens pitorescos oferecidos aos leitores europeus na ficção exótica de escritores menores (Pierre Loti, Marmaduke Pickthail e outros do gênero), o não europeu conhecido dos europeus é exatamente o que Orwell diz a seu respeito. É uma figura cômica ou um átomo numa coletividade imensa, designado, num discurso comum ou cultivado, como um tipo indiferenciado chamado oriental, africano, amarelo, moreno ou muçulmano. A essas abstrações o Orientalismo havia acrescentado seu poder de generalização, convertendo exemplos de uma civilização em detentores ideais de seus valores, ideias e posições, os quais, por sua vez, os orientalistas haviam encontrado em "o Oriente" e transformado em moeda cultural comum.

Se refletimos que Raymond Schwab publicou sua brilhante biografia de Anquetil-Duperon em 1934 — e começou aqueles estudos que deviam inserir o Orientalismo no seu contexto cultural apropriado —, devemos também observar que o que ele fez estava em gritante contraste com seus colegas artistas e intelectuais, para quem o Oriente e o Ocidente ainda continuavam a ser as abstrações de segunda categoria que eram para Valéry. Não que Pound, Eliot, Yeats, Arthur Waley, Fenollosa, Paul Claudel (em sua *Connaissance de l'est*), Victor Ségalen e outros ignorassem "a sabedoria do Leste", como Max Müller a chamara algumas gerações antes. A cultura via o Oriente, e o islã em particular, com a desconfiança de que sua atitude erudita para com o Oriente sempre estivera impregnada. Um exemplo adequado dessa atitude contemporânea na sua forma mais explícita deve ser encontrado numa série de conferências sobre "O Ocidente e o Oriente", proferidas na Universidade de Chicago em 1924 por Valentine Chirol, um conhecido jornalista europeu de grande experiência no Leste; seu propósito era deixar claro para os americanos cultos que o Oriente não era tão distante quanto talvez acreditassem. Sua linha é simples: o Oriente e o Ocidente são irredutivelmente opostos um ao outro, e o Oriente — em particular o "maometismo" — é uma das "grandes forças mundiais" responsáveis pelas "mais profundas linhas de clivagem" no mundo.[59] As generalizações abrangentes de Chirol são, creio eu, adequadamente representadas pelos títulos de suas seis conferências: "O seu antigo campo de batalha"; "A morte do Império Otomano, o caso peculiar do Egito"; "O grande experimento britânico no Egito"; "Protetorados e mandatos"; "O novo fator do bolchevismo"; e "Algumas conclusões gerais".

A esses artigos relativamente populares sobre o Oriente, como os de Chirol, podemos acrescentar o testemunho de Élie Faure, que nas suas ruminações recorre, como Chirol, à história, à perícia cultural e ao contraste familiar entre o Ocidentalismo Branco e o Orientalismo de cor. Embora emitindo paradoxos como "le carnage permanent de l'indifférence orientale" [a carnificina permanente da indiferença oriental] (pois, ao contrário de "nós", "eles" não têm concepção de paz), Faure passa a mostrar que os corpos dos orientais são preguiçosos, que o Oriente não tem concepção de história, de nação ou de *patrie*, que o Oriente é essencialmente místico — e assim por diante. Faure argumenta que, se o oriental não aprender a ser racional, a desenvolver técnicas de conhecimento e positividade, não poderá haver *rapprochement* [aproximação] entre o Leste e o Oeste.[60] Um relato muito mais sutil e erudito do dilema Leste-Oeste pode ser encontrado no ensaio de Fernand Baldensperger "Où s'affrontent l'Orient et l'Occident intellectuels" [Onde se defrontam o Oriente e o Ocidente intelectuais], mas ele também fala de um desdém oriental inerente pela ideia, pela disciplina mental, pela interpretação racional.[61]

Pronunciados a partir das profundezas da cultura europeia por escritores que realmente acreditam estar falando em nome dessa cultura, esses lugares-comuns (pois são *idées reçues* perfeitas) não podem ser explicados simplesmente como exemplos de chauvinismo provinciano. Não se trata disso, e — como ficará evidente para qualquer um que conheça um pouco as outras obras de Faure e Baldensperger — eles são ainda mais paradoxais por não serem tal coisa. Seu substrato é a transformação da ciência profissional e exigente do Orientalismo, cuja função na cultura do século XIX fora restaurar para a Europa uma porção perdida da humanidade, mas que se tornara no século XX um instrumento de política e, mais importante, um código pelo qual a Europa podia interpretar tanto a si mesma como ao Oriente para si mesma. Por razões discutidas acima neste livro, o Orientalismo moderno já carregava dentro de si a marca do grande medo europeu do islã, e isso foi agravado pelos desafios políticos do *entre-deux-guerres* [entreguerras]. O meu ponto é que a metamorfose de uma subespecialidade filológica de certa forma inócua numa capacidade de controlar movimentos políticos, administrar as colônias, fazer declarações quase apocalípticas que representam a difícil missão civilizadora do Homem Branco — tudo isso está em andamento dentro de uma cultura pretensamente liberal, cheia de preocupações com suas normas alardeadas de universalidade, pluralidade e mentalidade aberta. De fato, o que ocorreu foi o oposto de liberal: o endurecimento da doutrina e do significado, revelados pela "ciência", transformados em "verdade". Pois, se essa verdade reservava para si mesma o direito de julgar o Oriente como imutavelmente oriental nos modos que tenho indicado, a liberalidade não era mais que uma forma de opressão e preconceito mental.

A extensão dessa iliberalidade não era — e não é — com frequência reconhecida, por razões que este livro está tentando explorar. É estimulante, entretanto, que essa iliberalidade tenha sido ocasionalmente questionada. Eis um exemplo tirado do prefácio de I. A. Richards para seu *Mencius on the mind* (1932); podemos facilmente substituir "chinês" por "oriental" no que segue.

Quanto aos efeitos de um conhecimento mais refinado do pensamento chinês, é interessante observar que um escritor longe de ser considerado ignorante ou descuidado como Etienne Gilson ainda pode falar da filosofia tomista, no prefácio inglês de seu *The philosophy of St. Thomas Aquinas*, como "a que aceita e reúne toda a tradição humana". É assim que todos nós pensamos, para nós o mundo ocidental é ainda o Mundo [ou a parte desse Mundo que conta]; mas um observador imparcial diria talvez que esse provincianismo é perigoso. E não podemos estar seguros de que não estamos sofrendo com seus efeitos.[62]

O argumento de Richards propõe reivindicações para o exercício do que ele chama Definição Múltipla, um tipo genuíno de pluralismo, com a combatividade dos sistemas de definição eliminada. Aceitando ou não sua oposição ao provincianismo de Gilson, podemos aceitar a proposição de que o humanismo liberal, do qual o Orientalismo foi historicamente um departamento, *retarda* o processo do significado ampliado ou em vias de ser ampliado pelo qual a verdadeira compreensão pode ser alcançada. O que substituiu o significado ampliado no Orientalismo do século XX — isto é, dentro do campo técnico — foi o tema mais imediatamente à mão.

O ORIENTALISMO ANGLO-FRANCÊS MODERNO EM SEU APOGEU

Como já nos acostumamos a pensar num conhecedor contemporâneo de algum ramo do Oriente ou de algum aspecto de sua vida como um especialista em "estudos de área", perdemos uma percepção vívida de como, até por volta da Segunda Guerra Mundial, o orientalista era considerado um generalista (com muito conhecimento específico, é claro) que tinha habilidades altamente desenvolvidas para fazer declarações sumárias. Por declarações sumárias quero dizer que, ao formular uma ideia relativamente pouco complicada, digamos, sobre a gramática árabe ou a religião indiana, o orientalista seria compreendido (e compreenderia a si mesmo) como alguém que faria uma declaração sobre o Oriente como um todo, com isso resumindo-o. Assim, todo estudo separado sobre um pouco do material oriental também confirmaria de modo resumido a profunda orientalidade do material. E, como se acreditava em geral que o Oriente era todo entrelaçado de um modo profundamente orgânico, fazia sentido em termos hermenêuticos perfeitamente aceitáveis que o erudito orientalista considerasse que a evidência material examinada conduziria, em última análise, a uma melhor compreensão de coisas como o caráter, a mente, o etos ou a visão de mundo dos orientais.

A maior parte dos primeiros dois capítulos deste livro apresentou argumentos semelhantes sobre períodos anteriores na história do pensamento orientalista. A diferenciação na sua história posterior que nos interessa neste ponto, entretanto, é a que existe entre os períodos imediatamente antes e depois da Primeira Guerra Mundial. Em ambos os casos, e também nos períodos anteriores, o Oriente é oriental não importa qual seja o caso específico, e não importa qual seja o estilo ou a técnica usado para descrevê-lo; a diferença entre os dois períodos em questão é a *razão* apresentada pelo orientalista para ver a orientalidade essencial do Oriente. Um bom exemplo do fundamento lógico pré-guerra pode ser encontrado na seguinte passagem de Snouck Hurgronje, tirada de sua resenha de 1899 de *Muhammedanisches Recht*, de Eduard Sachau:

> [...] a lei, que na prática tinha de fazer concessões cada vez maiores ao uso e costumes do povo e à arbitrariedade de seus governantes, retinha ainda assim uma influência considerável sobre a vida intelectual dos muçulmanos. Por isso continua a ser, e ainda é também para nós, um importante tema de estudo, não somente pelas razões abstratas ligadas com a história da lei, da civilização e da religião, mas também para fins práticos. Quanto mais íntimas se tornam as

relações da Europa com o Leste muçulmano, quanto mais países muçulmanos caem sob a suserania da Europa, mais importante é para nós, europeus, tomar conhecimento da vida intelectual, da lei religiosa e do substrato conceitual do islã.[63]

Embora Hurgronje admita que algo tão abstrato como "a lei islâmica" pode ceder ocasionalmente à pressão da história e da sociedade, ele está mais interessado em reter a abstração para uso intelectual, porque nas suas linhas gerais "a lei islâmica" confirma a disparidade entre o Leste e o Oeste. Para Hurgronje, a distinção entre Oriente e Ocidente não era mero clichê acadêmico ou popular: muito pelo contrário. Para ele, significava a relação de poder essencial e histórica entre os dois. O conhecimento do Oriente prova, realça ou aprofunda a diferença pela qual a suserania europeia (a expressão tem uma venerável linhagem oitocentista) é efetivamente estendida sobre a Ásia. Conhecer o Oriente como um todo é, portanto, conhecê-lo por ele estar confiado à nossa guarda, no caso de sermos ocidentais.

Uma passagem quase simétrica à de Hurgronje deve ser encontrada no parágrafo final do artigo de Gibb sobre "Literatura" em *The legacy of Islam*, publicado em 1931. Depois de descrever os três contatos casuais entre o Leste e o Oeste até o século XVIII, Gibb passa ao século XIX:

Depois desses três momentos de contato casual, os românticos alemães voltaram-se de novo para o Leste, e pela primeira vez afirmaram sua meta consciente de abrir um caminho para que a verdadeira herança da poesia oriental entrasse na poesia da Europa. O século XIX, com seu novo senso de poder e superioridade, pareceu bater decisivamente a porta na cara do desígnio desses românticos. Hoje, por outro lado, há sinais de mudança. A literatura oriental começa a ser estudada por seus próprios méritos, e uma nova compreensão do Leste está sendo obtida. Quando esse conhecimento se espalhar e o Leste recuperar seu lugar de direito na vida da humanidade, a literatura oriental poderá mais uma vez desempenhar sua função histórica, ajudando-nos a nos libertar das concepções estreitas e opressivas que limitariam tudo o que é significativo em literatura, pensamento e história ao nosso próprio segmento do globo.[64]

A expressão de Gibb "por seus próprios méritos" é diametralmente oposta à série de razões subordinadas à declaração de Hurgronje a respeito da suserania europeia sobre o Leste. O que permanece, entretanto, é aquela identidade global, na aparência inviolável, de alguma coisa chamada "o Leste" e outra coisa chamada "o Oeste". Essas entidades têm utilidade uma para a outra, sendo claramente uma intenção louvável de Gibb mostrar que a influência da literatura oriental sobre a ocidental não precisa ser (nos seus resultados) o que Brunetière havia chamado "uma desgraça nacional". Antes, o Leste podia ser confrontado como uma espécie de desafio humanístico aos limites locais do etnocentrismo ocidental.

Apesar de sua anterior fascinação pela ideia goethiana de *Weltliteratur*, o apelo de Gibb por uma interação humanística entre o Leste e o Oeste reflete as realidades políticas e culturais alteradas da era do pós-guerra. A suserania europeia sobre o Oriente não havia passado; mas evoluíra — no Egito britânico — de uma aceitação mais ou menos plácida por parte dos nativos a uma questão política cada vez mais disputada, composta pelas demandas nativas rebeldes de independência. Esses foram os anos de problemas britânicos constantes com Zaghlul, o partido Wafd e coisas do gênero.[65] Além disso, desde 1925 ocorrera uma recessão econômica mundial, e isso também aumentava a sensação de tensão que a prosa de Gibb reflete. Mas a mensagem especificamente cultural no que ele diz é muito convincente. Atentem para o Oriente, ele parece estar dizendo a seu leitor, pela utilidade que possui para a mente ocidental em luta para superar a estreiteza, a especialização opressiva e as perspectivas limitadas.

O terreno mudara consideravelmente de Hurgronje a Gibb,

bem como as prioridades. Já não se aceitava sem muita controvérsia que a dominação da Europa sobre o Oriente fosse quase um dado da natureza; nem se supunha que o Oriente precisasse da iluminação ocidental. O que importava durante os anos entre as guerras era uma autodefinição cultural que transcendia a provinciana e a xenofóbica. Para Gibb, o Ocidente tem necessidade do Oriente como algo a ser estudado, porque ele liberta o espírito da especialização estéril, porque acalma a aflição de um autocentrismo paroquial e nacionalista excessivo, porque aumenta a compreensão das questões realmente centrais no estudo da cultura. Se o Oriente parece mais um parceiro nessa nova dialética emergente da autoconsciência cultural, isso acontece, primeiro, porque agora, bem mais que antes, o Oriente constitui um desafio, e segundo, porque o Ocidente está entrando numa fase relativamente nova de crise cultural, causada em parte pela diminuição da suserania ocidental sobre o resto do mundo.

Portanto, no melhor trabalho orientalista realizado durante o período entre as guerras — representado nas carreiras notáveis de Massignon e do próprio Gibb — encontraremos elementos em comum com a melhor erudição humanística do período. Assim, a atitude sumariante de que falei acima pode ser considerada o equivalente orientalista de tentativas nas humanidades puramente ocidentais para compreender a cultura *como um todo*, de maneira antipositivista, intuitiva, compreensiva. Tanto o orientalista como o não orientalista começam com a percepção de que a cultura ocidental está passando por uma fase importante, cuja principal característica é a crise a ela imposta por ameaças como a barbárie, as preocupações técnicas estreitas, a aridez moral, o nacionalismo estridente, e assim por diante. A ideia de usar textos específicos como exemplos, trabalhar do específico ao geral (para compreender toda a vida de um período e, consequentemente, sua cultura), é comum a esses humanistas inspirados pela obra de Wilhelm Dilthey e a eruditos orientalistas de elevada importância como Massignon e Gibb. O projeto de revitalizar a filologia — assim como é encontrado na obra de Curtius, Vossler, Auerbach, Spitzer, Gundolf, Hofmannsthal[66] — tem sua contrapartida, portanto, na expansão da filologia orientalista estritamente técnica pelos estudos de Massignon sobre o que ele chamava o léxico místico, o vocabulário da devoção islâmica, e assim por diante.

Mas há outra conjunção mais interessante entre o Orientalismo nessa fase de sua história e as ciências europeias do homem (*sciences de l'homme*), as *Geisteswissenschaften* suas contemporâneas. Devemos notar, primeiro, que os estudos culturais não orientalistas tinham de reagir mais imediatamente às ameaças que uma especialização técnica amoral de autoexaltação propunha à cultura humanística, representadas, ao menos em parte, pelo surgimento do fascismo na Europa. Essa reação estendia as preocupações do período entre as guerras também para o período que se seguiu à Segunda Guerra Mundial. Um eloquente testemunho pessoal e erudito dessa reação pode ser encontrado no magistral *Mimesis*, de Erich Auerbach, e em suas últimas reflexões metodológicas como *Philolog*.[67] Ele nos diz que *Mimesis* foi escrito durante seu exílio na Turquia e tinha a intenção de ser, em grande medida, uma tentativa de *ver* virtualmente o desenvolvimento da cultura ocidental quase no seu último momento, quando essa cultura ainda tinha sua integridade e coerência civilizacional; portanto, ele se impôs a tarefa de escrever uma obra geral baseada em análises textuais específicas de modo a expor os princípios do desempenho literário ocidental em toda a sua variedade, riqueza e fertilidade. A meta era uma síntese da cultura ocidental em que a própria síntese se equiparasse em importância ao gesto de realizá-la, o que Auerbach acreditava ter se tornado possível pelo que ele chamava "humanismo burguês tardio".[68] Cada elemento particular em separado era assim convertido num símbolo altamente mediado do processo histórico mundial.

Não menos importante para Auerbach — e esse fato tem relevância imediata para o Orientalismo — era a tradição humanística de envolvimento numa cultura ou literatura nacional que não fosse a do humanista. O exemplo de Auerbach era Curtius, cuja obra prodigiosa atestava sua escolha deliberada de, como

347

alemão, dedicar-se profissionalmente às literaturas românicas. Assim, não é por nada que Auerbach termina suas reflexões outonais com uma citação significativa de *Didascálion*, de Hugo de São Vítor: "O homem que acha doce a sua terra natal é ainda um iniciante imaturo; já é forte aquele para quem todo solo é como a sua terra natal; mas perfeito é aquele para quem o mundo inteiro é uma terra estrangeira".[69] Quanto mais somos capazes de deixar o nosso lar cultural, mais facilmente somos capazes de julgá-lo e também ao mundo inteiro, com o distanciamento espiritual e a *generosidade* necessários para a verdadeira visão. Mais facilmente, também, avaliamos a nós mesmos e as culturas alheias com a mesma combinação de intimidade e distância.

Uma força cultural não menos importante e metodologicamente formativa era o uso de "tipos" nas ciências sociais como um instrumento analítico e como um modo de ver as coisas familiares de um novo modo. A história acurada do "tipo", encontrado em pensadores do início do século XX como Weber, Durkheim, Lukacs, Mannheim e os outros sociólogos do conhecimento, tem sido examinada com bastante frequência:[70] mas não foi observado, creio eu, que os estudos de Weber sobre o protestantismo, o judaísmo e o budismo o lançaram (talvez inadvertidamente) no próprio território originalmente mapeado e reivindicado pelos orientalistas. Ele encontrou estímulo entre todos aqueles pensadores do século XIX que acreditavam haver uma espécie de diferença ontológica entre as "mentalidades" econômicas (bem como religiosas) do Oriente e do Ocidente. Embora nunca tenha estudado o islã em profundidade, Weber ainda assim influenciou muito o campo de estudos, sobretudo porque suas noções de tipo eram simplesmente uma confirmação "de fora" de muitas das teses canônicas sustentadas pelos orientalistas, cujas ideias econômicas nunca foram além de afirmar a fundamental incapacidade do oriental para os negócios, o comércio e a racionalidade econômica. No campo islâmico, esses clichês continuaram válidos por literalmente centenas de anos — até aparecer em 1966 o importante estudo de Maxime Rodinson *Islam and capitalism*. Ainda assim, a noção de um tipo

— oriental, islâmico, árabe ou o que quer que seja — perdura e é nutrido por gêneros similares de abstrações, paradigmas ou tipos, à medida que eles emergem das modernas ciências sociais.

Neste livro, falei muitas vezes da sensação de estranhamento experimentada por orientalistas quando lidavam com uma cultura tão diferente da sua ou nela viviam. Ora, uma das diferenças extraordinárias entre o Orientalismo na sua versão islâmica e todas as outras disciplinas humanísticas nas quais as noções de Auerbach sobre a necessidade de estranhamento têm alguma validade é que os orientalistas islâmicos nunca viam seu estranhamento em relação ao islã como salutar ou como uma atitude com implicações para uma melhor compreensão de sua própria cultura. Na verdade, seu estranhamento em relação ao islã simplesmente intensificava seus sentimentos de superioridade da cultura europeia, mesmo quando sua antipatia se espalhava para incluir o Oriente inteiro, do qual o islã era considerado um representante degradado (e, em geral, virulentamente perigoso). Essas tendências implantaram-se nas próprias tradições do estudo orientalista durante todo o século XIX, e com o tempo tornaram-se um componente-padrão da maior parte do treinamento orientalista, passado de geração a geração. Além disso, creio eu, era muito grande a probabilidade de que os eruditos europeus continuassem a ver o Oriente Próximo pela perspectiva de suas "origens" bíblicas, isto é, como um lugar de primazia religiosa inabalavelmente influente. Dada sua relação especial com o cristianismo e com o judaísmo, o islã permaneceu para sempre a ideia (ou o tipo) orientalista da afronta cultural *original*, agravada naturalmente pelo medo de que a civilização islâmica continuasse originalmente (bem como contemporaneamente) a se opor de algum modo ao Ocidente cristão.

Por essas razões, o Orientalismo islâmico entre as guerras participava da sensação geral de crise cultural prenunciada por Auerbach e pelos outros de que falei brevemente, sem desenvolver-se ao mesmo tempo como as outras ciências humanas. Como o Orientalismo islâmico também conservava dentro de si a atitude *religiosa* peculiarmente polêmica que tivera desde o início, continuava fixado, por assim dizer, em certas trilhas metodológicas. Sua alienação cultural, por exemplo, precisava ser preservada da história moderna e das circunstâncias sociopolíticas, bem como das revisões necessárias impostas a qualquer "tipo" teórico ou histórico pelos novos dados. Além disso, as abstrações oferecidas pelo Orientalismo (ou melhor, a oportunidade de fazer abstrações) no caso da civilização islâmica eram consideradas detentoras de uma nova validade; como se presumia que o islã se comportava assim como os orientalistas diziam que se comportava (sem relação com a realidade, mas apenas com um conjunto de princípios "clássicos"), supunha-se também que o islã moderno não seria nada mais que uma versão reafirmada do antigo, tanto mais porque também se supunha que a modernidade para o islã era menos um desafio que um insulto. (O grande número de pressuposições e suposições nesta descrição tem a intenção, em caráter secundário, de retratar as guinadas e reviravoltas um tanto excêntricas que foram necessárias para o Orientalismo manter sua peculiar maneira de ver a realidade humana.) Finalmente, se a ambição de sintetizar em filologia (como concebido por Auerbach ou Curtius) devia levar a um refinamento da consciência do erudito, de seu sentimento de fraternidade humana, da universalidade de certos princípios da conduta humana, no Orientalismo islâmico a síntese levava a um senso aguçado da diferença entre o Oriente e o Ocidente refletida no islã.

O que estou descrevendo, portanto, é algo que vai caracterizar o Orientalismo islâmico até os dias de hoje: sua posição regressiva quando comparado com outras ciências humanas (e até com outros ramos do Orientalismo), seu atraso metodológico e ideológico geral, e sua relativa insularidade em relação aos desenvolvimentos tanto nas outras humanidades como no mundo real das circunstâncias históricas, econômicas, sociais e políticas.[71] Alguma percepção desse atraso no Orientalismo islâmico (ou semítico) já estava presente perto do fim do século XIX, talvez porque começasse a ser visível para alguns observadores quão pouco o Orientalismo semítico ou islâmico se livrara do substrato religioso do qual originalmente derivava. O primeiro congresso orientalista foi organizado e realizado em Paris em 1873, e quase desde o início ficou evidente aos outros eruditos que os semitistas e os islamistas estavam, de maneira geral, intelectualmente atrasados. Escrevendo um levantamento de todos os congressos que tinham sido realizados entre 1873 e 1897, o erudito inglês R. N. Cust tinha o seguinte a dizer sobre o subcampo semítico-islâmico:

> Essas reuniões [como as realizadas no campo do antigo semítico] fazem, na verdade, avançar a erudição oriental.
> O mesmo não se pode dizer com relação à seção do semítico moderno; estava apinhada de gente, mas os temas discutidos tinham interesse literário mínimo, como aqueles que ocupavam as mentes dos eruditos *dilettanti* da velha escola, e não a grande classe dos "*indicatores*" do século XIX. Sou forçado a retornar a Plínio para encontrar uma palavra. Nessa seção, havia ausência do moderno espírito filológico e arqueológico, e o relato lembra mais um congresso de tutores universitários do século passado, reunidos para discutir a leitura de uma passagem de um drama grego ou a acentuação de uma vogal, antes que o surgimento da Filologia Comparada tivesse varrido de cena os sofismas dos escolásticos. Valia a pena discutir se Maomé conseguia manejar uma pena ou escrever?[72]

Em alguma medida, o antiquarismo polêmico descrito por Cust era uma versão erudita do antissemitismo europeu. Até a designação "semítico-moderno", que pretendia incluir tanto os muçulmanos como os judeus (e que tinha suas origens no assim chamado campo antissemítico, introduzido pioneiramente por Renan), carregava a sua bandeira racista de um modo que pretendia ser, sem dúvida, uma ostentação decente. Um pouco adiante no seu relato, Cust comenta como na mesma reunião "'o ariano' forneceu muito material para reflexão". Claro, "o ariano" é uma abstração contrária a "o semita", mas, por algumas das razões que listei acima, sentia-se que esses rótulos atávicos eram pertinentes em especial aos semitas — com que altos custos morais e humanos para a comunidade humana como um todo, a história do século XX demonstra amplamente. Mas o que não foi bastante enfatizado nas histórias do antissemitismo moderno é a legitimação dessas designações atávicas pelo Orientalismo e, o que é mais importante para meus propósitos neste ponto, o modo como essa legitimação acadêmica e intelectual tem persistido ao longo da era moderna em discussões sobre o islã, os árabes ou o Oriente Próximo. Pois, se já não é possível escrever estudos eruditos (ou até populares) sobre "a mente negra" ou "a personalidade judaica", é perfeitamente possível envolver-se em pesquisas como "a mente islâmica" ou "o caráter árabe" — mas, sobre esse assunto, falo mais tarde.

Para compreender de forma apropriada a genealogia intelectual do Orientalismo islâmico entre as guerras — como é visto de forma muito interessante e satisfatória (sem ironia) nas carreiras de Massignon e Gibb — devemos ser capazes de compreender as diferenças entre a atitude reducionista do orientalista para com seu material e o tipo de atitude com a qual possui uma forte semelhança cultural, aquela que se encontra na obra de filólogos como Auerbach e Curtius. A crise intelectual no Orientalismo islâmico era outro aspecto da crise espiritual do "humanismo burguês tardio"; na sua forma e estilo, entretanto, o Orientalismo islâmico via os problemas da humanidade como separáveis em categorias chamadas "oriental" ou "ocidental". Acreditava-se, portanto, que para o oriental a libertação, a autoexpressão e a autoexpansão não tinham a mesma importância que para o ocidental. Em vez disso, o orientalista islâmico expressava suas ideias sobre o islã de modo a enfatizar sua própria *resistência*, bem como supostamente a do muçulmano, contra a mudança, contra a compreensão mútua entre o Leste e o Oeste, contra o desenvolvimento dos homens e mulheres, que passariam das instituições clássicas, arcaicas e primitivas para a modernidade. Na verdade, tão violenta era essa sensação de resistência à mudança, e tão universais eram os poderes a ela atribuídos, que ao ler os orientalistas compreendemos que o apocalipse a ser temido não era a destruição da civilização ocidental, mas a destruição das barreiras que mantinham o Leste e o Oeste distantes um do outro. Quando Gibb se opôs ao nacionalismo nos estados islâmicos modernos, ele assim procedeu porque sentia que o nacionalismo corroeria as estruturas internas que mantinham o islã como oriental; o resultado final do nacionalismo secular seria fazer com que o Oriente não diferisse do Ocidente. O fato de Gibb ter expressado sua desaprovação de tal maneira que parecia estar *falando pela* comunidade ortodoxa islâmica é um tributo a sua capacidade, extraordinariamente solidária, de identificação com uma religião estrangeira. Quanto dessa argumentação era uma reversão ao velho hábito orientalista de falar pelos nativos e quanto era uma tentativa sincera de falar em nome dos melhores interesses do islã, é uma questão cuja resposta está em algum ponto entre as duas alternativas.

É claro que nenhum erudito ou pensador é um representante perfeito de algum tipo ou escola ideal em que, devido à origem nacional ou aos acasos da história, ele participa. Mas numa tradição tão relativamente isolada e especializada como o Orientalismo, acho que há em cada erudito alguma percepção, em parte consciente e em parte não consciente, da tradição nacional, se não da ideologia nacional. Isso é particularmente verdade no Orientalismo, ainda mais por causa do envolvimento político direto das nações europeias nos assuntos de um ou outro país oriental: vem à mente de imediato o caso de Snouck Hurgronje, para citar um exemplo não britânico e não francês em que o senso de identidade nacional do erudito é simples e claro.[73] Porém, mesmo depois de fazer todas as ressalvas adequadas sobre a diferença entre um indivíduo e um tipo (ou entre um indivíduo e uma tradição), é ainda assim surpreendente notar até que ponto Gibb e Massignon *eram* tipos representativos. Talvez seja melhor dizer que Gibb e Massignon realizavam todas as expectativas criadas a seu respeito pelas suas tradições nacionais, pela política de suas nações, pela história interna de suas "escolas" nacionais de Orientalismo.

Sylvain Lévi expressou de forma incisiva a distinção entre as duas escolas:

> O interesse político que une a Inglaterra à Índia mantém a obra britânica num contato contínuo com as realidades concretas, e preserva a coesão entre as representações do passado e o espetáculo do presente.
>
> Nutrida pela tradição clássica, a França procura descobrir a mente humana que se manifesta na Índia, assim como está interessada na China.[74]

Seria demasiado fácil dizer que essa polaridade resulta, por um lado, em trabalho que é sóbrio, eficiente, concreto, e, por outro lado, em trabalho que é universalista, especulativo, brilhante. Mas a polaridade serve para iluminar duas carreiras longas e extremamente distintas, que entre elas dominaram o Orientalismo islâmico francês e anglo-americano até a década de 1960; se o domínio faz algum sentido, é porque os dois eruditos se originaram e trabalharam numa tradição autoconsciente, cujas barreiras (ou limites, do ponto de vista intelectual e político) podem ser descritas como Lévi as descreve acima.

Gibb nasceu no Egito, Massignon na França. Ambos se tornariam profundamente religiosos, estudiosos menos da sociedade que da vida religiosa na sociedade. Ambos eram também profundamente mundanos; uma de suas maiores realizações foi empregar a erudição tradicional no mundo político moderno. Mas o alcance de suas obras — e, em parte, sua estrutura — é imensamente diferente, mesmo descontando as disparidades óbvias de formação e educação religiosa. Na sua devoção de vida inteira à obra de al-Hallaj — "cujos vestígios", disse Gibb no seu obituário para Massignon em 1962, ele "nunca deixou de procurar na literatura e na devoção islâmica, mais tarde" —, o âmbito quase irrestrito da pesquisa levaria Massignon virtualmente a toda parte, encontrando evidências do "esprit humain à travers l'espace et le temps" [o espírito humano através do espaço e do tempo]. Numa *oeuvre* que incluía "todo aspecto e região da vida e pensamento muçulmano contemporâneo", a presença de Massignon no Orientalismo era um desafio constante a seus colegas. Gibb, por exemplo, certamente admirava — mas por fim recuou e evitou — a maneira como Massignon buscava

> temas que de algum modo ligavam a vida espiritual dos muçulmanos e dos católicos [permitindo que ele encontrasse], um elemento análogo na veneração de Fátima e, consequentemente, um campo especial de interesse no estudo do pensamento xiita em muitas de suas manifestações, ou ainda na comunidade de origens abraâmicas e em temas como os Sete Adormecidos. Seus escritos sobre esses temas adquiriram, com as qualidades que ele lhes insuflou, um significado permanente nos estudos islâmicos. Mas, exatamente por causa dessas qualidades, eles são como que compostos em dois registros. Um deles estava no nível comum da erudição objetiva, procurando elucidar a natureza de determinado fenômeno pelo emprego magistral de ferramentas já estabelecidas de pesquisa acadêmica. O outro estava num nível em que os dados objetivos e a compreensão eram absorvidos e transformados por uma intuição individual de dimensões espirituais. Nem sempre era fácil traçar uma linha divisória entre o primeiro e a transfiguração que resultava do extravasamento das riquezas de sua própria personalidade.

Há uma sugestão de que é mais provável que os católicos sejam atraídos por um estudo da "veneração de Fátima" do que os protestantes, mas não há como enganar-se quanto à suspeita de Gibb de que alguém embaçou a distinção entre erudição "objetiva" e aquela baseada numa "intuição individual" (até elaborada) "de dimensões espirituais". Gibb tinha razão, entretanto, no parágrafo seguinte do obituário em reconhecer a "fertilidade" mental de Massignon em campos tão diversos como "o simbolismo da arte muçulmana, a estrutura da lógica muçulmana, as complexidades das finanças muçulmanas e a organização das corporações de artesãos"; e tinha igualmente razão, logo depois, em caracterizar o antigo interesse de Massignon pelas línguas semíticas como uma fonte de "estudos elípticos que para o não iniciado quase rivalizavam com os mistérios do antigo hermetismo". Ainda assim, Gibb termina num tom generoso, observando que

> para nós, a lição que com seu exemplo ele imprimiu nos orientalistas de sua geração foi que até o Orientalismo clássico já não é adequado sem algum grau de comprometimento com as forças vitais que têm dado significado e valor aos diversos aspectos da cultura oriental.[75]

Essa foi a maior contribuição de Massignon, e é verdade que na islamologia francesa contemporânea (como é frequentemente chamada) tem se desenvolvido uma tradição de identificar-se com "as forças vitais" que informam a "cultura oriental"; basta mencionar as extraordinárias realizações de eruditos como Jacques Berque, Maxime Rodinson, Yves Lacoste, Roger Arnaldez — todos com enormes diferenças de abordagem e intenção — para nos darmos conta do exemplo seminal de Massignon, cuja influência intelectual sobre todos é inequívoca.

Mas, ao escolher concentrar seus comentários quase anedoticamente em vários pontos fortes e fracos, Gibb deixa de perceber coisas óbvias sobre Massignon, coisas que o tornam tão diferente dele próprio e ainda assim, quando consideradas como um todo, fazem de Massignon o símbolo maduro de um desenvolvimento tão crucial dentro do Orientalismo francês. Um desses dados é a formação pessoal de Massignon, que ilustra de forma elegante a descrição do Orientalismo francês feita por Lévi. A própria ideia de "un esprit humain" era algo mais ou menos estranho à formação intelectual e religiosa que propiciou o desenvolvimento de Gibb, bem como o de tantos orientalistas britânicos modernos: no caso de Massignon, a noção de "esprit", como uma realidade estética além de religiosa, moral e histórica, era algo que parecia tê-lo nutrido desde a infância. Sua família tinha amizade com pessoas como Huysmans, e em quase tudo o que ele escreveu é evidente a primeira educação de Massignon no ambiente intelectual e nas ideias do simbolismo tardio, mesmo para o tipo particular de catolicismo (e misticismo sufi) em que ele estava interessado. Não há austeridade na obra de Massignon, que é formulada num dos grandes estilos franceses do século. Suas ideias sobre a experiência humana recorrem muito a pensadores e artistas seus contemporâneos, e é o alcance cultural muito amplo de seu próprio estilo que o insere numa categoria completamente diferente daquela em que se encontra Gibb. Suas primeiras ideias provêm do período da assim chamada decadência estética, mas elas também se devem a pessoas como Bergson, Durkheim e Mauss. Seu primeiro contato com o Orientalismo ocorreu por meio de Renan, cujas palestras ele escutou ainda jovem; foi também aluno de Sylvain Lévi, e passou a incluir entre seus amigos figuras como Paul Claudel, Gabriel Bounoure, Jacques e Raïssa Maritain, e Charles de Foucauld. Mais tarde foi capaz de absorver trabalhos realizados em campos relativamente recentes, como sociologia urbana, linguística estrutural, psicanálise, antropologia contemporânea e a Nova História. Seus ensaios, sem falar no estudo monumental de al-Hallaj, recorriam sem esforço a todo o corpus da literatura islâmica; sua erudição estonteante e sua personalidade quase caseira às vezes faziam com que parecesse um erudito inventado por Jorge Luis Borges. Era muito sensível a temas "orientais" na literatura europeia; esse era também um dos interesses de Gibb, mas, ao contrário de Gibb, Massignon não se sentia atraído em especial nem pelos escritores europeus que "compreendiam" o Oriente, nem pelos textos europeus que fossem corroborações artísticas independentes do que os eruditos orientalistas posteriores revelariam (por exemplo, o interesse de Gibb por Scott como uma fonte para o estudo de Saladino). O "Oriente" de Massignon era completamente consoante com o mundo dos Sete Adormecidos ou das orações abraâmicas (que são os dois temas escolhidos por Gibb como marcas distintivas da visão não ortodoxa do islã professada por Massignon): excêntrico, levemente bizarro, inteiramente permeável aos dons interpretativos deslumbrantes que Massignon lhe insuflou (e que, num certo sentido, transformaram-no num tema). Se Gibb gostava do Saladino de Scott, a predileção simétrica de Massignon era por Nerval, como suicida, *poète maudit*, estranheza psicológica. Isso não quer dizer que Massignon era na essência um estudioso do passado; ao contrário, era uma presença importante nas relações islâmico-francesas, tanto na política como na cultura. Era obviamente um homem apaixonado que acreditava que o mundo do islã podia ser penetrado, não apenas pela erudição, mas pela dedicação a todas as suas atividades, dentre as quais estava longe de ser a menor o mundo do cristianismo oriental incluído dentro do islã, um de cujos subgrupos, a Irmandade Badaliya, era calorosamente encorajado por Massignon.

Os dons literários consideráveis de Massignon às vezes davam à sua obra erudita uma aparência de especulação caprichosa, demasiado cosmopolita e frequentemente pessoal. Essa aparência é enganadora, e de fato pouco adequada como descrição de sua escrita. O que ele desejava com determinação evitar era o que ele chamava "l'analyse analytique et statique de l'orientalisme"[76] [a análise analítica e estática do Orientalismo], uma espécie de amontoado inerte, sobre um suposto texto ou problema islâmico, de fontes, origens, provas, demonstrações, e coisas do gênero. Por toda parte, a sua tentativa é abranger o máximo possível do contexto de um texto ou problema, animá-lo, quase surpreender o leitor com as percepções brilhantes disponíveis a qualquer um que, como Massignon, estivesse disposto a cruzar as fronteiras disciplinares e tradicionais para penetrar no coração humano de qualquer texto. Nenhum orientalista moderno — e certamente não Gibb, o seu par mais próximo em realização e influência — podia referir-se num ensaio com tanta facilidade (e precisão) a uma legião de místicos islâmicos e a Jung, Heisenberg, Mallarmé e Kierkegaard; e certamente muito poucos orientalistas tinham esse alcance junto com a experiência política concreta de que ele podia falar em seu ensaio de 1952 "L'Occident devant l'Orient: primauté d'une solution culturelle"[77] [O Ocidente diante do Oriente: primazia de uma solução cultural]. E, ainda assim, seu mundo intelectual era claramente definido. Tinha uma estrutura definida, intacta desde o início até o fim de sua carreira, e estava entretecido, apesar de sua riqueza de alcance e referência quase sem paralelo, num conjunto de ideias basicamente imutáveis. Vamos descrever brevemente a estrutura e listar as ideias de forma sumária.

Massignon tomou como seu ponto de partida a existência das três religiões abraâmicas, das quais o islã é a religião de Ismael, o monoteísmo de um povo excluído da promessa divina feita a Isaac. O islã é, portanto, uma religião de resistência (a Deus o Pai, a Cristo a Encarnação), que ainda mantém dentro de si a tristeza que começou nas lágrimas de Hagar. O árabe como consequência é a própria linguagem das lágrimas, assim como toda a noção de *jihad* no islã (que Massignon diz explicitamente ser a forma épica do islã que Renan não conseguia ver nem compreender) tem uma dimensão intelectual importante, cuja missão é a guerra contra o cristianismo e o judaísmo como inimigos exteriores, e contra a heresia como um inimigo interior. Mas, dentro do islã, Massignon acreditava ser capaz de discernir um tipo de contracorrente, cujo estudo se tornou a sua principal missão intelectual, encarnada no misticismo, uma estrada para a graça divina. A principal característica do misticismo era, é claro, seu caráter subjetivo, cujas tendências não racionais e até inexplicáveis se inclinavam para o singular, o individual, a experiência momentânea de participação no Divino. Toda a obra extraordinária de Massignon sobre o misticismo foi assim uma tentativa de descrever o itinerário das almas para fora do consenso limitador a elas imposto pela comunidade islâmica ortodoxa, ou Suna. Um místico iraniano era mais intrépido do que um árabe, em parte porque era um ariano (os antigos rótulos do século XIX, "ariano" e "semítico", têm uma premência imperiosa para Massignon, premência que também atribuía à legitimidade da oposição binária de Schlegel entre as duas famílias de língua)[78] e em parte porque era um homem à procura do Perfeito; o místico árabe, na opinião de Massignon, inclinava-se para o que Waardenburg chama monismo testemunhal. A figura exemplar para Massignon era al-Hallaj, que buscava a libertação para si mesmo fora da comunidade ortodoxa, pedindo e enfim obtendo a própria crucificação recusada pelo islã como um todo; Maomé, segundo Massignon, rejeitara deliberadamente a oportunidade que lhe fora oferecida de transpor a lacuna que o separava de Deus. A realização de al-Hallaj foi, portanto, ter atingido uma união mística com Deus contra a natureza do islã.

O resto da comunidade ortodoxa vive na condição do que Massignon chama "soif ontologique" — sede ontológica. Deus se apresenta ao homem como uma espécie de ausência, uma recusa a estar presente, mas a consciência, no devoto muçulmano, de sua submissão à vontade de Deus (islã) dá origem a uma percepção zelosa da transcendência de Deus e a uma intolerância para com qualquer tipo de idolatria. O centro dessas ideias, segundo Massignon, é o "coração circuncidado", que, no arrebatamento de seu fervor muçulmano, também pode ser inflamado, como acontece com místicos como al-Hallaj, por uma paixão divina ou pelo amor de Deus. Nos dois casos, a unidade transcendental de Deus (*tawhid*) é algo a ser alcançado e compreendido mais de uma vez pelo devoto muçulmano, quer por meio de seu testemunho, quer por meio do amor místico por Deus: e isso, Massignon escreveu num ensaio complexo, define a "intenção" do islã.[79] É claro que as simpatias de Massignon estavam com a vocação mística no islã, tanto por ela estar próxima de seu temperamento de católico devoto, como por ter uma influência desintegradora dentro do corpo ortodoxo de crenças. A imagem do islã alimentada por Massignon é a de uma religião incessantemente implicada nas suas recusas, no seu caráter tardio (com referência a outros credos abraâmicos), no seu senso relativamente árido da realidade mundana, nas suas estruturas maciças de defesa contra "comoções psíquicas" do tipo praticado por al-Hallaj e outros místicos sufistas, na solidão de única religião "oriental" restante dos três grandes monoteísmos.[80]

Mas uma visão tão obviamente rígida do islã, com seus "invariantes simples"[81] (ainda mais para um pensamento tão exuberante como o de Massignon), não acarretava nenhuma hostilidade profunda de sua parte para com a religião. Ao ler Massignon, ficamos impressionados pela sua repetida insistência na necessidade de uma leitura complexa — injunções de cuja absoluta sinceridade é impossível duvidar. Ele escreveu em 1951 que esse tipo de Orientalismo não era "ni une manie d'exotisme, ni un reniement de l'Europe, mais une mise au niveau entre nos méthodes de recherches et les traditions vécues d'antiques civilisations"[82] [nem uma mania de exotismo, nem uma negação da Europa, mas uma adequação entre nossos métodos de pesquisas e as tradições vivas de antigas civilizações]. Posto em prática na leitura de um texto árabe ou islâmico, esse tipo de Orientalismo produziu interpretações de uma inteligência quase esmagadora; seria tolice não respeitar o puro gênio e a novidade da mente de Massignon. Mas o que deve prender nossa atenção na sua definição do Orientalismo são duas expressões: "nos méthodes de recherches" e "les traditions vécues d'antiques civilisations". Massignon via o seu trabalho como a síntese de duas grandezas mais ou menos opostas, mas é a assimetria peculiar entre elas que nos perturba, e não apenas o fato da oposição entre a Europa e o Oriente. A ilação de Massignon é que a essência da diferença entre o Leste e o Oeste está entre a modernidade e a tradição antiga. E, na verdade, nos seus escritos sobre problemas políticos e contemporâneos, o lugar em que podemos ver de maneira mais imediata as limitações do método de Massignon, a oposição Leste-Oeste aparece de um modo muito peculiar.

Nos seus melhores momentos, a visão de Massignon do encontro Leste-Oeste atribuía grande responsabilidade ao Ocidente pela sua invasão do Oriente, seu colonialismo, seus ataques implacáveis ao islã. Massignon foi um lutador incansável em nome da civilização muçulmana e, como atestam seus inúmeros ensaios e cartas depois de 1948, em apoio aos refugiados palestinos, em defesa dos direitos dos árabes muçulmanos e cristãos na Palestina contra o sionismo, contra o que, em referência a algo dito por Abba Eban, ele chamava mordazmente "colonialismo burguês" israelense.[83] Mas a estrutura em que se mantinha a visão de Massignon atribuía o Oriente islâmico a um tempo essencialmente antigo e o Ocidente, à modernidade. Como Robertson Smith, Massignon considerava que o oriental não era um homem moderno, mas um semita; essa categoria redutora tinha um domínio poderoso sobre seu pensamento. Quando, por exemplo, em 1960, ele e Jacques Berque, seu colega no Collège de France, publicaram o seu diálogo sobre "os árabes" em *Esprit*, grande parte do tempo foi empregado para discutir se a melhor maneira de considerar os problemas dos árabes contemporâneos consistia simplesmente em dizer, no caso principal, que o conflito árabe-israelense era realmente um problema *semítico*. Berque tentava gentilmente objetar e chamar a atenção de Massignon para a possibilidade de que, como o resto do mundo, os árabes tivessem passado pelo que ele chamava uma "variação antropológica": Massignon rejeitava com vigor essa noção.[84] Seus repetidos esforços para compreender e relatar o conflito palestino, apesar de todo seu profundo humanismo, nunca ultrapassaram realmente a briga entre Isaac e Ismael ou, no que dizia respeito ao conflito com Israel, a tensão entre o judaísmo e o cristianismo. Quando cidades e vilas árabes foram capturadas pelos sionistas, as sensibilidades religiosas de Massignon é que foram ofendidas.

A Europa, a França em particular, era vista como realidade *contemporânea*. Em parte por causa de seu encontro político inicial com os britânicos durante a Primeira Guerra Mundial, Massignon conservava uma acentuada aversão pela Inglaterra e pela política inglesa; Lawrence e seu tipo representavam uma política demasiado complexa, a que ele, Massignon, se opunha ao lidar com Faisal. "Je cherchais avec Faysal [...] à pénétrer dans le sens même de sa tradition à lui" [Eu procurava com Faisal [...] penetrar no próprio sentido da tradição que lhe pertencia]. Os britânicos pareciam representar "expansão" no Oriente, uma política econômica amoral e uma filosofia obsoleta de influência política.[85] Os franceses eram homens mais modernos, compelidos a receber do Oriente o que tinham perdido em espiritualidade, valores tradicionais, e coisas do gênero. O investimento de Massignon nessa visão provinha, creio eu, de toda a tradição oitocentista do Oriente como algo terapêutico para o Ocidente, uma tradição prenunciada pela primeira vez por Quinet. Em Massignon, juntava-se a essa tradição um sentimento de compaixão cristã:

> No que diz respeito aos orientais, devemos recorrer a essa ciência da compaixão, a essa "participação" até na construção de sua língua e de sua estrutura mental, de que devemos realmente participar: porque, em última análise, essa ciência testemunha verdades que também são nossas, ou então verdades que perdemos e devemos recuperar. Finalmente, porque, num sentido profundo, tudo o que existe tem de algum modo boas qualidades, e aqueles pobres povos colonizados não existem apenas para nossos fins, mas em e para si mesmos [en soi].[86]

Ainda assim o oriental, en soi, era incapaz de apreciar ou compreender a si mesmo. Em parte devido ao que a Europa lhe fizera, ele havia perdido sua religião e sua philosophie; os muçulmanos tinham um "vide immense" [vazio imenso] dentro deles; estavam próximos da anarquia e do suicídio. Tornou-se obrigação da França, portanto, associar-se ao desejo muçulmano de defender sua cultura tradicional, o governo de sua vida dinástica e o patrimônio dos crentes.[87]

Nenhum erudito, nem mesmo um Massignon, pode resistir às pressões de sua nação ou da tradição erudita em que trabalha. Em grande parte do que dizia sobre o Oriente e sobre sua relação com o Oriente, Massignon parecia refinar e, ainda assim, repetir as ideias de outros orientalistas franceses. Devemos admitir, entretanto, que os refinamentos, o estilo pessoal, o gênio individual podem enfim superar as restrições políticas que operam de forma impessoal por meio da tradição e do ambiente nacional. Mesmo assim, no caso de Massignon, devemos também reconhecer que, numa direção, suas ideias sobre o Oriente permaneceram completamente tradicionais e orientalistas, apesar de sua personalidade e extraordinária excentricidade. Segun-

363

do Massignon, o Oriente islâmico era espiritual, semítico, tribal, radicalmente monoteísta, não ariano: os adjetivos parecem um catálogo de descrições antropológicas do final do século XIX. As experiências relativamente mundanas da guerra, do colonialismo, do imperialismo, da opressão econômica, do amor, da morte e do intercâmbio cultural parecem sempre, aos olhos de Massignon, filtradas por lentes metafísicas, basicamente desumanizadas: são semíticas, europeias, orientais, ocidentais, arianas, e assim por diante. As categorias estruturavam o seu mundo e davam ao que ele dizia uma espécie de sentido profundo — para ele, ao menos. Nas outras direções, entre as ideias individuais e imensamente detalhadas do mundo erudito, Massignon manobrou para adquirir uma posição especial. Reconstruiu e defendeu o islã contra a Europa, de um lado, e contra a sua própria ortodoxia, de outro. Essa intervenção — pois tratava-se disso — no Oriente, como animador e defensor, simbolizava sua própria aceitação da diferença do Oriente, bem como seus esforços para transformá-lo no que desejava. Em conjunto, a vontade de conhecer o Oriente e defendê-lo é muito forte em Massignon. O seu al-Hallaj representa essa vontade perfeitamente. A importância desproporcionada atribuída a al-Hallaj por Massignon significa, primeiro, a decisão do erudito de promover uma figura acima da cultura que a sustenta e, segundo, o fato de que al-Hallaj viera a representar um desafio constante, até motivo de irritação, para o cristão ocidental, a quem parecia que a crença não era (e talvez não pudesse ser) o extremo autossacrifício que constituía para o sufista. Em todo caso, o al-Hallaj de Massignon pretendia literalmente incorporar, encarnar, valores essencialmente proscritos pelo principal sistema doutrinário do islã, um sistema que o próprio Massignon descrevia sobretudo para ludibriá-lo com al-Hallaj.

Ainda assim, não precisamos dizer de imediato que a obra de Massignon era perversa, ou que sua maior fraqueza consistia em que deturpava o islã como a religião a que um muçulmano "médio" ou "comum" poderia aderir. Um ilustre erudito muçulmano tem argumentado precisamente em favor desta última posição, embora seu argumento não nomeie Massignon como ofensor.[88] Por mais que se possa estar inclinado a concordar com essas teses — porque, como este livro tem tentado demonstrar, o islã *tem* sido fundamentalmente deturpado no Ocidente —, a questão real é se pode haver uma representação verdadeira de alguma coisa, ou se toda e qualquer representação, por *ser* representação, não está embutida primeiro na linguagem, e depois na cultura, nas instituições e no ambiente político daquele que representa. Se a última alternativa é a correta (como acredito que seja), devemos estar preparados para aceitar o fato de que uma representação está *eo ipso* implicada, entretecida, embutida, entrelaçada em muitas outras coisas além da "verdade", que é ela própria uma representação. Isso deve nos levar metodologicamente a ver as representações (ou deturpações — a distinção é, quando muito, uma questão de grau) habitando um campo comum de ação definido para elas, não apenas por um tema comum inerente, mas por alguma história, uma tradição, um universo do discurso comum. Dentro desse campo, que nenhum erudito pode criar sozinho, mas que cada erudito recebe e no qual encontra depois um lugar para si mesmo, o pesquisador individual dá a sua contribuição. Essas contribuições, mesmo para o gênio excepcional, são estratégias de rearranjar o material dentro do campo; até o erudito que revela um manuscrito outrora perdido produz o texto "encontrado" num contexto já preparado para o documento, pois esse é o real significado de *encontrar* um novo texto. Cada contribuição individual, portanto, primeiro causa mudanças dentro do campo e depois promove uma nova estabilidade, assim como, numa superfície coberta com vinte bússolas, a introdução da 21ª fará com que todas as outras estremeçam, para depois se estabilizarem numa configuração de acomodação.

As representações do Orientalismo na cultura europeia importam no que posso chamar uma consistência discursiva, que não tem apenas história, mas uma presença material (e institucional) para mostrar por si mesma. Como disse em conexão com Renan, essa consistência era uma forma de práxis cultural, um sistema de oportunidades para fazer declarações sobre o Oriente. Toda a minha ideia sobre esse sistema não é que seja uma desfiguração de alguma essência oriental — coisa em que não acredito nem por um momento —, mas que opere como as representações em geral fazem, para determinado fim, segundo uma tendência, num específico cenário histórico, intelectual e até econômico. Em outras palavras, as representações têm propósitos, são efetivas a maior parte do tempo, realizam uma ou muitas tarefas. As representações são formações ou, como Roland Barthes disse de todas as operações da linguagem, são deformações. O Oriente como representação na Europa é formado — ou deformado — por uma sensibilidade cada vez mais específica a uma região geográfica chamada "o Oriente". Os especialistas nessa região trabalham sobre o Oriente, por assim dizer, porque com o tempo a sua profissão de orientalistas requer que apresentem à sua sociedade imagens do Oriente, um conhecimento sobre o Oriente, uma compreensão acurada a seu respeito. E, em grande medida, o orientalista fornece à sua própria sociedade representações do Oriente (*a*) que possuem a sua marca distintiva, (*b*) que ilustram a sua concepção do que o Oriente pode ou deve ser, (*c*) que conscientemente contestam a visão do Oriente de alguma outra pessoa, (*d*) que fornecem ao discurso orientalista aquilo de que, naquele momento, parece necessitar muito, e (*e*) que respondem a certos requisitos culturais, profissionais, nacionais, políticos e econômicos da época. É evidente que, embora jamais ausente, o papel do conhecimento positivo está longe de ser absoluto. Melhor, o "conhecimento" — jamais bruto, não mediado ou simplesmente objetivo — é o que os cinco atributos da representação orientalista listados acima *distribuem* e redistribuem.

Visto dessa maneira, Massignon é menos um "gênio" mitificado do que um tipo de sistema para produzir certas espécies de declarações, disseminadas na grande massa de formações discursivas que, juntas, compõem o arquivo ou o material cultural de seu tempo. Não acho que desumanizamos Massignon se reconhecemos esse fato, nem o reduzimos a uma posição em que está

366

sujeito a um determinismo vulgar. Ao contrário, veremos, num certo sentido, como um ser muito humano possuía, ou era capaz de adquirir mais, capacidade cultural e produtiva dotada de uma dimensão institucional ou extra-humana: e isso é, decerto, o que o ser humano finito deve procurar alcançar, se não se contenta em ser uma presença meramente mortal no tempo e no espaço. Quando dizia "nous sommes tous des Sémites" [somos todos semitas], Massignon estava indicando o alcance de suas ideias sobre a sua sociedade, mostrando até que ponto suas ideias sobre o Oriente poderiam transcender as circunstâncias anedóticas locais de um francês e da sociedade francesa. A categoria de semita nutria-se do Orientalismo de Massignon, mas sua força derivava da tendência a se estender para fora dos limites da disciplina, para dentro de uma história e antropologia mais ampla, em que ela parecia ter uma certa validade e poder.[89]

Ao menos num nível, as formulações de Massignon e suas representações do Oriente tiveram uma influência direta, se não uma validade inquestionável: entre a agremiação de orientalistas profissionais. Como disse acima, o reconhecimento da realização de Massignon por Gibb constitui a consciência de que, como uma alternativa ao próprio trabalho de Gibb (isto é, por implicação), Massignon devia ser considerado. Estou certamente imputando ideias ao obituário de Gibb, ideias que ali estão só como vestígios, não como afirmações reais, mas elas são obviamente importantes, se olharmos agora para a própria carreira de Gibb como realce para a de Massignon. O ensaio memorável de Albert Hourani sobre Gibb para a Academia Britânica (a que me referi várias vezes) resume admiravelmente a carreira do homem, suas principais ideias e a importância da sua obra: estou de acordo com a avaliação de Hourani, nas suas linhas gerais. Mas algo está faltando, embora essa falta seja em parte compensada num texto menos importante sobre Gibb, "Sir Hamilton Gibb entre o Orientalismo e a história", de William Polk.[90] Hourani tende a ver Gibb como o produto de encontros pessoais, influências pessoais e coisas do gênero; enquanto Polk, que é muito menos sutil na sua compreensão geral de Gibb do que

367

Hourani, vê Gibb como a culminação de uma tradição acadêmica específica, o que — para usar uma expressão que não ocorre na prosa de Polk — podemos chamar um consenso ou paradigma de pesquisa acadêmica.

Emprestada de Thomas Kuhn de forma bastante grosseira, a ideia tem uma relevância válida para Gibb, que, como Hourani nos lembra, era de muitas maneiras uma figura profundamente institucional. Tudo o que Gibb dizia ou fazia, desde o início de sua carreira em Londres aos anos intermediários em Oxford e a seus anos influentes como diretor do Centro para Estudos do Oriente Médio em Harvard, traz o carimbo inequívoco de uma inteligência que opera com grande facilidade dentro de instituições estabelecidas. Massignon era irremediavelmente o que atuava por fora, Gibb o que agia por dentro. Os dois, em todo o caso, atingiram o pináculo de prestígio e influência no Orientalismo francês e anglo-americano, respectivamente. O Oriente para Gibb não era um lugar que se descobria de modo direto; era algo sobre o qual se lia, estudava, escrevia dentro dos limites de sociedades eruditas, da universidade, da conferência erudita. Como Massignon, Gibb vangloriava-se de ter amigos muçulmanos, mas eles pareciam — como os de Lane — ter sido amigos úteis, não determinantes. Gibb, portanto, é uma figura dinástica dentro da estrutura acadêmica do Orientalismo britânico (e mais tarde do americano), um erudito cuja obra demonstrava bem conscientemente as tendências nacionais de uma tradição acadêmica instalada dentro de universidades, governos e fundações de pesquisa.

Um indicador dessa situação é que, nos seus anos maduros, seria muitas vezes solicitado a falar e escrever para organizações que determinavam ações políticas. Em 1951, por exemplo, contribuiu com um ensaio para um livro com o significativo título de *The Near East and the great powers* [O Oriente Próximo e as grandes potências], em que tentava explicar a necessidade de uma expansão nos programas anglo-americanos dos estudos orientais:

[...] toda a situação dos países ocidentais em relação aos países da Ásia e da África mudou. Já não podemos nos apoiar naquele fator de prestígio que parecia desempenhar um grande papel no pensamento pré-guerra, nem podemos esperar que os povos da Ásia, da África e do Leste Europeu venham até nós e aprendam conosco, enquanto não nos envolvemos. Temos de aprender a seu respeito, para que possamos aprender a trabalhar com eles numa relação que esteja mais próxima da reciprocidade.[91]

Os termos dessa nova relação foram enunciados mais tarde em "Estudos de área reconsiderados". Os estudos orientais deviam ser considerados não tanto como atividades eruditas, mas como instrumentos de política nacional para com as nações recém-independentes e possivelmente intratáveis do mundo pós-colonial. Armado com uma consciência redirecionada de sua importância para a comunidade atlântica, o Orientalismo devia ser o guia dos planejadores de políticas, dos negociantes, de uma nova geração de eruditos.

O que contava muito na visão tardia de Gibb não era a obra positiva do orientalista como erudito (por exemplo, o tipo de erudito que Gibb fora na sua juventude, quando estudou as invasões muçulmanas da Ásia Central), mas sua adaptabilidade para uso no mundo público. Hourani expressa isso muito bem:

[...] tornou-se claro para ele [Gibb] que as elites e os governos modernos agiam ignorando ou rejeitando as suas próprias tradições de vida social e moralidade, e que seus fracassos provinham dessa forma de agir. A partir de então, seus principais esforços foram dirigidos para elucidar, por meio de um estudo cuidadoso do passado, a natureza específica da sociedade muçulmana, as crenças e a cultura que se abrigavam em seu coração. Mesmo esse problema ele tendia a ver principalmente em termos políticos.[92]

Mas nenhuma visão tardia desse tipo teria sido possível sem a obra anterior de Gibb, e ali é que devemos primeiro procurar compreender as suas ideias. Entre as primeiras influências de Gibb estava Duncan Macdonald, de cuja obra Gibb claramente tirou o conceito de que o islã era um sistema coerente de vida, um sistema tornado coerente não tanto pelos povos que levavam essa vida, mas em virtude de algum corpo de doutrina, método de prática religiosa, ideia de ordem, de que todos os povos muçulmanos participavam. Entre os povos e o "islã" havia obviamente um tipo de encontro dinâmico, mas o que importava para o estudioso ocidental era o poder interveniente do islã para tornar inteligíveis as experiências dos povos islâmicos, e não o caminho inverso.

Para Macdonald e depois para Gibb, as dificuldades epistemológicas e metodológicas do "islã" como um objeto (sobre o qual grandes declarações extremamente gerais podiam ser feitas) nunca são enfrentadas. De sua parte, Macdonald acreditava que era possível perceber no islã aspectos de uma abstração ainda mais portentosa, a mentalidade oriental. Todo o capítulo inicial de seu livro mais influente (cuja importância para Gibb não pode ser minimizada), *The religious attitude and life in Islam* [A atitude religiosa e a vida no islã], é uma antologia de declarações indiscutíveis sobre a mente oriental ou do Leste. Ele começa dizendo que "está claro, creio eu, e admitido que a concepção de um reino invisível é muito mais imediata e real para o oriental que para os povos ocidentais". Os "grandes elementos modificadores que parecem quase subverter, de tempos em tempos, a lei geral" não o abalam, nem abalam as outras leis igualmente abrangentes e gerais que regem a mente oriental. "A diferença essencial na mente oriental não é a credulidade para com as coisas não vistas, mas a incapacidade de construir um sistema para as coisas vistas." Outro aspecto dessa dificuldade — que Gibb mais tarde responsabilizaria pela ausência de forma na literatura árabe e pela visão muçulmana basicamente atomística da realidade — é "que a diferença no oriental não é, em sua essência, a religiosidade, mas a falta da noção de lei. Para ele, não existe uma ordem inamovível da natureza". Quanto a esse "fato" não explicar as extraordinárias realizações da ciência islâmica, em que grande parte da moderna ciência ocidental está baseada, Macdonald permanece em silêncio. Continua seu catálogo: "É evidente que qualquer coisa é possível para o oriental. O sobrenatural está tão próximo que se pode atingi-lo a qualquer momento". Que uma *ocasião* — a saber, o nascimento histórico e geográfico do monoteísmo no Oriente — se transforme, no argumento de Macdonald, em toda uma teoria da diferença entre o Oriente e o Ocidente, indica o grau de intensidade com que Macdonald estava comprometido com o "Orientalismo". Eis o seu resumo:

> *Incapacidade*, portanto, de ver a vida de forma constante, de vê-la por inteiro, de compreender que uma teoria da vida deve cobrir todos os fatos, e *estar sujeito* a ser perseguido por uma única ideia e ficar cego para tudo o mais — nisso, creio eu, está a diferença entre o Oriente e o Ocidente.[93]

Nada disso é particularmente novo. De Schlegel a Renan, de Robertson Smith a T. E. Lawrence, essas ideias vêm se repetindo e tornando a se repetir. Representam uma decisão sobre o Oriente, de modo algum um fato da natureza. Qualquer um que, como Macdonald e Gibb, entrasse conscientemente numa profissão chamada Orientalismo dava esse passo com base numa decisão refletida: que o Oriente era o Oriente, que era diferente, e assim por diante. As elaborações, os refinamentos, as consequentes articulações do campo sustentam e prolongam, portanto, a decisão de confinar o Oriente. Não há ironia perceptível nas visões de Macdonald (ou nas de Gibb) sobre o Oriente estar sujeito a ser perseguido por uma única ideia; nenhum deles parece capaz de reconhecer até que ponto o *Orientalismo* está sujeito a ser perseguido pela ideia única da diferença oriental. E nenhum deles está preocupado com o fato de essas designações indiscriminadas como o "islã" ou "o Oriente" serem usadas como nomes próprios, com adjetivos a eles ligados e verbos deles jorrando, como se se referissem a pessoas e não a ideias platônicas.

Não é por acaso, portanto, que o tema principal de Gibb, em quase tudo o que ele escreveu sobre o islã e os árabes, fosse a tensão entre o "islã", como um fato oriental transcendente e imperioso, e as realidades da experiência humana cotidiana. Seu investimento como erudito e como cristão devoto era no "islã", e não tanto nas complicações (para ele) relativamente triviais introduzidas no islã pelo nacionalismo, pela luta de classes, pelas experiências individualizantes de amor, raiva ou trabalho humano. Em nenhum lugar o caráter empobrecedor desse investimento é mais evidente do que em *Whither Islam?* [Para onde vai o islã?], um volume com edição e contribuição — o ensaio que dá título ao livro — de Gibb em 1932. (Inclui também um artigo notável de Massignon sobre o islã da África do Norte.) A tarefa de Gibb, assim como ele a via, era avaliar o islã, sua presente situação, sua possível trajetória futura. Nessa tarefa, as regiões individuais e manifestamente diferentes do mundo islâmico não deveriam ser refutações, mas exemplos da unidade do islã. O próprio Gibb propôs uma definição introdutória do islã; depois, no ensaio final, procurou comentar a sua realidade e o seu real futuro. Como Macdonald, Gibb parece inteiramente confortável com a ideia de um Oriente monolítico, cujas circunstâncias existenciais não podem ser reduzidas facilmente à raça ou a uma teoria racial; ao negar resolutamente o valor da generalização racial, Gibb se eleva acima do que fora muito censurável nas gerações anteriores de orientalistas. Ele tem também uma visão generosa e simpática do universalismo e da tolerância do islã em deixar diversas comunidades étnicas e religiosas coexistirem pacífica e democraticamente dentro do seu império. Há uma nota de profecia sombria no fato de Gibb apontar os sionistas e os cristãos maronitas, os únicos dentre todas as comunidades étnicas do mundo islâmico, pela sua incapacidade em aceitar a coexistência.[94]

Mas o núcleo do argumento de Gibb é que o islã, talvez por representar o interesse exclusivo do oriental não pela natureza, mas pelo Invisível, tem uma precedência e domínio fundamentais sobre toda a vida no Oriente islâmico. Para Gibb, o islã *é* a ortodoxia islâmica, *é* também a comunidade dos fiéis, *é* a vida, a unidade, a inteligibilidade, os valores. *É* igualmente a lei e a ordem, apesar das desagradáveis perturbações dos jihadistas e dos agitadores comunistas. Em página após página da prosa de Gibb em *Whither Islam?*, aprendemos que os novos bancos comerciais no Egito e na Síria são fatos do islã ou uma iniciativa islâmica; as escolas e a crescente taxa de alfabetização são também fatos islâmicos, assim como são o jornalismo, a ocidentalização e as sociedades intelectuais. Em nenhum momento Gibb fala do colonialismo europeu ao discutir o surgimento do nacionalismo e suas "toxinas". Jamais ocorre a Gibb que a história do islã moderno podia ser mais inteligível por sua resistência, política e não política, ao colonialismo, assim como lhe parece finalmente irrelevante notar se os governos "islâmicos" que discute são republicanos, feudais ou monárquicos.

O "islã" para Gibb é uma espécie de superestrutura posta em perigo tanto pela política (nacionalismo, agitação comunista, ocidentalização) como pelas perigosas tentativas muçulmanas de bulir com sua soberania intelectual. Na passagem que se segue, note-se como a palavra *religião* e seus cognatos são usados para colorir o tom da prosa de Gibb, tanto assim que sentimos um incômodo decoroso diante das pressões mundanas dirigidas ao "islã":

O islã, como uma religião, tem perdido pouco da sua força, mas o islã como árbitro da vida social [no mundo moderno] está sendo destronado; ao seu lado, ou acima, novas forças exercem uma autoridade que está às vezes em contradição com suas tradições e suas prescrições sociais, mas que ainda assim se impõe na presença delas. Para descrever a posição nos seus termos mais simples, o que aconteceu é o seguinte. Até pouco tempo atrás, o cidadão e cultivador muçulmano comum não tinha interesses ou funções políticos, nenhuma literatura de fácil acesso a não ser a literatura religiosa, não tinha festivais nem vida comunitária exceto em conexão com a religião, via pouco ou nada do mundo exterior exceto por meio de lentes religiosas. *Para ele, em consequência, a religião significava tudo.* Agora, entretanto, sobretudo em todos os países adiantados, seus interesses se expandiram e suas atividades já não são limitadas pela religião. Questões políticas solicitam sua atenção; lê, ou leem para ele, um volume de artigos sobre temas de todos os tipos que nada têm a ver com a religião, nos quais o ponto de vista religioso não pode ser em absoluto discutido, e o veredicto pode estar baseado em alguns princípios completamente diferentes. [...] [Destaque meu][95]

Reconhecidamente, o quadro é um pouco difícil de visualizar, porque, ao contrário de qualquer outra religião, *o islã é ou significa tudo*. Como descrição de um fenômeno humano, a hipérbole é, creio eu, exclusiva do Orientalismo. A própria vida — a política, a literatura, a energia, a atividade, o crescimento — é uma intromissão nessa totalidade oriental inimaginável (para um ocidental). Mas, como "um complemento e contrapeso para a civilização europeia", o islã na sua forma moderna é, ainda assim, um objeto útil: esse é o âmago da proposição de Gibb sobre o islã moderno. Pois, "no aspecto mais amplo da história, o que está acontecendo agora entre a Europa e o islã é a reintegração da civilização ocidental, artificialmente rachada na Renascença e agora reafirmando sua unidade com uma força esmagadora".[96]

Ao contrário de Massignon, que não procurava esconder suas especulações metafísicas, Gibb fazia esse tipo de observações como se fossem conhecimento objetivo (uma categoria que lhe parecia faltar em Massignon). Mas por quase todo e qualquer padrão as obras gerais de Gibb sobre o islã *são* metafísicas, não só porque ele usa abstrações como o "islã" como se elas tivessem um significado claro e distinto, mas também porque simplesmente nunca fica claro onde, no tempo e no espaço concretos, o "islã" de Gibb está acontecendo. Se, por um lado, seguindo Macdonald, ele situa o islã definitivamente fora do Ocidente, por outro lado, em grande parte de sua obra, descobre-se Gibb no ato de "reintegrar" o islã no Ocidente. Em 1955, ele tornou essa questão dentro-fora um pouco mais clara: o Ocidente tirava do islã apenas aqueles elementos não científicos que o islã recebera originalmente do Ocidente, enquanto ao tomar como empréstimo grande parte da ciência islâmica, o Ocidente estava meramente seguindo a lei de tornar "a ciência natural e a tecnologia [...] indefinidamente transmissíveis".[97] O resultado prático é tornar o islã, em "arte, estética, filosofia e pensamento religioso", um fenômeno de segunda categoria (pois tudo isso veio do Ocidente) e, no que dizia respeito à ciência e à tecnologia, um mero conduto para elementos que não são *sui generis* islâmicos.

Qualquer clareza sobre o significado do islã no pensamento de Gibb deve ser encontrada *dentro* dessas restrições metafísicas, e realmente as suas duas obras importantes dos anos 40, *Modern trends in Islam* [Tendências modernas no islã] e *Mohammedanism: an historical survey* [Maometismo: uma visão histórica], dão considerável substância à questão. Em ambos os livros, Gibb encontra grande dificuldade em discutir a presente crise no islã, opondo o seu ser inerente e essencial às tentativas modernas de modificá-lo. Já mencionei a hostilidade de Gibb para com as correntes modernizadoras no islã, e seu compromisso obstinado com a ortodoxia islâmica. Agora é tempo de mencionar sua preferência pela palavra *maometismo* em vez de *islã* (porque ele diz que o islã está realmente baseado numa ideia de sucessão apostólica que culmina em Maomé), e sua afirmação de que a principal ciência islâmica é a lei, que desde cedo substituiu a teologia. O curioso nessas declarações é que são assertivas feitas sobre o islã, com base não na evidência interna do islã, mas numa lógica deliberadamente fora do islã. Nenhum muçulmano se chamava maometano, nem, ao que se saiba, percebia a maior importância da lei em relação à teologia. Mas o que Gibb faz é situar-se como um erudito dentro de contradições que ele próprio discerne, naquele ponto no "islã" em que "há um certo deslocamento não expresso entre o processo exterior formal e as realidades internas".[98]

O orientalista, portanto, vê a sua tarefa como a de expressar o deslocamento e, consequentemente, falar a verdade sobre o islã, o que por definição — como suas contradições inibem os seus poderes de autodiscernimento — o islã não pode expressar. A maioria das afirmações gerais *de Gibb* sobre o islã fornece conceitos que a religião ou a cultura, mais uma vez pela definição de Gibb, são incapazes de compreender: "a filosofia oriental nunca reconhecera a ideia fundamental de justiça na filosofia grega". Quanto às sociedades orientais, "em contraste com a maioria das sociedades ocidentais, [elas] têm [se] dedicado em geral a construir organizações sociais estáveis [mais do que] a construir sistemas ideais de pensamento filosófico". A principal fraqueza interna do islã é a "ruptura da associação entre as ordens religiosas e as classes alta e média muçulmanas".[99] Mas Gibb também percebe que o islã jamais permaneceu isolado do resto do mundo e que, portanto, deve experimentar uma série de deslocamentos, insuficiências e disjunções externos entre ele próprio e o mundo. Afirma então que o islã moderno é o resultado de uma religião clássica que entra em contato dissincrônico com as ideias ocidentais românticas. Em reação a esse ataque, o islã desenvolveu uma escola de modernistas cujas ideias revelam em toda parte desesperança, ideias inadequadas ao mundo moderno: mahdismo, nacionalismo, um califado revivido. Mas a reação conservadora ao modernismo não é menos inadequada à modernidade, pois produziu uma espécie de luddismo obstinado. Bem, perguntamos então, o que é afinal o islã, se ele não pode superar seus deslocamentos internos nem lidar satisfatoriamente com sua vizinhança externa? A resposta pode ser buscada na seguinte passagem central de *Modern trends*:

> O islã é uma religião viva e vital, que apela aos corações, às mentes e às consciências de dezenas e centenas de milhões, fixando-lhes um padrão pelo qual viver de forma honesta, sóbria e temente a Deus. Não é o islã que está

petrificado, mas suas formulações ortodoxas, sua teologia sistemática, sua apologética social. É nesse ponto que reside o deslocamento, que a insatisfação é sentida entre uma grande parcela de seus adeptos mais educados e inteligentes, e que o perigo para o futuro é mais evidente. Nenhuma religião, em última análise, pode resistir à desintegração, se há um abismo perpétuo entre as exigências que faz à vontade e o apelo que faz ao intelecto de seus seguidores. O fato de ainda não ter surgido para a imensa maioria dos muçulmanos o problema do deslocamento justifica que o ulemá se recuse a ser forçado a tomar as medidas apressadas que os modernistas prescrevem; mas a difusão do modernismo é um aviso de que a reformulação não pode ser indefinidamente protelada.

Ao tentar determinar as origens e as causas dessa petrificação das fórmulas do islã, podemos também encontrar uma pista para a resposta à questão que os modernistas propõem mas até o momento não conseguiram resolver — isto é, a questão de como os princípios fundamentais do islã podem ser reformulados, sem que sejam afetados os seus elementos essenciais.[100]

A última parte dessa passagem é bastante familiar: a já tradicional capacidade orientalista de reconstruir e reformular o Oriente, dada a incapacidade do Oriente de fazê-lo por si mesmo. Em parte, portanto, o islã de Gibb está *à frente do* islã como esse é praticado, estudado ou pregado no Oriente. Mas esse provável islã não é uma simples ficção orientalista, tecida com as ideias de Gibb: baseia-se num "islã" que — como não pode existir de verdade — *apela* a toda uma comunidade de fiéis. A razão pela qual o "islã" pode existir em alguma formulação orientalista mais ou menos futura é que, no Oriente, o islã é usurpado e traduzido pela linguagem de seu clero, que reivindica o direito sobre a mente da comunidade. Enquanto se mantém silencioso no seu apelo, o islã é seguro; assim que o clero reformista assume seu papel (legítimo) de reformular o islã para que ele possa ingressar na modernidade, o problema se inicia. E esse problema é certamente o deslocamento.

O deslocamento na obra de Gibb identifica algo muito mais significativo que uma suposta dificuldade intelectual dentro do islã. Identifica, creio eu, o próprio privilégio, o próprio terreno em que o orientalista se coloca para escrever sobre o islã, legislar para o islã e reformular o islã. Longe de ser um discernimento casual de Gibb, o deslocamento é o caminho epistemológico para entrar no seu tema e, subsequentemente, a plataforma de observação a partir da qual, em todos os seus escritos e em cada uma das posições influentes que ocupou, ele podia examinar o islã. Entre o apelo silencioso do islã a uma comunidade monolítica de fiéis ortodoxos e toda uma articulação apenas verbal do islã por grupos desorientados de ativistas políticos, clérigos desesperados e reformistas oportunistas: é nesse ponto que Gibb se mantinha, escrevia, reformulava. Seus escritos diziam o que o islã não podia dizer ou o que seus clérigos não diriam. O que Gibb escreveu estava, num certo sentido, temporalmente à frente do islã, na medida em que ele admitia que, em algum ponto no futuro, o islã teria a capacidade de dizer o que não podia dizer naquele momento. Num outro sentido importante, entretanto, os escritos de Gibb sobre o islã antedatavam a religião como um corpo coerente de crenças "vivas", uma vez que seus escritos eram capazes de captar o "islã" como um apelo silencioso feito aos muçulmanos, *antes* que sua fé se tornasse uma questão para discussão, prática ou debate mundiais.

A contradição na obra de Gibb — pois é uma contradição falar do "islã" sem afirmar o que seus adeptos clericais dizem que de fato ele é, nem o que, se pudessem, seus seguidores leigos diriam a respeito — é um tanto abafada pela atitude metafísica que rege sua obra, e na verdade rege toda a história do Orientalismo moderno, que ele herdou de mentores como Macdonald. O Oriente e o islã têm um tipo de status extrarreal, fenomenologicamente reduzido, que os deixa fora do alcance de qualquer pessoa que não o especialista ocidental. Desde o início da especulação ocidental sobre o Oriente, a única coisa que o

378

Oriente não podia fazer era representar a si mesmo. As evidências do Oriente só eram dignas de crédito e reforçadas depois de passarem pelo fogo purificador da obra do orientalista. A *oeuvre* de Gibb pretende ser o islã (ou o maometismo) *como ele é* e *como poderia ser*. Metafisicamente — e apenas metafisicamente — a essência e o potencial se tornam uma mesma coisa. Apenas uma atitude metafísica poderia produzir ensaios famosos de Gibb como "A estrutura do pensamento religioso no islã" ou "Uma interpretação da história islâmica" sem ser perturbada pela distinção feita entre o conhecimento objetivo e o subjetivo na crítica de Gibb a Massignon.[101] As afirmações sobre o "islã" são feitas com uma confiança e uma serenidade verdadeiramente olímpicas. Não há deslocamento, nenhuma descontinuidade percebida entre o texto de Gibb e o fenômeno que ele descreve, pois cada um, segundo o próprio Gibb, é, em última análise, redutível ao outro. Como tais, o "islã" e a descrição de Gibb têm uma clareza discursiva tranquila, e seu elemento comum é a página ordenada do erudito inglês.

Atribuo muita importância à aparência e ao modelo projetado para a página do orientalista como objeto impresso. Já falei neste livro sobre a enciclopédia alfabética de d'Herbelot, as folhas gigantescas da *Description de l'Égypte*, o caderno de notas do laboratório-museu de Renan, as elipses e episódios curtos de *Modern Egyptians* de Lane, os extratos antológicos de Sacy, e assim por diante. Essas páginas são signos de um Oriente, e de um orientalista, *apresentado* ao leitor. Há uma ordem nessas páginas pela qual o leitor apreende não só o "Oriente", mas também o orientalista, como intérprete, expositor, personalidade, mediador, especialista representativo (e representante). De modo notável, Gibb e Massignon produziram páginas que recapitulam a história dos escritos orientalistas no Ocidente, assim como essa história foi concretizada num estilo genérico e topográfico variado, reduzido finalmente a uma uniformidade erudita e monográfica. O espécime oriental; o excesso oriental; a unidade lexicográfica oriental; a série oriental; o exemplo oriental: tudo isso foi subordinado, em Gibb e Massignon, à autoridade da prosa linear da análise discursiva, apresentada em ensaio, artigo curto, livro erudito. No seu tempo, do final da Primeira Guerra Mundial até o início dos anos 60, três principais formas de escrita orientalista foram radicalmente transformadas: a enciclopédia, a antologia, o registro pessoal. Sua autoridade foi redistribuída, dispersada ou dissipada: para um comitê de especialistas (*The encyclopedia of Islam*, *The Cambridge History of Islam*), para uma ordem inferior de serviço (instrução elementar de línguas, que prepararia o estudioso não para a diplomacia, como era o caso da *Chrestomatie* de Sacy, mas para o estudo de sociologia, economia ou história), para a esfera da revelação sensacional (tendo mais a ver com personalidades ou governos — Lawrence é o exemplo óbvio — do que com conhecimento). Gibb, com sua prosa tranquila e descuidada, mas profundamente sequencial; Massignon, com o talento de um artista para quem nenhuma referência é demasiado extravagante desde que regida por um dom interpretativo excêntrico: os dois eruditos elevaram ao grau máximo a autoridade, em sua essência *ecumênica*, do Orientalismo europeu. Depois deles, a nova realidade — o novo estilo especializado — era, de modo geral, anglo-americana, e, de forma mais restrita, o jargão americano das ciências sociais. Nela, o velho Orientalismo foi quebrado em muitos pedaços; mas todos ainda serviam aos dogmas orientalistas tradicionais.

A FASE MAIS RECENTE

Desde a Segunda Guerra Mundial, e mais visivelmente depois de cada uma das guerras árabe-israelenses, o muçulmano árabe tem se tornado uma figura na cultura popular americana, exatamente quando no mundo acadêmico, no mundo do planejador de políticas públicas e no mundo dos negócios tem se dado uma atenção muito séria aos árabes. Isso simboliza uma mudança capital na configuração internacional de forças. A França e a Grã-Bretanha já não ocupam o palco central na política mundial; o império americano as desalojou. Uma vasta teia de interesses agora liga todas as regiões do antigo mundo colonial aos Estados Unidos, assim como uma proliferação de subespecialidades acadêmicas divide (e ainda assim conecta) todas as antigas disciplinas filológicas e baseadas na Europa, como o Orientalismo. O especialista de área, como ele é agora chamado, reivindica uma perícia regional, que é posta a serviço do governo ou dos negócios, ou de ambos. O conhecimento volumoso, quase material, armazenado nos anais do Orientalismo europeu moderno — conforme registrado, por exemplo, no diário de campo de Jules Mohl —, foi dissolvido e difundido em novas formas. Uma ampla variedade de representações híbridas do Oriente agora anda a esmo pela cultura. Japão, Indochina, China, Índia, Paquistão: suas representações tiveram e continuam a ter amplas repercussões, e elas foram discutidas em muitos lugares por razões óbvias. O islã e os árabes têm também suas próprias representações, e vamos tratá-las assim como ocorrem nessa persistência fragmentária, mas poderosa e ideologicamente coerente, bem menos discutida, em que se dissipou, nos Estados Unidos, o Orientalismo europeu tradicional.

1. *Imagens populares e representações da ciência social*. Eis alguns exemplos de como o árabe é com frequência representado hoje em dia. Note-se com que rapidez "o árabe" parece se acomodar às transformações e reduções — todas de um tipo simplesmente tendencioso — que lhe são impostas de modo contínuo. A fantasia para a décima reunião da classe de Princeton em 1967 fora planejada antes da Guerra de Junho. O tema — pois seria errado descrever a fantasia como mais do que grosseiramente sugestiva — devia ser árabe: mantos, turbantes, sandálias. Logo depois da guerra, quando já se tornara claro que o tema árabe era motivo de constrangimento, foi decretada uma mudança na reunião. Usando a fantasia como fora planejada no início, a classe deveria agora caminhar em procissão, as mãos acima da cabeça num gesto de derrota abjeta. Isso era o que o árabe se tornara. De um estereótipo vagamente delineado como um nômade montado num camelo a uma caricatura aceita como a encarna-

ção da incompetência e da fácil derrota: esse era todo o alcance atribuído ao árabe.

Mas, depois da guerra de 1973, o árabe apareceu como algo mais ameaçador. Caricaturas representando um xeque postado atrás de uma bomba de gasolina surgiam repetidamente. Esses árabes, entretanto, eram claramente "semíticos": os narizes bem aduncos, o olhar de soslaio malévolo sobre o bigode nas faces eram lembretes óbvios (para uma população em grande parte não semítica) de que "os semitas" estavam no fundo de todos os "nossos" problemas, que nesse caso consistiam principalmente numa escassez de gasolina. A transferência, no ânimo antissemita popular, de um alvo judeu para um alvo árabe foi realizada de forma suave, pois a figura era na essência a mesma.

Assim, quando o árabe chega a atrair a atenção, ele o faz com um valor negativo. É visto como o que desbarata a existência de Israel e do Ocidente ou, numa outra visão da mesma coisa, como um obstáculo superável à criação de Israel em 1948. Na medida em que esse árabe tem alguma história, ela é parte da história que lhe é dada (ou tirada dele: a diferença é pequena) pela tradição orientalista e, mais tarde, pela tradição sionista. A Palestina era vista — por Lamartine e os primeiros sionistas — como um deserto vazio esperando para florescer; supunha-se que seus habitantes eram nômades inconsequentes que não possuíam direito real à terra e, portanto, nenhuma realidade nacional ou cultural. O árabe, portanto, é concebido agora como uma sombra que persegue o judeu. Nessa sombra — porque os árabes e os judeus são semitas orientais — pode ser colocada qualquer desconfiança tradicional e latente que o ocidental sente em relação ao oriental. Pois o judeu da Europa pré-nazista se bifurcou: o que temos agora é um herói judaico, construído a partir de um culto reconstruído do orientalista- -aventureiro-pioneiro (Burton, Lane, Renan), e sua sombra rastejante, misteriosamente temível, o oriental árabe. Isolado de tudo exceto do passado que lhe foi criado pelo polêmico orientalista, o árabe está acorrentado a um destino que o fixa e o condena a uma série de reações, punidas com regularidade por aquilo a que Barbara Tuchman dá o nome teológico de "a espada rápida e terrível de Israel".

À parte seu antissionismo, o árabe é um fornecedor de petróleo. Essa é outra característica negativa, porque a maioria dos relatos sobre o petróleo árabe equipara o boicote de 1973-4 (que beneficiou principalmente as companhias ocidentais e uma pequena elite árabe governante) à ausência de quaisquer qualificações morais nos árabes para possuir reservas tão imensas. Sem os eufemismos habituais, a pergunta formulada com mais frequência é por que povos como os árabes têm o direito de manter o mundo desenvolvido (livre, democrático, moral) ameaçado. Dessas perguntas provém a sugestão frequente de que os campos de petróleo árabes sejam invadidos pelos fuzileiros navais.

Nos filmes e na televisão, o árabe é associado com a libidinagem ou com a desonestidade sanguinária. Ele aparece como um degenerado excessivamente sexuado, capaz de intrigas inteligentemente tortuosas, é verdade, mas essencialmente sádicas, traiçoeiras, baixas. Traficante de escravos, cameleiro, cambista, um patife pitoresco: esses são alguns dos papéis tradicionais do árabe no cinema. O líder árabe (de saqueadores, piratas, insurgentes "nativos") é muitas vezes visto rosnando para o herói e a loira ocidentais cativos (mas imbuídos de integridade): "Os meus homens vão matá-lo, mas... eles gostam de se divertir antes". Enquanto fala, ele olha sugestivamente de soslaio, como o sheik de Valentino. Nos documentários e nos noticiários, o árabe é sempre mostrado em grandes números. Nada de individualidade, nem de características ou experiências pessoais. A maioria das imagens representa fúria e desgraça de massas, ou gestos irracionais (por isso, irremediavelmente excêntricos). Espreitando por trás de todas essas imagens está a ameaça da *jihad*. Consequência: o medo de que os muçulmanos (ou árabes) tomem conta do mundo.

Publicam-se regularmente livros e artigos sobre o islã e os árabes que não representam, em absoluto, nenhuma mudança em relação à polêmica anti-islâmica virulenta da Idade Média e da Renascença. Para nenhum outro grupo étnico ou religioso vale a afirmação de que virtualmente nada pode ser escrito ou dito a seu respeito sem desafio ou protesto. O guia de cursos de 1975 editado pelos alunos de Columbia College afirmava sobre o curso de árabe que quase toda palavra na língua tinha a ver com violência, e que a mente árabe "refletida" na língua era incessantemente bombástica. Um artigo recente de Emmett Tyrrell na revista *Harper's* era ainda mais calunioso e racista, argumentando que os árabes são na essência assassinos e que a violência e o engano estão nos genes árabes.[102] Um levantamento intitulado *The Arabs in American textbooks* revela as desinformações mais espantosas, ou antes as representações mais desumanas de um grupo étnico-religioso. Um livro afirma que "muitas pessoas dessa área [árabe] nem sequer sabem que há um modo melhor de viver", e depois pergunta candidamente: "O que une os povos do Oriente Médio?". A resposta, pronunciada sem hesitar, é: "O último elo é a hostilidade dos árabes — o ódio — para com os judeus e a nação de Israel". Um outro livro afirma sobre o islã: "A religião muçulmana, chamada islã, começou no século VII. Foi iniciada por um rico negociante da Arábia, chamado Maomé. Ele afirmava ser um profeta. Encontrou seguidores entre os outros árabes. Dizia-lhes que foram escolhidos para governar o mundo". Essas informações são seguidas por outras, igualmente acuradas: "Pouco depois da morte de Maomé, seus ensinamentos foram registrados num livro chamado Alcorão, que se tornou o livro sagrado do islã".[103]

Essas ideias cruas são sustentadas sem refutação pelos acadêmicos que se ocupam do estudo do Oriente Próximo árabe. (Vale notar incidentalmente que o evento em Princeton a que me referi acima ocorreu numa universidade que se orgulha de seu departamento de Estudos do Oriente Próximo, fundado em 1927, o mais antigo desse tipo no país.) Tome-se como exemplo o relatório produzido em 1967 por Morroe Berger, um professor de sociologia e estudos do Oriente Próximo em Princeton, por ordem do Departamento de Saúde, Educação e Bem-estar; ele era então presidente da Associação dos Estudos do Oriente Médio (MESA), uma associação profissional de eruditos interessados em todos os aspectos do Oriente Próximo, "primariamente desde o surgimento do islã e do ponto de vista das disciplinas humanísticas e das ciências sociais",[104] fundada em 1967. Deu a seu trabalho o título de "Estudos do Oriente Médio e da África do Norte: desenvolvimentos e necessidades", e fez com que fosse publicado no segundo número de *MESA Bulletin*. Depois de examinar a importância estratégica, econômica e política da região para os Estados Unidos, e depois de endossar os vários projetos do governo dos Estados Unidos e de fundações privadas para patrocinar programas nas universidades — a Lei de Educação para a Defesa Nacional, de 1958 (uma iniciativa inspirada diretamente pelo Sputnik), o estabelecimento de elos entre o Conselho de Pesquisa em Ciência Social e os estudos do Oriente Médio, e assim por diante — Berger chegou às seguintes conclusões:

O Oriente Médio e a África do Norte modernos não são um centro de grande realização cultural, nem é provável que se tornem um desses centros no futuro próximo. O estudo da região ou de suas línguas, portanto, não constitui sua própria recompensa no que diz respeito à cultura moderna.

[...] A nossa região não é um centro de grande poder político, nem tem o potencial de tornar-se um centro assim. [...] O Oriente Médio (a África do Norte menos) tem diminuído em importância política imediata para os Estados Unidos (e até no valor de "manchete" ou "incômodo") em relação à África, à América Latina e ao Extremo Oriente.

[...] Assim o Oriente Médio contemporâneo tem apenas em pequeno grau o tipo de características que parece ser importante para atrair a atenção erudita. Isso não diminui a validade e o valor intelectual de estudar a área ou influenciar a qualidade do trabalho que os eruditos desenvolvem a respeito. Entretanto, estabelece limites, dos quais devemos estar cientes, para a capacidade de aumentar no campo de estudos o número dos que estudam e ensinam.[105]

Como profecia, claro, isso é bastante lamentável; o que o torna ainda mais infeliz é que Berger recebeu o encargo não só porque era um conhecedor do Oriente Próximo moderno, mas também — como fica claro pela conclusão do relatório — porque se esperava que ele estivesse numa boa posição para predizer seu futuro e o futuro das ações políticas. Sua falha em não ver que o Oriente Médio era de grande importância política, e potencialmente de grande poder político, não foi uma aberração casual de julgamento, creio eu. Os dois principais erros de Berger derivam do primeiro e do último parágrafo, cuja genealogia é a história do Orientalismo como a temos estudado. No que Berger tem a dizer sobre a ausência de grande realização futura, e no que conclui sobre o estudo futuro — que o Oriente Médio não atrai a atenção dos eruditos por causa de suas fraquezas intrínsecas — temos uma duplicação quase exata da opinião orientalista canônica de que os semitas nunca produziram uma grande cultura e de que, como Renan com frequência afirmou, o mundo semítico sempre foi demasiado empobrecido para atrair a atenção universal. Além disso, ao fazer esses julgamentos tradicionais e ao ser totalmente cego para o que estava diante de seus olhos — afinal Berger não estava escrevendo cinquenta anos atrás, mas durante um período em que os Estados Unidos já estavam importando cerca de 10% de seu petróleo do Oriente Médio e em que seus investimentos estratégicos e econômicos na área eram inimaginavelmente imensos — Berger assegurava a centralidade de sua própria posição como orientalista. Pois o que ele diz, com efeito, é que, sem pessoas como ele, o Oriente Médio seria negligenciado; e que, sem seu papel mediador e interpretativo, o lugar não seria compreendido, em parte porque o pouco que há para compreender é bastante peculiar, e em parte porque só o orientalista pode interpretar o Oriente, sendo o Oriente radicalmente incapaz de interpretar a si mesmo.

O fato de que Berger era menos um orientalista clássico quando escreveu seu texto (ele não era e não é) que um sociólogo profissional não minimiza o tamanho de sua dívida para com o Orientalismo e suas ideias. Entre essas ideias está a antipatia

386

especialmente legitimada para com o material que forma a base principal de seu estudo, bem como seu rebaixamento. Tão forte é essa atitude em Berger que ela obscurece a realidade diante de seus olhos. E, ainda mais impressionante, torna desnecessário que ele se pergunte por que, se o Oriente Médio "não é um centro de grande realização cultural", ele deveria recomendar que alguém dedicasse sua vida, como ele fez, ao estudo dessa cultura. Os eruditos — mais do que, digamos, os médicos — estudam o que lhes agrada e o que lhes interessa; só um sentimento exagerado de dever cultural leva um erudito ao estudo de algo que ele menospreza. Mas é justamente esse sentimento de dever que o Orientalismo patrocina, porque, ao longo de gerações, a cultura em geral colocou o orientalista nas barricadas, onde em seu trabalho profissional confrontava o Oriente — suas barbáries, suas excentricidades, sua falta de governo — e o mantinha à distância em nome do Ocidente.

Menciono Berger como um exemplo da atitude acadêmica para com o Oriente islâmico, um exemplo de como uma perspectiva erudita pode apoiar as caricaturas propagadas na cultura popular. Mas Berger representa também a transformação mais corrente que acomete o Orientalismo: sua conversão de disciplina filológica e apreensão geral do Oriente em especialidade dentro da ciência social. Um orientalista já não tenta primeiro dominar as línguas esotéricas do Oriente; ele começa como um cientista social e "aplica" sua ciência ao Oriente ou a algum outro lugar. Essa é a contribuição especificamente americana à história do Orientalismo, e pode ser datada aproximadamente desde o período logo após a Segunda Guerra Mundial, quando os Estados Unidos se viram na posição então recentemente desocupada pela Grã-Bretanha e pela França. A experiência americana do Oriente, anterior a esse momento excepcional, era limitada. Solitários como Melville tinham interesse pela região; cínicos como Mark Twain a visitavam e escreviam a respeito; os transcendentalistas americanos viam afinidades entre o pensamento indiano e o seu próprio; alguns teólogos e estudiosos da Bíblia estudaram as línguas orientais bíblicas; havia encontros diplomáticos e militares ocasionais com piratas da Berbéria e afins, as antigas expedições navais para o Extremo Oriente, além dos missionários ubíquos no Oriente. Mas não havia nenhum investimento profundo na tradição do Orientalismo e, consequentemente, nos Estados Unidos o conhecimento do Oriente nunca experimentou os processos de refinamento, reticulação e reconstrução, iniciados no estudo filológico pelos quais passou na Europa. Além do mais, o investimento imaginativo tampouco foi feito, talvez porque a fronteira americana, aquela que contava, era a que ficava na direção do oeste. Imediatamente depois da Segunda Guerra Mundial, portanto, o Oriente se tornou não uma ampla questão católica, como fora por séculos na Europa, mas uma questão administrativa, de ação política. Entram o cientista social e o novo conhecedor, em cujos ombros um tanto mais estreitos devia cair o manto do Orientalismo. Por sua vez, como veremos, eles realizaram tantas mudanças no Orientalismo que esse se tornou quase irreconhecível. Em todo caso, o novo orientalista assumiu as atitudes de hostilidade cultural e as manteve.

Um dos aspectos notáveis da nova atenção da ciência social americana para com o Oriente é o fato singular de evitar a literatura. É possível ler montes de escritos eruditos sobre o Oriente Próximo moderno sem jamais encontrar uma única referência à literatura. O que parece importar para o conhecimento da região são os "fatos", que um texto literário talvez perturbe. O efeito real dessa omissão marcante na consciência americana moderna do Oriente árabe ou islâmico é manter a região e seu povo conceitualmente emasculados, reduzidos a "atitudes", "tendências", estatísticas: em suma, desumanizados. Quando um poeta ou romancista árabe — e há muitos — escreve sobre suas experiências, seus valores, sua humanidade (por mais estranha que possa ser), ele efetivamente rompe os vários padrões (imagens, clichês, abstrações) pelos quais o Oriente é representado. Um texto literário fala mais ou menos diretamente de uma realidade viva. Sua força não vem do fato de ser árabe, francês ou inglês; sua força está no poder e na vitalidade das palavras que, para me valer da metáfora de Flaubert tirada de *A tentação de santo Antônio*, derruba os ídolos dos braços dos orientalistas e faz com que deixem cair aquelas grandes crianças paralíticas — as suas ideias do Oriente — que tentam passar pelo Oriente.

A ausência da literatura e a posição relativamente fraca da filologia nos estudos americanos contemporâneos do Oriente Próximo são ilustrações de uma nova excentricidade no Orientalismo, em que até mesmo o meu emprego da palavra é anômalo. Pois muito pouco do que fazem agora os especialistas acadêmicos em Oriente Próximo lembra o Orientalismo tradicional do tipo que terminou com Gibb e Massignon; os elementos principais reproduzidos são, como disse, uma certa hostilidade cultural e uma percepção baseada menos na filologia do que na "perícia". Quanto à sua genealogia, o Orientalismo americano moderno deriva de coisas como as escolas de língua do exército estabelecidas durante e após a guerra, o súbito interesse governamental e empresarial pelo mundo não ocidental durante o período pós-guerra, a competição com a União Soviética na Guerra Fria, e uma atitude missionária residual para com os orientais que são considerados maduros para a reforma e a reeducação. O estudo não filológico de línguas orientais esotéricas é útil por razões estratégicas rudimentares e óbvias; mas é também proveitoso por conferir um selo de autoridade, quase uma mística, ao "conhecedor", que parece capaz de tratar um material irremediavelmente obscuro com uma habilidade de primeira categoria.

Na ordem das coisas na ciência social, o estudo de línguas é um mero instrumento para fins mais elevados, certamente não para ler textos literários. Em 1958, por exemplo, o Instituto do Oriente Médio — um órgão quase governamental fundado para supervisionar e patrocinar o interesse de pesquisa no Oriente Médio — produziu um *Report on current research* [Relatório do andamento da pesquisa]. A contribuição "Presente estado dos estudos árabes nos Estados Unidos" (realizada, de modo bastante interessante, por um professor de hebraico) é prefaciada por uma epígrafe anunciando que "o conhecimento de línguas estrangeiras, por exemplo, já não é província exclusiva dos eruditos nas humanidades. É um instrumento de trabalho do engenheiro, do economista, do cientista social e de muitos outros especialistas". Todo o relatório enfatiza a importância do árabe para os executivos das companhias de petróleo, os técnicos e o pessoal militar. Mas o principal argumento do relatório é este trio de sentenças: "As universidades russas estão agora produzindo falantes fluentes em árabe. A Rússia percebeu a importância de apelar aos homens por meio de suas mentes, em sua própria língua. Os Estados Unidos não devem esperar mais para desenvolver seu programa de línguas estrangeiras".[106] As línguas orientais são portanto parte de um objetivo de ação política — como, em certa medida, sempre foram — ou parte de um esforço prolongado de propaganda. Nesses dois objetivos, o estudo das línguas orientais se torna o instrumento que põe em prática as teses de Harold Lasswell sobre propaganda, nas quais o que conta não é o que as pessoas pensam, mas o que elas podem ser levadas a ser e pensar.

A perspectiva propagandista combina de fato o respeito pela individualidade com a indiferença para com a democracia formal. O respeito pela individualidade nasce da dependência que as operações em larga escala têm em relação ao apoio das massas e à experiência com a variabilidade das preferências humanas. [...] Essa consideração pelos homens nas massas não se baseia em dogmatismos democráticos sobre os homens serem os melhores juízes de seus interesses. O moderno propagandista, como o moderno psicólogo, reconhece que os homens são frequentemente maus juízes de seus interesses, adejando de uma alternativa para a seguinte sem razões sólidas, ou agarrando-se temerosamente aos fragmentos de uma pedra antiquíssima coberta de musgo. Calcular a perspectiva de assegurar uma mudança permanente nos hábitos e valores implica muito mais que a avaliação das preferências dos homens em geral. Significa levar em consideração o tecido de relações em que os homens estão enredados, procurar sinais de preferências que talvez não reflitam nenhuma deliberação, e dirigir o programa para uma solução que se adapte ao fato. [...] Com respeito àqueles ajustes que requerem ação das massas, a tarefa do propagandista é a de inventar símbolos de metas que executem a dupla função de facilitar a adoção e a adaptação. Os símbolos devem induzir a aceitação de modo espontâneo. [...] Segue-se que a manobra ideal é o controle de uma situação, não pela imposição, mas pela conjectura. [...] O propagandista aceita como natural que o mundo seja completamente ocasionado, mas só parcialmente previsível. [...][107]

A língua estrangeira adquirida torna-se, portanto, parte de um assalto sutil às populações, assim como o estudo de uma região estrangeira como o Oriente se transforma num programa de controle por meio de conjecturas.

Mas esses programas devem sempre ter um verniz liberal, e em geral isso fica a cargo dos eruditos, dos homens de boa vontade, dos entusiastas. A ideia é que, ao estudar os orientais, os muçulmanos ou os árabes, "nós" podemos chegar a conhecer outros povos, seu modo de vida e pensamento, e assim por diante. Para esse fim, é sempre melhor deixar que falem por si mesmos, representem a si mesmos (embora por baixo dessa ficção esteja a frase de Marx — com a qual Lasswell está de acordo — para Luís Napoleão: "Eles não podem representar a si mesmos; devem ser representados"). Mas só até certo ponto, e de um modo especial. Em 1973, durante os dias da Guerra Árabe-Israelense de outubro, a *New York Times Magazine* encomendou dois artigos, um representando o lado israelense e o outro o lado árabe do conflito. O lado israelense foi apresentado por um advogado israelense; o lado árabe, por um antigo embaixador americano num país árabe, que não tinha treinamento formal em estudos orientais. Para não saltar imediatamente à conclusão simples de que os árabes eram considerados incapazes de representar a si mesmos, faríamos bem em lembrar que tanto os árabes como os judeus nesse caso eram semitas (na ampla designação cultural que tenho discutido) e que ambos *estavam sendo obrigados a ser* representados para um público ocidental. Vale lembrar uma passagem de Proust, em que a súbita aparição de um judeu num salão aristocrático é descrita da seguinte maneira:

> Os romenos, os egípcios, os turcos podem odiar os judeus. Mas, num salão francês, as diferenças entre esses povos não são tão visíveis, e um israelita que entra na sala como se estivesse saindo do coração do deserto, o corpo curvado como o de uma hiena, o pescoço espichado obliquamente para a frente, derramando-se em orgulhosos "salaams", satisfaz completamente um certo gosto pelo oriental [*un goût pour l'orientalisme*].[108]

2. *A Política de relações culturais*. Embora seja verdade dizer que os Estados Unidos só se tornaram de fato um império mundial no século XX, é também verdade que, durante o século XIX, os Estados Unidos se preocuparam com o Oriente de maneiras que prepararam o seu interesse posterior, abertamente imperial. Deixando de lado as campanhas contra os piratas berberes em 1801 e 1815, examinemos a fundação da American Oriental Society em 1842. No seu primeiro encontro anual em 1843, o presidente, John Pickering, deixou bem claro que a América se propunha estudar o Oriente para seguir o exemplo das potências europeias imperiais. A mensagem de Pickering consistia em que a estrutura dos estudos orientais — naquela época como agora — era política, e não simplesmente erudita. Note-se no seguinte resumo como as linhas do argumento em favor do Orientalismo deixam pouco espaço para dúvidas quanto a suas intenções:

> No primeiro encontro anual da Sociedade Americana em 1843, o presidente Pickering começou um esboço notável do campo de estudos que se propunha cultivar, chamando a atenção para as circunstâncias especialmente favoráveis da época, a paz que reinava por toda parte, o acesso mais livre

aos países orientais e as maiores facilidades de comunicação. A terra parecia quieta nos dias de Metternich e Louis Philippe. O tratado de Nanking havia aberto os portos chineses. A hélice havia sido adotada nos navios que cruzavam os oceanos; Morse completara seu telégrafo e já sugerira a colocação de um cabo transatlântico. Os objetivos da Sociedade eram cultivar o aprendizado de línguas asiáticas, africanas, polinésias e de tudo o que dizia respeito ao Oriente, criar um gosto pelos Estudos Orientais no país, publicar textos, traduções e comunicações, além de formar uma biblioteca e um gabinete. A maior parte do trabalho tem sido feita no campo asiático, e particularmente no sânscrito e nas línguas semíticas.[109]

Metternich, Louis Philippe, o Tratado de Nanking, a hélice: tudo sugere a constelação imperial que facilita a penetração euro-americana do Oriente. Isso nunca cessou. Mesmo os lendários missionários americanos no Oriente Próximo durante os séculos XIX e XX consideravam que seu papel era estabelecido menos por Deus que pelo *seu* Deus, *sua* cultura e *seu* destino.[110] As primeiras instituições missionárias — oficinas gráficas, escolas, universidades, hospitais e outras coisas do gênero — contribuíram para o bem-estar da região, mas, devido a seu caráter especificamente imperial e a sua manutenção pelo governo dos Estados Unidos, essas instituições não eram diferentes de suas equivalentes francesas e britânicas no Oriente. Durante a Primeira Guerra Mundial, o que viria a se tornar um interesse político capital dos Estados Unidos pelo sionismo e pela colonização da Palestina desempenhou um papel considerável na entrada dos Estados Unidos na guerra; as discussões britânicas anteriores e posteriores à Declaração Balfour (novembro de 1917) refletem a seriedade com que a declaração foi considerada pelos Estados Unidos.[111] Durante e após a Segunda Guerra Mundial, a escalada do interesse dos Estados Unidos pelo Oriente Médio foi extraordinária. Cairo, Teerã e África do Norte foram arenas importantes da guerra, e nesse cenário, com a exploração do petróleo e dos recursos humanos e estratégicos iniciada pela Grã-Bretanha e pela França, os Estados Unidos se prepararam para o seu novo papel imperial pós-guerra.

Um dos aspectos desse papel, longe de ser o menos importante, foi "uma política de relações culturais", conforme definida por Mortimer Graves em 1950. Parte dessa política era, dizia, a tentativa de adquirir "toda publicação significativa em toda língua importante do Oriente Próximo publicada desde 1900", uma tentativa "que o nosso Congresso deveria reconhecer como uma medida de segurança nacional". Pois o que estava claramente em jogo, Graves argumentava (para ouvidos muito receptivos, por sinal), era a necessidade de "os americanos compreenderem muito melhor as forças que estão competindo com a ideia americana no esforço de serem aceitas pelo Oriente Próximo. As principais dessas forças são, é claro, o comunismo e o islã".[112] Dessa preocupação, e como um adjunto contemporâneo à American Oriental Society, mais voltada para o passado, nasceu todo o imenso aparato de pesquisa sobre o Oriente Médio. O modelo, tanto na sua atitude francamente estratégica como na sua sensibilidade à segurança e às políticas públicas (e não, como se alega com frequência, à pura erudição), foi o Middle East Institute, fundado em maio de 1946 em Washington sob a égide do governo federal. De organizações assim surgiram a Middle East Studies Association, o poderoso apoio da Fundação Ford, os vários projetos federais de pesquisa, projetos de pesquisa executados por entidades como o Departamento de Defesa, a Corporação RAND e o Instituto Hudson, bem como os aparelhos consultivos e lobistas de bancos, companhias petrolíferas, multinacionais e outros órgãos semelhantes.[113] Não é reducionista dizer que tudo isso preserva, em seu funcionamento geral como em suas particularidades, a perspectiva orientalista tradicional que fora desenvolvida na Europa.

O paralelo entre os projetos imperiais europeu e americano no Oriente (Próximo e Extremo) é óbvio. O que talvez seja menos óbvio é (*a*) até que ponto a tradição europeia da erudição orientalista foi, se não adotada, ao menos acomodada, normalizada, domesticada, popularizada e introduzida no florescimento pós-guerra dos estudos do Oriente Próximo nos Estados Unidos; e (b) até que ponto a tradição europeia deu origem nos Estados Unidos a uma atitude coerente na maioria dos eruditos, instituições, estilos de discurso e orientações, apesar da aparência contemporânea de refinamento e do uso de técnicas da ciência social aparentando (de novo) alta sofisticação. Já discuti as ideias de Gibb; é preciso apontar, entretanto, que na metade da década de 1950 ele se tornou diretor do Centro Harvard para Estudos do Oriente Médio, e nessa posição as suas ideias e estilo exerceram uma influência importante. No que diz respeito à sua contribuição para o campo de estudo, a presença de Gibb nos Estados Unidos foi diferente da presença de Philip Hitti em Princeton desde o final da década de 1920. O departamento de Princeton produziu um grupo de eruditos importantes e seu estilo de estudos orientais estimulou um grande interesse erudito por esse ramo de estudos. Gibb, por outro lado, estava mais verdadeiramente em contato com o aspecto de políticas públicas do Orientalismo e, muito mais do que a de Hitti em Princeton, sua posição em Harvard focalizava o Orientalismo numa abordagem de estudos de área na Guerra Fria.

Ainda assim, a própria obra de Gibb não empregava abertamente a linguagem do discurso cultural na tradição de Renan, Becker e Massignon. Mas esse discurso, seu aparato intelectual e seus dogmas estavam presentes de modo notável, sobretudo (embora não exclusivamente) na obra e na autoridade institucional de Gustave von Grunebaum, que trabalhou em Chicago e depois na UCLA. Ele foi para os Estados Unidos no bojo da imigração de eruditos europeus que fugiam do fascismo.[114] A partir de então produziu uma sólida *oeuvre* orientalista, que se concentrava no islã como uma cultura holística, sobre a qual, do início até o fim de sua carreira, continuou a fazer o mesmo conjunto de generalizações negativas, essencialmente redutoras. Seu estilo, que trazia muitas vezes a evidência caótica de sua polimatia austro-germânica, de sua absorção dos preconceitos pseudocientíficos canônicos do Orientalismo francês, britânico e italiano, bem como de um esforço quase desesperado de permanecer o erudito-observador imparcial, era quase ilegível. Uma sua página típica sobre a autoimagem islâmica amontoa meia dúzia de referências a textos islâmicos tirados do maior número possível de períodos, referências a Husserl e aos pré-socráticos, a Lévi-Strauss e a vários cientistas sociais americanos. Tudo isso, entretanto, não obscurece a aversão quase virulenta de Von Grunebaum pelo islã. Ele não tem dificuldade em presumir que o islã é um fenômeno unitário, diferente de qualquer outra religião ou civilização, e desse ponto em diante mostra que o islã é anti-humano, incapaz de desenvolvimento, autoconhecimento ou objetividade, além de ser não criativo, não científico e autoritário. Eis dois trechos típicos — e devemos lembrar que Von Grunebaum escrevia com a autoridade singular de um erudito europeu nos Estados Unidos, ensinando, administrando, concedendo bolsas a uma grande rede de eruditos no campo de estudos.

> É essencial perceber que a civilização muçulmana é uma entidade cultural que não partilha as nossas aspirações primárias. Não está vitalmente interessada no estudo estruturado de outras culturas, quer como um fim em si mesmo, quer como um meio para alcançar uma compreensão mais clara de seu próprio caráter e história. Se essa observação fosse válida meramente para o islã contemporâneo, poderíamos estar inclinados a relacioná-la com o estado profundamente perturbado do islã, que não lhe permite olhar além de si mesmo, a menos que seja forçado a fazê-lo. Mas como é válida também para o passado, talvez possamos procurar conectá-la com o anti-humanismo básico dessa civilização (islâmica), isto é, a firme recusa a aceitar, em qualquer grau, o homem como o árbitro ou a medida das coisas, e a tendência a se satisfazer com a verdade como a descrição de estruturas mentais ou, em outras palavras, com a verdade psicológica.

[Ao nacionalismo árabe ou islâmico] falta, apesar de seu uso ocasional como lema, o conceito do direito divino de uma nação, falta uma ética formativa, falta igualmente, ao que parece, a crença do final do século XIX no progresso mecânico; acima de tudo, falta o vigor intelectual de um fenômeno primário. Tanto o poder como a vontade de poder são fins em si mesmos. [Essa frase não parece servir a nenhum propósito no argumento; mas, sem dúvida, empresta a Von Grunebaum a segurança de uma não frase de aparência filosófica, como se para garantir que ele fala sabiamente, e não depreciativamente, do islã.] O ressentimento de desfeitas políticas [sentido pelo islã] engendra a impaciência e impede a análise de longo alcance e o planejamento na esfera intelectual.[115]

Em quase qualquer lugar, um texto assim seria polidamente chamado de polêmico. Nos termos do orientalismo, entretanto, ele é relativamente ortodoxo e passava por sabedoria canônica nos estudos americanos sobre o Oriente Médio depois da Segunda Guerra Mundial, principalmente por causa do prestígio cultural associado aos eruditos europeus. O ponto, entretanto, é que a obra de Von Grunebaum é aceita acriticamente pelo campo de estudos, embora esse próprio campo hoje não possa reproduzir pessoas como ele. Apenas um erudito incumbiu-se de uma crítica séria das visões de Von Grunebaum: Abdullah Laroui, historiador e teórico político marroquino.

Usando o tema da repetição redutora na obra de Von Grunebaum como uma ferramenta prática de estudo crítico antiorientalista, Laroui expõe seu argumento em termos gerais. Ele se pergunta o que fez com que a obra de Von Grunebaum, apesar da enorme massa de detalhes e de seu aparente alcance, permanecesse redutora. Como diz Laroui, "os adjetivos que Von Grunebaum afixa à palavra islã (medieval, clássico, moderno) são neutros ou até supérfluos; não há nenhuma diferença entre o islã clássico, o islã medieval ou o islã puro e simples. [...] Há, portanto [para Von Grunebaum], apenas um islã que muda dentro de si mesmo".[116] O islã moderno, de acordo com Von Grunebaum, afastou-se do Ocidente, porque permanece fiel à percepção original de si mesmo; ainda assim, o islã só pode se modernizar por uma autorreinterpretação a partir de um ponto de vista ocidental — o que, é claro, Von Grunebaum mostra ser impossível. Ao descrever as conclusões de Von Grunebaum que resultam num retrato do islã como cultura incapaz de inovação, Laroui não menciona que a necessidade de o islã usar métodos ocidentais para se aperfeiçoar tornou-se quase um truísmo nos estudos sobre o Oriente Médio, talvez por causa da ampla influência de Von Grunebaum. (Por exemplo, David Gordon, em *Self-determination and history in the Third World* [Autodeterminação e história no terceiro mundo],[117] insta os árabes, africanos e asiáticos a conquistar a "maturidade", e argumenta que essa só pode ser conquistada pelo aprendizado da objetividade ocidental.)

A análise de Laroui também mostra como Von Grunebaum empregou a teoria culturalista de A. L. Kroeber para compreender o islã, e como essa ferramenta acarretou necessariamente uma série de reduções e eliminações, pelas quais o islã podia ser representado como um sistema fechado de exclusões. Cada um dos muitos e diversos aspectos da cultura islâmica, portanto, podia ser visto por Von Grunebaum como reflexo direto de uma matriz invariável, uma teoria particular de Deus que lhes dá ordem e significado: o desenvolvimento, a história, a tradição e a realidade no islã são, assim, intercambiáveis. Laroui sustenta corretamente que a história como uma ordem complexa de acontecimentos, temporalidades e significados não pode ser reduzida a essa noção de cultura, assim como a cultura não pode ser reduzida à ideologia, nem a ideologia à teologia. Von Grunebaum caiu presa tanto dos dogmas do Orientalismo que herdou como de uma característica particular do islã que ele preferiu interpretar como deficiência: que se encontrará no islã uma teoria altamente articulada da religião, mas bem poucos relatos da experiência religiosa; uma teoria política altamente articulada, mas poucos documentos políticos precisos; uma teoria da estrutura social, mas muito poucas ações individualizadas; uma teoria da história, mas muito poucos acontecimentos datados; uma teoria articulada da economia, mas muito poucas séries quantificadas, e assim por diante.[118] O resultado final é uma visão histórica do islã inteiramente obstruída pela noção de uma cultura incapaz de analisar ou fazer justiça à sua própria realidade existencial na experiência de seus adeptos. O islã de Von Gruncbaum é afinal o islã dos primeiros orientalistas europeus — monolítico, desdenhoso da experiência humana comum, grosseiro, redutor, imutável.

No fundo, essa visão do islã é política, sem fumos de imparcialidade. A força de seu domínio sobre o novo orientalista (isto é, mais jovem que Von Grunebaum) é devida em parte à sua autoridade tradicional, e em parte ao seu valor de uso como um instrumento para compreender uma vasta região do mundo e proclamá-la um fenômeno de todo coerente. Como o islã nunca foi, politicamente, atingido com facilidade pelo Ocidente — e não há dúvida de que desde a Segunda Guerra Mundial o nacionalismo árabe tem sido um movimento que declara abertamente sua hostilidade ao imperialismo ocidental —, aumenta, em retaliação, o desejo de afirmar coisas intelectualmente satisfatórias sobre o islã. Uma autoridade disse do islã (sem especificar a *qual* islã ou a qual aspecto do islã se referia) que é "um protótipo de sociedades tradicionais fechadas". Note-se o uso edificante da palavra *islã* para significar ao mesmo tempo uma sociedade, uma religião, um protótipo e uma realidade. Mas tudo isso será subordinado pelo mesmo erudito à noção de que, ao contrário das ("nossas") sociedades normais, as sociedades do islã e do Oriente Médio são totalmente "políticas", um adjetivo empregado como uma censura ao islã por não ser "liberal", por não ser capaz de separar (como "nós" fazemos) a política e a cultura. O resultado é um retrato ideológico de "nós" e "eles":

Compreender a sociedade do Oriente Médio como um todo deve permanecer a nossa grande meta. Apenas uma sociedade [como a "nossa"] que já atingiu uma estabilidade dinâmi-

399

ca pode se dar ao luxo de pensar em política, economia ou cultura como esferas da existência genuinamente autônomas, e não como divisões meramente convenientes para o estudo. Numa sociedade tradicional que não separa o que é de César e o que é de Deus, ou que está inteiramente em fluxo, a conexão entre, digamos, a política e todos os outros aspectos da vida é o núcleo da questão. Hoje, por exemplo, se um homem deve se casar com quatro esposas ou apenas uma, jejuar ou comer, ganhar ou perder a terra, confiar na revelação ou na razão, tudo se tornou uma questão política no Oriente Médio. [...] Não menos do que o próprio muçulmano, o novo orientalista deve tornar a inquirir quais são possivelmente as estruturas e as relações significativas da sociedade islâmica.[119]

A trivialidade da maioria dos exemplos (casar-se com quatro mulheres, jejuar ou comer etc.) é proposta como evidência do caráter inclusivo do islã e sua tirania. Quanto a *onde* isso está supostamente acontecendo, não somos informados. Mas somos lembrados do fato indubitavelmente apolítico de que os orientalistas "são em grande parte responsáveis por terem dado aos próprios habitantes do Oriente Médio uma apreciação precisa de seu passado",[120] caso tenhamos esquecido que os orientalistas conhecem por definição coisas que os orientais não podem conhecer por si mesmos.

Se isso resume a escola "dura" do novo Orientalismo americano, a escola "suave" enfatiza o fato de que os orientalistas tradicionais nos legaram as linhas básicas da história, da religião e da sociedade islâmicas, mas "contentaram-se amiúde em resumir o significado de uma civilização com base em alguns poucos manuscritos".[121] Contra o orientalista tradicional, portanto, o novo especialista de estudos de área argumenta filosoficamente:

A metodologia de pesquisa e os paradigmas disciplinares não devem determinar o que é selecionado para estudo e não devem limitar as observações. Os estudos de área, a partir dessa perspectiva, sustentam que só é possível conhecer verdadeiramente as coisas que existem, enquanto os métodos e as teorias são abstrações, que indicam as observações a fazer e oferecem explicações segundo critérios não empíricos.[122]

Bem. Mas *como* se conhecem as "coisas que existem" e até que ponto as "coisas que existem" são *constituídas* pelo conhecedor? Isso fica em aberto quando a nova apreensão sem valores do Oriente como algo que existe é institucionalizada nos programas de estudos de área. Sem um teorizar tendencioso, o islã *raramente* é estudado, *raramente* pesquisado, *raramente* conhecido: a ingenuidade dessa concepção não esconde o que ideologicamente significa, isto é, as teses absurdas de que o homem não desempenha nenhum papel em estabelecer tanto o material como os processos do conhecimento, de que a realidade oriental é estática e "existe", de que apenas um revolucionário messiânico (no vocabulário do dr. Kissinger) não admitirá a diferença entre a realidade do lado de fora e a de sua cabeça.

Entre a escola dura e a suave, entretanto, florescem versões mais ou menos diluídas do antigo Orientalismo — nos novos jargões da academia em alguns casos, nos antigos em outros. Mas os principais dogmas do Orientalismo persistem na sua forma mais pura nos estudos árabes e islâmicos. Vamos recapitulá-los: um dos dogmas é a diferença absoluta e sistemática entre o Ocidente, que é racional, desenvolvido, humanitário, superior, e o Oriente, que é aberrante, não desenvolvido, inferior. Outro dogma é que as abstrações sobre o Oriente, particularmente as baseadas em textos que representam uma civilização oriental "clássica", são sempre preferíveis a evidências diretas tiradas das modernas realidades orientais. Um terceiro dogma é que o Oriente é eterno, uniforme e incapaz de se definir; portanto, supõe-se ser inevitável e até cientificamente "objetivo" um vocabulário altamente generalizado e sistemático para descrever o Oriente de um ponto de vista ocidental. Um quarto dogma é que o Oriente é no fundo algo a ser temido (o Perigo Amarelo, as hordas mongóis etc.) ou controlado (pela pacificação, por pesquisa e desenvolvimento, pela ocupação cabal sempre que possível).

O extraordinário é que essas noções persistem sem questionamento significativo no estudo acadêmico e governamental do Oriente Próximo moderno. Lamentavelmente, não há contestação demonstrável — se é que há um gesto de desafio — na obra de eruditos árabes ou islâmicos; um artigo isolado aqui e ali, embora importante para seu tempo e lugar, não tem como afetar o curso de um imponente consenso mantido por toda sorte de agências, instituições e tradições. O ponto importante é que o Orientalismo islâmico tem levado vida muito diferente da experimentada pelas outras subdisciplinas orientalistas. O Committee of Concerned Asia Scholars (que são primariamente americanos) liderou uma revolução na década de 1960 nas fileiras dos especialistas no Leste da Ásia; os especialistas em estudos africanos foram desafiados de forma semelhante por autores revisionistas, o que também aconteceu com outros especialistas na área do Terceiro Mundo. Somente os arabistas e os islamologistas ainda trabalham sem revisão. Para eles, ainda há coisas como *uma* sociedade islâmica, *uma* mente árabe, *uma* psique oriental. Mesmo aqueles que têm por especialidade o mundo islâmico moderno usam de forma anacrônica textos como o Alcorão para compreender cada faceta da sociedade egípcia ou argelina contemporânea. Presume-se que o islã, ou um islã ideal do século VII constituído pelo orientalista, possui a unidade que evita as influências mais recentes e importantes do colonialismo, do imperialismo e até da política comum. Clichês sobre como os muçulmanos (ou maometanos, como ainda são às vezes chamados) se comportam são espalhados com uma despreocupação que ninguém se arriscaria ao falar sobre negros ou judeus. Quando muito, o muçulmano é um "informante nativo" para o orientalista. Secretamente, entretanto, ele continua a ser um herege desprezado que, pelos seus pecados, deve ainda suportar a posição inteiramente ingrata de ser conhecido — negativamente, isto é — como antissionista.

Há certamente um *establishment* nos estudos do Oriente Médio, um fundo comum de interesses, redes de "velhos amigos" e "conhecedores" ligando as corporações, as fundações, as companhias petrolíferas, as missões, os militares, o serviço de relações exteriores e a comunidade de inteligência ao mundo acadêmico. Há concessão de verbas e recompensas, há organizações, há hierarquias, há institutos, centros, faculdades, departamentos, todos dedicados a legitimar e manter a autoridade de um punhado de ideias básicas, basicamente imutáveis, sobre o islã, o Oriente e os árabes. Uma recente análise crítica do modo de operação dos estudos do Oriente Médio nos Estados Unidos mostra, não que o campo seja "monolítico", mas que é complexo, que contém orientalistas do estilo antigo, especialistas deliberadamente marginais, especialistas em contrainsurgência, planejadores de políticas públicas, bem como "uma pequena minoria [...] de corretores de poder acadêmico".[123] Em todo caso, o núcleo do dogma orientalista persiste.

Como exemplo do que o campo agora produz na sua forma mais elevada e mais intelectualmente prestigiosa, vamos considerar brevemente a obra em dois volumes *Cambridge History of Islam*, publicada pela primeira vez na Inglaterra em 1970 e uma suma regular da ortodoxia orientalista. Dizer que essa obra de inúmeros luminares é um fracasso intelectual por quaisquer outros padrões que não os do Orientalismo é dizer que ela poderia ter sido uma história diferente e melhor do islã. De fato, como notaram vários eruditos mais ponderados,[124] essa espécie de história já estava condenada no seu planejamento, e não poderia ter sido diferente ou melhor na execução: os editores aceitaram bom número de ideias sem crítica; confiança demais em conceitos vagos; pouca ênfase colocada em questões metodológicas (que foram deixadas como estavam no discurso orientalista por quase dois séculos); e nenhum esforço para dar à ideia do islã uma aparência mais interessante. Além disso, não só *The Cambridge History of Islam* concebe e representa a religião islâmica de modo radicalmente errôneo, e tampouco tem uma ideia coesa do que seja história. São poucos os empreendimentos desse porte de que é possível dizer, como nesse caso, que as ideias e a inteligência metodológica estão quase que por completo ausentes da obra.

O capítulo de Erfan Shahid sobre a Arábia pré-islâmica, que abre a obra, esboça de forma inteligente a consonância fecunda entre a topografia e a economia humana de que surgiu o islã no século VII. Mas o que se pode dizer com justiça de uma história do islã, definida na introdução de P. M. Holt um tanto vagamente como uma "síntese cultural",[125] que passa diretamente da Arábia pré-islâmica para um capítulo sobre Maomé, depois para um capítulo sobre os califados patriarcal e omíada, omitindo inteiramente qualquer descrição do islã como um sistema de crença, fé ou doutrina? Por centenas de páginas no volume 1, o islã é compreendido como uma cronologia incessante de batalhas, reinos e mortes, ascensões e apogeus, idas e vindas, escrita na sua maior parte num horrível tom monocórdio.

Tome-se como exemplo o período abássida, do século VIII ao século XI. Quem tem o mais tênue conhecimento da história árabe ou islâmica saberá que foi um ponto alto da civilização islâmica, um período da história cultural tão brilhante quanto a Alta Renascença na Itália. Entretanto, em nenhuma das quarenta páginas de descrição obtém-se uma sugestão qualquer de riqueza; o que se encontra, em seu lugar, são frases como a seguinte: "Uma vez senhor do califado, [al-Ma'mun] parecia se esquivar do contato com a sociedade de Bagdá e continuava estabelecido em Merv, confiando o governo do Iraque a um de seus homens de confiança, al-Hasan b. Sahl, o irmão de al-Fadl, que foi confrontado quase imediatamente por uma séria revolta shi'i, a de Abu'l-Saraya, que em jumada II de 199/janeiro de 815 convocou o povo às armas em Kufa para apoiar o hassânida Ibn Tabataba".[126] O leitor não islâmico não saberá nesse ponto o que é um shi'i ou um hassânida. Não fará ideia do que é jumada II, exceto que claramente designa algum tipo de data. E, claro, acreditará que os abássidas, incluindo Harun al-Rashid, eram um bando incorrigivelmente desinteressante e assassino, que vivia mal-humorado em Merv.

As terras islâmicas centrais são definidas por exclusão da África do Norte e da Andaluzia, e a *sua* história é uma marcha ordeira do passado até os tempos modernos. No volume 1, portanto, o islã é uma designação geográfica aplicada cronológica e seletivamente, como convém aos especialistas. Mas, em nenhum momento nos capítulos sobre o islã clássico, há uma preparação adequada para as decepções que os "tempos recentes", como são chamados, nos reservam. O capítulo sobre as terras árabes modernas é escrito sem a menor compreensão dos desenvolvimentos revolucionários na área. O autor assume uma atitude pedante e abertamente reacionária ("deve-se dizer que durante esse período os jovens cultos e não cultos dos países árabes, com seu entusiasmo e idealismo, tornaram-se um solo fértil para a exploração política e, às vezes, talvez sem que se dessem conta, os instrumentos de extremistas e agitadores inescrupulosos"),[127] temperada por elogios ocasionais ao nacionalismo libanês (embora nunca nos seja dito que o apelo do fascismo para um pequeno número de árabes durante os anos 30 também infectou os maronitas libaneses, que em 1936 fundaram as Falanges cristãs como uma cópia dos Camisas Pretas de Mussolini). "Inquietação e agitação" são as marcas de 1936, sem nenhuma menção ao sionismo, e jamais se permite que as próprias noções de anticolonialismo e anti-imperialismo violem a serenidade da narrativa. Quanto aos capítulos sobre "o impacto político do Ocidente" e "a mudança econômica e social" — ideias apresentadas apenas com esse grau de especificação —, eles são acrescentados como concessões relutantes ao islã por terem algo a ver com o "nosso" mundo em geral. A mudança é unilateralmente igualada à modernização, embora em nenhum momento se torne claro por que outros tipos de mudança precisam ser tão imperiosamente descartados. Como se supõe que as únicas relações válidas do islã foram com o Ocidente, a importância de Bandung, da África ou do Terceiro Mundo é em geral ignorada; essa indiferença jovial a uns bons três quartos da realidade explica um pouco a declaração espantosamente animada de que "o terreno histórico foi desbravado [por quem, para que, de que modo?]

para uma nova relação entre o Ocidente e o islã [...] baseada em igualdade e cooperação".[128]

Se no final do volume 1 estamos atolados em várias contradições e dificuldades sobre o que o islã realmente é, não há socorro à vista no volume 2. Metade do livro é dedicada a cobrir os séculos X ao XX na Índia, no Paquistão, na Indonésia, na Espanha, na África do Norte e na Sicília; há mais discriminação nos capítulos sobre a África do Norte, embora prevaleça quase por toda parte a mesma combinação de jargão orientalista profissional com detalhes históricos sem orientação. Até esse ponto, após aproximadamente 1200 páginas de prosa densa, o "islã" não parece ser mais uma síntese cultural do que qualquer outra lista de reis, batalhas e dinastias. Mas, na última metade do volume 2, a grande síntese se completa com artigos sobre "O cenário geográfico", "Fontes da civilização islâmica", "Religião e cultura" e "Guerra".

Agora nossas perguntas e objeções legítimas parecem mais justificadas. Por que se encomenda um capítulo sobre a guerra islâmica, quando o que se discute realmente (de modo interessante, por sinal) é a sociologia de alguns exércitos islâmicos? Devemos supor que há um modo de guerrear islâmico diferente, digamos, da guerra cristã? A guerra comunista versus a guerra capitalista se propõe como um tópico adequadamente análogo. De que adiantam para a compreensão do islã — exceto como uma exibição da erudição indiscriminada de Gustave von Grunebaum — as citações sem brilho de Leopold von Ranke que, junto com outro material igualmente enfadonho e irrelevante, pontilham as suas páginas sobre a civilização islâmica? Não é falso disfarçar assim a tese real de Von Grunebaum, de que a civilização islâmica está baseada em empréstimos inescrupulosos das civilizações judaico-cristã, helenística e austro-germânica? Compare-se com esta ideia — a de que o islã é, por definição, uma cultura plagiária — aquela apresentada no volume 1, segundo a qual a "assim chamada literatura árabe" foi escrita pelos persas (não é oferecida nenhuma prova, nenhum nome é citado). Quando Louis Gardet trata de "Religião e cul-

406

tura", somos sumariamente informados de que apenas os cinco primeiros séculos do islã devem ser considerados; isso significa que a religião e a cultura nos "tempos modernos" não podem ser "sintetizadas", ou significa que o islã atingiu a sua forma final no século XII? Existe realmente uma "geografia islâmica", que parece incluir a "anarquia planejada" das cidades muçulmanas, ou esse é sobretudo um tema inventado para demonstrar uma teoria rígida de determinismo geográfico-racial? Como sugestão, somos lembrados do "jejum do Ramadã com suas noites agitadas", e dessa lembrança se espera que cheguemos à conclusão de que o islã é uma religião "projetada para habitantes de cidades". Essa é uma explicação que necessita explicação.

As partes sobre as instituições econômicas e sociais, sobre a lei e a justiça, o misticismo, a arte e a arquitetura, a ciência e as várias literaturas islâmicas estão num nível inteiramente mais elevado do que a maior parte de *History*. Mas em nenhum lugar há evidência de que seus autores tenham muito em comum com os humanistas e cientistas sociais modernos em outras disciplinas: as técnicas da história das ideias, da análise marxista e da Nova História estão visivelmente ausentes. Em suma, para seus historiadores o islã parece mais adequado a um viés antigo e bastante platônico. Para alguns escritores da *History*, o islã é uma política e uma religião; para outros, é um estilo de ser; para mais outros, é "distinguível da sociedade muçulmana"; ainda para outros, é uma essência misteriosamente conhecida; para *todos* os autores, o islã é algo remoto, isento de tensão, sem muito a nos ensinar sobre as complexidades dos muçulmanos atuais. Pairando sobre todo o empreendimento desconjuntado, que é *The Cambridge History of Islam*, está o antigo truísmo orientalista de que o islã consiste em textos, e não em povos.

A questão fundamental proposta por textos orientalistas contemporâneos como *The Cambridge History of Islam* é saber se as origens étnicas e a religião são as melhores ou, ao menos, as mais úteis, básicas e claras definições da experiência humana. Na compreensão da política contemporânea, importa mais saber que X e Y estão em desvantagem de certas maneiras muito concretas, ou que eles são muçulmanos ou judeus? Essa é certamente uma questão discutível, sendo muito provável que em termos racionais insistamos tanto no aspecto étnico-religioso como no socioeconômico; o Orientalismo, entretanto, postula a categoria islâmica como a dominante, e essa é a peça principal de sua tática intelectual retrógrada.

3. *Simplesmente islã.* A teoria da simplicidade semítica, assim como é encontrada no Orientalismo moderno, tem raízes tão profundas que opera com pouca diferenciação em escritos europeus antissemitas famosos como *Os protocolos dos sábios de Sião* e em comentários como o seguinte, de Chaim Weizmann para Arthur Balfour em 30 de maio de 1918:

> Os árabes, que são superficialmente inteligentes e de espírito vivo, cultuam uma coisa, e somente uma coisa — o poder e o sucesso. [...] As autoridades britânicas [...] conhecendo a natureza traiçoeira dos árabes [...] têm de vigiar cuidadosa e constantemente. [...] Quanto mais justo o regime inglês tenta ser, mais arrogantes se tornam os árabes. [...] A presente situação tenderia necessariamente para a criação de uma Palestina árabe, se houvesse um povo árabe na Palestina. Não produzirá de fato esse resultado, porque o felá está pelo menos quatro séculos atrasado, e o efêndi [...] é desonesto, sem educação, ganancioso e tão impatriótico quanto ineficiente.[129]

O denominador comum entre Weizmann e o antissemita europeu é a perspectiva orientalista, que vê os semitas (ou subdivisões dos semitas) como desprovidos, por natureza, das qualidades desejáveis dos ocidentais. Mas a diferença entre Renan e Weizmann é que o último tinha atrás de si uma solidez institucional que o primeiro não possuía. No Orientalismo do século XX, não persiste aquela mesma "infância graciosa" sem envelhecimento — aliada descuidadamente ora à erudição, ora a um estado e todas as suas instituições — que parecia a Renan o modo de ser imutável dos semitas?

No entanto, a versão do mito criada no século XX tem sido mantida com muito maior dano. Produziu uma imagem do árabe visto por uma sociedade "adiantada" quase ocidental. Na sua resistência aos colonialistas estrangeiros, o palestino era ou um selvagem estúpido ou uma grandeza negligível, moral e existencialmente. Segundo a lei israelense, apenas um judeu tem plenos direitos civis e privilégios de imigração sem ressalvas; embora sejam os habitantes da terra, aos árabes são concedidos menos direitos, apenas os mais elementares: não podem imigrar e, se não parecem ter os mesmos direitos, é porque são "menos desenvolvidos". O Orientalismo rege completamente a política de Israel para com os árabes, como prova de forma bem ampla o Relatório Koenig, recentemente publicado. Há bons árabes (aqueles que obedecem) e maus árabes (os que não obedecem e são, portanto, terroristas). Acima de tudo, há todos aqueles árabes dos quais, uma vez derrotados, só se pode esperar que permaneçam obedientemente atrás de uma linha infalivelmente fortificada, controlada pelo menor número possível de homens, com base na teoria de que os árabes têm de aceitar o mito da superioridade de Israel e jamais ousarão atacar. Basta olhar rapidamente as páginas de *Arab attitudes to Israel* do general Yehoshafat Harkabi para ver — conforme Robert Alter expressou em linguagem admirativa em *Commentary*[130] — que a mente árabe, depravada, antissemita até a alma, violenta, desequilibrada, pode produzir apenas retórica e pouco mais. Um mito apoia e produz o outro. Eles reagem um ao outro, tendendo a simetrias e padrões do tipo que se pode esperar que os próprios árabes, como orientais, produzam, mas que como ser humano nenhum árabe consegue verdadeiramente manter.

Por si mesmo, em si mesmo, como conjunto de crenças, como método de análise, o Orientalismo não pode se desenvolver. Na verdade, é a antítese doutrinária do desenvolvimento. Seu argumento central é o mito do desenvolvimento interrompido dos semitas. Dessa matriz brotam outros mitos, cada um mostrando que o semita é o oposto do ocidental e irremediavelmente vítima de suas próprias fraquezas. Por uma concatenação de acontecimentos e circunstâncias, o mito semítico se bifurcou no movimento sionista; um semita seguiu o caminho do Orientalismo, o outro, o árabe, foi forçado a seguir o caminho do oriental. Cada vez que a tenda e a tribo são requisitadas, o mito está sendo empregado; cada vez que se evoca o conceito do caráter nacional árabe, o mito está sendo empregado. O domínio que esses instrumentos têm sobre a mente é aumentado pelas instituições construídas ao seu redor. Para todo orientalista há, bem literalmente, um sistema de apoio de tremendo poder, considerando-se o caráter efêmero dos mitos que o Orientalismo propaga. Esse sistema culmina agora nas próprias instituições do estado. Escrever sobre o mundo oriental árabe, portanto, é escrever com a autoridade de uma nação, não com a afirmação de uma ideologia estridente, mas com a certeza inquestionável da verdade absoluta escorada pela força bruta.

No seu número de fevereiro de 1974, *Commentary* apresentou a seus leitores um artigo do professor Gil Carl Alroy intitulado "Os árabes querem a paz?". Alroy é professor de ciência política e autor de duas obras, *Attitudes towards Jewish statehood in the Arab world* e *Images of Middle East conflict*; é um homem que professa "conhecer" os árabes e tem obviamente uma enorme habilidade para criar imagens. Seu argumento é totalmente previsível: que os árabes querem destruir Israel, que os árabes realmente dizem o que pretendem (e Alroy emprega ostensivamente sua capacidade de citar evidências tiradas dos jornais egípcios, evidências que ele identifica em toda parte com os "árabes", como se os dois, árabes e jornais egípcios, fossem uma coisa só), e assim por diante, com um zelo infatigável e de visão estreita. O centro de seu artigo, assim como é o centro de obras anteriores de outros "arabistas" (sinônimo de "orientalistas") como o general Harkabi, que se ocupa da "mente árabe", é uma hipótese de trabalho sobre o que os árabes, se eliminamos todo o absurdo externo, realmente são. Em outras palavras, Alroy deve provar que, como os árabes são, em primeiro lugar, unidos em seu gosto pela vingança sangrenta, em segundo lugar, psicologicamente incapazes de paz e, em terceiro lugar, congenitalmente atados a um conceito de justiça que significa o oposto de justiça, eles não são merecedores de confiança e devem ser combatidos sem trégua, como se combate qualquer outra doença fatal. Como evidência, o dado principal apresentado por Alroy é uma citação tirada do ensaio de Harold W. Glidden "O mundo árabe" (a que me referi no capítulo 1). Alroy acha que Glidden "captou muito bem as diferenças culturais entre a visão ocidental e a visão árabe" do mundo. O argumento de Alroy é, portanto, rematado — os árabes são selvagens renitentes; e assim uma autoridade sobre a mente árabe afirmou para um amplo público de judeus, presumivelmente preocupados, que eles devem continuar a vigilância. E deu o seu recado de forma acadêmica, desapaixonada, justa, usando evidências tiradas dos próprios árabes — que, diz ele com segurança olímpica, têm "enfaticamente impedido [...] a verdadeira paz" — e da psicanálise.[131]

É possível explicar essas declarações reconhecendo que uma diferença ainda mais implícita e poderosa postulada pelo orientalista em oposição ao oriental é que o primeiro *escreve* a respeito, enquanto o segundo *é descrito*. Para o último, a passividade é o papel presumido; para o primeiro, o poder de observar, estudar e assim por diante; como disse Roland Barthes, um mito (e seus perpetuadores) pode se inventar (a si mesmo) sem cessar.[132] O oriental é dado como fixo, estável, precisando de investigação, precisando até de conhecimento sobre si mesmo. Nenhuma dialética é desejada ou permitida. Há uma fonte de informações (o oriental) e uma fonte de conhecimento (o orientalista), em suma, um escritor e um tema do contrário inerte. A relação entre os dois é radicalmente uma questão de poder, para a qual há inúmeras imagens. Eis um exemplo tirado de *Golden river to golden road*, de Raphael Patai:

> Para avaliar apropriadamente o que a cultura do Oriente Médio *aceitará de boa vontade* dos armazéns embaraçosamente ricos da civilização ocidental, *deve-se primeiro adquirir* uma compreensão melhor e mais sensata da cultura do Oriente Médio. O mesmo pré-requisito é necessário para *avaliar* os

prováveis efeitos *de características recém-introduzidas* no contexto cultural de povos regidos pela tradição. Além disso, os modos e os meios *pelos quais as novas ofertas culturais podem se tornar palatáveis* devem ser estudados muito mais exaustivamente do que foi feito até o momento. Em suma, o único modo pelo qual *o nó górdio da resistência* à ocidentalização no Oriente Médio *pode ser desatado* é estudar o Oriente Médio, *obter uma imagem mais plena* de sua cultura tradicional, uma melhor compreensão dos *processos de mudança que ali ocorrem* no presente, e um *entendimento mais profundo* da psicologia dos grupos humanos educados na cultura do Oriente Médio. *A tarefa é exigente, mas o prêmio, a harmonia entre o Ocidente* e uma área mundial contígua de importância crucial, vale o esforço.[133]

As figuras metafóricas que sustentam essa passagem (eu as indiquei em itálico) provêm de uma variedade de atividades humanas, umas comerciais, outras agrícolas, umas religiosas, outras veterinárias, outras ainda históricas. Mas, em cada caso, a relação entre o Oriente Médio e o Ocidente é realmente definida como sexual: como disse antes ao discutir Flaubert, a associação entre o Oriente e o sexo é notavelmente persistente. O Oriente Médio é resistente, como seria qualquer virgem, mas o erudito macho ganha o seu prêmio ao abrir caminho à força, ao penetrar o nó górdio apesar da "tarefa exigente". A "harmonia" é o resultado da vitória sobre o recato virginal; não é em absoluto a coexistência de iguais. A relação de poder subjacente entre o erudito e o tema de estudo não é alterada nem uma vez; é uniformemente favorável ao orientalista. O estudo, a compreensão, o conhecimento, a avaliação, mascarados como afagos para a "harmonia", são instrumentos de conquista.

As operações verbais em escritos como o de Patai (que sobrepujou até a sua obra anterior no seu recente *The Arab mind*)[134] visam um tipo muito particular de condensação e redução. Grande parte de sua parafernália é antropológica — ele descreve o Oriente Médio como uma "área de cultura" —, mas

412

o resultado é erradicar a pluralidade das diferenças entre os árabes (quem quer que de fato sejam) no interesse de uma única diferença, a que distingue os árabes de todos os demais. Como tema para estudo e análise, eles podem ser controlados com mais presteza. Além disso, assim reduzidos, podem ser induzidos a permitir, legitimar e valorizar absurdos gerais do tipo que se encontra em obras como *Temperament and character of the Arabs*, de Sania Hamady. Por exemplo:

> Os árabes até agora demonstraram uma incapacidade para a unidade disciplinada e duradoura. Experimentam explosões coletivas de entusiasmo, mas não se empenham pacientemente em esforços coletivos, que são em geral desleixadamente empreendidos. Mostram falta de coordenação e harmonia na organização e na função, e tampouco revelam capacidade para cooperação. Qualquer ação coletiva para o benefício comum ou o lucro mútuo lhes é alheia.[135]

O estilo dessa prosa talvez diga mais do que Hamady pretendia dizer. Verbos como "demonstrar", "revelar" e "mostrar" são usados sem objeto indireto: a quem os árabes estão revelando, demonstrando, mostrando? A ninguém em particular, é óbvio, mas a todo mundo em geral. Essa é outra maneira de dizer que essas verdades são autoevidentes só para um observador privilegiado ou iniciado, pois em nenhum momento Hamady cita evidências acessíveis a qualquer um para confirmar suas observações. Além disso, dada a inanidade das observações, que tipo de evidência poderia haver? À medida que a prosa avança, aumenta a confiança de seu tom: "Qualquer ação coletiva [...] lhes é alheia". As categorias endurecem, as afirmações são mais inflexíveis, e os árabes foram totalmente transformados: deixam de ser um povo para se tornar nada mais que o suposto tema do estilo de Hamady. Os árabes só existem como uma oportunidade para o observador tirânico: "O mundo é *minha* ideia".

E assim é por toda obra do Orientalismo contemporâneo: afirmações do tipo mais bizarro pontilham suas páginas, quer seja um Manfred Halpern argumentando que, embora todos os processos do pensamento humano possam ser reduzidos a oito, a mente islâmica só é capaz de quatro,[136] quer seja um Morroe Berger presumindo que, como a língua árabe é muito dada à retórica, os árabes são consequentemente incapazes de pensamento genuíno.[137] É possível chamar essas afirmações de mitos quanto à sua função e estrutura, mas deve-se tentar compreender que outros imperativos regem o seu uso. Neste ponto estamos especulando, é claro. As generalizações orientalistas sobre os árabes são muito detalhadas quando passam a listar as características árabes de forma crítica, e apresentam muito menos detalhes quando passam a analisar os pontos fortes dos árabes. A família árabe, a retórica árabe, o caráter árabe, apesar de abundantes descrições feitas por orientalistas, parecem desnaturados, sem potência humana, ainda quando essas mesmas descrições possuem plenitude e profundidade. Hamady de novo:

> Assim, o árabe vive num ambiente duro e frustrante. Tem poucas ocasiões para desenvolver suas potencialidades e definir sua posição na sociedade, acredita pouco no progresso e na mudança, e só encontra salvação no além.[138]

O que o árabe não consegue realizar por si mesmo deve ser encontrado nos escritos a seu respeito. O orientalista está supremamente seguro de *seu* potencial, não é pessimista, é capaz de definir sua posição, a sua própria e a do árabe. A imagem do oriental árabe que emerge é decididamente negativa; mas, perguntamos, por que essa série interminável de obras a seu respeito? O que prende a atenção do orientalista, se não é — como certamente não é — o amor da ciência, a mentalidade, a sociedade, a realização árabes? Em outras palavras, qual é a natureza da presença árabe no discurso mítico a seu respeito?

Duas coisas: o número e a fertilidade. As duas qualidades são, em última análise, redutíveis uma à outra, mas devemos separá-las para fins de análise. Quase sem exceção, toda obra contemporânea de erudição orientalista (especialmente nas ciências sociais) tem muito a dizer sobre a família, sua estrutura dominada pelo macho, sua influência difundida em toda a sociedade. A obra de Patai é um exemplo típico. Um paradoxo silencioso logo se apresenta, pois se a família é uma instituição para cujos fracassos gerais o único remédio é o placebo da "modernização", devemos reconhecer que a família continua a se produzir, é fértil e constitui a fonte da existência árabe no mundo. Aquilo a que Berger se refere como "o grande valor que os homens atribuem à sua potência sexual"[139] sugere o poder à espreita por trás da presença árabe no mundo. Se a sociedade árabe é representada em termos quase completamente negativos e geralmente passivos, a ser arrebatada e conquistada pelo herói orientalista, podemos supor que essa representação é um modo de lidar com a grande variedade e potência da diversidade árabe, cuja fonte, se não é intelectual e social, é sexual e biológica. Mas o tabu absolutamente inviolável no discurso orientalista é que essa mesma sexualidade nunca deve ser levada a sério. Jamais pode ser explicitamente responsabilizada pela ausência de realização e de "real" sofisticação racional, que o orientalista descobre por toda parte entre os árabes. Ainda assim, esse é, creio eu, o elo perdido nos argumentos que têm como principal objetivo a crítica da sociedade árabe "tradicional", como os de Hamady, Berger e Lerner. Eles reconhecem o poder da família, notam as fraquezas da mente árabe, observam a "importância" do mundo oriental para o Ocidente, mas nunca dizem o que seu discurso insinua, que ao árabe, feitas as contas, o que realmente resta é um impulso sexual indiferenciado. Em raras ocasiões — como na obra de Leon Mugniery — encontramos o implícito esclarecido: que há um "poderoso apetite sexual [...] característico desses sulistas de sangue quente".[140] Na maior parte do tempo, entretanto, a depreciação da sociedade árabe e sua redução a platitudes inconcebíveis para qualquer povo exceto os racialmente inferiores são levadas avante numa subcorrente de exagero sexual: o árabe produz a si mesmo, interminavelmente, sexualmente, e quase nada mais. O orientalista nada diz a esse respeito, embora o seu argumento disso dependa: "Mas a coo-

415

peração no Oriente Próximo é ainda em grande parte uma questão de família, e pouco se encontra fora dos laços de sangue e da vila".[141] O que significa que a única importância atribuída aos árabes é a de meros seres biológicos; institucionalmente, politicamente, culturalmente, eles não são nada ou quase nada. Os árabes só existem numericamente e como produtores de famílias.

A dificuldade com essa visão é que complica a passividade árabe pressuposta por orientalistas como Patai e Hamady. Mas está na lógica dos mitos, assim como na dos sonhos, acolher exatamente antíteses radicais. Pois um mito não analisa nem resolve problemas. Representa-os já analisados e resolvidos: isto é, apresenta-os já como imagens montadas, assim como um espantalho é montado como um bricabraque e depois posto a representar um homem. Como a imagem *usa* todo o material para seu próprio fim, e como por definição o mito desloca a vida, a antítese entre um árabe exageradamente fértil e uma boneca passiva não é funcional. O discurso encobre a antítese. Um árabe oriental é essa criatura impossível cuja energia libidinosa o leva a paroxismos de estimulação excessiva — e, ainda assim, ele é uma marionete aos olhos do mundo, fitando ociosamente uma paisagem moderna que não consegue compreender nem enfrentar.

É em discussões recentes do comportamento político oriental que essa imagem do árabe parece ser relevante, sendo frequentemente evocada na discussão erudita de dois temas favoritos do saber orientalista, a revolução e a modernização. Sob os auspícios da Escola de Estudos Orientais e Africanos apareceu em 1972 um volume intitulado *Revolution in the Middle East and other case studies*, editado por P. J. Vatikiotis. O título é manifestamente médico, pois espera-se que pensemos nos orientalistas como aqueles a quem é dado por fim o benefício do que o Orientalismo "tradicional" em geral evitava: a atenção psicoclínica. Vatikiotis estabelece o tom da coletânea com uma definição quase médica de revolução, mas, como é a revolução árabe que está na sua mente e na de seu leitor, a hostilidade da definição parece aceitável. Há uma ironia muito inteligente nesse ponto, sobre a qual falarei mais adiante. O apoio teórico de Vatikiotis é Camus — cuja mentalidade colonial não era simpática à revolução ou aos árabes, como Conor Cruise O'Brien mostrou recentemente —, mas aceita-se a frase de Camus "a revolução destrói tanto os homens como os princípios" como um dito que tem "sentido fundamental". Vatikiotis continua:

> [...] toda ideologia revolucionária está em conflito direto com (na verdade, é um ataque frontal contra) a constituição racional, biológica e psicológica do homem.
> Comprometida como está com uma metástase metódica, a ideologia revolucionária demanda fanatismo de seus adeptos. A política para o revolucionário não é apenas uma questão de crença ou um substituto da crença religiosa. Deve deixar de ser o que sempre tem sido, a saber, uma atividade de adaptação no ritmo para a sobrevivência. A política metastática, soteriológica tem horror da capacidade de adaptação, pois de que outro modo pode evitar as dificuldades, ignorar e contornar os obstáculos da complexa dimensão biológico-psicológica do homem, ou encantar a sua racionalidade sutil, embora limitada e vulnerável? Teme e evita a natureza concreta e distinta dos problemas humanos e as preocupações da vida política: prospera no abstrato e no prometeico. Subordina todos os valores tangíveis a um único valor supremo: o atrelamento do homem e da história a um grandioso projeto de libertação humana. Não se satisfaz com a política humana, que tem tantas limitações irritantes. Deseja criar um novo mundo, não de forma adaptativa, precária, delicada, isto é, humana, mas por um ato aterrador de criação olímpica pseudodivina. A política a serviço do homem é uma fórmula inaceitável ao ideólogo revolucionário. Antes, o homem existe para servir uma ordem politicamente planejada e brutalmente decretada.[142]

Seja o que for que mostre — escrita pomposa do tipo mais extremo, fanatismo contrarrevolucionário —, essa passagem está dizendo nada menos que a revolução é um tipo ruim de sexualidade (ato pseudodivino de criação) e também uma doença cancerosa. O que quer que seja feito pelo "humano", segundo Vatikiotis, é racional, correto, sutil, comedido, concreto; o que quer que o revolucionário proclame é brutal, irracional, dominador, canceroso. Procriação, mudança e continuidade são identificadas não só com sexualidade e loucura, mas, um pouco paradoxalmente, com abstração.

Os termos de Vatikiotis são emocionalmente carregados e coloridos por apelos (da direita) à humanidade e à decência, e por apelos (contra a esquerda) que salvaguardam a humanidade da sexualidade, do câncer, da loucura, da violência irracional, da revolução. Como é a revolução árabe que está em questão, devemos ler a passagem da seguinte forma: é isso que constitui a revolução e, se os árabes a querem, isso mostra bem o tipo de raça inferior que eles são. São *apenas* capazes de incitamento sexual e não de razão olímpica (ocidental, moderna). A ironia de que falei acima entra agora em ação, pois algumas páginas adiante descobrimos que os árabes são tão ineptos que não podem nem sequer aspirar a ambições de revolução, muito menos consumá-la. Por implicação, a sexualidade árabe não precisa ser temida em si mesma, mas pelo seu fracasso. Em suma, Vatikiotis pede que seu leitor acredite que a revolução no Oriente Médio é uma ameaça, precisamente porque a revolução não pode ser alcançada.

> A principal fonte de conflito político e revolução potencial em muitos países do Oriente Médio, bem como na África e na Ásia de hoje, é a incapacidade dos assim chamados regimes e movimentos nacionalistas radicais para controlar, muito menos resolver, os problemas sociais, econômicos e políticos da independência. [...] Até que os estados no Oriente Médio possam controlar sua atividade econômica e criar e produzir sua própria tecnologia, o seu acesso à experiência revolucionária continuará limitado. As próprias categorias políticas essenciais para uma revolução estarão em falta.[143]

Se correr o bicho pega, se ficar o bicho come. Nessa série de definições que se dissolvem, as revoluções surgem como invenções de mentes sexualmente desvairadas que, sob análise mais minuciosa, não se revelam capazes nem sequer da loucura que Vatikiotis de fato respeita — que é humana, não árabe, concreta, não abstrata, assexuada, não sexual.

O texto central da coletânea de Vatikiotis é o ensaio de Bernard Lewis "Conceitos islâmicos de revolução". A estratégia ali aparece refinada. Muitos leitores saberão que para os falantes árabes atuais a palavra *thawra* e seus cognatos imediatos significam revolução, informação que também consta na introdução de Vatikiotis. Mas Lewis só descreve o significado de *thawra* bem no fim do seu artigo, depois de ter discutido conceitos como *dawla*, *fitna* e *bughat* no seu contexto histórico e principalmente religioso. A questão é sobretudo que "a doutrina ocidental do direito de resistir ao mau governo é alheia ao pensamento islâmico", o que leva ao "derrotismo" e ao "quietismo" como atitudes políticas. Em nenhum momento no ensaio sabemos com certeza em que lugar todos esses termos devem estar ocorrendo, a não ser que seja em algum ponto na história das palavras. Depois, perto do fim do ensaio, encontramos o seguinte:

> Nos países de fala árabe, usava-se uma palavra diferente para [revolução] *thawra*. A raiz *th-w-r* no árabe clássico significava levantar-se (por exemplo, o camelo), ser agitado ou excitado, e daí, especialmente no uso encontrado no Magreb, rebelar-se. É com frequência usada no contexto de estabelecer uma soberania pequena e independente; assim, por exemplo, os assim chamados reis partidários que governaram a Espanha no século XI, depois da derrocada do califado de Córdoba, são chamados *thuwwar* (sing. *tha'ir*). O substantivo *thawra* significa a princípio excitação, como na frase, citada em Sihah, um dicionário árabe medieval padrão, *intazir hatta taskun hadhihi 'lthawra*, espere até essa excitação acalmar — uma recomendação muito conveniente. O verbo é usado por al-Iji, na forma de *thawaran* ou

419

itharat fitna, provocar a sedição, como um dos perigos que deveriam dissuadir o homem de praticar o dever da resistência ao mau governo. *Thawra* é o termo usado por escritores árabes no século XIX para a Revolução Francesa, e pelos seus sucessores para as revoluções domésticas e estrangeiras de nosso tempo.[144]

Toda a passagem está cheia de condescendência e má-fé. Por que introduzir a ideia de um camelo levantando-se como uma raiz etimológica para a revolução árabe moderna, senão como um modo inteligente de desacreditar o levante moderno? A razão de Lewis é patentemente rebaixar a revolução, que passa de sua avaliação contemporânea para algo pouco mais nobre (ou belo) do que um camelo prestes a se erguer do chão. A revolução é excitação, sedição, estabelecimento de uma pequena soberania — nada mais; o melhor conselho (que, presume-se, só um erudito e cavalheiro ocidental pode dar) é "espere até essa excitação acalmar". A partir dessa descrição desdenhosa de *thawra*, ninguém saberia que inúmeros povos têm um compromisso ativo com a palavra, de modos demasiado complexos para serem compreendidos até mesmo pela erudição sarcástica de Lewis. Mas é esse tipo de descrição essencializada que é natural para os estudiosos e planejadores de políticas públicas interessados pelo Oriente Médio: essas agitações revolucionárias entre "os árabes" são quase tão consequentes quanto um camelo se levantar, tão merecedoras de atenção quanto o balbucio de um caipira. Pela mesma razão ideológica, toda a literatura orientalista canônica será incapaz de explicar ou preparar o leitor para o levante revolucionário ratificador no mundo árabe no século XX.

A associação feita por Lewis entre *thawra* e um camelo se levantando, além da ligação geralmente feita com a excitação (e não com uma luta em nome de valores), insinua de um modo muito mais amplo do que é comum nos seus escritos que o árabe não passa de um ser sexual neurótico. Cada uma das palavras ou frases que ele usa para descrever a revolução tem um toque de sexualidade: *agitado, excitado, erguer-se*. Mas de modo geral é uma sexualidade "má" que ele atribui ao árabe. No final, como os árabes não estão de fato equipados para uma ação séria, sua excitação sexual não é mais nobre do que um camelo levantando-se. Em vez de revolução, há sedição, estabelecimento de pequenas soberanias, excitação, o que é quase o mesmo que dizer que, em vez da cópula, o árabe só consegue realizar as preliminares eróticas, a masturbação, o *coitus interruptus*. Essas, creio eu, são as insinuações de Lewis, por mais inocente que seja seu ar erudito, por mais de salão que seja sua linguagem. Como ele é tão sensível às nuances das palavras, deve ter consciência de que *suas* palavras também possuem nuances.

Lewis é um caso interessante para examinar mais a fundo, porque sua posição no mundo político do *establishment* anglo--americano para o Oriente Médio é a do orientalista erudito, e tudo o que ele escreve está imbuído da "autoridade" do campo de estudo. Mas, ao menos por uma década e meia, seu trabalho, nos aspectos principais, tem sido agressivamente ideológico, apesar de suas várias tentativas de empregar sutileza e ironia. Menciono seus escritos recentes como uma perfeita exemplificação do acadêmico cuja obra pretende ser erudição objetiva liberal, mas está na realidade muito perto de ser propaganda *contra* o seu objeto de estudo. Mas isso não deveria surpreender ninguém que esteja familiarizado com a história do Orientalismo; é apenas o mais recente — e não o mais criticado — dos escândalos da "erudição".

Tão concentrado se tornou Lewis no seu projeto de desprestigiar, diminuir e desacreditar os árabes e o islã que até as suas energias como erudito e historiador parecem ter falhado. Ele publicará, por exemplo, um capítulo chamado "A revolta do islã" num livro de 1964, depois republicará grande parte do mesmo material doze anos mais tarde, um pouco alterado para se adequar ao novo veículo da publicação (nesse caso, *Commentary*) e com novo título "O retorno do islã". De "Revolta" para "Retorno" existe, é claro, uma mudança para pior, uma mudança com que Lewis pretende explicar para seu público mais recente por que é que os muçulmanos (ou árabes) ainda não querem

421

se acomodar e aceitar a hegemonia israelense sobre o Oriente Próximo.

Vamos examinar mais de perto como é que ele faz essa explicação. Nos dois textos, ele menciona um tumulto anti-imperialista no Cairo em 1945, que em ambos os casos descreve como antijudaico. Mas em nenhum dos dois textos ele nos diz de que modo o tumulto era antijudaico; de fato, como evidência material para o antijudaísmo, ele apresenta a informação um tanto surpreendente de que "várias igrejas, católicas, armênias e ortodoxas gregas, foram atacadas e danificadas". Considere-se a primeira versão, feita em 1964:

> Em 2 de novembro de 1945, líderes políticos no Egito convocaram demonstrações sobre o aniversário da Declaração Balfour. Essas rapidamente se transformaram em tumultos antijudaicos, durante os quais uma igreja católica, uma armênia e uma ortodoxa grega foram atacadas e danificadas. O que, pode-se perguntar, os católicos, os armênios e os gregos tinham a ver com a Declaração Balfour?[145]

E agora a versão de *Commentary*, feita em 1976:

> Como o movimento nacionalista fez-se genuinamente popular, tornou-se menos nacional e mais religioso — em outras palavras, menos árabe e mais islâmico. Em momentos de crise — e esses têm sido muito frequentes nas décadas recentes — é a lealdade comunal instintiva que prevalece sobre todas as outras. Bastam alguns exemplos. Em 2 de novembro de 1945, foram realizadas demonstrações no Egito [note-se como a expressão "foram realizadas demonstrações" é uma tentativa de mostrar lealdades instintivas; na versão anterior, "líderes políticos" eram responsáveis pelo ato] sobre o aniversário da publicação da Declaração Balfour pelo Governo Britânico. Embora essa certamente não tenha sido a intenção dos líderes políticos que a patrocinaram, a demonstração logo se transformou

num tumulto antijudaico, e o tumulto antijudaico num que-bra-quebra mais geral, durante o qual várias igrejas, cató-licas, armênias e ortodoxas gregas [outra mudança instru-tiva: a impressão é que muitas igrejas, dos três tipos, foram atacadas; a primeira versão é específica sobre três igrejas], foram atacadas e danificadas.[146]

A intenção polêmica, não erudita, de Lewis é mostrar, nesse ponto e em outros lugares, que o islã é uma ideologia antissemi-ta, e não apenas uma religião. Ele tem uma pequena dificuldade lógica ao tentar afirmar que o islã é um fenômeno de massa temí-vel e, ao mesmo tempo, "não genuinamente popular", mas esse problema não o detém por muito tempo. Como mostra a segun-da versão de sua anedota tendenciosa, ele passa a proclamar que o islã é uma multidão ou fenômeno de massa irracional, que rege os muçulmanos pelas paixões, instintos e ódios irrefletidos. Toda a ideia da exposição é assustar o público, fazer com que nunca ceda um milímetro ao islã. Segundo Lewis, o islã não se desen-volve, nem os muçulmanos; eles meramente são, e devem ser vigiados por causa dessa sua pura essência (segundo Lewis), que inclui por acaso um ódio duradouro aos cristãos e aos judeus. Em todos os textos, Lewis evita fazer essas declarações inflamadas de forma categórica; ele sempre toma o cuidado de dizer que, é cla-ro, os muçulmanos não são antissemitas assim como o foram os nazistas, mas a sua religião pode facilmente acomodar-se ao antis-semitismo, e tem se acomodado. O mesmo se pode dizer com relação ao islã e ao racismo, à escravidão e a outros males mais ou menos "ocidentais". O núcleo da ideologia de Lewis sobre o islã é que ele nunca muda, e toda a sua missão é agora informar aos segmentos conservadores do público leitor judaico, e a qual-quer outra pessoa que queira ouvir, que qualquer descrição polí-tica, histórica e erudita dos muçulmanos deve começar e termi-nar com o fato de que os muçulmanos são muçulmanos.

Pois admitir que toda uma civilização pode ter a religião como sua lealdade primária é demais. Mesmo sugerir tal coisa é considerado ofensivo pela opinião liberal, sempre pronta a se ressentir para proteger aqueles que considera seus tutelados. Isso se reflete na presente incapacidade, política, jornalística e erudita, de reconhecer a importância do fator da religião na situação corrente do mundo muçulmano, e no consequente recurso à linguagem da esquerda e da direita, progressista e conservadora, e ao resto da terminologia ocidental, cujo uso na explicação dos fenômenos políticos muçulmanos é quase tão acurado e esclarecedor quanto o relato de um jogo de críquete por um jornalista de beisebol [Lewis gosta tanto desta última comparação que ele a cita *verbatim* de sua polêmica de 1964].[147]

Numa obra posterior, Lewis nos diz que tipo de terminologia é mais acurada e útil, embora a terminologia pareça não menos "ocidental" (qualquer que seja o significado de "ocidental"): os muçulmanos, como a maioria de outros antigos povos coloniais, são incapazes de dizer a verdade ou até de percebê-la. Segundo Lewis, são viciados em mitologia, junto com "a assim chamada escola revisionista nos Estados Unidos, que volta os olhos para uma antiga era dourada de virtude americana e atribui virtualmente todos os pecados e crimes do mundo à presente situação no seu país".[148] À parte ser um relato malicioso e totalmente impreciso da história revisionista, esse tipo de observação se destina a apresentar Lewis como um grande historiador, acima do subdesenvolvimento mesquinho de meros muçulmanos e revisionistas.

Mas, quanto a ser acurado e a viver de acordo com sua própria regra de que "o erudito não cederá a seus preconceitos",[149] Lewis tem uma atitude altiva e despreocupada consigo mesmo e com sua causa. Recitará, por exemplo, o argumento árabe contra o sionismo (usando a linguagem "interna" do nacionalista árabe) sem também mencionar — em qualquer lugar, em qualquer de seus escritos — que houve uma invasão e uma colonização sionista da Palestina apesar dos habitantes árabes nativos e em conflito com essa população. Nenhum israelense negaria isso, mas Lewis, o historiador orientalista, apenas omite o fato. Falará da ausência de democracia no Oriente Médio à exceção de Israel, sem jamais mencionar os Regulamentos de Defesa de Emergência usados em Israel para governar os árabes; nem tem algo a dizer sobre a "detenção preventiva" de árabes em Israel, nem sobre as dezenas de colônias ilegais na margem ocidental militarmente ocupada, nem sobre a ausência de direitos humanos para os árabes, entre eles o importante direito de imigração, na antiga Palestina. Em vez disso, Lewis se permite a liberdade erudita de dizer que "o imperialismo e o sionismo [no que diz respeito aos árabes, eram] conhecidos havia muito tempo pelos seus nomes mais antigos de cristãos e judeus".[150] Ele cita T. E. Lawrence sobre "os semitas" para argumentar contra o islã, nunca discute o sionismo em paralelo com o islã (como se o sionismo fosse um movimento francês, e não religioso), e tenta em toda parte demonstrar que qualquer revolução em qualquer lugar é, quando muito, uma forma de "milenarismo secular".

Acharíamos esse tipo de procedimento menos objetável como propaganda política — o que certamente é — se não fosse acompanhado por sermões sobre a objetividade, a justeza, a imparcialidade de um verdadeiro historiador, ficando sempre implícito que os muçulmanos e os árabes não podem ser objetivos, mas que orientalistas como Lewis que escrevem sobre os muçulmanos e os árabes o são, por definição, por treinamento, pelo simples fato de serem ocidentais. Esse é o clímax do Orientalismo como um dogma que não só degrada o seu tema, mas também cega seus praticantes. Mas vamos escutar o que Lewis nos diz sobre como o historiador deve se comportar. É bem possível perguntar se são apenas os orientais que estão sujeitos aos preconceitos que ele censura.

> As lealdades [do historiador] podem influenciar a sua escolha do objeto de pesquisa; não deveriam influenciar o tratamento que lhe confere. Se, no curso de suas pesquisas, ele descobre que o grupo com que se identifica está sempre certo, e aqueles outros grupos com que está em conflito estão sem-

pre errados, então seria um bom conselho que questionasse suas conclusões e reexaminasse sua hipótese, com base na qual selecionou e interpretou as suas evidências; pois não é da natureza das comunidades humanas [tampouco da comunidade dos orientalistas, presume-se] estar sempre certo.

Por fim, o historiador deve ser justo e honesto no modo como apresenta sua história. Isso não quer dizer que ele deva limitar-se a recitar sem comentários fatos definitivamente estabelecidos. Em muitos estágios na sua obra, o historiador deve formular hipóteses e fazer julgamentos. O importante é que deve fazê-lo de forma consciente e explícita, revisando as evidências a favor e contra as suas conclusões, examinando as várias possíveis interpretações e afirmando claramente qual é a sua decisão, e como e por que ela foi tomada.[151]

Procurar um julgamento consciencioso, justo e explícito de Lewis sobre o islã, fenômeno que trata como tem tratado, é procurar em vão. Ele prefere trabalhar, como vimos, por sugestão e insinuação. Suspeita-se, entretanto, que ele não sabe que assim age (exceto talvez em relação a questões "políticas" como pró-sionismo, nacionalismo antiárabe e a defesa estridente da Guerra Fria), porque diria com certeza que toda a história do Orientalismo, da qual é beneficiário, tem transformado essas insinuações e hipóteses em verdades indiscutíveis.

Talvez a mais indiscutível dessas "verdades" fundamentais, e a mais peculiar (pois é difícil acreditar que poderia ser sustentada para qualquer outra língua), é que o árabe como língua é uma perigosa ideologia. O *locus classicus* contemporâneo para essa visão do árabe é o ensaio de E. Shouby, "A influência da língua árabe sobre a psicologia dos árabes".[152] O autor é descrito como "um psicólogo com formação em Psicologia Clínica e Social", e presume-se que a principal razão para que suas visões tenham uma circulação tão ampla é que ele próprio é árabe (um árabe que incrimina a si mesmo). O argumento que propõe é lamentavelmente simplório, talvez porque ele não tenha noção do que é a linguagem e de como ela opera. Ainda assim, os subtítulos de seu ensaio contam boa parte dessa história; o árabe é caracterizado pelo "Vago caráter geral do pensamento", pela "Ênfase excessiva nos signos linguísticos", pelas "Afirmações hiperbólicas e exagero". Shouby é frequentemente citado como uma autoridade, porque fala como autoridade e porque aquilo que ele hipostasia é uma espécie de árabe emudecido que, ao mesmo tempo, é um grande mestre das palavras, dedicando-se a jogos sem muita seriedade ou finalidade. A mudez é uma parte importante do que Shouby está falando, porque em todo o seu artigo ele jamais cita qualquer passagem da literatura, de que o árabe se orgulha de forma tão exagerada. Onde, portanto, a língua árabe influencia a mente árabe? Exclusivamente dentro do mundo mitológico criado para a língua árabe pelo Orientalismo. A língua árabe é um sinal de mudez combinado com uma inútil articulação excessiva, pobreza combinada com excesso. Que tal resultado possa ser alcançado por meios filológicos, atesta o triste fim de uma tradição filológica outrora complexa, exemplificada hoje em dia apenas em indivíduos muito raros. A confiança do orientalista atual na "filologia" é apenas a última fraqueza de uma disciplina erudita transformada completamente em perícia ideológica das ciências sociais.

Em tudo o que tenho discutido, a linguagem do Orientalismo desempenha papel importante. Reúne opostos como "naturais", apresenta tipos humanos em expressões e metodologias eruditas, atribui realidade e referência a objetos (outras palavras) de sua autoria. A linguagem mítica é um discurso, isto é, não pode ser senão sistemática; ninguém faz um discurso realmente à vontade, nem formula as declarações no discurso, sem primeiro pertencer — em alguns casos de forma inconsciente, mas sempre involuntariamente — à ideologia e às instituições que garantem sua existência. Essas últimas são sempre as instituições de uma sociedade adiantada que lida com outra menos adiantada, uma cultura forte encontrando uma fraca. A principal característica do discurso mítico é que ele encobre suas próprias origens, bem como as do objeto que descreve. Em imagens de tipos estáticos, quase ideais, os "árabes" não são apresentados nem como criaturas com um potencial em processo de desenvolvimento, nem como história em curso. O valor exagerado atribuído à língua árabe permite que o orientalista equipare a linguagem à mente, à sociedade, à história e à natureza. Para o orientalista, a linguagem *fala* o oriental árabe, e não vice-versa.

4. *Orientais Orientais Orientais*. O sistema de ficções ideológicas que tenho chamado de Orientalismo tem sérias implicações, não só por ser infame do ponto de vista intelectual. Pois os Estados Unidos hoje estão muito envolvidos no Oriente Médio, mais do que em qualquer outra região do mundo: os conhecedores do Oriente Médio que aconselham os planejadores de políticas públicas estão quase todos imbuídos de Orientalismo. A maior parte desse envolvimento, bastante apropriadamente, é construída sobre fundamentos de areia, porque os conhecedores instruem a ação política com base em abstrações comercializáveis, tais como elites políticas, modernização e estabilidade, a maioria apenas velhos estereótipos orientalistas vestidos com jargão político, que têm sido completamente inadequados para descrever o que ocorreu há pouco no Líbano ou antes, na resistência popular palestina a Israel. O orientalista agora tenta ver o Oriente como um Ocidente de imitação que, segundo Bernard Lewis, só pode melhorar quando seu nacionalismo "estiver preparado para chegar a um acordo com o Ocidente".[153] Se nesse meio-tempo os árabes, os muçulmanos ou o Terceiro e o Quarto Mundo trilharem caminhos inesperados, não será surpresa que um orientalista nos diga que isso atesta o caráter incorrigível dos orientais, provando assim que eles não merecem confiança.

Os fracassos metodológicos do Orientalismo não podem ser explicados pela afirmação de que o Oriente *real* é diferente dos retratos orientalistas da região, nem pela afirmação de que, como os orientalistas são ocidentais na sua maior parte, não se pode esperar que tenham uma percepção interna do que o Oriente realmente é. Essas duas proposições são falsas. Não é a tese deste livro sugerir que há um Oriente real ou verdadeiro (islã, árabe ou seja o que for); nem é fazer uma declaração sobre o privilégio de uma perspectiva "interna" em relação a uma "externa", para usar a distinção de Robert K. Merton.[154] Ao contrário, tenho argumentado que "o Oriente" é ele próprio uma entidade constituída, sendo também muito discutível a noção de que há espaços geográficos com habitantes nativos, radicalmente "diferentes", que podem ser definidos com base em alguma religião, cultura ou essência racial apropriada àquele espaço geográfico. Não acredito em absoluto na proposição limitada de que apenas um negro pode escrever sobre negros, um muçulmano sobre muçulmanos, e assim por diante.

E apesar de seus fracassos, de seu lamentável jargão, de seu racismo mal encoberto, de seu magro aparato intelectual, o Orientalismo floresce hoje nas formas que tenho tentado descrever. Na verdade, há algumas razões para alarme no fato de que sua influência se espalhou para o próprio "Oriente": as páginas de livros e revistas em árabe (e, sem dúvida, em japonês, em vários dialetos indianos e em outras línguas orientais) estão cheias de análises de segunda categoria feitas por árabes sobre a "mente árabe", "o islã" e outros mitos. O Orientalismo também se espalhou nos Estados Unidos agora que o dinheiro e os recursos árabes têm acrescentado um considerável charme à tradicional "preocupação" com o Oriente, estrategicamente importante. O fato é que o Orientalismo tem se acomodado com sucesso ao novo imperialismo, no qual os seus paradigmas regentes nem contestam, e até confirmam, o persistente desígnio imperial de dominar a Ásia.

Na parte do Oriente de que posso falar com algum conhecimento direto, a acomodação entre a classe intelectual e o novo imperialismo poderia ser considerada um dos triunfos especiais do Orientalismo. O mundo árabe de nossos dias é um satélite intelectual, político e cultural dos Estados Unidos. Isso não é em si mesmo algo a ser lamentado; é de se lamentar, entretanto, a forma específica da relação de satélite. Considere-se primeiro que as universidades no mundo árabe são em geral dirigidas de acordo com uma forma herdada de uma antiga potência colonial ou por ela outrora diretamente imposta. As novas circunstâncias tornam as realidades curriculares quase grotescas: classes cheias de centenas de estudantes, um corpo docente mal treinado, com excesso de trabalho e mal pago, nomeações políticas, a ausência quase total de pesquisa avançada e de instalações de pesquisa e, muito importante, a inexistência de uma única biblioteca decente em toda a região. Assim como a Grã-Bretanha e a França dominavam outrora os horizontes culturais do Leste em virtude de sua proeminência e riqueza, agora são os Estados Unidos que ocupam esse lugar, com o resultado de que os poucos estudantes promissores que conseguem passar com sucesso pelo sistema são encorajados a vir para os Estados Unidos para continuar seus estudos. E, embora seja certamente verdade que alguns estudantes do mundo árabe continuam a ir para a Europa para estudar, a maioria numérica vem para os Estados Unidos; isso vale tanto para os estudantes dos assim chamados estados radicais quanto para os estudantes de estados conservadores como a Arábia Saudita e o Kuwait. Além disso, o sistema de patrocínio para a erudição, os negócios e a pesquisa torna os Estados Unidos um virtual comandante hegemônico; considera-se que a fonte, por mais que não seja uma fonte real, são os Estados Unidos.

Dois fatores, de forma ainda mais óbvia, tornam a situação um triunfo do Orientalismo. Na medida em que se pode fazer uma generalização abrangente, as tendências percebidas na cultura contemporânea do Oriente Próximo são guiadas por modelos europeus e americanos. Quando Taha Hussein disse que a cultura árabe moderna em 1936 era europeia, e não oriental, ele estava registrando a identidade da elite cultural egípcia, da qual era um membro tão ilustre. O mesmo vale para a elite cultural árabe de nossos dias, embora a poderosa corrente de ideias anti-imperialistas terceiro-mundistas, que se apoderou da região desde o início da década de 1950, tenha temperado o gume ocidental da cultura dominante. Além disso, o mundo árabe e islâmico continua a ser uma potência de segunda categoria quanto à produção de cultura, conhecimento e erudição. Nesse ponto, devemos ser completamente realistas para descrever a situação

430

existente. Nenhum erudito árabe ou islâmico pode se dar ao luxo de ignorar o que se passa nas revistas eruditas, institutos e universidades nos Estados Unidos e na Europa; o inverso não é verdade. Por exemplo, não há nenhuma revista importante de estudos árabes publicada no mundo árabe atual, assim como não há nenhuma instituição educacional árabe capaz de competir com lugares como Oxford, Harvard ou UCLA no estudo do mundo árabe, muito menos na pesquisa de qualquer outro tema não oriental. O resultado previsível de tudo isso é que os estudantes orientais (e os professores orientais) ainda querem vir sentar-se aos pés dos orientalistas americanos, e mais tarde repetir a seus públicos locais os clichês que tenho caracterizado como dogmas orientalistas. Esse sistema de reprodução torna inevitável que o erudito oriental use seu treinamento americano para se sentir superior a seu próprio povo por ser capaz de "controlar" o sistema orientalista; nas relações com seus superiores, os orientalistas europeus ou americanos, continuará a ser apenas um "informante nativo". E, na verdade, esse é o seu papel no Ocidente, caso tenha a sorte de ali permanecer depois de seu treinamento avançado. A maioria dos cursos elementares de línguas orientais é ministrada por "informantes nativos" nas universidades dos Estados Unidos hoje em dia; além disso, o poder (nas universidades, fundações e congêneres) é mantido quase exclusivamente por não orientais, embora a proporção numérica de profissionais residentes orientais para não orientais não favoreça os últimos de forma tão esmagadora.

Há muitos indícios de como é mantida a dominação cultural, tanto por consentimento oriental como pela pressão econômica direta e crua dos Estados Unidos. Por exemplo, embora haja dezenas de organizações nos Estados Unidos para estudar o Oriente árabe e islâmico, não há nenhuma no próprio Oriente para estudar os Estados Unidos, de longe a maior influência econômica e política na região. Pior, não há no Oriente institutos de estatura até modesta que se dediquem a estudar o Oriente. Mas tudo isso, creio eu, é pouco em comparação com o segundo fator que contribui para o triunfo do Orientalismo:

o consumismo no Oriente. O mundo árabe e islâmico como um todo está atrelado ao sistema de mercado do Ocidente. Não precisamos lembrar ninguém de que o petróleo, o maior recurso da região, foi totalmente absorvido na economia dos Estados Unidos. Com isso quero dizer não só que as grandes companhias petrolíferas são controladas pelo sistema econômico americano; quero dizer também que as rendas do petróleo árabe, sem falar de mercado, pesquisa e administração da indústria, estão baseadas nos Estados Unidos. Essa situação transformou efetivamente os árabes ricos de petróleo em enormes clientes das exportações americanas: isso vale tanto para os estados no Golfo Pérsico como para a Líbia, o Iraque e a Argélia — todos estados radicais. A minha opinião é que se trata de uma relação unilateral, sendo os Estados Unidos um cliente seletivo de uns poucos produtos (petróleo e mão de obra barata, principalmente), e os árabes clientes altamente diversificados de uma imensa série de produtos dos Estados Unidos, materiais e ideológicos.

Isso tem muitas consequências. Há uma imensa padronização do gosto na região, simbolizada não só por transistores, *blue jeans* e Coca-Cola, mas também por imagens culturais do Oriente fornecidas pelos meios de comunicação de massa americanos e consumidas sem pensar pela enorme massa de espectadores de televisão. O paradoxo de um árabe considerar-se um árabe do tipo desenhado por Hollywood é apenas o resultado mais simples daquilo a que estou me referindo. Outro resultado é que a economia de mercado ocidental e sua orientação para o consumidor produziram (e estão produzindo num ritmo cada vez mais rápido) uma classe de pessoas educadas cuja formação intelectual se destina a satisfazer as necessidades do mercado. Há, de forma bastante óbvia, uma forte ênfase na engenharia, nos negócios e na economia; mas a própria *intelligentsia* é um auxiliar no que considera ser as principais tendências desenhadas no Ocidente. Seu papel tem sido prescrito e estabelecido como "modernizador", o que significa que dá legitimidade e autoridade a ideias sobre modernização, progresso e cultura, que recebe principalmente dos Estados Unidos. Evidências notáveis dessa situação são encontradas nas ciências sociais e, de modo bastante surpreendente, entre os intelectuais radicais cujo marxismo é extraído por atacado da própria visão homogeneizadora de Marx sobre o Terceiro Mundo, como discuti antes neste livro. Tudo considerado, se há uma aquiescência intelectual nas imagens e doutrinas do Orientalismo, há também um reforço muito poderoso dessas ideias no intercâmbio econômico, político e social: o Oriente moderno, em suma, participa de sua própria orientalização.

Como conclusão, há alguma alternativa ao Orientalismo? Este livro é apenas um argumento *contra* algo, e não *a favor de* alguma coisa positiva? Falei sobre "descolonizar" novas iniciativas nos assim chamados estudos de área — a obra de Anwar Abdel Malek, os trabalhos publicados por membros do grupo de Hull nos estudos do Oriente Médio, as análises e propostas inovadoras de vários eruditos na Europa, nos Estados Unidos e no Oriente Próximo[155] — mas não tentei fazer mais que uma rápida menção ou alusão. Meu projeto tem sido descrever um sistema particular de ideias, de modo algum substituí-lo por um novo. Além disso, tentei formular todo um conjunto de questões relevantes na discussão dos problemas da experiência humana. Como se *representam* outras culturas? O que é uma *outra* cultura? A noção de uma cultura distinta (ou raça, ou religião, ou civilização) é útil, ou sempre acaba envolvida em autocongratulação (quando se discute a própria) ou em hostilidade e agressão (quando se discute a "outra")? As diferenças culturais, religiosas e raciais são mais importantes que as categorias socioeconômicas ou político-históricas? Como é que as ideias adquirem autoridade, "normalidade" e até o status de verdade "natural"? Qual o papel do intelectual? Ele existe para validar a cultura e o estado de que faz parte? Que importância ele deve dar a uma consciência crítica independente, uma consciência crítica *de oposição*?

Espero que algumas das minhas respostas a essas questões tenham ficado implícitas nas páginas anteriores, mas talvez eu possa falar um pouco mais explicitamente sobre algumas dessas questões neste ponto. Como o tenho caracterizado neste estudo, o Orientalismo põe em discussão não só a possibilidade de uma erudição não política, mas também a conveniência de uma relação demasiado estreita entre o estudioso e o estado. É também evidente, creio eu, que persistirão as circunstâncias que fazem do Orientalismo um tipo sempre persuasivo de pensamento: de modo geral, uma questão um tanto deprimente. Ainda assim, há uma expectativa racional na minha mente de que o Orientalismo não precisa seguir sempre sem questionamentos intelectuais, ideológicos e políticos, como ocorreu até o momento.

Não teria empreendido a escrita de um livro deste tipo se também não acreditasse que há uma erudição que não é tão corrupta ou tão cega à realidade humana quanto o tipo que tenho descrito. Hoje há muitos estudiosos individuais que trabalham em campos como a história, a religião, a civilização, a sociologia e a antropologia islâmicas, e cuja produção é profundamente valiosa como erudição. O problema se apresenta quando a tradição corporativa do Orientalismo se apodera do erudito que não é vigilante, cuja consciência individual não está em guarda contra *idées reçues* repassadas com demasiada facilidade na profissão. É muito provável, assim, que obras interessantes sejam produzidas por eruditos fiéis a uma disciplina definida intelectualmente, e não a um "campo" como o Orientalismo, definido de forma canônica, impositiva ou pela geografia. Um excelente exemplo recente é a antropologia de Clifford Geertz, cujo interesse pelo islã é suficientemente concreto e individualizado para ser animado pelas sociedades e problemas específicos que estuda, e não por rituais, preconceitos e doutrinas do Orientalismo.

Por outro lado, os eruditos e os críticos formados nas disciplinas orientalistas tradicionais são perfeitamente capazes de se libertar da antiga camisa de força ideológica. A formação de Jacques Berque e Maxime Rodinson está entre as mais rigorosas que existem, mas o que revigora suas investigações, até de problemas tradicionais, é sua autoconsciência metodológica. Pois se o Orientalismo tem sido em sua história demasiado presunçoso, demasiado isolado e confiante nos seus modos e premissas, uma das maneiras de alguém se abrir ao que estuda em ou sobre o Oriente é submeter de maneira reflexiva o seu método ao escrutínio crítico. Isso é o que caracteriza Berque e Rodinson, cada um a seu modo. O que se encontra na sua obra é sempre, acima de tudo, uma sensibilidade direta ao material à sua frente e, depois, um contínuo autoexame de sua metodologia e prática, uma tentativa constante de manter sua obra permeável ao material, e não a um preconceito doutrinário. Certamente Berque e Rodinson, bem como Abdel Malek e Roger Owen, têm também consciência de que o estudo do homem e da sociedade — oriental ou não — é mais bem realizado no amplo campo das ciências humanas; portanto, esses eruditos são leitores críticos, bem como estudiosos do que se passa nos outros campos. A atenção dada por Berque às descobertas recentes em antropologia estrutural, por Rodinson à sociologia e à teoria política, por Owen à história econômica: todos esses são corretivos trazidos das ciências humanas para o estudo dos assim chamados problemas orientais.

Mas não há como evitar o fato de que, mesmo que desconsideremos as distinções orientalistas entre "eles" e "nós", uma série poderosa de realidades políticas e, em última análise, ideológicas informam a erudição hoje em dia. Ninguém pode deixar de lidar com as divisões: Leste/Oeste, Norte/Sul, ter/não ter, imperialista/anti-imperialista, branco/de cor. Não podemos contorná-las, fingindo que não existem; ao contrário, o Orientalismo contemporâneo nos ensina muito sobre a desonestidade intelectual de dissimular a esse respeito, cujo resultado é intensificar as divisões e torná-las viciosas e permanentes. No entanto, uma erudição "progressista" abertamente polêmica e justa pode degenerar com facilidade em inatividade dogmática, uma perspectiva que tampouco é edificante.

Minha própria percepção do problema fica bem manifesta pelos tipos de questões que formulei acima. O pensamento e a experiência moderna têm nos ensinado a ser sensíveis ao que está envolvido na representação, no estudo do Outro, no pensamento racial, na aceitação irrefletida e acrítica da autoridade e das ideias autorizadas, no papel sociopolítico dos intelectuais, no grande valor de uma consciência crítica e cética. Se lembrarmos que o estudo da experiência humana tem em geral uma consequência ética e política, no melhor e no pior sentido, talvez não fiquemos indiferentes ao que fazemos como estudiosos. E que melhor norte para o estudioso do que a liberdade e o conhecimento humanos? Talvez devêssemos nos lembrar também de que o estudo do homem em sociedade é baseado na história e na experiência humanas concretas, e não em abstrações austeras ou em leis obscuras e sistemas arbitrários. O problema é, portanto, fazer o estudo se ajustar à realidade e ser de certo modo modelado pela experiência, que seria iluminada e talvez alterada pelo estudo. Deve-se evitar a todo custo a meta de orientalizar continuamente o Oriente, com resultados que não podem deixar de refinar o conhecimento e reduzir a vaidade do erudito. Sem o "Oriente", haveria eruditos, críticos, intelectuais, seres humanos para quem as distinções raciais, étnicas e nacionais seriam menos importantes que o empreendimento comum de promover a comunidade humana.

Acredito positivamente — como tentei mostrar em minhas outras obras — que muito está sendo feito hoje em dia nas ciências humanas para suprir o estudioso contemporâneo de intuições, métodos e ideias que possam dispensar os estereótipos raciais, ideológicos e imperialistas do tipo fornecido pelo Orientalismo no decorrer de sua preponderância histórica. Considero que a deficiência do Orientalismo foi tanto humana quanto intelectual; pois, ao ter de assumir um lugar de oposição irredutível a uma região do mundo que julgava alheia à sua, o Orientalismo deixou de se identificar com a experiência humana, deixou de vê-la como experiência humana. A hegemonia mundial do Orientalismo e de tudo o que ele representa pode ser agora desafiada, se pudermos colher os benefícios da ampla conscientização política e histórica de tantos povos da terra no século XX. Se este livro tiver alguma utilidade no futuro, será como contribuição modesta para esse desafio e como alerta: que sistemas de pensamento como o Orientalismo, com seus discursos de poder e ficções ideológicas — grilhões forjados pela mente —, são criados, aplicados, guardados com demasiada facilidade. Acima de tudo, espero ter mostrado a meu leitor que a resposta ao Orientalismo não é o Ocidentalismo. Nenhum "ex-oriental" se consolará com a ideia de que, tendo sido ele próprio um oriental, pode agora estudar novos "orientais" — ou "ocidentais" — de sua própria autoria. Se o conhecimento do Orientalismo tem algum significado, é o de registrar a sedutora degradação do conhecimento, de qualquer conhecimento, em qualquer lugar, em qualquer época. Agora talvez mais do que antes.

POSFÁCIO DA EDIÇÃO DE 1995

I

Orientalismo foi concluído no final de 1977 e publicado um ano mais tarde. Foi (e ainda é) o único livro que escrevi como um gesto contínuo, começando pela pesquisa, passando por vários rascunhos, até chegar à versão final, cada etapa seguindo a outra sem interrupção ou distração séria. À exceção de um ano (1975-6) maravilhosamente civilizado e relativamente sem estorvo como bolsista no Centro para Estudos Avançados nas Ciências do Comportamento em Stanford, tive muito pouco apoio ou interesse do mundo exterior. Recebi estímulos de um ou dois amigos e de minha família próxima, mas estava longe de ser claro se *poderia* interessar a um público geral um estudo sobre a maneira como o poder, a erudição e a imaginação de uma tradição de duzentos anos na Europa e na América viam o Oriente Médio, os árabes e o islã. Lembro-me, por exemplo, que foi muito difícil no princípio despertar o interesse de um editor sério pelo projeto. Uma editora acadêmica em particular sugeriu de forma muito receosa um contrato modesto para uma pequena monografia, tão pouco promissor e limitado parecia todo o empreendimento. Mas por sorte (falo de minha boa sorte com meu primeiro editor na página original dos agradecimentos de *Orientalismo*) as coisas rapidamente mudaram para melhor depois que terminei de escrever o livro.

Tanto na América como na Inglaterra (a edição britânica saiu em 1979) o livro atraiu bastante atenção, parte (como era de esperar) muito hostil, parte desprovida de compreensão, mas a maior parte positiva e entusiástica. Começando em 1980 com a edição francesa, toda uma série de traduções começaram a aparecer, aumentando até os dias de hoje, muitas das quais têm gerado controvérsias e discussões em línguas que não compreendo. Houve uma tradução extraordinária e ainda controversa para a língua árabe feita pelo talentoso poeta e crítico sírio Kamal Abu Deeb; falarei mais sobre esse assunto logo abaixo. A partir desse ponto *Orientalismo* foi publicado em japonês, alemão, português, italiano, polonês, espanhol, catalão, turco, servo-croata e sueco (em 1993, tornou-se um best-seller na Suécia, o que surpreendeu tanto o editor local quanto a mim). Há várias edições (grega, russa, norueguesa e chinesa) em andamento ou prestes a serem publicadas. Fala-se em outras traduções europeias, e talvez até uma versão israelense. Publicaram-se traduções piratas no Irã e no Paquistão. Muitas das traduções de que soube diretamente (em particular, a japonesa) passaram por mais de uma edição; todas ainda estão à venda e aparecem de vez em quando para dar origem a discussões locais que vão muito além do que eu pensava quando escrevi o livro.

O resultado de tudo isso é que *Orientalismo*, num modo quase borgiano, tornou-se vários livros diferentes. E na medida em que fui capaz de seguir e compreender essas versões subsequentes, quero agora discutir esse polimorfismo estranho, frequentemente inquietador e certamente inesperado, lendo no livro que escrevi o que outros disseram, além do que eu próprio escrevi depois de *Orientalismo* (oito ou nove livros, além de muitos artigos). É óbvio que tentarei corrigir leituras errôneas e, em alguns poucos casos, interpretações deliberadamente errôneas.

Mas estarei também ensaiando argumentos e desenvolvimentos intelectuais que reconhecem a utilidade de um livro como *Orientalismo* de maneiras que só previ muito parcialmente à época. O importante em tudo isso não é acertar contas, nem acumular congratulações à minha pessoa, mas mapear e registrar uma percepção de autoria que vai bem além do egoísmo dos seres solitários que sentimos ser quando empreendemos uma obra. Pois, de vários ângulos, *Orientalismo* me parece agora um livro coletivo que me ultrapassa como autor, mais do que eu poderia ter esperado quando o escrevi.

Permitam-me começar com um aspecto da repercussão do

livro que lamento muito e que agora (em 1994) me vejo tentando superar com todas as forças. É o alegado antiocidentalismo do livro, como tem sido chamado de forma equivocada e grandiloquente por comentaristas hostis ou simpatizantes. Essa visão tem duas partes, ora argumentadas em conjunto, ora em separado. A primeira é a afirmação imputada a mim de que o fenômeno do Orientalismo é uma sinédoque, um símbolo em miniatura, de todo o Ocidente, devendo na verdade ser considerado como a representação do Ocidente em geral. Sendo assim, continua o argumento, todo o Ocidente é um inimigo do povo árabe e islâmico ou, mesmo do iraniano, do chinês, do indiano e de muitos outros povos não europeus que sofreram sob o colonialismo e o preconceito ocidentais. A segunda parte do argumento atribuída a mim não é de menor alcance. É que um Ocidente e um Orientalismo predatórios violaram o islã e os árabes. (Note-se que os termos "Orientalismo" e "Ocidente" acabaram por se recobrir.) Sendo assim, a própria existência do Orientalismo e de orientalistas é tomada como um pretexto para argumentar o exato oposto, a saber, que o islã é perfeito, que é o único caminho (*al-hal al-wahid*), e assim por diante. Criticar o Orientalismo, como fiz no meu livro, é com efeito apoiar o islamismo ou o fundamentalismo muçulmano.

Não sei o que fazer dessas permutações caricaturais de um livro que, para o seu autor e em seus argumentos, é de forma explícita antiessencialista, radicalmente cético quanto a todas as designações categóricas como o Oriente e o Ocidente, e cuidadoso em *não* "defender", nem sequer discutir o Oriente e o islã. Mas *Orientalismo* tem sido lido e comentado por escrito no mundo árabe como uma defesa sistemática do islã e dos árabes, embora eu diga com clareza que não tenho nenhum interesse em mostrar a real constituição do verdadeiro Oriente ou islã, nem possuo qualificações para tanto. Na verdade, vou muito além quando, bem no início do livro, digo que palavras como "Oriente" e "Ocidente" não correspondem a nenhuma realidade estável que exista como fato natural. Além disso, todas essas designações geográficas são uma combinação estranha do empírico e do imaginativo.

No caso do Oriente como noção difundida na Grã-Bretanha, na França e na América, a ideia deriva, em grande medida, do impulso não apenas de descrever, mas também de dominar e de certo modo defender-se daquilo que a ideia representa. Como tento mostrar, isso é poderosamente verdadeiro com referência ao islã como uma encarnação perigosa do Oriente.

O ponto central em tudo isso é, entretanto, como Vico nos ensinou, que a história humana é feita por seres humanos. Assim como a luta pelo controle sobre o território é parte dessa história, a luta a respeito do significado histórico e social também o é. A tarefa para o erudito crítico não é separar uma luta da outra, mas conectá-las, apesar do contraste entre a materialidade esmagadora da primeira e os aparentes refinamentos espirituais da última. A minha maneira de cumprir essa tarefa tem sido mostrar que o desenvolvimento e a manutenção de toda cultura requerem a existência de um *alter ego* diferente e concorrente. A construção da identidade — pois a identidade do Oriente ou do Ocidente, da França ou da Grã-Bretanha, embora obviamente um repositório de experiências coletivas distintas, *é* finalmente uma construção — implica estabelecer opostos e "outros", cuja realidade está sempre sujeita a uma contínua interpretação e reinterpretação de suas diferenças em relação a "nós". Cada era e sociedade recria os seus "Outros". Longe de ser estática, portanto, a identidade do eu ou do "outro" é um processo histórico, social, intelectual e político muito elaborado que ocorre como uma luta que envolve indivíduos e instituições em todas as sociedades. Os debates atuais sobre "o caráter francês" e "o caráter inglês" na França e na Grã-Bretanha, respectivamente, ou sobre o islã em países como o Egito ou o Paquistão, são parte desse mesmo processo interpretativo que envolve as identidades de "outros" diferentes, quer sejam estranhos e refugiados, quer apóstatas e infiéis. Deve ser óbvio em todos os casos que esses processos não são exercícios mentais, mas lutas sociais prementes que envolvem questões políticas concretas, como as leis da imigração, a legislação da conduta pessoal, a constituição da ortodoxia, a legitimação da violência e/ou insurreição, o caráter e o conteúdo da educação, os rumos da política externa, o que muito frequentemente tem a ver com a designação de inimigos oficiais. Em suma, a construção da identidade está ligada com a disposição de poder e de impotência em cada sociedade, sendo portanto tudo menos meras abstrações acadêmicas.

O que torna todas essas realidades fluidas e ricas tão difíceis de aceitar é que a maioria das pessoas resiste à noção subjacente: que a identidade humana não é natural e estável, mas construída e de vez em quando inteiramente inventada. Parte da resistência e da hostilidade a livros como *Orientalismo*, ou depois dele *The invention of tradition* e *Black Athena*,[1] deriva do fato de que eles parecem solapar a crença ingênua na positividade incontestável e na historicidade imutável de uma cultura, um eu, uma identidade nacional. *Orientalismo* só pode ser lido como uma defesa do islã suprimindo-se metade do meu argumento, quando digo (como faço num livro subsequente, *Covering Islam*) que até a comunidade a que pertencemos por nascimento não é imune à luta interpretativa, e que aquilo que parece no Ocidente ser a emergência, o retorno ou a ressurgência do islã é de fato uma luta nas sociedades islâmicas sobre a definição do islã. Nenhuma pessoa, autoridade ou instituição tem um controle total sobre essa definição; por isso, é claro, a luta. O erro epistemológico do fundamentalismo é pensar que os elementos "fundamentais" são categorias a-históricas, não sujeitas, e assim alheias, ao escrutínio crítico dos verdadeiros fiéis, que supostamente as aceitam como uma questão de fé. Para os adeptos de uma versão restaurada ou revivida do islã primitivo, os orientalistas são considerados perigosos (como Salman Rushdie), porque eles mexem com essa versão, lançam dúvidas a seu respeito, mostram que ela é fraudulenta e não divina. Para eles, portanto, as virtudes de meu livro consistiam em apontar os perigos malévolos dos orientalistas e em libertar de certo modo o islã de suas garras.

Ora, não era o que eu pensava estar fazendo, mas a percepção persiste. Há duas razões para esse fato. Em primeiro lugar, ninguém acha fácil viver, sem reclamar e sem temer, com a tese de que a realidade humana está constantemente sendo feita e desfeita, e de que qualquer coisa semelhante a uma essência estável está constantemente sob ameaça. O patriotismo, o nacionalismo xenófobo e o chauvinismo rematado são respostas comuns a esse temor. Todos precisamos de algum fundamento que nos sustente; a questão é saber até que ponto é extrema e imutável a nossa formulação do que constitui esse fundamento. Minha posição é que, no caso de um islã ou Oriente essencial, essas imagens não são mais que imagens, sendo sustentadas como tais tanto pela comunidade do muçulmano fiel como (a correspondência é significativa) pela comunidade dos orientalistas. Minha objeção ao que chamei de Orientalismo não é que seja apenas o estudo antiquado de línguas, sociedades e povos orientais, mas que, como sistema de pensamento, aborde uma realidade humana heterogênea, dinâmica e complexa de um ponto de observação acriticamente essencialista; isso sugere tanto uma realidade oriental duradoura como uma essência ocidental opositora, mas não menos duradoura, que observa o Oriente de longe e, por assim dizer, de cima. Essa falsa posição esconde a mudança histórica. Ainda mais importante, de meu ponto de vista, ela esconde os *interesses* do orientalista. Apesar de tentativas de traçar distinções sutis entre o Orientalismo como um empenho erudito inocente e o Orientalismo como cúmplice do império, esses interesses nunca podem ser unilateralmente destacados do contexto imperial geral, que começa sua fase global moderna com a invasão do Egito por Napoleão em 1798.

Tenho em mente o contraste extraordinário entre o grupo mais fraco e o mais forte, que fica evidente desde o início dos modernos encontros da Europa com o que ela chamava Oriente. A solenidade estudada e as ênfases grandiosas de *Description de l'Egypte*, de Napoleão — seus volumes maciços e compactos atestando os trabalhos sistemáticos de todo um corpo de *savants* apoiado por um exército moderno de conquista colonial —, eclipsam o testemunho individual de pessoas como Abd al-Rahman al-Jabarti, que em três volumes descreve a invasão francesa do ponto de vista dos invadidos. Poder-se-ia dizer que a *Description* é apenas um relato científico e, portanto, objetivo do Egito no início do século XIX, mas a presença de Jabarti (desconhecido e ignorado por Napoleão) sugere o contrário. O relato de Napoleão é "objetivo" do ponto de vista de alguém poderoso tentando manter a Europa dentro da órbita imperial francesa; o de Jabarti é o relato de alguém que pagou o preço e foi, em sentido figurado, capturado e vencido.

Em outras palavras, em vez de permanecerem como documentos inertes que atestam um Ocidente e um Oriente eternamente opostos, a *Description* e as crônicas de Jabarti constituem em conjunto uma experiência histórica, a partir da qual outras evoluíram, e antes da qual outras existiam. O estudo da dinâmica histórica desse conjunto de experiências exige mais do que tornar a cair em estereótipos como "o conflito entre o Leste e o Oeste". Essa é uma razão pela qual *Orientalismo* é lido de forma errônea como uma obra sub-repticiamente antiocidental, e, por um ato de dotação retrospectiva desautorizada e até deliberada, essa leitura (como todas as leituras baseadas numa oposição binária por suposição estável) eleva a imagem de um islã inocente e oprimido.

A segunda razão pela qual o antiessencialismo de meu argumento se revelou de difícil aceitação é política e ideológica. Eu não tinha como saber que, um ano depois da publicação do livro, o Irã seria palco de uma revolução islâmica de extraordinário alcance, nem que a batalha entre Israel e os palestinos adotaria formas tão selvagens e prolongadas, da invasão do Líbano em 1982 ao início da Intifada no final de 1987. O fim da Guerra Fria não abafou nem encerrou o conflito aparentemente infindável entre o Leste e o Oeste, representado pelos árabes e o islã de um lado, e pelo Ocidente cristão do outro. Lutas mais recentes, mas não menos agudas, se desenvolveram como resultado da invasão do Afeganistão pela União Soviética; do desafio ao *status quo* lançado durante as décadas de 1980 e 1990 por grupos islâmicos em países tão diversos como a Argélia, a Jordânia, o Líbano, o Egito e os Territórios Ocupados, e das várias respostas americanas e europeias; da criação de brigadas islâmicas para combater os russos no Afeganistão a partir de bases no Paquistão; da Guerra do Golfo; do apoio contínuo a Israel; e do surgimento do "islã" como tópico de um jornalismo e erudição alarmados, ainda que nem sempre precisos e informados. Tudo isso inflamou a sensação de perseguição experimentada por povos forçados, quase diariamente, a se declarar ocidentais ou orientais. Ninguém parecia estar livre da oposição entre "nós" e "eles", o que resultou num senso de identidade reforçada, aprofundada, endurecida que não tem sido em especial edificante.

Num contexto tão turbulento, o destino de *Orientalismo* foi afortunado e desafortunado. Para aqueles no mundo árabe e islâmico que sentiam a opressão ocidental com ansiedade e tensão, parecia ser o primeiro livro a dar uma resposta séria a um Ocidente que nunca escutara realmente o oriental, nem o perdoara por ser afinal um oriental. Lembro-me de uma primeira resenha árabe do livro, que descrevia o autor como um paladino do arabismo, um defensor dos pisoteados e maltratados, cuja missão era envolver as autoridades ocidentais numa espécie de *mano a mano* épico e romântico. Apesar do exagero, transmitia uma sensação real da hostilidade duradoura do Ocidente experimentada pelos árabes, além de transmitir uma resposta que muitos árabes educados sentiam ser apropriada.

Não vou negar que eu *tinha* consciência, quando escrevi o livro, da verdade subjetiva insinuada por Marx na pequena frase que citei como uma das epígrafes do livro ("Eles não podem representar a si mesmos; devem ser representados"), a saber: se você acha que lhe foi negada a chance de falar o que pensa, tentará de todas as formas conseguir essa chance. Pois, na verdade, o subalterno *pode* falar, como a história dos movimentos de libertação no século XX eloquentemente atesta. Mas nunca senti que estava perpetuando a hostilidade entre dois blocos monolíticos políticos e culturais rivais, cuja construção procurava descrever e cujos terríveis efeitos tentava reduzir. Ao contrário, como disse antes, a oposição Oriente-versus-Ocidente era desorientadora e altamente indesejável; quanto menos lhe fosse dado crédito por descrever na verdade pouco mais que uma fascinante história de interpretações e interesses conflitantes, tanto melhor. Tenho a felicidade de registrar que muitos leitores na Grã-Bretanha e nos Estados Unidos da América, bem como na África, na Ásia, na Austrália e no Caribe anglófonos, encontraram no livro a ênfase na realidade do que mais tarde deveria ser chamado multiculturalismo, em vez da xenofobia e do nacionalismo agressivo, orientado pela ideia de raça.

Ainda assim, *Orientalismo* tem sido considerado com mais frequência um tipo de manifesto do status subalterno — o revide dos desgraçados da terra — do que uma crítica multicultural do poder que usa o conhecimento para se promover. Assim, como autor do livro, tenho me visto compelido ao papel forçoso de autorrepresentar a consciência do que fora outrora suprimido e distorcido nos textos eruditos de um discurso historicamente condicionado para ser lido, não por orientais, mas por outros ocidentais. Essa é uma questão importante, tributária de uma visão de identidades fixas combatendo ao longo de uma linha divisória permanente — justamente aquela que meu livro recusa. Nenhum dos orientalistas que comento parece jamais ter pretendido escrever para um leitor oriental. O discurso do Orientalismo, a coerência interna e os procedimentos rigorosos eram todos destinados a leitores e consumidores no Ocidente metropolitano. Isso vale tanto para pessoas que genuinamente admiro como Edward Lane e Gustave Flaubert, que eram fascinados pelo Egito, como para administradores coloniais arrogantes como lorde Cromer, eruditos brilhantes como Ernest Renan e aristocratas como Arthur Balfour, todos cheios de condescendência e aversão para com os orientais que governaram ou estudaram. Devo confessar que sinto um certo prazer em escutar, do lado de fora, a seus vários pronunciamentos e discussões orientalistas, e igual prazer em divulgar minhas descobertas tanto para europeus como para não europeus. Não tenho dúvida de que isso se tornou possível porque atravessei a linha divisória imperial Leste-Oeste, entrei na vida do Ocidente e ainda assim retive uma conexão orgânica com meu lugar de origem. Repetiria que foi muito mais um procedimento de cruzar barreiras do que de mantê-las; acre-

446

dito que *Orientalismo* como livro o demonstre, especialmente quando falo do estudo humanístico que procura idealmente ir além de limitações coercivas ao pensamento em direção a um tipo de erudição não dominadora e não essencialista.

Essas considerações aumentaram a pressão para que meu livro representasse uma espécie de testemunho de feridas e um registro de sofrimentos, cuja descrição era sentida como um contra-ataque há muito tempo devido ao Ocidente. Deploro uma caracterização tão simples de uma obra que é — aqui vou deixar de lado a falsa modéstia — bem nuançada no que diz sobre diferentes povos, diferentes períodos e diferentes estilos do Orientalismo. Cada uma de minhas análises varia a imagem, aumenta a diferença e as discriminações, separa autores e períodos uns dos outros, embora todos pertençam ao Orientalismo. Ler minhas análises de Chateaubriand e Flaubert, ou de Burton e Lane, exatamente com a mesma ênfase, extraindo a mesma mensagem redutora da fórmula banal de um "ataque à civilização ocidental" é, creio eu, ser simplista e incorrer em erro. Mas também acredito ser de todo correto ler autoridades orientalistas recentes, como o quase comicamente obstinado Bernard Lewis, como expressões politicamente motivadas e hostis, por mais que sua linguagem suave e suas demonstrações não convincentes de erudição tentem ocultá-lo.

Mais uma vez, portanto, retornamos ao contexto político e histórico do livro, que não alego ser irrelevante para o seu conteúdo. Uma das análises mais generosamente perspicazes e inteligentes dessa conjuntura foi apresentada numa resenha de Basim Musallam (MERIP, 1979). Ele começa comparando o meu livro com uma desmistificação anterior do Orientalismo proposta pelo erudito libanês Michael Rustum em 1895 (*Kitab al-Gharib fi al-Gharb*), mas depois diz que a principal diferença entre nós é que meu livro é sobre a perda, enquanto o de Rustum não o é. Musallam diz:

> Rustum escreve como um homem livre e membro de uma sociedade livre: um sírio, árabe pela fala, cidadão de um

estado otomano ainda independente [...] ao contrário de Michael Rustum, Edward Said não tem identidade geralmente aceita, seu próprio *povo* está em discussão. É possível que Edward Said e sua geração sintam às vezes que estão pisando sobre nada mais sólido do que os restos da sociedade destruída da Síria de Michael Rustum, e sobre a memória. Outros na Ásia e na África tiveram os seus sucessos nessa era de libertação nacional: aqui, em doloroso contraste, houve resistência desesperada contra uma supremacia esmagadora e, até agora, derrota. Não foi um "árabe" qualquer que escreveu este livro, mas um árabe com uma formação e experiência particular. [p. 22]

Musallam observa corretamente que um argelino não teria escrito o mesmo tipo de livro em geral pessimista, especialmente um livro como o meu, que examina muito pouco a história das relações francesas com a África do Norte, em particular com a Argélia. Assim, embora eu aceite a impressão global de que *Orientalismo* é escrito a partir de uma história extremamente concreta de perda pessoal e desintegração nacional — uns poucos anos antes de eu escrever *Orientalismo*, Golda Meir fizera seu comentário notório e profundamente orientalista sobre não haver um povo palestino —, gostaria também de acrescentar que nem nesse livro, nem nos dois que de imediato se seguiram, *The question of Palestine* (1980) e *Covering Islam* (1981), quis apenas sugerir um programa político de identidade restaurada e nacionalismo ressurgente. Houve decerto uma tentativa nos dois últimos livros de suprir o que estava faltando em *Orientalismo*, a saber, uma percepção do que poderia ser uma imagem alternativa de regiões do Oriente — a Palestina e o islã, respectivamente — a partir de um ponto de vista pessoal.

Mas em todas as minhas obras continuei a ser fundamentalmente crítico de um nacionalismo arrogante e acrítico. A imagem do islã que representei não era de discurso afirmativo e ortodoxia dogmática, mas baseada na ideia de que existem comunidades de interpretação dentro e fora do mundo islâmico, comunicando-se entre si num diálogo de iguais. Minha visão da Palestina, formulada originalmente em *The question of Palestine*, continua a mesma nos dias de hoje: expressei toda espécie de reservas quanto ao nativismo ingênuo e ao militarismo militante do consenso nacionalista; sugeri em seu lugar um olhar crítico ao ambiente árabe, à história palestina e às realidades israelenses, com a conclusão explícita de que apenas um acordo negociado entre as duas comunidades de sofredores, árabes e judeus, propiciaria uma trégua na guerra interminável. (Devo mencionar de passagem que, embora o meu livro sobre a Palestina tenha recebido uma bela tradução hebraica, publicada pela Mifras, uma pequena editora israelense, no início da década de 1980, ele continua sem tradução árabe até os dias de hoje. Todo editor árabe que se interessou pelo livro queria que eu mudasse ou eliminasse aquelas partes que são manifestamente críticas a um ou outro regime árabe — inclusive a OLP —, um pedido que tenho sempre me recusado a atender.)

Lamento dizer que a recepção árabe de *Orientalismo*, apesar da extraordinária tradução de Kamal Abu Deeb, ainda conseguiu ignorar aquele aspecto de meu livro que diminuía o fervor nacionalista que alguns inferiam de minha crítica ao Orientalismo, e que eu associava com aqueles impulsos de dominação e controle também encontrados no imperialismo. A principal virtude da laboriosa tradução de Abu Deeb foi ter evitado quase por completo expressões ocidentais meramente arabizadas; palavras técnicas como *discurso*, *simulacro*, *paradigma* ou *código* foram traduzidas a partir da retórica clássica da tradição árabe. A sua ideia era introduzir o meu livro numa tradição plenamente formada, como se ele estivesse se dirigindo a outra tradição a partir de uma perspectiva de adequação e igualdade cultural. Dessa forma, ele raciocinava, era possível mostrar que assim como se podia propor uma crítica epistemológica a partir da tradição ocidental, poder-se-ia fazer o mesmo a partir da tradição árabe.

Mas o senso de confronto entre um mundo árabe muitas vezes emocionalmente definido e um mundo ocidental ainda mais emocionalmente experimentado abafava o fato de que *Orientalismo* foi escrito com a intenção de ser um estudo de crítica, não uma afirmação de identidades rivais e irremediavelmente antitéticas. Além disso, a realidade que eu descrevia nas últimas páginas do livro, de um sistema discursivo poderoso mantendo a hegemonia sobre outro, pretendia ser uma ressalva inicial num debate que poderia induzir os leitores e críticos árabes a envolver-se com mais determinação com o sistema do Orientalismo. Fui censurado por não ter dado mais atenção a Marx (as passagens de meu livro muito apontadas por críticos dogmáticos no mundo árabe e na Índia, por exemplo, foram aquelas sobre o próprio Orientalismo de Marx), cujo sistema de pensamento, afirmavam, ter-se-ia elevado acima de seus óbvios preconceitos, ou fui criticado por não apreciar as grandes realizações do Orientalismo, do Ocidente etc. Assim como aconteceu com as defesas do islã, o recurso ao marxismo ou ao "Ocidente" como um sistema total e coerente parece-me ter sido um exemplo de como se pode usar uma ortodoxia para abater outra.

A diferença entre as respostas árabes e as outras respostas ao *Orientalismo* é, creio eu, uma indicação precisa de como décadas de perda, frustração e ausência de democracia têm afetado a vida intelectual e cultural na região árabe. Escrevi meu livro como parte de uma corrente de pensamento preexistente cujo propósito era libertar os intelectuais dos grilhões de sistemas como o Orientalismo: queria que os leitores usassem minha obra para poder produzir novos estudos, que iluminariam a experiência histórica de árabes e outros de modo generoso e transformador. Isso certamente aconteceu na Europa, nos Estados Unidos, na Austrália, no subcontinente indiano, no Caribe, na Irlanda, na América Latina e em partes da África. O estudo revigorado dos discursos africanistas e indológicos, as análises da história subalterna, a reconfiguração da antropologia pós-colonial, a ciência política, a história da arte, a crítica literária, a musicologia, além dos desenvolvimentos nos discursos feministas e minoritários — em todos esses casos, sinto-me satisfeito e lisonjeado por *Orientalismo* muitas vezes ter feito diferença. Esse não parece ter sido o caso (pelo que posso julgar) no mundo árabe, onde, em parte porque minha obra é corretamente percebida como eurocêntrica nos seus textos, e em parte porque, como diz Musallam, a batalha pela sobrevivência cultural é demasiado absorvente, livros como o meu são interpretados de modo menos útil, em termos produtivos, e mais como gestos defensivos a favor ou contra o "Ocidente".

Mas entre os acadêmicos americanos e britânicos de um tipo decididamente rigoroso e inflexível, *Orientalismo* e todas as minhas outras obras têm recebido ataques por seu humanismo "residual", suas inconsistências teóricas, seu tratamento insuficiente, talvez até sentimental, da ação. Alegro-me que tenham recebido esses ataques! *Orientalismo* é um livro de quem toma partido, não é uma máquina teórica. Talvez todo esforço individual seja, num nível profundo, tanto excêntrico como, no sentido de Gerard Manley Hopkins, *original*; isso a despeito da existência de sistemas de pensamento, discursos e hegemonias (embora nenhum deles seja de fato inconsútil, perfeito ou inevitável). O interesse que senti pelo Orientalismo como fenômeno cultural (como a cultura do imperialismo de que falei em *Cultura e imperialismo*, sua continuação de 1993) deriva de sua variabilidade e imprevisibilidade, duas qualidades que dão a escritores como Massignon e Burton sua surpreendente força e poder de atração. O que tentei preservar na minha análise do Orientalismo foi sua combinação de consistência *e* inconsistência, seu jogo, por assim dizer, que só pode ser descrito preservando para quem o descreve, como escritor e crítico, o direito a algum ímpeto emocional, o direito de se comover, enfurecer, surpreender e deleitar. É por isso que, no debate entre Gayan Prakash, de um lado, e Rosalind O'Hanlon e David Washbrook, de outro, acho que o pós-estruturalismo mais versátil de Prakash tem seu devido valor.[2] Além disso, não há como contestar a contribuição da obra de Homi Bhabha, Gayatri Spivak ou Ashis Nandy a nossa compreensão das armadilhas humanísticas armadas por sistemas como o Orientalismo.

Permitam-me concluir este exame das transmutações críticas de *Orientalismo* com uma menção a um grupo de pessoas que, de forma previsível, foram as vozes mais vociferantes contra meu livro, a saber, os próprios orientalistas. Eles não eram o meu público *principal*; eu pretendia lançar alguma luz sobre suas práticas para tornar outros humanistas conscientes dos procedimentos e genealogia particulares de um campo de estudo. A própria palavra "Orientalismo" tem sido limitada por tempo demais a uma especialidade profissional; tentei mostrar sua aplicação e vigência na cultura geral, na literatura, na ideologia e nas atitudes sociais e políticas. Falar de alguém como um oriental, como faziam os orientalistas, não era apenas designar essa pessoa como alguém cuja língua, geografia e história formavam o estofo de tratados eruditos: era empregar com frequência as palavras como expressões depreciativas que designavam uma estirpe humana inferior. Não quero negar que para artistas como Nerval e Segalen a palavra "Oriente" estava maravilhosa, engenhosamente ligada a exotismo, encanto, mistério e promessa. Mas era também uma generalização histórica abrangente. Além desses empregos das palavras "Oriente", "oriental" e "Orientalismo", o termo "orientalista" também veio a representar o estudioso, e sobretudo o estudioso acadêmico, das línguas e da história do Oriente. No entanto, como o falecido Albert Hourani me escreveu em março de 1992, alguns meses antes de sua morte inesperada e muito lamentada, a força do meu argumento (pela qual ele dizia não poder me censurar) tinha o efeito infeliz de tornar quase impossível o uso neutro do termo "Orientalismo", que se tornara uma fórmula de injúria; e concluía que ainda gostaria de preservar o termo para se referir a "uma disciplina erudita limitada, um tanto monótona, mas válida".

Em sua resenha equilibrada de *Orientalismo* em 1979, Hourani formulou uma de suas objeções, sugerindo que, embora eu tivesse sublinhado os exageros, o racismo e a hostilidade de muitos escritos orientalistas, eu deixara de mencionar suas numerosas realizações eruditas e humanísticas. Os nomes que apresentou incluíam Marshall Hodgson, Claude Cahen e André Raymond, que (ao lado de autores alemães, que aparecem *de rigueur*) deviam ser reconhecidos como autores de verdadeiras contribuições ao conhecimento humano. No entanto, isso não entra em conflito com o que digo em *Orientalismo*, com a ressalva de que insisto realmente na prevalência, no discurso orientalista, de uma estrutura de atitudes que não podem ser simplesmente afastadas ou desprezadas. Em nenhum momento argumentei que o Orientalismo é mau, desleixado ou sempre o mesmo. Mas digo com certeza que a *corporação* de orientalistas tem uma história específica de cumplicidade com o poder imperial que seria panglossiano chamar de irrelevante.

Assim, embora simpatize com o argumento de Hourani, duvido seriamente que a noção de Orientalismo, compreendida de forma apropriada, possa ser completamente desligada de suas circunstâncias complicadas e nem sempre lisonjeiras. Suponho que se possa imaginar, no limite, que um especialista em arquivos otomanos e fatímidas é um orientalista no sentido de Hourani, mas ainda temos a obrigação de perguntar onde, como e com que instituições e agências de apoio tais estudos ocorrem *hoje em dia*. Muitos que escreveram depois da publicação de meu livro fizeram exatamente essas perguntas sobre os estudiosos mais desligados da vida mundana, com resultados às vezes devastadores.

Ainda assim, há um esforço persistente de sugerir que toda crítica do Orientalismo (e a minha em particular) é despida de sentido e, de certo modo, uma violação da própria ideia de erudição desinteressada. É o que faz Bernard Lewis, a quem dediquei algumas páginas críticas em meu livro. Quinze anos depois da publicação de *Orientalismo*, Lewis produziu uma série de ensaios, alguns coligidos num livro intitulado *Islam and the West*. Boa parte do livro consiste num ataque a mim, em meio a outros ensaios que mobilizam um conjunto de fórmulas vagas e caracteristicamente orientalistas — os muçulmanos se enfurecem com a modernidade, o islã nunca fez a separação entre igreja e estado, e assim por diante —, todas pronunciadas num nível extremo de generalização e quase sem menção às diferenças entre os muçulmanos individuais, entre as sociedades muçulmanas, entre as tradições e eras muçulmanas. Como Lewis se nomeou, num certo sentido, o porta-voz da corporação dos orientalistas a que a minha crítica estava originalmente dirigida, talvez valha a pena gastar um pouco mais de tempo com seus procedimentos. Suas ideias são, ai de nós, bastante correntes entre seus acólitos e imitadores, cuja tarefa parece consistir em alertar os consumidores ocidentais para a ameaça de um mundo islâmico enfurecido, congenitamente não democrático e violento.

A verbosidade de Lewis mal encobre o suporte ideológico de sua posição e sua extraordinária capacidade para compreender quase tudo equivocadamente. Claro, esses são atributos familiares da estirpe dos orientalistas, alguns dos quais tiveram pelo menos a coragem de ser honestos na sua difamação dos povos islâmicos e de outros povos não europeus. Não é o caso de Lewis. Ele procede distorcendo a verdade, fazendo falsas analogias e insinuações, usando métodos a que acrescenta aquele verniz de tranquila autoridade onisciente que supõe ser o modo como os eruditos falam. Tome-se como exemplo típico a analogia que traça entre minha crítica do Orientalismo e um ataque hipotético aos estudos da antiguidade clássica, um ataque que, diz ele, seria um esforço vão. O problema é que o Orientalismo e o Helenismo são radicalmente incomparáveis. O primeiro é uma tentativa de descrever toda uma região do mundo no bojo da conquista colonial dessa mesma região, ao passo que o último não trata absolutamente da conquista colonial direta da Grécia nos séculos XIX e XX; além disso, o Orientalismo expressa antipatia ao islã, o Helenismo simpatiza com a Grécia clássica.

Além do mais, o presente momento político, com seus milhares de estereótipos racistas antiárabes e antimuçulmanos (mas sem nenhum ataque à Grécia clássica), permite que Lewis faça afirmações políticas e a-históricas na forma do argumento erudito, uma prática inteiramente de acordo com os aspectos menos louváveis do Orientalismo colonialista mais antiquado.[3] A obra de Lewis é, portanto, parte do ambiente político presente, em vez de pertencer a um contexto puramente intelectual.

454

Sugerir, como ele faz, que o ramo do Orientalismo que trata do islã e dos árabes é uma disciplina que pode ser corretamente inserida na mesma categoria da filologia clássica é absurdo, e tão apropriado quanto comparar um dos muitos arabistas e orientalistas israelenses que trabalharam para as autoridades de ocupação na Margem Ocidental e cm Gaza a eruditos como Wilamowitz ou Mommsen. De um lado, Lewis deseja reduzir o Orientalismo islâmico ao status de ramo da erudição, inocente e entusiasta; de outro, deseja alegar que o Orientalismo é demasiado complexo, variado e técnico para existir numa forma que qualquer não orientalista (como eu e muitos outros) possa criticar. A tática de Lewis é suprimir uma quantidade significativa de experiência histórica. Como sugiro, o interesse europeu no islã não provinha da curiosidade, mas do temor de um rival do cristianismo — um rival monoteísta, cultural e militarmente formidável. Conforme mostraram numerosos historiadores, os primeiros estudiosos europeus do islã eram polemistas medievais que escreviam para conter a ameaça das hordas e da apostasia muçulmanas. De uma ou outra maneira, essa combinação de temor e hostilidade persiste até os dias de hoje, na atenção erudita e não erudita a um islã que é visto como pertencente a uma região do mundo — o Oriente — contraposta imaginativa, geográfica e historicamente *à* Europa e *ao* Ocidente.

As questões mais interessantes sobre o Orientalismo islâmico ou árabe são, primeiro, as formas adotadas pelos vestígios medievais, que persistem tão tenazmente, e, segundo, a história e a sociologia das conexões entre o Orientalismo e as sociedades que o produziram. Há fortes *associações* entre o Orientalismo e a imaginação literária, por exemplo, bem como entre o Orientalismo e a consciência imperial. O que é notável sobre muitos períodos da história europeia é o intercâmbio entre o que eruditos e especialistas escreveram e o que poetas, romancistas e jornalistas depois disseram sobre o islã. Além disso — e esse é o ponto crucial que Lewis se recusa a tratar — há um notável (mas ainda assim inteligível) paralelo entre o surgimento da erudição orientalista moderna e a conquista de vastos impérios orientais pela Grã-Bretanha e pela França.

Embora a conexão entre a educação britânica mais clássica ou rotineira e a expansão do império britânico seja mais complexa do que Lewis poderia supor, não existe na história moderna da filologia um paralelo mais manifesto entre poder e conhecimento do que no caso do Orientalismo. Grande parte das informações e dos conhecimentos sobre o islã e o Oriente que foi usada pelas potências para justificar o seu colonialismo provinha da erudição orientalista: um estudo recente a muitas mãos, *Orientalism and the postcolonial predicament*,[4] demonstra com documentação copiosa como o conhecimento orientalista foi usado na administração colonial do sul da Ásia. Persiste ainda hoje um intercâmbio bastante consistente entre estudiosos de área e departamentos de relações exteriores. Além disso, muitos dos estereótipos sobre a sensualidade, a preguiça, a crueldade, a degradação e o esplendor islâmicos e árabes que se encontram em escritores como John Buchan ou V. S. Naipaul têm sido também pressuposições subjacentes ao campo contíguo do Orientalismo acadêmico. Em contraste, a troca de clichês entre a indologia e a sinologia, de um lado, e a cultura geral, de outro, não é assim tão florescente, embora haja relações e empréstimos a serem observados. Tampouco há muita similaridade entre o que prevalece entre os especialistas ocidentais em sinologia e indologia e o fato de que muitos estudiosos profissionais do islã, na Europa e nos Estados Unidos, passam a vida estudando o assunto, mas ainda acham a religião e a cultura impossíveis de serem apreciadas, muito menos admiradas.

Dizer, como fazem Lewis e seus imitadores, que todas essas ponderações são mero afã de abraçar "causas em voga" não equivale exatamente a responder por que, por exemplo, tantos especialistas islâmicos foram e ainda são rotineiramente consultados por governos cujos desígnios no mundo islâmico são a exploração econômica, a dominação ou a agressão manifesta, por que trabalham ativamente para tais governos, ou por que tantos estudiosos do islã — como o próprio Lewis — sentem que é seu dever montar ataques aos povos árabes ou islâmicos modernos, com o álibi de que a cultura islâmica "clássica" pode ser objeto de interesse erudito desinteressado. O espetáculo de especialistas em história islâmica medieval enviados em missões do Departamento de Estado para instruir embaixadas sobre os interesses de segurança dos Estados Unidos no Golfo não sugere espontaneamente nada que se assemelhe ao amor da Hélade atribuído por Lewis ao campo supostamente cognato da filologia clássica.

Não é, portanto, surpreendente que o campo do Orientalismo islâmico e árabe, sempre pronto a negar a sua cumplicidade com o poder de estado, nunca tenha produzido até há pouco uma crítica interna das associações que acabei de descrever, ou que Lewis possa fazer a declaração espantosa de que uma crítica do Orientalismo seria "sem sentido". Tampouco é surpreendente que, com poucas exceções, a maior parte da crítica negativa que minha obra obteve de "especialistas" como Lewis acaba por se reduzir a pouco mais que a história banal de um baronato violado por um invasor grosseiro. Os únicos especialistas (de novo com algumas poucas exceções) que tentaram tratar do que discuto — isto é, não apenas com o conteúdo do Orientalismo, mas com suas relações, associações, tendências políticas, visões de mundo — foram sinólogos, indólogos e estudiosos mais jovens do Oriente Médio, suscetíveis a novas influências e também aos argumentos políticos que a crítica do Orientalismo tem acarretado. Um exemplo é Benjamin Schwartz, de Harvard, que aproveitou a ocasião de seu discurso presidencial na Associação de Estudos Asiáticos, em 1982, não só para discordar de parte da minha crítica, mas também para saudar intelectualmente os meus argumentos.

Muitos dos arabistas e islamistas seniores têm reagido com aquele sentimento de afronta e mágoa que é para eles um substituto da reflexão; a maioria usa palavras como "maligno", "desonra", "libelo", como se a própria crítica fosse uma violação inadmissível de suas sacrossantas prerrogativas acadêmicas. No caso de Lewis, a defesa é um ato de conspícua má-fé, porque ele, mais que a maioria dos orientalistas, tem sido uma voz apaixonada contra as causas árabes (e outras) em lugares como o Congresso dos Estados Unidos e *Commentary*. Assim, a resposta apropriada a Lewis deve incluir um relato do que ele significa política e sociologicamente quando alega estar defendendo a "honra" de seu campo, uma defesa que, logo se verá, é um tecido de meias verdades ideológicas destinadas a desorientar leitores não especialistas.

Em suma, é possível estudar a relação entre o Orientalismo islâmico ou árabe e a cultura europeia moderna sem, ao mesmo tempo, associar todo orientalista, toda tradição orientalista ou tudo que já foi escrito por orientalistas a um imperialismo apodrecido e sem valor. De qualquer modo, nunca fiz tal coisa. É ignorância dizer que o Orientalismo é uma conspiração ou sugerir que "o Ocidente" é mau: as duas afirmações estão entre as fatuidades que Lewis e um de seus epígonos, o publicista iraquiano Kanan Makiya, tiveram o desplante de me atribuir. Por outro lado, é hipócrita suprimir os contextos culturais, políticos, ideológicos e institucionais em que as pessoas escrevem, pensam e falam sobre o Oriente, quer sejam eruditos, quer não. E, como disse antes, é extremamente importante compreender que a razão pela qual o Orientalismo é combatido por tantos não ocidentais ponderados é que seu discurso moderno é corretamente percebido como um discurso de poder que se origina de uma era de colonialismo — tema de um excelente simpósio recente, *Colonialism and culture*.[5] Nesse tipo de discurso, baseado principalmente na pressuposição de que o islã é monolítico, imutável e portanto manipulável por "peritos" em vista de poderosos interesses domésticos, nem os muçulmanos, nem os árabes, nem qualquer outro dos povos inferiores desumanizados se reconhecem como seres humanos ou a seus observadores como simples eruditos. Acima de tudo, veem no discurso do Orientalismo moderno — e em seus congêneres dedicados à África e aos povos nativos da América — uma tendência crônica a negar, suprimir ou distorcer o contexto cultural desses sistemas de pensamento e manter a ficção de seu desinteresse erudito.

II

Mas não gostaria de sugerir que, por mais correntes que possam ser essas opiniões de Lewis, elas sejam as únicas que têm circulado durante a última década e meia. Sim, é verdade que, desde o desaparecimento da União Soviética, alguns eruditos e jornalistas nos Estados Unidos têm se precipitado a descobrir num islã orientalizado um novo império do mal. Consequentemente, tanto a mídia eletrônica como a impressa têm sido inundadas com estereótipos degradantes que amalgamam o islã e o terrorismo, os árabes e a violência, o Oriente e a tirania. E, em várias regiões do Oriente Médio e do Extremo Oriente, houve também um retorno à religião nativista e ao nacionalismo primitivo, sendo um aspecto particularmente vergonhoso desse processo a *fatwa* iraniana pronunciada contra Salman Rushdie. Mas esse não é o quadro completo, e o que desejo fazer na parte restante deste ensaio é falar sobre as novas tendências na erudição, na crítica e na interpretação que, embora aceitando as premissas básicas de meu livro, ultrapassam em muito os seus limites de um modo, creio eu, que enriquece nossa percepção da complexidade da experiência histórica.

Nenhuma dessas tendências surgiu do nada, é claro; nem ganharam o status de conhecimentos e práticas plenamente estabelecidos. O contexto mundial continua agitado de maneira desconcertante e, no aspecto ideológico, muito carregado, volátil, tenso, mutável e até assassino. Embora a União Soviética tenha sido desmembrada e os países do Leste Europeu tenham alcançado a independência política, os padrões de poder e domínio continuam em evidência. O Sul global — outrora referido romântica e até passionalmente como Terceiro Mundo — está enredado numa armadilha de endividamento, fragmentado em dezenas de entidades fraturadas ou incoerentes, assediado por problemas de pobreza, doença e subdesenvolvimento que têm aumentado nos últimos dez ou quinze anos. Desapareceram o movimento dos não alinhados e os líderes carismáticos que se incumbiram da descolonização e da independência. Um padrão alarmante de conflitos étnicos e guerras locais, não limitado ao Sul, como atesta o caso trágico dos bósnios, tornou a irromper. E em lugares como a América Central, o Oriente Médio e a Ásia, os Estados Unidos ainda continuam a ser o poder dominante, com uma Europa ansiosa e ainda não unificada correndo no encalço.

Algumas explicações para a cena mundial corrente e algumas tentativas de compreendê-la nos campos cultural e político têm surgido de maneiras notavelmente dramáticas. Já mencionei o fundamentalismo. Os equivalentes seculares são o retorno ao nacionalismo e a teorias que enfatizam a distinção radical entre diferentes culturas e civilizações. Recentemente, por exemplo, o professor Samuel Huntington, da Universidade Harvard, apresentou a proposição, longe de convincente, de que o bipolarismo da Guerra Fria foi suplantado pelo que chamou o "confronto de civilizações", uma tese baseada na premissa de que as civilizações ocidental, confuciana e islâmica, entre várias outras, seriam compartimentos impermeáveis cujos membros estão no fundo interessados em afastar seus rivais.[6]

Isso é absurdo, porque um dos grandes progressos na moderna teoria cultural é a percepção, quase universalmente reconhecida, de que as culturas são híbridas e heterogêneas, e de que, como argumentei em *Cultura e imperialismo*, as culturas e as civilizações são tão inter-relacionadas e interdependentes a ponto de irem além de qualquer descrição unitária ou simplesmente delineada de sua individualidade. Como se pode falar hoje em dia de "civilização ocidental" a não ser, em grande medida, como uma ficção ideológica, atribuindo-se uma espécie de superioridade a um punhado de valores e ideias, nenhum dos quais tem muito significado fora da história de conquista, da imigração, do deslocamento e da mescla de povos que deu às nações ocidentais as suas identidades miscigenadas? Isso vale especialmente para os Estados Unidos, que hoje só podem ser descritos como um enorme palimpsesto de diferentes raças e culturas que partilham uma história problemática de conquistas, extermínios e, certamente, grandes realizações culturais e políticas. E essa

460

era uma das mensagens implícitas de *Orientalismo*: qualquer tentativa de forçar culturas e povos em estirpes ou essências separadas e distintas não só revela as representações errôneas e as consequentes falsificações, mas também o modo como a compreensão torna-se cúmplice do poder para produzir coisas como o "Oriente" ou o "Ocidente".

Não que Huntington, e por trás dele todos os teóricos e apologistas de uma exultante tradição ocidental, como Francis Fukuyama, tenham perdido muito de seu poder sobre a consciência pública. Eles o conservaram, como fica evidente no caso sintomático de Paul Johnson, outrora um intelectual da esquerda, agora um retrógrado polemista social e político. No número de 18 de abril de 1993 da *New York Times Magazine*, que não é absolutamente uma publicação marginal, Johnson publicou um ensaio intitulado "O colonialismo está de volta — e em boa hora", cuja principal ideia era que "as nações civilizadas" deveriam assumir a tarefa de recolonizar os países do Terceiro Mundo, "onde as condições mais básicas da vida civilizada tinham entrado em colapso", e realizar esse trabalho por meio de um sistema de administrações impostas. O seu modelo é explicitamente um modelo colonial do século XIX: diz que, para comerciarem com lucro, os europeus deviam impor a ordem política.

O argumento de Johnson tem numerosos ecos subterrâneos nas obras de planejadores de políticas públicas dos Estados Unidos, na mídia e, claro, na própria política externa dos Estados Unidos, que continua a ser intervencionista no Oriente Médio, na América Latina e na Europa oriental, e francamente missionária em todos os demais lugares, em especial nas suas ações políticas para com a Rússia e as antigas repúblicas soviéticas. O ponto importante, entretanto, é que se abriu na consciência pública uma brecha, em grande parte não examinada mas séria, entre as antigas ideias da hegemonia ocidental (de que o sistema do Orientalismo fazia parte), de um lado, e, de outro, as ideias mais novas que se tornaram influentes entre as comunidades subalternas e desamparadas e entre um amplo setor de intelectuais, acadêmicos e artistas. Agora, muito extraordinaria-

461

mente, os povos menores — outrora colonizados, escravizados, suprimidos — não precisam mais ficar calados ou se deixar explicar apenas por europeus e americanos mais velhos do sexo masculino. Houve uma revolução na consciência das mulheres, das minorias e dos marginais, tão poderosa a ponto de afetar o pensamento dominante em todo o mundo. Embora eu tivesse alguma consciência dessa revolução enquanto trabalhava em *Orientalismo* na década de 1970, ela é agora tão dramaticamente visível que demanda a atenção de todos os que se interessam seriamente pelo estudo acadêmico e teórico da cultura.

Duas amplas correntes podem ser discernidas: o pós-colonialismo e o pós-modernismo; o uso do prefixo "pós" não sugere tanto o sentido de ir além, mas, como diz Ella Shohat num artigo seminal sobre o pós-colonial, o sentido de "continuidades e descontinuidades; sua ênfase recai sobre os novos modos e formas das antigas práticas colonialistas, e não num 'além'".[7] Tanto o pós-colonialismo como o pós-modernismo surgiram como movimentos conexos de engajamento e investigação durante a década de 1980 e, em muitos casos, pareciam ter obras como *Orientalismo* na conta de antecedentes. Seria impossível neste ponto entrar nos imensos debates terminológicos que circundam as duas palavras — há quem discuta minuciosamente se as expressões deveriam ou não ser escritas com hífen. O importante não é, portanto, falar sobre casos isolados de excesso ou de jargão risível, mas localizar as correntes e os esforços que, da perspectiva de um livro publicado em 1978, parecem em alguma medida envolvê-lo agora, em 1994.

Grande parte das obras mais convincentes sobre a nova ordem política e econômica tem se ocupado do que, num artigo recente, Harry Magdoff descreveu como "globalização", um sistema pelo qual uma pequena elite financeira expandiu seu poder sobre todo o globo, inflando os preços das mercadorias e dos serviços, redistribuindo a riqueza dos setores de menor renda (em geral no mundo não ocidental) para os de maior renda.[8] Junto com isso, conforme foi discutido de forma rigorosa por Masao Miyoshi e Arif Dirlik, surgiu uma nova ordem transnacional em que os estados já não têm fronteiras, o trabalho e a renda estão sujeitos apenas a controladores globais, e o colonialismo reapareceu na subserviência do Sul ao Norte.[9] Tanto Miyoshi como Dirlik mostram como o interesse dos acadêmicos ocidentais por temas como o multiculturalismo e a condição "pós-colonial" pode ser de fato um recuo cultural e intelectual diante das novas realidades do poder global: "Precisamos", diz Miyoshi, "mais de um exame político e econômico rigoroso que de um gesto de conveniência pedagógica", exemplificado pelo "autoengano liberal" contido em novos campos como os estudos culturais e o multiculturalismo.

Mas, mesmo levando a sério essas injunções (como é o caso de fazer), há uma base sólida na experiência histórica para o surgimento, nos dias atuais, de um interesse tanto pelo pós-modernismo como por sua contrapartida tão diversa, o pós-colonialismo. Em primeiro lugar, há no primeiro um viés bem mais eurocêntrico, uma preponderância da ênfase teórica e estética no local e no contingente, bem como um desinteresse pela história que beira o pastiche e sobretudo o consumismo. Os primeiros estudos do pós-colonial foram realizados por pensadores ilustres como Anwar Abdel Malek, Samir Amin, C. L. R. James; quase todos eram baseados em estudos de dominação e controle, feitos a partir do ponto de vista de uma independência política consumada ou de um projeto de liberação incompleto. Mas enquanto o pós-modernismo, numa de suas afirmações programáticas mais famosas (de Jean-François Lyotard), enfatiza o desaparecimento das grandes narrativas de emancipação e esclarecimento, a ênfase por trás de grande parte da obra realizada pela primeira geração de artistas e eruditos pós-coloniais é exatamente oposta: as grandes narrativas permanecem, ainda que sua implementação e realização estejam em compasso de espera, adiadas ou malogradas. Essa diferença crucial entre os imperativos histórico e político do pós-colonialismo e o relativo distanciamento do pós-modernismo contribui para abordagens e resultados totalmente diferentes, embora haja alguma coincidência parcial entre eles (na técnica de "realismo mágico", por exemplo).

Seria errado sugerir que em grande parte das melhores obras pós-coloniais, que proliferaram tão dramaticamente a partir do início da década de 1980, não haja uma forte ênfase no local, no regional e no contingente: ela existe, mas me parece estar conectada de forma muito interessante, na sua abordagem geral, a um conjunto universal de interesses, todos relativos a emancipação, a atitudes revisionistas para com a história e a cultura, e a um emprego difundido de modelos e estilos teóricos recorrentes. Um tema de grande importância tem sido a crítica consistente do eurocentrismo e do patriarcalismo. Nos *campi* americanos e europeus da década de 1980, estudantes e professores trabalhavam assiduamente para expandir o foco acadêmico dos currículos, de modo a incluir textos escritos por mulheres, artistas e pensadores não europeus, subalternos. Isso era acompanhado por mudanças importantes na abordagem dos estudos de área, havia muito tempo nas mãos dos orientalistas clássicos e seus equivalentes em outros campos. A antropologia, a ciência política, a literatura, a sociologia e sobretudo a história sentiam os efeitos da crítica de amplo alcance às fontes, da introdução de novas teorias e da remoção da perspectiva eurocêntrica. Talvez o mais brilhante trabalho revisionista não tenha sido realizado nos estudos do Oriente Médio, mas no campo da indologia, com o advento dos Estudos Subalternos, um grupo de extraordinários eruditos e pesquisadores liderados por Ranajit Guha. Sua meta era nada menos que uma revolução na historiografia, sendo o objetivo imediato resgatar a história indiana do domínio da elite nacionalista e restituir o importante papel das massas pobres da cidade e do campos. Seria errado dizer que esse trabalho sobretudo acadêmico era facilmente passível de cooptação e cumplicidade com neocolonialismo "transnacional". Precisamos registrar e reconhecer a realização, ainda que alertando para as ciladas possíveis.

Uma das coisas que têm me interessado é a extensão dos interesses pós-coloniais aos problemas da geografia. Afinal, *Orientalismo* é um estudo baseado em repensar o que por séculos se acreditara ser um abismo intransponível a separar o Leste e o

Oeste. Minha meta, como disse antes, não era tanto dissipar a própria diferença — pois quem pode negar o papel constitutivo das diferenças nacionais e culturais nas relações entre os seres humanos? —, mas questionar a noção de que a diferença implica hostilidade, um conjunto reificado e congelado de essências opostas e todo um conhecimento aguerrido derivado dessas ideias. O que eu pedia em *Orientalismo* era um novo modo de conceber as separações e os conflitos que haviam alimentado gerações de hostilidade, guerra e controle imperial. E, na verdade, um dos desenvolvimentos mais interessantes nos estudos pós-coloniais foi uma releitura das obras culturais canônicas, não para rebaixá-las ou difamá-las, mas para reinvestigar algumas de suas pressuposições, indo além do controle sufocante de alguma versão da dialética binária do senhor-escravo. Da mesma ordem foi o efeito de romances espantosamente engenhosos como *Os filhos da meia-noite*, de Salman Rushdie, das narrativas de C. L. R. James, da poesia de Aimé Césaire e de Derek Walcott, obras cujas novas realizações formais são realmente uma reapropriação da experiência histórica do colonialismo, revitalizada e transformada numa nova estética da apropriação e da reformulação transcendente.

Observa-se um desenvolvimento semelhante na obra de um grupo de ilustres escritores irlandeses que em 1980 formaram um coletivo chamado Field Day. O prefácio de uma coletânea de suas obras diz a seu respeito:

> (esses escritores) acreditavam que Field Day poderia e deveria contribuir para a solução da presente crise, produzindo análises de opiniões, mitos e estereótipos estabelecidos que se haviam tornado sintoma e causa da situação corrente (entre a República da Irlanda e a Irlanda do Norte). O colapso dos arranjos constitucionais e políticos, e a recrudescência da violência que eles haviam sido projetados para reprimir ou conter, tornaram sua ação um requisito mais urgente no Norte do que na República. [...] O grupo, portanto, decidiu embarcar numa sucessão de publicações, começando com

uma série de panfletos (além de uma série impressionante de poemas de Seamus Heaney, ensaios de Seamus Deane, peças teatrais de Brian Friel e Tom Paulin) em que a natureza do problema irlandês podia ser explorada e, como resultado, confrontada com mais sucesso que até então.[10]

A ideia de repensar e reformular as experiências históricas outrora baseadas na separação geográfica dos povos e das culturas está no coração de bom número de obras acadêmicas e críticas. Ela se encontra, para mencionar apenas três delas, em *Beyond Arabs and Jews: remaking Levantine culture* [Além de árabes e judeus: refazendo a cultura do Levante], de Amiel Alcalay, *The black Atlantic: modernity and double consciousness* [O negro Atlântico: modernidade e dupla consciência], de Paul Gilroy, e *Subject to others: British women writers and colonial slavery, 1670-1834* [Sujeito a outros: escritoras inglesas e escravidão colonial, 1670-1834], de Moira Ferguson.[11] Nessas obras, reexaminam-se esferas que outrora pareciam exclusivas de um povo, gênero, raça ou classe, mostrando-se que teriam envolvido outras. Representado há muito tempo como um campo de batalha entre árabes e judeus, o Levante surge no livro de Alcalay como uma cultura mediterrânea comum a ambos os povos; segundo Gilroy, um processo semelhante altera e até duplica a nossa percepção do oceano Atlântico, antes considerado principalmente como território europeu. E, ao reexaminar a relação entre os senhores de escravos ingleses e os escravos africanos, Ferguson permite que salte à vista um cenário mais complexo, que separa a mulher branca do homem branco, e gera novos padrões de mobilidade e deslocamento na África.

Eu poderia citar exemplos e mais exemplos. Mas quero concluir com umas poucas palavras: embora ainda persistam as animosidades e iniquidades que deram origem a meu interesse pelo Orientalismo como fenômeno cultural e político, há agora pelo menos uma aceitação geral de que elas não representam uma ordem eterna, mas uma experiência histórica cujo fim — ou pelo menos correção parcial — pode estar próximo.

Olhando para trás, com a distância proporcionada por quinze anos repletos de acontecimentos, e a partir de um novo e importante esforço interpretativo e acadêmico voltado contra os efeitos dos grilhões imperialistas sobre o pensamento e as relações humanas, *Orientalismo* teve ao menos o mérito de se alistar abertamente na luta — que continua, é claro, tanto no "Ocidente" como no "Oriente".

E. W. S.
Nova York, março de 1994

NOTAS

INTRODUÇÃO [pp. 27-60]

1. Thierry Desjardins, *Le martyre du Liban* (Paris: Plon, 1976), p. 14.

2. K. M. Panikkar, *Asia and Western dominance* (Londres: George Allen & Unwin, 1959).

3. Denys Hay, *Europe: the emergence of an idea*, 2ª ed. (Edimburgo: Edinburgh University Press, 1968).

4. Steven Marcus, *The other Victorians: a study of sexuality and pornography in mid-nineteenth century England* (1966: reimp., Nova York: Bantam Books, 1967), pp. 200-19.

5. Ver meu *Criticism between culture and system* (Cambridge, Mass.: Harvard University Press, no prelo).

6. Principalmente em *American power and the new mandarins: historical and political essays* (Nova York: Pantheon Books, 1969) e *For reasons of state* (Nova York: Pantheon Books, 1973).

7. Walter Benjamin, *Charles Baudelaire: a lyric poet in the era of high capitalism*, trad. Harry Zohn (Londres: New Left Books, 1973), p. 71.

8. Harry Bracken, "Essence, accident and race", *Hermathena* 116 (inverno 1973): 81-96.

9. Numa entrevista publicada em *Diacritics* 6, nº 3 (outono 1976): 38.

10. Raymond Williams, *The long revolution* (Londres: Chatto & Windus, 1961), p. 66-7.

11. Em meu *Beginnings: intention and method* (Nova York: Basic Books, 1975).

12. Louis Althusser, *For Marx*, trad. Ben Brewster (Nova York: Pantheon Books, 1969), pp. 65-7.

13. Raymond Schwab, *La renaissance orientale* (Paris: Payot, 1950); Johann W. Fück, *Die Arabischen Studien in Europa bis in den Anfang des 20. Jahrhunderts* (Leipzig: Otto Harrassowitz, 1955); Dorothee Melitzki, *The matter of Araby in medieval England* (New Haven, Conn.: Yale University Press, 1977).

14. E. S. Shaffer, *"Kubla Kahn" and the fall of Jerusalem: the mythological school in biblical criticism and secular literature, 1770-1880* (Cambridge: Cambridge University Press, 1975).

15. George Eliot, *Middlemarch: a study of provincial life* (1872; reimp., Boston: Houghton Mifflin Co., 1956), p. 164.

16. Antonio Gramsci, *The prison notebooks: selections*, trad. e ed. Quintin Hoare e Geoffrey Nowell Smith (Nova York: International Publishers, 1971), p. 324. A passagem completa, inexistente na tradução de Hoare e Smith, deve ser encontrada em Gramsci, *Quaderni del carcere*, ed. Valentino Gerratana (Turim: Einaudi, 1975), 2: 1363.

17. Raymond Williams, *Culture and society, 1780-1950* (Londres: Chatto & Windus, 1958), p. 376.

1. O ALCANCE DO ORIENTALISMO [pp. 61-163]

1. Esta citação e as citações precedentes do discurso de Arthur James Balfour na Câmara dos Comuns são de Grã-Bretanha, *Parliamentary debates* (*Commons*), 5ª ser., 17 (1910): 1140-46. Ver também A. P. Thornton, *The imperial idea and its enemies: a study in British power* (Londres: MacMillan & Co., 1959), pp. 357-60. O discurso de Balfour foi uma defesa da política de Eldon Gorst no Egito; encontra-se uma discussão a respeito em Peter John Dreyfus Mellini, "Sir Eldon Gorst and British imperial policy in Egypt", tese de doutorado não publicada, Stanford University, 1971.

2. Denis Judd, *Balfour and the British empire: a study in imperial evolution, 1874-1932* (Londres: MacMillan & Co., 1968), p. 286. Ver também p. 292: ainda em 1926 Balfour falava — sem ironia — do Egito como uma "nação independente".

3. Evelyn Baring, *Lord Cromer, political and literary Europa, 1908-1913* (1913; reimpressão, Freeport, N. Y.: Books for Libraries Press, 1969), pp. 40, 53, 12-4.

4. Ibid., p. 171.

5. Roger Owen, "The influence of lord Cromer's Indian experience on British policy in Egypt 1883-1907", in *Middle Eastern Affairs, number four: St. Anthony's papers number 17*, ed. Albert Hourani (Londres: Oxford University Press, 1965), pp. 109-39.

6. Evelyn Baring, Lord Cromer, *Modern Egypt* (Nova York: Macmillan Co., 1908), 2: 146-67. Sobre uma visão britânica da política britânica no Egito totalmente contrária à de Cromer, ver Wilfrid Scaven Blunt, *Secret history of the English occupation of Egypt: being a personal narrative of events* (Nova York: Alfred A. Knopf, 1922). Há uma discussão importante da oposição egípcia ao governo britânico in Mounah A. Khouri, *Poetry and the making of modern Egypt, 1882--1922* (Leiden: E. J. Brill, 1971).

7. Cromer, *Modern Egypt*, 2: 164.

8. Citado em John Marlowe, *Cromer in Egypt* (Londres: Elek Books, 1970), p. 271.

9. Harry Magdoff, "Colonialism (1763-c. 1970)", *Encyclopaedia Britannica*, 15ª ed. (1974), pp. 893-4. Ver também D. K. Fieldhouse, *The colonial empires: a*

comparative survey from the eighteenth century (Nova York: Delacorte Press, 1967), p. 178.

10. Citado em Afaf Lutfi al-Sayyid, *Egypt and Cromer: a study in Anglo-Egyptian relations* (Nova York: Frederick A. Prager, 1969), p. 3.

11. A expressão é encontrada em Ian Hacking, *The emergence of probability: a philosophical study of early ideas about probability, induction and statistical inference* (Londres: Cambridge University Press, 1975), p. 17.

12. V. G. Kiernan, *The lords of human kind: black man, yellow man, and white man in an age of empire* (Boston: Little, Brown & Co., 1969), p. 55.

13. Edgar Quinet, *Le génie des religions*, in *Oeuvres complètes* (Paris: Paguerre, 1857), pp. 55-74.

14. Cromer, *Political and literary essays*, p. 35.

15. Ver Jonah Raskin, *The mythology of imperialism* (Nova York: Random House, 1971), p. 40.

16. Henry A. Kissinger, *American foreign policy* (Nova York: W. W. Norton & Co., 1974), pp. 48-9.

17. Harold W. Glidden, "The Arab world", *American Journal of Psychiatry* 128, nº 8 (fevereiro de 1972): 984-8.

18. R. W. Southern, *Western views of Islam in the middle ages* (Cambridge, Mass.: Harvard University Press, 1962), p. 72. Ver também Francis Dvornik, *The ecumenical councils* (Nova York: Hawthorn Books, 1961), pp. 65-6: "De especial interesse é o 11º cânone, instruindo que fossem criadas cátedras para o ensino de hebraico, grego, árabe e caldeu nas principais universidades. A sugestão era de Raimundo Lúlio, que advogava o aprendizado do árabe como o melhor meio para a conversão dos árabes. Embora o cânone ficasse quase sem efeito, pois havia poucos professores de línguas orientais, sua aceitação indica o crescimento da ideia missionária no Ocidente. Gregório X já nutrira esperanças quanto à conversão dos mongóis, e os frades franciscanos haviam penetrado nas profundezas da Ásia com seu zelo missionário. Embora essas esperanças não fossem concretizadas, o espírito missionário continuou a se desenvolver". Ver também Johann W. Fück, *Die Arabischen Studien in Europa bis den Anfang des 20. Jahrhunderts* (Leipzig: Otto Harrassowitz, 1955).

19. Raymond Schwab, *La renaissance orientale* (Paris: Payot, 1950). Ver também V.-V. Barthold, *La découverte de l'Asie: histoire de l'orientalisme en Europe et en Russie*, trad. B. Nikitine (Paris: Payot, 1947), e as páginas relevantes in Theodor Benfey, *Geschichte der Sprachwissenschaft und Orientalischen Philologie in Deutschland* (Munique: Gottafschen, 1869). Encontra-se um contraste instrutivo em James T. Moore, *Islam and the Arabs in Spanish scholarship* (Leiden: E. J. Brill, 1970).

20. Victor Hugo, *Oeuvres poétiques*, ed. Pierre Albouy (Paris: Gallimard, 1964), 1: 580.

21. Jules Mohl, *Vingt-sept Ans d'histoire des études orientales: rapports faits à la Société Asiatique de Paris de 1840 à 1867*, 2 vols. (Paris: Reinwald, 1879-80).

22. Gustave Dugat, *Histoire des orientalistes de l'Europe du XII⁴ au XIX⁴ siècle*, 2 vols. (Paris: Adrien Maisonneuve, 1868-70).

23. Ver René Gérard, *L'Orient et la pensée romantique allemande* (Paris: Didier, 1963), p. 112.

24. Kiernan, *Lords of human kind*, p. 331.

25. University Grants Committee, *Report of the sub-committee on Oriental, Slavonic, East European and African studies* (Londres: Her Majesty's Stationery Office, 1961).

26. H. A. R. Gibb, *Area studies reconsidered* (Londres: School of Oriental and African Studies, 1964).

27. Ver Claude Lévi-Strauss, *The savage mind* (Chicago: University of Chicago Press, 1967), caps. 1-7.

28. Gaston Bachelard, *The poetics of space*, trad. Maria Jolas (Nova York: Orion Press, 1964).

29. Southern, *Western views of Islam*, p. 14.

30. Ésquilo, *The Persians*, trad. Anthony L Podleck (Englewood Cliffs, N. J.: Prentice-Hall, 1970), pp. 73-4.

31. Eurípides, *The bacchae*, trad. Geoffrey S. Kirk (Englewood Cliffs, N. J.: Prentice-Hall, 1970), p. 3. Mais discussão da distinção Europa-Oriente em Santo Mazzarino, *Fra oriente e occidente*: *ricerche di storia greca arcaica* (Florença: La Nuova Itália, 1947), e Denys Hay, *Europe*: *the emergence of an idea* (Edimburgo: Edinburgh University Press, 1968).

32. Eurípides, *The bacchae*, p. 52.

33. René Grousset, *L'empire du Levant*: *histoire de la question d'Orient* (Paris: Payot, 1946).

34. Edward Gibbon, *The history of the decline and fall of the Roman empire* (Boston: Little, Brown & Co., 1855), 6: 399.

35. Norman Daniel, *The Arabs and medieval Europe* (Londres: Longmans, Green & Co, 1975), p. 56.

36. Samuel C. Chew, *The crescent and the rose*: *Islam and England during the Renaissance* (Nova York: Oxford University Press, 1937), p. 103.

37. Norman Daniel, *Islam and the West*: *the making of an image* (Edimburgo: Edinburgh University Press, 1960), p. 33. Ver também James Kritzeck, *Peter the Venerable and Islam* (Princeton, N. J.: Princeton University Press, 1964).

38. Daniel, *Islam and the West*, p. 252.

39. Ibid., pp. 259-60.

40. Ver, por exemplo, William Wistar Comfort, "The literary role of the Saracens in the French epic", *PMLA* 55 (1940): 628-59.

41. Southern, *Western views of Islam*, pp. 91-2, 108-9.

42. Daniel, *Islam and the West*, pp. 246, 96 e passim.

43. Ibid., p. 84.

44. Duncan Black Macdonald, "Whither Islam?" *Muslim World* 23 (janeiro de 1933): 2.

45. P. M. Holt, Introdução a *The Cambridge History of Islam*, ed. P. M. Holt, Anne K. S. Lambton e Bernard Lewis (Cambridge: Cambridge University Press, 1970), p. xvi.

46. Antoine Galland, "Discours" de prefácio a Barthélemy d'Herbelot, *Bibliothèque orientale, ou Dictionnaire universel contenant tout ce qui fait connaître les peuples de l'Orient* (Haia: Neaulme & van Daalen, 1777), 1: vii. O argumento de Galland é que d'Herbelot apresentava um conhecimento real, e não uma lenda ou um mito do tipo associado com as "maravilhas do Leste". Ver R. Wittkower, "Marvels of the East: a study in the history of monsters", *Journal of the Warburg and Courtauld Institutes* 5 (1942): 159-97.

47. Galland, "Discours" de prefácio a d'Herbelot, *Bibliothèque orientale*, pp. xvi, xxxiii. Sobre o estado do conhecimento orientalista imediatamente anterior a d'Herbelot, ver V. J. Parry, "Renaissance historical literature in relation to the New and Middle East (with Special Reference to Paolo Giovio)", in *Historians of the Middle East*, ed. Bernard Lewis e P. M. Holt (Londres: Oxford University Press, 1962), pp. 277-89.

48. Barthold, *La découverte de l'Asie*, pp. 137-8.

49. D'Herbelot, *Bibliothèque orientale*, 2: 648.

50. Ver também Montgomery Watt, "Muhammad in the eyes of the West", *Boston University Journal* 22, nº 3 (outono de 1974): 61-9.

51. Isaiah Berlin, *Historical inevitability* (Londres: Oxford University Press, 1955), pp. 13-4.

52. Henri Pirenne, *Mohammed and Charlemagne*, trad. Bernard Miall (Nova York: W. W. Norton & Co., 1939), pp. 234, 283.

53. Citado por Henri Baudet in *Paradise on Earth: some thoughts on European images of non-European man*, trad. Elizabeth Wentholt (New Haven, Conn.: Yale University Press, 1965), p. xiii.

54. Gibbon, *Decline and fall of the Roman Empire*, 6: 289.

55. Baudet, *Paradise on Earth*, p. 4.

56. Ver Fieldhouse, *Colonial empires*, pp. 138-61.

57. Schwab, *La Renaissance orientale*, p. 30.

58. A. J. Arberry, *Oriental essays: portraits of seven scholars* (Nova York: Macmillan Co., 1960), pp. 30, 31.

59. Raymond Schwab, *Vie d'Anquetil-Duperron, suivie des usages civils et religieux des perses par Anquetil-Duperron* (Paris: Ernest Leroux, 1934), pp. 10, 96, 4, 6.

60. Arberry, *Oriental essays*, pp. 62-6.

61. Frederick Eden Pargiter, ed. *Centenary volume of the Royal Asiatic Society of Great Britain and Ireland 1823-1923* (Londres: Royal Asiatic Society, 1923), p. viii.

62. Quinet, *Le génie des religions*, p. 47.

63. Jean Thiry, *Bonaparte en Égypte décembre 1797-24 août 1799* (Paris: Berger-Levrault, 1973), p. 9.

64. Constantin-François Volney, *Voyage en Égypte et en Syrie* (Paris: Bossange, 1821), 2: 241 e passim.

65. Napoleão, *Campagnes d'Égypte et de Syrie, 1798-1799: mémoires pour servir à l'histoire de Napoléon* (Paris: Comou, 1843), 1: 211.

66. Thiry, *Bonaparte en Égypte*, p. 126. Ver também Ibrahim Abu-Lughod, *Arab rediscovery of Europe: a study in cultural encounters* (Princeton, N. J.: Princeton University Press, 1963), pp. 12-20.

67. Abu-Lughod, *Arab rediscovery of Europe*, p. 22.

68. Citado de Arthur Helps, *The Spanish conquest of America* (Londres, 1900), p. 196, por Stephen J. Greenblatt, "Learning to curse: aspects of linguistic colonialism in the sixteenth century" in *First images of America: the impact of the New World on the Old*, ed. Fredi Chiapelli (Berkeley: University of California Press, 1976), p. 573.

69. Thiry, *Bonaparte en Égypte*, p. 200. Napoleão não estava sendo apenas cínico. Conta-se que discutiu o *Mahomet* de Voltaire com Goethe e defendeu o islã. Ver Christian Cherfils, *Bonaparte et l'Islam d'après les documents français arabes* (Paris: A. Pedone, 1914), p. 249 e passim.

70. Thiry, *Bonaparte en Égypte*, p. 434.

71. Hugo, *Les orientales*, in *Oeuvres poétiques*, 1: 684.

72. Henri Dehérain, *Silvestre de Sacy, ses contemporains et ses disciples* (Paris: Paul Geuthner, 1938), p. v.

73. *Description de l' Égypte, ou Recueil des observations et des recherches qui ont été faites en Égypte pendant l'expédition de l'armée française, publié par les ordres de sa majesté l'empereur Napoléon le grand*, 23 vols. (Paris: Imprimerie impériale, 1809-28).

74. Fourier, *Préface historique*, vol. 1 de *Description de l'Égypte*, p. 1.

75. Ibid., p. iii.

76. Ibid., p. xcii.

77. Étienne Geoffroy Saint-Hilaire, *Histoire naturelle des poissons du Nil*, vol. 17 de *Description de l'Égypte*, p. 2.

78. M. de Chabrol, *Essai sur les moeurs des habitants modernes de l'Égypte*, vol. 14 de *Description de l'Égypte*, p. 376.

79. Isso é evidente em barão Larrey, *Notice sur la conformation physique des égyptiens et des différentes races qui habitent en Égypte, suivie de quelques réflexions sur l'embaumement des momies*, vol. 13 de *Description de l'Égypte*.

80. Citado por John Marlowe, *The making of the Suez Canal* (Londres: Cresset Press, 1964), p. 31.

81. Citado em John Pudney, *Suez: De Lesseps' canal* (Nova York: Frederick A. Praeger, 1969), pp. 141-2.

82. Marlowe, *The making of the Suez Canal*, p. 62.

83. Ferdinand de Lesseps, *Lettres, journal et documents pour servir à l'histoire du Canal de Suez* (Paris: Didier, 1881), 5: 310. Encontra-se uma caracterização bem-feita de De Lesseps e Cecil Rhodes como místicos em Baudet, *Paradise on earth*, p. 68.

84. Citado em Charles Beatty, *De Lesseps of Suez: the man and his times* (Nova York: Harper & Brothers, 1956), p. 220.

85. De Lesseps, *Lettres, journal et documents*, 5: 17.

86. Ibid., pp. 324-33.

87. Haydn White, *Metahistory: the historical imagination in nineteenth-century Europe* (Baltimore: Johns Hopkins University Press, 1973), p. 12.

88. Anwar Abdel Malek, "Orientalism in crisis", *Diogenes* 44 (inverno de 1963): 107-8.

89. Friedrich Schlegel, *Über die Sprache und Weisheit der Indier: Ein Betrag zur Begrundung der Altertumstunde* (Heidelberg: Mohar & Zimmer, 1808), pp. 44-59; Schlegel, *Philosophie der Geschichte: In achtzehn Vorlesungen gehalten zu Wien im Jahre 1878*, ed. Jean-Jacques Anstett, vol. 9 de *Kritische Friedrich-Schlegel-Ausgabe*, ed. Ernest Behler (Munique: Ferdinand Schönigh, 1971), p. 275.

90. Léon Poliakov, *The aryan myth: a history of racist and nationalist ideas in Europe*, trad. Edmund Howard (Nova York: Basic Books, 1974).

91. Ver Derek Hopwood, *The Russian presence in Syria and Palestine, 1843--1943: church and politics in the Near East* (Oxford: Clarendon Press, 1969).

92. A. L. Tibawi, *British interests in Palestine, 1800-1901* (Londres: Oxford University Press, 1961), p. 5.

93. Gérard de Nerval, *Oeuvres*, ed. Albert Béguin e Jean Richet (Paris: Gallimard, 1960), 1: 933.

94. Hugo, *Oeuvres poétiques*, 1: 580.

95. Sir Walter Scott, *The talisman* (1825; reimpr., Londres: J. M. Dent, 1914), pp. 38-9.

96. Ver Albert Hourani, "Sir Hamilton Gibb, 1895-1971", *Proceedings of the British Academy* 58 (1972): 495.

97. Citado por B. R. Jerman, *The young Disraeli* (Princeton, N. J.: Princeton University Press, 1960), p. 126. Ver também Robert Blake, *Disraeli* (Londres: Eyre & Spottiswoode, 1966), pp. 59-70.

98. *Flaubert in Egypt: a sensibility on tour*, trad. e ed. Francis Steegmuller (Boston: Little, Brown & Co., 1973), pp. 44-5. Ver Gustave Flaubert, *Correspondance*, ed. Jean Bruneau (Paris: Gallimard, 1973), 1: 542.

99. Esse é o argumento apresentado em Carl H. Becker, *Das Erbe der Antike im Orient und Okzident* (Leipzig: Quelle & Meyer, 1931).

100. Ver Louis Massignon, *La passion d'al-Hosayn-ibn-Mansour al-Hallaj* (Paris: Paul Geuthner, 1922).

101. Abdel Malek, "Orientalism in crisis", p. 112.

102. H. A. R. Gibb, *Modern trends in Islam* (Chicago: University of Chicago Press, 1947), p. 7.

103. Gibb, *Area studies reconsidered*, pp. 12, 13.

104. Bernard Lewis, "The return of Islam", *Commentary*, janeiro de 1976, pp. 39-49.

105. Ver Daniel Lerner e Harold Lasswell, eds., *The policy sciences: recent*

developments in scope and method (Stanford, Calif.: Stanford University Press, 1951).

106. Morroe Berger, *The Arab world today* (Garden City, N. Y.: Doubleday & Co., 1962), p. 158.

107. Há um compêndio dessas atitudes em Maxime Rodinson, *Islam and capitalism*, trad. Brian Pearce (Nova York: Pantheon Books, 1973).

108. Ibrahim Abu-Lughod, "Retreat from the secular path? Islamic dilemmas of Arab politics", *Review of Politics* 28, nº 4 (outubro de 1966): 475.

2. ESTRUTURAS E REESTRUTURAS
ORIENTALISTAS [pp. 164-272]

1. Gustave Flaubert, *Bouvard et Pécuchet*, vol. 2 de *Oeuvres*, ed. A. Thibaudet e R. Dumesnil (Paris: Gallimard, 1952), p. 985.

2. Há uma descrição esclarecedora dessas visões e utopias em Donald G. Charlton, *Secular religions in France, 1815-1870* (Londres: Oxford University Press, 1963).

3. M. H. Abrams, *Natural supernaturalism: tradition and revolution in romantic literature* (Nova York: W. W. Norton & Co., 1971), p. 66.

4. Algum material esclarecedor é encontrado em John P. Nash, "The connection of Oriental studies with commerce, art, and literature during the 18th--19th centuries", *Manchester Egyptian and Oriental Society Journal* 15 (1930): 33-9; também em John. F. Laffey, "Roots of French imperialism in the nineteenth century: the case of Lyon", *French Historical Studies* 6, nº 1 (primavera de 1969): 78-92, e em R. Leportier, *L'Orient porte des Indes* (Paris: Éditions France-Empire, 1970). Há muitas informações em Henri Omont, *Missions archéologiques françaises em Orient aux XVIIᵉ et XVIIIᵉ siècles*, 2 vols. (Paris: Imprimerie nationale, 1902), e em Margaret T. Hodgen, *Early anthropology in the sixteenth and seventeenth centuries* (Filadélfia: University of Pennsylvania Press, 1964), bem como em Norman Daniel, *Islam, Europe and empire* (Edimburgo: University Press, 1966). Dois pequenos estudos indispensáveis são Albert Hourani, "Islam and the philosophers of history", *Middle Eastern Studies* 3, nº 3 (abril de 1967): 206-68, e Maxime Rodinson, "The Western image and Western studies of Islam", in *The legacy of Islam*, ed. Joseph Schacht e C. E. Bosworth (Oxford: Clarendon Press, 1974), pp. 9-62.

5. P. M. Holt, "The treatment of Arab history by Prideaux, Ockley, and Sale", in *Historians of the Middle East*, ed. Bernard Lewis e P. M. Holt (Londres: Oxford University Press, 1962), p. 302. Ver também *The study of modern Arab history* (Londres: School of Oriental and African Studies, 1965).

6. A visão de Herder como populista e pluralista é advogada por Isaiah Berlin, *Vico and Herder: two studies in the history of ideas* (Nova York: Viking Press, 1976).

7. Uma discussão desses temas e representações encontra-se em Jean Sta-

robinski, *The invention of liberty, 1700-1789*, trad. Bernard C. Smith (Genebra: Skira, 1964).

8. Há um pequeno número de estudos sobre esse assunto muito pouco investigado. Alguns famosos são: Martha P. Conant, *The Oriental tale in England in the Eighteenth Century* (1908: reimpr., Nova York: Octagon Books, 1967); Marie E. de Meester, *Oriental influences in the English Literature of the Nineteenth Century*, *Anglistische Forschungen*, nº 46 (Heidelberg, 1915); Byron Porter Smith, *Islam in English literature* (Beirute: American Press, 1939). Ver também Jean-Luc Doutrelant, "L'Orient tragique au XVIIIᵉ siècle", *Revue des Sciences Humaines* 146 (abril-junho de 1972): 255-82.

9. Michel Foucault, *The order of things: an archeology of the human sciences* (Nova York: Pantheon Books, 1970), pp. 138, 144. Ver também François Jacob, *The logic of life: a history of heredity*, trad. Betty E. Spillmann (Nova York: Pantheon Books, 1973), p. 50 e passim, e Georges Canguilhem, *La connaissance de la vie* (Paris: Gustave-Joseph Vrin, 1969), pp. 44-63.

10. Ver John G. Burke, "The wild man's pedigree: scientific method and racial anthropology", in *The wild man within: an image in Western thought from the Renaissance to romanticism*, ed. Edward Dudley e Maximillian E. Novak (Pittsburgh, Pa.: University of Pittsburgh Press, 1972), pp. 262-8. Ver também Jean Biou, "Lumières et anthropophagie", *Revue des Sciences Humaines* 146 (abril-junho de 1972): 223-34.

11. Henri Dehérain, *Silvestre de Sacy: ses contemporains et ses disciples* (Paris: Paul Geuthner, 1938), p. 111.

12. Sobre esses e outros detalhes, ver ibid., pp. i-xxxiii.

13. Duque de Broglie, "Éloge de Silvestre de Sacy", in Sacy, *Mélanges de littérature orientale* (Paris: E. Ducroq, 1833), p. xii.

14. Bon Joseph Dacier, *Tableau historique de l'érudition française, ou Rapport sur le progrès de l'histoire et de la littérature ancienne depuis 1789* (Paris: Imprimerie impériale, 1810), pp. 23, 35, 31.

15. Michel Foucault, *Discipline and punish: the birth of the prison*, trad. Alan Sheridan (Nova York: Pantheon Books, 1977), pp. 193-4.

16. Broglie, "Éloge de Sivestre de Sacy", p. 107.

17. Sacy, *Mélanges de littérature orientale*, pp. 107, 110, 111-2.

18. Silvestre de Sacy, *Chrestomatie árabe, ou Extraits de divers écrivains arabes, tant en prose qu'en vers, avec une traduction française et des notes, à l'usage des élèves de l'École royale et spéciale des langues orientales vivantes* (vol. 1, 1826: reimpr., Osnabrück: Biblio Verlag, 1973), p. viii.

19. Sobre a noção de "suplementaridade", "suprimento" e "súplica", ver Jacques Derrida, *De la grammatologie* (Paris: Éditions de Minuit, 1967), p. 203 e passim.

20. Para uma lista parcial dos alunos e da influência de Sacy, ver Johann W. Fück, *Die Arabischen Studien in Europa bis in den Anfang des 20. Jahrhunderts* (Leipzig: Otto Harrassowitz, 1955), pp. 156-7.

21. A noção foucaultiana de arquivo pode ser encontrada em *The archeology of knowledge and the discourse on language*, trad. A. M. Sheridan Smith e Rupert Sawyer (Nova York: Pantheon Books, 1972), pp. 79-131. Gabriel Monod, um dos contemporâneos mais jovens e muito perspicazes de Renan, observa que Renan não era absolutamente um revolucionário em linguística, arqueologia ou exegese, mas, como tinha a mais ampla e a mais precisa erudição do seu período, era o seu representante mais eminente (*Renan, Taine, Michelet* [Paris: Calmann--Lévy, 1894], pp. 40-1). Ver também Jean-Louis Dumas, "La philosophie de l'histoire de Renan", *Revue de Métaphysique et de Morale* 77, nº 1 (janeiro-março 1972): 100-28.

22. Honoré de Balzac, *Louis Lambert* (Paris: Calmann-Lévy, s. d.), p. 4.

23. As observações de Nietzsche sobre filologia estão em toda a sua obra. Ver principalmente suas notas para "Wir Philologen" tiradas de seus cadernos de anotações referentes ao período de janeiro-julho de 1875, traduzidas por William Arrowsmith como "Notes for 'We philologists'", *Arion*, N. S. 1/2 (1974): 279--380; também as passagens sobre língua e perspectivismo em *The will to power*, trad. Walter Kaufmann e R. J. Hollingdale (Nova York: Vintage Books, 1968).

24. Ernest Renan, *L'avenir de la science: pensées de 1848*, 4ª ed. (Paris: Calmann-Lévy, 1890), pp. 141, 142-5, 146, 148, 149.

25. Ibid., p. xiv e passim.

26. Todo o primeiro capítulo — livro 1, cap. 1 — da *Histoire générale et système comparé des langues sémitiques*, in *Oeuvres complètes*, ed. Henriette Psichari (Paris: Calmann-Lévy, 1947-61), 8: 143-63, é quase uma enciclopédia do preconceito de raça dirigido contra os semitas (isto é, muçulmanos e judeus). O resto do tratado é generosamente aspergido com as mesmas noções, como acontece em muitas das outras obras de Renan, inclusive *L'avenir de la science*, em especial nas notas.

27. Ernest Renan, *Correspondance; 1846-1871* (Paris: Calmann-Lévy, 1926), 1: 7-12.

28. Ernest Renan, *Souvenirs d'enfance et de jeunesse*, in *Oeuvres complètes*, 2: 892. Duas obras de Jean Pommier tratam da mediação de Renan entre a religião e a filologia com detalhes preciosos: *Renan, d'après des documents inédits* (Paris: Perrin, 1923), pp. 48-68, e *La jeunesse cléricale d'Ernest Renan* (Paris: Les Belles Lettres, 1933). Há um relato mais recente em J. Chaix-Ruy, *Ernest Renan* (Paris: Emmanuel Vitte, 1956), pp. 89-111. A descrição padrão — realizada mais em termos da vocação religiosa de Renan — ainda continua valiosa: Pierre Lasserre, *La jeunesse d'Ernest Renan: histoire de la crise religieuse au XIXᵉ siècle*, 3 vols. (Paris: Garnier Frères, 1925). No vol. 2, as páginas 50-166 e 265-98 são úteis sobre as relações entre a filologia, a filosofia e a ciência.

29. Ernest Renan, "Des services rendus aux sciences historiques par la philologie", in *Oeuvres complètes* 8: 1228.

30. Renan, *Souvenirs*, p. 892.

31. Foucault, *The order of things*, pp. 290-300. Junto com o descrédito das

origens edênicas da linguagem, vários outros acontecimentos — o Dilúvio, a construção da Torre de Babel — também ficaram desacreditados como explicações. A história mais abrangente das teorias da origem linguística é Arno Borst, *Der Turmbau von Babel: Geschichte der Meinungen über Ursprung und Vielfalt der Sprachen und Volker*, 6 vols. (Stuttgart: Anton Hiersemann, 1957-63).

32. Citado por Raymond Schwab, *La Renaissance orientale* (Paris: Payot, 1950), p. 69. Sobre os perigos de sucumbir demasiado rapidamente a generalidades sobre as descobertas orientais, ver as reflexões do ilustre sinólogo contemporâneo Abel Rémusat, *Mélanges postumes d'histoire et littérature orientales* (Paris: Imprimerie Royale, 1843), p. 226 e passim.

33. Samuel Taylor Coleridge, *Biographia literaria*, cap. 16, in *Selected poetry and prose of Coleridge*, ed. Donald A. Stauffer (Nova York: Random House, 1951), pp. 276-7.

34. Benjamin Constant, *Oeuvres*, ed. Alfred Roulin (Paris: Gallimard, 1957), p. 78.

35. Abrams, *Natural supernaturalism*, p. 29.

36. Renan, *De l'origine du langage*, in *Oeuvres complètes*, 8: 122.

37. Renan, "De la part des peuples sémitiques dans l'histoire de la civilisation", in *Oeuvres complètes*, 2: 320.

38. Ibid., p. 333.

39. Renan, "Trois professeurs au Collège de France: Étienne Quatremère", in *Oeuvres complètes*, 1: 129. Renan não estava equivocado a respeito de Quatremère, que tinha um talento para escolher temas interessantes de estudo e depois torná-los completamente desinteressantes. Ver seus ensaios "Le goût des livres chez les orientaux" e "Des sciences chez les arabes", no seu *Mélanges d'histoire et de philologie orientales* (Paris: E. Ducrocq, 1861), pp. 1-57.

40. Honoré de Balzac, *La peau de chagrin*, vol. 9 (*Études philosophiques* 1) de *La comédie humaine*, ed. Marcel Bouteron (Paris: Gallimard, 1950), p. 39; Renan, *Histoire générale des langues sémitiques*, p. 134.

41. Ver, por exemplo, *De l'origine du langage*, p. 102, e *Histoire générale*, p. 180.

42. Renan, *L'avenir de la science*, p. 23. Toda a passagem diz o seguinte: "Pour moi, je ne connais qu'un seul résultat à la science, c'est de résoudre l'énigme, c'est de dire définitivement à l'homme le mot des choses, c'est de l'expliquer à lui-même, c'est de lui donner, au nom de la seule autorité légitime qui est la nature humaine toute entière, le symbole que les religions lui donnaient tout fait et qu'il ne peut plus accepter" [Quanto a mim, só conheço um único resultado da ciência, o de resolver o enigma, o de dizer definitivamente ao homem o nome das coisas, o de explicar o homem a si mesmo, o de lhe dar, em nome da única autoridade legítima, que é a natureza humana por inteiro, o símbolo que as religiões lhe davam já pronto e que ele não pode mais aceitar].

43. Ver Madeleine V.-David, *Le débat sur les écritures et l'hiéroglyphe aux XVIIe et XVIIIe siècles et l'application de la notion de déchiffrement aux écritures mortes* (Paris: S.E.V.P.E.N., 1965), p. 130.

44. Renan é mencionado apenas de passagem em *La Renaissance orientale*, de Schwab, de modo algum em *The order of things*, de Foucault, e apenas um tanto depreciativamente por Holger Pederson em *The discovery of language: linguistic science in the nineteenth century*, trad. John Webster Spargo (1931; reimpr., Bloomington: Indiana University Press, 1972). Max Muller em seu *Lectures on the science of language* (1861-64; reimpr., Nova York: Scribner, Armstrong, & Co., 1875) e Gustave Dugat em seu *Histoire des orientalistes de l'Europe du XIIe au XIXe siècle*, 2 vols. (Paris: Adrien Maisonneuve, 1868-70) não mencionam Renan. *Essais orientaux* (Paris: A. Lévy, 1883) de James Darmesteter — cujo primeiro item é uma história, "L'Orientalisme en France" — é dedicado a Renan, mas não menciona a sua contribuição. Há meia dúzia de notícias curtas sobre a produção de Renan no quase diário enciclopédico (e extremamente valioso), *Vingt-sept ans d'histoire des études orientales: Rapports faits à la Société Asiatique de Paris de 1840 à 1867*, 2 vols. (Paris: Reinwald, 1879-80).

45. Em obras que tratam da raça e do racismo, Renan ocupa uma posição de certa importância. Ele é tratado nas seguintes: Ernest Seillière, *La philosophie de l'impérialisme*, 4 vols. (Paris: Plon, 1903-8); Théophile Simar, *Étude critique sur la formation de la doctrine des races au XVIIIe siècle et son expansion au XIXe siècle* (Bruxelas: Hayez, 1922); Erich Voegelin, *Rasse und Staat* (Tübingen: J. C. B. Mohr, 1933), e deve-se também mencionar o seu *Die Rassenidee in der Geistesgeschichte von Ray bis Carus* (Berlim: Junker und Dunnhaupt, 1933), que, embora não trate do período de Renan, é um complemento importante para *Rasse und Staat*; Jacques Barzun, *Race: a study in modern superstition* (Nova York: Harcourt, Brace & Co., 1937).

46. Em *La Renaissance orientale*, Schwab tem algumas páginas brilhantes sobre o museu, sobre o paralelismo entre a biologia e a linguística, e sobre Cuvier, Balzac e outros; ver p. 323 e passim. Sobre a biblioteca e sua importância para a cultura da metade do século XIX, ver Foucault, "La Bibliothèque fantastique", que é o seu prefácio a *La tentation de Saint Antoine*, de Flaubert (Paris: Gallimard, 1971), pp. 7-33. Sou grato ao professor Eugenio Donato por chamar a minha atenção para essas questões; ver o seu "A mere labyrinth of letters: Flaubert and the quest for fiction", *Modern Language Notes* 89, nº 6 (dezembro de 1974): 855-910.

47. Renan, *Histoire générale*, pp. 145-6.

48. Ver *L'avenir de la science*, p. 508 e passim.

49. Renan, *Histoire générale*, p. 214.

50. Ibid., p. 527. Essa ideia leva de volta à distinção de Friedrich Schlegel entre línguas orgânicas e aglutinativas, sendo o semítico um exemplo desse último tipo. Humboldt faz a mesma distinção, assim como a maioria dos orientalistas desde Renan.

51. Ibid., pp. 531-2.

52. Ibid., p. 515 e passim.

53. Ver Jean Seznec, *Nouvelles études sur "La tentation de Saint Antoine"* (Londres: Warburg Institute, 1949), p. 80.

54. Ver Étienne Geoffroy Saint-Hilaire, *Philosophie anatomique: des monstruo-sités humaines* (Paris: publicado pelo autor, 1822); o título completo da obra de Isidore Geoffroy Saint-Hilaire é: *Histoire générale et particulière des anomalies de l'organisation chez l'homme et les animaux, ouvrage comprenante des recherches sur les caractères, la classification, l'influence physiologique et pathologique, les rapports géné-raux, les lois et les causes des monstruosités, des varietés et vices de conformation, ou trait de tératologie*, 3 vols. (Paris: J.-B. Baillière, 1832-36). Há algumas páginas impor-tantes sobre as ideias biológicas de Goethe em Erich Heller, *The disinherited mind* (Nova York: Meridian Books, 1959), pp. 3-34. Ver também Jacob, *The logic of life*, e Canguilhem, *La connaissance de la vie*, pp. 174-84, com relatos muito interessan-tes sobre o lugar de Saint-Hilaire no desenvolvimento das ciências da vida.

55. E. Saint-Hilaire, *Philosophie anatomique*, pp. xxii-xxiii.

56. Renan, *Histoire générale*, p. 156.

57. Renan, *Oeuvres complètes*, 1: 621-2 e passim. Em H. W. Wardman, *Ernest Renan: a critical biography* (Londres: Athlone Press, 1964), p. 66 e passim, encontra-se uma descrição sutil da vida doméstica de Renan; apesar de não que-rer forçar um paralelo entre a biografia de Renan e o que tenho chamado seu mundo "masculino", as descrições de Wardman são realmente sugestivas — ao menos para mim.

58. Renan, "Des services rendus aux sciences historiques par la philologie", in *Oeuvres complètes*, 8: 1228, 1232.

59. Ernst Cassirer, *The problem of knowledge: philosophy, science, and history since Hegel*, trad. William H. Woglom e Charles W. Hendel (New Haven, Conn.: Yale University Press, 1950), p. 307.

60. Renan, "Réponse au discours de réception de M. de Lesseps (23 avril 1885)", in *Oeuvres complètes*, 1: 817. Mas o valor de ser verdadeiramente contem-porâneo foi mais bem demonstrado com referência a Renan por Sainte-Beuve nos seus artigos de junho de 1862. Ver também Donald G. Charlton, *Positivist thought in France during the second empire* (Oxford: Clarendon Press, 1959), e seu *Secular religions in France*. Assim também Richard M. Chadbourne, "Renan and Sainte-Beuve", *Romantic Review* 44, nº 2 (abril de 1953): 126-35.

61. Renan, *Oeuvres complètes*, 8: 156.

62. Na sua carta de 26 de junho de 1856, para Gobineau, *Oeuvres complètes*, 10: 203-4. As ideias de Gobineau foram expressas em seu *Essai sur l'inégalité des races humaines* (1853-5).

63. Citado por Albert Hourani em seu excelente artigo "Islam and the phi-losophers of history", p. 222.

64. Caussin de Perceval, *Essai sur l'histoire des arabes avant l'Islamisme, pen-dant l'époque de Mahomet et jusqu'à la réduction de toutes les tribus sous la loi musul-mane* (1847-8; reimpr., Graz, Áustria: Akademische Druck und Verlagsanstalt, 1967), 3: 332-9.

65. Thomas Carlyle, *On heroes, hero-worship, and the heroic in history* (1841; reimpr., Nova York: Longmans, Green & Co., 1906), p. 63.

66. As experiências indianas de Macaulay são descritas por G. Otto Trevelyan, *The life and letters of lord Macaulay* (Nova York: Harper & Brothers, 1875), 1: 344-71. O texto completo da "Minuta" de Macaulay é facilmente encontrado em Philip D. Curtin, ed., *Imperialism: the documentary history of Western civilization* (Nova York: Walker & Co., 1971), pp. 178-91. Algumas consequências das visões de Macaulay para o Orientalismo britânico são discutidas em A. J. Arberry, *British orientalists* (Londres: William Collins, 1943).

67. John Henry Newman, *The Turks in their relation to Europe*, vol. 1 de seu *Historical Sketches* (1853; reimpr., Londres: Longmans, Green & Co., 1920).

68. Ver Marguerite-Louise Ancelot, *Salons de Paris, foyers éteints* (Paris: Jules Tardieu, 1858).

69. Karl Marx, *Surveys from exile*, ed. David Fernbach (Londres: Pelican Books, 1973), pp. 306-7.

70. Ibid., p. 320.

71. Edward William Lane, prefácio do autor a *An account of the manners and customs of the modern Egyptians* (1836; reimpr., Londres: J. M. Dent, 1936), pp. xx, xxi.

72. Ibid., p. 1.

73. Ibid., pp. 160-1. A biografia padrão de Lane, publicada em 1877, foi escrita por seu sobrinho-neto, Stanley Lane-Poole. Há uma descrição simpática de Lane feita por A. J. Arberry no seu *Oriental essays: portraits of seven scholars* (Nova York: Macmillan Co., 1960), pp. 87-121.

74. Frederick Eden Pargiter, ed., *Centenary-volume of the Royal Asiatic Society of Great Britain and Ireland, 1823-1923* (Londres: Royal Asiatic Society, 1923), p. x.

75. *Société Asiatique: livre du centenaire, 1822-1922* (Paris: Paul Geuthner, 1927), pp. 5-6.

76. Johann Wolfgang von Goethe, *Westöstlicher Diwan* (1819; reimpr., Munique: Wilhelm Golmann, 1958), pp. 8-9, 12. O nome de Sacy é invocado com veneração nos aparatos críticos de Goethe no *Divã ocidental-oriental*.

77. Victor Hugo, *Les orientales*, in *Oeuvres poétiques*, ed. Pierre Albouy (Paris: Gallimard, 1964), 1: 616-8.

78. François-René de Chateaubriand, *Oeuvres romanesques et voyages*, ed. Maurice Regard (Paris: Gallimard, 1969), 2: 702.

79. Ver Henri Bordeaux, *Voyageurs d'Orient: des pélerins aux méharistes de Palmyre* (Paris: Plon, 1926). Achei proveitosas as ideias teóricas sobre peregrinos e peregrinações contidas em Victor Turner, *Dramas, fields, and metaphors: symbolic action in human society* (Ithaca, N. Y.: Cornell University Press, 1974), pp. 166-230.

80. Hassan al-Nouty, *Le Proche-Orient dans la littérature française de Nerval à Barrès* (Paris: Nizet, 1958), pp. 47-8, 277, 272.

81. Chateaubriand, *Oeuvres*, 2: 702 e nota, 1684, 769-70, 769, 701, 808, 908.

82. Ibid., pp. 1011, 979, 990, 1052.

83. Ibid., p. 1069.

84. Ibid., p. 1031.

85. Ibid., p. 999.

86. Ibid., pp. 1126-7, 1049.

87. Ibid., p. 1137.

88. Ibid., pp. 1148, 1214.

89. Alphonse de Lamartine, *Voyage en Orient* (1835; reimpr., Paris: Hachette, 1887), 1: 10, 48-9, 179, 178, 148, 189, 118, 245-6, 251.

90. Ibid., 1: 363; 2: 74-5; 1: 475.

91. Ibid., 2: 92-3.

92. Ibid., 2: 526-7, 533. Duas obras importantes sobre escritores franceses no Oriente são: de Jean-Marie Carré, *Voyageurs et écrivains français em Égypte*, 2 vols. (Cairo: Institut Français d'Archéologie Orientale, 1932); e, de Moënis Taha-Hussein, *Le romantisme français et l'Islam* (Beirute: Dar-el-Maeref, 1962).

93. Gérard de Nerval, *Les filles du feu*, in *Oeuvres*, ed. Albert Béguin e Jean Richet (Paris: Gallimard, 1960), 1: 297-8.

94. Mario Praz, *The romantic agony*, trad. Angus Davison (Cleveland, Ohio: World Publishing Co., 1967).

95. Jean Bruneau, *Le "Conte orientale" de Flaubert* (Paris: Denoel, 1973), p. 79.

96. Esses são todos considerados por Bruneau in ibid.

97. Nerval, *Voyage en Orient*, in *Oeuvres*, 2: 68, 194, 96, 342.

98. Ibid., p. 181.

99. Michel Butor, "Travel and writing", trad. John Powers e K. Lisker, *Mosaic* 8, nº 1 (outono de 1974): 13.

100. Nerval, *Voyage en Orient*, p. 628.

101. Ibid., pp. 706, 718.

102. *Flaubert in Egypt: a sensibility on tour*, trad. e ed. Francis Steegmuller (Boston: Little, Brown & Co., 1973), p. 200. Consultei também os seguintes textos, em que se encontra o material "oriental" de Flaubert: *Oeuvres complètes de Gustave Flaubert* (Paris: Club de l'Honnête Homme, 1973), vols. 10, 11; *Les lettres d'Égypte, de Gustave Flaubert*, ed. A. Youssef Naaman (Paris: Nizet, 1965); Flaubert, *Correspondance*, ed. Jean Bruneau (Paris, Gallimard, 1973), 1: 518 ff.

103. Harry Levin, *The gates of horn: a study of five french realists* (Nova York: Oxford University Press, 1963), p. 285.

104. *Flaubert in Egypt*, pp. 173, 75.

105. Levin, *Gates of horn*, p. 271.

106. Flaubert, *Catalogue des opinions chic*, in *Oeuvres*, 2: 1019.

107. *Flaubert in Egypt*, p. 65.

108. Ibid., pp. 220, 130.

109. Flaubert, *La tentation de saint Antoine*, in *Oeuvres*, 1: 85.

110. Ver Flaubert, *Salammbô*, in *Oeuvres*, 1: 809 ff. Ver também Maurice Z. Shroder, "On reading *Salammbô*", *L'Esprit Créateur* 10, nº 1 (primavera de 1970): 24-35.

111. *Flaubert in Egypt*, pp. 198-9.

112. Foucault, "La bibliothèque fantastique", in Flaubert, *La tentation de saint Antoine*, pp. 7-33.

113. *Flaubert in Egypt*, p. 79.

114. Ibid., pp. 211-2.

115. Encontra-se uma discussão desse processo em Foucault, *Archaeology of knowledge*; também Joseph Ben-David, *The scientist's role in society* (Englewood Cliffs, N. J.: Prentice-Hall, 1971). Ver também Edward Said, "An ethics of language", *Diacritics* 4, nº 2 (verão de 1974): 28-37.

116. Ver as inestimáveis listas em Richard Bevis, *Bibliotheca Cisorientalia: an annotated checklist of early English travel books on the Near and Middle East* (Boston: G. K. Hall & Co., 1973).

117. Encontram-se discussões dos viajantes americanos em Dorothee Metlitski Finklstein, *Melville's orienda* (New Haven, Conn.: Yale University Press, 1961), e Franklin Walker, *Irreverent pilgrims: Melville, Browne, and Mark Twain in the Holy Land* (Seattle: University of Washington Press, 1974).

118. Alexander William Kinglake, *Eothen, or traces of travel brought home from the East*, ed. D. G. Hogarth (1844; reimpr., Londres: Henry Frowde, 1906), pp. 25, 68, 241, 220.

119. *Flaubert in Egypt*, p. 81.

120. Thomas J. Assad, *Three victorian travellers: Burton, Blunt and Doughty* (Londres: Routledge & Kegan Paul, 1964), p. 5.

121. Richard Burton, *Personal narrative of a pilgrimage to al-Madinah and Meccah*, ed. Isabel Burton (Londres: Tylston & Edwards, 1893), 1: 9, 108-10.

122. Richard Burton, "Terminal essay", in *The book of the thousand and one nights* (Londres: Burton Club, 1886), 10: 63-302.

123. Burton, *Pilgrimage*, 1: 112, 114.

3. ORIENTALISMO HOJE [pp. 273-437]

1. Friedrich Nietzsche, "On truth and lie in an extra-moral sense", in *The portable Nietzsche*, ed. e trad. Walter Kaufmann (Nova York: Viking Press, 1954), pp. 46-7.

2. O número de viajantes árabes no Ocidente é estimado e discutido por Ibrahim Abu-Lughod em *Arab rediscovery of Europe: a study in cultural encounters* (Princeton, N. J.: Princeton University Press, 1963), pp. 75-6 e passim.

3. Ver Philip D. Curtin, ed., *Imperialism: the documentary history of Western civilization* (Nova York: Walker & Co., 1972), pp. 73-105.

483

4. Ver Johann W. Fück, "Islam as an historical problem in European historiography since 1800", in *Historians of the Middle East*, ed. Bernard Lewis e P. M. Holt (Londres: Oxford University Press, 1962), p. 307.

5. Ibid., p. 309.

6. Ver Jacques Waardenburg, *L'Islam dans le miroir de l'Occident* (Haia: Mouton & Co., 1963).

7. Ibid., p. 311.

8. P. Masson-Oursel, "La connaissance scientifique de l'Asie en France depuis 1900 et les variétés de l'Orientalisme", *Revue Philosophique* 143, n⁰ˢ 7-9 (julho-setembro de 1953): 345.

9. Evelyn Baring, Lord Cromer, *Modern Egypt* (Nova York: Macmillan Co., 1908), 2: 237-8.

10. Evelyn Baring, Lord Cromer, *Ancient and modern imperialism* (Londres: John Murrray, 1910), pp. 118, 120.

11. George Nathaniel Curzon, *Subjects of the day: being a selection of speeches and writings* (Londres: George Allen & Unwin, 1915), pp. 4-5, 10, 28.

12. Ibid., pp. 184, 191-2. Sobre a história da escola, ver C. H. Phillips, *The School of Oriental and African studies, University of London, 1917-1967: an introduction* (Londres: Design for Print, 1967).

13. Eric Stokes, *The English utilitarians and India* (Oxford: Clarendon Press, 1959).

14. Citado em Michael Edwardes, *High noon of empire: India under Curzon* (Londres: Eyre & Spottiswoode, 1965), pp. 38-9.

15. Curzon, *Subjects of the day*, pp. 155-6.

16. Joseph Conrad, *Heart of darkness*, in *Youth and two other stories* (Garden City, N. Y.: Doubleday, Page, 1925), p. 52.

17. Encontra-se um extrato ilustrativo da obra de De Vattel em Curtin, ed., *Imperialism*, pp. 42-5.

18. Citado por M. de Caix, *La Syrie* in Gabriel Hanotaux, *Histoire des colonies françaises*, 6 vols. (Paris: Société de l'Histoire Nationale, 1929-33), 3: 481.

19. Esses detalhes são encontrados em Vernon McKay, "Colonialism in the French geographical movement", *Geographical Review* 33, nº 2 (abril de 1943): 214-32.

20. Agnes Murphy, *The ideology of French imperialism, 1817-1881* (Washington: Catholic University of America Press, 1948), pp. 46, 54, 36, 45.

21. Ibid., pp. 189, 110, 136.

22. Jukka Nevakivi, *Britain, France, and the Arab Middle East, 1914-1920* (Londres: Athlone Press, 1969), p. 13.

23. Ibid., p. 24.

24. D. G. Hogarth, *The penetration of Arabia: a record of the development of Western knowledge concerning the Arabian peninsula* (Nova York: Fredrick A. Stokes, 1904). Há um livro recente e muito bom sobre o mesmo assunto: de Robin Bidwell, *Travellers in Arabia* (Londres: Paul Hamlyn, 1976).

25. Edmond Bremond, *Le Hedjaz dans la guerre mondiale* (Paris: Payot, 1931), pp. 242 ff.

26. Le Comte de Cressaty, *Les intérêts de la France en Syrie* (Paris: Floury, 1913).

27. Rudyard Kipling, *Verse* (Garden City, N. Y.: Doubleday & Co., 1954), p. 280.

28. Os temas da exclusão e do confinamento na cultura do século XIX desempenharam um papel importante na obra de Michel Foucault, mais recentemente em seu *Discipline and punish: the birth of the prison* (Nova York: Pantheon Books, 1977), e *The history of sexuality, Volume 1: an introduction* (Nova York: Pantheon Books, 1978).

29. *The letters of T. E. Lawrence of Arabia*, ed. David Garnett (1938; reimpr., Londres: Spring Books, 1964), p. 244.

30. Gertrude Bell, *The desert and the sown* (Londres: William Heinemann, 1907), p. 244.

31. Gertrude Bell, *From her personal papers, 1889-1914*, ed. Elizabeth Burgoyne (Londres: Ernest Benn, 1958), p. 204.

32. William Butler Yeats, "Byzantium", *The collected poems* (Nova York: Macmillan Co., 1959), p. 244.

33. Stanley Diamond, *In search of the primitive: a critique of civilization* (New Brunswick, N. J.: Transaction Books, 1974), p. 119.

34. Ver Harry Bracken, "Essence, accident and race", *Hermathena* 116 (inverno de 1973): pp. 83-96.

35. George Eliot, *Middlemarch: a study of provincial life* (1872; reimpr., Boston: Houghton Mifflin Co., 1956), p. 13.

36. Lionel Trilling, *Mathew Arnold* (1939; reimpr., Nova York: Meridian Books, 1955), p. 214.

37. Ver Hannah Arendt, *The origins of totalitarianism* (Nova York: Harcourt Brace Jovanovich, 1973), p. 180, nota 55.

38. W. Robertson Smith, *Kinship and marriage in Early Arabia*, ed. Stanley Cook (1907; reimpr., Oesterhout, N. B.: Anthropological Publications, 1966), pp. xiii, 241.

39. W. Robertson Smith, *Lectures and essays*, ed. John Sutherland Black e George Chrystal (Londres: Adam & Charles Black, 1912), pp. 492-3.

40. Ibid., pp. 492, 493, 511, 500, 498-9.

41. Charles M. Doughty, *Travels in Arabia deserta*, 2ª ed. (Nova York: Random House, s.d.), 1: 95. Ver também o excelente artigo de Richard Bevis, "Spiritual geology: C. M. Doughty and the land of the Arabs", *Victorian Studies* 16 (dezembro 1972), 163-81.

42. T. E. Lawrence, *The seven pillars of wisdom: a triumph* (1926; reimpr., Garden City, N. Y. : Doubleday, Doran & Co., 1935), p. 28.

43. Encontra-se uma discussão a respeito em Talal Asad, "Two European

images of Non-European rule", in *Anthropology and the colonial encounter*, ed. Tabal Asad (Londres: Ithaca Press, 1975), pp. 103-18.

44. Arendt, *Origins of totalitarianism*, p. 218.

45. T. E. Lawrence, *Oriental assembly*, ed. A. W. Lawrence (Nova York: E. P. Dutton & Co., 1940), p. 95.

46. Citado em Stephen Ely Tabachnick, "The two veils of T. E. Lawrence", *Studies in the Twentieth Century* 16 (outono de 1975): 96-7.

47. Lawrence, *Seven pillars of wisdom*, pp. 42-3, 661.

48. Ibid., pp. 549, 550-2.

49. E. M. Forster, *A passage to India* (1924; reimpr., Nova York: Hartcourt, Brace & Co., 1952), p. 322.

50. Maurice Barrès, *Une enquête aux pays du Levant* (Paris: Plon, 1923), 1: 20; 2: 181, 192, 193, 197.

51. D. G. Hogarth, *The wandering scholar* (Londres: Oxford University Press, 1924). Hogarth descreve o seu estilo como o de um "explorador, em primeiro lugar, e erudito, em segundo" (p. 4).

52. Citado por H. A. R. Gibb, "Structure of religious thought in Islam", em seu *Studies on the civilization of Islam*, ed. Stanford J. Shaw e William R. Polk (Boston: Beacon Press, 1962), p. 180.

53. Frédéric Lefèvre. "Une heure avec Sylvain Lévi", in *Mémorial Sylvain Lévi*, ed. Jacques Bacot (Paris: Paul Hartmann, 1937), pp. 123-4.

54. Paul Valéry, *Oeuvres*, ed. Jean Hytier (Paris: Gallimard, 1960), 2: 1556-7.

55. Citado em Christopher Sykes, *Crossroads to Israel* (1965; reimpr., Bloomington: Indiana University Press, 1973), p. 5.

56. Citado em Alan Sandison, *The wheel of empire: a study of the imperial idea in some late nineteenth and early twentieth century fiction* (Nova York: St. Martin's Press, 1967), p. 158. Um estudo excelente do equivalente francês é Martine Astier Loutfi, *Littérature et colonialisme: l'expansion coloniale vue dans la littérature romanesque française, 1871-1914* (Haia: Mouton & Co., 1971).

57. Paul Valéry, *Variété* (Paris: Gallimard, 1924), p. 43.

58. George Orwell, "Marrakech", in *A collection of essays* (Nova York: Doubleday Anchor Books, 1954), p. 187.

59. Valentine Chirol, *The Occident and the Orient* (Chicago: University of Chicago Press, 1924), p. 6.

60. Élie Faure, "Orient et Occident", *Mercure de France* 229 (1º julho–1º agosto de 1931): 263, 264, 269, 270, 272.

61. Fernand Baldensperger, "Où s'affrontent l'Orient et l'Occident intelectuels", in *Études d'histoire littéraire*, 3ª série (Paris: Droz, 1939), p. 230.

62. I. A. Richards, *Mencius on the mind: experiments in multiple definitions* (Londres: Routledge & Kegan, 1932), p. xiv.

63. *Selected works of C. Snouck Hurgronje*, ed. G. H. Bousquet e J. Schacht (Leiden: E. J. Brill, 1957), p. 267.

64. H. A. R. Gibb, "Literature", in *The legacy of Islam*, ed. Thomas Arnold e Alfred Guillaume (Oxford: Clarendon Press, 1931), p. 209.

65. A melhor descrição geral desse período do ponto de vista político, social, econômico e cultural encontra-se em Jacques Berque, *Egypt: imperialism and revolution*, trad. Jean Stewart (Nova York: Praeger Publishers, 1972).

66. Há uma descrição útil do projeto intelectual que informa a sua obra em Arthur R. Evans, Jr., ed., *On four modern humanists: Hofmannsthal, Gundolf, Curtius, Kantorowicz* (Princeton, N. J.: Princeton University Press,1970).

67. Erich Auerbach, *Mimesis: the representation of reality in Western literature*, trad. Willard R. Trask (1946; reimpr., Princeton, N. J.: Princeton University Press, 1968), e o seu *Literary language and its public in late latin antiquity and in the Middle Ages*, trad. Ralph Manheim (Nova York: Bollingen Books, 1965).

68. Erich Auerbach, "Philology and *Weltliteratur*", trad. M. e E. W. Said, *Centennial Review* 13, nº 1 (inverno de 1969): 11.

69. Ibid., p. 17.

70. Por exemplo, em H. Stuart Hughes, *Consciousness and society: the reconstruction of European social thought, 1890-1930* (1958; reimpr., Nova York: Vintage Books, 1961).

71. Ver Anwar Abdel Malek, "Orientalism in crisis", *Diogenes* 44 (inverno de 1963): 103-40.

72. R. N. Cust, "The International Congresses of Orientalism", *Hellas* 6, nº 4 (1897): 349.

73. Ver W. F. Wertheim, "Counter-insurgency research at the turn of the century — Snouck Hurgronje and the Acheh War", *Sociologische Gids* 19 (setembro-outubro de 1972).

74. Sylvain Lévi, "Les parts respectives des nations occidentales dans les progrès de l'indianisme", in *Memorial Sylvain Lévi*, p. 116.

75. H. A. R. Gibb, "Louis Massignon (1882-1962)", *Journal of the Royal Asiatic Society* (1962), pp. 120, 121.

76. Louis Massignon, *Opera minora*, ed. Y. Moubarac (Beirute: Dar-el-Maaref, 1963), 3: 114. Usei a bibliografia completa da obra de Massignon organizada por Moubarac, *L'oeuvre de Louis Massignon* (Beirute: Éditions du Cénacle Libanais, 1072-73).

77. Massignon, "L'Occident devant l'Orient: primauté d'une solution culturelle", in *Opera minora*, 1: 208-23.

78. Ibid., p. 169.

79. Ver Waardenburg, *L'Islam dans le miroir de l'Occident*, pp. 147, 183, 186, 192, 211, 213.

80. Massignon, *Opera minora*, 1: 227.

81. Ibid., p. 355.

82. Citado do ensaio de Massignon sobre Biruni em Waardenburg, *L'Islam dans le miroir de l'Occident*, p. 225.

83. Massignon, *Opera minora*, 3: 526.

84. Ibid., pp. 610-1.

85. Ibid., p. 212. Também p. 211 sobre outro ataque aos britânicos, e pp. 423-7 sobre a sua avaliação de Lawrence.

86. Citado em Waardenburg, *L'Islam dans le miroir de l'Occident*, p. 219.

87. Ibid., pp. 218-9.

88. Ver A. L. Tibawi, "English-Speaking orientalists: a critique of their approach to Islam and Arab nationalism, Part I", *Islamic Quarterly* 8, nos 1, 2 (janeiro-junho de 1964): 25-44; "Part II", *Islamic Quarterly* 8, nos 3, 4 (julho-dezembro de 1964): 73-88.

89. "Une figure domine tous les genres, celle de Louis Massignon": Claude Cahen e Charles Pellat, "Les études árabes et islamiques", *Journal Asiatique* 261, nos 1, 4 (1973): 104. Encontra-se um levantamento muito detalhado do campo orientalista-islâmico em Jean Sauvaget, *Introduction à l'histoire de l'Orient musulman: éléments de bibliographie*, ed. Claude Cahen (Paris: Adrien Maisonneuve, 1961).

90. William Polk, "Sir Hamilton Gibb between Orientalism and history", *International Journal of Middle East Studies* 6, nº 2 (abril de 1975): 131-9. Usei a bibliografia da obra de Gibb em *Arabic and Islamic studies in honor of Hamilton A. R. Gibb*, ed. George Makdisi (Cambridge, Mass.: Harvard University Press, 1965), pp. 1-20.

91. H. A. R. Gibb, "Oriental studies in the United Kingdom", in *The Near East and the great powers*, ed. Richard N. Frye (Cambridge, Mass.: Harvard University Press, 1951), pp. 86-7.

92. Albert Hourani, "Sir Hamilton Gibb, 1895-1971", *Proceedings of the British Academy* 58 (1972): p. 504.

93. Duncan Black Macdonald, *The religious attitude and life in Islam* (1909; reimpr., Beirute: Khayats Publishers, 1965), pp. 2-11.

94. H. A. R. Gibb, "Whither Islam?" in *Whither Islam? A survey of modern movements in the modern world*, ed. H. A. R. Gibb (Londres: Victor Gollancz, 1932), pp. 328, 387.

95. Ibid., p. 335.

96. Ibid., p. 377.

97. H. A. R. Gibb, "The influence of Islamic culture on medieval Europe", *John Rylands Library Bulletin* 38, nº 1 (setembro de 1955): 98.

98. H. A. R. Gibb, *Mohammedanism: an historical survey* (Londres: Oxford University Press, 1949), pp. 2, 9, 84.

99. Ibid., pp. 111, 88, 189.

100. H. A. R. Gibb, *Modern trends in Islam* (Chicago: University of Chicago Press, 1947), pp. 108, 113, 123.

101. Os dois ensaios são encontrados em *Studies on the civilization of Islam*, de Gibb, pp. 176-208, e 3-33.

102. R. Emmett Tyrell, Jr., "Chimera in the Middle East", *Harper's*, novembro de 1976, pp. 35-8.

103. Citado em Ayad al-Qazzaz, Ruth Afiyo, et al., *The Arabs in American textbooks*, California State Board of Education, junho de 1975, pp. 10-5.

104. "Statement of purpose", *MESA Bulletin* 1, nº 1 (maio de 1967): 33.

105. Morroe Berger, "Middle Eastern and North African studies: developments and needs", *MESA Bulletin* 1, nº 2 (novembro de 1967): 16.

106. Menachem Mansoor, "Present state of Arabic studies in the United States", in *Report on current research 1958*, ed. Kathleen H. Brown (Washington: Middle East Institute, 1958), pp. 55-6.

107. Harold Lasswell, "Propaganda", *Encyclopedia of the Social Sciences* (1934), 12: 527. Devo essa referência ao professor Noam Chomsky.

108. Marcel Proust, *The Guermantes way*, trad. C. K. Scott Moncrieff (1925; reimpr., Nova York: Vintage Books, 1970), p. 135.

109. Nathaniel Schmidt, "Early Oriental studies in Europe and the work of the American Oriental Society, 1842-1922", *Journal of American Oriental Society* 43 (1923): 11. Ver também E. A. Speiser, "Near Eastern studies in America, 1939-45", *Archiv Orientalni* 16 (1948): 76-88.

110. Um exemplo é Henry Jessup, *Fifty-three years in Syria*, 2 vols. (Nova York: Fleming H. Revell, 1910).

111. Sobre a conexão entre a publicação da Declaração Balfour e a política de guerra dos Estados Unidos, ver Doreen Ingrams, *Palestine papers 1917-1922: seeds of conflict* (Londres: Cox & Syman, 1972), pp. 10 ff.

112. Mortimer Graves, "A cultural relations policy in the Near East", in *The Near East and the great powers*, ed. Frye, pp. 76, 78.

113. George Camp Keiser, "The Middle East Institute: its inception and its place in American International Studies", in *The Near East and the great powers*, ed. Frye, pp. 80, 84.

114. Encontra-se um relato dessa migração em *The intellectual migration: Europe and America, 1930-1960*, ed. Donald Fleming e Bernard Bailyn (Cambridge, Mass.: Harvard University Press, 1969).

115. Gustave von Grunebaum, *Modern Islam: the search for cultural identity* (Nova York: Vintage Books, 1964), pp. 55, 261.

116. Abdullah Laroui, "Pour une méthodologie des études islamiques: l'Islam au miroir de Gustave von Grunebaum", *Diogène* 38 (julho-setembro de 1973): 30. Esse ensaio faz parte da coletânea *The crisis of the Arab intellectuals: traditionalism or historicism?* trad. Diarmid Cammell (Berkeley: University of California Press, 1976).

117. David Gordon, *Self-determination and history in the Third World* (Princeton, N. J.: Princeton University Press, 1971).

118. Laroui, "Pour une méthodologie des études islamiques", p. 41.

119. Manfred Halpern, "Middle East studies: a review of the state of the field with a few examples", *World Politics* 15 (outubro de 1962): 121-2.

120. Ibid., p. 117.

121. Leonard Binder, "1974 presidential address", *MESA Bulletin* 9, nº 1 (fevereiro de 1975): 2.

122. Ibid., p. 5.

123. "Middle East studies network in the United States", *MERIP Reports* 38 (junho de 1975): 5.

124. As duas melhores resenhas críticas de *Cambridge history* são de Albert Hourani, *The English Historical Review* 87, nº 343 (abril de 1972): 348-57, e de Roger Owen, *Journal of Interdisciplinary History* 4, nº 2 (outono de 1973): 287-98.

125. P. M. Holt, Introdução, *The Cambridge history of Islam*, ed. P. M. Holt, Anne K. S. Lambton e Bernard Lewis, 2 vols. (Cambridge: Cambridge University Press, 1970), 1: xi.

126. D. Sourdel, "The Abaasid caliphate", *Cambridge history of Islam*, ed. Holt et al., 1: 121.

127. Z. N. Zeine, "The Arab lands", *Cambridge history of Islam*, ed. Holt et al., 1: 575.

128. Danwart A. Rustow, "The political impact of the West", *Cambridge history of Islam*, ed. Holt et al., 1: 697.

129. Citado em Ingrams, *Palestine papers, 1917-1922*, pp. 31-2.

130. Robert Alter, "Rhetoric and the Arab mind", *Commentary*, outubro de 1968, pp. 61-85. O artigo de Alter era uma resenha aduladora de *Arab attitudes to Israel* do General Yehoshafat Harkabi (Jerusalém: Keter Press, 1972).

131. Gil Carl Alroy, "Do the Arabs want peace?", *Commentary*, fevereiro de 1974, pp. 56-61.

132. Roland Barthes, *Mythologies*, trad. Annette Lavers (Nova York: Hill & Wang, 1972), pp. 109-59.

133. Raphael Patai, *Golden river to golden road: society, culture, and change in the Middle East* (Filadélfia: University of Pennsylvania Press, 1962; 3ª ed. rev., 1969), p. 406.

134. Raphael Patai, *The Arab mind* (Nova York: Charles Scribner's Sons, 1973). Uma obra ainda mais racista é a de John Laffin, *The Arab mind considered: a need for understanding* (Nova York: Taplinger Publishing Co., 1976).

135. Sania Hamady, *Temperament and character of the Arabs* (Nova York: Twayne Publishers, 1960), p. 100. O livro de Hamady é um dos favoritos entre israelenses e apologistas de Israel; Alroy a cita com aprovação, assim como Amos Elon em *The Israelis: founders and sons* (Nova York: Holt, Rinehart & Winston, 1971). Morroe Berger (ver nota 137 a seguir) também a cita com frequência. O seu modelo é *Manners and customs of the modern Egyptians*, de Lane, mas ela não tem nem vestígio da instrução e da cultura geral de Lane.

136. A tese de Manfred Halpern é exposta em "Four contrasting repertories of human relations in Islam: two pre-modern and two modern ways of dealing with continuity and change. Collaboration and conflict and the achieving of justice", um trabalho apresentado à 22ª Conferência do Oriente Próximo na Universidade de Princeton sobre Psicologia e Estudos do Oriente Próximo, 8

de maio de 1973. Esse tratado teve como preparação "A redefinition of the revolutionary situation", de Halpern, *Journal of International Affairs* 23, nº 1 (1969): 54-75.

137. Morroe Berger, *The Arab world today* (Nova York: Doubleday Anchor Books, 1964), p. 140. Muito do mesmo tipo de implicações está subjacente à obra desajeitada de arabistas como Joel Carmichael e Daniel Lerner; tem presença mais sutil em estudiosos de política e história como Theodore Draper, Walter Laqueur e Élie Kedourie. Está fortemente em evidência em obras de grande reputação como *Population and society in the Arab East*, de Gabriel Baer, trad. Hanna Szoke (Nova York: Frederick A. Praeger, 1964), e *State and economics in the Middle East: a society in transition*, de Alfred Bonné (Londres: Routledge & Kegan Paul, 1955). O consenso parece ser que, se é que pensam, os árabes pensam de modo diferente — isto é, não necessariamente com razão, e frequentemente sem razão. Ver também o estudo RAND de Adel Daher, *Current trends in Arab intellectual thought* (RM-5979-FF, dezembro de 1969) e sua típica conclusão de que "uma abordagem concreta de resolução de problemas está conspicuamente ausente do pensamento árabe" (p. 29). Num ensaio-resenha para *Journal of Interdisciplinary History* (ver nota 124 acima), Roger Owen ataca a própria noção do "islã" como um conceito para o estudo da história. O seu foco é *The Cambridge History of Islam*, que, assim pensa, perpetua de certo modo uma ideia do islã (a ser encontrada em escritores como Carl Becker e Max Weber), "definido essencialmente como um sistema religioso, feudal e antirracional, [que] carece das características necessárias que tornaram possível o progresso europeu". Uma prova fundamentada da total imprecisão de Weber encontra-se em *Islam and capitalism*, de Maxime Rodinson, trad. Brian Pearce (Nova York: Pantheon Books, 1974), pp. 76-117.

138. Hamady, *Character and temperament*, p. 197.

139. Berger, *Arab world*, p. 102.

140. Citado por Irene Gendzier em *Frantz Fanon: a critical study* (Nova York: Pantheon Books, 1973), p. 94.

141. Berger, *Arab world*, p. 151.

142. P. J. Vatikiotis, ed., *Revolution in the Middle East, and other case studies; proceedings of a seminar* (Londres: George Allen & Unwin, 1972), pp. 8-9.

143. Ibid., pp. 12, 13.

144. Bernard Lewis, "Islamic concepts of revolution", in ibid., pp. 33, 38-9. O estudo de Lewis, *Race and color in Islam* (Nova York: Harper & Row, 1971), expressa uma aversão semelhante com ar de grande erudição; mais explicitamente político — mas não menos ácido — é o seu *Islam in history: ideas, men and events in the Middle East* (Londres: Alcove Press, 1973).

145. Bernard Lewis, "The revolt of Islam", in *The Middle East and The West* (Bloomington: Indiana University Press, 1964), p. 95.

146. Bernard Lewis, "The return of Islam", *Commentary*, janeiro de 1976, p. 44.

147. Ibid., p. 40.

148. Bernard Lewis, *History — Remembered, recovered, invented* (Princeton, N. J.: Princeton University Press, 1975), p. 68.

149. Lewis, *Islam in history*, p. 65.

150. Lewis, *The Middle East and the West*, pp. 60, 87.

151. Lewis, *Islam in history*, pp. 65-6.

152. Originalmente publicado em *Middle East Journal* 5 (1951). Parte da coletânea *Readings in Arab Middle Eastern societies and cultures*, ed. Abdulla Lutfiyye e Charles W. Churchill (Haia: Mouton & Co., 1970), pp. 688-703.

153. Lewis, *The Middle East and the West*, p. 140.

154. Robert K. Merton, "The perspectives of insiders and outsiders", em seu *The sociology of science: theoretical and empirical investigations*, ed. Norman W. Storer (Chicago: University of Chicago Press, 1973), pp. 99-136.

155. Ver, por exemplo, a recente obra de Anwar Abdel Malek, Yves Lacoste e dos autores de ensaios publicados em *Review of Middle East Studies 1 and 2* (Londres: Ithaca Press, 1975, 1976), as várias análises de Noam Chomsky sobre a política do Oriente Médio e o trabalho realizado pelo Projeto de Pesquisa e Informação do Oriente Médio (MERIP). Uma boa visão é fornecida em Gabriel Ardant, Kostas Axelos, Jacques Berque, et al., *De l'impérialisme à la décolonisation* (Paris: Éditions de Minuit, 1965).

POSFÁCIO DA EDIÇÃO DE 1995 [pp. 438-67]

1. Martin Bernal, *Black Athena* (New Brunswick: Rutgers University Press, Volume 1, 1987; Volume 2, 1991); Eric J. Hobsbawn e Terence Rangers, eds., *The invention of tradition* (Cambridge: Cambridge University Press, 1984).

2. O'Hanlon e Washbrook, "After Orientalism: culture, criticism and politics in the Third World", Prakash, "Can the subaltern ride? A reply to O'Hanlon and Washbrook", ambos em *Comparative Studies in Society and History*, IV, 9 (janeiro de 1992), 141-84.

3. Num caso particularmente notável, o hábito de Lewis de fazer generalizações tendenciosas parece tê-lo envolvido numa encrenca legal. Segundo o *Libération* (1º de março de 1994) e o *Guardian* (8 de março de 1994), Lewis enfrenta agora ações criminais e civis movidas contra ele na França por organizações armênias e de direitos humanos. Está sendo acusado pela mesma lei que torna crime na França negar que o holocausto nazista tenha ocorrido; a acusação contra ele é a de negar (em jornais franceses) que tenha ocorrido um genocídio de armênios sob o Império Otomano.

4. Carol Breckenridge e Peter van der Veer, eds., *Orientalism and the postcolonial predicament* (Filadélfia: University of Pennsylvania Press, 1993).

5. Nicholas B. Dirks, ed., *Colonialism and culture* (Ann Arbor: The University of Michigan Press, 1992).

6. "The clash of civilizations", *Foreign Affairs* 71, 3 (verão de 1993), 22-49.

7. "Notes on the 'post-colonial'", *Social Text*, 31/32 (1993), 106.

8. Magdoff, "Globalisation — To what end?", *Socialist register 1992: new world order?*, ed. Ralph Milliband e Leo Panitch (Nova York: Monthly Review Press, 1992), 1-32.

9. Miyoshi, "A borderless world? From colonialism to transnationalism and the decline of the nation-state", *Critical Inquiry*, 19, 4 (verão de 1993), 726--51; Dirlik, "The postcolonial aura: Third World criticism in the age of global capitalism", *Critical Inquiry*, 20, 2 (inverno de 1994), 328-56.

10. *Ireland's field day* (Londres: Hutchinson, 1985), pp. vii-viii.

11. Alcalay (Mineápolis: University of Minnesota Press, 1993); Gilroy (Cambridge: Harvard University Press, 1993); Ferguson (Londres: Routledge, 1992).

AGRADECIMENTOS

Venho lendo sobre o Orientalismo há vários anos, mas a maior parte deste livro foi escrita durante 1975-6, no tempo que passei como bolsista no Centro de Estudos Avançados nas Ciências do Comportamento, em Stanford, Califórnia. Nessa instituição única e generosa, não apenas desfrutei do convívio com vários colegas, mas também do auxílio de Joan Warmbrunn, Chris Hoth, Jane Kielsmeier, Preston Cutler e do diretor do Centro, Gardner Lindzey. A lista de amigos, colegas e estudantes que leram ou escutaram partes ou a íntegra do manuscrito é tão longa que me sinto constrangido — e agora que o livro foi publicado, talvez até eles sintam o mesmo. Ainda assim devo mencionar com gratidão o estímulo sempre proveitoso de Janet e Ibrahim Abu-Lughod, Noam Chomsky e Roger Owen, que acompanharam este projeto desde o início até a conclusão. Da mesma forma, devo reconhecer com gratidão o interesse proveitoso e crítico de colegas, amigos e estudantes em vários lugares, cujas perguntas e considerações refinaram consideravelmente o texto. André Schiffrin e Jeanne Morton, da Pantheon Books, foram respectivamente o editor e a revisora ideais e fizeram do trabalho difícil (ao menos para o autor) de preparar o manuscrito um processo instrutivo e genuinamente inteligente. Mariam Said me ajudou muito com sua pesquisa sobre os primórdios da história moderna das instituições orientalistas. Além disso, foi seu apoio amoroso que afinal tornou grande parte do trabalho investido neste livro não só agradável, mas possível.

E. W. S.
Nova York, setembro-outubro, 1977

ÍNDICE REMISSIVO

18 brumário de Luís Bonaparte, O (Marx), 7, 52, 191

abássidas, 404

Abba, 258

Abdel Malek, Anwar, 145, 147, 156, 161, 433, 435, 463, 474, 487, 492

abraâmicas, religiões, 355, 357, 359

Abrams, M. H., 475, 478

Abu-Lughod, Ibrahim, 473, 475, 483

Account of the manners and customs of the modern Egyptians, An (Lane), 35, 44, 54, 133, 222-5, 227-9, 234, 238, 254, 322, 490

acumulação, disciplina orientalista da, 178, 231, 232

Adamson, Michel, 170

"Adieux de l'hôtesse arabe" (Hugo), 151

Adventures of Hajji Baba of Ispahan (Morier), 266

Aeneas Silvius *ver* Pio II, papa

Afeganistão, 444

África, africanos, 67, 69, 74, 81, 90, 97, 128, 130, 140, 155, 174, 267, 284-5, 293, 295, 302, 304-5, 339, 369, 372, 385, 393, 398, 402, 405-6, 418, 446, 448, 450, 458, 466

África, Norte da, 49, 88, 97, 116, 148, 265, 284, 295, 302, 304, 372, 385, 393, 405-6, 448

Ahmed, Sheikh, 225

Alcorão, 99, 103, 110, 126, 145, 171, 213-4, 224, 239, 318, 384, 402

Alemanha, 47, 49, 149, 186, 265, 286, 304, 321, 330

Alexandre, o Grande, 95-6, 123, 129, 235

Alexandria, 125, 329

Aliança para o Progresso, 160

almehs, 258

Alroy, Gil Carl, 410-1, 490

Alter, Robert, 409, 490

Althusser, Louis, 45, 468

Âme romantique et le rêve, L' (Béguin), 150

American Oriental Society, 77, 149, 392, 394, 489

American power and the new mandarins (Chomsky), 468

anatomia: comparada, 41, 73, 77; filosófica e linguística, 199, 202-4, 312

Ancient and modern imperialism (Cromer), 288, 484

Andaluzia, 405

Anniversary discourses (Jones), 194

Anquetil-Duperon, Abraham-Hyacinthe, 52, 87, 118-20, 123, 170, 177, 220, 339, 472

antissemitismo, 59, 210, 267, 351, 382, 408-9, 423

antropocentrismo, 147, 161

Aphrodite (Louis), 282

Arab attitudes to Israel (Harkabi), 409, 490

Arab mind, The (Patai), 490

Arab rediscovery of Europe (Abu-Lughod), 473, 483

Arab world today, The (Berger), 475, 491

árabe (língua), 103, 115, 126, 179, 198,

497

202, 223, 229, 232, 258, 270, 321, 390, 414, 426-9, 439
Árabe, Revolta, 326, 328, 334
árabe-israelenses, guerras, 380
árabes: Bell sobre, 309-11; Caussin de Perceval sobre, 213; ciências sociais sobre, 160, 384, 386-9, 391, 426-7; Cromer sobre, 67, 69-71, 73-4; entidade coletiva para o ocidental, 310-1, 315, 318-9, 339, 349, 352, 381-3, 396-7, 399--401, 406, 408-10, 412-4, 423, 427; Glidden sobre o sistema de valores do, 83-4; identidade sexual para o ocidente, 415, 417--9, 421; Lawrence sobre, 309, 325-7, 333; Ockley sobre, 117--8; Sale sobre, 171; Smith sobre, 316, 318-9; visão contemporânea politizada do, 58, 159-60, 381-4, 404-5, 408-10, 412-5, 417-9, 421-3, 425-7, 491; visão empobrecida de Gibb sobre, 372; *ver também* islã, Oriente Próximo
árabes, universidades, 429-30
Arabi, Ahmed, 66, 69, 237, 302
Arábia, 46, 102, 145, 223, 302, 317-8, 384, 404, 430
Arábia Saudita, 430
Arabischen studien in Europa bis in den Anfang des 20. Jahrhunderts, Die (Fück), 468, 470
Arabs in American textbooks, The, 384, 489
Arberry, A. J., 121, 472, 481
área, estudos de, 28, 57, 90, 159, 342, 395, 400-1, 433, 464
Arendt, Hannah, 324, 485-6
Argélia, 295, 432, 444, 448
arianismo, 102, 106, 118
arianos, 148, 314
Ariosto, Lodovico, 102

Aristóteles, 110
Arnaldez, Roger, 356
Arnold, Mathew, 43, 206, 307
Arnold, Thomas, 303, 487
Arqueologia do saber, A (Foucault), 29
Asia and Western dominance (Panikhar), 32, 468
Assad, Thomas J., 269, 483
Atala (Chateaubriand), 242, 247
Atenas, 94, 110, 238, 254
Attitudes towards Jewish statehood in the Arab world (Alroy), 410
Auerbach, Erich, 346-50, 352, 487
Avenir de la science, L' (Renan), 189--90, 205, 477, 479
Averróis, 110, 155
Avesta, 119
avéstico (língua), 87, 119
Avicena, 110

Bacantes, As (Eurípides), 93-4
Bachelard, Gaston, 92, 471
Bacon, Roger, 63, 112
Badaliya, Irmandade, 358
Baldensperger, Fernand, 340-1, 486
Balfour, Arthur James, lorde, 61-8, 70, 72-4, 80-2, 85, 120, 140, 144-5, 157, 300, 329, 337, 408, 446, 469
Balfour, Declaração, 393, 422, 489
Ballanche, Pierre Simon, 208
Balzac, Honoré de, 42, 188, 198, 204, 477-9
Bandung, Conferência de, 156, 405
Baring, Evelyn *ver* Cromer
Barrès, Maurice, 149, 329-30, 481, 486
Barthes, Roland, 366, 411, 490
Baudelaire, Charles, 250, 468
Baudet, Henri, 116, 472-3
Becker, Carl Heinrich, 48, 154-5, 283-4, 395, 474, 491
Beckford, William, 53, 152, 172

Beda, 100

Béguin, Albert, 150, 474, 482

Beirute, 27, 254, 476, 482, 487-8

Bell, Gertrude, 271, 302, 311-2, 317, 320, 331, 485

Benjamin, Walter, 41, 88, 468

Bentham, Jeremy, 183, 290

berberes, piratas, 392

Berger, Morroe, 384-7, 414-5, 472, 475, 489-91

Bergson, Henri, 61, 357

Berlin, sir Isaiah, 111, 472, 475

Berque, Jacques, 356, 362, 434-5, 487, 492

Bertrand, conde Henri Gratien, 125

Bevan, Anthony, 303

Bhagavad-Gita, 121

Bíblia, 141; como província orientalista, 30, 105, 118-9, 247; e a ideia da peregrinação, 235, 242; e a ideia romântica da regeneração, 168; e a secularização do século XVIII, 174, 194; e o envolvimento ocidental com o Oriente Próximo, 96, 115, 237, 349

bíblica, erudição, impulso para o Orientalismo a partir da, 47, 87, 118-9, 237, 275, 387

Bibliothèque orientale (d'Herbelot), 103, 105, 107, 112, 116, 472

biologia: e a classificação racial, 280, 312-4; e política, 416-7; tipos na, 203-4, 312, 479

Biology of British politics, The (Harvey), 314

Bizâncio, 118, 266, 310

"Bizâncio" (Yeats), 310, 485

Blumenbach, Johann Friedrich, 174

Blunt, Wilfrid Scawen, 269, 320, 469, 483

Bopp, Franz, 47, 147, 168, 190, 194, 198-9, 313

Bordeaux, Henri, 237, 481

Borges, Jorge Luis, 357

Bornier, visconde Henri de, 136

Bossuet, Jacques Bénigne, 180

Bougainville, Louis Antoine de, 170

Bounoure, Gabriel, 357

Bouvard e Pécuchet (Flaubert), 166-9, 176, 246, 262

Bracken, Harry, 42, 468, 485

Brahma, 212

bramanismo, 118

Branco, Homem, 305-10, 318, 321, 327, 331, 341

Bremond, Edmond, 304, 485

Brockelmann, Carl, 48

Broglie, Achille-Charles-Léonce-Victor, duque de, 180, 183, 476

Brosses, Charles de, 170

Browne, Edward Granville, 303, 483

Browning, Robert, 48

Bruneau, Jean, 250-1, 474, 482

Brunetière, Vincent de Paul-Marie--Ferdinand, 345

Buchan, John, 338, 456

budismo, 174, 313, 348

Buffon, conde Georges-Louis Leclerc de, 132, 173

Bunsen, Comitê, 298

Burchard de Monte Sião, 112

Burckhardt, Jacob, 144, 224, 282

Burke, Edmund, 120

Burnouf, Eugène, 147, 149, 190, 208

Burton, sir Richard, 49, 54, 87, 133, 149, 153, 223, 236, 238, 245, 267-72, 301, 317, 382, 447, 451, 483; absorve sistemas orientais de comportamento e crença, 269-70; coexistência de individualismo e imperialismo, 269--71, 303, 331; combatividade de, 268, 270; como erudito, 268, 270; contrastado com Lane, 223, 238, 268; e a sexualidade do Oriente, 263; inter-

499

mediário entre a objetividade orientalista e a estética pessoal, 222-3, 238, 268; Oriente definido pela posse material, 235, 285

Butor, Michel, 253, 482

Byron, George Gordon, lorde, 53, 62, 149, 152, 172, 233, 266, 476

Cabanis, Pierre-Jean-Georges, 167

Cabet, Étienne, 167

Cadernos do cárcere (Gramsci), 56

Cagliostro, conde Alessandro di, 133, 214

Cahiers du Mois, Les, 336

Cairo, 126, 152-4, 227, 237, 252, 254, 268-9, 302, 393, 422, 482

caldeu, 179, 470

caldeus (seita), 298

Califado de Córdoba, 419

califados árabes, 213, 376, 404, 419

Calila e Dimna, 181

Caliphate, its rite, decline and fall, The (Muir), 213

Cambridge History of Islam, The (ed. Holt, Lambton e Lewis), 103, 162, 380, 403, 407, 472, 490-1

Campagnes d'Égypte et de Syrie, 1798-1799 (Napoleão), 125, 473

Camus, Albert, 417

Cândido (Voltaire), 140-1

Carlyle, Thomas, 43, 144, 214-5, 308, 480

Carnets de voyage (Flaubert), 251

Cartago, 238, 243, 247, 257

Cassirer, Ernst, 208, 480

Catafago, Joseph, 237

Caussin de Perceval, Armand-Pierre, 208, 213-4, 312, 331, 480

Cecil, Robert Arthur Talbot Gascoyne, lorde Salisbury, 61, 75

Centenary volume of the Royal Asiatic Society (ed. Pargiter), 122, 472

Centro para Estudos do Oriente Médio (Harvard), 158, 368

Cervantes Saavedra, Miguel de, 102, 140

Champollion, Jean-François, 47, 176, 195, 199, 237

Chanak, Tratado de, 265

Chanson de Roland, 100, 102, 112

Chapters on the principles of international law (Westlake), 280

Charles-Roux, F. J., 132

Charmes, Gabriel, 296

Chateaubriand, François-René, visconde de, 27, 49, 125, 133, 149-50, 168, 194, 237-46, 248-9, 251, 253-4, 266, 447, 481; autorrealização no Oriente, 238, 240; e a natureza citatória do Orientalismo, 244, 246; e Lamartine, 247-8; em Jerusalém, 242; exemplifica a estética pessoal do Orientalismo, 235-6, 238, 240, 243-4; justifica a conquista do Oriente, 239

Chaucer, Geoffrey, 62

Chew, Samuel, 98, 471

Chicago, Universidade de, 157, 340

Chimères, Les (Nerval), 251

China, 27, 37, 46, 76, 81, 87, 97, 115, 170-1, 174, 198, 338, 354, 381

Chirol, Valentine, 340, 486

Chomsky, Noam, 39, 489, 492

Chrestomathie arabe (Sacy), 35

Citizen of the world, The (Goldsmith), 171

classicismo: contrastado com o alcance do Orientalismo, 86; da Alta Renascença, 87; dentro do Orientalismo, 88, 122, 130, 140, 356; do orientalista vis-à-vis o Oriente moderno, 122-3, 140, 148, 278, 281, 301, 313-5, 324, 350,

500

401; Massignon se junta às "forças vitais" do Leste, 356-7
classificação, 90, 95, 173-4, 200, 203; das línguas, 193, 195, 199, 203, 232, 312, 359; dos tipos morais e fisiológicos, 173-4, 307
Claudel, Paul, 339, 357
Clermont-Ganneau, Charles, 237
Clot, Antoine-Barthélemy, 258
Colebrooke, Henry Thomas, 122
Coleridge, Samuel Taylor, 47, 195, 478
Colet, Louise, 259
Collège de France, 179, 197, 334, 362, 478
Colombo, Cristóvão, 96
Columbia College, 384
Comédia humana, A (Balzac), 42
Comité d'Orient, 297
Comité de l'Asie Française, 297
Commentary, 410, 421-2, 458, 474, 490-1
Committee of Concerned Asia Scholars, 402
Compagnie Universelle, 135
Comte, Auguste, 167-8, 308
comunismo, 160, 373, 394, 406
Condorcet, marquês de, 207
Confúcio, 110
conhecimento político, 36-7, 39; no Orientalismo, 39, 69, 71, 73-4, 78, 80, 89, 124, 130, 132, 145-6, 236, 269, 271, 278, 284, 311, 392, 399, 421, 423, 435; relação com a literatura e a cultura, 40, 42-3, 55
Connaissance de l'Est (Claudel), 339
Conrad, Joseph, 258, 263, 273, 326, 484
Conselho de Pesquisa em Ciência Social, 385
Considérations sur la guerre actuelle des Turcs (Volney), 124
Constant, Benjamin, 195, 478

"Conto do califa Hakim, O" (Nerval), 254
contraferentia, 100, 175
Cook, James, 170
Cook, Thomas, 134-5
Coração das trevas, O (Conrad), 273, 293
Count Robert of Paris (Scott), 266
Cournot, Victor, 167
Crescent and the cross, The (Warburton), 269
Crescent and the rose, The (Chew), 98, 471
Cressaty, conde de, 304, 485
"Cri de guerre du mufti" (Hugo), 234
Crimeia, Guerra da, 215
cristianismo: ameaçado pelo islã, 97-8, 115, 139, 149, 349, 359; como história sagrada, 104; e imperialismo, 149, 425; exigências do, e Orientalismo, 107, 139; imagem medieval do islã, 97-9, 100, 102; importância de línguas semíticas para, 115; impulso secular pós-Iluminismo de, 167-8, 174-6, 192, 197, 235, 239; Lamartine e, 247; Massignon e, 155, 284, 331, 358, 360-2, 364; minorias no Leste, 265, 294, 298, 358, 372, 405; Renan e, 192-3, 197, 200, 207, 477
Cromer, Evelyn Baring, lorde: mandato no Egito, 66
Cromer, Evelyn Baring, lorde, 67-8, 70-4, 79-80, 82, 144-5, 213, 287-9, 446, 469-70, 484; "conhecimento" de, 70-1, 73, 80, 82, 85, 144, 157, 302, 329; mandato no Egito, 67, 70, 302, 308; reflete atitudes espaciais para o Oriente, 286-7; sobre as "raças subjugadas", 67, 69-71, 73-4, 78-9, 144, 240, 287-8; sobre o

501

controle social do conhecimento, 78-9

Cruzadas, 117, 235-7, 239

Culture and society, 1780-1950 (Williams), 469

Curtin, Philip D., 481, 483-4

Curtius, Ernst Robert, 346-7, 350, 352, 487

Curzon, George Nathaniel, lorde, 269, 289-92, 310, 484

Cust, Robert Needham, 351, 487

Cuvier, barão Georges-Léopold-Chrétien-Frédéric-Dagobert, 42, 179, 190, 201-2, 204, 207, 215, 280, 479

Dacier, Joseph, 179, 182, 476

Damasco, 309-10, 325-6

Dampier, William, 170

Daniel Deronda (Eliot), 236, 266

Daniel, Norman, 99, 471, 475

Dante, 29, 108-10, 112-3, 144, 178, 247, 285, 333

Dark races of man, The (Knox), 280

Darwin, Charles, 314

De la religion (Constant), 195

De lingua latina (Varro), 204

Défrémery, Charles, 237

Dehérain, Henri, 473, 476

Delacroix, Ferdinand-Victor-Eugène, 172

Deodoro, 243

Depping, Guillaume, 295

"Des services rendus aux sciences historiques par la philologie" (Renan), 477, 480

Description de l'Égypte, 61, 76, 128, 131, 143, 154, 224, 234, 379, 473

Description de l'Égypte (Le Mascrier), 128

Destutt de Tracy, conde Antoine-Louis-Claude, 167

Deutsche Morgenländische Gesellschaft, 77

Dialogues des morts (Fénelon), 110

Dialogues philosophiques (Renan), 208

Dictionnaire des idées reçues (Flaubert), 262

Didascálicon (Hugo de São Vítor), 348

Diderot, Denis, 173

dionisíacos, cultos, 94

Discoveries in the ruins of Nineveh and Babylon (Layard), 269

discurso: como instituição imperial, 143; como representação, 52, 112-4, 365-6; definição de, 142; e formas de poder, 41, 436; europeu, Orientalismo latente dentro do, 279, 300; filológico, 195, 206, 209; Foucault sobre, 29, 142; mítico, 414, 427; ocidental, força do, 56, 142; Orientalismo como, 28-9, 33, 41, 52-4, 56, 112-4, 132, 142-3, 149, 175-6, 187, 206, 219, 228, 274, 276-8, 300, 311, 414-5, 427; orientalista, contribuição da literatura imaginativa para o, 28-9, 149; orientalista, doxologia do, 175; orientalista, impacto histórico do, 142-3; orientalista, perícia como nova forma de, 322; orientalista, questões metodológicas dentro do, 175, 179, 403; orientalista, Renan solidifica o, 187; orientalista, tipologia no, 311, 313-5; orientalista, vocabulário do, 74, 78, 99, 112-4, 137, 175, 183, 311, 427; orientalista, Von Grunebaum exemplifica o, 395-6; supera o escritor individual, 142, 275, 365

Disraeli, Benjamin, primeiro conde de Beaconsfield, 7, 32, 49, 78, 149, 152-3, 221, 232, 235-6, 266, 294, 474

502

Divã ocidental-oriental (Goethe), 87, 217-8, 233, 481

Divina Comédia, A (Dante), 108

"Do the Arabs want peace?" (Alroy), 490

Dom Quixote (Cervantes), 140-1

Don Juan (Byron), 247

Donato, Eugenio, 479

Doughty, Charles Montagu, 149, 238, 269, 301, 317, 320, 483, 485

"Douleur du pacha, La" (Hugo), 234

Doumer, Paul, 304

Dozy, Reinhart, 149, 212-3

drusos, 153, 265-6

Dryden, John, 62

Dugat, Gustave, 88, 471, 479

Durkheim, Émile, 348, 357

Eban, Abba, 361

École Publique des Langues Orientales, 127

Education sentimentale, L' (Flaubert), 259

Egito: atitudes para com os franceses e os britânicos, 287; Champollion e, 176, 195, 199, 237; Chateaubriand sobre, 242-3; como colônia britânica, 39, 46, 49, 61-3, 65-7, 69, 118, 123, 132-3, 236, 268, 286-8, 298, 302, 340, 345, 469; cultura europeia dos intelectuais no, 430; e o canal de Suez, 133-5; invasão napoleônica do, 52, 76, 118, 123-5, 127-30, 132-4, 177, 195, 204, 220; Lane sobre, 44, 54, 223-5, 227-9, 232-3, 244; nacionalismo no, 62, 66, 70, 72, 237, 346, 422; ponto focal do Orientalismo, 128; pós-1948, 162; *ver também* islã; Oriente Próximo

Eichhorn, Johann Gottfried, 47

Eliot, George, 43, 48, 149, 236, 266, 313, 468, 485

Eliot, T. S., 339

Encyclopedia of Islam, The, 380

Engels, Friedrich, 147

England in Egypt (Milner), 62

Enquête aux pays du Levant, Une (Barrès), 486

Eothen (Kinglake), 267, 483

Erchembert, 98

Erpenius, Thomas, 87, 104

Escola de Estudos Orientais e Africanos da Universidade de Londres, 290

espaço, 91-2, 233, 285, 287-8, 296, 316

Espanha, 47, 97, 117, 126, 141, 186, 406, 419

Ésquilo, 29, 51, 93-4, 327, 471

Essai sur l'histoire des Arabes avant l'Islamisme (Caussin de Perceval), 480

Essai sur l'inegalité des races humaines (Gobineau), 280

Estados Unidos: ascendência no Leste, 30, 39, 56, 156, 159, 387, 392; confiança orientalista dos, 81-4, 159-60; e o Orientalismo, 33, 39-40, 45-6, 56, 77; e o Terceiro Mundo, 81, 156, 159-60, 428; experiência limitada com o Oriente antes da Segunda Guerra Mundial, 387; herda a tradição orientalista, 33, 83-4, 159-60, 368, 380, 382-4, 386-9, 391, 393, 395-7, 399-401, 403, 410, 412-5, 417-9, 421-3, 425-8, 430-1, 489; ideal de pura erudição nos, 37, 42; identidade geopolítica vis-à-vis o Oriente, 39-40; imagem popular do árabe nos, 57-8, 381-4; interesse na colonização sionista da Palesti-

503

na, 393, 489; mundo árabe satélite dos, 429-31; papel no Oriente Próximo, 28, 58, 392-3, 428, 430-1; percepção do Oriente, 27-8, 39-40, 57, 159-60, 339-40; peregrinos orientais dos, 265, 483; qualidade imperialista do conhecimento nos, 39, 392-3, 428; relações culturais com o Oriente, 392-3, 395-7, 399-401, 403

"Estrutura doméstica e a política externa, A" (Kissinger), 81

Eurípides, 93-4, 471

eurocentrismo, 147, 161, 451, 463, 464

Europa: Ásia vai regenerar a, 166, 168-9; autoconsciência social da, 271; colonialismo no Oriente, 27-9, 34, 39, 45-6, 62-3, 65-7, 69-71, 74, 132, 140, 144, 150, 220, 263, 269, 285, 287-9, 291-3, 295-7, 299-302, 304-7, 313, 337, 344-5, 362, 373; conhecimento imaginativo do Oriente, 92-100, 102-4, 106-7, 112-3; "devaneio" do Oriente, 89, 114; "digere" o Oriente, 336-7; e a sexualidade do Leste, 263, 415, 417-9, 421; e as minorias no Leste, 264; força da, vis-à-vis o Oriente, 29, 32, 34, 39-40, 63, 65-6, 73-4, 79, 94, 98, 113, 120-1, 129-30, 132-3, 140, 143, 155, 161, 170, 201, 212, 214-5, 220, 224, 268, 271, 277, 306-7, 319, 334; hegemonia cultural da, e o Orientalismo, 34-6, 40, 131-2; metamorfose na apropriação do Leste, 285; na Renascença, ascendência da, 34; raízes linguísticas da, 120-1, 147, 195; representação do Oriente, 27-9, 32,

34, 45, 52, 72-3, 92-4, 98-100, 102-4, 106-10, 112-4, 131-2, 147-8, 152-3, 155-8, 160, 277, 364-6, 380; secularização da, 167-9, 174-6, 194, 197; transcendente ao "objeto" orientalista, 146; trauma do islã, 97-100, 114-5; uso cultural do Orientalismo, 29, 184, 215; Valéry sobre o papel da, 337; *ver também* imperialismo; Orientalismo; nomes de países

Fabre d'Olivet, Antoine, 133

Faisal, 362

Falanges libanesas, 405

Fashoda, Incidente, 61

Faure, Élie, 340-1, 486

Fauriel, Claude, 208

Fénelon, François de Salignac de La Mothe-, 110

Fenollosa, Ernest Francisco, 339

Filles du feu, Les (Nerval), 482

filologia: caráter científico da, 53, 147-8, 176, 186-7, 189-91, 196-7, 199, 202, 206-7, 209-11; central para o conhecimento moderno, 189-90; concomitante racial da, 148, 190-1, 200-1, 206, 209, 211, 313-5; contribuição de Jones para a, 121, 147; descobre o fenômeno humano da linguagem, 193-4; disciplina comparativa, 171, 186, 189, 199, 202-3, 215; e a "degradação" biológica "dos tipos", 204-5; formação estratégica dentro do Orientalismo, 50, 88, 147; Nietzsche sobre a, 188-9; posição fraca no Orientalismo americano, 389, 427; revitalizada nos anos entre as guerras, 346, 350-1; revolução na, 147, 215

Fitzgerald, Edward, 89
Flandin, Étienne, 304
Flaubert, Gustave, 33, 36, 40, 54, 133, 143, 154, 165-70, 204, 222--3, 235, 237, 246, 249, 250-1, 256-66, 268, 272-3, 280, 301, 312, 329, 389, 412, 446-7, 474--5, 479, 482-3; associa Oriente e sexo, 260-2, 412; busca da terra natal, 250; coerções orientalistas sobre, 78, 246, 261; como viajante, 256-7; detalhe em, 44, 257; e a "alternativa visionária", 257; e a mulher oriental, 33, 250, 257, 259, 282; e as pressuposições do Orientalismo latente, 280; exemplifica o gênero imaginativo no Orientalismo, 36, 89, 149, 153, 221, 235-6, 249, 251, 255-7, 259-62; impotência distanciada de, 260-1; independência do Orientalismo, 251, 261, 264-5; respostas do Oriente à perversidade em, 250, 255-6; revivescência oriental de, 256; satiriza a visão global e reconstrutiva, 167-9, 176, 261; sobre as ambições inglesas no Egito, 268; sobre o ciclo burguês de entusiasmo e desilusão, 165-6
Flauta mágica, A (Mozart), 172
Ford, Fundação, 394
Forster, E. M., 149, 328, 333, 486
Foucauld, Charles de, 357
Foucault, Michel, 29, 43, 53-4, 142, 173, 187, 193, 261, 476-7, 479, 483, 485
Fourier, François-Marie-Charles, 167
Fourier, Jean-Baptiste-Joseph, 61, 128-31, 473
França: competições coloniais com a Inglaterra, 46, 74, 118, 236, 265, 286-7, 291, 293, 295-7, 299, 303-4, 329; e o canal de Suez, 134-5; indústria orientalista na, 264; interesses do Extremo Oriente influenciam o interesse no Oriente Próximo, 46, 293; movimento geográfico em, 293, 295-7; na Índia, 118; peregrinos orientais da, 236, 238, 239-40, 242-4, 246-9, 251-3, 255-7, 259-62; prioridade no Orientalismo, 30, 46, 49, 103-4, 106-7, 118-9, 124, 128-30, 132-3, 147, 155, 179-82, 184-7, 189-91, 193-7, 199-201, 203-7, 209, 224, 231, 236, 238-40, 242-4, 246-9, 251-3, 255-7, 259-62, 264, 320, 329, 331, 334, 336, 354-8, 360-2, 364, 395; representa a espiritualidade no Oriente, 329, 354, 362; tradição orientalista em contraste com a da Inglaterra, 304, 329, 354-6; *ver também* Napoleão I
Franco-Prussiana (1870-1871), Guerra, 293
Franklin, Benjamin, 120
Franklin-Bouillon, Henry, 304
Frazer, James, 206
Fück, Johann W., 45, 468, 470, 484
Fundgraben des Orients, 77

Galland, Antoine, 103-5, 472
Gardet, Louis, 406
Garnier, François, 295
Gautier, Théophile, 149-51, 250
Geertz, Clifford, 434
Génie des religions, Le (Quinet), 122, 196, 470, 472
Génie du christianisme, Le (Chateaubriand), 242
Geoffroy Saint-Hilaire, Étienne, 42, 132, 201-2, 204-5, 473, 480

Geoffroy Saint-Hilaire, Isidore, 201, 204, 480

geografia: "comercial", 295; De Lesseps transcende a, 135, 137, 140; e a visão essencializadora do Oriente, 161, 332, 405, 407; e os projetos orientalistas da, 135, 137, 140; elaboração orientalista da, 40, 85, 90, 103-4, 120, 131, 181, 231, 274, 291-2; feita pelo homem, 31; forma de determinismo racial, 407; imaginativa e arbitrária, 91-2, 94-5, 108, 112, 114, 120, 144, 274, 279; imperialismo vence a, 144, 285, 289; relação com o conhecimento, 90, 131, 292; torna-se ciência "cosmopolita", 291-3, 295-7

"Giaour" (Byron), 233

Gibb, sir Hamilton A. R., 40, 90, 152, 157-9, 332, 344-6, 352-8, 367-80, 389, 395, 471, 474, 486-8; abstração metafísica de, 372-5, 377-8; em contraste com Massignon, 331, 353, 356-7, 367-8; figura dinástica, 368, 395; influências sobre, 369-70, 378; opõe-se ao nacionalismo no Oriente Próximo, 353, 373; papel nas políticas públicas de, 158, 345, 353, 368-9, 395; sobre a mentalidade árabe, 156-7; sobre a necessidade ocidental do Oriente, 344-5; sobre Massignon, 355, 378

Gibbon, Edward, 92, 97, 116, 171, 175, 471-2

Gide, André, 263, 336

Gilson, Étienne, 342

Girardin, Saint-Marc, 293-4

Glidden, Harold W., 83-4, 411, 470

Gobineau, Joseph-Arthur, conde de, 35, 149, 211, 280, 308, 480

Goethe, Johann Wolfgang von, 49, 53, 87, 89, 149, 151, 172, 204, 216, 218-9, 221, 233-4, 473, 480-1

Golden river to golden road (Patai), 411, 490

Goldsmith, Oliver, 171

Goldziher, Ignaz, 48, 156, 284

Golius, Jacobus, 104

Gordon, Charles George, 61

Gordon, David, 398, 489

"Governo das raças subjugadas, O" (Cromer), 78

Governo representativo (Mill), 43

Grã-Bretanha: escola orientalista contrastada com a francesa, 304, 329, 354-6; filosofia colonial da, 287-9, 291, 362; ocupação do Egito, 39, 46, 61-3, 65-7, 69- 71, 286-7, 302, 340, 345, 469; prioridade no Orientalismo, 27, 46, 120-1, 223-5, 227-9, 245, 267, 269-70, 303, 309, 310-1, 316, 318-20, 322-4, 326-8, 331, 367-70, 372-5, 377-9, 396, 404-6

Gramática comparada (Bopp), 194

Gramsci, Antonio, 34, 39, 43, 56-7, 469

Graves, Mortimer, 394, 489

Graves, Robert, 328

Grécia, 88, 95, 108, 247, 283, 454

Grimm, Jakob, 147

Grousset, René, 96, 471

Grunebaum, Gustave von, 156, 395-9, 406, 489

Guerra Fria, 389

Guilbert de Nogent, 112

Guizot, François-Pierre-Guillaume, 208

Gundolf, Friedrich, 346, 487

Hafiz, 234

Hallaj, Mansur al-, 155, 331, 354, 357, 360, 364, 474

Halpern, Manfred, 413, 490-1
Hamady, Sania, 413-6, 490-1
Hamann, Johann Georg, 172
Hariri, Abu Muhammad al-Qasim al, 182
Harkabi, Yehoshafat, 409-10, 490
Harun al-Rashid, 404
Harvard, Universidade, 158, 368, 395, 431, 457, 460
Harvey, Charles, 314
hashemitas, 331
hassânidas, 404
Hastings, Warren, 121
Hay, Denys, 34, 468, 471
hebraico, 53, 85, 88, 115, 120, 148, 179, 193-5, 198, 202, 389, 470
"Hegire" (Goethe), 233
Heisenberg, Werner, 358
Hejaz, 304, 317, 320
Helenismo, 87, 183, 283, 454; e o islã, 115, 155, 283, 406
Herbelot de Molainville, Bathélemy, 103-7, 112-3, 116-7, 144, 178, 285, 379, 472
Herder, Johann Gottfried von, 47, 148, 172, 190, 193, 196-7, 209, 218, 475
Herodíade (Flaubert), 251
Heródoto, 95, 137, 243
Histoire des arabes (Marigny), 123
Histoire des mussulmans d'Espagne (Dozy), 213
Histoire des navigations aux terres australes (de Brosses), 170
Histoire des orientalistes de l'Europe du XIIᵉ au XIXᵉ siècle (Dugat), 88, 471, 479
Histoire du peuple d'Israël (Renan), 317
Histoire générale et particulière des anomalies de l'organisation chez l'homme et les animaux (I. Geoffroy Saint-Hilaire), 480
Histoire générale et système comparé des langues sémitiques (Renan), 133, 202, 207, 211, 477-8
Histoire naturelle des poissons du Nil (E. Geoffroy saint-Hilaire), 473
história: alternativa à abordagem religioso-étnica, 433, 462; árabes vistos como isentos de, 311, 317, 373; *Cambridge History of Islam*, 403-5, 491; como narrativa, 227--9, 322-3, 332; como representação orientalista, 51, 62-3; consciência geopolítica dentro da, 40, 42, 86; cultural de Renan, 207; de ideias e o orientalismo, 53, 407; desconsideração orientalista da, 156, 159, 312, 332, 350, 373, 423, 428; do Oriente no século XVIII, 171, 174; e a visão essencialista do orientalismo, 146, 312, 323, 332; feita pelo homem, 31, 90, 168; generalização orientalista da, 145, 161, 312-4; imposição da tipificação científica sobre a, 312, 350; Lewis sobre a prática da, 425-6; Marx sobre as transformações necessária da, 216; no Orientalismo manifesto, 279; oriental, Balfour sobre, 62--3; oriental superada pela europeia, 128-30, 160-1; reduzida pela teoria cultural em Von Grunebaum, 398-9; revisionista, 424; sagrada e profana em d'Herbelot, 103; vista como drama por Quinet e Michelet, 196
Historia orientalis (Hottinger), 103
Historians of the Middle East (ed. Lewis e Holt), 472, 475, 484
"Historische Fragmente" (Burckhardt), 282
History of intellectual development on the lines of modern evolution (Crozier), 314

507

History of the decline and fall of the Roman Empire, The (Gibbon), 471

History of the Saracens (Ockley), 103

Hitti, Philip, 395

Hobson, J. A., 140

Hofmannsthal, Hugo von, 347, 487

Hogarth, David George, 271, 302, 317, 320, 330-1, 483-4, 486

Holt, P. M., 472, 475, 484, 490

Homero, 40, 50, 129

Hottinger, Johann H., 103

Hourani, Albert, 367-9, 452-3, 469, 474-5, 480, 488, 490

Hugo de São Vítor, 348

Hugo, Victor, 29, 53, 87, 89, 126, 149, 151, 221, 233-4, 470, 473--4, 481

Humboldt, barão Wilhelm von, 149, 190-1, 479

Hume, David, 42

Hurgronje, C. Snouck, 284, 343-5, 353, 486-7

Husein ibn-Ali (grão-xerife de Meca), 321

Hussein, Taha, 430, 482

Husserl, Edmund, 396

Huxley, Thomas Henry, 314

Huysmans, Joris Karl, 250, 356

Ibn-Khaldun, 213

Idade Média, 97, 100-2, 112, 383

Ideen zur Philosophie der Geschichte der Menschheit (Herder), 172

idées reçues, 143, 170, 257, 262, 341, 434

Iêmen, 162

Iji, Adudu'l-Din al-, 419

Images of Middle East conflict (Alroy), 410

Imperialism (ed. Curtin), 481, 483-4

Imperialismo: acomoda a classe intelectual árabe, 429-31; agentes orientalistas do, 271, 301-2, 304, 309-11, 320, 322-4, 326-9, 331, 428; americano, 30, 39, 45-7, 56, 58, 159-60, 380, 387, 391-3, 399, 427-8; britânico, 30, 39, 44-8, 56, 61-3, 65-7, 69-71, 74, 82, 118, 150, 215, 220, 236, 269--71, 286-9, 291-3, 295, 298-302, 304-6, 329, 331, 345, 456; conexão com o Orientalismo anglo--francês, 30, 48, 74, 130, 142-4, 155, 269-71, 290, 299-302; Cromer sobre as políticas do, 69-71, 78, 288; defesa de Balfour do, 61-3, 65-7; e as doutrinas orientalistas, 35, 40-1, 48, 78, 131, 142-4, 280, 301-2, 331, 388-9, 391, 394, 399, 429, 436; francês, 30, 39, 44-8, 56, 74, 118, 130, 143, 149, 179, 220, 265, 286, 293, 295-7, 299, 302, 304, 329; impacto sobre os orientais, 288, 338, 429, 430; nova configuração nos Estados Unidos e na União Soviética, 156, 160, 381; rege a cultura orientalista, 44, 77, 131, 144, 156, 178, 277, 285, 290; rivalidade intereuropeia no, 74, 118, 265, 286-7, 293, 295-7, 299, 303-4, 329, 334; tutela do Leste "atrasado", 67, 69, 130

Índia: Anquetil-Duperon para a, 118--9, 122, 220; britânicos na, 39, 46, 49, 61, 68-9, 76, 115, 117--21, 195, 215-6, 236, 289, 295, 303, 310, 354; civilizações clássicas do Oriente "bom", 148; e a aspiração francesa à "Índia Francesa", 296; estudo orientalista das religiões na, 86, 108, 117, 212, 343; Jones na, 120-1; línguas e dialetos da, 88, 117-21, 147, 194-5, 429; Marx sobre a regeneração da, 215-6, 218; o islã se espalha para a, 97, 116; ocupa o lugar da falácia edênica, 195; rivalidade intereuropeia na, 117-8

Indochina, 28, 74, 81, 296, 381

indo-europeias, línguas, 53, 195, 200, 206, 211

Indonésia, 97, 406

Inferno (Dante), 108-10, 112-3

"Influência da língua árabe sobre a psicologia dos árabes, A" (Shouby), 426

Institut d'Égypte, 88, 124

Institut de France, 182

Institutos de Manu, 121

"Interpretação da história islâmica, Uma" (Gibb), 379

Iraque, 145, 162, 404, 432

islã: "derrotismo" do, 419; "retorno" do, 159, 304, 421; admiração de Napoleão pelo, 125; as ideias de Massignon sobre, 359, 360-2, 364; como cultura da vergonha, 84; como movimento de conquista, 96, 100, 112, 115-6, 139, 278, 359, 405; Dante sobre, 108--10, 112; dogmas contemporâneos sobre, 401; e o Orientalismo masculino estático, 282; epítome do outsider, 111-2, 282; essencialmente "tenda e tribo", 156, 317; estudo entre-guerras do, 344-5, 349-53, 355-8, 360-2, 364, 372; exceção na dominação ocidental do Oriente, 115-6; Gibb sobre, 156-7, 331, 370, 372-5, 377-9; hegemonia do, 97; instrumento antes político que espiritual, 212-3; Macdonald sobre, 283-4, 333, 370; medo ocidental do, 97-8, 115-6, 140, 339-41, 349, 383; misticismo no,

283, 340, 347, 358, 360; o "mau" Oriente dos filólogos, 148, 200; percebido como impostura doutrinária do cristianismo, 97-100, 102, 105-6, 112-3, 283; reintegração com o Ocidente, 344-5, 374; religião de resistência, 359--60; representação cristã do, 98--100, 102-4, 106-9, 112-3, 124, 239, 283; Schlegel sobre, 148, 212; Scott sobre, 152; silêncio e articulação no, 377-8, 426; Smith desmitologiza o, 317-8; tolerância religiosa do, 284, 372; Von Grunebaum sobre o, 396-7, 399, 406; *ver também* árabes; Oriente Próximo

Islam and capitalism (Rodinson), 475, 491

Islam dans le miroir de l'Occident, L' (Waardenburg), 283, 484, 487-8

"Islamic concepts of revolution" (Lewis), 419-20, 491

islâmica, lei, 86, 344

Ismael, 359, 362

Israel, 58, 159, 362, 382, 384, 409-10, 425, 428, 444-5, 486, 490; *ver também* judeus; sionismo

Itália, 47, 123, 404, 471

Itinéraire de Paris à Jérusalem (Chateaubriand), 238

Jabarti, Abd-al-Rahman al-, 125, 443-4

Jaloux, Edmond, 336

Janet, Paul, 167

Japão, 27-8, 46, 115, 174, 381

Jaurès, Jean Léon, 330

Jean Germain, 100

jesuítas, 87, 170

jihad, 359, 383

João de Segóvia, 100, 175

Johnson, Samuel, 120, 173-4, 461

Jones, *sir* William, 36, 47, 52, 87, 117,

120-3, 147, 170, 177, 194, 220, 226, 234, 236, 291
Jouffroy, Théodore, 208
Journal intime (Constant), 195
Judas, Auguste, 237
judeus, 58, 104, 119, 148, 153, 200--1, 207, 213, 218, 242, 247, 266, 316, 325, 351, 382, 384, 391-2, 402, 408-9, 411, 423, 425, 449, 466, 477; americanos e árabes, 58, 411, 423; Chateaubriand sobre, 242; Dozy sobre, 212; e a dinastia divina da língua, 184, 193-4; e o mito ariano, 148; em Israel, 409; história sagrada dos, 104; origens primitivas dos, 316; Proust sobre o Orientalismo dos, 391; religião abraâmica dos, 359-60; Renan sobre, 200-1, 207; tumulto no Cairo em 1945, 422; *ver também* semitas; sionismo
Júlio César, 95, 129
Jung, Carl Gustav, 358

Kant, Immanuel, 173-4, 190
Khadduri, Majid, 83
khawals, 258
Kidd, Benjamin, 314
Kierkegaard, Sören, 358
Kiernan, V. G., 89, 471
Kim (Kipling), 305
Kinglake, Alexander William, 149, 221, 235-6, 267, 483
Kipling, Rudyard, 79, 303, 305-7, 309, 485
Kissinger, Henry A., 81-3, 401, 470
Kitchener, Horatio Herbert, lorde, 321
Kleber, Jean-Baptiste, 126
Knox, Robert, 280
Koenig, Relatório, 409
Kroeber, A. L., 398

"Kubla Khan" and the fall of Jerusalem (Shaffer), 47, 468
Kuchuk Hanem, 33, 258-61, 282
Kuhn, Thomas, 368
Kuwait, 430

La Roncière Le Noury, barão Camille de, 296
Lacoste, Yves, 356, 492
Lamartine, Alphonse de, 49, 54, 125, 133, 149, 165, 237, 245-9, 251, 265-7, 293, 312, 329, 382, 482
Lamennais, Félicité-Robert de, 167
Land of Midian revisited, The (Burton), 269
Lane, Edward William, 35, 44, 49, 54, 87, 149, 164, 177, 222-31, 233-6, 238, 242, 244-6, 252-3, 258, 263, 268-9, 303, 316, 322, 331, 368, 382, 446-7, 481, 490; atitude de proprietário em, 285, 315; autoexcisão de, 228-9, 234, 238; autoridade eterna de, 225, 228-9; contrastado com Burton, 222-3, 238; contrastado com Sacy e Renan, 266; e a prioridade inglesa, 47, 133; e as modernas estruturas orientalistas, 177, 272, 312; e as pressuposições do Orientalismo latente, 280, 301; e o crescimento citatório do Orientalismo, 244, 246; edita o Oriente para a sensibilidade europeia, 232-3, 281; estrutura narrativa de, 225, 227-9, 244, 322-3, 379; exemplifica a finalidade científica da residência oriental, 222, 225, 238, 241, 244, 249, 300, 322; imita o Oriente, 224-5, 228; importância do detalhe no estilo de, 44, 225, 227, 229, 244; não envolvimento com a vida egípcia, 228-9, 234, 241,

510

261, 315, 323, 326, 331; traduz *As mil e uma noites*, 229, 244; uso por escritores imaginativos, 54, 234, 251, 254-5, 258

Laroui, Abdullah, 397-8, 489

Lasswell, Harold, 159, 390-1, 474, 489

Lawrence, T. E., 149, 238, 302, 310--2, 317, 320-1, 324, 326-31, 333, 362, 371, 425, 485-6, 488; agente imperial, 271, 302, 304, 320, 324, 331; autoridade colonial com os hashimitas, 331; definição e visão na narrativa de, 309, 324, 333; e a clareza primitiva do árabe, 310-1; em contraste com Burton, 270; luta para despertar o Oriente, 325-6; Orientalismo como revelação sensacional em, 380; peregrinação inversa de, 238; visão pessoal de, 325-7, 333

Layard, Austen, 269

Le Bon, Gustave, 281

Le Mascrier, abade, 128

Le Strange, Guy, 303

Leconte, Casimir, 137

Legacy of Islam, The (1931, ed. Arnold e Guillaume), 344

Legrain, Georges, 237

Leibniz, barão Gottfried Wilhelm von, 180

Leopardi, Giacomo, 188

Lepanto, batalha de, 116

Lepic, Ludovic, 237

Lerner, Daniel, 415, 474, 491

Leroy-Beaulieu, Paul, 297

Lesseps, Ferdinand-Marie de, 133-7, 139-40, 143-4, 209, 295, 297-8, 473-4, 480

Lesseps, Mathieu de, 135

Lettres d'Égypte de Gustave Flaubert, Les (ed. Naaman), 482

Lévi, Sylvain, 334, 354, 357, 486-7

Levin, Harry, 256, 482

Lévi-Strauss, Claude, 90, 396, 471

Lewis, Bernard, 156, 159, 419-21, 423-6, 428, 447, 453-9, 472, 474-5, 484, 490-2

Líbano, 162, 247, 253, 265, 428, 444

Líbia, 432

Licurgo, 129

Life of Mahomet (Muir), 213

Lineu, 173-4

linguagem: ciência e, 199; como representação, 51, 365; descoberta como fenômeno humano, 193-4, 477; Nietzsche sobre, 276; origens da, 193-6, 312-3; Renan sobre, 197; *ver também* filologia

línguas orientais: bíblicas, 87, 184, 193--4; como instrumento de propaganda, estudo das, 389, 391; diferenças contribuem para os tipos orientalistas, 312-4, 320; e a perícia contemporânea, 389, 419, 426-7; e o Orientalismo manifesto, 279; identificadas com o semítico, 117, 198; ideologia orientalista aplicada às, 426-7; impulso para o Orientalismo, 53, 76, 85, 87-8, 103, 119, 147, 176, 193-4, 414; Jones e, 87, 117, 120-1; "laboratório" ocidental para as, 198-201, 203, 206; nos currículos ocidentais, 85, 89, 145, 159, 230-1, 389, 431, 470; realização de Anquetil-Duperon nas, 87, 118-9; reconstrução das, e colonialismo, 40, 178; Renan e, 77, 133, 190, 194, 197, 199-201, 203, 205, 210, 312; uso espiritual para a Europa, 85, 168, 176, 344-5, 470; *ver também* línguas específicas e famílias de línguas

literatura imaginativa: a relação política com a, 36-7, 39, 42-3, 55, 236; coerções socioculturais sobre, 78, 236, 274; contrastada com o Orientalismo profissional, 221, 234-6, 238, 251, 254, 261; e a peregrinação para o Oriente, 234-6, 238-40, 242-3, 246-9, 251-3, 255-7, 259-62, 266; e a residência oriental, 221; gênero orientalista da, 28-9, 36, 51-2, 58, 78, 89, 98, 133, 149, 151-2, 221, 234-6, 238-40, 242-4, 246-9, 251-3, 255-7, 259-62, 266-7, 303; orientalista inglesa comparada com a francesa, 266; *ver também* escritores individuais
literatura oriental, 50, 145, 344-5
"Literatura" (Gibb), 344
Locke, John, 42
Lois psychologiques de l'évolution des peuples, Les (Le Bon), 281
Long revolution, The (Williams), 43, 468
Lorrain, Claude, 247
Loti, Pierre, 149, 339
Louis Lambert (Balzac), 188, 199, 477
Louis Philippe, 393
Louÿs, Pierre, 282
Lowth, Robert, 47
Lugard, Frederick Dealtry, primeiro barão Lugard, 289
"Lui" (Hugo), 126
Lukacs, Georg, 348
Lustful Turk, The, 35
Lutero, Martinho, 100, 112
Lyall, Charles, 303
Lyall, *sir* Alfred Comyn, 71, 82, 213

Macaulay, Thomas Babington, 43, 214-5, 270, 481
Macdonald, Duncan Black, 156-7, 284, 332-3, 471, 488

Maeterlinck, Maurice, 336
mahdismo, 376
Mahomet (Voltaire), 473
"Mahometsgesang" (Goethe), 151
Mallarmé, Stéphane, 358
Malraux, André, 333
mamelucos, 125, 258
Mandeville, *sir* James, 62, 96
Manifesto (Napoleão), 179
Mannheim, Karl, 348
Mans, Raphael du, 105
Manu, 121, 174
Maomé, 97, 99, 100-2, 104-6, 109-10, 112-3, 116, 126-7, 155, 175, 213-4, 239, 284, 318-9, 351, 360, 375, 384, 404
Maqamat (al-Hariri), 181
Marco Aurélio, 208
Marcus, Steven, 35, 468
Margoliouth, David Samuel, 303
Mariette, August-Édouard, 237
Marigny, François Augier de, 123
Maritain, Jacques e Raïssa, 357
Marlowe, Christopher, 102
Marlowe, John, 135, 469, 473
maronitas, 265, 298, 372, 405
Marrakech, 338, 486
Marx, Karl, 7, 29, 43, 45, 52, 62, 147, 153, 215, 217-21, 280, 312, 391, 433, 445, 450, 468, 481
marxismo, 42, 77, 407, 433, 450
Maspero, Gaston, 237
Massignon, Louis, 155, 304, 346-7, 352-68, 372, 374, 379-80, 389, 395, 451, 474, 487-8; combina erudição e intuição espiritual, 355-6, 374, 379; como estilista, 356-7, 379; compaixão cristã em, 362; e a tradição nacional, 353, 356, 362; estrutura e ideias de, 359-61; fraqueza de, 364; influência de, 366; outsider, 368; papel político de, 284, 357; so-

512

bre el-Hallaj, 155, 284, 331, 353, 359-60, 364; une erudição e compromisso com as "forças vitais", 355, 357; visão não ortodoxa do islã, 331, 357-8, 364

Massis, Henri, 337

Masson-Oursel, P., 285, 484

Matter of Araby in medieval England, The (Metlitzki), 45, 468

Maugham, W. Somerset, 263

Mauss, Marcel, 263, 357

Meca, 116, 213, 238, 267, 270, 321

Melville, Herman, 265, 387, 483

Mencius on the mind (Richards), 341, 486

Merton, Robert K., 429, 492

MESA Bulletin, 385, 489-90

Mesopotâmia, 149, 298, 304

Metlitzki, Dorothee, 45

Metternich, príncipe Clemens Lothar Wenzel, 393

Michaelis, Johann David, 47

Michel, P. Charles, 314

Michelet, Jules, 114, 144, 167, 191, 196-7, 209, 477

Middle East Institute, 394, 489

Middle East Studies Association (MESA), 394

"Middle Eastern and North African studies" (Berger), 489

Middlemarch (George Eliot), 48-9, 468, 485

Mil e uma noites, As, 103, 245, 267, 271

Mill, James, 290

Mill, John Stuart, 43, 290, 307

Milner, Alfred, primeiro visconde Milner, 62

Milton, John, 102

Mimesis (Auerbach), 347, 487

"Minuta" (Macaulay), 214, 481

Modern Egypt (Cromer), 70, 288, 469, 484

Modern Islam (Von Grunebaum), 489

Modern trends in Islam (Gibb), 40, 474, 488

Mohammedanism (Gibb), 375, 488

Mohl, Jules, 88, 381, 470

mongóis, 104, 402, 470

Montesquieu, barão de la Brède et de, 174, 190

Moore, Thomas, 172, 470

Morazé, Charles, 166

Morier, James Justinian, 266

Morse, Samuel, 393

Mozart, Wolfgang Amadeus, 172

muçulmanos *ver* árabes; islã

Mugniery, Leon, 415

Muhammedanisches Recht (Sachau), 343

Muir, sir William, 149, 212-3, 303

Müller, Friedrich Max, 48, 331, 339

"Mundo árabe, O" (Glidden), 83, 411

Nanking, Tratado de, 393

Napoleão I, 46-7, 88, 118, 123-8, 130-3, 135, 143-4, 179, 182, 235-6, 249, 294, 443-4, 473; e o nascimento do Orientalismo moderno, 132; identificação simpática de, com o Oriente, 125, 172, 473; impulso orientalista e textual de, 123-5, 127-8, 143, 237; significado da invasão egípcia, 52, 76, 118, 123-5, 127-30, 132-4, 182, 195, 234

Napoleão III, 391

Nasser, Gamal Abdel, 139

Near East and the great powers, The (ed. Frye), 368, 488, 489

Nerval, Gerard de, 27, 36, 49, 54, 89, 149-51, 153, 235, 237, 246, 250-5, 265-6, 329, 452, 474, 481, 482; a predileção de Massignon por, 358; coerções orientalistas sobre, 78; e a natureza citatória do Orientalismo, 245-6; e tipos femininos, 249, 252, 255; exemplifica a estética pessoal na escrita orientalista, 222, 235-6, 249, 251; imaginação desapontada do Oriente, 149, 150, 251, 255, 327; importância para o Orientalismo, 251, 253; mundo de sonhos interiores, 253, 255; significado do Oriente, 250-3, 255, 263, 280; viagem comparada com a de Chateaubriand, 253; visão negativa do Oriente, 255

nestorianos, 298

Newman, John Henry, cardeal, 43, 215, 308, 481

Nicholson, Reynold Alleyne, 303

Nicolau de Cusa, 100

Nietzsche, Friedrich Wilhelm, 188-9, 276-7, 477, 483

Nilo, 127, 227, 243, 260

Nöldeke, Theodor, 48, 283

Notes of a Journey from Cornhill to Grand Cairo (Thackeray), 269

Nouty, Hassan al-, 237, 481

Novalis, 168

O'Brien, Conor Cruise, 417

Occident and the Orient, The (Chirol), 486

"Occident devant l'Orient, L'" (Massignon), 358, 487

ocidentalização, 373, 412

Ocidente *ver* Europa; Estados Unidos

Ockley, Simon, 103, 117-8, 475

Omar I, 116, 164, 239

Ordem das coisas, A (Foucault), 53, 389

oriental, literatura: "infinidade" da, 119; antologias de extratos da, 50, 181, 185-6, 202, 379; e o Orientalismo manifesto, 279; evitada no Orientalismo social-cientista, 388; Gibb sobre, 344-

-5, 370; Kinglake sobre, 267; Massignon e a, 284, 353, 356; Nerval emula a, 252-3; o conto na, 62, 89; poesia, 145, 184, 234, 247, 284, 344; religiosa, 373; tributo ocidental à, 234; valor para o Ocidente da, 184, 344-5

Orientales, Les (Hugo), 87-8, 151, 179, 473, 476, 478-9, 481

"Orientalism in crisis" (Abdel Malek), 474, 487

Orientalismo: como um modo de dominação ocidental, 29, 32, 34, 40, 44, 56, 60-3, 65-7, 69-71, 73-4, 81, 84, 115, 124, 130, 132, 143-4, 162, 178, 201, 206, 215, 232, 248, 266-7, 269, 272, 277, 301-4, 313-5, 331, 341, 408, 413-4, 428, 430-2; cria o Oriente, 31, 73, 132, 143, 175, 185-6, 199, 203, 206, 209, 299; crise no, 155-8, 160-1, 278, 335-6; definições do, 27-32, 40, 74-5, 87, 114, 140, 143, 175, 274, 276; demarcação do Leste e do Oeste no, 72-3, 75-6, 79-80, 82-4, 94, 114, 145, 273, 279, 307, 309-10, 334, 336, 340, 346, 348, 361, 371, 399-401, 409-10, 412, 435; dogmas correntes do, 401, 403, 425; esquematização do Oriente, 108-10, 112-3, 130-2, 144, 148-9, 151-3, 155-8, 160, 207, 209-11, 217-9, 322, 401; exterioridade do, 51, 131-2, 156-8, 160, 183, 310, 333; fornece agentes e perícia para o Império, 271, 300, 302, 304, 309-11, 320, 322-4, 326-9, 331, 427-8; islâmico, posição retrógrada do, 350-2, 361, 372-4, 395-7, 400-1, 403-6, 410, 412-5, 417-9, 421-3, 425-7; modernização do, 77,

114, 118, 122, 130, 132, 140, 144, 170, 174-6, 178-9, 182, 186, 219, 286, 342-3, 345-8, 350-3, 355-8, 360-2, 364-6, 368--70, 372-5, 377-9; nos anos entre as guerras, 333-4, 336-8, 340-3, 345-8, 350-3, 355-8, 360-2, 364; perspectivas gerais e particulares no, 36, 40-3; sobre a decadência cultural semítica, 200, 206, 312--5, 319-20, 386, 401, 409; três sentidos do, 29-32; visão essencialista do, 146, 153, 155-8, 160, 209, 217-9, 277, 279, 284, 300, 302, 310-1, 313-5, 318-20, 322--3, 332-3, 338, 343, 373-4, 395--7, 399-401, 407-10, 412-3, 420, 423, 428, 491; *ver também* orientalista, erudição

Orientalismo latente: constância do, 279; convergência com o Orientalismo manifesto, 300-2; de cinco eruditos islâmicos, 283-4; e o imperialismo, 300-2; elaborado em agentes imperais, 302; ênfase "clássica" do, 300; enraizado na geografia, 292; pressuposições racistas do, 280; pressuposições sexistas do, 281-2

Orientalismo manifesto, 279, 284; convergência com o Orientalismo latente, 300-2

orientalista, erudição: a "verdade" na, 276-7, 365, 426; a codificação da, 120-1, 183, 262; a vitória de Burton sobre a, 268, 270-1; alcance da, 86-8, 131-2, 140, 193-5, 230, 264, 284; categorias "originais" da, 314-5, 319; coerções socioculturais sobre a, 274; como falsa participação no Oriente, 225, 228; conexões com os estudos humanísticos entre as guerras,

346-8, 350-1; denominação geográfica da, 85, 429; disseminação da, 229-30, 264, 299; e a atitude comparativa, 210-1; e a invasão napoleônica do Egito, 123-5, 127-30, 132, 143; e o "objeto" aviltado de estudo, 145-6, 308-9, 315, 425; e os agentes individualistas do império, 268-71, 303, 320; filologia e raça na, 147-8, 190-1, 200-1, 206, 209-11, 280, 312, 315; foco nos períodos clássicos, 88, 122-3, 140, 278, 313-4, 401; identidade cumulativa da, 178, 231, 275, 300; imagem de espelho na, 283; lexicografia da, 44, 218-9, 229, 276; papel no mundo pós-colonial, 369, 433, 435-6; patrocina o colonialismo, 72, 74, 124, 131-2, 144, 149, 284, 301; pressuposições latentes da, 279-80, 282-4; programas institucionais da, 230, 265; relação hermenêutica com o Oriente, 301, 343; suma ortodoxa da, 403-6; torna-se uma atitude instrumental, 321-2, 331, 340-1, 387, 427; unidade na, 284; vocabulário de poder e conquista na, 183, 224; *ver também* discurso; perícia orientalista; Orientalismo; filologia

orientalista, perícia, 271, 300-2, 304, 309-11, 319; a francesa em contraste com a britânica, 329, 331; aspecto mundano da, 320, 322--3, 326-7, 331, 340-1; do "especialista de área" contemporâneo, 381, 387-8; sobre a política e a sexualidade árabes, 416-9, 421; veracidade coletiva da, 310, 319, 331-2; *ver também* Orientalismo; orientalista, erudição orientalização do Oriente, 32, 107, 145, 155, 162, 219, 235, 252, 275; pelo próprio Oriente moderno, 433

Oriente Médio *ver* Oriente Próximo

Oriente Próximo: ambição colonial francesa no, 125, 195, 297, 299, 303-4; categorias redutoras para o, 322, 395-7, 399; conexão com o interesse anglo-francês no Extremo Oriente, 46, 266; erudição contemporânea sobre, 28, 384, 386-9, 391, 396-7, 399-401, 403-6, 410, 412-5, 417-9, 421-3, 425-7, 490; no Terceiro Mundo, 81, 405; política americana e, 28, 58, 392-3, 428, 430-1; primazia cristã do, 96, 115, 237, 349; principal encontro anglo-francês com o Oriente, 46, 58, 75, 149, 273, 298; relações árabe-israelenses no, 58, 159, 361, 382-3, 409-10, 424-5; Smith sobre, 316, 318; viajantes do Ocidente para o, 278; visão contemporânea estereotipada do, 58, 352, 381-4, 402-6, 408-10, 412-5, 417-9, 421-3, 425-8; *ver também* árabes; Egito; islã

Orwell, George, 338-9, 486

Otelo (Shakespeare), 112

Otomano, Império, 118, 149, 265, 281, 298, 334, 340

"Ou s'affrontent l'Orient et l'Occident intellectuels" (Baldensperger), 340

Owen, Roger, 435, 469, 490-1

Oxford, Universidade de, 85, 89, 119, 289, 368, 431

Ozanam, Antoine-Frédéric, 208

Palestina, 57, 151, 162, 240, 247, 266, 337, 361, 382, 393, 408, 424-5, 448-9

Palgrave, William Gifford, 271

Palmer, Edward Henry, 149, 271, 302

Panikkar, K. M., 32, 468

Paquistão, 284, 381, 406, 439, 441, 445

Paracelsus, Philippus Aureolus, 48

Paris, 46, 49, 85, 88, 119, 147, 215, 238, 259, 295, 298, 304, 351

Passagem para a Índia (Forster), 328

Patai, Raphael, 411-2, 415-6, 490

Pedro, o Venerável, 112

Pele de onagro, A (Balzac), 198

Peloponeso, Guerra do, 94

Penetration of Arabia, The (Hogarth), 302, 484

persa (língua), 103, 120-1, 127, 147

Persas, Os (Ésquilo), 51

Pérsia, 46-7, 97, 118

Personal narrative of a pilgrimage to al-Madinah and Meccah (Burton), 133, 483

Peters, Carl, 281

Philby, Harry St. John Bridges, 271, 302, 317, 320, 331

"Philology and Weltliteratur" (Auerbach, trad. M. e E. W. Said), 487

Philosophie anatomique (E. Geoffroy Saint-Hilaire), 204, 480

Philosophy of St. Thomas Aquinas, The (Gibson), 342

Pickering, John, 392

Pickthail, Marmaduke, 339

Picot, Georges, 299

Pio II, papa, 100

Piranesi, Giambattista, 172

Pirenne, Henri, 112, 472

Pitágoras, 129

Pitt, William, 120

Platão, 110, 129

Plínio, 351

Pockoke, Edward, 104

Podney, John, 473

Poema del Cid, 102, 112

Poliakov, Léon, 148, 474

Polk, William, 367-8, 486, 488

Polo, Marco, 96

Pope, Alexander, 62, 79

Portugal, 47, 117

Postel, Guillaume, 87, 104

Pound, Ezra, 339

Poussin, Nicolas, 247

Praz, Mario, 250, 482

Prester John, 102

Prideaux, Humphrey, 114, 475

Primeira Guerra Mundial, 157, 178, 298, 302, 304, 324, 331, 343, 362, 380, 393

Princeton, Universidade de, 381, 384, 395

Principes de grammaire générale (Sacy), 180-1

Protocolos dos Sábios de Sião, Os, 408

Proudhon, Pierre Joseph, 167

Proust, Marcel, 206, 392, 489

Qazzaz, Ayad, al-, 489

Quatremère, Étienne-Marc, 198, 237, 478

Quinet, Edgar, 117, 122, 166, 196-7, 209, 250, 363, 470, 472

Racial, teoria: adotada pelo Orientalismo latente, 280; bases biológicas da, 280, 312-4; concomitante à linguística comparada, 148, 209, 312-3; de Balfour, 67; de Cromer, 67, 69-71; de Renan, 35, 44, 72, 77, 149, 190-1, 200- -1, 205-6, 209-12, 218, 237, 307, 312-3, 316, 386, 408, 477, 479; de Schlegel, 147-8; e a classificação de tipos no século XVIII, 173- -4; e o empirismo, 42, 313-4; e o imperialismo vitoriano, 43, 280;

e o palestino árabe no ocidente, 58, 382-3; em Kinglake, 267; estudos da, 479; fundamentada em tipos e protótipos da linguagem, 312-5, 352; Gibb opõe-se à, 372; invoca a generalidade das origens, 315; no mundo clássico, 95; Orientalismo e a, 35, 42, 44, 53, 58, 77, 140, 145-6, 159, 207, 218, 277, 314, 372, 407-10, 412- -5, 417-9, 421-3, 429, 433, 435- -6, 490; produz o Homem Branco, 305-7; Trilling sobre a, 314

Rafael, 110

RAND, Corporação, 394, 491

Ranke, Leopold von, 144, 282, 406

Rapto do serralho, O (Mozart), 172

regeneração: da Ásia pela Europa, 217, 222, 239, 280; da Europa pela Ásia, 166, 168; no romantismo do século XIX, 167-8, 235

Règne animal, Le (Cuvier), 215

Reinaud, Joseph, 179

Relatório Hayter, 90

Religious attitude and life in Islam, The (Macdonald), 332, 370, 488

Rémusat, Jean-Pierre-Abel, 478

Renaissance orientale, La (Schwab), 45, 87, 168, 196

Renan, Ernest, 33, 35, 54, 72, 134, 149, 156, 177, 187-93, 195-204, 206- -13, 218-20, 234, 237, 251, 257, 266, 272, 280, 285, 300, 307-8, 312, 317, 328, 331, 351, 357, 359, 365, 371, 382, 395, 408, 446, 477- -80; "laboratório" de, 197, 199- -201, 203, 205-6, 209, 379; abraça os princípios antidinásticos da nova filologia, 194, 197; adapta o orientalismo à filologia, 187; criação artificial de, 196, 199-200, 205-7, 209; detalhes em, 44, 191; e a ciência natural, 189-90, 196-7,

517

200-1, 203, 205-7, 313; e a concepção masculina do mundo, 206-7, 281, 480; e as estruturas orientalistas modernas, 176, 187, 189-91, 193-7, 199-201, 203-7, 209, 386; e o cristianismo, 191, 193, 196, 199, 206-7; estuda as línguas semíticas, 77, 133, 190, 197, 199-201, 203, 205, 210, 312--3; ideias raciais de, 35, 44, 72, 77, 149, 190-1, 200-1, 205-6, 209-12, 218, 237, 307, 312-3, 316, 386, 408, 477, 479; posições paradoxais de, 190-1, 205; sobre a filologia, 189-91, 193, 197; sobre a linguagem, 196; sobre o papel da ciência, 199; visão essencialista do islã, 156, 312-6

Renascença, 35, 87-8, 98, 100, 113, 119, 155, 171, 374, 384, 404

René (Chateaubriand), 242

Report on current research (Middle East Institute), 389, 489

"Retreat from the secular path?" (Abu-Lughod), 475

"Return of Islam, The" (Lewis), 474, 491

"Rêves" (Renan), 208

"Revolt of Islam, The" (Lewis), 491

Revolution in the Middle East (ed. Vatikiotis), 416, 491

Richards, I. A., 341-2, 486

Richards, V. W., 309

Robertson, Maxime, 62, 316, 362, 371, 485

Roma, 95, 116, 129, 171, 254

Romantic agony, The (Praz), 250

romantismo: alemão, 108, 344; de Byron e Scott, 266; de Chateaubriand, 239; de Flaubert e Nerval, 249; do sonho orientalista traído, 150, 255; e a biologia, 204; e a teoria dos fragmentos,

185; e as versões pós-iluministas da redenção cristã, 167-8, 197, 217, 222, 235, 240, 272; e o islã moderno, 376; e o Oriente como um local exótico, 172; na concepção de Oriente de Marx, 217; raízes orientalistas no, 187; Schlegel sobre o Oriente como a mais pura forma de, 147, 195; Shaffer sobre o, 47

Roseta, Pedra de, 176, 199

Ross, E. D., 303

Rousseau, Jean-Jacques, 174, 180, 197, 209, 247

Royal Asiatic Society, 77, 149, 230, 472, 481, 487

Rubáiyát of Omar Khayyám (FitzGerald), 266

Ruskin, John, 43, 307

Rússia, 39, 47, 57, 149, 265, 268, 291, 304, 310, 390, 461

Sachau, Eduard, 343

Sacy, Antoine-Isaac, barão Silvestre de, 35, 48, 54, 127, 147, 177-87, 195, 198, 208, 211, 213-4, 220, 234, 246, 251, 266, 280, 331, 473, 476, 481; canoniza o Oriente, 185; como pedagogo, 47, 127, 178-82, 184-5, 380; como tradutor, 179, 181-3; e a generalização do Oriente, 180-1, 210--1; e as estruturas orientalistas modernas, 176, 186, 245, 272; fragmentos, teoria de, 184-6, 202, 208, 213, 379; liga a erudição às políticas públicas, 179, 301; obra compilatória de, 180--3, 219-20; primeiro orientalista moderno e institucional, 47, 127, 183, 185-6; racionalidade em, 180, 185; sobre o "museu", 231

Said, Edward W., 448, 483, 487

Saint-Simon, conde de, 167

Sakuntala (Kalidasa), 148

Saladino, 110, 151, 357

Salammbô (Flaubert), 40, 133, 251, 256-60, 483

Sale, George, 103, 171, 234, 475

Salisbury, lorde *ver* Cecil

sânscrito, 46, 76, 87, 117, 121, 145, 147, 174, 194-5, 198, 334, 393

sarracenos, 98, 100, 116-7

sassânidas, 47, 180

Saud, casa de, 331

Saulcy, Louis-Félicien-Joseph de, 237

Saussure, Leopold de, 281

Scaliger, Joseph Justus, 104

Schelling, Friedrich Wilhelm Joseph von, 209, 212

Schlegel, Friedrich, 49, 54, 87, 147-8, 168, 195, 212, 359, 371, 474, 479

Schopenhauer, Arthur, 169, 188

Schwab, Raymond, 45, 48, 87, 119, 168, 196, 339, 468, 470, 472, 478-9

Scott, Sir Walter, 78, 98, 149, 151-2, 221, 236, 266, 357-8, 474, 489

SEATO, 160

Ségalen, Victor, 339

Segunda Guerra Mundial, 30, 47-8, 56, 89, 155, 160, 342, 347, 380, 387-8, 393, 397, 399

Self-Determination and history in the Third World (Gordon), 398, 489

semitas, 191, 200, 324; bifurcam em orientais e orientalistas, 382, 410; como tipo redutor, transindividual, 313-5, 322-3, 362, 386, 408; desmitologização de Smith dos, 316; Doughty sobre os, 320; e o mito ariano, 148, 359; posição retrógrada do estudo dos, 351; presente e origem vistos juntos nos, 316, 318-9; Renan sobre os, 200-1, 205, 210, 316, 328, 386, 477; representados para um público ocidental, 391; *ver também* antissemitismo; árabes; islã; judeus

semíticas, línguas, 87, 115, 117, 148, 191, 198, 200, 203, 206, 313, 356, 393

Senart, Émile, 336

Sete pilares da sabedoria, Os (Lawrence), 321

Shaffer, E. S., 47-8, 468

Shahid, Erfan, 404

Shakespeare, William, 36, 62, 102, 112

Shouby, E., 426-7

Sicília, 97, 117, 406

Silvestre de Sacy, ses contemporains et ses disciples (Dehérain), 473, 476

Simar, Théophile, 479

sionismo, 58-9, 299, 361-2, 372, 382-3, 393, 402, 405, 410, 424-6

"Sir Hamilton Gibb between Orientalism and history" (Polk), 488

Síria, 46, 49, 54, 97, 118, 149, 162, 236, 268, 294, 302-4, 373, 448

Smith, William Robertson, 316-20, 362, 371, 469, 475-7, 485

Sobre a liberdade (Mill), 43

sociais, ciências, 433; "tipos" nas, 348; e a tradição de autoridade sobre o Oriente, 49, 84-5, 160-1, 380, 384, 386-9, 391, 395, 427; eurocentrismo das, 147; interdisciplinares com o Orientalismo, 159, 407; sobre o Oriente Próximo, 384, 386-9, 391

Social evolution (Kidd), 314

Sociedade Asiática de Bengala, 121

Société Académique Indo-chinoise, 296

Société Asiatique, 77, 88, 149, 179, 230-1, 297, 334, 470, 479, 481

519

Société de Géographie de Paris, 295

Soemmerring, Samuel Thomas von, 174

Solimões pré-adâmicos, 104

Sólon, 129

Sorbonne, 192

Southern, R. W., 93, 100-1, 470-1

Souvenirs d'enfance et de jeunesse (Renan), 477

Spengler, Oswald, 282

Spitzer, Leo, 346

Stanhope, lady Hester Lucy, 247, 331

Steinthal, Heymann, 48, 149

Stendhal, 238

Stevens, Wallace, 32

Stokes, Eric, 291, 484

Storrs, Ronald, 271, 320, 331

"Structure of religious thought in Islam, The" (Gibb), 486

Struggle for existence in human society, The (Hughes), 314

Suez, Canal de, 133, 139-40, 298, 473

sufi, misticismo, 331, 357, 364

Suna, 359

Surat, 119

Swettenham, *sir* Alexander, 289

Swinburne, Algernon Charles, 250

Sykes, sir Mark, 298-9, 320, 486

Syrie, La (de Caix), 484

Système comparé et histoire générale des langues sémitiques (Renan), 133

Tableau historique de l'érudition française, 182, 476

Talisman, The (Scott), 151, 266, 474

Talleyrand-Périgord, Charles-Maurice de, 123

Tancredo (Disraeli), 7, 32, 153, 236, 266

Tasso, Torquato, 102, 247

Temperament and character of the Arabs (Hamady), 413, 490

Temple, Charles, 281

tempo, 92, 233, 312, 316

Tentation de Saint Antoine, La (Flaubert), 261, 273, 479, 482-3

"Terminal Essay" (Burton), 483

textual, atitude, 140-1; desencantamento com o Oriente moderno, 150-1, 154; dialética de reforço na, 142; em *Bouvard e Pécuchet*, 167, 262; em *Cambridge History of Islam*, 407; no Orientalismo, 142-3, 219-20, 262; transição para a prática administrativa, 145, 284, 302, 321-2, 341

Thackeray, William Makepeace, 269

thawra, 419-20

Thiry, Jean, 123, 472-3

Thomas, Lowell, 328

Tiepolo, Giovanni Battista, 172

Toqueville, Alexis de, 144

Tournefort, Joseph Pitton de, 170

Transcaspiana, Ferrovia, 265

transcendentalistas, 387

Travels in Arabia Desert (Doughty), 485

Trilling, Lionel, 314, 485

truchement, 232

Tuchman, Barbara, 383

Turgot, Anne-Robert-Jacques, 207

Turquia, 97, 149, 236, 253, 298, 302, 321, 347

Twain, Mark, 150, 221, 265, 387, 483

Tyrrell, Emmett, 384

Über die Sprache und Weisheit der Indier (Schlegel), 147, 474

UCLA, 395, 431

União Soviética, 37, 156, 389, 444, 459; *ver também* Rússia

Untergang des Abendlandes, Der (Spengler), 282

Upanishades, 119, 148
utilitarismo e imperialismo, 291

Valéry, Paul, 336-9, 486
Valle, Pietro della, 96
Varro, Marcus Terentius, 204
Varthema, Lodovico di, 96
Vatikiotis, P. J., 416-9, 491
Vattel, Emer de, 293, 484
Verdadeira natureza da impostura, A (Prideaux), 114
Verne, Jules, 295
Vico and Herder (Berlin), 475
Vico, Giovanni Battista, 31, 56, 89, 171-2, 174-5, 189-90, 196-7, 209, 441, 475
Victory (Conrad), 258
Vie de Jésus (Renan), 207
Viena, Congresso de, 82, 88, 179
Vietnã, Guerra do, 39
Vigiar e punir (Foucault), 29
Vigny, Alfred-Victor de, 149, 235
Vingt-sept ans d'histoire des études orientales (Mohl), 470
"Visão biológica de nossa política externa, Uma" (Michel), 314
Visit to the Monasteries of the Levant (Curzon), 269
Vitória, Rainha, 61
Vogüé, marquês de, 237
Volney, Constantin-François de Chasseboeuf, 72, 124-5, 133, 191, 234, 236-7, 473
Voltaire, 119, 140, 473
Vossler, Karl, 346
Voyage en Égypte et en Syrie (Volney), 124, 473
Voyage en Orient (Lamartine), 165, 246--8, 482

Voyage en Orient (Nerval), 150, 222, 250-3, 255, 482

Waardenburg, Jacques, 283-5, 359, 484, 487-8
Wafd, partido, 345
Wagner, Richard, 188
Waley, Arthur, 339
Wandering scholar, The (Hogarth), 330, 486
Warburton, Eliot, 236, 269
Weber, Max, 348, 491
Weil, Gustav, 149
Weizmann, Chaim, 408
Wellhausen, Julius, 283
Weltgeschichte (Ranke), 282
Westlake, John, 280
Whiston, William, 118
Whither Islam? (ed. Gibb), 372-3, 471, 488
Wilde, Oscar, 206
Wilkins, Charles, 121
William de Trípoli, 112
Williams, Raymond, 43, 60, 468-9
Wilson, Woodrow, 299, 337
Wolf, Friedrich August, 188-90
Wordsworth, William, 37, 168

Xerxes, 93-4
xiitas, 355

Yeats, William Butler, 162, 310-1, 339, 485

Zaghlul Pasha, Saad, 345
Zend-Avesta, 46, 148
zoroastrismo, 174, 313; *ver também* Zend-Avesta

521

EDWARD W. SAID nasceu em Jerusalém em 1935. Filho de árabes cristãos, foi educado no Cairo e, mais tarde, em Nova York, onde lecionou literatura na Universidade Columbia. Considerado um dos mais importantes críticos literários e culturais dos Estados Unidos, Said escreveu dezenas de artigos e livros sobre a questão palestina. Morreu em 2003. Dele, a Companhia das Letras já publicou *Cultura e imperialismo* (1995), *Paralelos e paradoxos* (2003), *Reflexões sobre o exílio* (2003), *Fora do lugar* (2004), *Representações do intelectual* (2005), *Humanismo e crítica democrática* (2007) e *Estilo tardio* (2009).

COMPANHIA DE BOLSO

Jorge AMADO
  Capitães da Areia
  Mar morto
Carlos Drummond de ANDRADE
  Sentimento do mundo
Hannah ARENDT
  Homens em tempos sombrios
  Origens do totalitarismo
Philippe ARIÈS, Roger CHARTIER (Orgs.)
  História da vida privada 3 — Da Renascença
  ao Século das Luzes
Karen ARMSTRONG
  Em nome de Deus
  Uma história de Deus
  Jerusalém
Paul AUSTER
  O caderno vermelho
Ishmael BEAH
  Muito longe de casa
Jurek BECKER
  Jakob, o mentiroso
Marshall BERMAN
  Tudo que é sólido desmancha no ar
Jean-Claude BERNARDET
  Cinema brasileiro: propostas para uma
  história
Harold BLOOM
  Abaixo as verdades sagradas
David Eliot BRODY, Arnold R. BRODY
  As sete maiores descobertas científicas da
  história
Bill BUFORD
  Entre os vândalos
Jacob BURCKHARDT
  A cultura do Renascimento na Itália
Peter BURKE
  Cultura popular na Idade Moderna
Italo CALVINO
  Os amores difíceis
  O barão nas árvores
  O cavaleiro inexistente
  Fábulas italianas
  Um general na biblioteca
  Os nossos antepassados
  Por que ler os clássicos
  O visconde partido ao meio
Elias CANETTI
  A consciência das palavras
  O jogo dos olhos
  A língua absolvida
  Uma luz em meu ouvido

Bernardo CARVALHO
  Nove noites
Jorge G. CASTAÑEDA
  Che Guevara: a vida em vermelho
Ruy CASTRO
  Chega de saudade
  Mau humor
Louis-Ferdinand CÉLINE
  Viagem ao fim da noite
Sidney CHALHOUB
  Visões da liberdade
Jung CHANG
  Cisnes selvagens
John CHEEVER
  A crônica dos Wapshot
Catherine CLÉMENT
  A viagem de Théo
J. M. COETZEE
  Infância
  Juventude
Joseph CONRAD
  Coração das trevas
  Nostromo
Mia COUTO
  Terra sonâmbula
Alfred W. CROSBY
  Imperialismo ecológico
Robert DARNTON
  O beijo de Lamourette
Charles DARWIN
  A expressão das emoções no homem e nos
  animais
Jean DELUMEAU
  História do medo no Ocidente
Georges DUBY
  Damas do século XII
  História da vida privada 2 — Da Europa
  feudal à Renascença (Org.)
  Idade Média, idade dos homens
Mário FAUSTINO
  O homem e sua hora
Meyer FRIEDMAN,
Gerald W. FRIEDLAND
  As dez maiores descobertas da medicina
Jostein GAARDER
  O dia do Curinga
  Maya
  Vita brevis
Jostein GAARDER, Victor HELLERN,
Henry NOTAKER
  O livro das religiões

Fernando GABEIRA
O que é isso, companheiro?
Luiz Alfredo GARCIA-ROZA
O silêncio da chuva
Eduardo GIANNETTI
Auto-engano
Vícios privados, benefícios públicos?
Edward GIBBON
Declínio e queda do Império Romano
Carlo GINZBURG
Os andarilhos do bem
História noturna
O queijo e os vermes
Marcelo GLEISER
A dança do Universo
O fim da Terra e do Céu
Tomás Antônio GONZAGA
Cartas chilenas
Philip GOUREVITCH
*Gostaríamos de informá-lo de que amanhã
seremos mortos com nossas famílias*
Milton HATOUM
A cidade ilhada
Cinzas do Norte
Dois irmãos
Relato de um certo Oriente
Um solitário à espreita
Patricia HIGHSMITH
Ripley debaixo d'água
O talentoso Ripley
Eric HOBSBAWM
O novo século
Sobre história
Albert HOURANI
Uma história dos povos árabes
Henry JAMES
Os espólios de Poynton
Retrato de uma senhora
P. D. JAMES
Uma certa justiça
Ismail KADARÉ
Abril despedaçado
Franz KAFKA
O castelo
O processo
John KEEGAN
Uma história da guerra
Amyr KLINK
Cem dias entre céu e mar
Jon KRAKAUER
No ar rarefeito

Milan KUNDERA
A arte do romance
A brincadeira
A identidade
A ignorância
A insustentável leveza do ser
A lentidão
O livro do riso e do esquecimento
Risíveis amores
A valsa dos adeuses
A vida está em outro lugar
Danuza LEÃO
Na sala com Danuza
Primo LEVI
A trégua
Alan LIGHTMAN
Sonhos de Einstein
Gilles LIPOVETSKY
O império do efêmero
Claudio MAGRIS
Danúbio
Naguib MAHFOUZ
Noites das mil e uma noites
Norman MAILER (JORNALISMO LITERÁRIO)
A luta
Janet MALCOLM (JORNALISMO LITERÁRIO)
O jornalista e o assassino
A mulher calada
Javier MARÍAS
Coração tão branco
Ian McEWAN
O jardim de cimento
Sábado
Heitor MEGALE (Org.)
A demanda do Santo Graal
Evaldo Cabral de MELLO
O negócio do Brasil
O nome e o sangue
Luiz Alberto MENDES
Memórias de um sobrevivente
Jack MILES
Deus: uma biografia
Vinicius de MORAES
Antologia poética
Livro de sonetos
Nova antologia poética
Orfeu da Conceição
Fernando MORAIS
Olga
Toni MORRISON
Jazz
V. S. NAIPAUL
Uma casa para o sr. Biswas

Friedrich NIETZSCHE
Além do bem e do mal
Ecce homo
A gaia ciência
Genealogia da moral
Humano, demasiado humano
O nascimento da tragédia

Adauto NOVAES (Org.)
Ética
Os sentidos da paixão

Michael ONDAATJE
O paciente inglês

Malika OUFKIR, Michèle FITOUSSI
Eu, Malika Oufkir, prisioneira do rei

Amós OZ
A caixa-preta
O mesmo mar

José Paulo PAES (Org.)
Poesia erótica em tradução

Orhan PAMUK
Meu nome é Vermelho

Georges PEREC
A vida: modo de usar

Michelle PERROT (Org.)
História da vida privada 4 — Da Revolução Francesa à Primeira Guerra

Fernando PESSOA
Livro do desassossego
Poesia completa de Alberto Caeiro
Poesia completa de Álvaro de Campos
Poesia completa de Ricardo Reis

Ricardo PIGLIA
Respiração artificial

Décio PIGNATARI (Org.)
Retrato do amor quando jovem

Edgar Allan POE
Histórias extraordinárias

Antoine PROST, Gérard VINCENT (Orgs.)
História da vida privada 5 — Da Primeira Guerra a nossos dias

David REMNICK (JORNALISMO LITERÁRIO)
O rei do mundo

Darcy RIBEIRO
Confissões
O povo brasileiro

Edward RICE
Sir Richard Francis Burton

João do RIO
A alma encantadora das ruas

Philip ROTH
Adeus, Columbus
O avesso da vida
Casei com um comunista
O complexo de Portnoy
Complô contra a América
A marca humana
Pastoral americana

Elizabeth ROUDINESCO
Jacques Lacan

Arundhati ROY
O deus das pequenas coisas

Murilo RUBIÃO
Murilo Rubião — Obra completa

Salman RUSHDIE
Haroun e o Mar de histórias
Oriente, Ocidente
O último suspiro do mouro
Os versos satânicos

Oliver SACKS
Um antropólogo em Marte
Enxaqueca
Tio Tungstênio
Vendo vozes

Carl SAGAN
Bilhões e bilhões
Contato
O mundo assombrado pelos demônios

Edward W. SAID
Cultura e imperialismo
Orientalismo

José SARAMAGO
O Evangelho segundo Jesus Cristo
História do cerco de Lisboa
O homem duplicado
A jangada de pedra

Arthur SCHNITZLER
Breve romance de sonho

Moacyr SCLIAR
O centauro no jardim
A majestade do Xingu
A mulher que escreveu a Bíblia

Amartya SEN
Desenvolvimento como liberdade

Dava SOBEL
Longitude

Susan SONTAG
Doença como metáfora / AIDS e suas metáforas
A vontade radical

Jean STAROBINSKI
Jean-Jacques Rousseau

I. F. STONE
O julgamento de Sócrates

Keith THOMAS
O homem e o mundo natural
Drauzio VARELLA
Estação Carandiru
John UPDIKE
As bruxas de Eastwick
Caetano VELOSO
Verdade tropical
Erico VERISSIMO
Caminhos cruzados
Clarissa
Incidente em Antares
Paul VEYNE (Org.)
História da vida privada 1 — Do Império
Romano ao ano mil

XINRAN
As boas mulheres da China
Ian WATT
A ascensão do romance
Raymond WILLIAMS
O campo e a cidade
Edmund WILSON
Os manuscritos do mar Morto
Rumo à estação Finlândia
Edward O. WILSON
Diversidade da vida
Simon WINCHESTER
O professor e o louco

1ª edição Companhia das Letras [1990] 2 reimpressões
1ª edição Companhia de Bolso [2007] 18 reimpressões

Esta obra foi composta pela Verba Editorial em Janson Text
e impressa em ofsete pela Gráfica Bartira sobre papel Pólen da
Suzano S.A. para a Editora Schwarcz em julho de 2024

A marca FSC® é a garantia de que a madeira utilizada na fabricação do
papel deste livro provém de florestas que foram gerenciadas de maneira
ambientalmente correta, socialmente justa e economicamente viável,
além de outras fontes de origem controlada.